세계의
KB179754

세계의 이슬람

초판 1쇄 인쇄 · 2018. 9. 10.
초판 1쇄 발행 · 2018. 9. 20.

지은이 · 한국이슬람학회
발행인 · 이상용 이성훈
발행처 · 청아출판사
출판등록 · 1979. 11. 13. 제9-84호
주소 · 경기도 파주시 회동길 363-15
대표전화 · 031-955-6031 팩시밀리 · 031-955-6036
E - mail · chungabook@naver.com

ISBN 978-89-368-1140-2 93900

* 잘못된 책은 구입한 서점에서 바꾸어 드립니다.
* 본 도서에 대한 문의 사항은 이메일을 통해 주십시오.

이 도서의 국립중앙도서관 출판예정도서목록(CIP)은 서지정보유통지원시스템 홈페이지(http://seoji.nl.go.kr)와 국가자료공동목록시스템
(http://www.nl.go.kr/kolisnet)에서 이용하실 수 있습니다.(CIP제어번호: CIP2018026198)

الاسلام في العالم

세계의
이슬람

때로는 생소하고, 때로는 익숙한
전 세계 이슬람 국가의 모든 것

한국이슬람학회 지음

청아출판사

《세계의 이슬람》 발간에 부쳐

1989년이니 벌써 30년 전의 일이다. 한국이슬람학회가 창립되고 서울역 근처 대우재단 빌딩에서 매주 모여 열심히 공부하던 때가 있었다. 아랍어를 배워 가면서 꾸란 공부도 하고《The Religion of Islam(이슬람 종교)》이란 600쪽이 넘는 책을 '독회'를 조직해 윤독하면서 이슬람 지식을 넓혀 가곤 했다. 드디어 한국 땅에서도 제대로 된 '이슬람학'이란 학문으로서의 교류와 담론의 장이 마련되어 너무 기뻐 모두 열정을 쏟아부었다. 김용선, 김정위, 손주영, 정수일 선생님 등을 필두로 20여 명의 소장학자들도 참석하면서 이슬람학의 불씨를 지폈다.

그렇지만 57개국이나 되는 이슬람 국가를 '이슬람'이라는 하나의 도식으로 도저히 설명할 수는 없는 상황이었다. 이슬람 국가인 이란의 어느 시골 마을에서는 아직도 간통죄에 집단 공개 투석형이라는 잔혹한 형벌을 가해 세계적인 뉴스거리가 되고 있다. 그런데 국경을 맞대고 있는 이웃 터키에서는 간통죄나 사형제 자체를 폐지하자는 데 사회적 논란이 불붙었다. 인도네시아나 파키스탄, 터키와 방글라데시 등 이슬람 국가에서는 무슬림 국민이 직접 선거로 여성을 민선 대통령이나 총리로 선출하고, 이집트, 인도네시아, 레바논, 터키 등 국가들은 미스 월드 선발 대회에 비키니를 입은 미인 대표를 출전시켰다. 반면 당시 사우디아라비아에서는 여성 운전 허용 여부를 두고 20년 이상 사회적 소모 논쟁을 벌였다.

57개라는 다양하고 중층적인 스펙트럼이 모여 오늘의 이슬람 세계를 형성하고 있다는 평범한 사실과 직접 체득하거나 배우지 못한 거대한 빙산의 하부 구조를 동시에 알아야만 하는 과제 앞에 또 다른 학문의 벽을 절감했다.

그 과정에서 다양한 이슬람 국가에서 유학하고 돌아온 학회 선생님들이 자신이 경험했던 국가별 이슬람 문화는 물론, 이슬람과 토착 문화, 이슬람과 서구의 갈등과 접목이라는 시대적 진행형을 정리해 발표하는 독회 프로그램을 운영했다.

《세계의 이슬람》이라는 책은 바로 이러한 배경과 과정을 거치며 전 세계 이슬람을 개별적 특수성으로 파악하고, 각 분야별 이슈를 비교 방식으로 조망해 봄으로써 이슬람 세계에 관한 보다 정교하고 균형 있는 지식을 얻고자 하는 목표로 집필됐다.

그런데 무슬림이 만들어 내는 이슬람 문화는 이슬람 국가에만 국한되는 것이 아니었다. 이미 이슬람은 유럽에서 가톨릭을 이어 두 번째 종교가 되었고, 미국에서도 600만이 넘는 무슬림이 3천여 개의 모스크를 짓고 국가와 사회에 지대한 공헌을 하고 있다. 이들까지 모두 다루기로 하면서 집필 양과 구성은 더욱 복잡해졌고, 시간은 점점 길어졌다. 이렇게 해서 10년이라는 세월이 후딱 지나갔다. 집필진도 45명으로 늘었다. 따라서 이 책은 오랜 산고 끝에 이슬람학 분야 많은 전문가가 공동으로 참여해 만든 역작이다.

이 책을 통해 여성에게 부르카를 강제로 뒤집어씌워 놓고, 꾸란 공부는 물론, 학교 교육에서도 배제시키는 아프가니스탄 탈레반 정권의 극단적 여성 혐오주의 행태를 이슬람으로 포장하고, 인명 살상과 문명 파괴를 밥 먹듯이 하는 IS 같은 천인공노할 반인륜적 범죄 집단이 '이슬람 국가'를 표방한다고 해서 이를 이슬람의 테러로 연계시키는 것이 얼마나 이슬람 정신 및 이슬람 국가의 실체적 진실과 거리가 먼 것인지 분명하게 인식하게 될 것이다.

뉴스나 해외 토픽에 나오는 해괴망측한 에피소드 기사가 아닌, 실제로 일상으로 살아가는 18억 주류 무슬림의 다양한 삶과 고민, 일상의 모습을 진솔하게 발견하는 채널이 되기를 고대한다. 대외 무역 의존도가 95%를 넘는 우리나라에서 지구촌 4분의 1에 해당되는 '이슬람 세계에 대한 이해 없는 글로벌화'는 허구에 다름 아니다. 이 책이 그러한 기초적인 정보와 지식을 제공해 주어 기존의 오류와 고정 관념을 뛰어넘는 중요한 길잡이가 되리라 믿으며,《세계의 이슬람》이라는 역작을 적극 추천한다.

2018년 9월
한양대 특훈교수, 전 한국이슬람학회 회장
이희수

발간사

《세계의 이슬람》을 펴내며

이슬람은 7세기 초 등장해서 21세기 초 현재 전 세계 20억 명에 가까운 신도를 갖고 있는 우리 인류의 보편 종교이자 소중한 문화유산이다. 종교적, 신앙적 믿음을 떠나서 이슬람은 중세 인류 문명에 지적, 학문적 토대를 제공했고, 누구도 부정할 수 없는 문명사적 기여를 했다.

21세기 이후 이슬람의 확장력이 커지고 무슬림의 증가 속도도 점점 빨라지고 있다. 2015년 퓨 리서치 센터 통계에 의하면 전 세계 무슬림 인구는 18억을 넘었고, 전체 인류의 24%에 달한다고 한다. 일부 학자와 언론들은 2030년이면 세계에서 가장 큰 종교는 이슬람교가 될 것이라고 주장하고 있다.

중동과 아프리카 지역은 물론, 우리와 인접하고 있는 중국에서는 무슬림이 2천만 명을 훌쩍 넘겼다. 인도네시아는 전체 인구의 약 88%인 2억 3천만 명이 무슬림인 세계 최대 무슬림 국가다.

이슬람교가 이처럼 확산하고 증가할 수 있는 이유는 다양하겠지만, 무엇보다 이슬람의 유연성 및 현지 문화와의 융합성 때문이 아닌가 한다. 이슬람은 인종, 민족, 계급과 국가 등 인간을 편 가르는 기존 체계와 가치를 모두 뛰어넘는 초월적 가치를 지향한다. 모든 사람은 알라(하느님) 앞에서 평등하다는 보편적 평등사상이 이슬람에서 가장 중요한 가치 중 하나다.

이러한 초월적 사고와 가치는 이슬람의 지역적 다양성을 가능하게 했다. 예컨대 이슬람교의 상징인 모스크는 지역마다 다양한 모습을 갖고 있다. 건축학적으로는 고대 그리스와 로마 건축의 특징인 돔과 아치를 수용했고, 여기에 현실적인 필요성에 의해 첨탑(미나레트)이 추가됐다. 모스크 첨탑은 예배를 알리는 확성기 기능 때문에 다른 건물에 비해 높이 만들어졌다. 모스크의 원형인 중동 지역 모스크 첨탑이 높은 이유다. 중앙아시아 모스크 첨탑은 중동 지역의 그것에 비해 더욱 높이 치솟아 있다. 이는 초원 지대가 많은 중앙아시아의 지리적 특징 때문에 초원을 오가는 대상에게 모스크 첨탑이 등대 역할을 한 것이다. 즉 높게 만든 첨탑은 대상들의 길잡이였다. '청진사'라 불리는 중국 모스크는 다른 불교 사찰과 외형상 크게 다르지 않고, 농업 기반 국가인 인도네시아에서는 일반 가옥과 모스크의 구분이 쉽지 않다. 뉴욕 모스크는 첨탑이 없는 것도 있고, 런던 모스크는 웅장한 저택의 이미지다.

이처럼 이슬람은 각 지역의 생태적, 문화적, 역사적 환경을 반영해 생활 친화형, 환경 친화적인 모습으로 뿌리를 내렸다. 그 결과 각 국가, 지역별로 다양한 모습으로 변형되어 나타난다.

이슬람은 알라에게 복종하고, 5주를 중심으로 한 개인과 집단의 계율과 사회적 협업을 강조하는 생활 종교지만, 그 자체로 많은 융통성을 갖고 있고, 여타 종교처럼 시대와 지역에 따라 많은 다양성과 개방성을 보인다. 이는 이슬람 확산의 주요 동력이기도 하다.

보편성과 융합력을 갖고 있는 이슬람 종교가 전 세계에서 빠른 속도로 확산되고 있음에도 우리의 이슬람에 대한 인식은 여전히 부정적이고 무지하다. 한반도와 이슬람 세계의 관계는 우리의 일반적인 생각보다 훨씬 길었음에도 말이다.

11세기에 제작된 아랍 지도에는 이미 신라가 등장했고, 신라에 대한 각종 기록들도 풍성하다. 우리 기록인《고려사》에 무슬림에 대한 기록이 등장하고, '예궁'이라 불리는 이슬람 사원에 대한 기록도 있다. 조선 세종대왕 때 만들어진 음력은 무슬림의 도움이 있었기에 가능했다.

이렇게 오랜 역사와 인연이 있음에도 우리 주변에서는 이슬람과 무슬림을 구분하지 못하는 사람이 대부분이다. 글로벌 시대를 살아가면서 지구상의 가장 큰 보편 종교에 대한 무지는 결국 우리의 국가적, 사회적, 개인적 손실로 귀결될 수밖에 없다.

역동성과 다양성을 갖춘 이슬람의 생생한 모습을 여전히 이슬람 불모지인 한국 독자에게 소개하고 싶다는 바람이《세계의 이슬람》을 저술하게 된 주요 동기 중 한 가지다. 이 책을 통해 한국 독자들이 이슬람의 현주소를 파악하는 데 도움이 되었으면 한다. 또한 21세기 인류의 보편 종교인 이슬람에 대한 이해를 좀 더 넓히고, 글로벌 사고를 형성하는 데 조금이라도 도움이 되었으면 하는 바람에서 이 책을 세상에 내민다.

《세계의 이슬람》은 1989년 창립된 한국이슬람학회의 오랜 연구 성과의 산물이기도 하다. 김정위, 손주영, 이희수 교수 등 한국이슬람학회 창립 멤버들은 한국에 이슬람학을 착근시키는 데 헌신적으로 기여했고, 상대적으로 후발 주자인 한국의 이슬람학 진흥을 위해 해외의 이슬람학을 깊이 있게 연구해 왔다. 이러한 선배 교수들의 노력과 열정을 통해 축적되고 숙성되어 온 학문적 성과가 있었기에 이 책이 빛을 보게 되었다.

특히 《세계의 이슬람》은 한국이슬람학회 전임 회장이신 이종화 회장의 열정과 노력이 중요한 계기가 되었다. 오랜 기간 연구되어 온 학문적 성과를 수집, 정리하고, 집필진 선정, 출판 계획 수립과 추진 등 간단치 않은 작업임에도, 이를 마다하지 않고 추진한 그의 열정이 있었기에 가능한 일이었다. 이 책이 선배 교수들과 이종화 회장의 이 같은 열정의 산물임을 밝히고, 그들의 열정에 존경과 감사를 전한다.

바쁜 와중에도 저술에 참여해 준 한국이슬람학회원께 깊이 감사드리고, 실무를 맡아 준 한국이슬람학회 이사님과 간사 선생님들께도 감사드린다. 또한 어려운 출판 환경에도 이 책을 출판해 주신 청아출판사에 깊이 감사드린다.

한국이슬람학회장

윤용수

목차

아시아Asia

중동 Middle East

아프리카 Africa

유럽 Europe

아메리카 America

이슬람 국가 개관

양오석 강원대학교 경영대학 경영회계학부

이 책을 시작하기 앞서 먼저 이슬람 국가를 개관하는 것이 필요하다. 크게 이슬람 인구 분포 현황, 이슬람 사회의 구조적 특성, 이슬람 금융의 구조적 특성을 살펴볼 것이며, 사회의 구조적 특성으로 남성성, 세속주의, 타인 신뢰 수준 등을, 금융의 구조적 특성으로는 이슬람 금융의 기초가 되는 율법 샤리아와 샤리아 위원회를 살펴본다.

이슬람 인구 분포

이슬람 국가

무슬림이 다수를 이루는 이슬람 국가는 전 세계 대륙에 위치하며, 터키, 이란, 이라크, 시리아, 요르단, 레바논, 아랍 에미리트, 사우디아라비아, 예멘, 알제리, 리비아, 이집트, 수단, 말리, 우즈베키스탄, 카자흐스탄, 키르기스스탄, 타지키스탄, 아프가니스탄, 파키스탄, 방글라데시, 인도네시아, 말레이시아, 브루나이, 인도, 필리핀, 일부 중국 지역 등 다양하다.

전 세계 무슬림 3분의 2가 아시아 지역 6개국(인도네시아, 파키스탄, 인도, 방글라데시, 이란, 터키), 북아프리카 3개국(이집트, 알제리, 모로코), 사하라 이남 아프리카 1개국(나이지리아) 등 총 10개국에 밀집되어 있다.

〈표1〉 세계 무슬림 인구 분포

주요 무슬림 밀집 국가

국가	무슬림 인구	해당 국가 비중	세계 무슬림 인구 비중
인도네시아	202,867,000	88.2%	12.9%
파키스탄	174,082,000	96.3%	11.1%
인도	160,945,000	13.4%	10.3%
방글라데시	145,312,000	89.6%	9.3%
이집트	78,513,000	94.6%	5%
나이지리아	78,056,000	50.4%	5%
이란	73,777,000	99.4%	4.7%
터키	73,619,000	98%	4.7%
알제리	34,199,000	98%	2.2%
모로코	31,993,000	99%	2%

지역별 무슬림 인구 분포

국가	무슬림 인구	해당 국가 비중	세계 무슬림 인구 비중
아시아 태평양	972,537,000	24.1%	61.9%
중동 북아프리카	315,322,000	91.2%	20.1%
사하라 이남 아프리카	240,632,000	30.1%	15.3%
유럽	38,112,000	5.2%	2.4%
아메리카	4,596,000	0.5%	0.3%
세계	1,571,198,000	22.9%	100%

* 출처 퓨 리서치 센터, 2009, Pew Research Center's Forum on Religion & Public Life

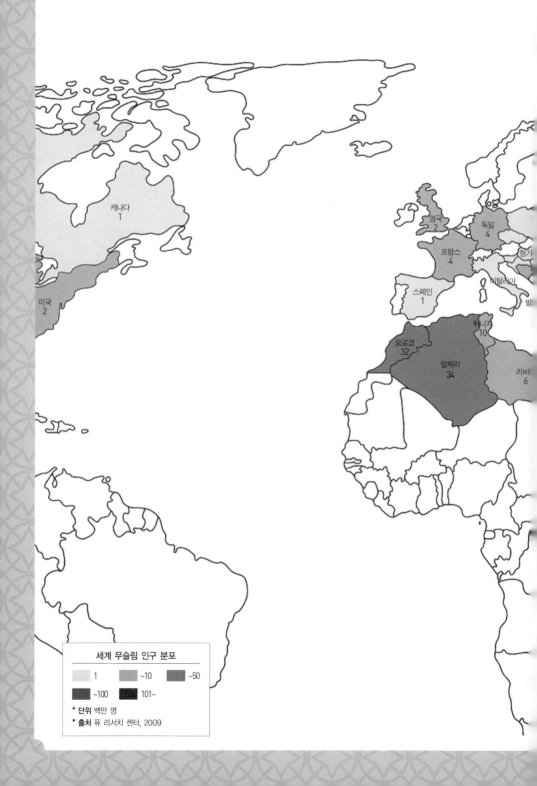

세계 무슬림 인구 분포

캐나다
1

미국
2

영국
2

독일
4

프랑스
4

헝가

이탈리아

스페인
1

발

튀니지
10

모로코
32

알제리
34

리비아
6

세계 무슬림 인구 분포

1 ~10 ~50

~100 101~

* 단위 백만 명
* 출처 퓨 리서치 센터, 2009

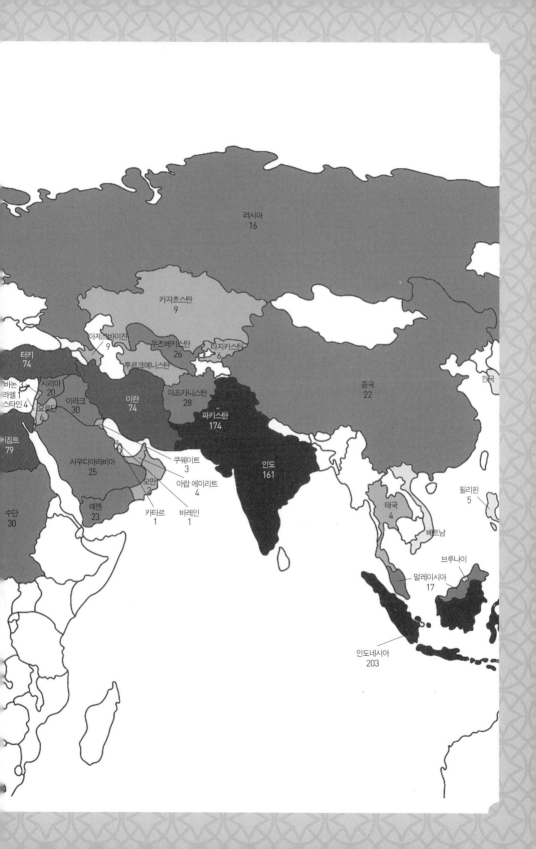

유럽 내 이슬람교도

유럽은 무슬림 인구 비율이 낮은 편이다. 영국이 2.5%, 프랑스가 10%, 독일이 5%, 이탈리아가 1% 정도를 차지한다. 스페인에는 2%, 스웨덴은 4.5%, 덴마크는 3%, 벨기에는 4%, 네덜란드는 6.25%, 스위스는 4.5% 정도 분포되어 있다.

유럽 국가 중에서 무슬림 인구 비중이 가장 높은 국가는 프랑스이며, 프랑스에서는 프랑스 자유주의와 무슬림의 사회 통합 문제가 대두되고 있다. 프랑스에 이어 두 번째로 무슬림 인구가 많은 나라는 네덜란드이다. 무슬림은 네덜란드 사회의 주요 구성원으로, 인구 비중에 있어 변화를 보인다. 즉 인도네시아와 인도계 수리남인(네덜란드의 옛 식민지)이 주를 이루었다가 1990년대 이후로는 터키와 모로코계 무슬림이 늘어나고 있다. 스페인에서는 최근 무슬림 급진 세력의 유입으로 긴장감이 급증하고 있다. 독일은 노동력 보충을 위해 터키로부터 무슬림을 받아들였으며, 독일과 동유럽 국가에 거주하는 무슬림은 주로 터키에서 건너온 이민자이다. 영국은 무슬림의 비중이 적음에도 유럽 이슬람 정치 세력의 중심지이며, 이슬람 단체가 대거 존재한다. 영국이 지배하던 옛 식민지 국가인 파키스탄과 아랍국에서 건너온 무슬림 다수가 런던을 거점으로 살고 있다. 유럽에서 가장 개방적인 난민 정책과 다문화 정책을 펼치고 있는 스웨덴은 무슬림이 선호하는 이민국이다. 스페인은 대부분 북아프리카 마그레브 출신 무슬림이 거주하고 있다.

이슬람 사회의 구조적 특성

이슬람 사회의 구조적 특성은 세계가치관조사(World Value Survey, WVS) 자료를 통해 살펴볼 수 있다. 자료는 5년 간격으로 수집되며, 세계 국가들을 대상으로 한 설문 조사 자료로 이루어진다. 사회 특징에는 여러 가지 관점이 있지만, 이 글에서는 남성성, 세속주의, 타인 신뢰 개념 등을 중심으로 이슬람 사회의 구조적 특성을 주요 국가별로 살펴보았다.

남성성

일반적으로 이해하기에 남성은 경쟁과 활동성이 요구되는 사회적 역할에 적합하고, 여성은 타인을 보살피거나 배려를 베푸는 사회적 역할에 적합하다고 여긴다. 홉스테드(G. Hofstede)가 제시한 문화 차원에서는 이렇게 설명한다. 남성적 문화는 경쟁력, 자기주장, 유물론, 야망, 권력 등과 같은 것을 중시하는 가치관을 강조하는 반면, 여성적 문화는 대인 관계나 삶의 질 등을 보다 높게 평가한다. 이슬람 사회는 국가별로 차이를 보이지만 대체로 남성성이 강한 사회이다.

국가별 차이를 비교하자면, 알제리, 바레인, 이라크, 리비아, 파키스탄, 터키 등은 남성성과 여성성이 대체로 균형을 이루고 있는 사회이다. 이와 달리 말레이시아, 모로코, 이집트, 우즈베키스탄 등은 상대적으로 남성성이 강한 사회로 구분되고, 요르단, 카타르, 튀니지, 예멘 등은 남성성이 상대적으로 강하게 나타나지 않는다. 이 지표가 정확한 것은 아니지만 우리가 이해하는 개별 국가의 이미지와 다소 차이를 보여 준다. 이것이 지표나 자료 수집 또는 측정 및 평가 과정에서 나타난 오류일 수도 있지만, 세대교체나 사회 변화를 반영하는 동시대의 변화일지도 모른다. 이 글이 제시한 내용이나 자료는 이슬람 사회를 연구하는 데 일반 지침이 될 뿐이며, 연구자들의 세밀한 검토를 요한다.

〈표2〉 주요 국가별 사회 속성–남성성

* 가로축은 리커트 척도, 세로축은 %
* 리커트 척도는 1~4점으로 구성, 높을수록 남성성이 강함을 의미한다.

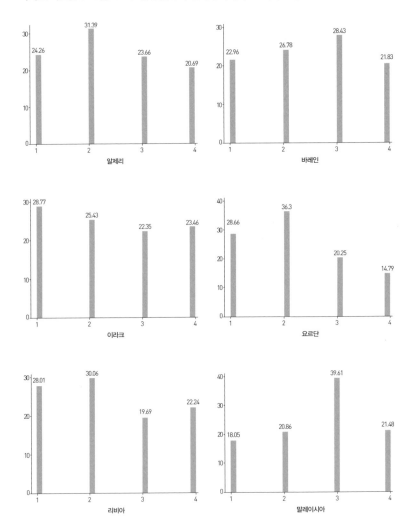

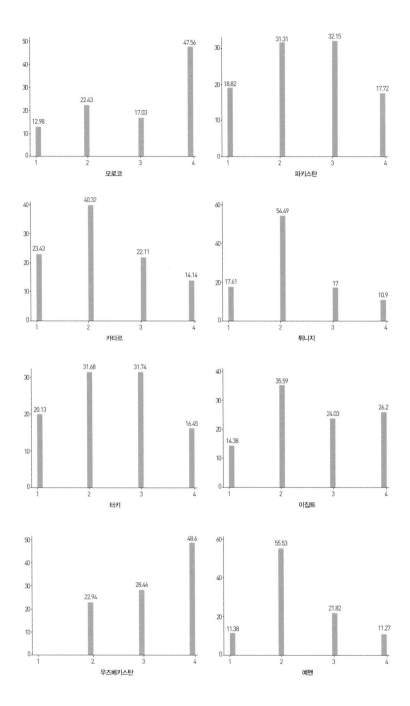

세속주의

제도 및 기구, 관습 등이 종교적 신념으로부터 분리되어야 한다는 세속주의는 이슬람 전통문화와 대립되기가 쉽다. 따라서 이슬람 국가마다 이러한 세속주의를 수용하는 정도가 다르다. 문제는 근대화, 민주화와 같은 사회 구조적 변화가 세속주의를 통해 지향되어 왔다는 점이다. 대표적으로 터키는 터키 공화국 수립 이후 세속주의를 국가 관리의 핵심 가치로 여겨 왔다. 1992년 총선에서 승리하면서 수상으로 시작해 현재 대통령으로서 집권을 이어 가고 있는 에르도안 정부 아래 지난 2016년 7월 15일 발발한 군사 쿠데타로 정치적 불안이 계속되면서 이슬람 전통과 세속주의 간 갈등이 이어지고 있다.

이슬람 국가의 세속주의 수준을 비교하자면 이슬람 전통보다 세속주의가 강하게 나타나고 있는 이슬람 국가로는 바레인, 이라크, 이집트 등을 들 수 있고, 말레이시아, 모로코, 우즈베키스탄 등은 세속주의와 이슬람 전통 간에 상당히 균형적인 모습을 보여 준다. 한편 리비아, 파키스탄, 카타르, 튀니지, 예멘 등은 세속주의와 이슬람 전통이 대체로 균형을 이룬 가운데 이슬람 전통을 강조하는 인구 비중이 상당히 높은 것으로 나타났다. 이와 반대로 요르단, 터키 등은 세속주의와 이슬람 전통이 대체로 균형을 이룬 가운데 세속주의를 강조하는 인구 비중이 높은 것으로 확인되었다. 마지막으로 알제리와 쿠웨이트는 세속주의와 이슬람 전통을 중시하는 인구가 상당히 긴장 관계를 보이고 있는 상태이다.

〈표3〉 주요 국가별 사회 속성-세속주의

* 가로축은 리커트 척도, 세로축은 %
* 리커트 척도는 1~10점으로 구성, 높을수록 세속주의가 강함을 의미한다.

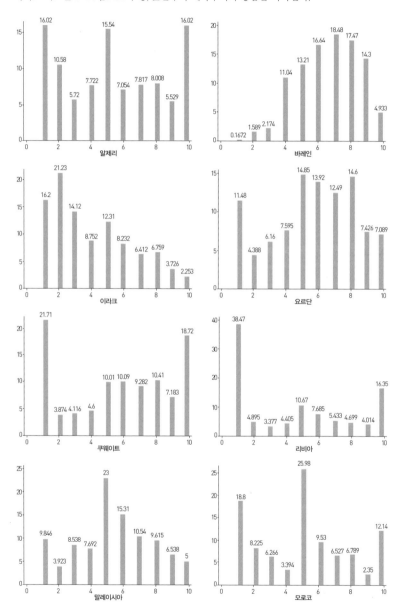

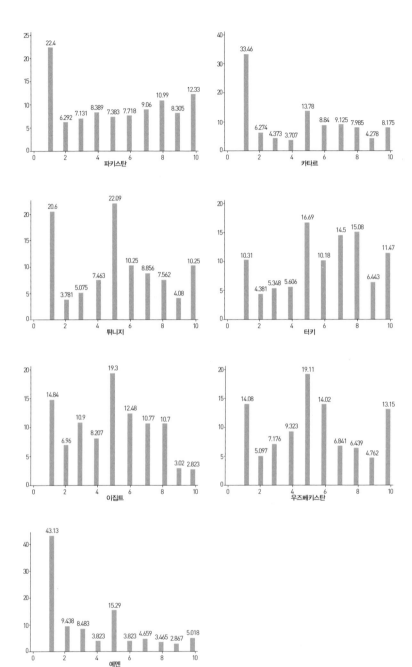

타인 신뢰

이슬람 사회의 속성 중 하나로 높은 타인 신뢰를 들 수 있다. 국가 간 다소 차이가 있음에도 이슬람 사회는 대체로 타인 신뢰가 높은 편이다. 타인 신뢰에 대해 '매우 그렇다'라고 답한 응답자 비중이 높은 국가는 쿠웨이트(50.26%), 알제리(46.71%), 예멘(43.3%), 이집트(40.15%), 터키(34.71%) 등의 순으로 나타났다. 타인 신뢰가 낮은 것으로 답한 응답자 비중이 높은 국가는 리비아(29.78%), 파키스탄(21.36%), 터키(18.67%), 우즈베키스탄(17.21%), 바레인(10.92%), 말레이시아(10.62%) 등이다.

이와 같은 지표의 변화는 전통적인 이슬람 사회에 대한 우리의 이해와 대치되는 점도 있다. 이슬람 사회는 전통적으로 타 종교를 배척하는 정도가 강하고 포용이라는 개념을 인식 및 수용하는 수준이 낮은 편이다. 이와 달리 이슬람 사회는 외부 문화를 배타하는 성향이 약하며, 수용하는 태도와 높은 관심을 보인다는 견해도 있다. 이 글에서 제시한 지표에 따르면, 타인 신뢰가 높고 낮은 비중이 상당 수준 수평을 이루는 터키의 경우 타민족 출신은 우리의 '손님'이라는 정신이 강한 것으로 알려져 있다. 이에 터키 문화를 묘사하는 가장 큰 특징 중 하나로 손님 환대와 접대 문화를 손꼽기도 한다. 이슬람 사회도 글로벌화, 민주화, 근대화, 세대교체 등을 통해 변화를 겪고 있는 것이다. 따라서 우리도 이슬람 사회의 시대적 변화를 읽어 내야 할 시점이 되었다.

〈표4〉 주요 국가별 사회 속성-타인 신뢰

* 가로축은 리커트 척도, 세로축은 %
* 리커트 척도는 1~4점으로 구성, 높을수록 타인 신뢰가 강함을 의미한다.

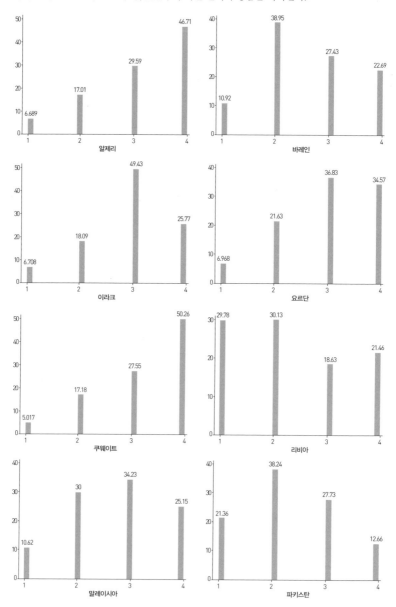

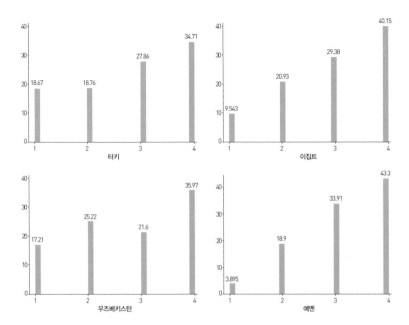

이슬람 금융의 구조적 특성*

이슬람 금융의 기초가 되는 율법 샤리아

이슬람 금융에 대한 이해는 이슬람 율법 샤리아에서 시작된다. 샤리아는 '마실 수 있는 물의 원천지'라는 의미와 '올바른 길'이라는 뜻을 갖고 있다. 꾸란, 순나, 이즈마으, 끼야스 등 무슬림으로 지켜야 할 율법을 말한다. 이슬람 율법은 인간이 이성적 사고에 기초해 제정한 법이 아니고 신의 계시를 통해 인간에게 내린 법으로 이해된다. 따라서 변경할 수 없으며 무슬림은 이슬람 율법을 종교 의식, 가족 관계, 상거래, 범죄 등 모든 영역에서 인간의 행위를 규율하는 지침으로 여긴다.

이슬람 금융의 기초가 되는 샤리아는 이슬람 은행 운영에서도 그 중요성이 드러난다. 일반 상업 은행보다 상대적으로 안정적이고 높은 성장세를 보이고 있는 이슬람 은행들은 자본 중개 업무를 통해 일반 상업 은행과 다를 바 없지만 지배 구조 차원에서 은행 업무가 이루어지는 모든 과정이 이슬람 율법, 즉 샤리아에 반드시 부합해야 한다는 차이점을 지닌다.

이자 수취와 불확실성이 높은 곳에 대한 투자가 금지되며, 술, 도박, 포르노 등과 관련된 곳에도 투자할 수 없다는 것이 율법의 핵심이다. 또한 자금 운영 및 수익 배분 방식에 있어서도 투자에 대한 지분 참여와 투자의 손익 분배 형태로 이익 추구가 이루어진다.

샤리아 위원회의 기능

샤리아 율법을 준수하고자 이슬람 은행은 구체적으로 이슬람 율법에 따른 은행 업무를 위해 샤리아 위원회가 감독하도록 구성되어 있다. 샤리아 위원회는 이슬람 은행의 투자처 및 이슬람 금융 기법에 대한 의결 기구이자 수익과 부의 분배가 이슬람 율법인 샤리아에 부합한지를 확인하는 종교적 기구로, 은행 업무의 건전성과 부당한 행위를 관리 및 감독한다.[**] 그리고 이사회와 같은 감독 기구로서 샤리아 위원회에 의한 관리는 주주의 권리와 이익을 보장하는 역할뿐만 아니라 의사 결정 과정의 감사 및 컨설팅 기능까지 맡고 있어 이슬람 은행의 지배 구조에 중추적인 역할을 수행하고 있다. 또한 은행 운영이나 금융 상품 대출에 있어 적합성을 심사하고 있으며, 연간 보고서를 통해 해당 은행의 샤리아 부합성을 주주에게 알리는 역할도 수행한다.

〈표5〉 일반 은행 및 이슬람 은행의 의사결정과정 비교[***]

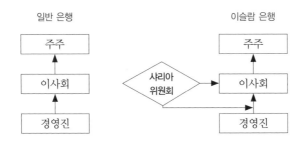

샤리아 위원회의 업무는 크게 사전적 결정 업무와 사후적 평가로 이루어진다. 사전적 결정은 이슬람 은행에서 샤리아 위원회가 이슬람 율법에

---

*   이 부분은 필자가 수행한 선행 연구인 〈한중동 금융 협력 활성화를 위한 국내 은행의 중동 금융 시장 진출 전략 및 기대 효과〉(양오석, 〈전략 지역 심층연구〉 13-18, 대외경제정책연구원, 2013)에서 발췌했다.

**   Zulkifli Hassan, 〈Corporate Governance from Western and Islamic Perspectives〉, 〈A paper presented at the Annual London Conference on Money, Economy and Management〉 in 3rd-4th July 2008, Imperial College, South Kensington, United Kingdom, 2008

*** 양오석, 〈한중동 금융 협력 활성화를 위한 국내 은행의 중동 금융 시장 진출 전략 및 기대 효과〉, 〈전략 지역 심층 연구〉 13-18, 대외경제정책연구원, 2013

적합한 투자 대상, 투자 방법 등을 결정하는 것을 말한다. 또한 샤리아 위원회는 은행 업무 처리가 샤리아에 준거한 것인지 여부를 지속적으로 확인하고 관리 및 감독하는 기능을 담당하는데, 이것이 사후적 평가이다.

〈표5〉와 같이 의사 결정 과정에 있어 일반 은행은 제조업과 큰 차이를 보이지 않으나, 이슬람 은행은 샤리아 위원회의 개입이 분명하게 나타난다. 이는 은행의 투자 및 업무가 이슬람 율법에 따라 적합하게 이루어지는지 종교적으로 조언해 주고, 은행 업무에 관한 결정을 내리는 데 필요한 판단 근거를 제공하고 있음을 말해 준다. 샤리아 위원회에 의한 심사는 국가별, 위원회별로 상이한 양상을 보이나 일반적으로 업종 기준 심사와 재무 기준 심사 등 2단계 과정을 통해 진행된다. 업종 기준 심사는 이슬람에서 금지한 율법에 저촉되는 관련 산업군을 제외하는 것으로, 여기에는 전통 금융업, 담배, 주류, 도박, 무기 관련업 등이 해당된다. 이슬람 율법에 금지된 산업군을 제외한 뒤 선발된 기업에 대한 재무 기준 심사를 실시하는데, 심사 기준이 상이하지만 주로 부채 비율, 현금 자산 및 소득에 대한 이자 소득 비율 등을 근거로 심사가 이루어진다.

샤리아 위원회 운영 방식

샤리아 위원회는 두 가지 방식으로 운영되는데, 하나는 각각의 은행이 사내에 샤리아 위원회를 두는 방식이고, 다른 하나는 외부 컨설팅 업체 형태로 운영되는 방식이다. 샤리아 위원회의 세부 규정은 국가마다 다르다. 샤리아 위원회 구성은 금융 산업에 대한 지식이 있는 이슬람 율법학자로, 카타르는 최소 2명 이상으로 구성하도록 하고 있다. 사우디아라비아, 쿠웨이트, 아랍 에미리트, 바레인은 AAOIFI의 권고에 따라 최소 3명 이상으로 구성하게 했으며, 국가에 따라 '무슬림이면서 동시에 이슬람 율법학자인 자'로 한정하고 있기도 하다.* 이들에 대한 임명은 주주, 이사회, 때로는 중앙 은행에 의해 이루어지며, 대부분 은행 내규로 정해져 국가별 또는 은행별로 운영 방식이 상이하게 결정된다. 또한 사우디아라비아와 쿠웨이트는 다수결에 의해 의사 결정이 이루어지며, 다른 국가들은 정확하게 정해진 의사 결정 방법이 없는 것으로 알려져 있다.**

* W. Grais and M. Pellegrini, 〈Corporate governance in Institutions Offering Islamic Financial Services Issues and Options〉, 〈World Bank Policy Research Working Paper〉 4052, 2006

** A. Safieddine, 〈Islamic Financial Institutions and Corporate Governance: New Insights for Agency Theory〉, 《Corporate Governance: An International Review》 17, 2009, pp.142~158

말레이시아	인도	태국
베트남	인도네시아	터키
브루나이	일본	파키스탄
아프가니스탄	중국	필리핀
우즈베키스탄	타지키스탄	한국

아시아 Asia

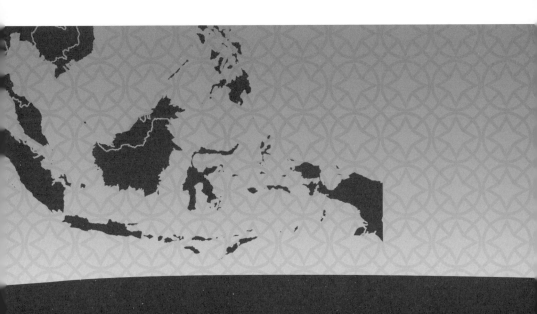

1

말레이시아

소병국 한국외국어대학교 말레이 · 인도네시아어과

쿠알라룸푸르

■ 국가 개황

· 국명: 말레이시아 연방(Federation of Malaysia)

· 국가 체제: 입헌 군주제

· 언어: 말레이시아어

· 인구: 266,794,980명(유엔, 2018)

· 종교 분포: 이슬람교 61.3%, 불교 19.8%, 기독교 9.2%, 힌두교 6.3%

■

말레이시아는 동남아시아 적도 북부에 위치한 연방제 입헌 군주 국가이다. 영토는 서부 말레이반도 지역과 동부 칼리만탄(보르네오), 북부 섬 지역(사바, 사라왁)으로 구성되어 있고, 행정적으로 13개 주와 3개의 연방 직할구(쿠알라룸푸르, 푸트라자야, 라부안)로 나누어져 있다. 국토 면적은 329,847㎢로 한반도의 1.5배에 달한다.

1957년 말라야 연방으로 영국으로부터 독립했고, 1963년 9월 16일 사바,

사라왁, 싱가포르와 연합하면서 'Malaya'라는 이름에 섬이란 의미의 'nesia'를 합성해 'Malaysia'가 됐다. 그러나 2년도 채 못 가서 1965년 싱가포르가 연방 정부와의 마찰로 연방에서 탈퇴했다.

말레이시아는 입헌 군주국이다. 국왕은 '양 디페르투안 아공(Yang di-Pertuan Agong)' 또는 '술탄 아공'이라고 부르며, 9개 주의 술탄이 5년을 임기로 연장자 순에 따라 돌아가면서 맡고 있다. 이 제도는 1957년 독립과 함께 9개의 술탄 왕국이 말라야 연방으로 통합되면서 만들어진, 전 세계에서 유래를 찾을 수 없는 말레이시아만의 독특한 군주 제도이다.

인구 30,949,962명의 말레이시아는 다인종 국가로 말레이계가 62%, 중국 계가 22%, 인도계가 7%, 기타 인종이 9%를 차지한다. 국어는 말레이시아어 로, 말레이어가 표준화된 형태이다. 헌법에서는 이슬람을 국교로 하지만, 종 교의 자유를 보장하고 있다. 인구 조사에 따르면 인종과 종교 사이에 매우 밀 접한 관계가 있음을 보여 준다. 인구의 61.3%가 이슬람교, 19.8%가 불교, 9.2%가 기독교, 6.3%가 힌두교를 믿는다.

chapter 1

말레이시아 역사와 이슬람

이슬람의 전파

1,300여 년 동안 인도 문명, 특히 힌두교와 불교가 지배하던 말레이 세계에 13세기 말경 이슬람이 유입됐다. 이 사건은 이 지역 문명사에 있어 가장 획기적인 일임에 틀림없다. 그럼에도 말레이 세계의 이슬람화 과정은 여러 측면에서 여전히 모호하다.

우선 이슬람 도래지가 불분명하다. 인도 북서부 구자라트가 유력한 후보지 중 하나로 거론되는 가운데, 학자들은 인도 남서부 말라바르 해안, 인도 남동부 코로만델 그리고 아랍 등지를 이슬람 전파의 발원지로 꼽기도 한다.

말레이 세계에 이슬람이 유입되기 시작한 시기 또한 명확하게 알려져 있지 않다. 수마트라 북부 지역의 사무드라 왕국 초대 이슬람 통치자인 말리크 알살리의 무덤이 말레이 세계에 이슬람 왕국이 존재했다는 사실을 보여 주는 가장 오래된 물증이다. 하지만 이는 수마트라 북부 지역이 최소한 13세기 말부터 이슬람 군주의 통치를 받았음을 나타낼 뿐, 이 지역에 이슬람이 유입된 구체적인 시기는 여전히 모호한 채로 남아 있다.

　말레이반도의 이슬람화와 관련해 1403년에 성립한 믈라카 왕국이 말레이 세계 무역 중심지로 발전하면서, 이 지역 내외에서 무슬림 상인의 빈번한 왕래가 이루어졌다. 이로써 15세기 중에 이슬람 전파가 자연스럽게 시작되었다고 한다. 1621년에 집필된 믈라카 왕국에 대한 역사 기록인《스자라 믈라유》는 왕의 개종에 관한 이야기를 전하고 있다. 이에 따르면 이 왕국에서 이슬람 전파는 외국 출신의 무슬림 혹은 수피 선교사에 의해서 이루어졌으며, 개종 과정에선 초자연적인 힘이 작용했다고 한다. 이 기록에서 또 하나의 시사점은 이슬람이 지배 계층에서 시작되어 점차 일반 백성 사이에 대중화되었다는 것이다.

　말레이반도 9명의 술탄이 지배하는 각각의 영지인 느그리에서는 이슬람을 공식적으로 수용한 시기가 각각 다르다고 알려져 있다. 믈라카 왕국의 태조인 파라메스와라(재위 1403~1424)가 재위 중 술탄 이스칸다르 샤로 개명한 사실로 보아 1409년에 믈라카 왕국이 이슬람을 받아들여 말레이반도에서 최초의 술탄 왕국이 되었다는 주장은 신빙성 있어 보인다. 다른 느그리(크다, 켈란탄, 트렝가누, 페를리스, 슬랑오르, 파항)는 모두 대략 15세기 후반에, 페락과 조호르는 16세기 중에, 느그리 슴빌란은 18세기 후반에 이슬람을 공식적으로 수용했다고 알려져 있다. 따라서 오늘날 말레이시아의 국교인 이슬람은 15세기 초 믈라카 왕국의 성립과 함께 말레이반도로 유입되어 18세기 후반에 이르러 이 지역 전역의 종교로 자리 잡았다고 요약할 수 있다.

이슬람과 말레이 민족의식 발전

영국은 1874년에 페락 술탄과 팡코르 조약을 체결한 뒤 1919년까지 전 말레이반도를 점진적으로 예속시켜 영국령 말라야(이하 말라야)로 전환시키는 데 성공했다.

식민 지배하에서 말레이시아 현대사의 전개와 관련해 가장 두드러진 사회 변화 중 하나는 말레이반도로 중국인과 인도인이 대대적으로 유입된 것이다. 사실상 반도의 말레이인과 다른 민족 집단과의 관계는 매우 오랜 역사를 가지고 있다. 말레이반도가 지리적으로 동양과 서양 간 주요한 해상 교역로인 믈라카 해협에 연해 있는 까닭에, 오래전부터 중국, 인도, 아랍 등의 상인과 빈번하게 교류했다. 그러나 오늘날 말레이시아 다민족 사회의 형성은 20세기 초엽까지 영국의 식민 지배하에서 이루어졌다.

영국 식민지 정부는 '말레이 우대 정책'이라는 미명하에 이민족을 일시적인 체류자로 규정한 반면, 말레이인을 말레이반도의 주인으로 대우했다. 따라서 말레이 술탄의 형식적, 의례적 지위를 보장하고, 말레이인의 전통적인 사회와 문화를 보호한다는 명분 아래 말레이인 대부분을 농촌에 머물게 하는 정책을 취했다. 이러한 영국의 정책은 이민족, 특히 중국인에게 식민지 경제 체제의 실질적인 하부 담당자로서 근대화의 혜택과 함께 경제적 부를 축적할 수 있는 기회를 주었다. 반면 말레이인을 근대화의 흐름에서 소외시킴으로써 말레이 사회의 '화석화'에 기여했다. 식민 지배하의 이러한 사회 변동, 특히 중국인의 경제적 침탈에 직면해 대립과 갈등을 겪으면서 말레이인은 이슬람을 통해 자신들의 인종적 민족의식을 강화했다. 이후 지속적인 역사 전개 과정에서 이슬람은 말레이인의 민족 정체성과 동전의 양면처럼 불가분의 관계로 발전했다.

전후 말라야에 대한 확고한 재식민화를 노리던 영국은 1945년 10월 말레이 술탄제의 폐지, 총독이 직접 통치하는 강력한 단일 식민지 체제로의 개편, 말라야의 모든 이민족에게 말레이인과 동등한 시민권 부여를 골자로 하는 〈말라야 연합안〉을 발표했다. 이 새로운 안은 제2차 세계대전 이전에 '말라야는 말레이인의 나라'라고 강조하던 말레이 우대 정책에서 완전히 이탈하는 것으로, 말레이인에게 커다란 충격으로 받아들여졌다. 특히 이교도인 비말레이인에게 동등한 시민권을 부여하는 것과 말레이 무슬림의 정신적 구심점인 술탄제를 폐지하는 것은 말라야에서 말레이인이 그동안 누리던 전통적 특권을 박탈하는 혁명적인 조치였다. 이 안은 처음부터 연합 말레이민족기구(이하 UMNO)를 중심으로 결속된 말레이인의 강력한 반대에 부딪쳤다. 결국 영국 식민지 정부는 1948년에 말라야 연합을 철회하고 말레이인의 의견을 전폭적으로 수용한 말라야 연방을 도입했다.

대다수의 말레이인은 1948년 말라야 연방의 출범을 말라야 독립을 향한 획기적인 모멘텀으로 생각했다. 〈말라야 연합안〉과 비교해 볼 때 〈말라야 연방안〉은 분명 머지않은 장래에 말라야의 정치적 독립을 약속하는 조항을 포함하고 있기 때문이었다. 따라서 1948년 말라야 연방의 출범과 함께 말라야의 정치 지도자들은 독립 획득을 위한 방안을 구체적으로 구상하기 시작했다.

다민족 사회인 말라야가 독립을 쟁취하려면 무엇보다도 비말레인, 즉 중국인과 인도인 사회의 협조가 필요했다. 온건 보수적인 중국인 사회를 대표하는 정치 단체인 말라야중국인협회(이하 MCA) 의장인 탄쳉록 역시 압둘 라만과 마찬가지로 말라야의 독립을 위해 다민족 사회를 하나의 통합된 사회로 만들려는 강한 의지를 갖고 있었다. 1953년 초까지 UMNO와 MCA 간에 정치적 유대가 점차 강화됨에 따라 다민족 간 통합을 통한 말라야의 독립 획득 노력은 새로운 전기를 맞았다. 영국 식민지 정부가 말라야의 독립을 위한 구체적인 준비 작업의 일환으로 1955년에 연방 입법 의회 선거를 치를 것이라고 발표한 것이다.

말라야의 모든 정당들은 52석의 입법 의원 선거에 대비해 그들의 정치적 역량을 총동원하기 시작했다. 1954년 12월에 UMNO-MCA 동맹에 또 다른 온건 보수 세력인 말라야인도인의회(이하 MIC)가 가세해 UMNO-MCA-MIC 동맹당(이하 동맹당)이 결성됐다. 1955년 7월 27일에 치른 연방 입법 의회 선거는 동맹당의 압승으로 막을 내렸다.

1955년 선거에서 동맹당이 압승을 거두자 말라야 정치 지도자들은 독립 획득에 박차를 가하기 시작했다. 1955년 12월 말에 개최된 UMNO 총회에서 압둘 라만을 중심으로 한 말레이 정치 지도자들은 늦어도 1957년 8월 31일까지 말라야의 독립을 획득할 것을 서약했다. 이 서약을 바탕으로 추진된 말라야의 독립 획득 노력은 1956년 6월 독립 말라야의 헌법안을 마련할 리드 제헌 위원회 구성으로 가시화됐다.

이 위원회가 〈메르데카 헌법〉 최종안을 준비하는 동안 독립 후 말라야에서 말레이인의 특별한 지위 보장, 입헌 군주로서 술탄의 지위와 권한, 언어 및 시민권 등 민감한 이슈들이 부각됐다. 각각의 민족 집단을 대표하는 UMNO, MCA, MIC의 정치 지도자들이 곧 협상에 돌입했다. 그리고 다음과 같은 내용들을 헌법 조항에 명문화함으로써 그들의 협상이 원만히 타결됐다.

① 말레이인 전통적인 특권 유지
② 말레이인의 정의
③ 국교로서의 이슬람

④ 입헌 군주로서 술탄의 지위와 권한 보장

⑤ 임기 5년 군주제인 술탄 아공제 신설

⑥ 독립 후 십 년간 말레이어와 영어를 공용어로 하고, 그 뒤엔 말레이어를 유일한 국어로 채택

⑦ 속지주의 원칙에 따라 독립 이후에 탄생하는 모든 중국인과 인도인에게 자동적으로 말라야 시민권 부여

⑧ 독립 이후 일정 기간 체류하고 말레이어를 습득한 비말레이인에게 말레이인과 동등한 자격의 시민권 부여

온건 보수적인 말레이인과 비말레이인 집단을 대표하는 UMNO, MCA, MIC 정치 지도자들이 가장 민감한 두 사안인 말레이인의 특별한 지위와 시민권을 서로 맞교환하는 협상을 함으로써 말라야는 1957년 8월 31일에 완전한 독립 국가가 되는 데 성공했다.

말라야 연방 헌법은 말레이인 정의를 통해 말레이인은 반드시 무슬림이어야 하며, 이슬람은 말레이인의 민족 정체성과 동전의 양면처럼 불가분의 관계임을 명시하고 있다. 더욱이 단일 국가로서 세계 최대의 무슬림 인구를 보유하고 있는 이웃 인도네시아가 이슬람을 국교로 정하고 있지 않은 반면, 말라야 연방 헌법은 다민족 사회임에도 이슬람을 국교로 지정하고 있다. 이 같은 사실은 단순히 헌법 차원을 넘어 전술한 바와 같이 말레이 민족의식의 발전과 깊은 연관을 맺고 있으며, 비말레이계의 문화적 다원성을 보장함에도 말레이계를 말라야의 전통적인 주인으로 우대하는 의미를 내포한다.

chapter 2

이슬람과 현대 말레이시아

이슬람 부흥 운동

이슬람 부흥 운동은 1970년대 초 걸프 지역의 무슬림 인구가 지배적인 국가들을 중심으로 일기 시작해 전 세계 무슬림 사회로 확산되고 있는 현상이다. 말레이시아에서는 1970년대 초 이 운동의 영향을 받아 사회 전반에 이슬람 기풍을 강화하려는 이른바 '닥와 운동'이 시작됐다. '닥와'라는 용어는 '이슬람으로의 초대'를 의미하는 아랍어인 '다와'에서 유래됐다. 말레이시아에서 이 운동은 이슬람 경전인 꾸란과 하디스의 가르침에 따라 원래의 이슬람 정신으로 돌아가 이슬람을 '완전한 생활 방식(Ad deen)'으로 받들려는 종교적인 열망의 분출이다. 그렇다면 1970년대에 시작돼 최근까지 간단없이 지속되고 있는 말레이시아 이슬람 부흥 운동의 발전에는 어떤 내적인 동력이 작용해 왔을까?

1969년, 인종 집단 간 유혈 사태를 계기로 초대 수상인 툰쿠 압둘 라만에 이어 제 2대 수상에 오른 툰 압둘 라작은 1970년에 신경제 정책을 발표했다. 1971년부터 1990년까지 20년에 걸친 이 장기 개발 정책은 말레이 부르주아 계층의 육성 및 인종에 관계없는 빈곤 타파를 가장 중요한 목표로 설정했다.

전자의 목표를 달성하기 위한 한 하부 조치로 정부는 1971년에 대학 이상의 고등 교육 기관에 일정수의 말레이계 학생의 입학을 보장하는 인구 비례별 입학 정원 할당 제도를 도입했다. 그 결과 고등 교육 기관에서 말레이계 학생의 점유율은 1969년 35.6%에서 1980년 66.7%로 급증했다. 이들 대다수는 이슬람적 기풍이 강한 농촌 지역 출신으로, 비말레이계가 압도적인 새로운 도시 환경에 적응하는 데 어려움을 겪으며 소외감을 경험했다. 또한 그들은 중등 교육까지 말레이어로 교육받아 영어 구사력이 매우 제한적이었다. 정부 교육 정책에 따라 대학의 교수어가 말레이어로 교체되었다 할지라도 1970년대 초 학내에서뿐만 아니라 주요 공공 기관에서 여전히 영어의 사용이 보다 일반적이었다. 이런 과도기적 상황에서 그들은 전 세대의 말레이계나 비말레이계와 동등한 경쟁을 할 수가 없었다. 이러한 소외감과 열등감으로 불만이 고조되고 있던 말레이계 학생들에게 '민족과 종교'라는 슬로건을 바탕으로 급속도로 확산되기 시작한 이슬람 부흥 운동은 불만과 불안감을 해소시켜 줄 유용한 채널이었다.

신경제 정책에 힘입어 1970년대 초부터 많은 말레이계 학생들이 호주, 영국, 캐나다, 미국 등지로 유학을 떠났다. 그들은 서구의 낯선 환경 속에서 문화 충격을 경험하는 한편, 당시 이슬람 부흥 운동이 거세게 불고 있던 파키스탄, 리비아, 사우디아라비아 등의 국가에서 유학 온 학생들과 조직적으로 접촉하면서 서구 문명에 대한 회의 의식이 강화됐다. 말레이시아 현대화의 첨병 역할을 기대했던 정부의 의도와는 달리 그들은 귀국 직후 닥와 단체에 가담해 이슬람 부흥 운동 확산에 크게 기여했다.

1970년대 정부의 이주 정책에 따라 수도인 쿠알라룸푸르 등 대도시로 거처를 옮긴 비교적 저학력 말레이계 대다수가 공장 근로자 또는 관공서 하급 노무직에 종사하면서 도시 외곽 빈민촌에 거주했다. 그들은 도시의 낯선 생활 환경, 저임금 및 실업으로 소외감과 경제적 어려움의 이중고에 시달렸다. 신경제 정책이 시작된 1970년대 통계에 따르면 정부 의도대로 인종 집단 간, 즉 말레이계와 비말레이계 간 소득 격차는 감소한 반면, 인종 집단 내, 즉 말레이계 내에서의 소득 격차는 증대됐다. 이러한 빈부 격차의 증가로 상대적인 박탈감이 생겼음에도 말레이계 도시 빈민층은 자신의 불만을 표출할 수 있는 채널을 갖고 있지 못했다. 이러한 가운데 정부의 신경제 정책을 비난하며 여당인 UMNO와 차별적으로 말레이계 빈민층의 대변자를 자처하는 이슬람 야당인 범말레이시아이슬람당(이하 PAS)과 닥와 단체들이 말레이계 도시 빈민층을 결집시키면서 이슬람 부흥 운동의 세가 더욱 확대되었다.

1970년대 초부터 말레이시아 이슬람 부흥 운동을 이끌어 온 주요 닥와 단체로는 말레이시아 이슬람청년운동(이하 ABIM), 다룰 아르콤, 자마트 타블리 등을 꼽을 수 있다. ABIM은 1960년대 말라야 대학의 주요 학생 단체였던 말레이언어사회와 말레이시아이슬람학생협회를 이끌던 핵심 인물들이 1971년 결성했다. ABIM은 1974년부터 1982년까지 안와르 이브라힘이 의장으로 재직한 9년 동안 주로 15~40세의 도시 청년, 대학생 그리고 전문직 지식층을 포함한 약 4만 명에 달하는 회원을 확보해 이슬람적 기풍을 강화하는 활발한 활동을 전개했다.

다룰 아르콤은 1968년에 셀랑고르의 한 국립 학교 종교 선생이었던 우스타즈 아샤리 무하마드가 설립했다. 이 단체는 1972년 쿠알라룸푸르 외곽 지역인 숭에이 뻰짤라에 선지자 무함마드의 메카 이슬람 공동체를 모델로 한 무슬림 집단 거주지인 신앙촌을 건설하면서 본격적인 활동을 시작했다. 이슬람에 대한 새로운 접근 방식을 통해 다룰 아르쾀은 1970년대 말까지 수만 명의 추종자를 확보하며 ABIM과 함께 말레이시아의 주요 닥와 단체로 부상했다. ABIM과 달리 다룰 아르쾀은 비정치적인 단체를 표방하며 무슬림 사회의 자급자족을 통한 경제 자립을 강조했다.

자마트 타블리는 말레이시아의 자생적인 닥와 단체가 아니다. 이 단체는 1920년대 인도에서 결성되어 현재 델리에 본부를 두고 있는 전 세계적인 이슬람 선교 단체로, 1950년대 인도 선교사들에 의해 말레이시아에 자리 잡았다. 1960년대까지는 주로 말레이시아의 인도인 남성을 대상으로 선교 활동을 했고, 1970년대 초 말레이시아 이슬람 부흥 운동 기류에 편승해 서서히 말레이 사회에 침투하기 시작했다. 다른 닥와 단체들과 달리 자마트 타블리는 정부 정책을 비판하는 등의 적극적인 현실 참여보다는 알라와의 교감을 위해 명상을 강조하면서 부드러운 설득을 통한 선교 방식을 택하고 있다. 그 결과 온건한 닥와 단체를 선호하는 농촌 종교 지도자(울라마)의 지지를 바탕으로 케다, 켈란탄의 농촌 지역에서 많은 추종자를 확보했다.

1970년대 초부터 지속적으로 전개되고 있는 이슬람 부흥 운동과 이에 대한 정부의 대응 정책으로 말레이시아는 최근 30여 년 동안 정치, 경제, 사회, 문화 등 사회 전반에 걸쳐 지대한 변동을 경험하고 있다. 따라서 이 운동은 현대 말레이시아 사회의 변화 양상을 설명하고 미래를 예측하려는 학자 사이에서 가장 자주 거론되는 주제 중 하나이다.

말레이시아 사회의 변동

정치

이슬람 부흥 운동에 편승해 지지층 확산을 노리던 PAS의 행보는 말레이시아 정부를 정치적으로 곤경에 처하게 했다. 연립 여당인 민족 전선 내에서 주도권을 장악하고 있는 UMNO의 주 지지층이 말레이계 무슬림인 까닭에 PAS의 도전에 직면해 그들의 권익을 대변하는 제1 정당으로 지속적으로 인정받으려면 사회 전반에 확산되고 있는 이슬람화에 무관심할 수 없는 반면, 이 현상을 우려하는 비무슬림의 정서 또한 무시할 수 없었다.

1981년 7월 출범 직후, 마하티르 정부는 '이슬람에서 발전의 개념'이란 주제로 대규모 세미나를 개최했다. 이 세미나에서 도출된 결론은 정부 이슬람 정책의 토대가 됐다. 이를 바탕으로 1984년에 마하티르 수상은 '정부 기관의 이슬람화'를 공식적으로 선포하고 UMNO의 세속적인 이미지 탈피를 통해 변신을 시도했다. 이에 따라 마하티르와 UMNO 지도자들은 말레이 사회의 이슬람적 기풍 강화가 설립 이후 줄곧 당의 목표였을 뿐만 아니라 UMNO가 말레이시아에서 가장 오래된 그리고 전 세계에서 세 번째로 큰 규모의 이슬람 정당이라고 주장했다. 또한 UMNO가 지향하는 세 가지 주요 목표가 말레이계의 권익, 이슬람, 국가의 보호라는 점을 강조했다.

다른 한편 UMNO는 닥와 단체의 영향력 있는 지도자들을 영입하는 데 공을 들였다. 대표적인 예로 1982년에 마하티르는 ABIM의 카리스마적 지도자인 안와르 이브라힘을 UMNO로 영입하는 데 성공했다. 입당 직후 1982년 총선에서 안와르 이브라힘은 PAS를 견제하는 UMNO 캠페인에서 핵심 역할을 담당하며 마하티르의 두터운 신임을 얻었다. 그러는 동안

ABIM 지도자들은 분열 양상을 보이기 시작했다. 그의 정치적 행보에 실망한 추종자들은 ABIM을 떠나 PAS에 대거 합류한 반면, 잔류한 지도자들은 안와르 이브라힘을 따라 UMNO의 이슬람화 정책에 합류해 정부의 이슬람 기관에 종사했다.

경제

경제적인 측면에서 마하티르는 어떠한 경제적인 발전도 정신적인 발전을 저해해서는 안 되며, 따라서 이슬람적 가치의 희생 없이 도덕적으로 건전한 현대화된 사회의 건설이 필요하다고 역설했다. 그럼에도 PAS와 닥와 단체들은 정부 경제 정책이 서구의 세속적인 모델을 표방하고 있다고 비난했다. 이러한 도전에 직면해 이슬람 국가들이 대안적인 경제 발전 모델을 제공할 수 없는 상황에서 마하티르 정부는 비록 이슬람 국가는 아닐지라도 PAS와 닥와 단체들에게 비교적 거부감이 덜한 동양의 선진국인 일본과 한국의 경제 발전 모델을 도입한다는 취지하에 동방 정책을 추진하게 되었다.

1983년, 부수상 무사 히탐은 정부의 경제 발전을 위한 이슬람적 프로젝트는 이슬람이 현대의 필요에 적응할 수 있는 종교임을 입증하는 데 중점을 두고 있음을 역설했다. 이러한 취지를 실천하고자 정부는 이슬람 은행, 말레이시아 이슬람 개발 재단, 이슬람 보험 회사 등의 경제 기관을 설립했다.

문화

이 밖에도 이슬람 부흥 운동과 UMNO 정부의 이슬람화 정책의 여파로 말레이시아는 최근 30여 년 동안 사회, 문화, 법 제도 등 다방면에 걸쳐 큰 변화를 경험했다. 사회적으로 이성 간 분리의 강화가 눈에 띄는 현상이다. 이슬람법에 따라 남녀 간에 직접적인 성적 관계가 없더라도 폐쇄된 공간에 함께 있는 것을 '칼왓(부정적 신체 접촉)'으로 간주해 처벌할 뿐만 아니라 종교 토론 또는 종교 강연 시에 사원, 예배소, 가정 등 장소에 관계없이 남녀 간 분리를 엄격히 시행하고 있다.

1970년대 이전 말레이시아 무슬림은 꾸란에 명시된 돼지고기, 알코올음료 등 금기 음식만을 피하는 것이 일반적이었다. 그러나 이슬람 부흥 운동의 영향으로 닥와 무슬림들은 음식 또는 식품에 대해 할랄과 하람의 기준을 강화하고 있다. 그 결과 과자류, 프라이드치킨, 프렌치프라이 등 대중적인 패스트푸드에 돼지기름이 혼합된 요리 기름을 사용하는 데 민감한 관심을 기울이고 있다. 또한 말레이시아에서 비무슬림이 식품 사업에 참여하려면 반드시 사전에 할랄 인증서를 취득해야 할 뿐만 아니라 무슬림을 고객으로 하는 비무슬림이 운영하는 모든 음식점에 예외 없이 '디땅궁 할랄(할랄 음식임을 보장하는)'이란 문구의 표지를 설치해야 한다.

이슬람 부흥 운동은 1970년대 말레이시아 문학계에 '이슬람 문학'이란 새로운 용어를 탄생시키며 말레이 작가들의 문학 활동에도 지대한 영향을 미쳤다. 처음에는 일반적으로 '이슬람적 요소를 포함하는 문학'으로 인식된 이 용어는 1976년 5월 말레이시아이슬람작가협회(GAPIM)가 창립되고, 저명한 작가인 샤논 아흐맛이 그동안 자신의 문학 작품을 '쓸모없는' 것이라 천명하면서 구체적인 의미를 띠기 시작했다. 그의 주장에 따르면 이슬람 문학은 반드시 무슬림의 창작이며, 독자가 알라의 가르침에 보다 충실하도록 유도하는 데 그 목적을 두어야 한다는 것이다. 이러한 이슬람 문학의 개념이 말레이시아 문학계에서 통용성을 갖게 되면서 이슬람 문학은 닥와 단체뿐만 아니라 정부로부터 적극적인 후원을 받게 됐다. 이로써 이슬람 시의 밤과 최고의 이슬람 소설을 위한 시상식이 정기적으로 개최되고 있다.

이슬람 부흥 운동은 또한 말레이 사회의 전통 예술 분야에도 영향을 미쳤다. 닥와 무슬림들은 와양 쿨릿(그림자 인형극), 방사완(무용극), 마인 푸트리(켈란탄과 트렝가누의 치병을 위한 일종의 무당 굿) 등 전통 예술이 비이슬람적, 즉 애니미즘 또는 힌두, 불교적인 요소들을 포함하고 있다는 이유로 반대한다. 그 결과 전통 예술의 명맥이 약화되면서 사실상 고사 위기에 처해 있다. 한 예로 1960년대 중반 켈란탄에서 300여 명에 이르던 달랑(그림자 인형극에서 꼭두각시를 부리는 사람)의 수가 1970년대 중반에 100명 이하로 현저히 감소했다. 전통 문화의 소멸을 염려하는 연방 정부가 달랑의 예술을 적극 장려함에도 그들의 수는 계속해서 감소하고 있는 추세이다.

2
베트남

안경환 조선대학교 영어과

■ **국가 개황**

· 국명: 베트남 사회주의 공화국(Socialist Republic of Vietnam)

· 국가 체제: 사회주의 공화정

· 언어: 베트남어

· 인구: 96,491,146명(유엔, 2018)

· 종교 분포: 불교 7.93%, 천주교 6.62%, 기독교 0.86%, 까오다이교 1.01%, 호 아하오교 1.67%, 이슬람교 0.075%, 무교 81.84%

■

베트남은 인도차이나반도 동쪽 끝에 위치해 있다. 북쪽은 중국과 국경을 접하고, 동쪽으로는 남중국해, 남서쪽은 태국만으로 해안선을 접하고 있다. 인구는 약 9,500만 명(2016년 기준)의 사회주의 국가이다. 국토 면적은 330,957.6㎢로 한반도의 약 1.5배에 달한다.

베트남은 세계에서 가장 강인한 나라 가운데 하나이다. 세계 인류 역사상 가장 큰 제국을 건설했던 원나라의 침략을 세 차례나 막아 낸 유일한 나라이기 때문이다. 원나라는 중국 중원은 물론, 만주, 한반도, 중앙아시아, 서남아시아(이란), 동유럽(폴란드), 러시아 남부(조지아, 아르메니아)에 이르는 광대한 영토를 경영했던 제국이었지만, 남쪽으로 국경을 접하고 있는 베트남을 1258년, 1285년, 1288년 등 세 차례에 걸쳐 침략했고 모두 실패했다. 또한 1858년 프랑스의 베트남 침공으로 시작된 프랑스의 식민 지배를 종식시키고자 호찌민 주석이 이끄는 베트남군은 1954년 5월 7일 라오스와의 국경 근처에 있는 난공불락의 프랑스 요새 디엔비엔푸에서 대승을 거둠으로써 1946년에 시작된 제1차 인도차이나 전쟁을 승리로 이끌고 독립을 쟁취했다. 이에 1954년 7월 20일 체결된 제네바 협정에 따라 프랑스는 베트남에서 철수했고, 베트남은 북위 17도 선을 경계로 남북으로 분단됐다. 분단 후 북부는 호찌민 정부가 통치하고, 남부는 프랑스가 내세운 바오다이 황제 체제를 유지했다. 미국은 남부 베트남의 공산화를 막으려고 강력한 군사 지원을 해 주었으나 북부 베트남은 1975년 4월 30일 남부 베트남을 무력으로 통일하면서 미국에 실패를 안겨 준 첫 번째 국가가 됐다. 북부 베트남 주도로 베트남이 통일되면서 남부 베트남을 지원하고자 군대를 파병했던 한국은 베트남과의 외교 관계가 단절됐다. 17년 8개월 동안 단절되었던 베트남과 한국 간 외교 관계는 1992년 12월 22일에 이르러서야 정상화됐으며, 현재는 '21세기 전략적 협력 동반자 관계'로 발전했다. 베트남은 아시아에서 한류의 진원지이며, 저임금과 풍부한 노동력으로 한국 기업이 가장 선호하는 투자 대상 국가로 부상했다.

베트남이라는 국호는 19세기 초에 처음으로 사용되었는데, 그 유래는 다음과 같다. 남비엣(南越, 남월)은 기원전 207년 찌에우다(趙佗)가 중국 광동성과 광시성 일대를 중심으로 세운 국가로, 찌에우다는 스스로를 무왕(武王)이라 칭하고 어우락국을 침공했다. 1802년, 베트남 마지막 왕조인 응우옌(阮) 왕조를 세운 자롱 황제는 국호를 남비엣으로 하고자 청나라의 승인을 요청했으나, 청나라 황제는 남비엣의 앞뒤 글자를 바꾸어 비엣남(越南)으로 했고, 이로써 베트남(越南)이란 나라 이름이 탄생했다. 청나라가 남비엣을 거부한 이유는 찌에우다가 중국 사람이지만 중국 남방과 북부 베트남의 홍하 델타에 이르는 지역에 남비엣이라는 나라를 세우고 한(漢)나라와 대등한 독립 왕조임을 주장했던 사람이었으며, 응우옌 왕조를 세운 자롱 황제는 이 역사성을 부각시켜 중국 영토를 넘보는 야심가로 여겼기 때문이다. 즉 찌에우다는 중국 관리로 시작해 중국과 대립하는 왕조를 세운 인물로, 중국에서는 이단자로 보았으나 베트남에서는 중국의 침략에 대항한 위대한 황제로 숭배했다. 기원전 137년 찌에우다가 사망하자 한나라와의 균형이 깨지고, 기원전 111년 한 무제의 공략으로 멸망했다.

chapter 1

이슬람 역사

이슬람 현황

54개 민족으로 구성된 다민족 국가 베트남은 서양과 동양의 문화, 동북아 문화, 동남아 문화 등이 교차하는 중간 지대에 위치해 있다.

기원전 111년부터 시작된 중국의 베트남 지배는 938년 응오꾸엔(吳權)이 남한(南漢) 군사를 바익당강 전투에서 물리치고 독립 왕조를 세울 때까지 무려 11세기 동안이나 지속됐다. 이로써 베트남은 중국 문화의 깊은 영향을 받았다.

중남부에 위치해 있던 찌엠타인의 주요 거주민은 베트남의 53개 소수 민족 가운데 짬족이었다. 짬족은 이슬람을 신봉하고 인도 문화의 영향을 깊게 받은 민족이다. 찌엠타인의 옛 이름은 192년에 수립된 럼업으로, 호안브엉(環王)으로 부르기도 하였는데, 9세기 이후에 출현한 국가로 보고 있다.* 찌엠타인의 영토는 북위 8~20도 선을 경계로 팽창과 축소, 통일과 분열을 거듭했다. 이 지역은 쯔엉선산맥으로부터 남쪽 바다에 이르는 지역으로 기후가 건조하고 평야가 좁다. 이에 짬족은 다이비엣(大越, 11세기 당시 베트남의 옛 이름) 북부의 비옥한 땅이나 서남부 지역의 크메르 민족이 거주하는 마을을 약탈하여 부족한 식량을 해결했다.

말레이족 역시 찌엠타인을 여러 번 침략했는데, 767년부터 말라카반도의 여러 부족으로 구성된 혼합군은 북부 베트남과 남부 지역을 수차례 침략했다. 남부에서는 당시 호안브엉으로 국호를 개칭했던 럼업국을 빼앗았다. 787년에는 말레이족 전선이 찌엠타인을 침략해 판랑에 있는 다짱산 근방의 끄리 바드라히빠띡바라 사당이 소실되기도 했다. 그러나 종교와 언어, 종족의 연관성은 두 민족을 밀접하게 하여 찌엠타인 국왕인 자야 신하바르만 제3세 쩨만은 말레이족 공주와 혼인했다. 이런 연유로 1318년 베트남 왕국 다이비엣 군대가 침략하자 찌엠타인의 국왕 쩨낭은 외가인 자바로 피신했던 것이다.

종족 기원이나 신체상 특징으로 볼 때, 짬족은 인도네시아 혈통이다. 그 바탕 위에 서양적인 요소와 북인도적인 요소가 혼입됐고, 인종적, 문화적으로도 혼합됐다. 16세기 이후 베트남 조정의 지속적인 남진 정책으로 남부를 장악하고 있던 찌엠타인은 베트남에 병합되고 말았다.**

프랑스가 인도차이나 3개국인 베트남, 캄보디아, 라오스를 식민 통치하던 19세기 중반 이후 캄보디아에 거주하던 짬족 무슬림이 메콩강 유역으로 많이 이주했는데 이것이 남부 베트남에 무슬림 공동 사회가 발전하는 요인이 됐다.

현재 베트남의 이슬람은 지리적 여건, 전파 경로, 이슬람 세계와 짬족의 교류 조건에 따라 두 그룹으로 구분할 수 있다. 베트남 중부의 닌투언과 빈투언 지역을 중심으로 한 짬 바니(Cham Ba Ni) 이슬람과 베트남 남부의 안지앙, 떠이닌, 빈즈엉, 빈프억, 동나이, 호찌민시를 중심으로 하는 짬 이슬람으로 대별할 수 있다.

짬 바니 이슬람은 베트남의 토착 종교와 미신적 생활 요소가 혼합되어 정통 이슬람과는 거리가 멀고, 모계 사회 제도, 농업의 주기와 의식, 풍습에 부합하게 변화했고 세계 이슬람과의 교류도 없었다. 때문에 바니 이슬람은 베트남에만 존재하는 독특한 이슬람이라고 말할 수 있다.

현재 베트남 54개 민족 가운데 짬족은 약 9만 9천 명 정도로 대부분이 무슬림이지만,[***] 전체 인구 9,700만 명 가운데 차지하는 비중이 극히 미미하기 때문에 베트남에서는 이슬람교의 영향력이 크지 않고 대중으로부터도 주목받지 못하고 있다.

이슬람의 전래

이슬람이 처음 짬족에 전래된 시기에 대해서는 세 가지 학설이 있다.

첫째, 11세기에 유입됐으나 15세기 말에 이르러 비로소 이슬람을 신봉하게 되었다는 주장이다.[****] 둘째, 15세기에 말레이 상인을 따라 짬족의 작은 한 집단(오늘날의 닌투언 지역)으로 유입되었고 최초에는 바니교 또는 구

---

[*]   Luận, 24
[**]   양승윤 외, 376
[***]   Liên, Ninh, 127
[****] Thêm, 426

회교라고 했다는 것[*]이다. 마지막은 프랑스 학자 J. P. 루가 주장한 것이다. 그는 이슬람이 터키 병사, 아프가니스탄 및 이란 사람에 의해 인도로 전파되었으며, 8세기 인도 귀족들로부터 배척받다가 1193년에 델리가 비로소 동양의 이슬람 중심지가 되면서 이후 인도 상인들에 의해 수마트라를 선두로 말레이시아, 자바에 전파됐을 것으로 추측했다.[**] 1385년에 이 지역에 술탄이 세워졌으나 16세기에 포르투갈의 침략을 받았고,[***] 그 후 필리핀, 태국, 인도차이나반도로 전파되었다고 주장한다.[****]

베트남에 이슬람이 전래된 것은 엄격히 말해 베트남에 전래된 것이 아니라 현재 베트남 남부 지역에 독자적인 국가를 이루고 있었던 찌엠타인에 전래됐던 것이고, 베트남은 찌엠타인을 정벌해 자국 영토에 편입시켰다고 보는 것이 정확하다. 베트남은 문화적으로 중국 문화에 깊은 영향을 받았고, 베트남 중남부의 짬족보다 모든 면에서 우월했다. 때문에 10세기 이후 수차례에 걸친 다이비엣과의 경쟁에서 패한 찌엠타인은 남으로 밀려날 수밖에 없었다.

[*]   양승윤 외, 379
[**]   Amold, 366
[***] Ahmad Shalbi, 473
[****] Luận, 1974, 55

chapter 2

이슬람 문화

가정

고대 짬족 사회는 모계 중심 사회였다. 거주지는 반드시 어머니를 따라야 했고 가정을 이룬 후에는 처가 마을 근처에 살아야 했다. 집은 처가에서 제공하는 대지에 새로이 지어 살고, 처가가 가난하면 신랑 집에서 집을 짓는 데 도움을 줄 수 있었다. 이후 사위가 죽으면 자식들은 어머니와 함께 살며, 부인이 죽으면 처가에서 사위에게 부인의 여동생을 소개해 준다. 사위가 처제와 재혼을 받아들이면 자녀들과 함께 그대로 살 수 있지만, 처제와 재혼을 원치 않으면 자녀들은 외조부모와 함께 산다. 그리고 사위는 처가를 떠나 친부모에게로 돌아가 함께 살고, 만약 친부모가 생존해 있지 않으면 막내 여동생에게 간다. 사위가 떠나야 할 처지라면 부인과 함께 사는 동안 일구었던 전답은 처가의 몫이 되며 처가가 자녀 양육권을 갖는다. 브라만교는 전통 짬족 사회에 영향을 끼쳐 계급 사회로 만들었고, 귀천의 계급은 모두 모친의 혈통을 따랐다. 계급 사회적인 유습은 오늘날까지도 결혼 풍습에 잔존해 있다. 신랑과 신부가 신분이 같으면 가장 이상적이다. 신부가 귀족이라면 천민 신랑을 얻을 수 있으나, 남자가 귀족이라면 천민 출신의 여자와는 결혼할 수 없다. 고대 짬족 사회에서는 여성의 권한이 강했다. 특히 집안에서 막내딸의 권한이 가장 컸다. 부모의 재산 상속권도 남자는 전혀 향유할 수 없었다. 부모가 아들을 사랑해서 개간한 땅을 일부 주었다 해도 아들이 죽으면, 그 땅은 여동생에게 되돌려 주어야 했고, 외삼촌이나 이모가 아들에게 재산을 물려주는 것에 대한 거부권을 가지고 있었다. 집안에서 막내딸은 누구보다도 부모의 재산을 가장 많이 상속받을 수 있는데, 이는 언니들에게는 출가할 때 이미 거주할 집을 지어 주었고 막내딸은 부모와 함께 살면서 봉양하느라 고생했기 때문이다.

한편 짬족 사회와 비교해 보면 이슬람은 부자간 혈통을 중시해 아버지 권한이 매우 크다. 자녀들은 아버지에 순종하고 아버지를 존경해야 하며, 아버지 앞에서 담배를 피워서는 안 된다. 딸은 아버지에게 떼를 써서는 안 된다. 출가시킬 때도 원칙적으로 딸의 의사를 타진할 필요가 없다. 하지만 짬족은 모계 사회의 고전적인 전통을 아직도 유지하고 있어서 모계 제도의 풍습에 따라 결혼하고 사위를 데려오는 의식을 행한다. 그리고 처가에 며칠간 묵은 뒤 본가로 되돌아간다. 신혼부부는 한 집에 살아도 부엌을 따로 쓴다. 전통 이슬람 풍습에 따르면 짬족 사회에 비해 무슬림 여성은 수동적 지위에 머무르기 때문에 여성은 남성의 의사에 순종해야 한다. 이런 영향 때문에 짬족 여자들의 사회적인 지위 또한 낮아 사회 활동에 참여하는 경우가 드물고, 주로 집안일이나 길쌈을 하거나 상업에 종사해 가계에 보탬이 되도록 하고 있다. 미혼 여성은 오후에만 문밖을 나설 수가 있다. 외출할 때에는 언제나 머리에 두건을 두르고 외출하고, 어른이 뒤따라 가며 남성과의 접촉을 막았다. 최근에는 베트남의 정치적인 변화로 짬족 무슬림 역시 남성과의 회합에 참석할 수 있게 되었으나, 외출 시에 두건을 두르고, 어른이 뒤따라가면서 감시를 하는 것에는 변함이 없다.

그러나 도시에서는 남성과 여성의 분별이 농촌처럼 철저하지 못하다. 그 이유는 농촌에서의 짬족 마을은 마을 단위가 협소하고, 집들이 가까이 붙어 있어 모든 생활에서 서로 밀접한 관계를 맺고 있는 반면, 도시 생활은 TV, 영화, 인터넷에 쉽게 노출되어 전통적인 풍습을 지켜 나가기가 쉽지 않기 때문이다.

짬족 무슬림 가족 제도도 모계 중심에서 부계 중심 사회로 전이 단계에 있다. 그러나 모계 중심 사회에 존재하던 여성의 권위나 권한은 짬족 무슬림 사회에 아직도 지속되고 있다.

이슬람 교리에 따르면 무슬림은 능력이 허락한다면 부인을 4명까지 얻을 수 있다. 그러나 짬족은 부인을 4명씩 두는 경우가 거의 없다. 단지 부인과 사별했을 경우에는 이혼한 여성이나 과부와 재혼하는데, 이 경우 장성한 자녀들을 쩌우독에 보내어 교리를 배우게 하거나 상업에 종사하게 해 계모와 떨어져 살도록 한다. 브라만교의 영향을 받은 전통 짬족 사회와 달리 짬족 무슬림은 계급으로 분류하지 않으며, 순례 여행을 다녀온 사람들을 '하지'라고 부른다.

일상생활

짬족 무슬림은 불결한 돼지기름이 붙어 있다며 주방 용기를 다른 사람들과 함께 사용하지 않는다. 또 앉아서 소변을 보고 글씨를 오른쪽에서 왼쪽으로 써 나간다. 헐렁한 긴 치마와 바지를 입고, 머리에는 여러 가지 색깔의 두건을 두른다. 이런 특이한 관습을 갖고 있으니 의상 등의 외부 모습으로는 캄보디아나 말레이족과 구분하기가 쉽지 않다.

짬족은 길에서 어른을 만나면 예절 바르게 인사를 한다. 여성이 찾아오면 주인 남자가 마중을 나갈 수 없다. 사원이나 각종 회합에서는 나중에 온 사람이 먼저 온 사람에게 인사해야 한다. 인사를 할 때는 두 손을 내밀어 악수하지 않고, 손목부터 손가락 끝까지 서로 쓰다듬고 나서 연배가 비슷하면 오른손을 접어 손가락을 자기 가슴에 대고, 상대방이 연상이거나 존경을 표할 경우 손가락 끝을 이마에 댄다. 낯선 집을 방문하거나 사원과 같은 성스러운 장소에서는 신발을 벗고 소리가 나지 않도록 조용히 걸어야 한다. 앉는 위치는 출입문 바로 앞이 상석이다. 쩌우독 지방의 짬족 사람들은 베트남어와 말레이어를 함께 사용하고 아랍어도 어릴 때부터 배운다. 아랍어에 능통한 사람은 많지 않지만 비교적 정확한 발음을 구사하는데, 이는 예배 때 꾸란을 암송하기 때문이다. 예배할 경우 이외는 일상생활에서 아랍어를 사용하는 경우는 거의 없다.

음식과 금기 사항

이슬람 전통에 따라 무슬림이 먹지 말아야 할 음식으로는 저절로 죽은 동물의 피, 돼지고기, 소와 양의 기름, 날개가 있으면서 네발로 기어 다니는 짐승, 갈고리 발톱이 있으면서 동족을 잡아먹는 날짐승, 날개도 비늘도 없는 수중 생물 등이 있다. 짬족 무슬림도 이를 따른다. 또한 다른 무슬림들처럼 염소, 양, 닭, 오리 같은 가축을 잡을 때에는 '비스밀라(알라의 이름으로)', '알라 아크바르(알라는 위대하다)'라는 꾸란 구절을 세 번에서 일곱 번 암송해 동물의 목을 벨 수 있도록 하느님에게 고하고 나서 동물을 잡는다.[*] 반면 술은 꾸란에서 금지하고 있음에도 결혼식이나 사교에 있어 술이 필요한 자리에서 혹은 술을 제조하는 직업에 종사하는 사람들이 약간씩 마시는 것은 용인된다.

의복

무슬림인 짬족과 다른 소수 민족은 의생활 문화에 따라 구별이 가능하다. 중부 베트남 짬족 여성들은 검은색 천을 머리에 두르지만, 무슬림 짬족 여성은 면으로 된 수건을 두른다. 이는 무슬림 짬족 사회에서 반드시 필요한 것일 뿐만 아니라 강한 햇빛을 가려 피부색이 검어지는 것과 얼굴에 주름이 생기는 것을 막는 목적도 있다. 여성이 무슬림으로서 외출할 때 면 수건을 반드시 착용한다면, 남성은 보통 무슬림이 쓰는 카픽을 착용한다. 또한 중부 베트남 짬족 여성은 들에 나가 일할 때나 부엌에서 음식을 만들 때 베트남 전통 의상인 아오자이를 입는다. 하지만 무슬림 짬족 여성들은 간편한 파자마 형태의 옷 바바를 즐겨 입으며, 행사가 있을 때만 아오자이를 입는다. 남성은 청년층과 노년층이 입는 옷이 약간 다르다. 청년층은 서양 스타일의 의복을 입지만, 노년층은 말레이시아에서 유입된 전통 의상을 주로 입는다. 바지는 인도나 말레이인처럼 사롱을 즐겨 입는다.

[*] Luận, 1974, 91

chapter 3

현대 베트남의 이슬람

베트남 서남부와 호찌민시 일원에 거주하는 짬족은 모두 이슬람을 신봉한다. 말레이족이나 베트남 여성들은 짬족과 결혼하면 남편의 종교를 따른다. 그럼에도 정통 무슬림 사회 의례가 베트남 짬족에서는 제대로 지켜지지 않는다. 이는 짬족의 일상생활 속에 전통문화 습속이 잔존해 있고, 생활 환경의 영향으로 외부 무슬림과의 접촉이 빈번하지 않기 때문이다.

하지만 모계 사회의 전통적인 짬족 사회는 소멸되고, 하낌(면장급), 나엡(부면장급) 또는 알리(이장급)를 우두머리로 하는 기초 단위 사회가 조직됐다. 이들은 주민 선거에 의해 선출되며, 이슬람 교리에 밝아 주민 사이에 쟁론을 조정할 수 있고 주민들을 대신하여 행정 기관과 연락 책임을 맡는다.

베트남의 이슬람 사원

베트남에는 약 40개의 이슬람 사원과 사원보다 작은 규모의 수라오라고 하는 기도하는 곳이 25개 있다. 사원과 수라오는 주로 호찌민시, 안지앙 지방에 집중되어 있다.

호찌민시에서 가장 큰 사원은 자미아 알무슬림 사원으로 동주 사원이라고도 하며, 1935년 인도 무슬림이 건축했다. 알라흐만 사원에서는 주로 말레이시아와 인도네시아 사람들이 활동한다. 자미울 이슬라믹 사원은 짬족이 주로 활동하는 사원으로, 호찌민시 무슬림 공동체 사무실이 있다.

안지앙 지방에는 베트남에서 가장 큰 자미울 무슬림 사원이 있으며, 안지앙성 떤쩌우에 있는 무바라크 사원은 1750년에 건축된 최초의 이슬람 사원으로, 관광객에게 개방되어 있다. 역시 떤쩌우에 있는 자미울 알아즈하르 사원에는 이슬람 교리와 꾸란을 가르치는 학교가 있으며, 1960년대에 건축된 사원이다.

한편 하노이에는 북부 베트남에서 유일한 이슬람 사원인 자미아 알누르 사원이 있으며, 남부 호찌민시 인근 동나이성에는 누르 알 에산 사원이 있다.

짬족의 이슬람 사원

중부 베트남에 있는 $6m \times 8m$ 규모의 작은 이슬람 사원은 1915년경 파괴됐다.[*] 새로 건축된 사원은 지방마다 색다른 형태를 갖추고 있어 안과 밖 모두 정통 이슬람교 사원과는 다르다. 다만 서남부 지역의 짬족 무슬림

---

[*] Luận, 205

은 규모는 크지 않으나 사원 내부를 이슬람교 규율에 따라 만들었다. 통상 두 종류의 건축물이 있는데, 하나는 모스크로 신도들이 건물 후면에 있는 미흐랍을 마주 보고 메카를 향해 무릎 꿇고 절하도록 동, 서향을 따라 건축한다. 또 하나는 기도의 집으로 기도, 식사, 모임 등의 용도로 사용하기 때문에 일정한 방향을 따라 건축되지는 않으나 기도를 할 경우에 신도들은 서쪽을 향해 기도한다. 최근에는 모든 짬족 마을에 기도의 집이 있는데, 이를 '쭈어'라고 부른다. 쭈어는 절 또는 사원을 뜻한다.

교리 준수

이슬람 관습에 따라 무슬림은 하루 다섯 차례 예배를 보아야 한다. 그러나 짬족 무슬림들은 하루 다섯 차례가 아닌 세 차례만 예배를 드린다. 정오에 드리는 주흐르 예배, 오후 4시쯤에 드리는 아스르 예배, 오후 8시쯤에 드리는 이샤 예배이다. 기도 장소는 이슬람 관습대로 사원이나 혹은 개인 집이며 정결한 장소라면 어느 곳이든 무방하다.[*]

중부 베트남 지역의 짬족은 금식에 관해 옳지 않은 관념을 가지고 있다. 금식은 그루, 코팁, 이맘의 본분이라는 것이다. 이들은 모두 신도의 대표로 일정 기간 사원에서 꾸란을 공부하고 율법에 따라 먹고 마셔야 한다. 그러나 일반 신도는 라마단 기간 중에 식생활의 조화만 지키면 된다는 주장이다. 즉 물소고기, 돼지고기, 오리고기만 피하면 되고, 새우, 게, 생선은 낮에 먹어도 무방하다는 관념을 가지고 있다. 이에 반해 서남부 지역 짬족은 이슬람 관습에 보다 충실하기 때문에 라마단 기간에는 밤이 되면 이샤 예배에 참여하려고 노력한다. 그들은 라마단 기간 중 이샤 예배에 4번이 아니라 20~24번 또는 그 이상 참가해야 한다. 예배 후에는 꾸란 구절을 100번 읽는데, 신도 한 명이 앞에 나와 인도하고 읽은 횟수는 성지에서 사온 100개의 염주로 계산한다. 꾸란 읽기는 새벽 1~2시까지 이어지며, 끝나면 사원을 떠나 그룹별로 이슬람 지식이 많은 신도의 집으로 가서 신도 간에 교리 문답 시간을 갖는다. 이렇게 생활하면서 라마단 기간에는 해가 뜨기 전부터 아침에 일어날 때까지 겨우 두세 시간의 수면을 취한다. 부족한 수면은 낮 동안 어느 정도 보충한다.

베트남 서남부 지역 짬족은 보시를 철저히 행하지 못한다. 많은 사람들이 한 번도 보시를 행한 적이 없다고 시인한다. 보시란 당해 연도 수확량이나 이득에 따라 산정하며, 이득이 작거나 수확량이 충분치 못하면 보시를 안 해도 된다는 사고방식을 가지고 있다. 도시에 거주하는 짬족은 보시를 할 준비가 되어 있고, 보시를 하면 복을 받는다고 생각한다. 그럼에도 보시를 하는 사람은 매우 드물다.[**]

베트남에서 성지 순례를 수행하는 사람들은 많지 않다. 제2차 세계대전과 남북 베트남 통일 전쟁 그리고 사회주의 국가 체제로 바뀌면서 베트남 정부가 국민의 해외여행을 제한하고 있고, 막대한 성지 순례 비용 조달하기 어렵기 때문이다. 현재 베트남 서남부 지역 짬족 가운데 약 20명 정도의 성지 순례자가 있을 뿐이다.[***]

결론적으로 베트남에 이슬람이 도래한 것은 중남부 지역에 존속했던 찌엠타인이 베트남에 정복당함으로써 이슬람을 믿고 있던 찌엔타인 백성에

---

[*]   Luận, 211
[**]   Luận, 225~226
[***] Ánh, 124

의해 현재의 베트남에 전파된 것이다. 1471년 레 타인똥(聖宗)이 찌엠타인을 정복한 이후 짬족은 중남부 베트남에서 베트남 남서부와 캄보디아로 흩어졌다. 이러한 환경 변화는 그들 삶의 방식에 커다란 변화를 가져다주었으며, 말레이족과의 접촉을 통해 이슬람으로부터 깊은 영향을 받게 되었다.

베트남 중남부 짬족은 주로 말레이 상인과의 거래를 통해 이슬람 발생지인 중동과 간접적인 접촉을 시작했다. 이러한 접촉으로 이슬람이 베트남 영역으로 전래됐다. 베트남에 유입된 이슬람은 베트남과 중동 간 정치, 군사, 경제적 접촉을 통해 베트남 내에 정착하기 시작했다. 무슬림은 중부와 남부 베트남에 주로 정착했으며, 그들끼리 모여 거주하는 자치 구역을 만들었다. 무슬림은 자치 구역 내에 모스크를 세우고 이슬람의 가르침과 의식을 보존했다.

이슬람은 짬족을 중심으로 전파되었기에 베트남의 기타 민족이나 중국 지배 기간에 베트남을 통치하고 있던 중국인에게는 영향을 미치지 못했다. 11세기에 장기간 중국의 식민 지배를 받아 중국 문화의 영향으로 유교 문화가 깊이 뿌리박혀 있었기 때문에 오히려 베트남의 무슬림은 유교 문화에 동화하며 살게 됐다.

이후 베트남은 사회주의를 표방해 종교의 자유를 제한했다. 프랑스와의 독립 전쟁, 북위 17도선을 경계로 한 남북 분단, 미국의 지원을 받는 남부의 베트남 공화국을 해방시켜 베트남의 통일을 쟁취하기 위한 제2차 인도차이나 전쟁을 겪으면서 무슬림들은 여러 지역으로 흩어져서 살게 되었다. 이는 정통 이슬람과 다른 '베트남화'된 이슬람으로 변화한 계기가 되었다고 할 수 있다.

1975년 4월 30일 통일을 달성한 후 베트남 정부는 천주교, 기독교, 까오다이교, 호아호아교 등과 마찬가지로 이슬람에 대해서도 탄압을 가했다. 하지만 베트남에서 소수 민족인 짬족 위주의 이슬람은 교세가 크지 않다. 약 9만 9천 명에 불과한 짬족 문화는 소수 민족의 전통 문화 유지 계승 차원에서 베트남 정부로부터 보호될 것이며, 이슬람 역시 앞으로 탄압을 받는 일은 없을 것이다. 또한 짬족의 인구 점유율을 감안해 본다면, 향후에도 베트남에서 이슬람은 큰 영향을 발휘할 수 없을 것이다. 유교 문화의 전통이 깊고 자존심 강한 베트남 민족이 이슬람 문화를 수용하기는 어려울 것이기 때문이다.

3
브루나이

양승윤 한국외국어대학교 말레이 · 인도네시아어과

반다르스리브가완

■ 국가 개황

· 국명: 느가라 브루나이 다루살람(Negara Brunei Darussalam)

· 국가 체제: 전제 군주제

· 언어: 말레이어

· 인구: 434,076명(유엔, 2018)

· 종교 분포: 이슬람교 78.8%, 기독교 8.7%, 불교 7.8%

■

싱가포르에 이어 동남아에 또 다른 강소국이 있다. 이슬람 왕국 브루나이다. 인구는 43만 명, 국토 면적은 충청북도의 3분의 2 정도인 5,765㎢인데, 이마저도 동서로 완전히 분리되어 있다. 그러나 이 작은 나라는 모든 국민에게 풍요로운 복지를 제공하는 석유 부국이다. 개인 소득세가 없고, 의료 혜택이 무료이며, 60세가 되면 모든 국민에게 연금이 나온다. 교육도 무상으로 제공하며, 여건만 갖추면 해외 유학도 정부가 보장한다. 3천 명의 학부생과 600명의 석

박사 과정이 있는 왕립 브루나이 대학 교수 요원은 역사와 어문학 분야를 제외하고는 유럽과 호주의 유명 대학에서 최고로 우대해 초빙한다. 학생은 모두 자가용을 가지고 있는데, 집이 좀 멀다 싶으면 휘발유까지 학교에서 공짜로 넣어 준다.

일인당 국민 소득이 2014년에 이미 5만 달러를 넘어선 브루나이는 동남아에서 싱가포르 다음으로 인간 개발 지수가 높다. 2035년까지 실질 국민 소득과 삶의 질을 세계 10위권으로 진입시킨다는 장기 비전도 가지고 있다. 적은 인구를 제외하면, 선진국의 요건을 모두 갖춘 셈이다.

브루나이는 한국의 주요 에너지 공급국이기도 하다. 연간 10억 달러 규모의 LNG와 원유를 공급하는데, 중동에 비해 물류 비용이 훨씬 싸다는 이점이 있다. 막강한 국가 경제력을 바탕으로 브루나이는 동남아시아국가연합(ASEAN, 아세안)에서 이웃 강대국 간 이해관계를 조정하는 일을 도맡아 한다. 유럽에서는 영연방 일원으로, 중국과 일본에 대해서는 에너지 자원으로, 유엔에서도 미국의 협력으로 당당하게 강소국으로 대접받고 있다.

chapter 1

브루나이 역사와 이슬람

세계 최고(最古)의 이슬람 왕국 브루나이

1360년부터 오늘날까지 650년을 넘게 이슬람 절대 왕권을 굳건하게 유지하고 있는 브루나이는 대표적인 절대 군주국이며, 동남아뿐만 아니라 인류 역사상 유례를 찾아볼 수 없는 정통 이슬람 왕국이다. 오늘날 전 세계에서 가장 강력한 전제 군주국은 사우디아라비아로 알려져 있고, 사우디 국왕은 행정부 수장이자 종교 지도자로 입법부와 사법부까지 장악하고 절대 권력을 행사한다. 그런 사우디에 비해 상대적으로 덜 알려진 브루나이의 이슬람 왕권 체제도 사우디와 매우 유사하다고 평가된다.

동남아 고대 문헌에서는 브루나이 왕국의 기원으로 7세기경 브루나이강 유역에 무역 왕국이 존재했고, 9세기 이후에는 수마트라 스리위자야 왕국과 자바 마자파히트 왕국의 영향하에 있었다고 한다. 1360년경에 이르러 아왕 브타타르 왕이 이슬람으로 개종해 무하마드 샤 술탄으로 개명하면서 브루나이 이슬람 왕국의 역사가 시작됐다. 동남아에서 특히 플라유 문화권에서 명멸한 왕국의 구조와 통치 행태는 대체로 스리위자야 왕국의 불교와 마자파히트 왕국의 힌두교에서 영향을 받은 후 이슬람의 영향을 받았다는 것이 정설이다.

브루나이 왕국도 구조 면에서 15세기 말라카 이슬람 왕국의 구조와 매우 흡사하다. 정치 체제 면에서 술탄 휘하에 총리격인 와지르, 장관급인 펑이란 번다하라와 펑이란 트멩공 등이 있고, 그 아래에 지역을 담당하는 지방 장관과 마을 수장 등으로 잘 짜여진 이슬람 왕국의 통치 체제를 갖추고 있었다.

1511년, 포르투갈이 말라카를 점령하자 이곳에 몰려들었던 무슬림 상인들이 다른 무역항을 찾아 나섰는데, 이때부터 브루나이가 주요 무역항 중 하나로 부상했다. 동방으로 향하는 주요 거점이었던 바타비아(자카르타)와 마닐라의 중간 지점에 위치한 브루나이는 16세기에 말레이반도와 자바 등 동남아 여러 지역에서 교역을 통해 정치적 입지도 강화했다. 이로써 16~17세기에 플라유 문화권의 주요 왕국으로 부상했다. 전성기에 왕국 영토는 오늘날 사라왁과 사바를 포함하는 보르네오 북부 전 지역과 필리핀 남부까지 확대됐다.

브루나이는 포르투갈의 말라카 점령으로 엄청난 반사 이익을 얻었다. 광대한 인도네시아 군도의 중계 무역항으로 부상했을 뿐만 아니라, 동남아 군소 왕국과 중국 교역에서 포르투갈과 대등한 위치에 섰다. 보르네오 북부 지역 이외에는 영토적 야욕이 없었던 브루나이는 포르투갈에 위협이 되지 않았고, 대중국 교역에서도 공동의 이익을 취할 수 있었다. 포르투갈은 곧 브루나이에 무역관을 설치했고, 브루나이는 포르투갈 영향 아래 말라카와 마카오를 잇는 중계 무역항으로 진일보했다. 그리하여 17세기 중엽에는 해상 무역과 왕실 번영의 전성기를 누렸다.

해상 무역 쇠퇴와 새로운 부국의 길

18세기로 접어들면서 브루나이와 인접한 술루 왕국 등 두 이슬람 왕국은 쇠퇴의 길로 들어섰다. 말라카 해협과 자바해에 많은 무역항이 생겨났고, 이들은 무역상을 유치할 목적으로 오랜 세월 전통적으로 부과해 온 각종 세금을 면제해 주었다. 당연하게 유럽 상인이 가세해 새로운 항구로 더 좋은 상품을 싼 값에 공급했다. 싱가포르, 바타비아, 마닐라 등과 같은 무역항이 새롭게 부상했고, 브루나이와 술루 왕국을 방문하는 빈도가 크게 떨어지면서 세입은 큰 폭으로 감소했다. 경제적 쇠퇴는 왕실의 권력 투쟁으로 이어졌다. 1828년 오마르 알리 사이푸딘 2세(재위 1828~1852)가 술탄에 오르면서 지방 세력들이 들고 일어나기 시작했다. 1837년에 대규모 반란이 일어났고, 왕실이 속수무책인 와중에 한때 영국 식민 군대에 복무했던 제임스 브루크가 1839년 반란 진압에 성공했다. 브루크가(家)는 이 대가로 백인 왕국을 세워 3대 105년 동안(1841~1946) 사라왁을 통치했다.

영국은 1881년 프랑스와 독일의 동남아 진출을 저지할 목적으로 사바 지역에 영국 북보르네오 회사를 설립해 이 지역에 대한 직접 경략에 나섰다. 1888년에 이르러 영국은 브루나이 술탄 왕국과 보호 조약을 체결해 사라왁, 브루나이, 사바를 잇는 보르네오 북부 전 지역을 자국 관할 아래 두었으며, 1906년에는 이 지역의 행정 조직 현대화를 구실로 주재관을 파견하기 시작했다. 브루나이 술탄 왕국의 영토는 오늘날의 영토로 축소되었고, 왕국의 권위는 땅에 떨어졌다. 그러나 세리아 지역에서 1929년 10억 배럴 이상의 대형 유전이 발견됐고, 1932년부터 원유 생산을 시작함으로써 석유 부국을 향한 새로운 시대를 맞게 됐다.

chapter 2

이슬람 왕정 이데올로기

술탄 왕가의 나라

국무총리 직함을 가지고 있는 술탄 하사날 볼키아 브루나이 국왕은 현재 국방 장관과 재무 장관직도 겸하고 있다. 절대 왕권을 가진 군주가 국정을 직접 총괄하면서 상징적인 군 통수권 이외에 실질적인 군 지휘권과 국고 열쇠를 양손에 쥐고 있는 셈이다.

1989년 8월에 거행된 알무흐타디 빌라흐 왕세자의 성년식에는 당시 아세안 6개국(브루나이 포함) 정상이 모두 참석했다. 24세의 왕세자 책봉식은 화려하고 엄숙하게 거행되었는데, 국왕은 브루나이 이슬람 왕국의 전통과 권위를 상징하는 금검(金劍)을 세자에게 하사했다. 왕세자는 2004년 3월에 대장 계급장을 부여받았고, 같은 해 9월에 결혼식이 거행됐다. 바레인 국왕과 일본 왕세자를 비롯해 인도네시아, 말레이시아, 필리핀 등 브루나이

인근 국가의 최고 지도자들이 하객으로 방문했다. 2005년 5월, 왕세자는 경찰군의 감찰 부총장과 총리실 선임 장관에 임명되어 명실상부하게 절대 왕권 국가의 권력 승계 절차를 공고히 했다.

브루나이 헌법은 1959년 제정 발효된 뒤 1971년과 1984년 두 차례 개정됐으며, 입법, 사법, 행정의 삼권 분립을 명시하고 있다. 그러나 술탄의 절대 권력 때문에 국정 전반은 사실상 술탄의 '띠따(신의 이름으로 내리는 어명)' 한 마디로 결정된다.

행정 수반은 국무총리다. 각료 회의는 1959년 행정 위원회에서 출발해 1984년 국무 회의로 명칭을 변경했다. 내각은 2005년에 신설된 에너지부를 포함해 13개 부처로 구성되나, 전체 각료 회의가 소집되는 경우는 흔치 않다. 술탄은 자신이 임명한 장관들과 양자 또는 다자 면담을 통해서 국정을 논의한다. 술탄은 국정 현안을 논의하는 데 각료 회의를 포함해 종교 위원회, 추밀원, 입법 위원회, 왕위 계승 위원 등 총 5개 기구로부터 자문을 구하는 형식을 갖추었다. 그러나 각 위원회는 술탄이 임명한 인물로 구성되어 있어서 모든 결정권은 역시 술탄의 흉중에 있다.

입법을 관장하는 국회 격으로 입법 위원회가 있다. 그러나 법률 발의부터 제정 절차를 거쳐 서명과 공포까지 모든 절차와 과정, 수단이 전적으로 술탄에게 있다. 이 위원회는 1984년 독립 후 20년 동안 휴면 상태에 있었다. 그러다가 2004년 9월 술탄이 임명한 20명의 위원과 15명의 선출 위원 등을 포함해 정족수 45명의 입법 위원회 구성이 헌법 개정을 통해 확정됐다. 그러나 선출 위원을 뽑기 위한 선거는 이루어지지 않았고, 2005년 9월 술탄은 기존의 입법 위원회를 해산하고 27명의 위원을 새로 임명했다. 법 제도로써 술탄을 견제하거나 술탄의 권위에 도전할지 모른다는 의구심에는 변화가 없는 셈이다.

사법부도 형식상 독립 기구다. 최고 법원, 치안 법원, 이슬람 법원으로 구성된 삼심 제도도 갖추고 있다. 그러나 최고 법원장을 위시해 모든 고위 직 법원장은 술탄이 임명하기 때문에 사법부 역시 실질적으로는 술탄에 게 종속되어 있다.

브루나이 술탄 정부는 절대 왕권을 굳건하게 유지하는 방안으로 정치 활동을 엄격하게 규제하고 언론 통제를 강화하고 있다. 술탄 정부에 충성 을 서약했거나 술탄 정부에 우호적인 2개 정당만 있으므로, 실질적이며 자유로운 정당 활동은 없는 셈이다.

이 밖에도 술탄 정부는 국가 정보에 대한 접근을 엄격하게 통제해 국가 자산 총액, 외환 보유고, 연간 국가 예산 규모 등의 정확한 수치를 공개하 지 않는다. 국가 정보를 함부로 유출하는 행위는 1962년 이래 중범죄로 간 주돼 최고 3년의 징역형에 처해질 수 있다. 이처럼 술탄 정부의 정치 활동 과 언론 통제는 궁극적으로 국가 정보를 엄격하게 관리해 부정적인 여론 이나 술탄에 대한 비판이 유출되는 것을 예방하는 데 그 목적이 있다. 그 러므로 제한적이거나 검열을 거쳐 여러 차례 여과된 정보를 접하는 국민 은 당연히 비판적인 시각을 상실하고, 이는 절대 왕권의 유지 발전에 간접 적으로 기여하게 된다.

철통같은 절대 왕권

브루나이의 믈라유(말레이) 이슬람 왕정 이데올로기는 국교로서 이슬람 의 지위뿐만 아니라 종교 지도자로서 술탄의 신성한 권위와 특권을 보장 하는 방패 역할을 한다. 이슬람에서는 술탄을 신을 대신하는 지상의 대표자인 동시에 종교 수장으로 인식하고 있으므로 술탄에 대한 충성심은 곧 국민의 신에 대한 믿음과 동일시된다. 결과적으로 이 나라에서 이슬람에 대한 강조는 술탄에 대한 충성심과 직결되어 술탄의 권위를 정당화했다. 이를 토대로 술탄은 제정일치의 정점에서 절대 왕권을 유지, 강화하기 위한 모든 정치적, 종교적, 사회적 환경을 조성했다. 브루나이 정부는 이슬람 교리의 생활화 정책을 통해 모든 국민을 대상으로 이슬람 교육을 강화하고 있다.

최근에 이슬람 율법인 샤리아를 강화하는 것도 같은 선상에서 이해할 수 있다. 하사날 볼키아 브루나이 국왕은 2014년 4월 발표한 칙령을 통해 2015년 10월까지 세 단계에 걸쳐서 이슬람 율법 샤리아를 강화할 것이라며, 제1단계의 시행 시점을 칙령 발표 이튿날인 2014년 5월 1일로 못 박았다. 첫 단계 샤리아 형법은 금요 기도회에 불참하거나 다른 종교를 선교하는 행위 등을 규제하고 있는데, 고액의 벌금 부과나 징역형을 규정한다. 둘째 단계에서는 술을 마신 무슬림은 태형으로, 절도범은 손발 절단형으로 처벌한다. 마지막 단계의 샤리아 형법은 미혼모, 간통, 동성연애, 꾸란과 예언자 무함마드를 모욕하는 행위 등을 모두 끔찍한 투석형에 처한다.

브루나이 헌법 제2조는 이슬람을 국교로 명시하고 있고, 동시에 종교 자유도 보장한다. 종족별로 종교가 상이한 것은 이 나라도 예외가 아니다. 전체 인구의 70%에 근접하는 믈라유족은 거의 예외 없이 무슬림이다. 최대 20% 정도라고 여겨지는 중국계는 도교, 기독교, 불교 등을 신봉하며, 나머지는 토착 종족이 가장 많고, 일부 인도계를 비롯한 다양한 혼혈 인종으로 구성된다. 도교와 기독교가 각각 전체 종교 인구의 15%와 10%에 이른다는 주장도 있다. 토착 종족과 중국계 등 비믈라유계 국민 중에서도 점차 이슬람 신봉자가 늘어나고 있다. 이러한 경향은 종교 자체에 매료되기보다는 정부가 무슬림에게만 제공하는 각종 인센티브를 누릴 수 있기 때문이다. 또한 브루나이에서는 다른 종교에서 이슬람으로의 개종은 쉽게 할 수 있지만, 그 반대의 경우는 거의 불가능하다. 무슬림이 다른 종교를 가진 사람과 결혼하는 것을 엄금하고 있는 것도 중요한 이유가 될 것이다.

브루나이의 믈라유 이슬람 왕정 이데올로기는 원주민 믈라유족의 특권을 강조한다. 인도네시아나 말레이시아와는 달리 브루나이의 믈라유족은 이슬람 종교와 문화를 포괄하는 광의적 개념이 아니라, 왕실과 왕실 주변을 구성하는 순수 믈라유족을 특정하는 협의적 개념이다. 그러므로 이 나라 무슬림은 성골도 있고 진골도 있는 셈이다. 10만 명 수준으로 추산되는 브루나이 노동 인력의 50%는 공공 기관에 근무하는 고급 인력이다. 그중에서도 믈라유계의 4분의 3은 정치 활동이 금지된 공무원이며, 군인과 경찰관도 이 범주에 포함된다. 고위직일수록 성골 믈라유족 무슬림이 차지하고 있음은 자명하다.

지상 낙원 같은 국민 복지

브루나이는 방대한 석유와 천연가스를 보유하고 이를 상품화해 부국의 기틀로 삼았다. 이를 토대로 1993년 AFTA에 가입하면서 지역 경제 통합에 앞장섰고, 1995년에는 WTO 가입해 세계 시장 경제 체제에 순응했다. 국내적으로는 생필품 수급 조절과 물가를 엄격하게 통제 관리하는 브루나이식(式) 시장 경제 체제를 발전시켰다. 석유 자원을 바탕으로 한 술탄 정부의 막강한 경제력이 절대 왕권을 유지하는 가장 중요한 수단이 되었음은 물론이다. 석유 자원이 창출하는 국부의 원천은 브루나이의 경제 안정과 고용 창출의 기본 요소이다. 이를 바탕으로 술탄이 받쳐 든 거대한 이슬람 왕정 이데올로기 아래 모든 신민은 군왕이 베푸는 다양한 복지 혜택을 누리고 있다.

브루나이 정부는 석유와 천연가스 수출로 벌어들이는 막대한 외화로 발전적인 복지 정책을 펼친다. 모든 국민은 납세 의무가 없고, 의료 혜택과 교육이 무상으로 제공되며, 물가 안정과 주택 보급 정책에 이르기까지 정부가 해결한다. 무료로 이용할 수 있는 가족 단위 위락 시설도 완비되어 누구나 편리한 시간에 시원한 해변에서 바비큐를 즐길 수 있다. 소외 계층이나 저소득층을 위한 특별 보조금 지급 정책도 마련되어 있는데, 정부가 국가 발전 계획의 일환으로 가옥 임대료부터 상수도와 전기 요금, 차량 유지(연료)와 관리비(서비스 센터)에 이르기까지 보조금을 지급하여 민생 안정을 돕는다.

교육

국민을 위한 모든 교육 과정을 거의 무상으로 제공한다. 싱가포르식 교육 제도를 채택해 아동은 만 5세에 취학해 초등학교 6년, 중고등학교 통합 과정 5년의 무상 교육을 제공받는다. 전문직 교육 기관과 1985년 개교한 왕립종합대학(UBD)이 재능 있는 젊은이들을 기다리고 있으며, 독립 직후 가입한 이슬람협력기구(OIC)와의 유대 강화를 위해 2007년 국제이슬람대학(UNISA)도 개설했다. 술탄 정부는 국제 사회의 조류에 따라 제2 외국어 교육과 과학 기술 교육을 강조하는 한편, 고급 인력 수급 정책의 일환으로 공무원 제도를 크게 확대했다. 이와 같이 적극적인 교육 지원 정책의 결과로 1971년 70% 수준이던 문자 해득률이 2015년에 이르러 96%로 크게 신장됐다.

의료

국민 복지의 일환으로 브루나이 국민은 최소의 병원비로 각종 의료 서비스를 받을 수 있다. 브루나이 국민이나 시민권자들은 브루나이 1달러(830원)만 지불하면 되고, 시민권이 없는 사람이라도 브루나이 3달러로 첨단 장비를 갖춘 병원에서 국제 수준의 의료 서비스를 받을 수 있다. 의료 혜택은 도시와 농촌 지역의 구분이 없어서 벽촌 주민들도 양질의 의료 혜택을 받을 수 있다. 전 국토의 75% 이상이 정글로 이루어져서 육로로 접근이 어려운 경우, 지체 없이 경비행기로 의료진과 약품을 공수하는 것이다. 이와 같은 무상 의료 혜택과 포괄적인 의료 지원으로 국민 평균 수명은 80세에 육박한다. 수명과 건강, 교육과 소득 수준으로 평가해 삶의 질을 나타내는 유엔개발계획(UNDP)의 인간 개발 지수 조사(2013/2014)에서 브루나이는 조사 대상 187개국 중 30위에 올랐다. 아세안 국가 중 싱가포르(9위) 다음 순위이다.

주택

술탄 정부는 주택 지원 정책도 펼치고 있다. 각급 공무원과 내국인을 위한 주택 지원은 물론, 정부가 초청해 온 외국인에게도 무료로 임대 주택을 제공한다. 저소득층과 소유지가 없는 국민에게는 주택 임대를 위한 무이자 융자를 제공하거나 정부 보조로 주택을 구입하는 주택 개발 프로그램을 갖추고 있다. 따라서 도시나 농촌이나 집 걱정을 하는 사람이 없는 셈이다.

소외 계층 정책

가장 인상적인 분야는 노년층과 빈곤층을 위한 정책이다. 1955년부터

60세 이상의 노인, 장애인, 지적 장애자의 피부양자에게 연금 지급을 시작했으며, 2006년부터는 60세 이상 모든 국민에게 술탄의 이름으로 매달 250달러(20만 원)의 은전(恩典)을 하사하고 있다.

또한 저개발 지역의 저소득층 국민에게는 쌀, 식용유, 설탕 등 생필품과 전기, 수도, 석유 등을 무상으로 공급한다. 술탄 정부의 주택 지원, 전기 공급, 깨끗한 식수 공급과 국민의 영양 관리는 조기 사망률 감소와 수명 연장에 절대적으로 기여했다. 정부의 공식적인 정책 지원 이외에도 국왕과 왕세자가 출연한 사회 복지 재단도 광범위하게 국민 복지 향상에 힘쓰고 있다.

국민의 반응

브루나이의 왕정 이데올로기는 서구적인 시각에서 '반(反)외세 믈라유 종족주의'와 '이슬람을 표방하는 시대착오적 발상'으로 이해될 수도 있다. 하지만 이를 근간으로 영국으로부터 독립을 쟁취해 완전한 주권 국가가 되었으며, 믈라유 문화권에서 유일하게 절대 왕정 국가로 생존할 수 있었다. 이 나라 왕정 이데올로기는 절대 왕권의 가장 중요한 정치적 버팀목인 동시에 절대 왕정의 견고한 안전장치 역할을 하고 있으며, 이를 바탕으로 전 국민을 대상으로 '찾아가는 복지 정책'을 통해 유순한 신민을 육성하고 있다.

국민의 반응은 어떨까. 브루나이 원주민계 무슬림들은 브루나이 이슬람 술탄 왕국에 대한 높은 자긍심을 가지고 있음이 분명해 보인다. 이슬람 율법과 술탄을 동일시해 기꺼이 경배한다. 금요 예배에 모두 참석하며, 무슬림이 지켜야 할 각종 관습법에도 거부감이 없다. 이들은 이슬람을 선민의식의 징표로 생각하며, 술탄 정부에서도 이를 제도적으로 보장한다.

브루나이는 술 한 병을 들고 입국하는 것을 허용한다. 호텔에서 술병을 내보이며 술잔을 청하면, 매니저한테 물어본 뒤 분리 보관한 비무슬림용 술잔을 내온다. 비원주민계 국민도 점차 이슬람 쪽으로 관심을 보이고 있는데, 이는 종교적인 이유보다 무슬림에게 우선적으로 제공하는 술탄 정부의 선심 행정 때문일 것이다.

견고한 방위 정책과 촘촘한 외교 정책

브루나이는 1984년 1월 1일 자정을 기해 영국으로부터 완전 독립을 선언했다. 독립 선언 시점은 완전한 독립 원년을 강조하는 상징적인 의미로 해석할 수 있으나, 왜 대다수 일반 국민이 잠들어 있는 한밤중을 택했을까 하는 의구심을 가질 수도 있다. 이에 대해 독립 자체를 반대하거나 독립 선언 행사를 방해할 수 있는 잠정 세력을 염두에 둔 것이라는 견해가 있었다. 실제로 브루나이는 자치 정부 수립(1959) 이래 브루나이인민당(PRB)의 반(反)술탄 정부 반란으로 영국의 재개입(1962), 브루나이의 참여를 강력하게 요청받은 말레이시아 연방 탄생(1963), 오마르 사이푸딘 선왕의 전격적인 하야(1967) 등으로 이어지는 숨 가쁜 정치 변동의 역정을 염두에 둔다면, 독립 선언 시점을 상징적인 의미보다 다른 이유에 무게 중심을 두게 된다는 주장이다. 브루나이 왕국의 존립 역사는 항상 왕실의 분열과 갈등을 틈탄 외세의 개입에 휘둘려 왔다.

1984년 1월 1일, 외교와 국방 분야를 포함해 완전 독립을 이룬 브루나이는 독립 일주일 만인 1월 7일 아세안 정회원국이 되었고, 이어서 1월 16일 이슬람협력기구(OIC)에 가입했으며, 9월 21일에는 유엔의 159번째

회원국이 됐다. 1986년 9월 오마르 사이푸딘 사거로 잠시 숨고르기를 한 후, 1989년 11월 아시아태평양경제협력체(APEC), 1995년 1월 세계무역기구(WTO), 1996년 3월 아시아유럽정상회의(ASEM)에 차례로 가입했다. 1999년에는 동남아시아 경기 대회(SEA Games)를 유치해 첫 국제 행사를 성공적으로 치르고 자신감을 갖게 되었다. 이어서 2000년 11월 APEC 정상 회담, 2001년 11월 아세안 정상 회담에 이어 아세안+3 정상 회담을 개최했다.

방위 정책

막대한 국부를 가진 브루나이는 국방에 많은 예산과 외교력을 집중하고 있다. 그리고 영국, 호주, 싱가포르, 말레이시아, 뉴질랜드 등 동남아 인근의 영연방 5개국이 맺은 방위 협정(1971)에 유념해 우호 국가와의 외교 및 국방 분야 결속을 강화하고 있다. 특히 대싱가포르 관계가 항상 최상의 컨디션을 유지하도록 배려하고 있는데, 국방 외교 분야에서도 예외가 아니다. 브루나이는 싱가포르에 군용 헬기(UH-1H) 영구 기지를 제공하는 등 싱가포르군과 정기 및 수시 정글전(戰) 합동 훈련에 열성적으로 참여하고 있다. 국방의 근간은 독립 직전인 1983년 9월 영국과 맺은 구르카군 주둔 협정(매 5년마다 연장)이다. 1999년 9월에는 동티모르 독립과 관련해 다국적군 파견 시 270명의 구르카군 소총 대대를 파견하기도 했다.

외교 정책

브루나이가 독립, 국가 안보, 국부 보존 등을 위해 가장 신경 쓰고 있는 분야는 외교 분야이다. 브루나이 외교 정책의 기본 구상은 자국을 동심원 중심에 두고 겹겹이 외교적 방위망을 구축해 나간다는 것이다. 국방과 외교의 견고한 복선 전략이다. 브루나이를 겹겹이 에워싸고 있는 동심원 중심에서 가장 가까운 원은 아세안이다. 이에 아세안 이름의 모든 회합과 각종 공동 프로젝트에 빠짐없이 참여해 아세안 중심의 역내 협력체 제도화에 적극 동참하고 있다. 브루나이는 아세안 회원국 중 아세안 창설 이데올로기인 회원국 만장일치 제도와 내정 불간섭 원칙의 가장 확실한 신봉국이기도 하다.

아세안 정회원국이 된 직후, 브루나이는 전 세계 57개 이슬람 국가의 국제 협력을 관장하는 OIC에 가입했다. OIC를 통해 역내 이슬람 대국인 인도네시아와 청정 이슬람 국가를 지향하는 말레이시아와의 관계를 돈독히 하며, 동시에 국제 외교 무대에서 막강한 영향력을 행사하는 이슬람 국제 기구의 막내 회원국으로 '무슬림 형제애'를 공유해 자국의 외교 역량을 극대화한다는 것이다.

아세안과 OIC 다음으로 영연방의 울타리가 있다. 과거 96년간의 식민 종주국이자 동남아와 서태평양 지역 5개국 방위 조약의 중추국인 영국과의 관계 강화는 높은 외교적 상징성을 지닌다. 비록 군사 분야에서 실질적인 방위 협력에는 이르지는 못하더라도 이들 군사 강대국과의 유대 강화는 매우 유용하다. 또한 이러한 군사적 결속에 연계되어 53개 영연방 국가와 공유하는 연대감은 브루나이의 외교 역량 신장에 기여할 것이 분명하다.

브루나이를 감싸고 있는 가장 바깥에 있는 동심원은 국제연합(UN, 유엔)이다. 대유엔 관계는 미국과의 관계 증진과 직결되어 있다. 해상 유전이 국부의 전부인 브루나이로서는 해상 접근이 용이한 가상의 도전 세력을 염두에 두지 않을 수 없다. 이 점을 감안한다면, 브루나이 편에 서서 외부 세력을 견제해 줄 막강한 기동력을 지닌 미 군사력을 의식하지 않을 수 없게 된다. 독립 시까지 미국과 실질적인 관계를 갖지 못했던 브루나이는 하사날 볼키아 국왕이 레이건 행정부의 니카라과 산디니스타 반군 지원에 미화 1천만 달러를 쾌척하면서 양국 간 우호 관계가 형성됐다. 브루나이가 자국 방위 수준의 국방력과 아세안 맹주인 인도네시아의 비협조적 입장에도 유엔의 결정에 따라 동티모르에 대대 병력을 파견한 것 역시 동심원적 외교 전략 차원에서 보아야 할 것이다.

브루나이는 동남아 역내 외교 대국인 싱가포르와 태국 못지않게 적극적인 국제 행사 참여와 유치로 국위 선양에 힘쓰고 있다. 다양한 국제 행사를 통해 작은 나라의 역할과 기능을 부각시켜 역내 강소국으로 자리매김한다는 전략이다. 동남아에서는 올림픽보다 역내 11개국(아세안 10개국과 동티모르)이 참여하는 동남아시아 경기 대회의 인기가 월등하게 높다. 1959년 이래 매 2년마다 개최되는 이 동남아 스포츠 축제는 2015년 6월 싱가포르에서 제20회가 열렸다. 브루나이는 국부 현시를 목적으로 13개 종목 73명의 선수를 포함해 112명의 대규모 대표단을 파견했다.

chapter 3

정치 발전 전망

2017년 현재 만 71세인 하사날 볼키아 국왕은 왕실의 크고 작은 스캔들에도 술탄 자신이 근엄하고 만능 스포츠맨으로 건강하며, '장기적인 안목'을 가지고 국정을 관장하고 왕국의 장래를 설계하고 있는 것으로 평가되고 있다. 세계 최고의 부자 반열에 오른 지 오래된 술탄이 자신의 부와 왕국의 부를 현재처럼 국민 복지에 집중하는 한 왕국은 건재할 것으로 보인다.

그러나 고갈 시한(2030~2040)을 목전에 둔 석유 자원에 전적으로 의존하는 브루나이의 경제는 그렇게 낙관적인 것만은 아니다. 무엇보다 식량 자원의 자급도(30% 미만)가 너무 낮다. 전 국토의 85%는 산림 지대이며 경작지는 2% 남짓하다. 노동 인력의 높은 해외 의존도와 브루나이인의 국가 부문(공무원과 군인 등) 집중도 큰 문제다.

그러나 보다 중요한 문제는 혁명적인 통신 기술의 발달로 자유, 기회 균

등, 사회 정의 등 민주 제도의 보편주의가 국제 사회에서 빠르게 확산되고 있다는 점일 것이다.

4
아프가니스탄

신규섭 한국외국어대학교 이란어과

카불

■ 국가 개황

· 국명: 아프가니스탄 이슬람 공화국(Islamic Republic of Afghanistan)

· 국가 체제: 공화정

· 언어: 다리어와 파슈토어(공용어)

· 인구: 36,373,176명(유엔, 2018)

· 종교 분포: 이슬람교 99.7%, 기타 0.3%

■

아프가니스탄은 힌두쿠시와 같은 고산들이 국토 대부분을 덮고 있다. 힌두쿠시산맥은 국토를 세 부분으로 나누고 있어 아프가니스탄은 북부 평원 지대, 중앙 고산 지대, 서남부 고원 지대로 이루어져 있다. 힌두쿠시의 최고봉은 티리치미르산(7,700m)으로 알려졌으며, 아프가니스탄 북부 힌두쿠시에는 이 나라 최고봉인 노샤크(7,485m)가 우뚝 솟아 있다.

헬만드강은 아프가니스탄에서 가장 긴 강이며, 파미르산맥에서 시작되는

아무다리야강은 아프가니스탄, 타지키스탄과 우즈베키스탄의 경계를 이룬
다. 이 강을 끼고 있는 북부 평원 지대는 아프가니스탄에서 가장 비옥한 토양
을 형성하고 있다.

　아프가니스탄은 전체 인구의 99%가 무슬림으로, 종파별로 보면 수니파가
80%, 시아파가 19%을 점한다. 전 인구의 50%가 아프가니스탄 페르시아어인
다리어를 쓰고, 35%가 파슈토어, 우즈베크족을 포함한 11%가 튀르크계 언어,
그 외 4%가 30개 정도의 소수 언어를 사용한다. 다리어와 파슈토어는 아프가
니스탄의 공용어다. 타직족과 하자라족을 포함한 아프가니스탄 인구의 절반
이 다리어를 쓰며, 경제 및 무역 부문에서는 대부분 다리어를 사용한다.

chapter 1

아프가니스탄 역사와 이슬람

아프가니스탄 약사

아프가니스탄은 인접 지역인 이란, 파키스탄(인도), 중앙아시아, 이슬람 도래 이후 아랍과 관련을 맺으며 역사적으로 복잡하게 얽혀 있다. 이 나라의 역사는 고대, 아베스타 시대, 메디아(머드, 기원전 708~기원전 550), 아케메네스(헤커맨쉬, 기원전 559~기원전 330), 셀레우코스(살루키, 기원전 330~기원전 63), 파르티아(기원전 247~서기 224), 사산(224~642)조까지 이란과 고대 역사를 같이했다.

아베스타는 조로아스터교의 경전이며, 이 종교의 창시자인 조로아스터(고대 페르시아어로 자라투스트라)의 탄생지는 발크 혹은 아제르바이잔 지역으로 보고 있다. 시리아 왕조라고 알려진 셀레우코스 왕조는 알렉산드로스 사후 셀레우코스가 이란에서 성립한 왕조이다. 페르시아 아케메네스 왕조 멸망 이후 셀레우코스 왕조가 영토 대부분을 계승하며, 기원전 63년 마지막 왕 퇴위 후 영토는 시리아 로마주에 국한되고 기원전 50년 멸망한다.

파르티아 왕조가 성립할 시기에 즈음해 아프가니스탄에서는 박트리아(기원전 250~기원전 135) 왕조가 출현한다. 박트리아 지역은 고대 이란인의 보금자리 중 하나이며, 북부 지역부터 남부 소그드, 사마르칸트 왕국이 포함됐다. 박트리아 왕조는 이후 아프가니스탄에서 쿠샨 왕조로 이행된다.

아케메네스-셀레우코스-파르티아-사산 왕조는 현재적 관점에서 이란 중심 국가이면서, 아프가니스탄과 공동의 역사를 이루었으며, 이에 반해 박트리아, 대쿠샨(40~220)과 쿠샨(220~425), 에프탈리테(에프탈리, 425~566, 사카 스키타이족을 토대로 함) 왕조는 중앙아시아, 파키스탄과 역사를 같이했다.

쿠샨 왕조는 파르티아 왕조 동부에 위치하고 1세기에 대제국을 성립시켰으며, 이란 동부, 파키스탄, 아프가니스탄, 중앙아시아 남부 지대로 구성됐다. 이 왕조는 유에치(Yueci) 혹은 유에쥐(Yuezhi), 월지족 등으로 알려져 있는데 본래 사카족이었다. 월지족과 사카족은 별개로 구분하나, 원래 동일한 민족이며 세분해서 언급할 때는 월지, 사카라고 부르는 게 타당하다. 월지족은 수수께끼 민족으로 연원을 알 수 없다고 보고 있으나, 아프가니스탄을 둘러싼 베일에 가려져 있다고 보는 대부분의 문제는 이 글에서도 알 수 있듯이 페르시아어 문헌에서 출처를 확인할 수 있다.

둔황을 성립한 후 흉노에 의해 쫓겨난 월지(사카)는 남쪽과 서부 지역으로 이동했다. 비잔틴인은 훈족 중에서 월지족이 흰 피부를 가졌다 하여 백훈(White Huns)으로 불렀는데, 월지라는 종족을 정확하게 파악하지 못했던 것으로 보인다. 또한 중국 역사 편찬자들은 에프탈리테를 튀르크와 아주 가까운 관습을 갖고 있는 무서운 전사라고 묘사했다. 중국인은 이란계 사카족인 월지와 대적 관계였던 흉노족 간에 큰 차이를 두지 않고(당 대를 제외하고) 통칭하여 대체로 '호'라고 불렀던 것으로 보인다. 이런 오류는 튀르크와 타직(투란)으로 이어진다. 중세 이슬람 시대에 중국에서 페르시아와 아랍의 구분 없이, 이슬람 혹은 무슬림으로 동일시한 것과 같이 이런 오류는 학문적으로 큰 혼란을 불러일으킨다. 이 왜곡은 고대 한국의 삼국 시대와도 연결되어 있으며, 이전의 필자 논문을 통해 약간이나마 밝혀 두었다.

지금도 타지키스탄을 제외한 중앙아시아 지역에 튀르크인만이 거주하는 것으로 잘못 언급하고 있다. 20세기 초까지 타직인은 현재의 중앙아시아 광대한 지역에, 북으로는 치르치크강(하류 연안이 타슈켄트 지역), 남으로는 판즈강, 서로는 차르주(현 투르크메니스탄)와 아프가니스탄 동북 지역 와칸 회랑까지 차지했지만, 이 지역의 서부 지대 인구는 타직인만으로 이루어져 있지 않고 우즈베크족의 큰 집단들이 사이사이에 흩어져 거주했다.

대쿠샨 제국은 125년 이후 카니슈카 왕이 승계하는데, 불교학에서 그 명성이 절정에 달한 인물이다. 쿠샨은 박트리아(발크 지역)에서 남쪽으로 확장하면서 파르티아를 대체하며 들어섰다. 쿠샨인은 여러 면에서 파르티아 문명의 영향을 받았다. 쿠샨 시대는 대쿠샨과 멸망 이후 잔여 세력이 세운 쿠샨 왕조(키다라 왕조)로 이루어져 있다. 3~4세기 아프가니스탄 서부와 북서 지역에서 카불에 이르기까지 사산조는 이 지역을 통치한다. 1세기가량 박트리아에 있던 쿠샨인의 일부는 그곳에서 힌두쿠시의 서부와 남부로 옮겨 오고, 남부 지대로 내려온 일부 집단이 '키다라'였으며, 대쿠샨 왕조의 잔여 세력을 규합해 왕조를 성립했다. 이 왕조는 카피사에서 신드 해안에 이르기까지 지배했고, 5세기 초 에프탈리테 왕조가 출현할 때까지 지속됐다.

쿠샨 왕조의 영토를 계승한 에프탈리테조는 훈족의 튀르크계 국가로 알려졌으나 사카족으로 이루어진 국가였다. 에프탈리테는 기원후 425년경에 코탄을 통해 서쪽으로 이동하면서 동투르키스탄에서 페르시아의 경계까지, 아프가니스탄 영토를 포함하며 30개의 왕국으로 이루어져 있었다.

박트리아-쿠산-에프탈리테 왕조로 연결되는 아프가니스탄의 역사는 이란 왕조와는 구별되는 이란계 민족이나 왕조의 국가였다. 박트리아의 디오도토스 1세는 셀레우코스 왕조 안티오코스 2세(재위 기원전 261~기원전 247)의 지배를 벗어나 박트리아 그리스 국가의 독립을 선언했다. 디오도토스 2세(재위 기원전 245~기원전 230)는 아프가니스탄 북서 지역에 있는 신생 국가 파르티아와 협력해 셀레우코스 왕조의 침략을 막고자 평화 협정을 맺고, 파르티아와 함께 독립을 공표했다. 1747년에 아흐마드샤 압달리에 의해 남부 칸다하르(수도 1761)를 중심으로 아프가니스탄이 재성립되기까지 오랫동안 이민족의 지배를 받았다.

아프가니스탄 서부 지역에서 영향력을 행사하던 사산조가 멸망하고, 이슬람 도래 이후 아프가니스탄 왕조는 타헤리안, 사파르, 사만, 가즈나, 고르, 셀주크(살죽), 콰레즘샤, 몽골, 구르거니를 거쳐 티무르조에 이른다. 이후 16~18세기에는 국토가 분열되면서, 이란의 사파비조, 무굴 제국의 버베르(바부르)조와 북부 우즈베크 정부에 귀속되는 해체 기간을 맞기도 한다. 아프가니스탄을 비롯해 이란, 파키스탄, 중앙아시아의 일부 국가(타지키스탄)와 지역(사마르칸트, 부하라, 히바, 파르가나 등)은 각 왕조에 따라 전부 또는 부분적으로 공동의 역사를 간직해 왔으며, 페르시아어 문화권 혹은 페르시아 이슬람 세계로 불린다.

아프간의 명칭 유래와 종족 분포

코라산으로 불렸던 아프가니스탄은 10세기 '아브간'으로 불리다가 어미 변화를 거쳐 아프간이란 용어로 정착됐고, 파슈툰(파키스탄에서는 흔히 파탄족으로 부른다) 종족의 일부로 등장했다. 이후 그 의미가 차츰 광범위하게 사용되다가 18세기 파슈툰족 전부를 지칭하게 됐다.

'아프가니스탄'이란 명칭은 13세기에 처음으로 동부 일부 지역에만 적용되다가 16세기에는 카불 남부 지역까지 그 의미가 확장됐다. 18세기에는 카불 전역, 칸다하르와 물탄 지역까지 범주에 넣었다. 특히 아프간족(현지에서는 흔히 압달리족으로 불린다)은 2세기 이상 아프가니스탄을 지배한 종족으로, 아프가니스탄이란 국명은 자신들의 종족 이름을 따서 명명했다. 이후 아프간족은 아프가니스탄의 창립자인 아흐마드샤 압달리에 의해 두라니라는 종족명으로 대체됐다.

아프가니스탄을 구성하는 주요 종족은 파슈토어를 사용하는 파슈툰족, 페르시아어를 사용하면서 원래 쉬아파였던 하자라족과 강압에 의해 수니가 된 타직족(북부 지역에 일부 쉬아파가 있음) 등이 있다. 파슈툰족은 아프가니스탄 인구의 40%를 차지하는 다수파 종족이고, 타직족은 인구의 25%를 차지한다. 파슈툰족은 아프가니스탄과 파키스탄에 거주한다. 아프가니스탄의 파슈툰족은 1,500만 명, 파키스탄에서는 그 두 배에 달하는 3천만 명으로 보고 있다.

chapter 2

이슬람 도래 전후 아프가니스탄

이슬람 도래 전후 아프가니스탄과 주변국 상황

7세기 초까지 대부분의 아랍인은 아라비아반도에서 부족 생활을 하고 있었다. 당시 시리아 부근 아랍은 비잔틴의 속국이었고, 유프라테스강 하상(河床)은 이란 사산조의 지배를 받았다. 아라비아반도 도시에서는 상업이 번창해 아랍인들은 부유했다. 쿠라이시 부족은 메카의 정치와 종교 운용에서 중추적인 역할을 수행했다. 메카는 아라비아반도의 경제와 종교 중심지로서 명성을 날렸고, 시리아와 이집트 무역 대상들은 아라비아반도를 넘나들면서 새로운 사상들을 전파했다. 메카 정착민들은 폭넓은 정보를 얻었고 유대교의 유일성과 기독교의 정신도 알고 있었다. 아랍의 다양한 부족들은 360개의 우상을 카으바(신전)에 안치했으나, 사람들은 무익한 숭배라는 인식을 점차 갖게 되었다.

아라비아반도 인접 지역에서는 세계의 양대 제국, 이란과 동로마가 절정기를 누리다가 서서히 쇠락의 징조를 드러내고 있었다. 사산조 이란은 아프가니스탄 서부 지역에서 유프라테스강까지, 캅카스에서 페르시아만까지 통치했고 지중해를 포함해 중국과 인도의 무역로를 장악했다. 무역으로 거둬들이는 세금도 막대했다. 사산조 수도였던 티그리스강 유역의 티스푼(크테시폰)은 화려하면서 아름다워 사산조 건축술의 극치를 보여 준다. 이란의 금속 세공술과 수공예는 커다란 명성을 얻었다. 전신소와 우편소가 잘 정비됐으며, 인공적인 수로 관개 시설도 있었다. 그러나 페르시아 전제 군주의 사치와 낭비로 백성은 무거운 세금을 내야 했다. 심지어 사산조 마지막 왕 야즈다기르드 3세는 아랍군 침략으로 아프가니스탄으로 도주할 때 천 명의 요리사, 천 명의 노래꾼과 악사, 이천 명의 광대를 동반했다 하니 국가 존망의 위기에서 허영심이 얼마나 심각했는지 알 수 있다. 이런 상황 아래 봉건 영주들이 영향력을 행사하면서 왕정 세력에 반대하고 중앙 집권 체제가 붕괴될 조짐을 보였다.

이슬람의 도래 이전 아프가니스탄 서부와 북서부는 이란 사산조 지배하에 있었고, 여타 지역은 아프가니스탄 에프탈리테 정부 통치하에 있었기에 양국은 수차례에 걸쳐 전쟁을 치렀다. 에프탈리테와의 전투를 성공적으로 이끈 후 사산조는 시리아와 아르메니아 정복을 위해 비잔틴 제국과 전쟁을 벌였다. 이 전쟁으로 6~7세기 초 양국의 전력이 약화되었다. 이란 사산조에서는 의술, 도기 제조술, 주조술, 석고 조형술, 건축술, 농업 기술, 목공업, 동공예와 수공예 등이 발전했다. 금, 은, 동의 주조술이 성행하며, 무역이 확대되어 무역로는 동서로 확장됐다. 음악도 상당한 수준에 이르렀다. 사산조 금은제 제조 기술과 음악을 비롯한 예술 양식이 중국에 깊은 영향을 끼쳤으며, 중국을 거쳐 한국으로 유입됐다.

유럽의 마지막 고대 문명으로 간주되는 동로마 제국은 아프가니스탄, 중국, 트란스옥시아나(머바르안나흐르), 이란, 인도, 아라비아반도, 에티오피아 등과 광범위하게 물품 교역을 했다. 이 제국은 자국에서 직물과 유리 제품을 만들었으며 6세기부터 비단을 생산했다. 중국 비단이 서양으로 유입된 후 동로마에서 6세기부터 생산되었음을 알 수 있다. 비잔틴 상인들은 유럽 상류층을 위해 사치품을 공급했고 곡물 수출의 독점권은 세관 소득을 살찌웠다. 동로마 군대는 유목민의 침략에 대비해서 성을 축조했다. 그 영역은 발칸반도와 소아시아에서 시리아, 팔레스타인, 이집트와 지중해 동쪽 섬까지 이르렀다. 동로마 제국은 외부적으론 화려한 듯 보였지만, 내부적으로 백성의 가난과 빈곤이 정부에 대한 불평으로 이어졌고 급기야 반란의 형태를 띠면서 허물어져 갔다. 동로마와 이란 정부의 부패는 두 국가의 몰락과 새로운 아랍 국가의 출현을 예고했다.

이렇듯 내외적인 조건이 변함에 따라 7세기 초 이슬람교가 아랍 국가에서 선포될 수 있었다. 10년 동안 쿠라이시 부족의 지원과 승인으로 다른 부족이 아랍족이 되기도 했다. 아랍인은 정치, 사법과 정부 운용에 있어서, 심지어 삶의 축으로 종교를 받아들임으로써 강력한 사회의 초석을 마련했다. 이슬람교는 세속과 정신 수행의 양면을 근간으로 한다. 이것이 한 손에는 꾸란을, 다른 손에는 칼을 가진 이유이다. 명령과 압박을 가하는 '칼'에 의지하지 않고 정신문화를 받아들임으로써 언어와 문학이 발전하고 아랍어의 보급은 쉬워졌다. 아랍어는 이슬람 국가의 행정 관청까지 퍼져 나갔다. 이슬람은 고대 세계에 맞서는 하나의 종교이자 전사였다. 7세기 (이슬람력 1세기 초) 이슬람이 낡은 사회 체제를 무력화시키면서 이슬람 민주주의가 서서히 태동한다.

아프가니스탄에 이슬람이 도래한 것은 7세기 중엽으로, 카불까지 원정

나온 아랍 정복자들에 의해 유입됐다. 그러나 고유 종교와 애니미즘이 뿌리 깊게 자리 잡고 있어 지역 주민들의 이슬람교 개종은 완벽하게 이루어지지 않았다. 아랍 정복자들은 현재의 아프가니스탄 서부 지역에서 세계 최초의 일신교 중 하나인 조로아스터교의 저항을 받았다. 동부 지역에서는 불교와 맞닥뜨렸다. 카불에서 간다라까지의 지역은 불교문화의 중심지였고, 지금도 풍부한 불교문화가 고스란히 남아 있다. 이후 아프간인이 이슬람으로 개종했을 때 그 지역에서의 불교는 실제적인 종교 체제로서의 힘을 거의 상실했다.

초기 압바스 왕조의 아프간 출신 공신들

이슬람 도래 이후 아랍 우마이야조는 4대 정통 칼리파 지위를 661년에 승계했고, 750년까지 광대한 지역을 통치했다. 이 기간에 14명의 왕이 등극했고, 사회, 경제, 정치적으로도 많은 변화를 겪었다.

661~662년 사이에 우마이야 군대는 아프가니스탄 헤라트 지역에서 발크 지역을 거쳐, 캐르먼, 시스탄, 모크란을 차지하고 신드 지역으로 진격했다. 674년에는 부하라를, 711년에 트란스옥시아나를 정복했다. 우마이야 왕조는 성립부터 멸망까지 아프가니스탄과 작은 충돌을 계속했으나 아프가니스탄의 전 영토를 정복할 수 없었다. 마침내 아프간인은 강력한 우마이야 왕조를 무너뜨리는 데 일익을 담당했다.

우마이야 왕조의 붕괴는 내부적인 쇠락과 복속된 국가에서 일어나는 반란으로 가속화됐다. 아부 모슬렘 코라사니를 중심으로 아프가니스탄인은 우마이야 왕조를 전복하고 압바스 왕조를 출현시켰다. 이 왕조는 750년부터 1258년까지 5세기 동안 37인이 이슬람 칼리파의 수장 격으로 받들어 졌다. 압바스 왕조는 아랍 왕조가 아니라 이슬람 왕조였다. 이 왕조는 정치적인 면에서 아프가니스탄, 이란, 트란스옥시아나, 튀르크와 다른 이슬람 국가의 탁월한 인물들의 영향을 받았다. 특히 아프가니스탄의 아부 모슬렘 코라사니는 압바스 왕조를 위해 힘을 쏟았으며, 바르마키 발크, 사흘 사락스 가문은 오랫동안 대국 행정에 참여했다. 초기 압바스 왕조는 코라산 정부로 역사가들에 의해 알려져 있다. 어쨌든 압바스 정부의 아랍인은 대략 70년 이상 정치적인 영향력을 아프가니스탄에서 유지했고, 그 후 아프가니스탄은 독립을 선포했다.

세계 문화와 문명의 입장에서 본다면 압바스 시대는 이슬람 역사에서 찬란한 시기였다. 압바스 왕조는 세계 고전 문화의 지지자였고, 일부 반대 세력을 제외하고 어느 종교나 국가 출신 학자들을 존중했다. 압바스 궁전은 철학, 종교적인 토론과 논쟁을 위한 장소로 세계적인 명성을 날렸다. 정치적으로도 압바스 정부는 우마이야 정부에 비해 온건했으며, 아랍인이 아닌 '아자미(비아랍인, 페르시아인)' 인사들을 수도의 정부 부서와 점령지에 중용했고, 탄압 정책을 펴지 않았다. 제국 내부의 쇠퇴와 정복당한 백성의 반란은 압바스 왕조의 멸망을 이끌었고, 끝내 몽골 침략의 계기가 되었다.

이슬람 도래에서 칭기즈 칸 침략까지의 종교적 상황

7세기에서 15세기까지 아프가니스탄은 처음에는 아랍인에게, 이후 가즈나조와 셀주크 튀르크 왕조, 이슬람화된 몽골족에게 지배당했다. 대부분의 이민족 지배자들은 순니를 따르고 믿었다. 다수의 아프간 무슬림은 순니파에 속했다. 소수의 쉬아파는 하자라족으로 이루어졌지만, 소수 타직족, 키질바쉬와 투리족을 포함하고 있다. 쉬아파에서 갈라져 나온 이스마일파는 산악 지대에 사는 타직인 중에서 찾아볼 수 있는데, 잘랄라바드 북부와 바다흐샨에 거주하고 있다.

아프가니스탄에서 이슬람교의 발전은 고대 종교인 미트라교, 조로아스터교, 브라만교, 불교 등이 사라지는 계기가 됐다. 극히 소수의 조로아스터교를 제외하고 유대교, 힌두교, 기독교는 도시에서 자취를 감추었고, 이슬람교는 5세기 동안 아프가니스탄에서 보편화됐다. 이슬람 교육은 고대어의 자리를 대신한 다리어의 성장과 함께 아프가니스탄의 통합을 강화하는 데 지대한 영향을 미쳤다. 그러나 이슬람교는 빠른 속도로 수많은 종파로 나누어졌다.

예언자가 세상을 떠난 후, 7세기에 처음으로 예언자의 권력 승계, 칼리파와 이맘의 권리에 대해 이견을 보였고, 이후 순니, 쉬아, 카와리지파로 분리되어 각각의 종파가 출현했다. 또한 무슬림 사이에서 종교 법령의 세칙에 대한 토론이 많아졌다. 이슬람 법학 방법론에서 새로운 차이점이 등장하고 수많은 종파가 생겨났다. 아프가니스탄에서는 각각의 종파들을 받아들였다. 아프간 무슬림들은 운명론과 자유 의지론에 대한 견해차에 관심을 나타냈다.

아프간 민족의 우마이야 왕조에 대한 반발은 이전부터 종교적, 사상적, 사회적, 정치적인 면에서 시도됐다. 거렌, 수리, 내작, 버전, 하번, 신드버드, 바르마키, 얼레사흘, 함제, 타헤르와 야굽 등의 지도자들은 아랍 정복에 대항해 수많은 활동을 펼쳤다. 종교적인 면에서 베일로 가린 현인의 모습으로 흰옷을 입은 불 숭배자의 종파, 자흐미예는 이슬람교의 반대에서 출현했다. 그러나 저항 운동은 강력한 이슬람교의 힘에 부딪쳐서 뜻을 이룰 수 없었다.

이슬람 4대 학(종)파 중에서 말리키 법학파만이 8세기 꾸란과 하디스의 토대에서 팽창했으나 아프가니스탄에서 광범위한 환영은 받지 못했다. 하나피 법학파는 8세기 추론의 근거가 받아들여져 적절한 입법 행위의 토대를 놓으며 아프가니스탄에서 널리 퍼졌다. 샤피이 법학파는 하나피와 말리키 법학파의 방법론을 혼합해서 양자를 절충했다. 아프가니스탄에서 한발리 법학파는 하디스에 더 많은 비중을 두었으며, 9세기 북부 지역에서 세력이 확장됐다. 아프가니스탄의 말리키와 한발리 법학 추종자들은 대부분 꾸란과 하디스의 토대 위에 있었다. 하나피 법학 추종자들은 은거나 칩거에 몰입하는 경향을 보였다. 샤피이 법학 추종자들은 신비주의자들이 주류를 이루었다. 다른 종파와 비교해서 하나피 법학파는 점차 확장됐고 후에 국민 종파로 자리 잡았다.

아슈아리파는 아불 후세인 알리 빈 이스마일(아부 무사 아슈아리의 후손)에서 시작됐으며, 그는 878년에 태어나 935년에 사망했다. 이 종파는 운명론과 자유 의지론의 견해를 절충했으며, 아프가니스탄 북서 지역에서 받아들여졌고, 특히 헤라트가 주 무대였다.

아프가니스탄의 고대 종교는 조로아스터교, 불교와 수피즘을 비롯해 마니교와 마즈닥교로 연결된다. 마니는 파르티아 왕조 왕족 출신으로 216년에 출생했으며, 육체의 속박에서 영혼의 자유를 구해야 한다고 설파했다. 비움(버림)으로써 속박에서 자유로웠던 마니교의 주장은 스페인에서 시리아까지, 이란에서 아프가니스탄과 트란스옥시아나까지 공표됐다. 마니교의 영향은 아시아 전역, 북아프리카, 남부 유럽에서 수세기에 걸쳐 계속되어 수많은 종교와 문학에 영향을 주었다.

마니교의 핵심 교리는 불교와 맥이 많이 닿아 있고, 마니교는 신불교로서 개혁적인 성향을 담고 있다. 마니는 화가였는데 미술에서 본보기의 실례로 간주된다. 마니는 사산조 바흐람 1세 때 조로아스터교 성직자의 종교적 편견으로 살해됐다. 마니교 성직자들은 생활에서 물질주의를 배제하며 하루에 한 번 음식을 먹고 고기와 술을 금기시했다. 마즈닥은 마즈닥교의 창시자로, 조로아스터교와 마니교의 토대 위에서 개혁을 이루려고 했다. 아프가니스탄 무슬림의 종교적 믿음과 관행에서 신비주의의 다양한 형태가 나타나는데 대표적인 수피 종단으로는 낙쉬반디야, 까디리야, 취쉬트야와 수하바르드야 등이 있다.

분열과 해체의 기간, 16~18세기 사회 상황

16세기 초에서 18세기 중엽까지 서부 지역에서는 200여 년간, 동부와 북부 지역에선 240여 년간 분리와 해체 기간이 계속됐다. 이 기간에 아프가니스탄은 트란스옥시아나의 우즈베크 정부, 이란의 사파비조와 인도(파키스탄)의 바부르(버베르)조로 분할됐다. 아프가니스탄은 광범위한 무역, 농업과 중앙 집권 국가를 포기할 수밖에 없는 상황이었다. 더는 학문과 산업도 존재하지 않았다. 아프가니스탄의 문화, 경제 중심지는 소멸되었고 도시들은 쇠퇴했다.

세 지역으로 나누어진 정부 간에 전쟁과 군대 동원은 농업, 산업과 관개 시설에 심한 타격을 주었다. 무역도 더욱 피폐해졌으며, 세 지역에서 걷는 무거운 관세는 내부 시장을 부진하게 했다. 무역 통관품의 세입도 사파비 정부의 수중에 들어갔다. 학교와 교수들도 소임을 중단했고, 자선 단체도 사라졌다. 후원의 중심축이 없어졌기에 수많은 학자들과 예술가들은 안전하고 화려한 인도(파키스탄)행에 유혹받았다. 아프가니스탄 학자와 예술가들은 인도와 이란 중 인도행을 택했고, 이는 두 궁전의 차이에 기인한다. 즉 인도에서는 학문과 예술에 대한 정치적 편견이 없었다.

16세기에 아프가니스탄이 트란스옥시아나의 우즈베크 정부, 이란의 사파비조와 인도의 바부르조로 분리된 이후, 아프가니스탄인의 오랜 정치적인 투쟁이 동부 전선에서는 인도의 바부르 정부에 대항에서, 남부와 서부 전선에서는 자유주의자들의 봉기로 이어졌다. 이 봉기는 정치적 운동의 양상으로 나타났고 그 결과 사파비 왕조의 영향력을 거부하면서, 민족 독립 정부(1709년 미르비스의 반란에서 1731년 나데르의 지배까지)를 성립시켰으나, 이후 이란의 점령으로 막을 내렸다.

이 정치적 혁명의 일대기는 한 국가의 정치적 일생으로는 너무도 짧은 20년 정도였다. 물론 이 기간에 아프가니스탄의 경제, 문명과 문화적인 면에서 중요한 혁명은 일어나지 않았다. 그러나 이 짧은 기간에 아프가니스탄에서는 사회와 정치가 나름대로의 틀을 형성했다. 그것은 정치적인 변동의 서막이 되어 18세기 아프가니스탄의 소생과 성립(1747)으로 이어졌고, 아프가니스탄 역사에서 중요한 한 획을 긋는 계기가 됐다.

현재의 이슬람

다민족으로 구성된 아프가니스탄에서 이슬람은 사회를 통합시키는 데 절대적인 힘을 발휘하고 있다. 아프간인 대부분의 삶에 이슬람은 중추적인 역할을 한다. 아프간 남성은 매주 이슬람 사원에 나가는 것이 의무화되었다고 볼 수 있을 정도로 사원은 예배 장소일 뿐만 아니라, 사람을 만나는 사랑방 역할을 톡톡히 하고 있다. 물론 사적인 기도를 위해 평일에 사원을 찾기도 한다. 이와 동시에 사원은 어릴 때 공부하는 공간이며, 많은 아프간인에게는 그들이 받는 유일한 공교육 기관이기도 하다. 그들에게 이슬람은 삶의 총체적인 방식이며, 인간관계를 규정하는 사회 행동의 전반적인 코드로써 작용한다.

다만 대부분의 사원에는 여성을 위한 예배 공간이 마련되어 있지 않으며, 여성이 있다면 사원의 격리된 공간에서 합류할 수 있다. 여성은 대부분 집안의 사적인 공간에서 기도한다.

개인과 가족의 지위는 이슬람교에서 정의된 개념에 의거해 사회 가치 체계를 적절하게 준수하는 것에 달려 있다. 가족의 명예를 지키고자 연장자들은 이슬람 법규에 따라 아이들의 행동을 통제한다. 아이들은 연장자의 말에 순종하며 존경심을 갖고 있다. 이슬람은 아프간인의 삶을 조직화하면서 그들의 삶에 깊숙이 뿌리박고 있다.

아프가니스탄에서 종교적인 모임을 집전하는 성직자를 '몰라(Mollah)'라고 부른다. 정부는 그들을 재정적으로 지원하지만, 부분적으로 지원받을 경우 그들은 공동체에 기대어 집을 장만하거나, 수확물의 일부를 제공받으면서 살아간다. 그들은 종종 이슬람 사원에 마련된 아이들의 종교 교육 수업을 책임지거나 아이들에게 기본적인 도덕 교육을 한다. 출산, 결혼, 장례와 관련해서도 몰라는 위급한 경우를 담당하며 자신들의 사회적 책무를 다하고자 노력한다.

성인의 영묘나 사당을 방문하는 것이 정통 이슬람에서는 허락되지 않는 경우가 많지만, 아프가니스탄의 경우에 성인 숭배 사상이 만연하며, 추앙받는 수피 시인을 포함해 영묘와 사당이 전국 곳곳에 흩어져 있다. 물질적인 도움뿐만 아니라 영적인 안내와 지도를 간구하고자 아프간인은 자주 사당을 찾는다. 아프가니스탄을 비롯해, 이란, 파키스탄, 중앙아시아 남부 지대의 페르시아어 문화권 혹은 페르시아 이슬람 세계에서 이런 광경은 흔하게 목격된다.

chapter 3

아프가니스탄 문화

틸리아 테페 금관

고대 한국 문화는 중국과의 관계 속에서 대체로 논의되어 왔으나, 고대 중국은 서역을 매개로 고대 페르시아권과 문명의 각 영역에서 관련을 맺고 있다. 고대 페르시아권과 중국은 기원전 수 세기 전부터 한, 위진 남북조, 수와 당 시대를 거치면서 역사적으로 오랜 교류 관계를 맺어 왔다. 또한 고대 페르시아권은 역사를 비롯한 다양한 분야에서 고대 한반도와 연계되어 있다. 당시 고대 세계 문명권에서 탁월한 지위를 유지했던 페르시아 문명은 고대 한국에 영향을 끼쳤는데 그중 하나가 금관이다. 중세 이후에도 '페르시아 이슬람 세계'로 불리는 이 권역은 아프가니스탄을 비롯해이란, 파키스탄과 중앙아시아 남부 지역으로 이루어져 있었다. 즉 고대 중국을 사이에 두고 아프가니스탄과 중앙아시아의 페르시아권은 고대 한반도와 연관을 맺고 있는데, 그 근거 중의 하나가 금관이다. 물론 아프가니스탄의 틸리아 테페(황금 언덕) 금관은 서아시아 지역의 이란 양식 금관과 연관성을 갖고 있다.

통일 신라 시대 물품을 보면, 이런 양식들은 당의 영향 아래 있지만 페르시아 양식을 따르고 있다. 가야와 경주 지역 무덤 출토품과 관련해서 적용된 예술 양식, 무덤 축조 양식, 왕관, 허리띠, 귀걸이, 잔, 인간과 동물의 상징 형태, 도자기, 동물에 관한 공예 양식은 서아시아에서 영감을 받고 있다. 즉 예술 영감의 뿌리는 중국 문명을 거쳐 한국에 들어온 페르시아 사산 예술에 근원을 두고 있다.

틸리아 테페 금관의 기원을 좀 더 거슬러 올라가면, 사르마트 시대부터 초원로, 유라시아 평원, 볼가강, 돈강에서 드네프르(보루스테네스)강에 이르기까지 성행했는데, 오리엔트 기법인 청동제 장식물과 피루제(터키석. 바다흐샨과 같은 고대 이란 지역이 주산지)로 치장된 예술품 양식의 요소들이 이런 유의 금관 양식에 반영됐다. 고대 이란인의 거주지였던 박트리아 틸리아 테페에서 보는 실례와 같이, 근(중)동 지역을 축으로 한 서아시아의 이란 예술 양식이 반영되어 있다. 한국에 영향을 끼친 이런 양식의 예를 신라 금관으로 보고 있다.

이런 종류의 예술적 반영은 중국 황하와 일본 나라에서 출토된 것과도 비교되며, 사산조 시대의 예술은 북위, 수와 당 왕조 시대의 중국 예술 문화에 아주 깊은 영향을 끼쳤다고 알려져 있다. 담쟁이덩굴(수목관 형식) 기법에서 보듯이, 노련하고 숙련된 금관의 기술 양식은 간다라 지역을 거쳐 사산조 양식이 극동에 이른 것으로 보며, 중국과 한반도를 거쳐 일본에 유입됐다.

틸리아 테페 금관은 치장된 양식 요소로 주목받았는데, 한 부분을 제외하고 금관의 네 부분은 나뭇가지에 앉은 새들이 마주 보는 형상을 취하고 있다. 이런 요소들은 사산조 동부 지역의 페르시아 예술 양식으로 평가된다. 사산조의 왕관 양식은 시기에 따라 조금씩 변하며, 십여 가지 이상의 스타일로 그 형태를 달리한다. 원과 초승달의 형태를 띠는 것이 사산조 왕관의 특징이다. 이와 더불어 사산조 예술의 영향은 동아시아 불교 예술 양식에도 수용됐다.

불교문화 속 카불과 발크 그리고 혜초

십여 년 전 필자가 '페르시아 불교'라는 용어를 처음으로 사용했을 때, 수년 동안 연구 모임을 같이한 일부 불교학 연구자들의 반발에 부딪쳐 이 용어 사용에 커다란 어려움이 있었다. 실제로 아프가니스탄이나 중앙아시아 불교는 각각 페르시아 불교의 중요한 한 축으로, 페르시아 불교라는 큰 틀에서 이해할 필요가 있다. 2000년대 초까지만 해도 국내에서 페르시아 파르티아(중국명 안식) 왕조는 일부 불교학 연구자 사이에서 인도 왕조로 통용됐다. 안식 왕조뿐만 아니라, 현재 인도 왕조로 알려져 있는 쿠샨 왕조 역시 이란계 왕조이다.

불교를 발전시키고 정점으로 이끄는 데 페르시아 불교의 역할은 너무나 방대하고 광범위해서 몇 문장으로 집약할 수는 없지만, 페르시아어 문헌에 따르면 페르시아 불교는 파르티아와 사산조 문명의 영향 아래 하나의 문화, 예술 현상으로 출현한다. 이 현상은 당시 파르티아인의 동부 중심지로서 초기 수도였던 니사 시대부터 사산조 후기까지 지속되며 하나의 융합 현상이 일어났는데, 이를 '사산-불교 단계'라고 명명한다.

중앙아시아의 파르티아 동부 지대 실크로드에서 이익을 취했던 니사는 시간이 흐르면서 무역로를 발크 지역으로 정했다. 파르티아, 사산 왕조와 같은 이란 왕조는 이란계 왕조였던 쿠샨 왕조보다도 불교 발전에 훨씬 더 큰 역할을 수행했다. 그런데 대승불교가 쿠샨 왕조에서 비롯되었다고 보기 때문인지, 국내에서는 쿠샨 불교에 초점이 맞춰지고 있다. 쿠샨 왕조는 대쿠샨과 멸망 이후 존속된 쿠샨으로 구분되며, 양 시대는 1세기 중반부터 5세기 초까지 4세기 가까이 지속됐다. 즉 중앙아시아 실크로드 지역과 아프가니스탄에서는, 특히 카불의 쿠샨인 지역에서 4세기에 불교가 발전했다. 이 영향은 대체로 벽화와 예술 양식의 수용으로 대별된다. 당시 불교 예술가들은 사산조 예술 중에서 복식과 같은 사산 양식에서 자신의 예술 작업의 영감을 얻었다.

한편 아프가니스탄 발크는 고대 이란 지역에서 가장 중요한 불교 중심지 중의 하나였다. 특히 8세기에는 신라 승려 혜초가 인도(파키스탄) 아대륙 순례 길에 발크에 이르렀다. 혜초에 관해 정확한 사료는 알려져 있지 않으며, 혜초라는 이름 역시 한어화된 이름으로, 일부 이란학자들은 역경승이라고 추정한다. 한 문헌에 따르면, 발크 도시에서 한어체로 'Fu (Nak) Ti Yeh'라는 호칭으로 언급되어 있다고 한다.

5
우즈베키스탄

오은경 동덕여자대학교 교양교직학부

타슈켄트

■ 국가 개황

· 국명: 우즈베키스탄 공화국(Republic of Uzbekistan)

· 국가 체제: 공화정

· 언어: 우즈베크어(공용어), 기타(러시아어, 타직어)

· 인구: 32,364,996명(유엔, 2018)

· 종교 분포: 이슬람교 88%, 동방정교회 9%, 기타 3%

■

우즈베키스탄은 중앙아시아 내륙에 위치한다. 국경을 접하고 있는 나라로는 동쪽으로 키르기스스탄, 동남쪽으로 타지키스탄, 남쪽으로 아프가니스탄, 남서쪽으로 투르크메니스탄, 북쪽으로는 카자흐스탄이 있다. 소비에트 연방이 해체되기 전까지는 소비에트 연방 공화국이었다. 1991년 8월 31일이 소련에서 독립을 선언한 날로 기록됐지만, 건국 기념일은 9월 1일이다. 독립국가연합(CIS)에는 12월 8일에 정식으로 가입했다.

초대 대통령은 이슬람 카리모프이다. 25년간 유지됐던 대통령 임기는 2016년 9월 2일 카리모프 대통령의 공식 사망 발표 이후 2대 대통령으로 넘어갔다. 2016년 12월 4일 대통령 선거를 통해 13년 동안 총리를 맡았던 대통령 권한 대행 샤브카트 미르지요예프가 당선됐다. 우즈베키스탄은 타슈켄트파와 사마르칸트파 사이에 지역주의 파벌이 심한 편인데, 사마르칸트 출신 미르지요예프가 대통령으로 선출됨에 따라 카리모프의 엘리트 권력층과 권위주의 통치 방식은 당분간 그대로 유지될 것으로 보인다.

한편 우즈베키스탄은 130여 개 민족으로 구성된 다민족, 다문화 국가이다. 우즈베크인이 80%로 절대 다수를 차지하며, 타직인, 러시아인, 카자흐인, 타타르, 고려인 등이 소수 민족으로 거주하고 있다.

공식 언어는 우즈베크어이다. 그러나 오랫동안 구소련 체제에 편입되어 있었으므로 러시아어권에 속하기도 하며, 러시아어는 민족 간의 소통 언어이다. 그러나 2004년 이후부터 우즈베키스탄 내 모든 공문서는 우즈베크어로만 작성되고 있어 러시아어의 중요도는 점차 낮아지고 있다.

과거에는 실크로드 중심국으로서 조상 대대로 무역에 종사했지만, 정주민으로 정착하면서 농업이 주요 산업이 되었고, 면화가 주요 생산품이다. 천연자원도 매우 풍부한 자원 부국이다. 금, 천연가스, 텅스텐, 석탄 등이 주요 지하자원이다.

전체 인구 가운데 약 88%가 무슬림이며, 그중 70%가 수니파로 알려져 있다. 고대 사회는 조로아스터교와 불교의 영향을 받았지만, 8세기경 이슬람이 전파된 뒤 탈라스 전투를 계기로 중앙아시아가 본격적으로 이슬람화되기 시작했다.

chapter 1

우즈베키스탄 역사와 이슬람

역사

우즈베키스탄 지역은 이미 1만 2천 년 전에 네안데르탈인이 살았던 흔적이 발견된 곳이다. 페르가나 계곡과 부하라 지역에서 구석기 유적도 발견되고 있다. 청동기 시대에는 이미 관개 시설을 이용한 농업이 널리 보급되었다는 것도 밝혀졌다.

기원전 12세기에서 기원전 9세기 사이에는 소그드인, 박트리아인, 페르시아인이 국가를 건설했다. 소그드인은 실크로드 교역을 주도했고, 중앙아시아 물질문명에 크게 기여했다. 당시 소그드인의 주도로 활발한 상업 교류가 이루어졌으며, 화폐가 등장하여 사용됐다. 도시 또한 번창했다. 기원전 7, 8세기에는 고대 호레즘과 박트리아 왕조가 건립됐고, 조로아스터교가 생겨났다. 조로아스터교 경전인 아베스타는 이후 우즈베크인에게 정신적 유산으로 세습되어 많은 영향을 미쳤다. 기원전 6세기경 중앙아시아 지역은 이란에서 세워진 아케메네스 페르시아 제국의 지배하에 들어감에 따라 약 150년간 페르시아 문화권으로 통합됐다. 이어 기원전 4세기에는 알렉산드로스 대왕이 점령함으로써 그리스 문화의 영향을 받았으며, 그 후 그레코 박트리아 왕국이 건설되었다.

기원전 2세기에는 '마베레나흐르', 곧 트란스옥시아나라는 중앙아시아 의 아무다리야강과 시르다리야강 사이 비옥한 영토에 유목민 튀르크 민 족들이 유입되어 정착했다. 기원전 1세기 튀르크 민족들은 쿠샨 왕조를 세웠으며, 불교가 전파됐다. 이들이 꽃피웠던 간다라 미술은 한국 불교 예 술에도 영향을 미쳤다.

7세기 말에서 8세기에는 아랍인이 중앙아시아로 진출했으며, 이슬람이 전파되기 시작했다. 특히 압바스조와 당나라가 맞선 탈라스 전투에서 압 바스조가 승리함으로써 중앙아시아 대부분은 이슬람 세력의 점령하에 들 어갔다. 사마르칸트, 타슈켄트, 코칸트, 부하라는 이슬람교의 대표적인 중 심지가 되었고, 동서 교역의 중계자로 번성했다.

13세기에 칭기즈 칸은 이슬람 세계의 호레즘과 교역하려고 파견한 사 절단이 살해되자 이것을 빌미로 서역 정벌을 시작한다. 몽골 제국은 중앙 아시아를 점령한 후 러시아, 중동까지 세력을 확장해 나간다. 이후 중앙아 시아 지역에는 칭기즈 칸의 둘째 아들이 차가타이한국을 세운다. 이어 아 미르 티무르가 사마르칸트를 중심으로 티무르 제국을 건립해 세력을 확 장했으며, 이란과 카스피해 일대는 물론, 이라크, 시리아, 터키, 북인도에 이르기까지 광대한 영토를 점령한다. 150여 년간에 걸쳐 티무르 제국은 문화, 예술 면에서도 번성기를 맞는다.

15~16세기 무렵에는 부하라한국이 사마르칸트와 부하라 일대에, 히바

한국은 아무다리야강 하류에, 코칸트한국은 페르가나 계곡 지역에 자리를 잡고 균형 있는 관계를 이루어 가는 삼국 시대가 열린다. 그러나 18세기 경부터 본격화된 러시아의 중앙아시아 진출에 이들 3국은 공동으로 대처하지 못했다. 결국 부하라와 히바한국은 1873년, 코칸트한국은 1875년에 러시아에게 차례로 점령당한다.

이어 1917년 제정 러시아가 무너지고 볼셰비키 혁명으로 소비에트 정권이 수립되면서 1924년 우즈베키스탄은 소련의 연방국이 됐다. 1991년, 소련이 해체되면서 9월 1일 마침내 독립해 우즈베키스탄 공화국으로 새롭게 출범했다.

이슬람 전파 배경

이슬람교는 7세기 초 메카를 중심으로 한 아라비아반도에서 태동했다. 중앙아시아에 전파된 것은 7세기 중반으로, 아랍 이슬람 군대가 사산조 페르시아를 정복하면서 튀르크인은 이슬람과 처음 접하게 됐다. 651년 페르시아 원정을 시작한 우마이야조의 이슬람 군대는 튀르크족의 경계선으로 인정받고 있던 아무다리야강을 건너 사산조 페르시아로 들어가 705년 트란스옥시아나를 점령했다. 그러나 이 사건은 이슬람과 처음 마주치는 계기가 됐을 뿐이며, 당장 이슬람화가 시작되지는 않았다. 중앙아시아 튀르크인의 개종은 매우 오랜 시간에 걸쳐 서서히 진행된다.

우마이야 칼리파조 시대
이슬람 제국의 팽창과 트란스옥시아나 정벌이 본격적으로 이루어진 것은 우마이야 칼리파조 시대 압둘 말리크와 그의 아들 왈리드가 칼리파직을 계승하고 통치하던 시기이다(705~715). 트란스옥시아나는 아무다리야와 시르다리야, 두 강 사이의 비옥한 땅으로 오늘날 우즈베키스탄 영토에 해당한다. 그러나 이슬람이 중앙아시아로 전파되기 시작했던 당시에는 중앙아시아 토착민에게 새로운 종교를 수용할 마음의 준비가 되어 있지 않았다. 심지어 완강히 저항하고 거부했다. 역사학자 아부바크르 무함마드 이븐 자파르 알나르샤히는 《부하라의 역사》에서 부하라 주민들을 이슬람화하는 것이 쉽지 않았음에 대해 기술하고 있다. 매번 주민들은 집권층의 강압적 강요를 거부하고 토착 신앙으로 회귀했다고 한다. 따라서 이슬람으로 개종을 시키는 데는 집권 세력의 회유와 강압적인 정책의 제도화가 동시에 수반돼야 했다. 우선 이슬람을 수용하지 않는 사람들은 개별 인두세인 지즈야를 납부하도록 했다.

왈리드 통치 기간 중 아랍군 사령관인 쿠타이바 이븐 무슬림 장군은 정복자로서 유명해졌다. 그는 사마르칸트와 부하라를 점령하고 트란스옥시아나에서 확고한 위치를 굳혔다. 쿠타이바 장군은 이슬람군을 이끌고 10여 년에 걸쳐 본격적인 중앙아시아 군사 정복을 감행한 후, 마침내 부하라를 정복했다. 이어 대대적인 사회 개혁 및 군사 개혁을 시도했다. 부하라 주민들이 소유하고 있는 주택의 절반을 아랍인에게 바치라고 명령하고, 회유책을 쓰기도 했다. 쿠타이바 이븐 무슬림 장군은 피정복지 주민들을 개종시키고자 부하라에 이슬람 사원을 짓고, 금요일 모스크 예배에 참석하는 자에게는 금전적인 보상을 해 주기도 했다. 그가 트란스옥시아나 상당 부분을 정복함으로써 결과적으로 이 지역 주민 상당수가 이슬람으로 귀의하게 됐다. 그가 썼던 당근과 채찍이라는 이중적 길들이기 정책으로 토착민들은 이슬람을 선택할 수밖에 없었던 것이다. 사람들은 생존을 위해 혹은 출세나 물욕 때문에 서서히 이슬람을 받아들였다.

압바스조 시대 이후

이후 본격적으로 중앙아시아에서 이슬람화가 추진되고 가속화된 것은 탈라스 전투에서 당나라가 압바스조에 패배하면서부터이다. 우마이야조를 이은 압바스조는 개종한 튀르크족에 대해 인두세를 완전히 폐지하고 요직에도 기용하기 시작했다. 또한 이슬람 선교사들을 파견해 적극적인 포교 사업에 들어갔다. 9세기 후반부터는 압바스조와 튀르크족 국가 간에 교역이 활발하게 이루어지기 시작하는데, 그 결과로 이슬람 전파가 더욱 활발하게 전개되었으며 이슬람 개종 열풍이 일었다.

결국 튀르크족 국가들은 이슬람교를 국교로 선포하는 단계에까지 이른다. 중앙아시아 튀르크 국가 중 이슬람을 최초로 국교로 받아들인 나라는 카라한 왕조(840~1212)이다. 카라한 왕 사투크는 급기야 893년 이슬람을 국교로 선포했는데, 이 사건을 계기로 중앙아시아 튀르크 국가들은 급속도로 이슬람화된다. 오우즈 튀르크족이나 셀주크 튀르크족에 이어 발칸반도 불가르 왕국의 튀르크족들도 이슬람을 국교로 수용했고, 14세기에 이르면 모든 튀르크인이 이슬람을 받아들이게 된다.

우즈베키스탄 이슬람의 특징[*]

수피주의

수피주의는 중앙아시아 이슬람을 설명할 수 있는 가장 중요한 특징이다. 동시에 이슬람교가 지역 주민들로부터 적극적으로 수용되고 확산될 수 있었던 결정적 요인이기도 하다. 수피주의의 주요 무대였다고 할 수 있을 정도로 중앙아시아에는 여러 개의 수피 종단이 창단됐다. 가장 대표적인 종단은 부하라에서 연원한 낙쉬반디야와 호레즘에서 출원한 쿠브라위야, 카자흐스탄에서 유래한 야사비아 종단이며, 이들은 세계적인 수피 종단으로 성장했다.

중앙아시아에서 특히 수피주의가 널리 확산되고 지역 주민에게 대중적으로 사랑받을 수 있었던 이유는 토착 지역민의 성향에 잘 맞았기 때문이다. 다시 말하면, 튀르크인의 성향에 율법적이고 딱딱한 정통 이슬람보다는 수피즘이 더 적합했다. 중앙아시아 토착 지역민 대다수는 대체로 튀르크인이었다. 유목민인 그들은 조상 대대로 노래와 춤을 사랑하고 향유했으며, 특히 노래는 구전 문학 장르에만 국한된 것이 아니라 삶의 전반 깊숙이 자리 잡고 있었다. 그런데 수피주의 이슬람의 종교 생활은 경전을 읽고 율법에 맞는 엄격하고 엄숙한 생활 방식보다는 노래와 춤, '지크르'라고 불리는 주문 염신이나 염송 방식으로 깨달음을 얻으려는 수행으로 이루어져 있다. 더구나 '타리카'라고 칭해지는 수피 종단에는 셰이크 혹은 피르라고 하는 영적 지도자가 있고, 이들은 도제식 방법으로 수행자 혹은 제자들을 양성했다. 이렇게 스승이 제자가 깨달음을 얻을 때까지 지도하고, 제자가 독자적인 자생력을 확보할 만큼 성장했을 때 스승이 인가해 주어 독립하도록 하는 인재 양성 방식은 중앙아시아인에게는 매우 익숙한 시스템이기도 했다. 바로 샤먼이 그 후계자를 양성하는 방식이며, 장인 혹은 명

---

* 우즈베키스탄 이슬람의 특징에 관계된 내용은 저자의 《한국이슬람학회 논총》 23-1호(2017)에 실린 논문 〈중앙아시아 이슬람과 신크레티즘〉을 정리, 보완하여 실은 것이다.

인의 교육 방식이기도 하다.

더불어 수피주의 이슬람은 기존 토착 신앙인 텡그리즘이나 조로아스터교, 샤머니즘 등을 모두 수용하고 포괄해 비아랍인인 튀르크인에게 맞는 방식으로 융화시켰다. 이런 측면이야말로 결정적으로 튀르크인에게 이슬람이 확산될 수 있었던 중요한 이유이다.

또한 수피주의의 중요한 전통 중 하나는 바로 성인 영묘 숭배이다. 사람들은 성인 영묘를 찾아가 기도하고 복을 구한다. 그런데 이런 영묘 숭배는 튀크르인의 전통인 성인 숭배, 조상 숭배 전통과 그 맥이 닿아 있다. 튀르크인은 조상이 누구인지를 절대 잊지 않고 기억하며, 천신 사상은 조상 숭배로 이어졌다. 대표적인 성인 영묘로는 부하라 낙쉬반드 영묘, 사마르칸트 호자 아흐라르 영묘, 타지키스탄 두샨베 마울라나 차르히 영묘, 카자흐스탄 투르케스탄에 있는 야사비 영묘 등이 있다.

15~18세기 수피들은 설교자 역할을 담당했고, 그들의 교리는 큰 호응을 얻었다. 수피들은 지역민의 존경을 받는 정신적, 영적 지도자이자 공동체의 원로 역할을 담당했다.

낙쉬반디야 종단

중앙아시아에서 창단된 여러 수피 종단 중 특히 부하라를 발원지로 하는 낙쉬반디야 종단과 카자흐스탄 투르케스탄을 근거지로 한 야사비야 종단은 권력층과 사회에 큰 영향력을 행사했다. 낙쉬반디야는 압둘 할리크 기지두바니가 창설했고, 그의 제자 낙쉬반디가 교단의 중심이 되어 세계적인 종단으로 성장했다. 호자 우바이달라르 아흐라르는 종단의 도통이라고 할 수 있는 실실라를 마련한 사람이기도 하다.

모스크와 메드레세(마드라사)가 수피 종단을 통제하기도 했으나 수피들은 이미 중앙아시아인의 개인적인 삶에 매우 깊숙하게 침투해 있었다. 한 인간의 통과 의례에 해당하는 출생, 결혼, 장례 등 관혼상제에 관계된 모든 의례는 수피 교단의 물라가 주관했다. 따라서 공식적인 조직의 힘도 무시할 수 없었지만 개개인의 삶을 움직일 수 있는 힘을 가지고 있었기에 사회와 공동체에 미치는 영향은 결코 간과할 수 없는 것이었다.

특히 수피주의는 원래 금욕주의와 은둔, 수행을 강조하며 현실적 욕망과 세속에는 관심이 없는 것으로 알려져 있으나 중앙아시아, 특히 오늘날 우즈베키스탄에서 막강한 영향력을 행사하고 있다. 세계적인 수피 종단으로 성장한 낙쉬반디야의 경우에는 정치적인 개입과 세속적 측면을 모두 인정하고 있다. 초기에는 은둔과 세속과의 단절을 주장했지만, 점차 정치 참여를 받아들이게 된 것이다. 낙쉬반드의 유명한 지침이었던 '마음은 신을 향해야 하고, 두 손은 일을 해야 한다'라는 구절은 우즈베키스탄 역사에서 외세 침략 시기마다 외부에 저항할 수 있는 명분과 동력을 제공했다. 몽골 침략 시기에 수피 종단은 외세 저항 세력으로 힘을 발휘했으며, 러시아 지배 시기(1867~1917)에도 역시 수피 종단의 저항은 다시 한 번 세력과 영향력을 입증했다. 특히 1875~1876년 페르가나 봉기, 1898년 수피 둑치 이샨의 안디잔 봉기와 반러시아 저항 운동은 매우 유명한 역사적 반러시아 저항 사건이다.

소비에트 체제에 접어들자 곧바로 바스마치 운동 진압 후 와크프를 폐지하고, 종교 재단을 국유화해 수피 종단의 재산을 몰수하는 등 종단을 해체하려는 움직임이 시작됐다. 그러나 수피 영적 지도자인 셰이크의 영향력을 약화시키려고 노력했음에도 수피 전통과 영향력은 사라지지 않았다. 조직적인 힘은 파괴되었을지라도 지하 활동으로 제자를 육성했다. 또한 개개인의 삶에 깊숙이 파고든 수피 전통은 오늘날까지 그

맥이 끊어지지 않고 지속되고 있다. 구소련 시대에도 정통 이슬람이 소비에트 정권에 협력하면서 공인 이슬람으로 인정받는 반면 수피즘은 이단 취급을 받았지만, 대중에게 이슬람은 수피즘을 의미하는 것으로 인식됐다.

구소련이 해체되고 각 국가들이 독립을 한 뒤 수피즘은 오히려 그 의미가 재구성되고 재발견되고 있다. 와하비즘은 테러와 원리주의로 인식되어 각 국가마다 정권을 위협하는 요소로 받아들이고 강력한 규제 대상이 되고 있다. 반면 수피즘은 독립 이후 국가의 정체성 형성 및 민족주의 노선과 맞물려 전통으로 인정받고 있다. 중앙아시아 국가들은 개별적으로 조금씩 상황이 다른데, 우즈베키스탄의 경우 수피즘의 가치는 우즈베크 국민의 정신문화이며, 선조들에게 물려받은 무형 유산으로 인정받고 있다. 물론 낙쉬반디야의 정치 참여 성향으로 집권 세력에 긴장과 갈등이 야기되는 측면도 있지만, 우즈베키스탄 정부는 낙쉬반드와 호자 아흐라르 기념일을 국가 행사 차원에서 대대적으로 경축했다.

하나피 법학파와 공식 이슬람

8세기 중반부터 아랍인으로부터 이슬람을 받아들인 중앙아시아 비아랍인 중에서 이슬람 세계의 중요한 신학자나 철학자, 법학자가 대거 배출된다. 아부 무슬림, 무함마드 알부카리, 티르미디와 같은 인물들이 8~9세기의 대표적인 이슬람 학자들이다. 이들은 모두 하디스 편찬가로, 특히 부카리와 그의 제자 무슬림은 하디스의 매우 주요한 권위자로 손꼽는다. 부카리는 원문 하디스와 위조된 하디스를 구별하는 남다른 능력을 가지고 있었으며, 그의 암기력과 식별력은 하디스 편찬에 크게 기여했다. 부카리의 하디스는 이라크와 시리아 신학자들도 모두 인정할 만큼 긍정적인 평가를 받았다.

하나피 법학파는 압바스조가 지원하고 후원했기 때문에 중앙아시아는 물론, 인도까지 광범위하게 세력을 확산할 수 있었다. 특히 오스만 제국이 인정하는 공식 법학파이기도 했다. 이런 이유로 세계에서 가장 많은 신자를 보유하고 광범위한 대륙으로 퍼져 나갔다.

하나피 법학파는 교리 해석에 있어 인간의 이성적 판단이 적용되는 범위가 상대적으로 크기 때문에, 해석이 유연하고 엄격하지 않다는 것이 특징이다. 중앙아시아에서 하나피 법학파가 세력을 얻고 지지 기반을 확보할 수 있었던 것은 바로 하나피 법학파의 이슬람 율법에 대한 유연한 해석과 적용의 융통성 덕분이다. 역으로 이슬람교가 중앙아시아에서 전파되고 확산될 수 있었던 데에는 하나피 법학파의 역할이 매우 컸다고도 말할 수 있다. 8~9세기 카를룩인과 10~13세기 튀르크 왕조 카라한인은 하나피파를 지지했다. 하나피 법학파는 현지 전통에 가장 순응적이며 관용적인 법학파였으며, 특히 법학자들은 기존 관습법인 오다트를 이슬람 법규에 모순되지 않도록 성공적으로 가공하고 이슬람 이전 시대 고대 전통과 일반적 법 규범들을 법제화해 새로운 파트와를 만들어 냈다

더구나 중앙아시아 튀르크인의 정신문화 근간이라고 할 수 있는 텡그리즘을 이슬람 유일신 사상으로 해석해 교리 기반을 마련한 것은 매우 중요한 일이었다. '텡(Theng)'은 '하늘'을 뜻하는 것으로, '텡그리'인 하늘신은 '우주의 근원'이며, '천지 창조의 주인'인 천신(天神)을 의미한다. 천신, 하늘신이 알라 혹은 하나님과 같은 것이라는 해석으로 등치, 대체되는 개념을 만들어 냄에 따라 천신 숭배는 중앙아시아 튀르크인이 쉽게 이슬람을 수용할 수 있는 사상적 기반이 됐다. 따라서 아직도 중앙아시아에서는 알라를 고대 튀르크어인 텡그리 혹은 '후도(Xudo)'로 표현한다.

이처럼 하나피 법학자와 지역 상류층 이슬람교도의 포용력 있는 접근 방식과 해석은 이슬람의 수용을 도왔을 뿐만 아니라 지역 전통이나 관습과 융화된 '민속 이슬람'의 태동을 도왔다. 예를 들면 그들은 여성의 히잡 착용이나 격리 등을 강요하지 않고 유목민 전통 의상 착용을 인정했으며, 전통적으로 음악을 향유하거나 노래를 부르는 것 등을 금지하지 않았다. 정통 이슬람에서 노래와 음악, 춤은 강력한 금기 사항이다. 더구나 여성의 경우 목소리도 남성을 유혹하는 사악한 것으로 간주되어 집 담을 넘어가지 않아야 한다고 할 정도로 규제가 심하다. 특히 알코올은 전적으로 금지된다. 그러나 발효될 경우 약간의 알코올이 생기는 전통 마유주인 크므스 섭취를 제한하지는 않았다. 하나피 법학파의 융통성 있는 해석으로 아랍어와 튀르크어가 혼용된 독자적인 용어까지 출현했다.

러시아 예카테리나 2세 시기부터는 러시아 전역의 무슬림 공동체를 통제하려는 목적으로 이른바 '종무국'이라는 기관이 만들어졌다. 소비에트 시대에는 '중앙아시아 및 카자흐스탄 무슬림 종무국'의 형태로 타슈켄트에 설치됐는데, 오늘날 우즈베키스탄 종무국의 전신이라고 볼 수 있다. 따라서 소비에트형 관제 이슬람은 종무국의 통제와 지원을 받는 종무국 이슬람이었다. 종무국 이슬람은 공인과 비공인 이슬람을 구분했고, 종무국 소속 종교 지도자들은 '공인 울라마'로 통칭되었으며, 이들은 모두 하나피 학파에 속했다.

민속 이슬람과 일상 이슬람

민속 이슬람은 소비에트 시기 정부 지원 체제의 '공인된 이슬람'과 대립되는 개념이며, 샤머니즘을 비롯한 전통문화나 토속 신앙과 결합한 이슬람을 의미한다. 국가의 통치와 통제에서 벗어나 현지 우즈베크 주민이 신봉하는 이슬람을 일상 이슬람 혹은 비공식 이슬람이라고 부르기도 한다. 이슬람은 수피주의의 신비주의적 수행 형태와 하나피 법학파의 유연하고 관용적인 법 해석으로 튀르크인의 토속 신앙 및 지역 전통문화와 융합해 새로운 형태로 탄생했다. 이러한 관습은 우즈베크인의 일상과 관혼상제를 주관하는 의례에 이르기까지 그들의 삶과는 분리할 수 없는 삶 자체로 녹아들었다. 조로아스터교, 샤머니즘, 텡그리즘, 토템 등 모든 기존 종교와 신앙은 이슬람이라는 틀 안에서 다시 융화됐다.

독립 이후, 민족 정체성으로써 이슬람

우즈베키스탄은 독립 이후 국가 이념과 민족 정체성을 이슬람에서 찾고 있다. 그러나 정치, 경제를 주도하는 권력 엘리트 계층이 특별히 이슬람에 관심을 두고 있었던 것은 아니었다. 소비에트에서 벗어나 독자적인 노선과 정신문화 함양을 위한 전통문화로써 이슬람을 선택한 것뿐이었다.

그런데 이슬람 원리주의와 급진주의 단체의 활약으로 정권 유지에 위협을 느낀 우즈베키스탄 정부는 정치 이슬람을 완전히 차단하고 배제하려는 노력을 보이고 있다. 예를 들면, 1998년 〈양심의 자유와 종교 조직법〉을 통과시켰으며, 이 법에는 국가 안보에 위배된 종교 권리는 모두 제한하고 통제한다는 내용을 명시하고 있다. 이 법의 일환으로 이슬람 모스크의 아잔과 여성의 히잡 착용은 물론, 무슬림 남성의 턱수염 기르는 관행도 모두 금지시키고 있다. 소비에트 체제하에서 공식 이슬람과 민속 이슬람의 이중 체제로 존속하던 형태는 독립 이후에도 여전히 '통제와 장려'라는 이중 정책 안에서 유지되고 있다. 수피주의를 민족 문화와 우즈베크 전통이라는 틀 안에서 장려하고 인정하고 있으나, 낙쉬반디야 종단의 정치 참여 성향은 여전히 우즈베키스탄 정부와 미묘한 긴장 관계를 만들고 있다.

chapter 2

이슬람 문화

낙쉬반디야 영묘

우즈베키스탄의 고도 부하라에는 전 세계적으로 가장 큰 수피 종단으로 여겨지는 낙쉬반디야 종단의 발원지가 있다. 낙쉬반디야 교단은 세계에서 가장 영향력 있는 수피 종단이다. 압둘 할리크 기지두바니가 창설했지만, 종단의 중심 인물은 기지두바니의 제자인 바하웃딘 낙쉬반드였다. 부하라 근교에서 출생해 부하라에서 생을 마감하고 역시 부하라에 묻힌 그의 성묘는, 중앙아시아뿐만 아니라 전 세계 낙쉬반디야 교단 신자들의 가장 중요한 성지로 추앙받고 있다.

무이 무보락 메드레세

하즈라티 이맘 모스크는 규모 면에서 중앙아시아에서 세 번째로 큰 모스크이다. 사마르칸트의 비비하늠 모스크와 부하라의 칼란 모스크 등 3대

모스크가 모두 우즈베키스탄에 있다. 그만큼 우즈베키스탄은 중앙아시아 이슬람의 중심지였다고 볼 수 있다.

하즈라티 이맘 모스크에 자리 잡은 무이 무보락 메드레세는 세계에서 가장 오래된 꾸란을 보관하고 있어서 더욱 유명해졌다. 1997년 유네스코 세계 기록 유산으로 지정된 이 꾸란은 7세기 중반에 제작된 것으로 알려져 있다. 세로 53cm, 가로 68cm, 353쪽이며, 사슴 가죽 위에 붙인 종이에 쿠피체로 쓰였다. 이 꾸란은 3대 칼리파인 오스만의 피가 묻어 있기에 더욱 유명하다. 꾸란을 암송하고 있는 오스만이 자객의 습격을 받아 피를 흘리고 쓰러졌다고 한다. 따라서 '오스만본'으로 불리기도 하는 이 꾸란은 1400년 전 사용되었던 유일한 정본이다.

초대 대통령 이슬람 카리모프

사마르칸트 출신인 이슬람 카리모프는 우즈베키스탄 초대 대통령으로 2016년 사망까지 25년간 철권통치를 하며, 장기 집권했다.

1964년 공산당에 입당했고, 1980년대 중반 아랄해가 점점 말라 가는 상황에서도 여전히 목화 생산 증진을 강요하는 소련의 경제 정책에 적극적으로 반대하면서 국민의 주목을 받기 시작했다. 1989년 소련 우즈베크 공산당 중앙위 제1서기가 됐으며, 1990년 소련 치하에서 우즈베크 공화국 대통령에 당선되어 독립 이후에도 우즈베키스탄 대통령으로 계속해서 재임했다. 부정 선거를 통한 장기 집권과 독재자로 국제 사회에서는 악명이 높지만, 사망 이후 우즈베키스탄 국내에서 국부로 추대해야 한다는 움직임이 일기도 했다.

필라브

우즈베키스탄에서 가장 중요한 전통 요리이다. 기름에 볶아서 만들기 때문에 한국에서는 기름밥이라고 부른다. 우즈베크어로는 '필라브'라고 하며, '어쉬'라고도 한다. 러시아어로는 '쁠롭'이라고 한다. 필라브는 우즈베키스탄 각 지역마다 요리하는 방식과 재료가 조금씩 차이가 있다.

우즈베크인은 손님이 오면 반드시 필라브를 대접하며, 손님과 정을 나눈다는 뜻으로 한 접시에 담아서 함께 나누어 먹는다. 그러나 금요일은 무슬림에게 성스러운 날이므로, 기름진 음식을 먹지 않으며 따라서 필라브도 피한다고 한다.

필라브의 유래에 대해서는 알렉산드로스 대왕이 전쟁터에서 먹고자 만들게 했다고 전해지기도 한다. 지금도 우즈베키스탄에서 필라브는 전통적으로 남성이 하는 요리이며, 마당 한가운데 커다란 가마솥을 걸어 놓고 요리한다. 이런 모습이 전쟁터에서 먹을 수 있는 요리라는 인상을 주기도 한다.

6
인도

손주영 한국외국어대학교 아랍어과

뉴델리

■ **국가 개황**

· 국명: 인도 공화국(Republic of India)

· 국가 체제: 연방제 공화정

· 언어: 힌디어, 영어

· 인구: 1,354,051,854명(유엔, 2018)

· 종교 분포: 힌두교 80.5%, 이슬람교 13.4%, 기독교 2.3%, 시크교 1.9%

■

인도는 인구 약 13억 5,400만 명(세계 2위), 면적 약 330만㎢(세계 7위, 대한민국의 33배)를 가진 남아시아에 위치하는 나라로, 역사적으로 무슬림 사이에서 힌드라고 불린 인도 아대륙(지금은 인도, 파키스탄, 방글라데시, 스리랑카, 네팔, 부탄, 몰디브 7개국으로 나누어짐)의 거의 대부분을 차지한다. 국토가 서유럽 전체 크기와 비슷하고, 인구는 세계 인구의 6분의 1에 달한다. 지방에 따라 기후와 풍토가 다르고, 수많은 인종, 다양한 종교, 공식 언어만 해도 힌디어를 포함해 무려 22개를 갖고 있는 '다양성의 나라'다.

인도는 '힌두교의 나라'다. 국민 대다수가 힌두교도이고, 어디를 가나 힌두 사원들을 볼 수 있다. 그렇지만 힌두교가 인도의 국교라고 생각해선 안 된다. 인도는 세속 국가다. 헌법에 종교를 자유롭게 선택할 수 있고, 종교의 자유를 보장한다고 명시되어 있다. 또한 '종교의 나라'이기도 하다. 세계적 종교인 힌두교와 불교가 인도에서 나왔고, 자이나교와 시크교도 만들어졌다. 외래 종교로는 이슬람과 기독교, 적은 수이지만 유대교와 파르시교도 있다. 힌두교가 80.5%, 이슬람교 13.4%, 기독교 2.3%, 시크교 1.9%, 불교 0.8%, 자이나교 0.4%, 기타 0.7%를 차지한다.

인도에서 무슬림은 가장 큰 종교적 소수자다. 대략 1억 8천만 명(2015년 기준)에 달하는 인도 무슬림들은 세계에서 인도네시아, 파키스탄에 이어 세 번째로 큰 이슬람 공동체를 이루고 있고, 세계 비이슬람 국가 중 가장 큰 종교적 소수자이기도 하다. 인도 아대륙 거의 전체를 무슬림이 지배하고 인도가 이슬람 국가로 간주되던 중세기 인도 역사 속에서도 그들은 소수자였다.

인도 무슬림의 민족적 정체성은 크게 둘로 나눌 수 있다. 주류는 전체의 80%가 넘는 인도인으로, 조상이 이슬람으로 개종한 인도 무슬림들이다. 나머지 20%는 무슬림 군대의 뒤를 이어서 인도로 들어와 정착한 이주민의 후손들로, 대개 명목상 고유 민족 정체성을 유지해 왔지만, 그렇지 않다면 완전히 인도 사회에 통합된 아랍인, 페르시아인, 아프간인, 터키인이다.

무슬림이 가장 집중적으로 분포된 지역은 우타르 프라데시, 서벵골, 비하르로, 이 세 주(州)에 인도 무슬림 전체의 약 47%가 살고 있다. 인도 무슬림의 약 85%가 순니이고, 대부분 하나피 법학파를 따른다. 남부 해안의 일부 상인들만이 샤피이 법학파를 따르고 있는데 극히 소수이다. 나머지는 쉬아 무슬림들로, 열두 이맘파가 주류로 여러 주에 널리 분포되어 있고, 이스마일파 쉬아는 서부 인도와 해안 지역의 무역인 공동체에서 주로 발견된다.

chapter 1

이슬람 역사

이슬람이 인도로 들어온 길

무슬림들이 인도에 들어온 길은 세 갈래였다. 첫 번째는 7세기 초 인도의 서부 말라바르 해안과 콩칸-구자라트로 아랍 상인들이 들어오던 길이다. 간헐적이고 소규모였지만 무슬림과 인도인 사이에 교역이 꾸준히 이루어져 훗날 구자라트 해안에 무슬림 이주민의 무역 공동체가 생기게 된다.

두 번째는 이슬람의 인도 정착과 무슬림 통치 시대의 문을 열어 놓은 역사적인 길이다. 아랍 우마이야 제국의 제6대 칼리파 알왈리드 때 인도로의 원정 계획이 세워지고 서기 711년 무함마드 빈 카심 장군에 의해 원정이 성공적으로 이루어져 무슬림군이 신드를 정복하고 인더스강 아래까지 진출했다. 그 후 신드 지역은 아랍 이슬람 제국의 변방이 되어 이슬람 전파의 요람이 된다.

세 번째는 인도 대륙으로의 군사 정복과 무슬림 이민의 물결을 계속 있게 한 아프가니스탄 동북부 쪽에서 인도로 들어오는 길이다. 아프가니스탄에 세워진 가즈나조의 술탄 마흐무드(재위 998~1030)가 무려 17차례나 인도를 침입했는데, 그는 정복한 땅의 지배보다 인도에서 나오는 부를 가지고 아프가니스탄과 호라산을 중심으로 하는 자기 왕국의 번영을 꾀하려 했다. 하지만 그와는 달리 후계자들은 펀자브에 통치 기반을 세우고 라호르에 이슬람을 이식하기 시작한다. 이때 이후 라호르는 중앙아시아, 이란 및 아랍 세계의 주요 도시로부터 모여드는 수많은 무슬림학자, 시인, 수피들을 매혹시키며 인도 무슬림 역사에서 두 번째 이슬람 정착의 중심지가 된다.

델리 술탄국 시대, 인도 이슬람의 정착기

중앙 아프가니스탄에서 발흥한 구르 왕조가 12세기 후반 본격적인 인도 정복에 나선다. 술탄 무잇즈 앗딘(재위 1173~1206)과 수하 장군들은 1186년 펀자브를 취한 뒤 세력을 갠지스 평원으로 확대해 아즈메르, 델리, 비하르를 점령하고, 1204년에 이르러서는 벵골 거의 전 지역을 지배한다. 무잇즈 앗딘이 죽자 그의 충복이었던 튀르크계 사령관 쿠트브 웃딘 아이바크(재위 1206~1210)는 후계자들과 함께 독립 왕조인 무잇즈조(1206~1290)를 세운다. 그의 뒤를 이은 일투트미시(재위 1211~1236)가 델리를 수도로 삼았고, 그 이후 북인도(특히 델리)를 중심으로 여러 무슬림 왕조가 들어서는데, 이들 왕조를 통상 델리 술탄국(1206~1526)이라고 부른다.

일투트미시는 수피 성향이 강했던 군주로, 그의 장려 아래 치쉬티야와 수흐라와르디야 수피 종단이 인도에 널리 퍼졌다. 발반(재위 1266~1287)도

뛰어난 통치자였다. 몽골족의 이슬람 세계 진출로 1258년 바그다드가 함락됐지만, 그는 인도 국경 베이에서 몽골인을 저지할 수 있었다. 이로써 델리는 몽골군을 피하려는 수많은 무슬림 신학자, 법학자, 과학자의 피난처가 되었고, 이것은 이슬람 종교와 문화가 본격적으로 인도로 유입되는 전기가 됐다.

델리 술탄국의 두 번째 왕조는 할지 왕조(1290~1320)다. 제국의 위상을 갖추고 구자라트, 라자스탄, 데칸 및 남인도의 일부 지역으로 무슬림 통치 권역을 확장했으며, 뒤를 이은 세 번째 투글루크 왕조(1320~1414)의 무함마드 빈 투글루크 역시 인도 대제국 건설의 야망을 품고 남인도 지역 정복을 위해 수도를 잠시 데오기르(다울라타바드)로 옮기면서까지 인도 남부 깊숙한 지역으로 지배 영토를 넓혔다.

투글루크 왕조의 말기, 티무르의 인도 침입으로 델리 술탄국 통치의 정치적 통일이 와해되자 지방마다 무슬림 신흥국들이 창궐해 독립된 왕조를 형성했다. 네 번째 사이이드조(1414~1451)와 다섯 번째 로디조(1451~1526)가 델리 술탄국의 명맥을 이어 갔지만, 지방에는 벵골 술탄국(1336~1576), 카시미르 술탄국(1346~1589), 구자라트 술탄국(1391~1583), 자운푸르의 샤르키 술탄국(1394~1479), 말와 술탄국(1401~1531), 바흐마니 왕조(1347~1527) 등이 일어나 무슬림 지배 영역을 나누어 통치했다.

무굴 제국, 이슬람 문화를 꽃피우다

무굴 제국(1526~1858)의 창시자 바부르(재위 1526~1530)는 남아시아 역사상 가장 영광된 무슬림 지배 시대를 열어 놓았다. 그리고 그의 손자 아크바르

(재위 1556~1605)는 이 위대한 제국의 실질적 건설자가 된다. 치세 50년 동안 영토 확장에 힘써 아그라를 중심으로 북부 인도와 중부 인도 전역, 아프가니스탄까지 아우르는 거대한 제국을 건설했다. 아크바르는 힌두의 협력이 있어야 광대한 제국을 제대로 지배할 수 있다는 것을 깨달았다. 따라서 강력한 중앙 집권 체제를 수립하고 종교적 관용 정책으로 그때까지 무슬림 통치에 적대적이던 힌두 라지푸트인을 자신의 군대와 정부 체제 안으로 끌어들여 제국 건설에 동참하게 했다. 비(非)무슬림에게 부과되던 인두세(지즈야) 제도를 폐지하고, 힌두와의 통혼을 장려하며 그 자신도 라지푸트 공주와 결혼했다.

뒤를 이은 자한기르(재위 1605~1627), 샤자한(재위 1628~1658), 아우랑제브(재위 1658~1707) 역시 타고난 정치, 군사 지도자이자 예술과 문화를 장려하고 후원한 뛰어난 황제들이었다. 무굴 제국은 이들이 통치한 시기에 번영의 절정기를 맞았다. 제국 영토는 데칸고원 너머 남부 깊숙한 곳까지 확장되었고, 오늘날 인도 땅 위에 있는 장려하고 장엄한 건축물 대부분이 이 시대에 만들어진 것들이다. 정치적 안정은 경제적인 부흥과 제국의 번영을 가져와 당시 무굴 제국에는 인구와 풍요로움에 있어 런던, 파리, 나폴리에 버금가는 대도시가 유럽보다 더 많았던 것으로 전해진다.

하지만 인류 문명사에 존재한 다른 위대한 국가처럼 무굴 제국도 번영의 극점에서 급속한 쇠락의 길을 걷는다. 아우랑제브의 죽음 이후 제국의 쇠퇴는 눈에 띄게 가속되었고, 1757년 플라시 전투에서 프랑스와 연합한 무슬림 세력은 영국 동인도 회사의 클라이브에게 패했다. 이어서 1857년 인도 무슬림과 힌두들이 함께 손잡고 도전한 세포이 항쟁마저 영국군에게 무자비하게 진압당했다. 이로써 8세기 이래 천 년 넘게 인도를 통치해 온 무슬림의 지배권은 영국으로 넘어갔다.

이슬람 왕조의 문화유산

무굴인은 수많은 도시와 성, 무덤, 모스크, 정원들을 건설했다. 제국을 통치하고자 세운 델리나 아그라와 같은 주요 도시에 문화유산이 그대로 남아 있어 세계인의 경탄을 자아낸다. 아크바르 시절에 만들어진 아그라 성과 파테푸르 시크리, 샤자한이 건립한 타지마할, 붉은 성, 모티 모스크 등이 그러하고, 델리의 쿠투브 미나르, 하이데라바드의 골콘다성, 마이소르의 마하라자 궁전, 러크나우의 바라 이맘바라도 빼놓을 수 없는 이슬람 왕조 시대의 자랑스러운 문화 유적이다. 이 시대의 문화적 특징은 힌두 문화와 터키, 페르시아 문화의 융합이다. 예컨대 돔과 다주식 이슬람 건축 양식이 인도 고유의 건축 기법과 건축 자재들을 만나 독특하고 새로운 인도 이슬람 건축 양식을 창조해 냈다.

인도를 대표하는 문화유산이자 건축물의 백미는 단연 타지마할이다. 샤자한이 갑자기 세상을 떠난 사랑하는 부인 뭄타즈 마할을 기리고자 1631년부터 무려 22년 동안 인도와 페르시아의 최고 장인 2만 명을 동원해 완성한 세계적인 걸작이다. 정원 중앙에 묘를 쓰던 기존 관행과 다르게, 인공 호수가 흐르는 커다란 정원 끝에 영묘가 세워져 있어 맞은편 끝의 정문까지 펼쳐진 전경이 장관을 이루고, 흰 대리석으로만 지어져서 청정함과 우아함을 동시에 느끼게 한다. 네 개의 미나레트(첨탑)로 둘러싸인 묘당은 돔 지붕으로 덮여 있다. 아름다움의 극치다. 세계 건축의 자랑거리이자 세계의 불가사의로 기록될 만큼 경이롭고 장려하다.

서예와 미술도 16세기 중반부터 무굴 제국에서 꽃피웠다. 무굴 세밀화는 아크바르부터 샤자한 때까지 약 100여 년 동안 엄청나게 발전했다. 아크바르는 페르시아에서 예술가들을 초빙해 인도 화가들에게 그 화법을 배우게 했으며, 한때 그의 황실 작업장에는 100명 이상의 예술가들이 근무했다고 한다. 무굴 회화는 색보다 선과 형식을 더 강조하는 경향을 보였다. 페르시아 회화에서 자주 등장하는 궁전, 사냥 모습, 동물, 초상 같은 모티브에 연꽃이나 코끼리 같은 힌두 주제에서 영감을 얻은 것들이 더해져서 인도 회화의 독특함이 묘사된다. 16세기에 유럽 판화와 구상 미술이 인도에 유입되어 무굴 화가들은 음영 처리와 원근법을 받아들였고, 거꾸로 무굴 제국의 예술도 유럽에 영향을 주었다. 무굴인의 작품이 유럽으로 건너가 렘브란트 같은 화가들이 그 판화를 수집하고 모방하기도 했다. 무굴 제국의 미술은 자한기르 때 절정에 이르렀다.

음악 역시 힌두와 이슬람 양식의 결합이 주를 이루며 발전했다. 음의 고저와 빠르기가 강조되는 기법이 성행하고, 이에 맞추어 악기가 개량되거나 만들어졌다. 예컨대 타블라는 무굴 시대 인도 음악의 최고봉인 아미르 호스로우가 인도 남부의 북을 개량한 것이고, 시타르도 페르시아의 것과 인도 전통 악기를 조합해서 그가 새로 만들어 낸 것이다.

의상에서도 머리에 쓰는 히잡이나 통치마처럼 길고 헐렁한 무슬림 여인의 전통 복장이 유행하더니 오늘날까지 즐겨 입는 인도인의 복장으로 굳어졌다.

음식 문화도 무슬림의 영향으로 더 다양하고 풍요로워졌다. 인도 북부 및 북서부 지역에서 특히 많이 소비되는 난과 탄두리 치킨, 요즈음 인도에서 아주 흔하게 접하는 음식, 예를 들면 고기를 쇠꼬챙이에 끼워 구운 케밥, 고기나 야채와 향신료를 알맞게 넣고 볶은 밥인 팔라오, 후식으로 많이 먹는 과일이나 야채를 달게 찐 할와 같은 요리와 음식들이 무슬림의 영향으로 지금의 모습을 갖추었다. 인도식 아이스케이크 쿨피와 아이스크림인 코아, 아주 대중적인 단 과자 잘레비도 무슬림과 함께 들어온 새로운 인도 음식이다.

chapter 2

수피주의, 이슬람 전파에 공헌하다

인도의 이슬람화와 개종을 이끈 주 요소로는 이주, 정복, 정치적 후원, 이슬람의 평등주의 같은 것을 꼽을 수 있지만, 그보다 더 실질적이고 가장 큰 역할을 한 것은 이슬람 신비주의였다. 수피들은 특히 농촌 지역에서 인도인이 이슬람을 받아들이게 하는 데 대단히 기여했다. 한카(수피 숙소이자 교육 센터)는 수피 스승(무르시드, 피르, 셰이크)이 영적 인도와 심리적 지도, 때로는 질병의 치유를 해 주는 신비로운 곳으로 인도인 누구에게나 활짝 열려 있었다. 성자가 되어 죽은 유명한 수피 스승의 무덤은 영적 축복이 내려지는 성소가 되었고, 그곳을 중심으로 그의 탄생과 죽음을 기리는 연례 의식과 축제, 기념행사들은 사회 모든 계층의 다른 종족, 다른 종교를 가진 사람이 하나가 되어 함께 모여 교류하고 소통하는 장(場)이 됐다.

수많은 세대에 걸쳐 대중이 함께 참여해 온 이러한 종교 의례와 성자숭배, 문화적 통섭은 삶의 관행이 되어 무슬림과 힌두 사이의 종교적 구분마저 모호하게 만들었다. 예를 들면, 유명한 수피 성인 무으인 앗딘 치쉬티의 사망 기념일에는 아즈메르에 있는 그의 묘지로 지금도 인도 전역에서 수십만의 인파가 순례를 위해 모여든다. 순례객에는 무슬림뿐 아니라 힌두교도, 시크교도, 기독교도 등 다양한 종교인이 섞여 있다. 그러므로 인도의 이슬람화는 이러한 인도 사회의 문화 변용 현상과 종교적인 동기 등 여러 복합적 영향의 결과로 보아야 한다.

그뿐만 아니라 이보다 더 주목해야 할 것은 인도인의 개종이 그들의 고유문화 및 사회 전통과의 단절을 결코 의미하지 않는다는 점이다. 오히려 이러한 여러 문화 변용 요소들이 융합되어 오늘날까지 인도 무슬림의 삶과 가치관, 인도의 이슬람 문화가 독특한 양상을 띠게 된 것이다.

인도에서 가장 영향력 있는 수피 종단은 치쉬티야다. 1192년 인도에 온 무으인 앗딘 치쉬티가 아즈메르에서 종단을 열고 명성을 얻기 시작했다. 같은 시기에 바하 앗딘 자카리야가 세운 수흐라와르디야 종단은 주로 펀자브와 물탄에서 왕성하게 활동했다. 이 두 종단이 13~14세기에 북인도에서 힌두와 토착민에게 상당한 영향을 끼치며 이슬람을 전파했다. 16세기에 또 다른 두개의 수피 종단인 까디리야와 낙쉬반디야가 인도에 들어와 무굴 시대 내내 번성했다. 까디리야는 '미얀 미르'로 알려진 무함마드 미르에 의해 교세가 커졌고, 낙쉬반디야는 크와자 바키 빌라흐의 손으로 굳건해졌다.

치쉬티야는 비세속적이고 가난을 자부심으로 삼아 물질과 권력을 멀리한다. 라자스탄, 벵골, 데칸, 펀자브로 빠르게 교세가 확산됐는데, 영적 수행뿐 아니라 사회적 평등, 관용, 무슬림과 비무슬림 간의 화합을 가르친 치쉬티의 노력이 컸기 때문이다. 치쉬티는 종파나 종교에 상관없이 제자(무리드)를 받아들인 것으로 유명했다. 치쉬티야 종단 수피들은 계급 차이를 인정하지 않고 낮은 계급 사람들과 거리낌 없이 어울려 지내며 금욕적이고 단순한 삶을 살았다. 힌두교 의식과 요가 수행법(특히 호흡법)을 받아들인 수피도 있었다.

이와 다르게 수흐라와르디야와 낙쉬반디야 종단은 영적 수련을 강조함과 동시에 세상사에도 적극적으로 참여할 필요를 가르쳤다. 따라서 이들은 사회 및 정치 문제에 관여하고 통치 엘리트들과 교류하며 상호 작용하는 특징을 보인다. 수흐라와르디야 종단 지도자 중에는 국가에서 임명한 성직 업무에 종사하거나 국사에 참여하고 봉사한 인물이 많다. 낙쉬반디야 종단은 뛰어난 학자와 종교 지도자들을 많이 배출한 것으로 유명하다. 17세기부터 근세까지 무슬림 사회 개혁과 학문 운동을 앞장서서 이끌었다. 아마도 그 첫 번째이자 대표적인 인물이 셰이크 아흐마드 시르 힌드일 것이다. 그는 아크바르 대제와 동시대에 살면서 아크바르의 종교적 관용 정책과 샤리아에 어긋나는 종교 제설 혼합주의에 반대했다. 성자숭배와 종교적 축제, 희생제 같은 과도한 수피와 힌두 관행이 이슬람에 침투하는 것에 반대한 무굴 시대의 종교 개혁가다. 시르 힌드가 세운 낙쉬반디야의 무잣디디야 지파는 인도 국경을 넘어 중앙아시아, 터키, 인도네시아까지 널리 퍼졌다. 한편 까디리야 종단은 영적 수행에서의 자유주의, 비무슬림에 대한 관용, 제설 혼합주의 요소들을 두루 지닌 절충주의적 수피 전통을 계속 이어 갔다.

chapter 3

인도 이슬람 사상학파의 형성

 18세기 격동기에 무굴 제국이 사실상 붕괴됨으로써 무슬림은 인도 사회에서 정치적 우위의 자리를 잃고 소수자가 되었다. 이때 이슬람 공동체의 개혁과 쇄신을 위해 교육과 학문 연구에서 상이한 두 방향의 기초적인 정형화가 델리에 있는 마드라사 이 라히미야와 러크나우의 유명한 마드라사 파랑기 마할에서 이루어졌다.

 마드라사 이 라히미야의 수장인 샤 왈리 알라는 '침체된 공동체가 활력을 되찾으려면 어떤 개혁이 필요한가?'라는 문제에 예언자 무함마드의 가르침으로 돌아가는 것이 바로 그 답이라고 확신했다. 오직 꾸란과 예언자 순나(하디스)를 통해 무슬림 사회를 개혁하고자 한 것이다. 그래서 그는 당대의 무잣디드(종교 갱신자)로 나선다. 그리고 성자숭배는 예언자의 관행에 일치하지 않으므로 이슬람에서 배제해야 한다고 주장한다. 그는 시르 힌드의 추종자였지만, 개혁 방법은 시르 힌드나 아라비아의 압둘 알와하브와 다른 것이었다. 엄격하지 않고 조화와 화합을 추구하며 온건했다. 그는 핵심적 이슬람학만을 가르치는 매우 간단한 교수요목을 개발해 가르쳤다. 또한 이슬람법의 재해석을 강조하며 학자의 독자적 판단에 따라 샤리아를 현실과 현지 여건에 맞게 조정할 필요를 역설했다. 특히 순니 법학자 사이의 법 견해 차이를 줄이고 통합하려는 시도를 했는데, 이 때문에 그는 인도의 19~20세기 개혁주의와 근대주의 지식인들로부터 '인도 근대 이슬람 사상의 아버지'로 불리며 추앙받았다.

파랑기 마할에서는 다른 각도의 교육 체계가 세워졌다. 물라 니잠 앗딘이 만든 이 마드라사의 교육 과정은 파랑기 마할이 공식적으로 문을 닫는 1969년까지 인도와 파키스탄에서 인기리에 교수됐다. 여기서의 교육은 철학과 논리학 등 이성적인 학문과 수피학이 결합된 것이었다. 마드라사 교육과 수피주의를 합성한 샤리아-수피 이슬람 교육이 펼쳐진 것이다. 이들은 수피 성자의 묘를 숭배하고 해마다 성자와 무함마드의 탄생일을 기념하는 축제를 열었다. 파랑기 마할의 울라마는 샤리아와 수피주의의 종합이야말로 무함마드의 생애와 가르침에 대한 진정한 표상이라고 믿었다. 이 두 마드라사에서 세워진 교육 체계와 전통이 그 후 인도 무슬림 사회의 교육과 문화, 학문 운동, 개혁 사상 등에 영향을 주며 마치 양대 산맥처럼 여러 사상학파로 이어졌다.

1837년 세포이 항쟁 후, 인도 무슬림의 교육과 신앙생활에 오늘날까지 큰 영향력을 갖는 두 개의 순니 사상학파인 데오반디파와 바렐위파가 북인도에서 출현했다. 데오반디는 1865년 마울라나 아불 카심 나나우타위가 샤 왈리 알라의 학문적 전통을 잇고자 델리의 작은 마을 데오반드에 세운 다룰 울룸(지식의 집) 신학 대학에서 그 이름이 유래한다. 이 대학은 30년이 지나지 않아 독특한 인도식 이슬람 교육의 센터이자 인도 무슬림 공동체의 구심점이 됐다. 데오반디는 성자숭배에 반대하고, 설립 초부터 와하비주의의 영향을 받아 청교도적인 이슬람 부흥 운동을 펼치며 영국 지배에 저항하는 민족주의 무슬림 지도자들을 길러 냈다. 1888년, 다룰 울룸 신학 대학 학장은 반제국주의 투쟁을 강화하고자 무슬림과 인도국민회의당(INC, 인도인의 이익을 대변하기 위해 1885년 창립) 간 동맹이 필요하다는 파트와(무프티가 제시하는 법 견해이자 결정)를 내놓았는데, 이에 많은 수의 인도 민족주의 무슬림이 인도국민회의당과 함께 독립 투쟁을 벌이며 명성을 날렸다. 1919년에는 데오반디 학자들이 자미아트 울라마이 힌드(JUH, 인도울라마협회)를 설립했고, 이 협회는 인도국민회의당을 지원하면서 다룰 울룸의 정치적 대변자 역할을 한다.

한편 데오반디 학파의 원리주의적 성향 개혁 운동에 반응해 1904년에 바렐위파가 바레일리의 아흐마드 라지 칸에 의해 세워졌다. 이들은 남아시아에서 대대로 실행된 인도 이슬람의 전통을 중시했다. 바렐위파는 마울리드(성자들의 생일), 다르가(성자의 묘) 숭배, 디크르(염신 기도) 등과 같은 수피 관행을 받아들인 전통주의 지향의 중도적 사상학파다. 꾸란과 샤리아에 대한 연구를 신비주의와 결합함으로써 울라마 학문 전통과 수피 전통을 하나로 지켜 오고 있다. 이들은 스스로를 초기 이슬람 시대 인도 무슬림 신앙의 진정한 상속자로 생각한다. 오늘날 바렐위파는 인도에서 가장 큰 순니 사상학파다.

chapter 4

근대주의 이슬람과 인도의 분할

인도가 영국령이 되자 무슬림 공동체 내에 변화가 일어났다. 무슬림 사회 지도권이 종교 지도자에서 엘리트 지식인으로 옮겨진 것이다. 울라마는 급변하는 사회적, 정치적 요구에 제대로 대응하지 못했다. 힌두들이 영국 지배를 현실로 받아들이고 서구식 교육을 수용한 데 비해, 울라마는 전통에만 매달리며 그러지 못했다. 직면한 상황의 위협을 자각한 새로운 무슬림 지식인 그룹은 영국과 우호 관계를 유지하며 서구 사상과 문물을 수용하는 것이 공동체의 발전과 안전을 보장받는 길임을 깨달았다.

이러한 근대주의자 중 가장 대표적인 인물이 사이드 아흐마드 칸이다. 그의 최우선 관심사는 서구식 교육을 실시해 미래를 책임질 신세대를 양성하는 일이었다. 1875년 그는 영국의 지원을 받아 알리가르에 무함마단 앵글로 오리엔탈 대학을 설립했다. 수많은 근대주의 지식인과 무슬림 정치 지도자들이 이곳 출신이다. 이 대학은 지금의 알리가르 무슬림 대학교이다. 그는 이슬람이 근대 과학과 어울리는 합리적인 종교임을 가르친 인도 이슬람 근대화의 진정한 선구자였다.

무슬림 사회를 이끈 다음 세대 주역은 무함마드 알리, 무함마드 이크발, 아불 칼람 아자드, 사이드 아불 아을라 알마우두디와 같은 근대주의 지식인들이다. 무함마드 알리는 1920년에 자미아 밀리야 이슬라미야 대학을 델리에 세워 영국 지배에 대한 저항 의식을 고취하고 힌두 지도자 마하트마 간디와 함께하는 인도 민족주의에 충성할 것을 가르쳤다. 약관 22살에 시인이 된 무함마드 이크발은 페르시아어와 우르두어로 쓴 주옥같은 시(詩)로 무슬림에게 용기와 활력을 불어넣으며 이슬람을 시대 상황에 맞게 재해석한 걸출한 영도자였다. 그가 남긴 불후의 유산은 후일 파키스탄 건국으로 실현되는 인도 무슬림을 위한 '자주적인 무슬림 조국'이라는 사상이다. 1930년 연설에서 그는 인도 아대륙 내 무슬림이 대다수를 이루고 있는 지역에 독립된 무슬림 국가를 세우자는 아이디어를 내놓았다.

이를 실현시킨 이가 후일 파키스탄 건국의 아버지가 되는 무함마드 알리 진나다. 그는 대부분의 생애를 힌두-무슬림 연합을 위해 바쳤다. 1937년 지방 선거에서 압승한 인도국민회의당이 전인도무슬림연맹(무슬림의 이익을 대변하기 위해 1906년 창립)과의 연립 정부 구성안을 거부하자 인도국민회의당의 이중적인 태도에 크게 실망하고 생각을 바꾸어 독자적인 무슬림 국가 건설을 추진한다. 진나는 무슬림과 힌두가 동일 민족 안에서 단순히 종교가 다른 두 집단이 아니라 사회, 문화 전반에 걸쳐 뚜렷이 다른 두 민족이라는, 이른바 '두 민족 이론'에 바탕을 둔 '두 국가론'을 제시하며 처음으로 별개의 이슬람 국가 건설 요구를 공식화했다. 민족 자결 원칙에 따라 각각 국가를 가짐으로써 상호 공존과 발전을 이루자는 것이다.

한편 무함마드 알리, 아불 칼람 아자드, 알마우두디 등은 시종일관 통일

인도의 개념을 고수했다. 복합 민족주의자로 알려진 이들은 인도국민회의와 연합해 통일 국가 건설에 매진하는 것이 이슬람과 무슬림 공동체의 이익 보호에 최선이라고 생각했다. 그러나 대세는 정치 분리 쪽으로 기울어졌다. 1940년 무슬림 연맹은 벵골과 인도 북서부의 무슬림 다수 지역에서 무슬림 주권 국가 창설을 요구하는 역사적인 〈라호르 결의〉를 선언한다. 그리고 제2차 세계대전 후 인도인에게 지도권을 넘겨주기로 결정한 영국 노동당 정부는 새로운 국가의 영토 설정에 관한 논의 끝에 1948년 8월, 두 개의 독립적이고 대립적인 국가인 인도와 파키스탄을 만들어 낸다.

chapter 5

힌두 민족주의자의 도전

인도는 세속주의를 헌법에 명시하고 종교에 관한 중립을 선언하고 있다. 인도 무슬림에게 이 헌법 규정은 아주 소중하다. 압도적인 힌두 다수를 고려할 때 세속주의가 무슬림의 이익을 보호하고 생존에 최선의 기회를 부여하며, 궁극적으로는 힌두 다수가 인도를 힌두 국가로 바꿀 수 없게 보증해 주는 헌법상 국가 통치 이념이기 때문이다. 따라서 인도의 울라마와 무슬림은 초대 인도 총리 네루 때부터 세속주의를 통치 기본으로 삼아 온 인도국민회의당을 한결같이 지지해 왔고, 다른 이슬람 국가의 울라마가 말하는 세속주의 개념이나 해석에 관계없이 인도의 세속주의를 적극 옹호하고 있다.

그런데 1980년대에 들어서면서부터 이 세속주의가 힌두 근본주의 세력이 외치는 종교 공동체주의(힌두 종파주의)의 도전을 받고 점차 힘을 잃어 가고 있다. 건국 이래 40년 동안 집권 여당이던 인도국민회의당이 내분과 실정으로 정권 장악 능력이 저하되자 힌두 표심을 의식해 선거 전략으로 종파주의를 이용하면서 초지일관 지켜오던 세속주의 원칙이 흔들리게 됐다. 반면에 힌두 근본주의 세력의 모체인 국민자원봉사단(RSS, 일명 민족의용단, 1925년 창설)과 그들이 적극 후원하고 있는 인도인민당(BJP, 1980년 창당)이 힌두 민족주의를 내세우며 1989년 총선에서 큰 성공을 거두어 일약 전국 정당이 되었고, 종교 공동체주의는 인도 사회에서 새로운 정치 이데올로기로 떠오른다. 그리고는 불과 10년 만인 1999년 총선에서 힌두 우익 세력은 힌두 민족주의와 종파주의의 거센 바람을 일으키며 더 큰 승리를 거두었다. 인도인민당은 집권당이 되어 5년 동안 인도를 통치했으며, 2014년 총선거에서 다시 압승을 거두고 인도의 집권당이 되었다.

힌두 민족주의자들의 목표는 힌두 국가 건설이다. 인도는 힌두인의 나라여야 한다고 공공연히 외치고 있다. 헌법이 명시하고 있는 세속주의에 반대하며 탈세속화의 길을 추구하고, 상이한 종교 공동체들로 구성되는 통합적 국가의 아이디어를 거부한다. 인도 국가는 오직 힌두만으로 구성할 수 있으며, 여기에 속하기를 원하는 사람은 힌두교를 받아들여야 한다. 1984년, 국민자원봉사단의 수장 마두바르 다타트라야 데오라스는 "만약 무슬림이 이슬람의 외형상 표시를 보이지 않고 힌두 사회 안으로 통합해 온다면 무슬림 힌두로 받아들인다. 그럴 의지가 없는 자는 파키스탄으로 이민을 가야 한다."라는 위협적인 말을 했다. 그들이 외친 구호는 '파키스탄 야 까브리스탄(파키스탄으로 가든지 아니면 무덤으로 가라)'이었다.

힌두 민족주의자들이 힌두트바(힌두 정신), 힌두라슈트라(힌두 민족) 이념과 세력을 확장시키며 힌두 공동체주의를 신장시킬 때 무슬림들은 그러지 못했다. 인도 전역에서 무슬림 공동체주의는 그저 무슬림의 정체성과 동질성을 다지는 수준의 것이었을 뿐 어떤 정치적 이념이나 조직적인 연계를 도모한 것이 아니었다. 아직까지 무슬림의 권익을 대표하는 전국 규모의 정당도 존재하지 않는다. 힌두 근본주의자들이 '인도의 힌두화'를 외칠 때, 소수 집단인 무슬림은 단지 그들의 종교적 정체성을 잃지 않을까 불안해하고 자신의 안위만을 걱정했을 뿐이다. 그러한 우려와 불안이 현실이 되어 나타났으니, 아요디아 바브리 모스크 사태가 바로 그 시작점이었다.

아요디아 바브리 모스크 훼파

아요디아 사태는 국민자원봉사단이 1970년대부터 계획한 것으로, 이들은 아요디아의 바브리 모스크 터가 비슈누의 화신인 라마의 탄생지라고 주장하며 그 자리에 라마 사원을 복원해야 한다고 힌두교도를 선동해 왔다. 1986년 인도인민당 대표가 된 아드와니가 힌두트바를 당 정강으로 천명하자 국민자원봉사단과 세계힌두협의회(VHS)가 즉각 지지 표명을 했고, 아요디아가 위치한 우타르 프라데시주 정부를 인도인민당이 장악하자 숙원이던 이 계획을 마침내 실행에 옮겼다.

아드와니에 의해 행동의 날로 선포된 1992년 12월 6일, 국민자원봉사단, 인도인민당, 세계힌두협의회, 시바의 병사 등 힌두 극우 단체 광신도들이 바브리 모스크를 순식간에 완전히 파괴했다. 현장에서 232명이 살해됐고, 힌두와 무슬림 간 충돌과 유혈 사태는 인도 전역으로 번져 2천 명이 넘는 사망자가 발생했는데, 그 대부분이 무슬림이었다. 이 사건은 현재까지도 결론이 나지 않은 채로 남아 있다. 모스크의 완전 파괴가 당시 인도인민당 주 정부의 방조와 인도국민회의 당 연방 정부의 묵인 아래 이루어졌기 때문이다.

구자라트 무슬림 학살 사건

2002년, 구자라트주에서 터진 무슬림 학살 사건은 힌두 근본주의 세력이 얼마만큼 무슬림의 생존에 위협적인 존재인가를 더욱 실감하게 했다.

2002년 2월 27일, 고드라 역에서 아요디아로부터 순례를 마치고 돌아가던 순례객을 태운 열차 칸에 원인 모를 화재가 발생해 승객 58명이 소사하는 열차 화재 사건이 일어났다. 구자라트주 경찰은 화재 원인이 극단주의 무슬림이 저지른 방화라고 발표했다. 그러자 다음 날 아침부터 힌두 극우 세력이 폭도가 되어 무슬림을 무자비하게 학살하기 시작했다. 주 최대 도시인 아마다바드에서는 무려 한 달 동안 학살 난동이 이어져 외신들은 이 사건을 인종 청소형 대학살 사건이라고 비난하며 적어도 2천 명 이상의 무슬림이 희생되었다고 보도했다.

문제는 당시 구자라트주 정부뿐 아니라 연방 정부도 폭도의 만행을 막지 않고 방조했다는 사실이다. 주 정부도, 연방 정부도 인도인민당이 장악하고 있었기 때문이다. 2년 뒤 연방 정부의 정권이 바뀌면서 진상 조사 위원회가 구성되어 밝혀진 화재 발생 원인은 주 경찰의 주장과는 완전히 다른 것이었다. 방화가 아니라 열차 내 승객이 사용한 조리 기구에서 불이 난 단순 사고였다는 것이다. 당시 구자라트주 정부 총리는 현재의 인도 총리인 나렌드라 모디였다. 그는 학살 배후 조정 혐의로 기소되었다가 2012년 대법원에서 증거 불충분으로 무죄 판결을 받았다.

chapter 6

무슬림 카스트와 힌두 카스트

　인도 무슬림 사회에는 종족 및 지역적 다양성 속에 두드러지고 공통적인 두 가지 특성이 있다. 전통적인 부계 사회이고, 카스트 제도를 본 뜬 계층화된 사회 구조를 갖고 있다는 점이다. 무슬림 공동체가 역사적으로 군인, 학자, 상인, 수피 같은 한정된 수의 외지 출신 무슬림과 인도 사회 카스트 출신 개종 인도인의 결합으로 형성됐기 때문이다. 아랍, 이란, 중앙아시아에서 유입된 이슬람 문화 전통과 인도 고유 사회 관습 및 전통이 융합되어 만들어진 결과이기도 하다.

　오랜 기간 다른 종족, 계급, 종교 간에 맺어진 결혼과 사회적 유동성 때문에 이제는 누가 외국 혈통이고 국내 출신인지, 누가 혼혈이고 유전자 기원이 어디인지 따지기가 어렵다. 그러면서도 무슬림 사회 내부가 크게 두 집단으로 형성되어 있다는 것도 부인할 수 없다. 첫째 부류는 '아슈라프'라고 불리는 최상위층 집단으로, 아랍(사이이드, 셰이크), 터키와 중앙아시아(무갈), 아프가니스탄(파탄)에서 이주한 외지 무슬림의 후예들과 힌두 최상위 카스트에서 이슬람을 받아들인 무슬림 라즈푸트, 카슈미르 브라흐만 같은 개종 인도인이다. 다음 부류는 나머지 개종 인도인 모두를 포함하며 '아즈라프'라고 불린다. 대체로 이들은 개종 이전 카스트와 세습 직업에 따라 세분된다. 첫 그룹은 상인과 농민으로 이루어지며 이들이 중간 계층을 이룬다. 그 아래에 장인과 서비스 직종인 그룹이 있는데, 이들은 다시 둘로 나누어져 위에는 비교적 존중받는 직종의 재단사, 대장장이, 팔찌 제조사, 직조공 등 장인과 이발사 같은 서비스업 종사자들이 있고, 맨 아래에는 무두장이, 구두 수선공, 청소부 등이 위치한다.

이같이 무슬림 사회에도 힌두 카스트 체계와 유사한 집단 간 서열, 카스트적인 구분, 대를 잇는 직업적 위계, 내혼제 등이 존재하는 것이 사실이다. 하지만 무슬림의 카스트 개념은 근본적으로 힌두와는 다른 특성을 지닌다. 정(淨)과 부정(不淨)의 개념을 배경으로 하는 것이 아니며, 카스트 구분이 엄격하지 않고, 때로는 교차할 수도 있기 때문이다. 이슬람의 평등주의 교의 때문에 카스트 구분이 종교적으로 합리화되거나 정당화될 수 없다. 그보다 더 중요한 차이는 불가촉천민 같은, 즉 문화적, 사회적 상호 작용에서 배제된 '아웃 카스트'를 갖지 않는다는 점이다. 일부 무슬림은 힌두와 유사한 카스트가 자신 내부에 존재한다는 사실을 인정하지 않으려 한다. 카스트의 부인 자체가 힌두와 구별되는 무슬림으로서의 정체성을 보여 주는 것이라고 생각한다. 무슬림 사이에서의 카스트는 사회관계로는 존재하면서도 힌두와 달리 약화되고 수정된 것이다. 따라서 힌두 사회 같은 천민에 대한 격리나 차별이 없고, 계층 간 자유로운 사회적 교류가 이루어진다. 힌두와 달리 식사를 함께할 수 있으며, 족내혼을 지키지만 힌두

만큼 엄격하지 않다. 아슈라프 사이에서는 이른바 아랍식 혼인이라고 말하는 사촌 간 결혼이 용인된다. 아슈라프 남자가 아즈라프 여인을 부인으로 맞는 경우는 많지만, 자신의 딸을 아즈라프 집안으로 시집보내는 일은 거의 없다. 아즈라프에 속하는 세 그룹은 힌두 카스트와 유사하게 각기 분리된 내혼제를 지켜 오고 있다. 그러나 최근에는 혼인 풍습이 많이 달라져서 결혼 배경을 혈통보다 사회 경제적 환경에서 찾으려는 경향을 보인다. 카스트보다 교육, 재산, 직업을 우선시하는 추세다.

chapter 7

오늘날의 인도

이슬람의 동향

인도 무슬림의 80~85%가 순니다. 대대수가 하나피 법학을 따르고, 여러 사상 학파들로 갈라져 있다. 주류는 스스로를 아흘리 순나트(전통과 관행을 따르는 사람들)라고 부르는 바렐위파로, 순니 무슬림 전체의 3분의 2를 차지한다. 수피 전통을 받아들이고 온건하고 중도적인 길을 걷는다. 바레일리의 만자르 에 이슬람, 케랄라의 마르카주 사카파티 순니야 등 유명한 신학 대학들을 운영하고 있다. 또한 바레일리에 있는 아즈메르 샤리프와 다르가 에 알라 하즈라트는 수피 지향 순니 무슬림에게 가장 중요한 센터다. 하나피 법학을 따르는 또 다른 축인 데오반디파는 예나 지금이나 이슬람 교육의 일선에 서 있다. 우타르 프라데시주 사하란푸르에 있는 다룰 울룸 데오반드 신학 대학교를 위시해 전국에 있는 마드라사에서 가르칠 학자와 교사를 계속 양성하고 있고, 현대 삶에서 무슬림이 부딪치게 되는 여러 법적 문제들에 적법한 파트와를 제공하면서 무슬림 대중을 지도하고 인도한다.

인도 무슬림 사회에서 순니와 쉬아는 갈등이나 불화가 거의 없는 우호적인 관계다. 순니 역시 알리(쉬아파의 초대 이맘)가(家)를 흠모하기 때문에 일부 무슬림은 인도에서 순니파와 쉬아파를 엄격히 구분하는 것이 무의미하다고 말한다. 신앙과 실천에 관한 논쟁이나 설전은 오히려 순니 사상학파 사이에서 일어난다. 꾸란과 하디스, 샤리아에 규정된 신앙과 율법만을 따르려는 경전주의 순니와 성자숭배를 주된 종교적 표현의 하나로 여기는 대중적 수피주의까지 받아들이는 중도적인 전통주의 순니 사이에서 논쟁이 벌어지는 것이다.

샤 왈리 알라의 가르침은 19세기와 20세기 인도에서 출현한 거의 모든 중요한 이슬람 사상과 운동에 영향을 끼쳤다. 사이드 아흐마드 칸 경이 시작한 인도에서의 자유 민주적인 근대주의 전통부터 젊은 시절 한때 아흘리 하디스(하디스를 따르는 사람들)에 가까웠던 미르자 굴람 아흐마드가 일으킨 아흐마디야 운동까지 포함된다. 아흐마드 칸 경은 무슬림 지식인을 일깨우고 그들에게 지대한 영향을 주었지만 조직을 만들거나 사상 운동을 펴진 않았다. 반대로 미르자 굴람 아흐마드는 1889년 이슬람과 기독교를 절충한 독특한 교리의 개혁 운동 조직 아흐마디야를 세워 조직적인 교세를 현재까지 이어 오고 있다. 그는 자신이 약속된 메시아이자 무슬림이 기다려 온 마흐디라고 주장했는데, 그 때문에 아흐마디야파는 파키스탄 의회로부터 1974년 비무슬림 이단 조직으로 선언을 받고 파키스탄을 떠나야 했다. 하지만 인도에서는 무슬림이나 비무슬림 어느 쪽에서도 박해를 받지 않고 인도 정부로부터도 무슬림 조직으로 인정받고 있다.

한편 1926년 델리 근처 메와트에서 데오반디 출신인 마울라나 일리야스가 세운 타블리기 자마아트는 풀뿌리 민중 조직으로 출발했음에도, 1940년 이후부터 급성장해 지금은 남아시아뿐만 아니라 동남아시아, 중동, 아프리카, 유럽, 북아메리카에서 수백만의 무슬림에게 영향을 미치고, 또 비무슬림에게 적극적인 포교 활동을 펼치는 국제적인 이슬람 운동 단체가 됐다. 상인, 의사, 엔지니어, 교사 같은 고학력 전문직 종사자들에게 강한 호소력을 발휘해 그들로부터 호응을 얻고 있는 것이 발전의 원동력이다. 이들의 사명은 도시와 농촌에 있는 대중에게 직접 다가가서 경전주의에 입각한 이슬람을 전하고 가르치는 일이다. 구성원들은 며칠 또는 몇 주일 동안 자발적인 자원봉사자가 되어 해마다 국내나 국외로 나간다. 우리나라에도 라마단 단식 월이 되면 이태원 이슬람 사원에 거의 매년 타블리기 봉사단이 찾아온다.

인도에서 쉬아 무슬림 인구는 대략 전체의 15~20%로 추정한다. 그들 중 10분의 1 정도가 예언자의 딸인 파티마의 후손으로 알려져 있다. 이들은 순니와 쉬아 모두에게서 사이이드로 극진한 경애를 받는 대상이다. 인도 쉬아의 90%는 열두 이맘파다. 나머지는 이스마일 나자리파와 다우디 보흐라, 코자들인데 남인도를 비롯한 전국 주요 도시와 지역에 작은 집단 형태로 산재해 있다. 쉬아들은 인도 이슬람 역사 초기 시대부터 오늘에 이르기까지 무역과 상업 분야에서 특히 돋보이는 활동을 해온 것으로 유명하다.

수피주의는 종파가 아니다. 영적 신비 체험을 통해 신께 다가가려는 영성적 도정의 길이다. 순니와 쉬아의 누구나 수피 추종자가 될 수 있다. 특히 인도 이슬람은 수피의 영향이 커서, 정확한 통계는 없으나 인도 무슬림의 3분의 2가 수피 집단에 속해 있다고 알려져 있다. 수피 운동은 특히 장인 계급과 불가촉천민들을 크게 매혹시킴으로써 오랜 세월 이슬람 전통과 토착 인도 전통 간의 거리를 좁히고 연결하는 중대한 가교 역할을 해 왔다. 수피 한카와 성소들은 지금도 어느 곳이나 무슬림과 비무슬림 모두에게 열려 있는, 정신적 평안과 축복을 주는 생활의 안식처이다.

현재 인도에서의 이슬람

현재 인도에는 30만 개 이상의 모스크가 있다. 어느 이슬람 국가에서도 찾아보기 어려운 숫자다. 이곳을 중심으로 무슬림은 자신의 신앙생활, 가족생활을 영위하고 공동체적 정체성을 다져간다.

그러나 2009년 우리나라에도 소개된 영화 〈슬럼독 밀리어네어〉에서 볼 수 있듯이 대도시에 사는 무슬림 하층민은 게토화된 열악한 환경 속에서 거의가 소작농, 빈농, 노동자, 점원, 일용직 고용원, 릭샤꾼 등으로 고달프고 어려운 생계를 이어 가고 있다.

게토화 현상은 1992년 바브리 모스크 사태 후 무슬림 사이에서 두드러졌다. 특히 2002년 구자라트 사태 때 그곳의 많은 무슬림은 경제나 직업적 능력에 상관없이 게토로 가는 길 외에 선택의 여지가 없었다. 힌두 극우 근본주의 세력의 반복적인 위협과 공격, 적의와 소외가 무슬림으로 하여금 정답고 온건한 힌두 이웃과 대대로 살아온 주거지를 버리고 삶의 안전을 찾아 무슬림 다수의 특정 지역으로 이주하게 만든 것이다. 이렇게 형성된 무슬림 게토가 오늘날 뭄바이, 델리, 콜카타 등 인도 대도시 곳곳에 존재한다.

그렇지만 국가와 사회를 위해 헌신하고 개인적인 성공이나 사업적 성취로 존경과 명성을 얻은 무슬림도 헤아릴 수 없이 많다. 지금까지 자키르 후세인, 파크루딘 알리 아메드, 압둘 칼람 등 세 명의 무슬림이 인도 공화국의 대통령을 역임했다. 재계의 대표적인 무슬림 명사로는 인도의 빌 게이츠로 불리는 위프로 테크놀로지의 아짐 프램지 회장을 꼽을 수 있겠다. 그는 164억 달러(약19조 원)의 재산을 가진 인도 제2위 갑부다. 무슬림은 특히 예술 문화 분야에서 크게 두각을 나타내 왔다. 지금도 국민 배우로 사랑받으며 발리우드 3대 칸으로 불리는 최고 배우 아미르 칸, 샤룩 칸, 살만 칸을 비롯한 슈퍼스타들이 무슬림이고, 이들뿐만 아니라 음악, 현대 미술, 연극 등 공연 예술 분야에서도 많은 무슬림이 최고의 역량을 보이며 인기를 누리고 있다.

2014년 5월 총선에서 인도인민당이 승리하고 나렌드라 모디가 총리가 되었을 때 무슬림들은 2002년 구자라트 폭동의 학살 사건을 떠올리며 그와 인도인민당에 대한 우려가 컸다. 힌두 민족주의로 편향된 국정 운영으로 인도에 분열과 갈등의 시대가 오는 것이 아닐까 하는 걱정 때문이었다. 그러나 인도 대다수 지성인들은 모디 총리와 인도인민당이 집권에 성공한 이상 종교 갈등을 조장하는 연방 정부 차원의 정책은 펴지 않으리라 전망했다. 집권 여당으로서 국가 통합과 사회 안정을 최우선으로 도모해야 하고, 더욱이 이웃 이슬람 국가뿐 아니라 미국 등 세계 주요 국가들과의 경제 협력(특히 외자 유치)을 촉진해야 하기 때문이다. 그리고 모디 정부 2년째인 2016년 8월 당시 인도 국민은 대체로 정부의 정책 방향에 긍정적인 평가를 보였다. 모디노믹스에 거는 기대가 클 뿐더러 실제로 인도 경제가 연 7%대의 높은 성장률을 보여 주었기 때문이다.

인도가 가야 할 길은 독립 때 이미 마하트마 간디와 초대 총리 네루가 제시했다. 종교 없이는 살아갈 수 없는 국민이기에 종교 간 화합과 국가 통합을 위해 국가 통치 이념으로 세속주의, 범민족주의, 민주주의를 확립해 놓은 것이다. 인도인이면 무굴 제국의 아크바르가 왜 인도 역사에서 가장 빛나는 업적을 남긴 위대한 황제였는지 역사에서 배운다. 종교 포용 정책과 관용 정책으로 그는 성군이 됐다. 관용주의를 바탕으로 다원적면서도 다종교적인 나라를 부강한 제국으로 만든 것이다. 인도인은 인종, 언어, 종교 등 다양성과 다원성을 때론 극복하고 때론 통합하면서 장구한 역사를 이끌어 왔다. 그리고 그 역사의 기저에는 이 모든 다름을 크게 감싸 안은 힌두교의 관용성과 다문명적 특성이 있다. 근세에도 힌두교의 가장 대표적인 요기인 라마크리슈나와 그의 제자 비베카난다 등은 서구의 배타적인 유일신론적 종교에 맞서 힌두교의 종교적 관용성과 영성의 깊이를 특히 강조해 가르쳤다. 종교적 관용성이야말로 진정한 역사적 힌두트바의 본성이 아닐까? 지나친 힌두 근본주의나 힌두 민족주의의 추구는 힌두교가 가진 바다 같은 넉넉함의 전통을 뒤로 하고 세계화 시대에 20세기 초 민족주의 정치 이데올로기로 역진하는 것일 수 있다.

7
인도네시아

양승윤 한국외국어대학교 말레이 · 인도네시아어과

■ **국가 개황**

· 국명: 인도네시아 공화국(Republik Indonesia)

· 국가 체제: 공화정

· 언어: 인도네시아어

· 인구: 266,794,980명(유엔, 2018)

· 종교 분포: 이슬람교 88%, 개신교 5%, 가톨릭 3%, 힌두교 2%, 불교 1%, 토
착 신앙 1%

■

인도네시아는 총 17,508개의 도서로 구성된 세계 최대 도서 국가이며, 중국,
인도, 미국 다음으로 세계 4위의 인구 대국이다. 우리나라와는 전략적 동반자
관계 협약을 맺고 있으며, 양국 공히 G20 회원국이다. 다양성 속의 통일성을
국시(國是)로 하는 나라로, 300여 종족이 600여 지역 언어를 사용하는 다문화
국가인 동시에 전체 인구의 약 88%가 무슬림인 세계 최대 이슬람 국가이다.

비록 정교분리 정책을 취해 종교 자유를 보장하고, 이슬람 이외에 힌두교와 불교, 가톨릭과 기독교, 유교 등 6개 종교를 국가 종교로 지정한 세속 국가임을 분명히 하고 있으나, 정교일치를 지향하는 무슬림의 염원이 상존하고 있으며 이슬람 원리주의 집단의 활동도 뜨겁다.

2000년대에 몇 차례 테러를 일으켜 전 세계를 놀라게 했던 제마 이슬라미야(JI)의 본거지도 인도네시아다. JI의 궁극적 목표는 세계 최대의 이슬람 국가인 인도네시아에 이슬람 국가를 세우고 이를 토대로 동남아에 말레이시아, 필리핀, 싱가포르, 태국 등을 연계하는 거대한 이슬람 제국을 건설하는 것이다.

수하르토 대통령은 집권 32년(1965~1997) 동안 국내 이슬람 세력을 효과적으로 통제하고자 이슬람이 아닌 판차실라(Pancasila) 이념을 국가 이데올로기로 삼아 '이슬람의 사회화 정책'을 강화했다. 판차실라는 '최고신에 대한 신앙심'을 필두로 민족주의, 민주주의, 사회 정의, 인본주의 등 다섯 가지 국가 이데올로기를 말한다. 이에 따라 각각 3천만 내지 4천만 명의 회원 조직을 거느리고 있는 무함마디야와 나흐다툴 울라마 같은 거대한 이슬람 전국 조직이 수하르토의 대(對)이슬람 정책에 순응하기도 하고, 장기적으로 무반응으로 일관하거나 때때로 적극적으로 반기를 들고 인도네시아의 정치 환경을 조성했다.

수하르토의 대이슬람 정책의 배경은 군부 집단이었다. 인도네시아 군부는 국민의 군대로 출발하지 않았다. 네덜란드와 일본의 식민 통치 때 식민 군대에 종사했던 이들이 식민 통치자들이 물러간 뒤 종족과 지역의 이익을 보호하고자 계속해서 물리적 통제력을 보유한 것이다. 그러므로 인도네시아 군부는 사회 직능 집단의 일원이자 이익 단체로 출발한 셈이다. 인도네시아에서 이슬람과 정치의 상관관계는 이슬람과 경쟁 및 갈등 관계에 있는 이익 단체이자 직능 집단인 군부와 어떻게 조화하느냐에 달려 있다. 이슬람은 이 나라에서 가장 큰 정치력을 현재적(顯在的)으로 나타낼 수 있는 집단이고, 군부는 집단적 이익 제고에 민감한 가장 큰 직능 집단이기 때문이다.

chapter 1

인도네시아의 이슬람

이슬람 전파

이슬람의 전파는 인도네시아 역사에서 가장 중요한 사건 중 하나지만, 또한 가장 모호한 과정이기도 하다. 이슬람이 인도네시아 군도에 전파된 것은 성전이나 무장한 반란군에 의해서가 아니라 주요 무역 항로에 따라 전개된, 평화적인 경제 영역의 확대에 의한 것이었다. 무슬림 상인들은 향료 무역에 매료되어 수 세기 동안 인도네시아 군도와 동남아 지역을 자유로이 왕래했고, 인도 서부의 무역 중심지였던 구자라트가 13세기에 무슬림 수중에 떨어지면서 머지않아 말라카 무역 왕국으로 연결되는 이 지역의 무역은 더욱 활발해졌다.

북부 수마트라로부터 말라카 해협을 거쳐 자바에 이르는 뱃길은 당연하게 이슬람 전파에 있어 중요한 길목이었다. 이슬람이 전파되기 시작했을 무렵 자바에는 이미 거대한 힌두 불교의 마자파히트 왕국이 자리 잡고 있었다. 이 왕국은 특히 넓은 정치 영역과 활발한 상업적 교류를 가졌으므로 외국의 이슬람 상인들과 빈번한 접촉을 가졌음이 분명하다. 중요한 것은 마자파히트 왕족들이 이슬람을 어떻게 받아들였을까 하는 문제인데, 초자연적인 힘을 주장했을 이슬람 선교사들은 오랫동안 힌두교와 불교의 신비적인 교리에 식상했던 고대 자바 왕족들에게 상당히 매력 있는 중개인이었을 것이다.

이슬람의 가르침은 신왕(神王)과 브라만, 티베트 불교의 신비주의자들이 오랫동안 지배해 온 힌두 불교 사회에 정치적으로나 문화적으로 큰 무리 없이 잘 융화됐다. 아마도 이러한 이유 때문에 이슬람은 알라 앞에서 만인의 평등을 주장하며 카스트 제도에 기초를 둔 힌두교에 비해 평등 사상을 으뜸으로 함에도 기존 왕실의 사회적, 정치적 구조를 혼란시키지 않고 대체로 평화적인 과정을 통해 정착됐다.

이슬람과 정치

인도네시아의 이슬람은 네덜란드 식민 통치 말기부터 정치 세력화를 시도했고, 일본 점령기(1942~1945)에는 '마슈미(Masyumi)'라는 명칭으로 인도네시아 군도 전역에 영향력을 행사하는 정치 세력으로 부상했다. 의회민주주의 경험기(1950~1957)를 통해 마슈미는 연합 형태로 인도네시아 정부를 주도하기도 했다. 인도네시아 최초이자 최대의 정치 조직이었던 마슈미는 이슬람 국가, 즉 정교일치와 신법 통치 국가를 추구하려던 수마트라의 인도네시아공화국혁명정부(PRRI)의 반란 사건에 연루되어 자카르타 정부에 의해서 해산당했다. 그러나 마슈미에 동조해 후신임을 내세우는 인도네시아무슬림당(Parmusi)과 같은 정당들이 현재까지 유지되고 있다.

9.30 사태 이후 새롭게 등장한 권위주의적 군사 정부는 처음부터 이슬람의 정치 참여를 철저하게 봉쇄했다. 9.30 사태 이후에 이슬람 사회가 보여 준 군중 동원 능력과 공산당(PKI) 소탕에 앞장섰던 정통 이슬람주의자들의 열정적이고 조직적인 행동은 군부로 하여금 이슬람 정치 세력에 대한 두려움과 경계심을 갖게 했다. 수하르토의 군사 정부는 이슬람의 탈정치화에 박차를 가해 이슬람 세력의 정치력을 현저하게 낮추는 데 성공했다. 이 과정에서 모든 이슬람 정당은 이슬람을 정강으로 내세우지 못하고 세속적인 모든 종교를 포용한다는 뜻을 내포한 판차실라 이데올로기의 중심 사상인 '최고신에 대한 신앙'을 수용하지 않을 수 없었다.

수하르토의 군사 정권이 붕괴된 이후 치러진 1999년 6.7 총선거 결과는 수하르토 집권 기간 중 인도네시아의 이슬람 부흥 운동이 상당한 성과를 거두었음을 나타냈다. 메가와티의 투쟁민주당(PDIP)이 수카르노에 대한 향수와 변화를 갈망하는 국민 정서를 자극해 30.8%의 득표율로 제1당이 되었고, 수하르토 30년 독재의 전위 세력이었던 골카르당이 전국적이고 강력한 조직망을 관리해 온 여력으로 제2당(24.0% 득표) 위치를 유지했다. 비록 1, 2위를 차지하지는 못했지만, 지난 1977년 이래 이슬람 연합당 역할을 해 온 통일개발당(PPP)이 11.8%의 득표율로 제3당이 됐다. 6.7 총선거에 임박해 1998년에 새로운 정당으로 등장한 국민각성당(PKB)과 국민여망당(PAN)은 나흐다툴 울라마(NU, 엔우)와 무함마디야(Muhammadiyah)의 막강한 지원으로 각각 10.2%와 7.0%를 획득하고 제4당과 제5당을 차지했다. 이슬람의 상징인 힐랄을 나타내는 달과 별의 당임을 내세운 이슬람당(PBB)도 2.6%의 득표율을 올려 제6당이 됐다.

이슬람계 4개 정당이 획득한 총 31.6%의 득표율은 지난 1955년 제1차 총선거에서 3개 이슬람 정당이 이루어 냈던 42.2%에는 미치지 못했으나, 수하르토 통치기에 행해진 이슬람의 탈정치화 정책을 감안해 볼 때 비약적인 발전이다. 수하르토 치하의 제도권 내에서 이슬람 연합 세력이 획득한 지지율은 최고 29.3%(1977년 총선거)에서 최저 16.0%(1987년 총선거) 수준이었기 때문이다. 더구나 제4당인 국민각성당의 압두라흐만 와히드는 인도네시아 최초로 민선 대통령으로 선출됐다.

그러나 와히드 대통령은 제4당의 지분을 무시한 채 독단적이고 독선적으로 정부를 이끌어 오다가 2001년 7월 탄핵 절차를 거쳐 부통령인 메가와티에게 정권을 넘겨주었다. 메가와티는 집권 후 국민 경제 회생의 긴박한 필요성에 따라 대미 유화 정책을 펼쳐야 했고, 9.11 테러 사건으로 국내적으로는 이슬람 세력의 반미 운동에 대처해야 하는 딜레마에 빠지게 됐다. 그러므로 인도네시아의 이슬람은 비록 이슬람 부흥 운동을 통해 '이슬람 국가'를 향한 비약적인 발전을 목표로 하고 있지는 않지만, 정치 발전에 영향력을 행사하는 가장 중요한 사회적 세력임을 분명히 하고 있다.

엔우와 무함마디야

엔우와 무함마디야의 역사는 18세기 말부터 19세기 초 사우디아라비아에서 발흥했던 와하비 운동과 깊은 관련이 있다. 식민 통치와 더불어 밀려들었던 서구 문명에 항거해 반식민주의와 범이슬람주의를 주창하며 이슬람 순수주의를 내세운 이슬람 부흥 운동에 전 세계 무슬림이 기꺼이 동참했다. 인도네시아에서도 아흐마드 다흘란과 하쉼 아샤리가 인도네시아를 대표해 사우디아라비아로 건너가 이슬람 부흥 운동에 합류했다. 아흐마드 다흘란은 귀국 후 1912년 무함마디야를 세웠고, 인도네시아 제4대 대통령 압두라흐만 와히드의 조부 하쉼 아샤리도 1926년 나흐다툴 울라마, 즉 엔우를 세웠다. 인도네시아 이슬람 사회는 이들에 의해 이슬람의 순수성 회복과 복고를 위한 이슬람 부흥 운동의 새 물결을 만나게 됐다.

하쉼 아샤리는 폰독 페산트렌을 중심으로 전통주의 이슬람을 한데 묶고 엔우라는 구심점을 중심으로 이슬람 부흥 운동을 이끌어 거대한 조직을 거느리게 됐다. 무함마디야가 '사도 무함마드의 길'이라는 현대적이며 평범한 의미를 가진 데 비해 엔우는 '이슬람 율법학자들의 융성'이라는 다소 무겁고 고루하며 전통적인 의미를 고수했다. 자바를 중심으로 한 폰독 페산트렌은 우리나라 서당과 유사하다. 일찍이 서구 문명에 반대하여 자진해서 혹은 식민 통치자들에 쫓겨서 낙향한 자바 군소 왕국의 귀족들이 자바 농촌 지역에 칩거하며 무료함을 달래고자 이슬람 교리를 가르쳤다. 이들을 방사완이라고 불렀는데, 우리 농촌의 훈장들과는 달리 재산도 많이 보유하고 있었다. 이들은 이슬람 교리를 주류로 가르쳤으나, 거기에는 자신들의 출신 성향처럼 자바의 토착 문화와 힌두교 요소들이 혼합되어 있었다.

자바 방사완과 같은 부류에 속했던 하쉼 아샤리는 동부 자바의 좀방에 위치한 자신의 폰독 페산트렌를 근거지로 하여 엔우의 터전을 확대해 나갔다. 낙향한 고대 자바 왕국의 귀족들은 이슬람 부흥 운동이 자신들의 명예와 권위를 강화하는 좋은 계기가 될 것이라는 기대에 부풀어서 하쉼 아샤리의 주변으로 모여들었다. 압두라흐만 와히드 전임 대통령은 아랍식 이름인 압두라흐만에서 '두르'를, 자바 왕족을 지칭하는 라덴 바구스에서 '구스'를 따와 '구스 두르'로도 불린다. 정통 자바 왕국의 후예이자 신실한 무슬림이라는 두 가지 의미를 함축한 것이다.

엔우가 자바 전통으로 회귀했다면, 무함마디야는 과감하게 전통의 굴레를 박차고 나와서 현대적인 요소를 수용하기 시작했다. 그래서 무함마디야는 도시에서 신학문을 접한 지식인과 외국 문물을 쉽게 접할 수 있는 무역 상인이 주축을 이루었다. 재력을 갖춘 무함마디야의 중추 세력은 현대식 교육을 위해서 학교를 세웠다. 이들은 식민주의도 세계사의 흐름 속에서 '있을 수 있는' 하나의 과정으로 인식하는 전향적인 자세를 취했으므로 네덜란드 식민 당국으로부터 호감을 샀다. 현대적인 요소를 현시하고자 무함마디야는 학생 앞에 서는 교사에게 넥타이 매기를 권장했다. 반면 엔우는 새로운 변화를 거부하고 사롱 착용이 전통주의를 실현하는 첩경임을 강조했다. 사롱은 자바의 남녀노소가 간편하게 입을 수 있는 통치마 같은 것으로, 자바 전통 사회의 복식 문화를 대변하는 전통 의상이다.

엔우를 세운 하쉼 아샤리가 자바 전통 사회 좀방의 귀족 출신이었다면, 무함마디야를 세운 아흐마드 다흘란은 욕야카르타(족자카르타)의 자바 이슬람 왕국 하급 관리 가정에서 태어난 평민 출신이었다. 그러므로 하쉼 아샤리가 자바 이슬람 종교 지도자가 갖추어야 할 요소를 고루 갖추고 태어난 것에 비해 아흐마드 다흘란은 처음부터 필수적인 요소 대부분을 갖추지 못했다. 아흐마드 다흘란은 위대한 이슬람 종교 지도자와 혈연관계도 없었으며, 정치적 영향력이나 경제적 도움을 베풀 수 있는 위치에 있지도 않았다. 그는 또한 해박한 이슬람 종교 지식이나 이슬람 관련 저술도 없었고, 유명한 이슬람 학자와 깊은 유대 관계를 맺고 있지도 않았다. 이렇게 창설자의 배경과 성향이 상이했으므로 엔우와 무함마디야는 각각 종교적, 정치적, 사회적 집단으로 서로 다른 형태로 발전했다.

무함마디야나 엔우는 모두 인도네시아 무슬림 집단으로 이슬람 종교 이데올로기에 관한 한 크게 다르지 않은 공통된 인식이 있으며, 이슬람 관행에 대한 이해 또한 거의 비슷하다. 다만 엔우는 보다 전통적이고 광범위하며 인도네시아적인 다양한 요소들을 포용하고 있다. 이슬람 내도 이전에 이미 만개했던 자바 전통 사회의 가치관을 수용해 이를 바탕으로 발전시켜 나왔기 때문이다. 엔우의 이슬람에는 힌두교와 힌두 문화의 전통이 많이 남아 있다. 자바 전통 사회의 가치관을 기록한 《키탑 쿠닝》*에는 다양한 가치관, 이를 테면 슬라마탄이라 칭하는 상부상조 전통이 많이 발견된다. 엔우는 이런 자바 전통문화를 토대로 이슬람 성전인 꾸란과 이를 확대 해석한 하디스를 수용한 것이다. 이에 비해 무함마디야의 이슬람은 알하디스를 중추로 삼고 기타 인도네시아의 전통적 요소들은 곁가지로 한다.

엔우와 무함마디야의 작지만 분명한 차이는 장례 절차에서 명확하게 드러난다. 무슬림의 장례는 야속할 만큼 신속하게 치러진다. 오전에 사망한 사람은 오후에, 오후에 사망한 사람은 다음 날 오전이면 기본적인 장례 절차가 마무리된다. 무슬림은 흰색 천으로 싸고 얼굴을 메카 방향으로 하여 매장한다. 부자인 경우에는 양탄자를 쓰기도 한다. 최근에는 관을 사용하는 사람들이 늘고 있는데, 이는 신앙심이 부족한 사람으로 여긴다. 화장은 하지 않는다. 신 이외에는 어느 누구도 인간을 불로 심판할 수 없다고 가르치고 있기 때문이다. 무함마디야의 경우는 보다 현실적이다. 망자는 대개 지병으로 오랫동안 병석에 누워 있었기 때문에 사망 직후 신속하게 시신을 처리하지 않으면 좋지 않은 병이 가족이나 이웃 등 주변으로 번질 수 있다고 생각한다. 그래서 오후 두 시경에 사망해도 같은 날 어두워지기 전

---

* 키탑 쿠닝은 예의범절을 가르치는 우리나라 족보 비슷한 고전으로, 하도 오래돼서 표지에 노랗게 기름때가 찌들어 붙여진 이름이다.

에 매장하는 것이 좋다고 말한다. 그러나 엔우는 그렇지 않다. '꼭 와야 할 가족이 아직 오지 않았다'라는 이유로 다음 날로 미루기 일쑤이다.

엔우와 무함마디야 등 두 이슬람 조직은 인도네시아 이슬람 사회를 이끄는 거대한 무슬림 집단이다. 이들 두 집단은 각각 전통주의와 현대주의를 표방하고 인도네시아 사회 전반에 걸쳐서 지대한 영향을 미쳤다. 정치 분야에서 두 세력은 서로 협조하고 쟁패하면서 군부 등 여타 주요 직능 집단과 경쟁하고 견제해 인도네시아 정치 발전에 기여했다. 이 경우 엔우는 적극적인 정치 참여를 통해, 무함마디야는 간접적, 방관적 정치 참여를 통해 정치의 장에서 협조와 견제의 기능을 했다. 이들의 경쟁은 대체로 상생적 관계로 발전해 왔다. 이들은 지역적으로나 직능 분야 면에서나, 혹은 조직 구성원 상호 간에 구분은 있으되 협력과 견제가 동시에 가능한 관계로 발전했다. 결과적으로 이들 양대 이슬람 세력은 인도네시아 사회 발전에 중요한 역할을 하고 있는 셈이다.

인도네시아는 이슬람 문화권 주변부에 위치한다. 또한 외형상 세계 최대의 이슬람 국가이지만, 전통적으로 판차실라를 국가 이데올로기로 한 세속 국가임을 내세워 이슬람 이외의 종교도 수용하고 있다. 자카르타 정부의 이슬람 정책을 물으면, 주저하지 않고 '이슬람화된 사회'를 지향한다고 말한다. 우리들처럼 흑백 논리에 강한 사람의 눈에 인도네시아 이슬람은 '두리뭉실'하여 이렇다 할 특징이 없는 것으로 보일 것이 분명하다. 그러나 인도네시아를 조금 더 주의 깊게 관찰한다면, 이 나라 사람들은 엔우와 무함마디야를 가리지 않고 매우 종교적이며, 동시에 종교를 불문하고 대체로 신실한 사람들임을 알 수 있다.

chapter 2

인도네시아 무슬림 사회의 보편성과 차별성

자바 이슬람

인도네시아는 외형상으로 세계 최대의 이슬람 국가다. 하지만 양호한 자연환경의 오랜 영향으로 신앙적으로는 중동 이슬람과 차이가 없으나 신앙 주변부에서는 다소 차이가 있다. 무엇보다도 인도네시아의 이슬람은 다양한 토착 문화에 바탕을 두고 있으며, 기존 종교 문화와 상호 배타적인 관계에 있지 않다는 것이 특징이다. 이슬람에 대해서도 일정한 농도나 색깔을 지니고 있지 않다. 수마트라 아체처럼 처음부터 선명한 이슬람 근본주의를 근간으로 이슬람 국가로 분리 독립을 추구해 온 지역도 있고, 기독교 문화권인 말루쿠 북부 테르나테나 티도레처럼 지속적인 기독교 문화의 공세에 대항해 강력하고 독자적인 색깔의 이슬람 문화를 고수해 온 곳도 있다.

인도네시아 이슬람은 종종 자바 이슬람으로 통한다. 자바는 인도네시아 이슬람 사회를 대표하는 엔우와 무함마디야의 본 고장이다. 이들 두 이슬람 단체는 종교 분야에서뿐만 아니라 정치면과 경제면에서도 공히 막강한 영향력을 행사하고 있다. 엔우는 일찍이 정치 세력화하여 수카르노 권위주의에 대항했고, 수하르토 정권에 협력했으며, 압두라흐만 와히드가 대통령에 오르는 데 결정적인 역할을 했다. 농촌 지역에 근거를 두고 있는 엔우와는 차별적으로 도시와 지식인 사이에 보다 넓은 공감대를 지닌 무함마디야는 전국에 걸쳐 이슬람 학습을 근간으로 하는 무함마디야 대학을 설립해 운영하고 있다.

내용적으로 자바 이슬람은 정통 이슬람 또는 원리주의 이슬람과 다르다. 이슬람이 들어오기 전 자바에는 이미 토착 신앙을 배경으로 한 수많은 군소 왕국들이 출현했으므로 당연히 이들의 뿌리가 깊이 남아 있다. 사일렌드라 같은 불교 왕국과 마자파히트 힌두 왕국이 이곳에서 번성했다. 오늘날까지 왕통이 이어져 내려오는 마타람 왕국도 순수한 형태의 이슬람 왕국이 아니다. 이곳 이슬람은 천혜의 자연환경에 매료되어 불교나 힌두교 같은 기존 종교와 공존했고 중동의 이슬람과는 차별적인 방법으로 자리 잡았다. '자바화된 이슬람'으로 번역이 가능한 끄자웬은 힌두 및 불교와 교감을 이루고 있는 자바 이슬람의 또 다른 이름이다.

인도네시아의 이슬람 세계를 연구하는 서양학자들은 일찍이 이곳 무슬림을 산트리(Santri)와 아방안(Abangan)으로 구분했다. 산트리는 정통 이슬람 또는 원리주의 이슬람을 신봉하는 사람들을 지칭한다. 이에 대해서 아방안은 외형상으로는 무슬림이 분명하지만, 신앙적으로는 이슬람 신앙 이외에도 힌두교와 불교, 또는 토착적인 요소들을 동시에 혼합적으로 가지고 있는 부류들이다. 이들의 분포를 정확하게 구분하는 것은 결코 쉬운 일이 아니다. 왜냐하면 인도네시아는 세계 최대의 군도로 나라 전체가 문화적 다양성 그 차체이기 때문이다. 그러나 산트리와 아방안의 분포를 30대 70으로 분석한 한 이슬람학자의 견해가 긍정적으로 받아들여지고 있다. 이에 따라 자바 아방안들은 <i>끄쟈웬</i>을 신봉한다는 등식이 나온다. 한편 아방안이라는 용어는 학술 용어로, 인도네시아 이슬람 사회에서 보편적으로 통용되지는 않는다는 사실에 유념할 필요가 있다.

인도네시아의 이슬람을 연구하는 학자들은 어렵지 않게 매우 중요한 사실을 발견한다. 자바 농촌 지역을 중심으로 넓게 분포되어 있는 페산트렌이 인도네시아 이슬람 사회의 전통을 계승 발전시키고 있으며, 이곳의 키야이나 울라마의 역할이 오늘날까지 원형대로 보존되고 있다는 점이다. 키야이는 이슬람 종교 교리를 가르치는 교사역이며, 울라마는 전통 이슬람의 정신적인 지도자이다. 울라마는 자신이 관할하는 지역의 재산 및 혼인 문제를 관장하는데, 혼기를 맞은 수십 명의 동네 처녀들을 한데 모아 놓고 현지 조사차 체류하고 있는 젊은 한국인 학자에게 '맘에 드는 여자가 있으면 (장가보내 줄 테니 마음대로) 골라 보라'라는 권유를 할 수 있을 정도이다.

할랄과 하람

여타 이슬람 사회와 마찬가지로 이곳 이슬람 사회도 돼지와 돼지고기를 혐오하여 금기시한다. 무슬림이 하람이라 하여 엄격하게 금지하는 것 중에는 음주 행위와 돼지고기를 섭취하는 것이 으뜸이다. 이들에게는 할랄로 분류되어 허용되는 것(음식 또는 행위)만을 행하도록 되어 있다. 이 밖에도 마크루흐라 하여 지나치면 하람이 되고 적당히 행하면 할랄이 되는 것도 있다. 흡연이나 성행위 같은 것이 이 부류에 속한다. 할랄로 분류된 육류에는 소, 염소, 양, 닭, 오리 등이 있는데, 이것도 무슬림의 손으로 이슬람식 도살 방식에 의해서 잡은 것이라야 한다. 무슬림 도정(屠丁)은 비스밀라('알라의 이름으로')를 읊조리며 날카로운 칼로 동물의 식도와 기도를 동시에 자르는데, 이는 죽임을 당하는 고통스런 시간을 최소한으로 줄인다는 뜻이다. 한 번에 죽이지 못하거나 목이 떨어져 나가면 그 고기는 먹을 수 없게 된다. 근자에 들어 전기 충격으로 기절시킨 뒤에 도살하는 방법이 도입됐는데, 전기 충격으로 죽은 동물은 폐기한다. 이러한 까다로운 규정들은 동물 시체를 먹거나 교살되거나 타살된 동물의 식용을 금하는 꾸란에 따른 것이다.

유엔 통계로 보면 국민의 50% 이상이 무슬림인 나라가 전 세계 200여 개국 중 48개국이나 된다. 이들 이슬람 국가에서는 대체로 모든 음식에 대해서 할랄과 비할랄 표시를 의무화하고 있다. 이에 따라 육류는 물론이고, 라면이나 과자류에 이르기까지 할랄 표식이 부착되어 있다. 패스트푸드 음식점에도 이 표식이 등장하는데, 이를 부착하지 않은 음식점보다 매출이 높다고 한다. 이에 따라 공장에서 대량으로 생산되는 식음료 제품이나 의약품 등 새로운 상품에 이슬람 법규를 어떻게 적용할 것인가가 새로운 논쟁거리로 등장하고 있다. 그중에서도 돼지고기나 기름이 원료에 포함된 제품이 제조 과정에서 그 성분이 완전히 바뀐다면, 이슬람에서 금기하는 불결함이 소멸된 것으로 볼 수 있느냐는 것에 대해 논란이 크다. 또한 동물 가죽을 가공한 의복에 관한 논란도 있다. 이에 대해 엔우와 무함마디야는 공히 뱀이나 호랑이 같은 동물 가죽은 사용 가능하나, 돼지의 경우에는 염색을 한 가죽도 사용할 수 없다는 유권 해석을 내린 바 있다.

돼지는 이슬람 사회에서 무조건적으로 금기시하기 때문에 무슬림은 자연히 돼지고기를 선호하는 중국인이나 중국계 소수 민족과 거리를 둔다. 인도네시아보다 전체적으로 이슬람 색깔이 선명한 말레이시아의 경우, 이슬람을 신봉하는 말레이인과 경제를 장악하고 있는 중국계 국민 사이에 갈등이 심하다. 그 갈등 저변에는 늘 돼지와 관련된 상이한 문화적 갈등이 깔려 있다. 무슬림과 중국계 국민의 비율에 큰 차이가 없는 말레이시아에서 가장 나쁜 욕설이 '돼지 같은 놈'이다. 인도네시아도 크게 다르지 않아 상대방을 멸시하는 표현으로 돼지가 등장한다. 수하르토 하야 후 잠정 대통령직에 있던 하비비는 데모대가 내건 플래카드에 자주 돼지로 표현됐다.

중국인이 있는 곳은 어디에나 돼지고기가 있다. 그러나 무슬림과 공존하는 지역에서 돼지고기는 다른 정육과 구분해 칸막이가 되어 있는 곳에서 조심스럽게 판매가 이루어진다. 돈육을 다루는 도마와 칼도 별도로 보관한다. 이러한 불편함을 최소화하고자 돼지고기는 특별한 유통 조직을 통해서 다소 은밀하게 거래되는 것이 보통이다. 돼지 사육 또한 무슬림 거주 지역으로부터 일정한 거리가 떨어진 곳에서 해야 한다고 규정하고 있다. 자바 무슬림들이 선호하는 육류는 고급 쇠고기, 염소고기, 닭고기, 비둘기고기 등이다. 쇠고기는 고급 수입육을 말하며, 염소고기보다 비싸기 때문에 우선순위에 드는 것으로 보인다. 식용으로 많이 사육하는 비둘기는 비싸지만 흔한 닭고기보다 맛이 좋고, 출산에 효험이 있다는 속설 때문에 임산부들이 많이 찾는다고 한다.

단식월 라마단이 끝나면 세계 무슬림들의 최대 명절인 이드 알피트르를 맞는다. 인도네시아에서는 이날을 역시 이둘 피트리(Idul Fitri) 혹은 르바란(Lebaran)이라고 한다. 르바란으로부터 약 40일이 지나면 이드 알아드하 코르반이라 칭하는 희생제로 이어진다. 이때가 되면, 소와 염소가 할랄 절차를 거쳐 대량으로 도살된다. 재력이 있는 명망가들은 이때 몇 마리의 소와 염소를 잡았는지 그 숫자로 위신을 세우려 한다. 할랄을 거쳐 해체한 고기는 약 1~2kg씩 포장해 가난한 이웃에게 나누어 준다. 때때로 꽤 먼 곳까지 가난한 사람들을 즐거이 찾아가는 것을 볼 수 있다. 대학 총장이 총장 관사에 동네 아이들을 불러 모아서 5천 루피아(400원)씩 나누어 주는가 하면, 유명 담배 회사에서 노인들에게는 5만 루피아, 성인에게는 3만 루피아, 어린아이에게는 2만 루피아씩 나누어 주기도 한다. 이때 행렬이 너무 길고 혼잡하여 안전 통제를 목적으로 경찰 병력이 대거 동원되기도 한다.

8
일본

김정아 한국외국어대학교 아랍어과

도쿄

■ 국가 개황

· 국명: 일본(Japan)

· 국가 체제: 입헌 군주국

· 언어: 일본어

· 인구: 127,185,332명(유엔, 2018)

· 종교 분포: 신도, 불교, 기독교

■

일본을 방문하는 사람은 누구나 쉽게 일본 전역에 산재해 있는 신사와 사찰을 발견할 수 있다. 일본의 전통 종교는 신도(神道)이다. 신도는 약 2천 이상의 신을 숭배하는 것으로 알려져 있다. 신도의 신을 대중적으로 모시는 곳이 신사(神社)인데, 신사는 도시와 촌을 막론하고 일본 전역에서 볼 수 있다. 일본인은 태어나서 일생을 마치기 전까지 중요 의식을 대부분 신사에서 치른다. 예를 들면 성년식이나 결혼식 등이 있다. 또한 새해 첫 새벽에 신사나 절에 가서 한

해의 소원을 기원하며, 만나는 사람마다 서로 "아게마시테 오메데토 고자이마스(새해 복 많이 받으십시오)."라고 축하 인사말을 나눈다. 일본인에게 일왕은 하늘이 내린 왕으로 신격화되던 때가 있었고, 아직도 일부 사람에게는 그런 존재로 남아 있다. 이를 가장 잘 반영하는 행사가 일왕 왕가의 신년 하례식이다. TV로 생중계되는 이 의식은 일왕의 거처인 도쿄 고쿄(皇居)에서 거행된다. 일왕 내외를 비롯해 왕세자 내외, 왕가 식구들이 차례로 나와 새해 인사를 하는 모습을 보고자 해마다 수천에 달하는 사람들이 일본 전역에서 몰려든다.

또한 일본은 생활 깊숙이 불교문화가 자리를 차지하고 있다. 일본의 절은 종교적 성지이자 유명 관광지 역할을 겸한다. 특이할 점은 절이 도시와 촌을 막론하고 고루 산재해 있으며, 도시의 절은 그 크기 면에서 일반 주택 정도의 소규모라는 것이다. 도쿄에는 한국 남대문 시장과 견줄 정도의 유명한 상권인 우에노 시장이 있는데, 그곳에서도 의류 상점과 나란히 있는 절을 발견할 수 있을 정도로 절은 일본인 생활 가까이 존재한다. 도쿄 시내만 해도 주택가 한 구역에 두세 개의 절과 신사가 있다. 신사가 일본인이 살아 있는 동안의 의식을 치르는 곳이라면, 절은 죽음과 그 이후의 의식을 치르는 곳이라 할 수 있다. 따라서 장례식과 제사는 대부분 절에서 행한다.

이렇듯 신도나 불교는 일본인 생활을 지배하는 절대적인 종교 문화로 뿌리 내린 까닭에 이슬람의 종교적 진출은 비교적 활발하지 못하다. 여기서 이슬람의 '종교적 진출'이라고 말하는 이유는 일본에서 이슬람이 '문화적 진출' 형태를 취하고 유입되기 시작했기 때문이다.

chapter 1

이슬람의 일본 진출과 현황

　일본인에게 이슬람은 19세기 후반부터 서구의 종교 사상 내지는 문화로 받아들여졌다. 예언자 무함마드의 일대기가 일본어로 번역돼 일본 지식인 계층에 이슬람을 알리는 데 중요한 역할을 했지만, 이것은 역사 문화적인 정보 내지는 지식의 결과물에 머물렀을 뿐이다. 1890년 오스만 튀르크는 일본에 해군 함대를 보내 양국 간 교류의 물꼬를 텄다. 이 사절단은 일본과 튀르크의 외교 관계 수립뿐 아니라 일본인과 무슬림의 교류에도 큰 역할을 했다.

　제1차 세계대전 중 볼셰비키 혁명이 발발했고, 그 결과 터키, 우즈베키스탄, 카자흐스탄 등 중앙아시아와 러시아 무슬림이 일본으로 피난을 오면서 자연스레 일본 내에 무슬림 사회가 형성됐다. 이들은 주로 도쿄, 교토, 나고야 등 대도시를 중심으로 정착했다. 그리고 일본인과의 화합을 통해 일본의 무슬림 세력 확장에 기여했다. 일본 최초의 모스크는 1935년 건설된 고베 모스크이다. 이후로 1938년 도쿄와 나고야, 1977년 오사카에 모스크가 문을 열었다. 모스크 개원에는 일본 정계와 재계의 재정 지원이 큰 힘이 됐다.

1935년경, 일본은 중국에 대한 군사 활동을 개시했다. 일본 군사 제국은 중국을 교두보로 중앙아시아와 중동을 대상으로 군사 전략을 수립한 상황이었고, 따라서 그들에게 이슬람과 무슬림 세계를 연구하는 것은 필수였다. 이를 위해 일본에서는 전문 기관과 연구소를 중심으로 이슬람에 대한 책과 잡지를 발간하기 시작했다. 1935년부터 1945년까지 일본에서 발간된 이슬람에 관한 잡지가 100여 권에 달할 정도로 이슬람 연구가 활발했다. 이 시기를 '1차 이슬람 붐'으로 간주할 수 있다. 그러나 1945년 일본이 전쟁에서 패망하면서 이런 기관이나 연구소들이 문을 닫게 됐다. 1차 이슬람 붐은 대다수 일본인에게 아랍어와 이슬람에 큰 관심을 불러일으켰다. 이 단계에는 이슬람에 대한 일본인의 관심이 발현됐고, 일본 젊은이들은 아랍어와 이슬람을 수학하고자 아랍 지역 및 무슬림 국가로 유학하는 결과를 가져왔다. 이들은 이집트 알아즈하르 대학을 비롯해 사우디아라비아, 파키스탄, 리비아, 이란, 말레이시아, 인도네시아 등의 국가로 유학을 갔다. 1968년 일본 무슬림 협회는 종교 법인으로 등록했고, 일본인 무슬림 핫즈 오마르 미타는 1972년 꾸란을 일본어로 번역했다.

1973년 10월 제4차 중동전이 발발하고 석유 위기가 심화되자 대다수 일본인은 중동의 동정에 더욱 큰 관심을 갖기 시작했다. 중동 산유국 대부분이 이슬람 국가였고, 일본은 이들의 석유에 전적으로 의존하고 있었기 때문이다. 1979년 이란 혁명은 일본과 중동의 거리를 한층 더 좁혔다. 자연스럽게 일본인은 이슬람 연구를 재개했고, 무슬림의 생활 양식을 좀 더 자세히 관찰하기 시작했다. 동시에 이런 현상은 일본 내 무슬림 활동에 생기를 불어넣었고, 이슬람 전파에 크게 공헌했다. 1973년 오일 쇼크는 '2차 이슬람 붐'을 일으켰다. 2차 이슬람 붐은 일본인에게 이슬람을 먼 나라 문화에서 자신들의 생활에 직접적인 영향을 주는 현실로 변화시켰다. 일본 경제는 중동의 정치 상황과 무관할 수 없었다. 일본인은 오일 쇼크 때 화장지, 비누 등 일상 생활용품의 품귀라는 악몽을 경험했기 때문이다. 이런 경험은 일본 정부에게 중동학 연구의 중요성을 크게 일깨웠다. 그 결과 일본 중동경제연구소, 도쿄 대학 동양문화연구소, 국제 대학 중동연구소 등이 자리 잡게 됐다. 일본의 전 매스컴은 아랍인과 그들의 종교인 이슬람에 대해 대서특필하기 시작했고, 매일 신문과 방송에서 '이슬람'이란 용어가 등장했다.

NHK TV는 1981년 10월부터 1982년 4월까지 〈이슬람 세계〉라는 시리즈를 방영했다. 또한 도쿄 대학에 이슬람학 강의가 개설된 것은 일본 학계에서 이슬람 연구의 지평을 확대시켜 주는 결과를 가져왔다.

한편 민영 기관에서도 이런 흐름이 진행됐다. 1982년 헤이본샤에서 발행된 《이슬람 사전》이 그 대표적인 예이다. 100명에 달하는 일본 학자가 4년의 노력 끝에 일본어로 발행한 이 사전은 현재까지도 일본 이슬람학 연구의 초석이 되고 있다. 이런 일련의 이슬람학 발전은 일본 내 무슬림의 입지 강화에 큰 도움이 되었다.

일본 정부도 아랍인과 이슬람에 대한 태도를 달리하기 시작했다. 특히 아랍과의 무역 거래에서 아랍어의 중요성을 절감했다. 1977년 일본 외무성은 인도네시아의 무슬림 지도자를 수반으로 한 이슬람 대표단을 초대했다. 그런데 이것은 매우 이례적이고 선례를 찾아볼 수 없는 일이었다. 그때까지 일본 정부는 어떤 종교의 대표단도 공식적으로 초대한 적이 없기 때문이었다. 같은 해 일본 총리 후쿠다 다케오는 ASEAN 회담 참석 차 쿠알라룸푸르를 방문했고, 그곳에서 네가라 말레이시아 이슬람 사원을 방문하기도 했다. 1973년 새해맞이 전야 방송에서 NHK 교육 TV는 메카로 향하는 성지 순례 모습을 소개했고, TBS는 아랍인의 생활 양식을 소개하는 2시간 특집 방송을 방영하기도 했다. 이런 방송을 통해 아랍 사회는 일본 시청자에게 자연스레 소개되고 인식되기 시작했다. 현재 라디오 일본 방송은 무슬림이 사용하는 언어들로 방송을 하는데, 아랍어, 벵골어, 인도네시아어, 말레이어, 스와힐리어, 우르드어 등이 포함되어 있다. NHK FM 라디오는 이집트, 튀니지, 모로코, 터키, 시리아, 아프가니스탄, 인도네시아 등의 음악을 소개하는 〈이슬람 음악〉 코너도 운영하고 있다.

현재 일본 내 무슬림 인구는 약 11만 명으로 추정된다.[*] 하지만 이는 정부 공식 통계가 아니다. 제2차 세계대전 패배 직후 일본 정부는 헌법에 정치와 종교의 엄격한 분리를 규정했다. 따라서 정부와 관련 기관은 어떤 형태로든 특정 종교에 대해 언급할 수 없게 법으로 정해 놓고 있다. 이와 같은 방침은 일본의 교육 제도에도 영향을 미쳐 학교에서의 종교 교육을 금하고 있다. 일본은 종교 자유가 보장된 국가이다. 동시에 개인이 어떤 종교를 선택하든지 자신의 종교를 공식적으로 신고 또는 발표할 의무가 없다.

[*]   Daily Sabah Asia Pacific, 2017

chapter 2

일본 내 무슬림이 안고 있는 문제점

비이슬람 문화권에서 무슬림의 생활은 어려운 점이 많다. 특히 무슬림 여성들은 더욱 그렇다. 무슬림 여학생은 남녀 공학의 일본 교육 제도를 그대로 수용하기가 어렵고, 무슬림 여성은 남녀가 함께 모든 일을 진행하는 일본의 사회생활을 그대로 수용하기 어렵다. 따라서 일본의 무슬림 여성에게는 전통 무슬림 여성의 생활을 그대로 따를 수 없는 구조적 어려움이 있다.

하지만 일본 무슬림이 직면한 더욱 큰 문제는 일본인의 종교관에 있다. 무슬림 입장에서 바라본 일본인은 무종교주의자, 즉 아무런 종교를 가지고 있지 않다는 것이다. 일본 무슬림들은 신도에서 숭배하는 다신(多神)과 불교의 부처 그리고 기독교의 하느님이 모두 공존한다고 믿는 일본인의 종교관을 이해하거나 수용할 수 없다. 이것은 바로 '알라 이외에 신이 없다'라고 주장하는 이슬람 교리가 일본인에게 쉽게 다가설 수 없는 이유이기도 하다.

1982년, 일본인 무슬림들이 직면한 또 다른 문제점을 확인할 수 있는 사건이 일어났다. 일본인 무슬림 아흐마드 오니시는 나라에서 사고로 사망했다. 그의 아들 역시 무슬림이었으나 오니시의 가족은 이슬람식 장례를 치를 수 없을 뿐 아니라 시신을 무슬림 공동묘지에 안장할 수도 없었다. 일본의 유일한 무슬림 공동묘지는 야마나시현 엔잔에 있기 때문이었다. 아흐마드 오니시 가족들은 나라에서 그곳까지 시신을 운송하는 경비 300만 엔(약 3천만 원)을 감당할 수 없었다. 결국 장례는 일본 전래의 불교식 절차를 따를 수밖에 없었다. 또 다른 경우가 있다. 도쿄 외곽에 거주하던 타히르 스즈키는 심장 질환으로 사망했다. 당시 그의 아들 아흐마드 스즈키는 암만 주재 일본 무역 상사 대표였다. 아흐마드가 도쿄에 도착했을 때 친지들은 이미 부친의 시신을 일본식 장례 절차를 거쳐 화장한 상태였다. 늦게나마 도쿄 모스크의 금요 예배에서 이맘은 고인의 기념 예배를 주도했다. 그러나 아흐마드 스즈키는 부친의 기억을 떠올리며 눈물을 참을 수 없었다. 이를 본 무슬림들은 대노해 아흐마드의 신앙심을 의심했고, 불교식으로 장례 치른 것까지 문제로 제기했다. 이런 이유로 일본 무슬림은 '이름뿐인 무슬림'이라는 비난을 받는다.

이 두 가지 예는 비록 그들이 일본에서 매우 드물게 2대에 걸쳐 무슬림이었음에도 관혼상제에서 커다란 난관에 부딪혔다는 사실을 설명하고 있다. 일본 무슬림 인구의 증가는 무슬림 묘지의 설립을 가져왔고, 2015년 기준 무슬림 묘지는 야마나시현, 홋카이도, 시즈오카현에 각각 1군데, 이바라키현에 2군데가 있다.*

---

*   Ayako Sugimoto, 2015, p.4

chapter 3

이슬람에 대한 일본의 입장

　일본에는 서구의 첨단 유행이 물결치고 있지만, 그와 동시에 일본 고유의 전통을 지키고 있는 힘이 존재한다. 일본인은 자기 목소리를 크게 내어 종교나 정체성을 강조하기보다는 조용히 그러나 끊임없이 신도 숭배, 신사 참배 등을 행하고 있다. 하지만 일본이 이슬람에 대해 지속적인 관심과 배려의 태도를 보이고 있는 것은 사실이다.

　2차 이슬람 붐 이래로 시작된 일본 매스컴의 역할은 일본 내 무슬림의 생활을 한층 더 윤택하게 해 주었다. 일본 최고 대학이라고 일컬어지는 도쿄 대학 내에도 학생회관에 무슬림 예배 장소가 있을 정도로 일본인은 무슬림에 대한 배려를 아끼지 않고 있다. 이는 도쿄 대학에 재학 중인 농학, 기계 공학, 어학 등을 전공으로 하는 다수의 무슬림 유학생들을 배려하기 때문이다. 실제로 일본 정부는 문부성과 협의하에 일본학술진흥재단을 통해 해마다 단기, 장기 유학생을 선발하는데, 그중 상당수가 제3세계 국가

학생들이고 대다수가 무슬림이다.

일본인의 이슬람에 대한 학문적 접근은 이미 100년이 넘는 역사를 지니고 있다. 가장 대표적인 일본 내 이슬람 연구는 도쿄대가 주도했던 〈이슬람 지역 연구 계획(Islamic Area Studies Project)〉이다. 이 프로젝트는 1992년부터 2002년까지 일본 문부성의 지원 아래 '이슬람의 문명화'라는 주제로 이슬람의 역사, 문화, 정치, 경제, 문학 등 다양한 연구 활동을 했다. 또한 방일 무슬림 관광객의 증가와 일본 산업계의 정책적 필요성에 의해 할랄 식품 분야도 큰 성과를 내고 있다. 와세다 대학 인간과학학술원 아시아사회론연구실 조사에 다르면, 일본 내 모스크 수는 1980년대 말 3개(도쿄 2개, 고베 1개)였지만 2014년 말에는 80개 이상으로 증가했다.[*]

하지만 일본 내 이슬람 전파에 장애가 없는 것은 아니다. 아랍어를 잘 구사하는 일본인 무슬림의 숫자가 한정적이고, 이맘직을 담당할 정도의 자질을 갖춘 일본 무슬림의 숫자도 극히 제한되어 있다. 더욱이 일본인 무슬림들은 무슬림으로 태어나 성장한 중동 지역 무슬림의 전통과 관습을 전적으로 수용하고 따르기 어렵다. 고온 건조한 기후와 토양에서 전래된 이슬람 전통을 해양 국가인 일본의 지리적 여건에 접목시키기가 쉽지 않을 뿐 아니라, 이슬람 국가가 아닌 일본에서 소수 종교인인 무슬림의 문화와 관습을 그대로 실행하기는 현실적으로 어려움이 너무 많기 때문이다. 하지만 일본이 세계 문명에서 차지하는 이슬람의 비중과 현대 사회에서 이슬람 국가들의 중요성을 인식하고 있는 것만은 사실이다.

---

[*]   Ayako Sugimoto, 2015, p.2

9
중국

송경근 명지대학교 아랍지역학과

베이징

■ **국가 개황**

· 국명: 중화 인민 공화국(The People's Republic of China, China)

· 국가 체제: 사회주의

· 언어: 중국어

· 인구: 1,415,045,928명(유엔, 2018)

· 종교 분포: 불교, 도교, 기독교, 이슬람교

■

중국은 아시아 동부에 위치한 세계 4대 문명 발생지 중 하나로 유수한 역사를 가지고 있다. 기원전 221년 진(秦)나라 시황제(始皇帝)가 처음으로 중국을 통일했다. 중국 최후의 통일 왕조인 청(清)나라가 쓰러진 뒤 중화민국이 건국됐으며, 제2차 세계대전 이후 1949년 공산당이 중화 인민 공화국을 세워서 오늘날까지 지속되고 있다.

중국에는 한족과 55개의 소수 민족이 살고 있다. 소수 민족은 1억 1,379만 명으로 총인구의 8.5%를 점한다.

　노농 연맹에 기초한 인민 민주 독재의 사회주의 국가로, 이는 1982년에 마련한 개정헌법 제1조에 규정되어 있다. 중국에는 형식상 여러 개의 정당이 존재하나 실질적으로는 공산당 일당 독재 국가이다.

　중국은 다종교 국가이며, 4대 주요 종교는 불교, 도교, 기독교, 이슬람교이다. 공식적으로 이슬람은 중국 전체 인구의 1.4%를 차지한다.

chapter 1

이슬람 역사

중국은 세계에서 인구가 가장 많은 나라로, 무슬림은 소수임에도 나라 규모로 말미암아 1억 명을 훨씬 상회한다. 무슬림 수만 놓고 볼 때 중국은 아시아에서 인도네시아, 방글라데시, 인도, 파키스탄 다음으로 무슬림 수가 많은 나라이다. 따라서 중국에서 이슬람은 분명히 가장 중요한 다수 종교가 아니지만, 무슬림 입장에서 보면 중국의 이슬람은 중요한 것이 틀림없다.

이슬람은 중국에서 회회교(回回敎), 청진교(淸眞敎), 대식교(大食敎), 천방교(天方敎), 천당교(天堂敎), 목교(穆敎) 등으로 불렸으며, 오늘날 중국 무슬림들은 중국적이면서도 대다수의 중국인과는 다른 독특한 문화를 소유하고 있다.

중국은 이슬람이 발생한 중동 지역과 기원전부터 교류 관계를 가진 것으로 추정되며, 7세기에 이슬람이 발생하자 상당히 먼 거리에 떨어져 있음에도 기존 교통로를 통해 쉽게 중국 땅에 안착했다. 그리고 중국에서 이슬람은 시대에 따라서 다소 융성과 쇠퇴가 있었으나, 전반적으로 세월의 흐름과 함께 꾸준히 성장했다.

이슬람의 중국 도래

이슬람 출현 전 중국과 중동과의 관계

이슬람이 시작되기 훨씬 이전부터 중국과 중동 사이에는 접촉이 있었으며, 그것은 기원전으로 소급된다. 기원전 1006~기원전 951년 사이에 초(楚)의 왕자가 카스피해까지 갔다가 왔다는 사서 기록이 있으며, 기원전 250년 진시황제의 장관이 중앙아시아와 그 서쪽 나라를 방문했다는 기록이 있다. 이렇게 해서 열린 중동과 중국 간의 육상 통로는 서기 1세기경 페르시아만의 조그만 나라 차라센 공국에까지 이르렀다. 이 길은 페르시아만을 건너고 사막을 지나서 지중해를 항해해 로마에까지 이르렀다. 그러나 당시 육상 여행은 해상 여행보다 기술상 비교적 더 안전했으나 늘 정치적 영향을 받아야 해서 안정적 교류를 어렵게 했다. 결국 이런 이유로 해상 여행을 점차 더 선호하게 했다. 1세기에 남부 아랍인은 소형 범선을 타고 홍해와 페르시아만을 출발해 계절풍을 이용하여 무자(현재 예멘 무카), 아든, 수하르 등을 거쳐 인도 해안까지 이르렀다. 그들은 향료 무역에 종사하는 유능한 선원이며, 전사라고 묘사된다. 이로 미루어 보아 중동 지역과 인도 사이의 교역은 기원전부터 있었던 것을 알 수 있다.

조선술과 항해술이 발달함에 따라 2세기에는 중동 지역의 배가 동남아, 중국에 도달하기 시작한 듯하다. 이때 말레이시아, 수마트라, 통킹 등에서

로마 제국의 사신이 이 지역 왕궁에 왔다는 기록이 많이 발견되며, 166년 마르쿠스 아우렐리우스 황제의 사신이 후한의 궁전에 도착했음을 알리는 《후한서》 기록이 보인다. 중국인도 기원전 2세기에 수마트라, 미얀마, 인도 동부 해안으로 항해했으며, 기원전 111년에 인도 말라바르에 도착했던 것으로 《전한서》는 기록하고 있다. 인도에서 그들은 중동 지역에서 온 상인과 접촉했으며, 그곳에 거주하다가 페르시아만까지 진출했다. 그럼에도 중국인의 해상 활동은 중동 지역 상인보다 훨씬 미약했던 것으로 나타난다.

한(漢) 제국이 쓰러진 후에 중국에서는 전란이 이어지면서 경제 활동이 위축됐다. 그럼에도 계속 대진(大秦) 상인이라는 이름하에 로마 상인들이 삼국 시대(220~280)에 위(魏)나 오(吳)의 궁전에 출현하며, 강태(康泰)와 주응(朱應) 같은 인물이 중동 제국에 관련된 풍부한 자료를 책으로 기록했다. 5세기경부터 중국과 중동 사이를 오가던 많은 상인이 정치적 적대 행위, 중과세 등을 피해 중국에서부터 인도로 와서 해로를 이용해 아라비아반도나 비잔틴 제국 영토까지 갔다. 3세기에 세워진 페르시아 사산조는 7세기 중엽에 멸망할 때까지 북중국과 사신을 교환했다.

1세기까지 남부 아랍인은 인도양과 홍해 무역을 독점했다. 그 이후 그리스와 로마 상인이 인도양과 홍해에 나타나 이들과 경쟁했으며, 5세기 말부터는 페르시아 상인과 경쟁했다. 남부 아랍인은 4세기경 또는 그보다 1~2세기 전에 중국 광동(廣東)에 도착했으며, 그곳에 집단 거주 지역을 형성하고 상거래에 종사하며 살기 시작했다. 그들은 남부 아라비아를 중심으로 서쪽으로는 알렉산드리아, 동쪽으로는 광동에 이르는 해안선에 수많은 중간 교역 기착지를 건설했다. 한편 북부 아랍인으로 간주되는 나바트인의 유적과 유물 속에 기원전 2세기부터 서기 1세기까지의 무역 거래를 통해 간접적으로 중국과 접촉했던 것이 나타난다. 예언자 무함마드를 출생시킨 쿠라이시족은 이슬람이 출현할 당시에 국제 무역에 종사하며, 사산조 영토에도 드나들었다. 중국 사신이나 상인들도 사산조 도시에 가끔씩 출현했다. 당시 쿠라이시족은 중국 비단에 대해 알고 있었으며, 위에서 말한 환경 속에서 중국인과도 접촉했을 가능성을 배제할 수는 없다.

이와 같이 이슬람이 발생한 중동 지역과 중국과의 교류 관계는 기원전부터 존재했다. 이슬람 발생 전까지 주로 상거래를 중심으로 그 관계가 유지되고 발전했다는 사실은 아라비아반도에서 이슬람이 발생하자 두 지역 간의 먼 거리에도 기존에 확보된 통로를 통해 이슬람이 중국에 일찍 유입되는 요인이 되었다.

이슬람의 중국 최초 도래

이슬람이 중국에 도래한 최초의 시점에 대해서는 많은 설이 있다. 알려진 최초 도래설에 대해 소개하면 다음과 같다.

수 개황(隨 開皇) 7년(587)

수 대업(隨 大業) 9년(613)

수 대업(隨 大業) 12년(616)

당 무덕중(唐 武德中, 618~626)

당 정관(唐 貞觀) 2년(628)

당 정관(唐 貞觀) 3년(629)

당 정관(唐 貞觀) 6년(632)

당 영휘(唐 永徽) 2년(651)

당 경운(唐 景雲) 2년(711)

당 명황시(唐 明皇時, 712~755)

당 숙종(唐 肅宗, 756~761), 대종(代宗, 762~766) 이후 설

상한(上限, 7세기), 하한(下限, 15세기) 분기설

이들 최초 도래설은 나름대로 논거를 가지고 있지만 불완전하며, 서력과 히즈라력의 계산법 차이에서 오는 오류를 밝혀내지 못해 신빙성이 별로 없다. 이 중에 《구당서》〈서역전〉에 나오는 대식(大食), 즉 아랍 사람이 영휘 2년(651)에 수도 장안에 왔다는 기록을 근거로 이슬람이 651년에 중국에 최초로 도래했다는 설이 중국 무슬림이 공식적으로 인정하는 설이다. 그 내용을 간추려 보면 다음과 같다.

영휘 2년에 아랍 왕이 당조에 최초로 사절을 보냈다. 그들의 왕은 신도들의 왕자라 불리며, 이 왕조는 34년간 세 왕에 의해 통치되었음을 알렸다.

아랍 사절이 영휘 기간(649~656)에 장안에 왔다는 기록은 《신당서》, 《통전》 등에도 기록되어 있다. 위의 내용들을 해석하면 최초의 아랍 사절단이 제3대 정통 칼리파 오스만 이븐 아판의 명으로 651년 당 수도 장안에 와서 당 고종(高宗)을 알현하고 아랍 제국의 일반 상황과 이슬람에 대해 설명했던 것이다.

그러나 당시 중국과 중동 사이에 빈번한 통상과 교류가 가능하게 한 국제 해로와 육로는 기원전부터 개척된 것으로, 이미 많은 수의 아랍인이 공식, 비공식으로 중국을 내왕했다. 따라서 이슬람이 발생한 직후 기존 교통로를 통해 중국인에게 알려졌을 가능성도 배제할 수 없다. 이러한 주장을 지지하는 최근의 학자가 황추윤(黃秋潤)인데, 그는 명 대 하교원(何喬遠)이 저술한 《민서(閩書)》나 《방역지(方域志)》에 근거해 이슬람이 당 무덕 연간에

천주나 양주로 전래됐다고 주장하기도 한다.

당, 송 대의 이슬람 정착

이슬람은 기존 중국과 중동 지역 사이에 원래부터 존재하던 교통로를 통해 일찍이 중국에 들어올 수 있었다. 그 이후 이슬람은 양 지역 간 정치, 군사, 경제적 접촉을 통해 중국 내에 정착하기 시작했다.

정치, 군사적 접촉

중국 사서에 의하면 당(唐, 618~907) 대 651~798년, 147년간 39회 이상 아랍 사절이 중국을 내왕했으며, 송(宋, 960~1279) 대 908~1168년 사이에는 49회에 걸쳐 중국을 방문했다. 이런 접촉은 중국과 아랍국 간의 경쟁과 대결보다는 선린과 현상 유지를 목표로 공존과 실리를 추구했기에 중국에 이슬람이 정착하는 데 기여한 측면이 강하다. 이때 특히 커다란 역할을 한 두 사건이 있는데, 그것은 751년 탈라스 전투와 755~757년 안녹산의 난이었다.

탈라스 전투는 당시 세계 최강이었던 두 나라, 당과 아랍 압바스 제국의 충돌로 일어났다. 고구려 유민 장수 고선지 휘하의 당군과 압바스군은 탈라스 강변에서 닷새간 치열한 전투를 치른다. 그러나 당군은 당에 복속했던 동맹군이 배반하고 그들을 치는 바람에 대패하고 만다. 이 전투 이후에 이 지역을 지배한 튀르크족은 압바스국에 완전히 복속되지 않고, 수시로 저항하고 당에게 도움을 청하기도 했다. 그러나 이 지역 지도 세력으로 남게 된 압바스의 이슬람 세력은 이 지역을 서서히 이슬람화시켜 나갔다. 결과적으로 탈라스 전투 이후에 중앙아시아 지역은 빠른 속도로 이슬람화되었던 것이다.

전투는 일시적으로, 부분적으로 양국 간 관계를 긴장시키기는 했으나, 오래가지는 않았다. 역으로 전투 결과 발생한 포로는 양국의 문화 교류에 기여한 바가 크다. 중국에 잡혀 온 무슬림 포로들은 당에 정착해 중국에 이슬람이 정착하는 한 계기를 만들었다.

당 현종(玄宗, 712~756) 때 세 절도사를 겸하던 안녹산이 755년 범양에서 반란을 일으켰다. 수도 장안은 함락됐고, 현종은 촉(蜀)으로 피신해 그곳에서 756년 세자를 황제로 세워 숙종(肅宗)이라 했다. 숙종은 이듬해 반격을 개시하며, 위구르와 압바스조의 칼리파 아부 자파르 알만수르 등에게 원군을 요청했다. 이에 따라서 4천~2만 정도의 무슬림 군사가 당에 파견돼 당군과 함께 757년 장안과 낙양을 탈환하는 데 큰 역할을 한다. 전쟁이 끝난 후에 무슬림군은 티베트의 흥기로 귀환로가 막히자 당 제국 정부의 도움 아래 중국에 정착했으며, 이후 중국에 이슬람을 소개하고 이슬람이 정착하는 데 일조한다.

경제적 접촉

사료에는 중국과 아랍의 정치적 접촉이 더 자세하고 빈번하게 기록되어 있으나, 실제로는 무슬림 상인이 주도한 경제적 접촉이 훨씬 빈번했으며, 중국 이슬람은 동남아시아 국가들과 마찬가지로 결국 무슬림 상인이 주도한 상거래를 통해 주로 정착, 확산됐다고 보아야 할 것이다. 해로로 들어온 무슬림 상인들은 주로 광주, 천주, 양주, 항주 등 중국 동남부 해안 항구에 정착했다. 당 승려 감진(鑑眞)에 따르면, 천보 시대(742~756) 광주 항에는 걸프해에서 당도한 많은 선박이 향료 및 희귀 물자를 산더미처럼 적재한 채 6~7장(丈) 거리의 앞바다에 정박하고 있었다고 한다. 한편 당 수도 장안의 동시(東市)와 서시(西市)에서는 아랍 페르사아계 상인을 지칭하는 호인(胡人)들이 시장 바닥을 채웠다고 한다. 장안에는 또한 호점(胡店), 호저(胡邸)라 불리는 특별 상점이 있어 금은보석, 상아, 우각, 향료, 유리 제품, 진주 등 아랍 페르시아 상인의 교역품이 판매됐다. 그들은 숙련된 상인으로서 보석, 귀금속 감정에 뛰어나고 이식을 늘리는 솜씨가 좋아서 중국에서 그 장점을 이용해 동산 자본가가 됐다. 중국에서 동산 자본의 발흥은 아랍 페르시아 상인에 힘입었다. 그들이 중국 경제 발전에 크게 기여했던 것이다. 먼저 당 정부의 허락하에 자치 공동체를 세우기 시작했는데, 이를 번방(蕃坊)이라고 했다. 이슬람은 번방을 중심으로 중국에 확고하게 정착하기 시작했다. 이런 환경에서 당의 주요 교통로는 국제 무역의 주요 교통로에 편입돼 지중해를 기점으로 시리아-페르시아-중앙아시아-신강성-돈황-장안-낙양-개봉-대운하-양주-동중국해-천주-광동-참파(占城)-말레이-스리랑카-아라비아해-홍해-시리아로 순환됐다.

이렇게 번영하던 무슬림 상인의 상행위는 당의 정치적 붕괴와 함께 일어난 민란과 반란으로 심각하게 흔들렸다. 그중 '황소(黃巢)의 난'과 '전신공(田神功)의 난'이 가장 대표적이며, 이때 적어도 수만 명의 무슬림이 살해됐을 것으로 추측된다.

송이 중국 전토를 장악하면서 정치적 안정이 이루어지자 무슬림 상인의 활약은 당 대보다 더 활발해졌다. 이는 송 정부의 호의적 대외 무역 정책과 외국인 상인 보호법에 힘입은 바가 크다. 그들의 상행위는 광주, 항주, 천주, 명주 등지에서 활발했으며, 특히 광주와 함께 천주가 송 대에 들어와서 새롭게 국제 무역항으로 주목받았다. 활발한 상행위를 통해 많은 무슬림 부호가 출현했으며, 포(浦)씨와 같은 무슬림 거상 출신 호족 가문도 등장했다. 무슬림 상인들은 그들의 자치 공동 구역인 번방에서 그들의 재판관인 카디와 종교 지도자인 셰이크를 스스로 선출했고, 내부의 사법, 종교 문제는 스스로 처리했다. 또한 일반 행정, 조세 징수, 무역 사무 등도 외부와 연관되지 않는 한 정해진 규칙에 따라서 스스로 처리했다.

이슬람의 정착

활발한 교류는 많은 무슬림이 중국에 정착하고 이슬람이 중국에 정착하는 계기가 됐다. 무슬림이 거주하는 곳에는 모스크가 건립됐는데 대표적인 것으로 광주 회성사, 천주 기린사, 항주 봉황사 등이 있다. 초기의 이슬람 전도는 무슬림 상인이 이슬람 이전부터 중국에 거주하던 비무슬림 동족에게 이슬람을 전하면서 시작됐다. 이렇게 정착하거나 개종한 아랍 페르시아계 무슬림들은 현지 여인과 결혼해 이슬람적 가르침과 의식을 보존, 유지할 수 있었다. 이슬람 정착기에 이슬람은 중국 사회의 관습이나 문화와 큰 충돌을 일으키지 않아서 쉽게 정착이 가능했다. 그러나 당, 송 대까지는 무슬림이 이슬람 세계에서 오거나 그 후손을 중심으로 퍼졌지, 이슬람이 한(漢)인에게까지 파고들지는 못했다. 또한 중국 본토에서는 국제 무역 거래지를 중심으로 그 부근에만 퍼져 있었고, 그 외 지역에서는 완전히 낯선 종교였다.

원 대의 이슬람 확산

문명 세계의 반 이상을 정복한 몽골은 단순한 유목민 국가 체제로는 광대한 영토를 지배, 관리할 수 없음을 알고 있었다. 특히 중국에서는 질과

양적인 면에서 그들을 압도하는 한족(漢族)을 지배하기에 벅찼다. 결국 제3자의 도움이 필요했는데, 이 제3자가 바로 색목인(色目人)으로, 중앙아시아 튀르크계 및 페르시아계 무슬림들이다. 색목인은 국제 교역 경험과 그들의 선진 문화적 배경을 바탕으로 몽골이 중국을 지배하는 데 적합한 조언자 및 협력자가 됐다.

쿠빌라이로 시작되는 원(元, 1206~1368)의 몽골 통치자들은 무슬림을 중용해 자신들의 지배 체제를 효과적으로 유지하려고 했다. 무슬림은 율법, 재정, 조세 분야에서 탁월한 능력을 발휘해 화폐 정책, 조세 징수, 경기 활성화 업무 등을 담당했다. 특히 몽골인이 독점하던 원 대 지방 통치관인 다루가치직(職)에 예외적으로 무슬림이 임명되기도 했다. 이들은 원 조정 보호 아래 정치적, 경제적 특권을 누렸다. 이들은 피지배 다수 민족에 비해 몽골의 우대 정책으로 크게 번영할 수 있었다.

무슬림에 대한 이런 분위기는 중국 원주민에게까지 이슬람의 확산이 가능하게 만들었으며, 중국 본토 전 지역에서 진행되게 했다. 이슬람 세계와 떨어져 있으며 중국 본토 내부에 있는 운남성(雲南省) 같은 지방에서도 무슬림이 우위를 보이는 현상이 나타났다. 이런 환경에서 적지 않은 한족이 이슬람에 귀의했고, 이슬람 세계에서 온 무슬림과 혼합되어 회족(回族)으로 취급되는 시점이 됐다. 오늘날 중국 본토의 무슬림 대부분은 회족이라 불리며 하나의 소수 민족으로 취급받는다. 그러나 사실상 이들은 혈연적으로 형성된 하나의 민족이 아니라, 이슬람 세계에서 온 무슬림과 이슬람화된 중국 원주민, 그중에서도 주로 한족이 혼합되어 이슬람 문화를 바탕으로 중국 내 타민족과 대비하여 생겨난 민족이다. 그러나 원 대에는 중국 원주민의 이슬람화가 중국의 이슬람 확산에 큰 의미를 부여할 정도는 아니었으며, 주로 중국의 외부 세계에서 온 무슬림의 정착과 그 자손의 번성이 이슬람 확산과 무슬림 증가의 주된 원인으로 작용했다.

한편 많은 무슬림이 원조하에 각종 특혜를 누렸고, 원조 지시에 따라 중국인을 상대로 징세와 같은 업무를 가혹하게 실시하면서 횡포를 부린 경우가 많았다. 결국 이것은 중국인이 무슬림을 몽골인만큼 증오하게 된 원인이 되었다. 이런 사정은 후일에 원이 멸망한 후 무슬림에 대한 중국인의 박해를 유발했다.

명, 청 대의 이슬람

명 대의 이슬람

몽골족이 지배하는 원이 멸망하고 한족이 지배하는 명(明, 1368~1644)이 등장하자 관료층을 형성하던 색목인은 한족 유학자로 대체됐다. 결국 색목인 대다수를 점하던 무슬림은 원 대와 같은 특권을 누릴 수가 없었다. 한편 한족의 명은 중국 문화의 복고를 추구했다. 이에 따라서 전통과 정통을 강조했고, 사회적 경향이 보수적이 됐다. 또한 대외 관계는 소극적, 폐쇄적으로 변했다. 원 대의 이민족 중용은 한족의 반감이 쌓이게 했으며, 명조는 한족에게 이민족의 성을 사용하거나 이민족이 한족의 성을 사용하는 것을 금했다. 이민족의 서적을 탐독하는 것을 금했고, 그들이 국가 기관에 종사하는 것을 허락하지 않았다.

이러한 명조의 이민족에 대한 억압 정책과 분위기는 친원적이던 무슬림에게 어려움을 안겼고, 그들이 중국을 떠나게 했다. 또한 무슬림의 집단 거류지 중 하나였던 천주에서 반란이 일어나게 했다. 그러나 이런 사태는 명조가 무슬림을 집중적으로 탄압해 생겼다기보다는 복고주의적 사회 분위기와 친원 세력 제거 움직임에서 기인했다. 명조가 세워질 때 많은 반원적인 무슬림이 명조 건국에 적극 협력했으며, 명 조종에 충성했다. 그들은 중국 문화의 테두리를 크게 이탈하지 않았으며, 가능하면 중국 문화를 수용하려고 노력했다. 한편 폐쇄적인 사회 분위기는 중국 내부의 무슬림이 외부 무슬림과 접촉하기 어렵게 했다.

위와 같은 중국 무슬림의 태도와 그들이 처한 환경은 비록 어렵기는 하나 커다란 위기 없이 중국 사회에 적응하며 살게 만들었으나, 한편으로 그들이 상당히 한화(漢化)될 수밖에 없게 했다. 많은 이들이 원래 종사하던 관리직이나 무역을 포기하고 군인이나 농부를 직업으로 삼아야 했다. 무슬림끼리만 살던 생활방식에서 탈피해 비무슬림 속에서 살기 시작했고, 의식주가 이슬람 원칙에 크게 어긋나지 않은 범위에서 중국화하기 시작했으며, 그들의 성(姓)도 중국식으로 대거 바뀌었다.

그럼에도 명 황제는 유능한 무슬림을 예외적으로 문무 관리로 등용했으며, 일부는 고위직 관리로서 능력을 발휘했다. 무슬림이 중국 원주민과 접촉 및 동화한 것은 원조하에서 누리던 사회적 지위를 잃었음에도 중국 무슬림 수가 증가하는 원인이 됐다. 이때부터 중국 원주민의 이슬람화가 무슬림 수 증가에 큰 요인이 되었다.

청 대의 이슬람

1644년 명이 멸망하고 만주를 지배하던 청(淸, 1616~1912)이 중국을 지배하게 됐다. 청은 만주족이 지배하는 이민족 왕조였으나 무슬림의 정치적 상황은 명조 때보다 나아진 것이 아니라 더욱 악화됐다. 그것은 청조 관리들이 무슬림에 대해 몰이해하고 적대적인 것에 반발한 무슬림의 자치 요구와 독립 시도로 말미암은 것이다. 무슬림에 대한 청의 강력한 박해와 억

압은 무슬림 공동체 존립 자체를 위협했고, 이에 무슬림은 완강한 반청 운동으로 맞섰다. 당시 탄압으로 많은 무슬림이 희생됐고, 무슬림 인구는 급격히 줄어들었다. 무슬림은 여러 군데로 흩어져 소수 공동체로 유지되면서, 비무슬림의 박해를 피하고자 더욱 중국화되었다. 신앙생활도 은밀히 수행할 수밖에 없었다.

현대의 중국 이슬람

중화민국 시대의 이슬람

1911년 중화민국(1911~1949) 정부가 들어서자 무슬림은 헌법을 통해 중국 5대 민족 중 하나로 간주됐다. 그러나 군벌의 발호로 중국이 내란 상태에 빠지자, 무슬림은 군벌의 횡포에 과감히 저항했다. 특히 동투르키스탄에서는 1933년 카슈가르를 수도로 하는 이슬람 공화국이 선포됐다. 그러나 이런 저항은 그 지역을 지배하는 지배자나 외세에 의해 무참히 진압됐다. 장제스가 군벌들을 제압하고 국민당 정부군이 중국 대부분을 지배하는 가운데 공산당이 점차 강해졌다. 이로써 국민당 정부군과 공산군 사이에 투쟁이 점차 심해졌다. 무슬림은 그들의 신앙에 따라 종교를 부정하는 공산군보다는 국민당군을 지지했으며, 일본군이 중국을 침입했을 때에는 대일 항쟁에 참여했다.

중국 무슬림은 대체로 하나피 법학파를 따른다. 그러나 다른 법학파의 의견도 별 저항 없이 받아들였으며, 심지어는 쉬아파적인 요소도 예배 의식이나 생활에서 발견되는 경우가 많다. 이것은 중국 무슬림이 다수의 비(非)무슬림에게 둘러싸여 있고, 이슬람의 핵심 지역인 중동과 가장 먼 곳에 위치함으로써 이슬람의 세부적인 문제를 일일이 따질 환경이나 분위기가 아니었기 때문이다.

그런데 중화민국 시대가 되면서 중국 무슬림에는 크게 두 개의 파가 조성됐다. 이슬람 원칙을 환경에 맞게 해석하려는 신(新)파와 현실적이며 경우에 따라서 자의적이기도 한 이슬람 원칙의 해석에 대해 반대하는 구(舊)파가 그것이다. 이들은 서로를 비난하며 가끔 싸우기도 했고, 서로 간에 방문을 끊고 결혼도 하지 않았다.

공산주의 정권하의 이슬람

공산 정권(1949~현재)이 수립되자 공산당을 싫어하던 일부 무슬림이 국민당군과 함께 타이완으로 탈출했으며, 다른 일부는 인도, 파키스탄, 카이로, 사우디아라비아 등으로 도피했다. 그러나 무슬림 대부분은 중국 땅에 그대로 남아 있었으니, 이들에게 중국은 어떤 형태이던 간에 조국이었기 때문이다.

종교를 멀리하는 공산주의 속성 때문에 공산 치하에서 무슬림의 활동은 완전히 자유롭지는 못했다. 그러나 소련에 있던 무슬림보다는 훨씬 상태가 나았다. 중국 공산 정부는 공산당에 협조적이거나 온건한 노선을 걷는 무슬림 지도자를 모아 중국 이슬람 연맹을 결성하게 했다. 1950년대에 공산 정부는 이들에게 여러 가지 권한을 주어 중국 무슬림을 관리하게 하고, 대이슬람권 외교에 이용했다. 이들은 제한적이기는 하나 간헐적으로 이슬람 책자를 발간하고, 이슬람 교육 시설을 만들어 무슬림에게 이슬람 교육을 실시했다.

1960년대 중국에서 문화 혁명이 일어나자 많은 무슬림이 종교 활동을 억압받았고, 모스크는 폐쇄되거나 용도가 변경됐다. 마오쩌둥 사망 후에 중국 정부는 그들의 종교 정책을 바꾸기 시작했다. 1979년 7월 모든 무슬림이 종교 의식을 자유로이 수행할 수 있게 하는 지시를 내렸으며, 예배를 위해 모스크를 열 수 있게 했다. 이것은 현 중국 공산 정부가 문화 혁명의 과오를 인정하는 과정에서 일어났다. 이제 중국 무슬림에게 성지 순례를 행하거나, 이슬람 국가에 가서 이슬람을 공부하는 것은 특이한 일이 아니게 됐다.

chapter 2

이슬람 문화

이슬람 세계와의 관계

문화적 교류

오랜 세월 동안 중국과 이슬람 세계 간에 교류가 계속되면서 서로 영향을 주고받았는데, 특히 문화와 기술 분야에서 그러했다.

중국에서 이슬람 세계로 유입된 것 중 가장 눈에 띄는 것으로는 종이 산업을 들 수 있다. 751년 당과 압바스 제국 사이에 일어난 탈라스 전투에서 많은 중국군 병사가 압바스 제국군에게 포로로 잡혔는데, 이들 중에 종이 생산 기술자가 포함되어 있었다. 그들은 사마르칸트에 종이 공장을 세웠고, 이 공장에서 나온 종이는 곧 압바스 제국 영토 내에서 유명해져 이집트 파피루스를 누르고 그 자리를 차지하기 시작했다. 793년 칼리파 하룬 알라시드의 명으로 사마르칸트에서 온 중국 종이 기술자들이 제국 수도 바그다드에 종이 공장을 세웠다. 그러고 나서 이슬람 세계 곳곳에 종이 공장이 세워졌으며, 12세기 이후에는 유럽인도 무슬림으로부터 종이 제조법을 배우게 됐다. 또한 견사, 자기 제작, 속기술, 컴퍼스나 천체의 움직임을 이용한 항해술에 관련된 지식 등도 중국에서 이슬람 세계로 전해졌다. 이것들은 후일에 전부 유럽으로 전달됐다.

중국이 이슬람 세계로부터 들여온 지식과 물품은 헤아릴 수가 없다. 특히 많은 무슬림 서적이 번역되어 중국인의 지식이 됐으며, 수학, 천체, 지리, 의학에 관련된 지식과 물품이 두드려졌다. 한 예로 몽골은 중국을 정복할 때 3만 명의 무슬림 공성기 제작 기술자를 중국에 데려왔는데, 이들은 공성기 제작 기술뿐만 아니라 이와 연관된 많은 기술을 중국 땅에 심어 놓았다. 원 대의 수많은 무슬림 관리가 천문 관측소, 병원, 무기 제작소에 근무하면서 그와 관련된 이슬람 세계 지식을 중국에 전달했다.

중국인과 이슬람과의 관계

이슬람 세계의 많은 무슬림이 상인, 군인, 기술자로 중국에 들어가서 거주했으며, 그중 많은 이가 중국 여인과 결혼해 이슬람 가정을 만들었다. 이렇게 이주와 결혼 등을 통해 중국에 이슬람 공동체가 형성되기 시작했으며, 무슬림은 공동체 안에 모스크와 학교, 각종 기관을 만들었다. 또한 중국이 이슬람화된 동투르키스탄을 자기 영토로 만든 덕에 중국의 무슬림은 그 세력이 대폭 커졌다.

그러나 우리가 알아야 할 것은 중국에서 이슬람은 오랜 세월에 걸쳐 성장했으나 주류는 될 수 없었다는 점이다. 중국 종교나 문화의 흐름은 유교가 바탕이 됐다. 유교는 내세에 대한 언급을 회피해 종교로 볼 수 없다는 이론이 있으나, 중국인뿐만 아니라 중국 문화권에 속한 모든 나라의 가치 체계와 생활 방식에 기본이 되었다. 또한 중국에서 유교적 관념으로 본 이슬람은 낯선 이방 종교라는 관념에서 벗어나기가 쉽지 않았다. 황제의 상(像)에 절을 하지 않고, 돼지고기를 먹지 않는 것, 술을 마시지 않으며, 모스크에 섬기는 대상물이 없는 것 등 무슬림의 기본적 신앙생활을 대다수 중국인은 이해하지 못하고 조소 거리나 비판 대상으로 삼았다. 무슬림도 이런 주위 환경을 의식해 원 대를 제외하고는 이슬람의 기본 원칙에 크게 벗어나지 않는 한 주변 환경을 맞추어서 행동했고, 집단 공동체를 벗어날 때는 주변에서 그들을 의식하지 못하도록 조심했다. 그래서 중국 무슬림은 모스크 외에는 무슬림 특유의 모자를 쓰지 않았고, 모스크 첨탑을 너무 높이지 않았으며, 모스크 모양도 다른 종교 사원과 같이 만들었다. 그들은 주변 대다수 중국인과 다른 관습이 조상의 가르침 때문에 그렇다는 식으로 주장했다.

원 대에 무슬림은 비교적 높은 사회적 지위를 누렸고, 그들의 신앙생활이나 관습을 숨길 필요가 없었다. 따라서 이슬람 전도 활동도 공개적이었으며, 그들의 우월한 지위를 이용해 중국인이 이슬람에 귀의하도록 유도했다. 많은 무슬림 고위 관리와 군 장교들이 직위를 이용해 휘하 부하들에게 이슬람을 강권했다. 그러나 원 대 이외에는 이런 식으로 이슬람을 전파할 수가 없었다. 특히 이민족에 대해 배타적 분위기가 강했던 명 대부터는 특히 그러했다. 그럼에도 무슬림은 일이나 이웃한 관계로 접촉하는 중국인을 이슬람에 귀의하게 했다. 무슬림이 생존을 위해 채택한 중국적 관습이나 행동, 이슬람적 원칙에서 벗어나지 않는 가운데 그들이 채택한 의식주, 성명 등은 중국인에게 이슬람에 대한 거리감을 좁혀 주어 중국인이 초기보다 더 쉽게 이슬람에 들어가도록 유도했다.

또한 중국 무슬림이 가장 많이 취한 방법은 기근이 들었을 때 먹고살고자 자식을 파는 중국인에게서 아이들을 사들여 무슬림으로 키운 것이었다. 이렇게 해서 많은 한인 출신 아이들이 무슬림이 되었다고 한다.

청 대에 이르러 많은 무슬림 가정이 청조의 탄압으로 파괴됐는데, 이런 이유로 생겨난 무슬림 고아들은 경제적으로 여유가 있는 무슬림 가정에서 키움으로써 무슬림으로 클 수 있도록 배려하기도 했다.

현대 중국 무슬림의 문화와 생활

중국에서 이슬람을 믿는 사람들은 대부분 소수 민족에 속하는 집단이다. 그들은 오랜 세월을 다수 한족에 둘러싸여 살면서 중국 문화를 어쩔 수 없이 받아들였다. 민족과 거주 구역에 따라 여러 모습을 보이지만, 중국의 유교, 불교, 도교, 토속 신앙적 관습과 사고가 어느 정도 그들의 생활 관습에 파고들어 갔으며, 이 때문에 정도의 차이가 있으나 대체로 중국 무슬림은 중동 지역 무슬림과 다소 차이가 있는 생활 관습과 사고를 보인다.

무슬림이 다수인 이슬람 세계에 속하는 신강성 지역 무슬림들은 정통 무슬림의 생활 관습과 사고를 따르며, 이슬람적 율법을 지킨다. 그러나 중국 본토로 들어갈수록 이슬람적 생활 관습과 사고를 지니고 있기는 하나 한족의 생활 관습과 사고를 더욱 많이 지닌 것으로 나타난다. 중국 무슬림은 대체로 이슬람의 기본인 육신오행을 지키려고 하지만, 민족에 따라 변형되거나 생략된 채로 지켜지는 경우가 많다. 무슬림 3대 명절인 단식 종료절, 희생제, 예언자 무함마드의 탄일 등은 무슬림 대부분이 휴일로 간주하고, 의미가 있는 명절로 보낸다. 그럼에도 일부 무슬림 소수 민족은 예언자 무함마드 탄일을 명절로 쇠지 않고, 아주 극소수 무슬림 민족들은 단식 종료절을 명절로 쇠지 않기도 한다.

중국에서 이슬람을 믿는 소수 민족은 이슬람을 믿기 전에는 특별히 먹지 않는 음식이 없었으나, 이슬람을 받아들이면서 이슬람적 금기 사항에 따라 이슬람이 금하는 음식을 먹지 않는다. 대체로 돼지고기나 피, 이슬람 도축법에 의해 살해되지 않은 가축, 이미 죽은 동물 등이 그것이다. 술도 역시 금기이나 때와 장소를 가려서 마시기도 한다. 개고기도 먹지 않지만, 이것은 개가 인간과 친근한 동물이라 먹지 않는 것이 아니라 돼지와 같은 불결한 동물로 간주해 먹지 않는 것이다. 이슬람교도가 다수인 이슬람 세계의 무슬림처럼, 소수 민족 무슬림도 밥을 먹을 때 수저나 포크를 사용하지 않고 오른손으로 집어 먹으며, 왼손은 화장실에서만 사용한다.

중국 무슬림도 이슬람적 사후관에 맞추어, 출생과 장례의 관습을 이슬람적 관습과 사고 내에서 지키고 생활한다. 세부 관습은 다소 차이가 있으나 이슬람적 관습이나 사고를 벗어나지 않는다.

10
타지키스탄

김상철 한국외국어대학교 중앙아시아연구소

■ 국가 개황

· 국명: 타지키스탄 공화국(Republic of Tajikistan)

· 국가 체제: 공화정

· 언어: 타지크어

· 인구: 9,107,211명(유엔, 2018)

· 종교 분포: 이슬람교 96.7%(순니94%, 쉬아2.7%), 개신교 1.6%, 기타 종교 0.2%, 무신론 1.5%

■

중앙아시아 정착 문명 지대 산악 지대에 위치한 타지키스탄 공화국은 9~10세기에 민족이 형성됐으나 13세기 몽골 제국, 16세기 우즈베크인의 지배를 받았다. 1880년 러시아 제국에 정복됐으며, 1929년 10월 소련의 연방 공화국으로 격상됐고, 1992년 소련 붕괴 이후에 독립국가연합(CIS)에 가입했다. 전세계에는 대략 1,600~2,200만 명의 타지크인이 살고 있으며, 이 가운데 아프가니스탄에 945~1,155만 명, 타지키스탄에 641만 명이 살고 있다. 타지키스탄 인구는 2015년 기준 650만 명으로, 이 가운데 70만 명이 수도 두샨베에 살고 있다. 주요 민족 구성은 타지크인 65%, 우즈베크인 25%, 러시아인 4%이다.

중앙아시아의 가장 작은 내륙 국가이자 북위 36도~41도, 동경 67도~75도에 위치한 평균 해발 고도 3천 미터의 산악 국가이다. 산악의 빙하 지대는 아랄해로 유입되는 중앙아시아 주요 강들의 발원지이다. 북부와 남서부는 낮고, 사막 기후이며, 높은 산에 둘러싸인 남서부는 중앙아시아 혹서 지대에 해당한다. 국토 면적은 143,100km^2이다.

타지크어가 국가 공식어인데, 페르시아어에 가까워서 민족적으로는 이란에 가깝다. 러시아어는 소련 지배의 영향으로 관공서 및 비즈니스 영역에서 많이 쓰이며, 헌법에서도 민족 간 공용어로 지정되어 있다.

chapter 1

이슬람 역사

타지키스탄 이슬람 공동체의 역사

타지키스탄은 대대수 국가 구성원이 중앙아시아 정착 지대 전통문화라 할 수 있는 페르시아 문화 기반의 순니 이슬람에 속한다. 이러한 배경에서 문화적으로 상당 부분 이웃 국가인 우즈베키스탄과 동일한 문화 요소를 공유하고 있다. 소련 때 타지키스탄으로 포함된 파미르 산악 지대 이스마일파 무슬림 집단 역시 해당 지역 문화의 중심을 차지하고 있다.

타지키스탄은 청동기 시대 중앙아시아 정착 문명 국가였던 박트리아, 마르기아나의 유산을 이어받고 있으며, 초기 인도-이란 문화권 또는 이란계 문화 전통을 가지고 있는 국가이다. 소그디아나, 박트리아, 메르브, 호라즘은 고대 중앙아시아에서 오늘날 타지키스탄 타지크인의 조상이 거주했던 주요 4개 지역이다. 이 가운데 현재 우즈베키스탄과 타지키스탄으로 나누어진 소그디아나는 제라프샨강 및 카슈카다리야 계곡 지대들이 해당되며, 소그드 방언을 구사하고 있는 집단은 야그노비인 및 슈그난인으로 불린다. 박트리아는 아프가니스탄 북부(튀르크계 집단들이 살고 있는)의 힌두쿠시산맥과 아무다리야강 사이 지역 그리고 오늘날 타지키스탄 남부에 해당되는 지역에 입지하고 있었다. 박트리아는 특히 역사적으로 상이한 시기에 당대 제국이나 왕국의 중심 역할을 했고, 조로아스터교가 기원한 곳으로 추정된다.

기원전 550년부터 기원전 329년까지 아케메네스 왕조 통치기에 소그디아나와 박트리아는 페르시아 제국의 일부였다. 페르시아 제국이 알렉산드로스 대왕에 굴복하자 페르시아 제국에 속했던 박트리아, 소그디아나, 메르브는 외부 침입자인 알렉산드로스 대왕의 마케도니아 군대에 저항했다. 이후 200여 년간 알렉산드로스 원정에 참여했다가 귀환하지 않은 그리스인 및 후손이 통치했으며, 그리스인 왕조는 30년경 붕괴되고, 쿠샨 왕조의 설립으로 이어졌다. 이후 400여 년간 쿠샨 왕조 통치가 이어졌고, 쿠샨 왕조 말기 카니슈카 왕 통치기에 불교가 중앙아시아에서 중국으로 유입됐다. 쿠샨 왕조는 사산 왕조와 파르티아 왕조의 출현으로 세력이 축소됐다. 사산 왕조는 오늘날 타지키스탄 지역 대부분을 통치했는데, 페로즈 1세 시기에 또 다른 이란계 후손인 에프탈리테 왕조에 영토를 잃었지만, 565년 괴크튀르크 왕조와 연합으로 에프탈리테를 재굴복시켰다. 이후 오늘날 타지키스탄 영토 대부분은 괴크튀르크와 사산 왕조가 지배했는데, 당나라의 중앙아시아 진출 과정에서 당나라 영향 아래 놓이기도 했지만 710년 아랍 군대에 의해 정복됐다.

중세 타지키스탄 역사는 710년 아랍 세력의 지배로부터 시작된다. 중앙아시아 정착 문명 지대에는 구성 세력 간에 강한 결속력을 가진 동맹체가 형성된 적이 없었다. 아랍 세력은 중앙아시아 정착 문명 지대에 대한 정복을 계획했고, 705년 호라산 총독 이븐 쿠타이바가 정복을 시작했다. 715년, 이 지역은 칼리파의 지배를 받으면서 이슬람에 의한 지배 체제가 만들어졌는데, 지방 소그드 왕조와 영주에게 통치권을 위임하는 간접 통치가 이루어졌다. 우마이야 왕조와 압바스 왕조의 지배를 거쳐 819년에는 무슬림 아랍 정복 이후 페르시아에 최초로 나타난 순수 토착민 왕조인 사만 왕조가 세워졌다. 사만 왕조는 이슬람 건축을 지원했고, 페르시아 이슬람 문화를 중앙아시아 정착 지대 전체로 확산시켰다.

950년 이후 사만 왕조는 쇠퇴기에 접어들었다. 아무다리야 남부 지역을 무슬림 튀르크 카라한 왕조의 침공으로 상실하고, 999년에는 수도 부하라도 함락됐다. 이를 계기로 중앙아시아 정착 지대에는 최초로 튀르크 유목민 계통 지배 왕조가 확립됐다. 사만 왕조 몰락 이후 중앙아시아는 북동쪽에서 이동한 다양한 세력의 격전장이 되었지만, 이러한 양상은 이후 몽골 제국의 통치기 및 후예 제국인 티무르 제국 시기에 사라졌다. 티무르 제국은 이 지역에서 계승되고 있었던 페르시아-튀르크 기반 이슬람 문화를 발전시켰다. 티무르 사망 이후 쇠퇴가 시작됐고, 킵차크한국 가운데 지금의 러시아 남부 및 카자흐스탄 북서부 지역을 기반으로 하는 유목 우즈베크가 남하해 중앙아시아 정착 문명 지대로 팽창했다. 이에 따라 티무르 제국은 중앙아시아에서 사라졌다.

티무르 제국을 밀어내고 중앙아시아 정착 지대 핵심 지역을 차지한 유목 우즈베크 출신 지배층의 샤이반 왕조는 왕자들이 지역을 나누어서 통치했는데, 왕자 가운데 최고 연장자가 지도자인 칸이 됐다. 타지크인 공동체가 중심이었던 부하라에도 1533~1539년에 칸의 지위가 주어져서 우바이드 알라 칸이 배출됐다. 1709년에는 오늘날 타지키스탄 동부 지역이 코칸트한국 일부가 되었고, 서부는 부하라한국에 속하게 됐다. 1740년 당시 통치 왕조였던 잔 왕조는 18세기 페르시아 지배 왕조인 아프샤르 왕조에 정복돼 페르시아의 속국이 됐다. 아프샤르 왕조가 1747년 망기트 부족 무함마드 라힘에게 정복되자 부하라한국도 망기트조의 지배에 들어가서 1785년 부하라는 한국에서 아미르국으로 바뀌었다.

제정 러시아의 중앙아시아 정착 지대 정복은 19세기 중반 이후 시작됐다. 1885년 당시 오늘날 타지키스탄 영토는 제정 러시아 또는 속국인 부하라 에미리트국의 지배하에 있었지만, 타지크인 공동체에 대한 러시아의 직접 영향은 미미했다. 19세기 말 중앙아시아 정착 지대에서는 젊은 이슬람 지식인을 중심으로 이슬람 사회 개혁 운동이 일어났는데, 이들이 반러주의는 아니지만 사회 개혁을 주장함에 따라 제정 러시아 당국은 이들을 위협 세력으로 간주했다.

소련 시기 타지키스탄의 이슬람

1917년 10월 혁명 이후 볼셰비키가 제정 러시아 대부분에서 권력을 잡으면서 내전이 시작됐다. 이 시기에 투르키스탄 무슬림 정치 운동 세력들은 페르가나에 코칸트 자치 정부 수립을 시도했다. 이것이 1918년 2월 볼셰비키에 의해 진압되면서 무슬림 세력에 상당한 희생이 발생했다. 이는 바스마치 운동을 촉발시키는 계기가 되었지만, 바스마치 운동도 1923년 이후 소비에트의 탄압으로 쇠퇴했다.

1924년 타지크 자치 소비에트 사회주의 공화국은 우즈베크 공화국의 일부분으로 형성되었고, 국경선은 1928년에 설정되었다. 이 과정에서 고대 타지크인의 도시인 부하라, 사마르칸트는 타지크 소비에트 사회주의 공화국 외부에 위치하게 됐다. 새로 설립된 우즈베크 소비에트 사회주의 공화국에 속하게 된 다수 타지크인은 새로운 '우즈베크'인이 되어야 했다.

소비에트의 반이슬람 정책은 타지키스탄의 이슬람 전통들을 제거하지 못했다. 이러한 과정에서 소련 초기인 1920년대 초부터 1930년대 말까지 소련 전역에서 무신론에 입각한 종교 탄압이 일어나 타지키스탄에서 많은 무슬림 인물들이 희생됐다. 종교 기구 축소와 종교 관습의 공식적인 감소는 불가피했다. 1941년 독일의 소련 침공 이후 이슬람에 대한 공식 정책들도 완화되었고, 1943년에는 소련 전역에서 이슬람을 관할하는 공식 기구들이 설립됨에 따라 이의 일환으로 중앙아시아를 관할하는 무슬림위원회(SADUM)도 설치됐다. 국가 공식 행정 제도 차원에서 이슬람이 일부분 허용됐고, 이슬람 교육 기관이 설립되었다는 점에서 이전과 비교해 상당한 개선이 이루어졌음을 의미했다.

1960년대에는 반이슬람 선전 선동이 늘어났으며, 1970~1980년대 들어 소련 지도부는 종교에 대한 규제를 제도적으로 유지했다. 대표적으로는 모스크를 세속적인 용도의 건물로 사용하게 하는 조치, 이슬람과 연계된 전통들을 민족주의적인 요소와 연계해 재정의하는 활동, 이슬람을 후진성, 미신 및 편협성 등과 연계시키는 선전 선동 등을 들 수 있다. 이슬람에 대한 공식적인 적대감은 1979년 소련의 아프간 침공 및 일부 국가에서 이슬람 부흥주의 세력 증가 등과 연관되어 확대됐다. 이때부터 탈소비에트 초기까지 모스크바와 타지키스탄의 상당수 관리들은 급진 이슬람의 위협을 경고했다. 이러한 여러 시도가 있었음에도 이슬람은 타지크인 및 타지키스탄의 다른 무슬림 민족의 정체성에 있어 여전히 중요한 요소로 남아 있다.

중앙아시아 이슬람의 원리주의를 의미하는 와하비파 사상은 19세기에 사우디아라비아에서 이 지역으로 유입됐는데, 소비에트 중앙아시아 체제 하에서 이슬람 원리주의는 중앙아시아 공동체 내부에 안정적으로 뿌리내리지 못했다. 원리주의 경향은 1970년대에 우즈베키스탄과 타지키스탄을 중심으로 형성되기 시작했다. 중동 아랍의 원리주의 이슬람에 대한 관심이 증대되는 상황에서 소련의 외교 정책에 따라 중앙아시아 5개 공화국에는 정치적 이슬람이 출현하는 토대가 구축될 수 있었다.

1970년대 소련과 중동 아랍 사이에 긴밀한 협력 관계가 형성되면서 페르가나 지역과 중동 아랍 국가 사이에 이슬람 관련 교류가 이루어지기 시작했다. 이러한 과정에서 소련 당국의 허가와 상관없는 이슬람 신학교들이 개설되기 시작했다. 와하비 같은 이슬람 원리주의는 소련 말기 및 소련 붕괴 직후의 이른바 사상적인 공백 상태에서 단순하고 이해하기 쉬운 구조를 지녔기 때문에 대중의 관습과 삶에 영향을 미치기 시작했다. 그리고 1990년대 초반 중앙아시아 지역에 정치, 경제 및 이념적인 진출의 기반을 만들고자 했던 아랍 국가들이 적극적으로 지원하면서 확산됐다. 특히 1990년대 초부터 사우디아라비아가 지속적으로 자금을 지원한 것은 와하비 원리에 입각한 집단의 출현에 긍정적인 요인으로 작용했다.

중앙아시아 이슬람 원리주의는 내부 환경 측면에서 당대 기득권에 대한 저항적인 요소로 발전한 특성을 가지고 있다. 원리주의의 정통 칼리파 시대 회귀 정신은 중앙아시아에서 대중 이슬람의 발전과 더불어 중요한 이슬람 요소이다. 국민은 독립 이후 탄생한 민족주의를 내세운 정권의 지도자들을 소련 체제의 연장선상에서 소련 정권을 그대로 이어받아 권위주의 체제를 형성하는 인물로 판단했다. 독립 직후 타지키스탄과 우즈베키스탄에서 이슬람 원리주의가 광범위하게 출현한 배경도 이러한 이유 때문이었다. 독립 이후 중앙아시아 이슬람에는 전통주의와 급진적 원리주의가 공존하게 되었고, 민족주의 역사 인식과 종교적인 역사 인식 형태로 국민에게 받아들여졌다.

타지키스탄 내전 및 이슬람 부흥당의 정권 참여

타지키스탄은 1980년대 소련 내에서 경제 발전이 가장 뒤처져 경제 지표 등에서 최하위를 기록했다. 실질적인 경제의 개선은 1990년대까지도 이루어지지 않았다. 소련 붕괴 후 타지키스탄은 이와 같은 경제 여건을 이어받은 채 1991년 9월 9일 독립을 선언했다.

급격한 체제 변동 및 국가 공식어로 타지크어 채용은 소련 시기 영향력을 유지하고 있었던 러시아인의 지위 하락과 전문 인력 공백으로 이어졌는데, 이는 타지크인으로 충원됐다. 이러한 과정에서 다양한 배경의 정치 세력 대두 및 이를 조율할 수 있는 조정 기제의 부재로 제 파벌들이 관여된 내전이 발발했다. 소련 시기 공식 무슬림 조직인 SADUM 타지키스탄 지부는 이러한 과정에서 중립을 유지했다. 1990년 당시 타지키스탄 SADUM의 선임 카디는 하지 아크바르 투라존조다였는데, 그는 여러 정치 세력에 대해 독립적인 입장을 취해 대중의 광범위한 지지를 받았다. 정치 파벌 간 분쟁에 대해 특히 공산당 강경 세력을 비판했고, 정치 개혁 및 타지키스탄 사회에서 이슬람의 중요성을 강조했다. 1992년 말 내전에서 공산당 강경 세력이 승리하자 투라존조다는 두샨베에서 떠났고 반역죄로 기소됐다. 그러나 1997년 이후 현재 정부와 과거 야당 세력들이 정권을 분할하는 상황이 발생하자 투라존조다는 타지키스탄 정부 부총리로 임명되어 에모말리 라흐몬 정권에 참여하게 됐다.

1990년대 초 중앙아시아 무슬림의 대중 정치 세력화가 이루어지면서 공산당을 포함한 제 정당은 타지키스탄 국민 대다수의 삶에 남아 있었던 무슬림 전통에 주목했다. 이로써 1990년대 초 정치 과정에서도 이슬람은 중요한 역할을 했다. 구 공산당 세력들은 무슬림 근본주의 세력들이 타지키스탄 정부를 위협할 것임을 구실로 내전에서 야당 세력에 대한 공산당 강경 세력의 입장을 정당화했다. 당시 집권 나비예프 정권은 자신들이 이란 이슬람 공화국의 동맹임을 강조했지만, 국내 야당 세력들을 신뢰가 불가능한 무슬림 집단으로 묘사했다. 타지키스탄 내전은 이러한 제 세력 간 다양한 갈등 상황에서 소련 시절 통치 엘리트였던 구 공산당 계열 통치에 반대하는 지식인, 야당, 이슬람주의자들이 연합해 반정부 전선이 형성되면서 발생했다. 이러한 과정에서 인접국의 급진 이슬람 성격 단체들이 타지키스탄의 이슬람 활동가들과 협력, 반정부 전선에 합류함으로써 내전의 성격은 더욱 복잡하게 변모했다.

1994년, 에모말리 라흐몬이 우위를 점하면서 내전은 조정 양상에 들어가 러시아의 중재로 내전에 관여된 제 세력들이 참여해 1997년 평화 협정을 체결하면서 내전이 종결됐다. 1997년 평화 협정 체결 이후 타지키스탄 정부는 이슬람을 기반으로 하는 단체를 정당으로 인정하여 제도권 정치로 이슬람 기반 정당의 진출이 이루어지게 됐다.

타지키스탄 내전을 지켜보았던 중앙아시아 다른 국가의 지도자들은 이를 계기로 이슬람 원리주의의 급진적인 성격을 우려해 이른바 이슬람 신정 국가 체제를 주장하는 원리주의를 탄압하기 시작했다. 타지크 내전을 통해 중앙아시아에서 원리주의 이슬람의 세력 확산 조짐이 보이자 각국 대통령들은 테러를 목표로 하는 이슬람 원리주의 세력의 강력한 저지에 합의했다. 2010년, 두샨베에서 열린 2010 이슬람평의회(Organisation of the Islamic Conference) 회의에서 라흐몬 대통령은 정치적인 목적에 의해 이슬람이 악용되는 것을 언급하기도 했다. 이러한 맥락에서 2016년 5월 개헌을 통해 1990년대 내전 이후 정권 참여가 공식적으로 보장되어 있었던 이슬람부흥당의 합법적인 제도권 정치 참여 및 활동은 헌법에 의해 금지됐다.

chapter 2

현대 타지키스탄의
종교, 문화, 정치적 상황

소비에트 시기에는 국가가 의도적인 세속화 정책을 펼쳤음에도 이슬람은 사회의 구성 요소로 여전히 역할을 했다. 탈소비에트 시기에는 종교적인 관행을 지키는 비율이 두드러지게 증가했는데, 라마단을 준수하는 비율은 농촌 99%, 도시 70% 수준이었다. 전체 무슬림 중 소수인 쉬아파 무슬림은 남부 칼톤 지역, 두샨베, 고르노바다흐샨 지역을 중심으로 거주한다.

타지크인은 거주지, 연령 및 교육 수준에 관계없이 이슬람을 개개인의 삶과 긴밀하게 연관되어 있는 것으로 받아들이고 있는데, 이들은 이슬람을 일반적인 의미의 종교보다는 전통적인 문화유산을 구성하는 내재적인 요소로 인식하고 있다. 소련 말기 및 독립 초기에는 이슬람에 대한 관심이 젊은 세대에서 두드러지게 증가했고, 타지크 지식인 사이에서도 민족주의와 관련된 논쟁에서 이슬람이 중요한 요소로 부각됐다. 타지키스탄에서 이슬람은 토착 민속 이슬람의 특성이 소비에트 시기 공식적인 이슬람 정책에 의해 큰 변화가 나타나지 않았기 때문에 지역에 따라 다양한 양상이 지속됐다. 민속 이슬람적인 특성은 특히 도시 공동체에서 이슬람이 보존되는 데 중요한 역할을 했다.

2005년 10월, 타지키스탄 교육부는 일반 학교에서 여성의 히잡 착용을 포함한 종교적인 표식의 노출 행위가 헌법 및 신교육법에 위배됨을 밝혔다. 또한 교육부 장관은 어린이가 이슬람 사원에서 너무 많은 시간을 보냄에 따라 학교 교육에 상당한 장애가 초래된다고 우려하기도 했다. 타지키스탄 정부는 2009년을 수피 무슬림 율법학자 아부 하니파를 기리는 해로 선포해 관련 분야 연구자 및 유력 인사들이 참가한 국제 심포지엄을 주관했고, 카타르의 재정 지원으로 중앙아시아에서 가장 큰 모스크를 건축하기도 했다.

여성의 모스크 출입은 허용되지 않고, 국가가 어린이에 대한 종교 교육을 통제하고 있으며, 모스크 금요 기도회에 18세 이하는 참석이 금지된다. 타지키스탄 정부는 모스크에 대한 폐쇄 조치와 함께 외국 종교 단체들에 의한 교육을 금지했다. 2011년 초부터 1,500여 개의 모스크가 폐쇄됐으며, 이와 아울러 어린이의 히잡 착용 금지, 기도 시 고성능 확성기의 사용 금지, 여성의 모스크 출입 금지, 이맘 및 해외에서 이슬람 교육을 받고 있는 학생에 대한 모니터링, 모스크에서의 설교 시간 15분 제한 및 설교 내용에 대한 정부의 승인 조치, 종교법에 의한 결혼식에서 이맘의 설교 제한 등의 조치들이 취해졌다.

중앙아시아에서 유일하게 이슬람 배경의 합법 정당으로 활동했던 이슬람부흥당도 이러한 분위기에서 테러 단체로 분류되어 활동이 금지됐다. 타지키스탄의 이슬람에 대한 규제는 반히잡법과 반수염법 입법으로 가시화되었으며, 살라피즘에 대해서도 엄격한 금지 조치를 취하고 있다.

작명법 논란

타지키스탄에서는 이름 사용과 관련해 두 번의 논란이 있었는데, 이는 2007년 대통령의 러시아식 이름에 대한 개명 권고와 자신의 이름 개명, 2015년 공식적으로 급진 이슬람 유입 차단 및 규제 차원에서 이루어진 아랍식 이름 사용 금지, 2016년 러시아식 이름 짓기 금지 등과 관련된 입법으로 이어졌다.

2007년 3월, 라흐몬 대통령은 자신의 러시아식 성명 표기를 타지크식으로 바꾸는 공식 개명을 했다. 이러한 개명은 타지크의 전통문화유산 보존 차원에서 이루어졌다. 대통령의 이름 표기 변경 이후 이에 동조하는 움직임이 있었고, 2016년 4월에는 신생아 이름에 러시아식 성의 부여와 부칭 표기가 공식적으로 금지됐다.

아랍 이름 금지에 대한 입법 조치는 2015년 상반기 타지키스탄 정부의 급진 이슬람 사상 유입에 대한 규제 및 통제라는 명분으로 이루어졌다. 무슬림이 국민의 전부라 할 수 있는 타지키스탄 사회에서는 그간 타지크식 이름보다 이슬람-아랍식 이름 사용이 더 보편적이었는데, 정부는 이슬람-아랍식 이름의 사용 금지 조치를 발표한 바 있다.

종교와 축제

타지크인의 생활에 지배적인 영향을 끼치고 있는 요소는 종교이다. 역사적인 측면에서 고대 타지크 조상의 종교였던 조로아스터교, 이슬람 유입 이후에는 이슬람교라는 두 종교가 타지크인의 삶과 신앙에 필수적인 부분으로 남아 있다. 이런 점에서 두 종교의 요소는 타지크인의 일상생활에서 서로 유기적으로 연계되어 오늘날까지 이어지고 있다. 조로아스터교는 중앙아시아에서 페르시아 계통 왕조들이 번성하던 시기에 지배적인 종교의 역할을 수행했다.

조로아스터교 시기 생활 풍습은 아랍이 중앙아시아를 정복하면서 이슬람이 유입된 이후에도 일상생활에서 유지됐다. 가장 대표적인 것이 새해맞이 행사 나브루즈이다. 춘분에 해당되는 3월 21일이나 22일에 열리는 이 행사는 정착민에게는 농경의 시작, 유목민에게는 한 해 유목의 시작을 알리는 기능을 했다. 이외에도 조로아스터교 시기에 행해졌던 타지크 전통들은 이슬람 전파 이후에도 그대로 행해졌다.

일상생활에서 이슬람 요소와 러시아 요소가 결부되어 나타나는 것은 바로 도시 지역에서 이루어지는 결혼식이다. 의상 및 의례에서는 신부가 베일을 쓰고 전통 의상을 입는 등 전통문화 요소가 나타나지만, 신랑신부가 하객과 같이 즐기는 피로연은 남녀의 공간 구분을 강조하는 이슬람 전통과는 차이를 보인다.

chapter 3

이슬람 문화

이스마일 사마니

조로아스터교가 중심이었던 중앙아시아 정착 사회에 변화를 가져온 것은 7세기 아랍의 유입에 따른 이슬람교의 전파라 할 수 있다. 이후 이슬람은 타지크 문화에 있어 핵심 요소가 됐다. 사만 왕조는 이슬람 건축을 지원했고, 페르시아 이슬람 문화를 중앙아시아 정착 지대 전체로 확산시켰다. 사만 쿠다의 장남 이스마일 1세(이스마일 사마니)는 사만 왕조 통치를 호라산 지방으로까지 확대했다. 이스마일 사마니 이후 타지크인과 긴밀하게 결부되어 이어진 이슬람 전통은 2009년에는 하나피파 순니 이슬람이 타지키스탄의 공식 종교로 지정되는 데 큰 영향을 주었고, 타지키스탄은 이슬람을 국교로 채택한 유일한 중앙아시아 국가가 됐다.

이외에도 역사적으로 저명한 중세 이슬람 학자들은 오늘날 아프가니스탄 및 타지키스탄에 해당되는 지역 출신이었거나 당시 타지크인 공동체 출신이었지만, 이들의 출신 지역이 오늘날 우즈베키스탄 영토에 속하는 경우가 많아서 관련국 간에 이견이 존재한다. 그러나 타지키스탄은 이 인물들을 타지키스탄의 역사 인물에 포함시키고 있다. 이 가운데 전자에 해당되는 경우는 아부 하니파, 이맘 부하리 등이 있으며, 후자로는 아부 라이한 알비루니 등이 대표적이다.

유적

판자켄트

타지키스탄 수그드주의 제라프샨강에 인접해 있는 인구 3만여 명의 소도시로, 고대 소그디아나 왕국 유적지가 도시 외곽에 위치해 있다. 고대 판자켄트는 이슬람 확산 이전 중앙아시아 정착 문명 지대를 중심으로 5세기부터 당대 동서 교역을 지배했던 소그드인의 교역 도시가 번성했던 곳이다. 그러나 722년 아랍 세력의 통치에 들어간 이후로 소그드인이 건설한 교역 도시는 방치된 채 인접 지역에 구도시가 건설되었다. 때문에 고대 도시의 흔적들은 타지키스탄 독립 이후 러시아 고고학자에 의해 발굴되어 현재 역사 유적지로 보존되어 있다.

이스트라브샨

타지키스탄에서 2,500여 년이 넘는 역사를 가진 도시 가운데 하나인 이스트라브샨은 수그드주에 위치한다. 2천 년 이전에는 우라튜베 또는 우로테파로 불렸다. 시내 서쪽에 콕 굼바즈 모스크 메드레세가 자리하는데, 이는 티무르 제국 아미르 티무르의 증손자 압둘라티프 술탄의 명령으로 건축됐다. 메드레세는 19세기까지도 교육 기능을 수행했다.

히사르

중앙아시아 교역 루트에 위치한 도시 가운데 하나이다. 히사르 계곡 지대는 현재 타지키스탄 코파르니혼강, 카라타크강, 쉬르켄트강이 흐르는 곳으로, 실크로드가 지나갔던 산악 지대에 자리한다. 고대 중앙아시아의 박트리아 왕국, 그레코박트리아 왕국이 위치했던 영역에 해당되는 지역이다. 이곳에는 고대 도시 형태의 거주 패턴이 역사 유적으로 남아 있고, 이슬람이 중앙아시아로 유입된 이후 만들어진 이슬람 신학교, 사원, 묘지, 관개 시설들도 발견됐다. 부하라한국 시기에는 가장 영향력 있는 귀족 가운데 한 명이었던 동부하라 총독의 총독부로 사용된 요새가 건설됐다.

음식

타지키스탄 전통 요리는 역사 및 문화적인 측면에서 러시아, 이란, 아프간, 우즈베크 요리와 많은 공통점이 있다. 고기와 견과류 및 기름을 이용해서 조리하는 일종의 볶음밥인 '오쉬'(민족에 따라서 이는 플로프로 불린다)가 가장 대표적인 요리로, 우리나라 볶음밥보다 훨씬 더 기름지다. 전통적인 민족 음료는 녹차이다. 전통 식사는 견과류를 시작으로 수프와 고기가 제공되고 주요리인 오쉬로 구성된다. 여기에는 '논'으로 불리는 둥근 빵이 함께 제공되는데, 타지크에서는 '음식상에 논이 빠져 있으면, 음식이 차려진 것이 아니다'라는 말이 있을 정도로 논의 상징성과 대표성이 크다.

11
태국

이병도 한국외국어대학교 태국어통번역학과

■ 국가 개황

· 국명: 태국 왕국(Kingdom of Thailand)

· 국가 체제: 입헌 군주제

· 언어: 태국어(공용어), 기타(영어, 중국어, 말레이어 방언)

· 인구: 69,183,173명(유엔, 2018)

· 종교 분포: 불교 93.2%, 이슬람교 5.5%, 기독교 0.9%, 힌두교 0.1%

■

태국은 13세기경 타이족이 주축이 되어 건립한 나라이다. 타이족이 인도차이나반도의 현 지역으로 정착하기 이전부터 이 지역은 이미 크메르 문화 및 먼 문화를 비롯한 다양한 문화가 혼재하면서 여러 종족이 뒤섞여 살던 곳이었다. 그런 이유로 태국은 다종족, 다문화 국가이다. 약 80%를 차지하는 타이족 외에 14%의 화교를 비롯하여 말레이족, 크메르족, 고산족(카렌, 몽, 라후, 아카, 리수, 미엔, 루아, 후틴, 카무) 등이 각기 고유의 언어, 문화, 풍습을 유지하면서 태국 각 지방에 산재해 거주하고 있다.

태국은 면적이 약 51만 3천 km^2이고 인구는 약 6,886만 명이다. 태국을 언급할 때 간과할 수 없는 것은 전체 인구의 90% 정도가 상좌 불교(남방 불교, 소승 불교)를 믿고 있는 불교 국가라는 점이다. 태국에서 불교는 국민의 정신적 지주이며 종교적 차원을 넘어선 생활 철학으로, 태국 사회의 모든 것을 지배하고 있다고 해도 과언이 아니다.

태국인은 대부분 종교를 갖고 있는데, 불교 외에도 이슬람, 기독교, 힌두교를 믿는다. 이 중 이슬람을 믿는 태국인은 전체 인구의 약 5.5%를 차지한다. 태국인은 이들을 통칭해 '타이 무슬림'이라고 부르며 태국 내 30여 개 도(道)에 분포한다. 이들은 단일 종족이 아니라 말레이계 무슬림, 인도계 무슬림, 파키스탄계 무슬림, 방글라데시계 무슬림, 이란계 무슬림, 인도네시아계 무슬림, 윈난성 출신 중국계 무슬림 등을 포함한다. 태국 무슬림 가운데 가장 크고 중요한 그룹은 태국 남부 말레이시아와 국경에 인접한 3개 주(州), 빠따니, 알라, 나라티왓에 거주하고 있는 말레이계 무슬림으로, 이 지역 주민의 4분의 3을 차지한다.

chapter 1

이슬람 역사

타이 무슬림과 역사적 근원

타이 무슬림은 타이족이 인도차이나반도에 정착한 13세기 이전부터 이미 태국 남부 지역에서 찬란한 문화와 문명을 누리며 살았던 주인이다. 이들은 무역을 위해 태국 중앙으로 진출해 말레이반도로 경유하는 무역을 전담하면서 서서히 태국 사회에 동화되었다.

그러나 남부 지역에서 왕국을 건설하고 살던 말레이계 무슬림은 역사적으로 말레이 문화와 지속적으로 접촉했기 때문에 정치적으로나 사회적으로 말레이 문화에 더 익숙했고, 고유한 종족, 언어, 종교에 대한 강한 자부심을 가진 채 오로지 이슬람만을 인정하고 있었다. 문화적, 언어적, 민족적으로 말레이계 세계의 일부라 할 수 있는 이 지역이 소승 불교 국가인 태국에 속하게 된 것은 지난 수백 년간 태국인의 팽창주의적인 정복과 20세기 초 태국과 영국 간에 이루어진 국경 협상의 결과이다. 즉 태국이 말레이시아 무슬림 지역을 태국에 강제 편입시킨 남부 지역은 이미 오래전부터 이슬람이 지배적이었다.

이와 같이 영토는 비록 태국에 속해 있지만, 종교나 문화, 언어에 있어서 인구 대다수를 차지하는 불교도와 타이 무슬림 간의 상호 이질감은 결국 인종적인 문제로 대두됐다. 이 문제는 그동안 지속적으로 태국으로부터 분리 독립해 하나의 완전한 이슬람 국가를 건설하려는 분리주의 운동으로 진전되면서 태국 정부에 많은 문제를 야기했다.

이에 대해 태국 정부는 강압적인 방법으로 타이 무슬림을 태국 사회로 동화시키려는 정책을 취했지만, 오히려 문제를 더욱 악화시키는 결과만 초래했다. 결국 1980년대 이후부터는 종교 활동에 대한 자유를 보장하면서 교육을 통한 통합 정책을 꾸준히 시도함으로써 많은 실효를 거두었다.

일반적으로 태국 남부 국경 지역이라 함은 빠따니, 얄라, 나라티왓, 사뚠, 쏭크라 등 5개 주를 포함하는 북부 말레이시아와의 국경 지방을 의미한다. 이 중 쏭크라는 역사적 배경이 다르기 때문에 보통 '남부 4개 주'라 지칭할 때 포함되지 않는다. 사뚠의 경우 다른 3개 주와 달리 주민 대부분이 태국어를 읽고 말할 줄 아는데 이것은 이 지역이 역사적으로 말레이 문화의 영향을 덜 받았기 때문이며, 따라서 다른 도의 말레이인보다는 말레이족으로서의 민족의식이 그다지 강하지 않다.

이들 4개 주 중 빠따니를 제외한 나머지 3개 주가 말레이시아와 국경을 접한다. 이들은 언어는 물론, 신앙, 풍습, 복장, 음식 등 불교를 믿는 태국인과 생활상 여러 가지 차이점이 있고, 말레이시아 사회와 더 유사하며 밀접한 사회를 형성하고 있다. 그러므로 그들은 타이 무슬림이라는 어휘를 거부하고 스스로 말레이 무슬림이라 주장한다. 이들은 태국에서 태어나 태국 국적을 갖고 있지만 동화하기를 거부한 채 자신들의 오랜 역사와 전통을 중시하며 이슬람에 대한 높은 긍지를 가지고 있다. 따라서 남부 국경 4개 주의 불교도와 무슬림 간에는 전통, 종교, 신앙, 언어 및 역사적 의식에 차이가 있으며, 상호 몰이해와 더불어 사회적인 문제를 유발할 가능성이 항상 상존해 왔다고 볼 수 있다.

4개 주는 총 면적이 1만 2,200㎢이며, 평지 및 구릉 지대로 이루어져 있다. 거리상의 관계도 있지만, 항로, 수로, 육로 등 교통에서 말레이시아와의 접촉이 편리하다. 이에 중앙 정부나 다른 주보다 말레이시아와 자연적으로 많이 접촉했으므로 말레이시아로부터 언어 및 관습이나 문화가 쉽게 유입될 수밖에 없었다. 그렇기에 남부 4개 주는 지정학상으로는 태국에 속하지만 모든 면에서 태국보다는 말레이시아와 비슷한 점이 많으므로 이 지역 무슬림들은 자신이 말레이시아인이라는 의식을 갖고 있는 것이다.

태국 남부 4개 주 지역 국경의 유래가 언제부터인지는 아직까지 확실히 밝혀지지 않았다. 아유타야 왕국(1350~1767) 말기 이후부터 역사적 근원을 찾을 수 있으며, 고대 시대에 이 지역은 빠따니(현재 빠따니주, 얄라주, 나라티왓주)와 싸이부리(현재 말레이시아 케다주 일부와 태국 사뚠주), 크게 둘로 나뉘어졌다.

빠따니 일대의 말레이반도 지역이 태국인의 영향에 들어온 것은 수코타이 왕국(1238~1438)의 3대 왕 람캄행 대왕 때이다. 13세기 말 람캄행 대왕이 남부 나콘시탐마랏을 정벌하러 갔을 때 말라카를 중심으로 한 이 지역에는 이미 이슬람이 전파되어 있었다. 당시 나콘시탐마랏 영토는 말레이반도와 싱가포르까지 포함하고 있었으므로 빠따니 지역은 수코타이 왕국 때부터 태국에 예속되었음을 알 수 있다.

수코타이 왕국에 이어 아유타야의 영향력도 말레이반도부터 싱가

포르까지 확장해 빠따니는 물론, 말라카도 아유타야 왕국에 예속됐다. 그 후 아유타야가 남부 지역 통치에 소홀한 틈을 이용해 말라카 왕국은 1460~1511년까지 빠따니를 일시적으로 합병하기도 했다. 그 후 말라카 왕국이 1511년 포르투갈의 점령으로 식민지가 되자 빠따니는 다시 아유타야의 통치하에 놓였다. 1767년, 아유타야 왕국이 버마에 완전히 함락되자 태국은 버마와의 전쟁에 휘말려 한동안 빠따니를 비롯한 남부 여러 지역을 평정할 기회가 없었다.

그 후 현 라따나꼬씬 왕국(1782~현재) 라마 1세 때인 1786년에 군대를 보내 빠따니를 정복하고 쏭크라주의 관할을 받도록 함으로써 중앙 정부가 직접 통치권을 행사할 수 있도록 했다. 그러나 빠따니 영주들이 수차례에 걸쳐 반란을 일으키는 등 통치에 어려움을 겪자 빠따니 세력을 약화시키고 남부 지역의 안정을 유지하고자 라마 2세는 1808년에 빠따니를 7개의 소주(小州)로 분할, 통치했다. 이 7개 소주들은 쏭크라주가 관장해 통치했고, 태국인 관료가 아닌 태국 정부에 충성하는 술탄이나 라자를 임명해 통치하게 함으로써 준자치권을 인정받아 내정상 종주국의 간섭을 받지 않은 채 어느 정도 독립을 누렸다.

라마 5세 때 태국은 각 지방을 효율적으로 중앙 정부의 통제하에 두려는 행정 개혁을 단행했다. 이때 지방 영주가 절대 권력을 가졌던 과거의 통치 제도를 폐지하고 새로이 몬톤제(管區制, 관구제)를 설치함으로써 중앙 집권화된 관료 체계를 확립했다. 이 개혁의 일환으로 1902년 남부 지역에 대해 〈7개 소주 지역 통치에 관한 법〉을 공포해 종전의 지방 왕족이나 영주의 권한을 대폭 축소했다. 이에 실권을 빼앗긴 라자 중심의 왕족들은 자치권 회복 문제를 들고 나와 자신들의 움직임에 정당성을 부여하고, 이에 동조하는 타이 무슬림과 함께 태국 정부에 대항했다.

태국 정부가 실시한 1902년 행정 개혁은 타이 무슬림 사회에 큰 영향을 미쳤다. 첫째, 타이 무슬림 사회에서 전통적으로 권한을 행사했던 정치적, 종교적 엘리트 그룹이 태국인 관료나 태국 정부에 복종하고 충성하는 무슬림으로 대치되어 영향력을 상실했고, 따라서 행정적, 재정적으로 그들의 지위가 크게 위축됐다. 둘째, 타이 무슬림에 대해 불교적인 가치관과 문화를 강조함으로써 불교도와 무슬림 간 갈등을 더욱 심화시켰고, 이는 타이 무슬림에게 태국으로부터 분리하여 독립된 자치 정부를 세우겠다는 의식을 고조시켰다.

한편 사뚠주의 경우 원래 싸이부리에 속해 있었다. 그런데 싸이부리가 라따나꼬씬 왕국의 라마 3세 때부터 태국 정부에 대해 자주 반란을 일으키자 싸이부리, 꾸방까쑤, 뻐릿, 사뚠으로 분할해 각 도시마다 태국 정부에 충성하는 말레이 영주의 후예들을 임명해 나콘시탐마랏의 관할하에 두었다.

1859년에 꾸방까쑤는 싸이부리에 합병됐고, 1897년 라마 5세 때 몬톤 제하에서 이들 지역들이 싸이부리 몬톤으로 전부 합병됐다. 이어 1909년 영국과의 국경 조정 과정에서 싸이부리와 뻐릿을 영국에 양도했고 사뚠만 남겨 태국 푸껫 관할 아래 두었다. 그리고 1933년에 현재 사뚠주로 변경되어 지금까지 이르고 있다. 앞에서 언급했듯이 사뚠주는 비록 남부 4개 주 중 하나이고 말레이시아와 인접해 있으나 19세기 초부터 태국 정부의 관할을 직접 받아 다른 주의 말레이인보다는 말레이인으로서의 민족의식이 그다지 강하지 않다.

타이 무슬림의 저항과 자치 투쟁

태국은 라마 5세 때인 1903년 결혼과 상속에 관한 사항만 제외하고 타이 무슬림 지역의 모든 법을 이슬람식에서 태국식으로 바꾸었다. 1921년에는 〈초등 교육 의무법〉을 제정해 타이 무슬림의 자녀를 태국 초등학교에 입학시켜 태국식 교육을 받도록 의무화했다. 이러한 정책이 강압적으로 실행되자 타이 무슬림은 이슬람과 말레이 문화를 말살시키려는 것으로 인식해 태국 정부에 강하게 반발했다.

또한 1932년 입헌 혁명 이후 태국 정부는 타이 무슬림을 강제 통합하려는 첫 단계로 남부 지역 학생들에게 태국 국가, 태국 역사, 태국어를 가르치는 정책을 실행했다. 그러나 이 정책은 성공을 거두지 못한 채 타이 무슬림의 반발만 야기했다. 타이 무슬림 지도자들은 그들의 문화와 종교를 지키려고 타이 무슬림 간 단결을 유도하고 자치권을 획득하고자 말레이시아 켈란탄으로 이주한 후, 말레이시아에 있는 말레이 무슬림과 연계해 지속적으로 투쟁했다.

1938년에 극단적인 민족주의자였던 피분이 수상이 되면서 타이 무슬림의 태국 정부에 대한 반감은 극에 달했다. 피분은 태국 내에 사는 모든 사람을 태국 언어와 문화로 동질화하려는 동시에 이질적인 문화나 언어를 인정하지 않음으로써 태국 내 모든 소수 종족에 대해 강압적인 동화 정책을 실시했다.

이러한 동화 정책은 타이 무슬림에게도 예외가 아니었다. 타이 무슬림의 전통인 치마 모양의 사롱 바지 착용을 금지하고, 남자의 긴 바지와 모자 착용이 강제로 시행됐다. 또한 짐을 운반할 때 머리에 이는 말레이식을 금하고 태국식으로 어깨에 메도록 규정하는 등 무슬림의 전통적인 습관,

풍습, 언어를 인정하지 않으면서 강제로 동화시키는 정책을 취해 타이 무슬림의 분리주의 운동을 더욱 자극했다.

한편 제2차 세계대전 이후 태국 주변 국가들이 잇달아 독립하자 무슬림 사이에 싹트기 시작한 민족주의 의식은 타이 무슬림 민족주의자에게 태국으로부터 분리 독립하려는 욕망을 한층 더 자극시키는 계기가 됐다. 또한 극단적인 타이 무슬림들은 '말레이 연방'을 결성해 전 무슬림의 단결을 촉구했고, 무슬림 최고 지도자인 하지 압둘 라만은 1948년 나라티왓에서 다른 무슬림 민족주의자와 함께 최대 규모의 폭동을 주도했다. 이 대규모 폭동은 태국 군대의 진압으로 수많은 인명이 살상되고 약 2천여 명의 타이 무슬림이 말레이시아로 도주하는 최악의 결과를 낳았다.

폭동 이후 타이 무슬림은 1948년 1월 유엔 사무총장에게 탄원서를 보내 남부 태국 4개 주를 분리해 영국령 말라야에 합병할 것을 요구했다. 유엔 안보리는 이 사건의 진상을 위해 특별 위원회를 태국에 파견해 국민 투표를 통해 타이 무슬림의 의사를 물을 것을 요청했다.

그 결과 이 지역에 대한 국제적 관심이 고조되자 피분 정부는 1949년 태국 남부에서 정부 관료의 임용과 이슬람의 지위, 과거 정부 때 타이 무슬림이 추구한 여러 개혁에 관한 조치를 담은 성명을 발표하며 유화적인 반응을 보여 주었다. 그러나 실제로 약속한 개혁은 실천되지 않았으며, 1954년 타이 무슬림 지도자인 하지 수롱을 비롯한 3명의 추종자가 행방불명되고 태국 경찰이 그들을 타이만에 수장시켰다는 풍문이 돌자 타이 무슬림의 태국 정부에 대한 원한과 불만은 다시 극도로 팽배해졌다.

특히 1961년 사릿 정부는 전 국민의 국가적 통합을 위해 이슬람 학교인 '뻐너'를 사립 이슬람 학교로 등록해 태국식 교육과 언어를 가르치고 모든 교과서를 제작 배포하면서 교육 정책을 중앙 정부의 규제 아래 두었다. 이러한 정책은 무슬림 사회에 큰 파문을 불러일으키고 분리 운동을 고조시켰고, 도처에서 크고 작은 소요가 끊임없이 발생했다. 태국 정부가 무슬림에 대한 강경책을 누그러뜨리지 않자 분리주의 운동가들은 지하로 잠적해 테러나 약탈, 방화 등 지하 운동을 전개하기 시작했고, 일부는 말레이 공산당의 말레이 인민 해방군과 연계하면서 극단적인 성향을 띠게 됐다.

이때 타이 무슬림 분리주의 운동 그룹은 크게 세 그룹으로 나뉘었다. 첫째는 태국으로부터 분리해 말라야 연방에 합병하자는 과거의 그룹이 사라진 대신 연방 국가를 형성해 연방 체제하에서 태국 정부와 대등하게 독립된 행정 체제를 갖자는 그룹이다. 둘째는 술탄 체제하에서 독립국을 형성하자는 그룹이며, 셋째는 독립된 빠따니 공화국을 건설하자는 그룹이다. 이 그룹들은 1960년대 중반부터 1970년대 사이에 생겼는데, 주요 조직으로는 빠따니민족해방전선, 빠따니연합해방기구, 민족혁명전선, 신을 위한 전쟁 조직 등이 있다.

이러한 조직들은 말레이시아와 태국 국경에 있는 밀림에 거주하며 서로 연계해 상호 협조하면서 파괴와 약탈 행위를 일삼는 등 태국에 안보상의 위협을 가중시키는 한편, 대외적으로는 국제적인 지지와 지원을 요구하며 꾸준히 분리 운동을 펼쳐 나갔다. 그러나 1981년 쁘렘 수상이 남부 지역에 대한 치안을 유지하려는 목적으로 남부 국경행정관리대를 수상령청 아래로 창설한 뒤 이런 게릴라 활동이 급격히 줄어들었다.

이슬람 분리주의 운동 단체들은 초기에는 주로 군부대 및 경찰서를 대상으로 테러를 일으켰지만, 1990년대 초부터 태국 문화를 대표하는 불교 사원 및 민간인을 테러 대상으로 삼아 방화, 수류탄 투척, 총기 난사 등 과격한 형태를 보였다. 이러한 테러들은 특히 2001년 미국 9.11 테러 이후 더욱 격렬해졌다. 탁신 정부(2001~2006) 시기 강압적인 정책으로 2004년 이후 현재까지 테러로 희생된 사망자 수가 2천 명을 넘었다. 현재까지 남부 지역에서 테러는 계속되고 있다.

태국 정부는 남부 무슬림 사회에 존재하는 불만에 대해 다음과 같은 사항을 주요 요인으로 보고 문제 해결에 노력을 기울여 왔다. 첫째, 태국 정부가 1960년대 이후 수행해 온 '경제 사회 발전 계획'으로부터 무슬림이 혜택을 받지 못했다는 의식이다. 둘째, 불교문화 및 경제적 지배를 강요하려는 정부의 의도에 대한 불만이다. 셋째, 태국 정부의 세속적 지향에 대한 반감으로, 이것은 독실한 무슬림의 사고와는 양립할 수 없는 것이다. 넷째, 강압적이고 무자비한 태국 치안 세력에 대한 공포와 불신이다. 이 중 네 번째 요인을 2000년대 이후 폭력의 가장 중요한 요인으로 볼 수 있다. 그 이유는 테러나 폭력 사태가 대다수 무슬림 주민과는 관계없는 소수 과격주의자 그룹의 행위로 보이기 때문이다. 그들은 태국군 및 경찰 세력과 전면전을 벌일 정도로 강력한 힘을 가지고 있지 않다. 또한 자신들의 행동에 대해 주민들의 지지를 이끌어 내는 데도 성공하고 있지 못하다. 이외에도 테러를 조장하는 그룹으로 외부적으로 공개할 수 있는 명확한 단체가 나타나고 있지 않으며, 주민 지지를 결집할 수 있는 구심체가 되는 지도자 또한 없는 것으로 보인다.

chapter 2

타이 이슬람 문화

타이 무슬림 최초 아세안 사무총장, 수린 핏수완

수린 핏수완은 타이 무슬림이다. 다양한 방면에서 성공을 거둔 정치인으로, 2010년 태국 언론사 〈MTODAY〉에서 가장 영향력 있는 타이 무슬림 1위로 선정됐다. 또한 그는 타이 무슬림 최초로 아세안 사무국 사무총장을 역임했다.

핏수완은 나콘시탐마랏 출신으로, 무슬림 학교인 삐너 학교 대표의 아들로 1949년에 태어났다. 미국 클레어몬트 대학교를 졸업하고 하버드 대학교에서 석사 학위와 국제학 박사 학위를 취득했다. 귀국 후 태국 명문 대학교인 탐마삿 대학교에서 행정학 교수로 재임하다가 정치계에 입문했다. 나콘시탐마랏주 국회의원으로 출마해 총 일곱 차례 당선됐으며, 외무부 차관, 외무부 장관 등을 거쳐 2008년부터 2013년까지 5년 동안 인도네시아 자카르타에서 아세안 사무총장을 역임했다.

그가 아세안 사무국 사무총장에 임명된 것은 타이 무슬림으로서는 최초, 태국인으로서는 두 번째였다. 아세안 사무총장으로 재임하면서 종교를 초월해 국제 관계 회복을 위해 노력했다. 직접 캄보디아에 방문해 태국과 캄보디아의 갈등 관계를 해결하고자 많은 힘을 기울였으며, 그 결과 태국 내에서 가장 영향력 있는 무슬림이 됐다. 현재 타이 무슬림뿐만 아니라 태국 불교도에게도 많은 존경을 받고 있다.

타이 무슬림 저항의 상징, 끄르쎄 이슬람 사원

끄르쎄 사원은 태국 남부 빠따니주에 위치한 200년이 넘는 이슬람 사원이다. 이 사원은 태국 불력 22년 아유타야 시대에 지어졌다고 한다. 이 사원은 '삐뚜끄르아반 모스크'라고도 불리는데, 그 이유는 둥글고 윗부분이 뾰족한 이 사원의 독특한 문이 유럽 고딕 양식의 영향을 받았기 때문이다 (삐뚜는 문, 끄르아반은 둥근 양식의 문을 의미한다).

2004년 4월 28일, 태국 남부 지방 국경 지대에서 대규모 테러 사태가 발생했다. 이 사태는 끄르쎄 모스크 사원에까지 확대됐다. 당시 테러리스트 집단은 경찰서와 군인 기지를 포함해 총 12곳을 공격하여 대규모 소요 사태를 낳았다. 테러리스트 및 무슬림은 공격을 피해 끄르쎄 사원으로 피신했지만, 경찰 및 군인의 진압 과정에서 많은 사상자가 발생했다. 그 결과 테러리스트 107명이 사망했고 6명이 부상을 입었으며 17명이 연행됐다. 한편 경찰 및 군인은 5명이 사망했고 15명이 부상당했다. 이 사건이 발생한 후 끄르쎄 모스크 사원은 저항의 상징이 됐다.

카우목까이와 카우얌부두

타이 무슬림을 대표하는 전통 음식으로 카우목까이가 있다. 카우목까이는 닭고기와 커리 밥이라고 할 수 있다. 카우목은 밥에 향료와 닭고기 또는 산양을 다져 넣은 이슬람 요리이고, 까이는 태국어로 닭을 의미한다. 카우목은 인도와 페르시아의 무슬림, 즉 인도 상인과 페르시아 상인이 태국에 무역을 하러 온 이후 전파된 것으로 보인다. 카우목을 만드는 방법은 페르시아식과 인도식이 서로 다른데, 현재 태국에서 가장 유명한 카우목 음식은 카우목까이로 카레를 섞은 인도식 요리법을 따른다. 카우목까이는 비록 무슬림 음식이지만 무슬림이 아닌 태국인도 즐겨 먹는다. 태국 불교 신자 중 소고기를 먹지 않는 사람이 많기 때문이다.

카우얌은 남부 토속 음식으로 우리나라 비빔밥과 비슷하다. 부두는 남부에서 많이 잡히는 물고기의 이름이다. 약간 찰진 밥에 부두 액젓, 새우 가루, 야자, 콩가루, 볶은 야자 가루, 고춧가루, 숙주나물, 레몬그라스, 오이 등 여러 종류의 채소 등을 넣어 먹는 다이어트 음식으로 알려져 있다.

12
터키

이희수 한양대학교 문화인류학과

■ 국가 개황

· 국명: 터키 공화국(Republic of Turkey)

· 국가 체제: 공화정

· 언어: 터키어

· 인구: 81,916,871명(유엔, 2018)

· 종교 분포: 이슬람교 99%(순니 97%)

■

터키는 국민 98%가 이슬람을 믿고 있는 순니 중심 이슬람 국가이다. 1923년 터키 공화국 출범으로 이슬람을 국교 지위에서 배척하고 세속주의 정치 체제를 선택했으며, 공화주의, 민족주의, 국민주의, 국가주의, 세속주의, 개혁주의 등 6개 원칙을 헌법 가치로 받아들였다.

100년 가까운 공화국 역사상 세속주의와 이슬람주의가 끊임없이 충돌해 왔다. 2002년 이후 이슬람주의를 표방하는 정의발전당(AKP)이 집권한 뒤 유럽 연합(EU) 가입을 위한 협상을 계속하고 있다. 이슬람의 가치와 종교적 가르침을 바탕에 두면서도 서구의 앞선 제도를 받아들이고 협력 공존하면서 실리적 입장을 취한다는 실용적 이슬람 정치를 받아들여 크게 발전했다.

그러나 2011년 아랍 민주화 이후 중동 전역에서 시민 사회 소요와 갈등이 발생했다. 특히 시리아 내전에 깊숙이 개입함으로써 터키는 정치적 곤경에 처해 있으며, 지나친 이슬람주의로 회귀해 국제 사회의 관심과 우려를 자아내고 있다. 2016년 7월 15일 군부 쿠데타 실패 이후 정치적 반대파 숙청과 독재 강화, 다에시(ISIL)의 테러, 쿠르드 무장 조직들의 무차별 테러 등으로 경제 침체와 안보 위기가 점증하고 있다.

chapter 1

터키의 이슬람화

튀르크인이 아나톨리아반도에 정치 세력으로 정착한 것은 11세기 중반, 정확히는 1071년 말라즈기르트 전투 이후의 일이다. 그해 중앙아시아에서 출발한 셀주크 튀르크 주력 부대가 비잔틴 제국과의 대회전을 통해 터키 동부 반 호수 근교 말라즈기르트 평원에서 비잔틴 군대를 대파함으로써 아나톨리아반도에 굳건한 뿌리를 내리고 오늘날 터키 국가의 존재 배경이 되었기 때문이다. 그 이전 튀르크인의 역사는 흉노-돌궐-위구르 제국을 중심으로 북방 초원이나 중앙아시아 일대에서 이루어졌다.

튀르크인의 이슬람화

튀르크족이 새로 창시된 이슬람을 접한 최초의 계기는 7세기 중엽 이후 아랍-이슬람군의 동방 정복과 중앙아시아 진출의 결과였다. 아라비아 일대의 아랍족과 트란스옥시아나 지역 중심의 튀르크족이 접촉하고 교류한 것은 이슬람 이전으로 올라가지만, 642년 네하완드 전투에서 두 종족 사이에 건재하던 사산조 페르시아가 멸망함으로써, 아랍 무슬림과 튀르크족의 만남이 더욱 용이해졌다. 이런 사실은 무함마드의 언행록인 〈하디스〉 구절에서조차 튀르크족과 관련된 언급이 발견된다는 점에서도 명백하다. 대표적인 〈하디스〉 구절은 다음과 같다.

> 튀르크족이 너희를 건드리지 않는 한, 너희도 결코 튀르크족을 건드리지 마라.
> 동쪽에 튀르크라는 우리의 군대가 있다.

그 후 이슬람이 튀르크족 사이에 전파되는 시점과 장소는 8세기 초 이슬람 국가의 지배하에 들어간 튀르크 지역, 특히 트란스옥시아나에서였다. 우마이야 이슬람 왕조의 동부 지역 경영을 맡았던 쿠타이바 빈 무슬림 장군이 중앙아시아로 진출하면서 자연히 이슬람도 전파됐다. 713년, 부하라를 점령한 후 그곳에 모스크를 건립한 것을 시발로, 트란스옥시아나의 제2 도시 사마르칸트의 항복 조건에도 모스크 건립을 강제했다. 그러나 당시 토착 튀르크인의 이슬람 개종은 거의 성과가 없었다. 이는 우마이야 왕조의 아랍인 우위 정책의 결과로, 이슬람으로 개종한 후에도 비아랍 튀르크인이 받는 사회 경제적 대우나 지위에는 큰 변동이 없었기 때문이다. 튀르크인은 과중한 세금을 내는 것은 물론, 아랍 기병을 지원하는 보병으로 참가해 아랍인보다 상대적으로 적은 급료를 받았다. 일부 우마이야 칼리파나 동부 지역 왈리(Wali, 총독)가 개종한 무슬림 군인에게 지즈야(Jizyah,

인두세)를 감면하고 급료 인상을 시도했지만, 1세기에 걸친 우마이야 왕조 통치 기간 중 트란스옥시아나 지역에서 튀르크인의 이슬람화는 매우 미미했다.

우마이야에 이어 이슬람-압바스 왕조가 등장함으로써 상황은 반전됐다. 압바스 왕조의 건국 주역이 동부 호라산의 개종한 비아랍 무슬림인 마왈리(Mawali) 그룹이었기 때문에, 개종자에 대한 인두세 폐지 등 획기적 조치가 따랐다. 더구나 751년, 압바스와 당(唐) 사이에 벌어진 탈라스 전쟁에서 튀르크족이 압바스 진영에 가담함으로써 자연스럽게 이슬람을 받아들이는 계기가 마련됐다. 압바스의 제2대 칼리파 아부 자파르 알만수르 시대에는 튀르크족이 국가 행정 요직에 기용되기 시작했다. 이어 칼리파 알마문과 알무타심 시대에 적극적인 이슬람 전파 노력을 기울여 많은 튀르크 부족장들이 이슬람으로 개종했다. 그래서 이 시기에 트란스옥시아나 토착 튀르크족의 상당수가 이슬람화된 것으로 보인다. 그럼에도 압바스 통치권을 벗어난 세이한(시르)강 동쪽 및 흑해, 카스피해 북부의 튀르크족 사이에 이슬람은 아직 뿌리를 내리지 못한 상태였다.

이슬람 세력이 세이한강 동쪽으로 진출한 것은 사만 왕조(874~999)에 의해서였다. 따라서 사만인과 튀르크족 사이에 세이한 동부와 세미레치예(七河) 지역에 대한 치열한 주도권 쟁탈전이 한동안 지속됐다. 무슬림 사만인과의 충돌은 이 지역 튀르크족이 이슬람을 접한 계기를 마련해 준 중요한 의미를 가지고 있다. 이처럼 9세기 중반 이후 이슬람 국가와의 군사, 경제적 접촉과 교류, 이슬람 수피들의 활동 결과 튀르크족의 이슬람화가 가속화되는 현상이 나타났다. 이때 사만조 영역에 들어간 탈라스나 이스티자브 도시의 튀르크인 다수가 이슬람화되었고, 10세기에 들어 발라사군과 탈라스 동부의 투르크멘 튀르크족의 대규모 이슬람화가 이루어졌다.

튀르크 국가로서 최초로 이슬람을 공식적인 종교로 수용한 나라는 볼가 불가르국이었다. 이븐 파들란이 남긴 여행기에 따르면, 이슬람이 9세기 말경 불가르인 사이에 전파되기 시작했고 모스크가 건립되어 볼가강 유역에 이슬람의 뿌리가 내렸다. 불가르 카간 알무쉬는 바그다드에 사절단을 파견하기 전인 10세기 초에 무슬림으로 개종했다고 전해진다. 중앙아시아에 있는 튀르크 국가 중 최초로 이슬람을 받아들인 나라는 카라한 왕조(840~1212)이다. 부그라 한으로 알려진 사투크는 이슬람을 카라한조의 공식적인 종교로 받아들였다. 카라한조를 이은 또 다른 튀르크 이슬람 국가는 사만조 사령관 알프 테긴이 건설한 가즈나 왕조(997~1187)이다.

10세기 들어 튀르크족의 이슬람화가 급진전됐다. 특히 후일 셀주크조를 건설하는 오우즈 튀르크족의 개종은 매우 중요한 역사적 의의를 갖는다. 오우즈가 지배하던 예니켄트, 후와르, 잔드와 카를룩 통치하의 일부 도시에는 무슬림 거주지가 형성됐다. 교역을 주로 한 이들은 교역의 필요상 튀르크족과 좋은 관계를 유지했다. 아랍 역사가 이븐 알아시르는 960년경, 20만 호(약 100만 명)의 튀르크족이 이슬람으로 개종했다고 기록했다. 오우즈 야브구 통치를 이탈해 일부 오우즈 그룹과 함께 잔드 지역으로 이주해 온 셀주크 튀르크족이 역시 이슬람을 받아들였다. 이로써 11세기 초 오우즈족의 이슬람화가 거의 완결됐다. 이제 서진해 11세기 후반 아나톨리아반도에 진출한 셀주크가 이슬람 문화를 전파함으로써 이슬람 역사의 신기원을 이루었다. 14세기에 들어 모든 튀르크 세계는 이슬람으로 통일되었고, 튀르크족은 오스만 제국을 통해 제1차 세계대전까지 전 이슬람 세계를 통치했다.

튀르크인의 이슬람화가 끼친 의미

튀르크족의 이슬람화는 교역과 이슬람 국가에서의 군사적, 행정적 업무 참여의 결과로 뚜렷한 마찰이나 강요 없이 비교적 자연스럽게 진행됐다. 이 이유로 12세기 종교 역사학자 수르야니 미하일은 "원래부터 유일신 사상을 가지고 있던 튀르크족이 유일신인 알라를 믿게 되는 것은 지극히 당연한 일이었다."라고 설명하고 있다. 튀르크족은 고대부터 유일신 개념인 천신(天神) 사상을 가지고 있었고, 이슬람이 주는 지하드(聖戰) 개념이 적극적이고 진취적인 튀르크족의 정복 정신에 부합되었기 때문에 이슬람을 받아들이는 데 아무런 장애가 없었다. 또 윤리와 도덕을 강조하고, 엄정한 법질서 준수를 강조하는 이슬람의 도덕관도 튀르크 유목 사회의 전통적인 관습인 퇴레(Töre)와 일맥상통했다. 결국 이슬람 사상도 튀르크족에 의해 새로운 국면으로 더욱 발전했다.

이처럼 튀르크족이 이슬람을 받아들임으로써, 종래 스텝 시대의 정복 정신이 이슬람 지하드로 승화되어, 짧은 시간 넓은 지역에 이슬람-튀르크 국가를 건설하는 원동력이 됐다. 튀르크 국가가 정통 수니파로서 바그다드 압바스 칼리파의 보호자로 등장하면서 후일 오스만 제국이 이슬람 세계를 대표하는 칼리파권을 차지하는 종교적 정당성을 부여받게 됐다.

이 시기에 성행한 이슬람의 또 다른 사조는 흔히 이슬람 신비주의로 알려진 수피 사상이다. 수피 사상은 중앙아시아의 투르키스탄, 특히 호라산 지역에서 성행하면서, 11세기경부터 이슬람-튀르크 국가에 여러 수피 분파가 생겨났다. 수피들은 일체의 허례허식, 관념적 사치를 부정하고, 신비 춤(세마)과 음악적 기도(지크르)를 동원한 몰아적 명상을 통해 인간과 알라의 일체감을 추구했다. 당시 정통파 이슬람 신학자들이 꾸란의 해석에 지나치게 교리적이고 독단적인 태도를 취했기 때문에, 이러한 수피 운동은 자유분방한 스텝 기질의 튀르크족에게 쉽게 전파됐다. 이슬람 신비주의가 국가 체제 내에서 단단한 뿌리를 내린 시기는 12세기 셀주크 튀르크 제국 때였다.

chapter 2

셀주크 튀르크와 이슬람 신비주의

수피 대스승 메블라나 젤랄레딘 루미의 등장

이슬람 신비주의를 총칭하는 수피즘은 오늘날 이슬람의 세계화를 견인한 중요한 종교 의례이자 삶의 철학이고 무슬림의 핵심 존재 가치이다. 몽골의 침략에 온몸으로 맞섰던 셀주크 튀르크 시대의 암울한 환경에서 수피즘은 꽃을 피우는데, 그 중심에 메블라나 젤랄레딘 루미라는 수피 스승이 자리한다. 메블라나 루미는 중세 이슬람 세계가 배출한 가장 뛰어난 수피 창시자로, 13세기 서아시아의 가장 혼란스러운 역사적 시기에 자신의 업적을 뚜렷이 남긴 인물이다. 메블라나의 등장은 고통과 혼란이라는 시대적 산물이며, 셀주크 튀르크 시대를 그대로 대변하는 사상가이자 철학자이고 신학자이다.

1207년, 아프가니스탄 발크에서 태어난 뒤 아버지를 따라 셀주크조의 수도 콘야로 이주했다. 이주 동기는 몽골 침략이라는 세계사의 대격변 때문이었다. 인류 역사상 유례가 없는 파괴와 무차별적인 도륙에 맞서 중앙아시아 일대의 많은 무슬림 학자와 종교인이 새로운 삶을 찾아 셀주크조로 이주했던 것이다. 13세기 셀주크조에서는 십자군 전쟁으로 수많은 주민이 이교도란 이유만으로 죽임당했고, 십자군이 지나갔던 지역은 거의 모든 종교 시설과 생활 기반이 초토화되는 치욕적인 고통을 경험한 직후였다. 곧이어 몽골군의 침략으로 다시 한 번 전 국토에 약탈과 살육이라는 끔찍한 회오리바람이 휩몰아치고 있는 상황이었다. 설상가상으로 제국은 왕자 간 권력 투쟁과 주변 부족의 반란으로 극심한 내분에 휩싸이고 있었다.[*] 이러한 시기에 고통받는 민중을 위한 돌파구를 마련해 준 등대가 메블라나 루미였다.

아랍어로 기록된 하느님의 말씀인 꾸란은 비아랍권인 터키와 이란을 거치면서 민중에게는 너무나 어려운 언어가 되었다. 더욱이 오해와 왜곡을 막고자 다른 외국어로의 번역이 금지되면서 중앙아시아 튀르크족과 이란인 사이에서 꾸란은 가진 자와 지배 엘리트 계층만을 위한 신앙적 도구로 전락하는 경향이 강하게 나타났다. 젤랄레딘 루미는 꾸란에 대한 깊은 이해 없이도 누구나 일정한 영적인 수련을 통해 신의 영역에 들 수 있는 새로운 길을 찾았다. 바로 메블라나 종단이다. 세마라는 독특한 회전 춤을 통해 신의 의지를 경험하고 궁극적으로는 신과 일체감을 이루면서 이슬람의 오묘한 진리를 체득하게 된다는 믿음이었다. 물론 메블라나는 꾸란과 무함마드의 가르침인 〈하디스〉의 근본정신에 충실한 도덕적 규준을 유지하고 있었다. 그의 사상은 민중에게 대단한 반향을 불러일으켰으며, 비아

---

[*]   Can, 2003, pp.14~15

랍 문화권인 중앙아시아 전역에 커다란 종교적 영향력을 끼쳤다. 무엇보다 토착 종교와 관습들을 존중한 그의 사상은 공존과 상생을 가르쳤으며 다양한 신앙과 관습이 몰려들고 그리스 철학과 과학의 영향이 강했던 셀주크 왕조의 시대적 상황을 적절히 반영하고 있었다.[*]

　이슬람 - 튀르크 국가 시대의 수피 사상은 네 개의 중요한 분파로 요약된다. 첫째는 카디르파로, 압둘 카디르 질라니가 설립했고 인도와 스페인까지 확산됐다. 둘째는 아크바리파로, 아나톨리아에서 무히딘 이븐 알아라비가 창시했다. 셋째는 쿠브라파로, 하레즘샤 시의 성자(聖者) 네즈메딘 쿠브라가 창시했다. 특히 쿠브라파는 고대 스텝 튀르크인의 사고에 부합되는 요소가 많았고, 아나톨리아에서 후일 이란 신비주의 계통의 메블레비파 발전에 초석이 됐다. 넷째는 예세비파로, 투르키스탄의 예시 지역에서 아흐마드 예세비가 창시했으며, 수피 의식에 튀르크어를 사용했다. 스텝 지역 튀르크인에게 추앙받던 하킴 술레이만 아타는 그의 수많은 수피 작품들과 함께 잘 알려진 예세비파 수피주의자이다. 예세비파는 투르키스탄 및 북아시아 스텝 지대에서 알툰 오르두 지역과 아프가니스탄, 호라산 일대로 전파되었다. 그리고 트란스옥시아나의 낙쉬반드파와 아나톨리아의 베크타쉬파 생성에 영향을 끼쳤다.

[*]　이슬람 정통주의 학자들은 메블라나 종단을 비롯한 수피 종단의 형성이 그리스 철학과 사상, 조로아스터교적인 요소와 인도의 영향을 받았다는 사실을 강하게 부정하고 있다. 이슬람이라는 종교 속에서 이미 수피적인 모든 요소를 포괄하고 있다는 점을 강조하고 있다. (Can, 2004, pp.22~23)

메블라나의 수피 의례인 세마와 그의 사상

젤랄레딘 루미가 결성한 메블레비 수피 종단은 메블라나의 영적 사상과 종교적 철학을 구현하고자 그의 사후 제자와 가족들에 의해 체계화되고 조직화됐다. 메블라나 루미의 수제자였던 후심 첼레비가 초대 종단 수장을 맡았고, 1284년 그가 죽은 후에는 루미의 아들 술탄 왈라드가 이어받아 메블레비 수피 종단을 발전시켰다. 메블라나의 수피 사상은 이집트를 비롯한 북아프리카 일부와 터키를 중심으로 실크로드를 따라 중앙아시아 전역에 넓게 퍼졌다. 이슬람이라는 종교가 전파 과정에서 아랍이라는 민족적 옷을 벗고 세계적인 종교로 성장할 수 있었던 배경에는 토착 문화를 적극적으로 수용해 포용력을 갖추고 이슬람을 퍼트린 수피주의가 있었다. 루미 추종자들은 알라의 99가지 속성을 외우면서 신을 찬미하는 신비주의 음악에 맞춰 세마라는 독특한 회전 춤을 추면서 엑스터시를 경험하고, 자아를 던지며 신을 만나는 고도의 영적 수련법으로 유명하다.

메블라나의 종교 사상과 영적 수련 방식은 민중에게 대단한 반향을 불러일으켰으며, 비아랍 문화권인 터키, 이란, 중앙아시아 전역에 커다란 정신적 영향을 끼쳤다. 무엇보다 토착 종교와 관습들을 존중한 그의 사상은 관용과 상생이라는 두 축으로 이슬람을 재해석해 넓디넓은 이슬람 신비주의 자락 속으로 인류를 품어 안았다. 심지어 비무슬림인 이교도나 무신론자에게까지 구원의 손길을 펼쳐 인류 공동체가 용서와 화해를 통해 함께 사는 진정한 지혜를 제시했다. 그의 수피 사상은 자칫 관념화되고 지식인 엘리트 계층만을 위한 이슬람의 길에서 신의 음성과 가르침을 대중에게로 끌어내리는 데 결정적인 역할을 했다. 그 때문에 지금도 비아랍권 이슬람 세계에서는 루미의 사상과 신비주의의 영향이 커다란 지침으로 빛을 발하고 있다.

　루미의 사상과 낮은 곳을 향한 사랑은 유럽 지성 세계에도 큰 영향을 끼쳤다. 16세기 르네상스 인문주의자 데시데리우스 에라스무스, 종교 개혁가 마르틴 루터, 17세기 화가 렘브란트, 18세기 작곡가 베토벤, 19세기 대문호 괴테 등도 직간접으로 루미 사상의 영향을 받은 유럽의 지성이다. 그의 가르침과 정신은 오늘날 이란, 터키, 중앙아시아를 거쳐 남아시아 여러 이슬람 국가에 널리 퍼졌으며, 미국과 유럽에도 적지 않은 영향을 끼치고 있다. 현재 루미의 시집은 23개 언어로 번역되어 애독되고 있으며, 특히 미국에서는 역사상 가장 저명한 시인의 한 사람으로 평가된다. 수백만 권이 팔린 그의 시집은 항상 미국 베스트셀러 목록에서 빠지지 않을 정도다. 2007년 유네스코는 메블라나 루미를 인류가 추앙하고 기억해야 할 '올해의 인물'로 선정했다.

chapter 3

600년 이슬람 종주국
오스만 제국의 이슬람

유럽을 지배했던 이슬람 세계의 자존심

오스만 제국의 술탄 메메트 2세의 1453년 콘스탄티노플 정복과 비잔틴 제국의 멸망은 이슬람의 우월성과 자긍심을 높여 준 역사상 가장 획기적인 사건이었다. 이슬람교의 예언자 무함마드가 콘스탄티노플의 점령을 당부한 〈하디스〉의 가르침을 완성하는 의미뿐만 아니라, 아랍인에 의한 7차례에 걸친 콘스탄티노플 점령이 모두 실패한 후 이룬 쾌거였기 때문이었다. 330년 5월 11일자로 '콘스탄티누스의 도시'라는 의미에서 '콘스탄티노플'로 불리게 된 역사 도시는 나중에 이스탄불로 이름이 바뀌었다. '이슬람의 도시'가 된 것이다. 점령의 상징은 다름 아닌 비잔틴 제국의 종교적 심장이자 그리스 정교의 총본산인 성 소피아 성당을 이슬람 사원으로 바꾸는 일이었다. 정복자 메메트 2세는 말을 타고 성 소피아 성당으로 가서 이슬람식 예배를 드리고 콘스탄티노플의 종말을 알렸다. 그리고 오스만 군대의 전통 군율에 따라 3일간 콘스탄티노플 약탈이 허용됐다. 3일째 술탄 메메트 2세에 의해 모든 무질서가 종식되고, 비잔틴 시민의 생명과 종교의 자유에 대한 보장이 공표됐다. 조세 제도의 확립으로 비잔틴 장인과 무역상의 이익을 보장해 주었고, 밀레트 제도를 통해 다양한 종교와 문화의 개체성을 인정했다. 이슬람 종교의 개방성과 포용성이 여지없이 실현된 시기가 오스만 제국이었다. 이러한 개방성을 토대로 이슬람 문명은 다양성을 갖고 통합적 성숙을 이룰 수 있었다. 이는 인류 문명, 특히 서구의 각성에 크게 기여하는 결과가 되었다.

유럽은 오스만 제국이라는 동방 문화권과 직접 접촉함으로써 동방의 새로운 기운과 문명을 급속도로 받아들였다. 이로써 곧바로 르네상스가 시작되었을 뿐만 아니라, '지리상의 발견'이라 불리는 유럽인의 대항해 시대가 열리게 됐다. 콘스탄티노플의 함락으로 중세가 종식되고 근대로 나아가게 됐다. 유럽에서는 교황을 중심으로 콘스탄티노플 회복을 위한 십자군 결성이 논의됐으나 로마 가톨릭의 콘스탄티노플 정교에 대한 적대감, 유럽 각국의 내부 투쟁으로 결실에 이르지 못했다.

메카 점령과 이슬람 세계 종주국으로서의 지위

당시 이슬람 세계의 강대국이었던 이집트 맘루크 왕조를 제압하고자 전쟁에 나섰던 오스만 제국 술탄 셀림 1세는 맘루크를 무너뜨리고 압바스조의 허수아비 칼리파 무타와킬과 함께 대사원에서 금요 예배를 집전한 후 1516년 8월 29일에 공식적으로 칼리파직을 이양받았다. 이와 함께 바그다드 칼리파가 공식 행사 때 사용하던 예언자의 외투, 그의 수염, 인장, 검, 활 등 성스러운 유물들이 이스탄불로 옮겨졌다. 이로써 오스만 술탄들이 이슬람 세계의 최고 통치자(칼리파)가 되었고, 1923년 터키 공화국이 선포되어 칼리파제가 공식으로 폐지될 때까지 이스탄불이 이슬람 세계의 중심 역할을 했다. 이로써 종교, 문화적인 면에서 메카와 메디나, 예루살렘 등 이슬람 성지들을 통치하고 오스만 술탄이 칼리파가 됨으로써 세속과 종교의 실제적인 최고 통수권을 행사하게 됐다.

무엇보다 중요한 것은 지적 유입이었다. 당대 최고 무슬림 학자, 과학자, 예술가들이 이스탄불로 몰려들면서 이슬람의 우수한 과학과 기술, 문화가 자연스럽게 소개됐다. 오스만 제국은 역사상 가장 번영한 이슬람 제국이 되었다.

chapter 4

이슬람 개혁과 세속주의 강화

1922년 오스만 왕정이 붕괴되면서 칼리파 제도는 위기를 맞았다. 결국 1924년 3월 3일, 이슬람 정치 체제의 상징이었던 칼리파 제도가 폐지됨으로써 정신적 통합의 마지막 보루도 무너졌다. 이와 함께 공화국 터키도 이슬람 세계 종주국으로서의 위상보다는 서구 중심 글로벌 세계의 일원으로 뛰어들겠다는 의지를 분명히 했다. 동시에 구세계와의 과감한 단절을 위해 새로운 터키 대통령 무스타파 케말 아타튀르크는 놀라운 반이슬람 개혁 조치들을 연이어 실행해 나갔다. 오스만 왕정 추종 세력과 이슬람 보수주의자들을 제압하기 위한 정치적 강공책이었다.

그 결과 1924년 3월, 이슬람법을 관장하던 '샤리아와 이슬람 재단부'가 폐지되고 종교청으로 격하돼 총리실에 예속됐다. 종교 재판을 관장하던 샤리아 법정도 일반 법정으로 바뀌었다. 교육부가 만들어지면서 공식 교육을 담당하던 종교 학교를 대신해 모든 교육이 초등학교 의무 교육과 함께 일반 학교 교육으로 전환됐다. 1925년 1월 25일에는 〈모자법〉이 통과되어 종래 이슬람의 상징처럼 따라다니던 여성의 터번 착용과 남성의 붉은색 페즈 모자 착용이 금지됐다. 대신 서구식 중절모 착용이 장려됐다. 민중적 이슬람의 뿌리였던 이슬람 신비주의의 정비를 위해 성자 무덤 참배와 다양한 수피 신앙 의례들이 제한되거나 철폐됐다. 오랜 이슬람 전통과의 단절을 의미하는 이 조치에 엄청난 사회적 파장이 따랐다. 그해 11월에는 음력에 기초한 이슬람 달력과 역법을 폐지하고 서양 달력을 채택했다. 이슬람의 전통적 종교 휴일인 금요일 대신 일요일을 휴일로 하고, 근무시간도 국제적 기준에 맞추었다. 결정적으로 1926년 2월 17일 스위스 민법에 기초한 근대적 법률이 도입되어 공표됨으로써 600년간 지속되던 오스만식 이슬람법과 관행은 더 이상 설 땅을 잃었다. 민법과 형법을 포함한 모든 법률은 서구식 제도를 본떴으며, 이슬람 관행은 민간에서 하나의 전통으로 유지될 뿐이었다.

나아가 여성의 지위와 사회 참여에도 놀라운 변화가 일어났다. 이슬람의 일부다처가 폐지되고, 결혼은 종교적 관습이 아닌 법적인 틀 속에서 공식적으로 인정되고 보호됐다. 남성에 의한 일방적인 이혼은 인정되지 않고 반드시 법정 결과에 따르도록 했다. 여성의 정치 참여도 법적으로 보장되어 1930년 지방 자치 선거에서 여성의 선거권과 피선거권이 인정됐고, 1934년에는 국회의원 선거권과 피선거권이 주어졌다. 사회적인 현실은 아직도 남성 우월이 지배적이었지만, 적어도 법 앞에 양성 평등은 보장받았다. 이것이 후일 터키가 이슬람권에서 여권 신장이 가장 앞선 나라로 평가받는 기틀이 되었다.

1928년에는 또 다른 결정적인 변화가 이어졌다. 문자 개혁이었다. 천 년 가까이 사용한 터키어의 아랍어 표기를 버리고 라틴어 알파벳을 도입한 것이다. 이는 과거 역사 및 전통과의 단절이라는 불이익에도 문맹 퇴치와 서구식 근대화에 불을 댕기는 중요한 계기가 됐다. 같은 해 이슬람교를 국교로 하는 조문이 헌법에서 삭제됨으로써 종교의 자유와 세속화로 가는 커다란 진전을 이루었다. 1931년에는 도량형 개혁을 통해 미터와 킬로그램 단위가 전국적으로 정착되었고, 1934년에는 사회적 변혁에 해당되는 '성씨(姓氏) 제도'를 실시했다. 지금까지 터키에서는 유목적인 관습에 따라 성씨 제도가 정착되지 못하고 아버지와 할아버지의 이름을 함께 사용해 왔다.

이러한 연이은 개혁 조치들은 1937년 신헌법에서 터키 공화국이 세속 국가임을 다시 한 번 확인함으로써 마무리됐다. 이슬람의 가치 대신 세속주의로 터키의 새로운 운명을 개척하겠다는 케말 아타튀르크의 의지는 오늘날 터키 공화국의 새로운 정체성을 형성하는 두터운 기초가 되었음은 물론이다. 아타튀르크는 정치, 사회적 개혁에 머물지 않고 지적 변화에도 관심을 집중해 1925년 터키역사학회, 1932년 터키언어학회를 창설하고 새로운 공화국 시대에 걸맞은 터키 역사의 정립과 언어 연구에도 심혈을 기울였다.

오늘의 터키 이슬람

오늘날 약 8천만 명의 터키 인구 중에 약 98% 정도가 무슬림인 것으로 나타난다. 이슬람 종파는 순니 중심이고, 4대 학파 중에는 하나피가 압도적이다. 현재 이슬람 종교 기구와 활동은 세속주의 고수 헌법에 묶여 중앙 정부 통제를 받고 있으며 전국에 있는 약 8만의 모스크가 정부 주도로 통제되고 있다. 한편 4대 칼리파 알리(Ali)를 추종하는 알레비파는 터키 무슬림 중 약 1,500만에서 2천만 명 정도이다. 터키 알레비파는 종교 계율이나 성격에서 이란 등지의 쉬아파나 다른 나라의 알레비파와는 다르고 교류나 연대도 약한 편이다. 이와 별도로 터키 쉬아파 인구도 300만 명 정도로 추산된다.

전체 국민에서 무슬림이 차지하는 비율이 98%에 가까울 정도로 무슬림 숫자가 많지만, 종교를 삶에 실천하는 종교 지수는 이슬람 국가 중 가장 낮다. 최근 갤럽이나 퓨 리서치 등 여론 조사 결과에 의하면 터키 무슬림 중 제대로 이슬람의 가르침을 따른다고 응답한 숫자는 약 15%에 불과하다.

터키 내 기독교인 숫자는 다양한 종파를 합쳐 12만 명 정도로 나타난다. 세부적으로 동방 정교 8만 명, 로마 가톨릭 3만 5천 명, 안디옥 정교 1만 8천 명, 유대인이 5천 명 규모이다. 현재 236개의 각종 교회가 종교 의례를 집전하고 있으며, 특히 동방 정교는 4세기 이후 지금까지 이스탄불에 총본부를 두고 있다.

아랍의 이슬람은 강하고 호전적인 인상이 강하다. 테러라는 사건을 중심으로 하는 서구 뉴스 매체의 영향 때문이다. 그러나 터키의 이슬람은 매우 합리적으로 온건한 이미지가 강하다. 금요일 낮에는 합동 예배(주마)가 열리며 이스탄불에 있는 3천여 개의 모스크에서 일제히 예배 시작을 알리는 아잔 소리가 오케스트라처럼 퍼져 나온다. 그러면 시민들은 길거리까지 나와 깔개를 깔고 경건하게 기도를 드린다. 같은 시각 술탄 아흐메트 모스크 주변 카페에서는 이슬람의 금주 규율을 지키지 않는 터키 사람들이 삼삼오오 맥주를 마시는 모습도 보인다. 누구 하나 손가락질하거나 혀를 차는 사람도 없다. 얼굴까지 히잡을 눌러쓴 여인들과 거의 반라의 여인들이 나란히 길을 걸어가도 조금도 불편하지 않는 나라가 터키다. 무엇보다 세속주의를 국가 근간으로 삼아 종교가 정치에 간섭하지 못하게 헌법으로 명시해 놓았다. 그래서 국민 98%가 이슬람교를 믿고 있음에도 간통죄와 사형제를 이미 폐지했으며, 최근에는 〈남녀 균분 상속법〉을 제정해 공표했다. 총선을 통해 민선 여성 총리를 배출한 나라이기도 하다. 최근 아랍 민주화 시위로 새로운 정권이 등장한 아랍 국가들이 이슬람식 민주주의를 지향하면서 터키 모델을 따르고 있는 것은 결코 우연이 아니다.

그런데 지난 80여 년간의 반이슬람적 세속주의에 염증을 느낀 무슬림 국민이 이슬람의 재해석과 이슬람 가치를 강조하면서 새로운 변화를 요구하기 시작했다. 이런 추세야말로 타이이프 에르도안이 주도해 터키 내 이슬람주의자들이 정의발전당을 창당하고 15년 가까이 집권에 성공할 수 있었던 배경이다. 이슬람과 서구의 접목과 협력이라는 새로운 모델을 창출해 내는 데 성공했기 때문이다.

그러나 터키의 이슬람은 2011년 아랍 민주화 시위 이후 바뀌고 있다. 특히 2016년 7월 정부 전복을 꾀하는 군부 쿠데타가 실패한 이후 가혹한 반대파 숙청이 이루어졌고, 또 다른 이슬람 조직인 페툴라 귈렌 세력을 테러 단체로 몰아 축출했다. 터키 내 이슬람 정치 세력 간 새로운 이념 지도가 그려지고 있다.

13

파키스탄

신양섭 명지대학교 중동문제연구소

이슬라마바드

■ **국가 개황**

· 국명: 파키스탄 이슬람 공화국(Islamic Republic of Pakistan)

· 국가 체제: 내각 책임제

· 언어: 우르두어, 펀자브어, 신디어, 푸쉬트어, 영어

· 인구: 200,813,818명(유엔, 2018)

· 종교 분포: 이슬람교 99%(순니 77%, 쉬아 20%), 힌두교, 기독교

■

세계 4대 문명 중 하나인 인더스 문명의 발상지 인더스강을 끼고 있는 파키스 탄은 기원전 2천 년경 인도 아리아족이 이주해 원주민과 혼혈을 이루고 정착 한 결과 오늘날까지 인도 아리아족이 다수를 이루고 있다. 이 지역은 중동 및 중앙아시아에서 인도로 통하는 길목에 위치해 역사상 수많은 외족의 침략에 시달려야 했다. 기원전 6세기 이후 바로 이웃한 페르시아의 침략을 필두로 기 원전 4세기 알렉산드로스가 이끄는 그리스 침략, 기원전 2세기 이후 스키타

이족의 침략, 8세기 초 이슬람을 가져온 아랍의 침략, 13세기 초 인도 최초의 이슬람 국가인 델리 술탄국과 그 뒤를 이은 인도 최후의 대제국 무굴 제국을 세운 튀르크족의 침략 등이 대표적인 사례이다. 그리고 18세기부터 해양 쪽에서 진출해 온 영국의 식민 제국주의의 희생양이 되어야 했다.

제2차 세계대전 뒤인 1947년 인도에서 분리 독립한 파키스탄은 무슬림 국가 가운데 이슬람의 이름으로 독립한 유일한 국가이다. 무슬림 다수 지역을 중심으로 독립한 결과 처음에는 인더스강 유역의 서파키스탄과 갠지스강 유역의 동파키스탄으로 영토가 1,600㎞ 떨어진 채 독립했다. 이후 1971년 동파키스탄이 방글라데시라는 국명으로 다시 분리 독립하면서 서파키스탄이 파키스탄의 국명을 유지한 채 오늘에 이르고 있다.

영토는 인더스강을 따라 북동쪽에서 남서쪽으로 길게 이어져 있다. 북동쪽은 험악한 히말라야 산악 지대를 형성하고 있고 남서쪽은 인도양과 접하며 인더스강 델타 지역을 형성한다. 서쪽으로 이란, 북서쪽으로 아프가니스탄, 북동쪽으로 중국, 동쪽으로 인도와 국경을 접하고 있다.

2억이 넘는 파키스탄 인구 중 거의 97%가 무슬림이어서 파키스탄은 인도네시아에 이어 세계에서 두 번째로 많은 무슬림 인구를 보유하고 있다. 비록 편자브, 신드, 파슈툰, 발루치, 무하지르*의 5개 민족 집단으로 구성되어 있지만, 절대다수의 무슬림이 믿고 있는 이슬람으로 국가 정체성을 유지하고 있다. 비무슬림 소수 공동체로는 기독교, 힌두교, 파르시스** 등이 있다. 무슬림 인구 중에 15~20%는 쉬아파로, 이란에 이어 두 번째로 많은 쉬아파 무슬림을 보유한 국가이다.

---

* 이주자를 의미하는 아랍어에서 파생된 용어로, 파키스탄과 인도의 분리 독립 이후 인도로부터 이주해 온 우르두어를 구사하는 무슬림을 지칭한다.

** 이란에서 박해를 피해 인도로 이주해 온 조로아스터교도를 지칭하며, '페르시아에서 이주한 자들'이라고 해서 파르시스라고 부른다.

chapter 1

인도 아대륙의 중세 이슬람 역사

아라비아반도와 인도 아대륙 사이의 무역 관계는 고대부터 존재했다. 이슬람 이전부터 이미 아랍 상인들은 인도 남서부 말라바르 해안 지방을 통해 동남아 지역까지 진출했다. 이슬람 이후에도 아랍 무슬림의 인도 진출은 활발했다. 이슬람 역사가들은 무슬림을 싣고 인도 해안에 배가 처음 들어온 것은 630년이었다고 기록하고 있다. 선교를 위해 인도에 온 최초의 아랍 무슬림은 바스라 출신의 말리크 빈 디나르로, 그의 이름을 딴 모스크가 인도 남부 카사르고드에 세워졌다. 이 모스크가 인도에 세워진 최초의 모스크로 알려져 있다. 하지만 민간 차원이 아닌 국가 차원의 인도 아대륙 정복은 711년에 최초로 이루어졌다.

711년 이전까지 역사적으로 수많은 이민족 군대가 인도 아대륙을 침략했지만, 이민족들의 문화나 정치가 인도에 끼친 영향은 미미했다. 심지어 우수한 문화를 가진 페르시아나 그리스인도 인도를 침략했으나 그들의 영향력은 시대가 흐르며 곧 사라져 갔다. 기원전 2세기부터 서기 8세기까지 수많은 북방 유목 민족이 인도를 침략했지만, 그들의 문화는 오히려 인도 문화에 흡수되었다. 하지만 711년 무슬림 군대의 침략은 인도 문화사에 획기적인 전환점이 되었고, 수천 년간 유지되어 오던 인도 아대륙의 문화를 완전히 뒤집어 놓았다. 그것은 바로 무슬림 군대가 가져온 이슬람이라는 종교와 문화의 힘이었다.

아랍 군대가 오늘날 파키스탄이 차지하고 있는 인더스강 유역 신드 지역에 출현한 것은 711년이었다. 우마이야 제국의 칼리파 왈리드 1세가 무함마드 빈 카심 장군에게 인도 정벌을 명령한 것이다. 그들이 가져온 종교 이슬람과 인도의 다수 종교 힌두교는 서로 인정하기 어려운 다른 성격의 종교였다. 다신교의 힌두교에 비해 이슬람은 유일신교였으며, 이슬람이 신 앞의 만민 평등을 가르치는 반면, 인도 사회는 철저한 계급 제도 카스트의 기반 위에 구축되어 있었다. 그럼에도 항상 평화적인 것은 아니었지만 두 종교는 인도 아대륙에서 그럭저럭 공존할 수 있었으며, 이러한 상황은 오늘날까지도 지속되고 있다.

인도에 진출한 아랍 군대의 팽창은 라즈푸트라고 불리는 인도 각지의 봉건 영주에게 저지당했다. 이 때문에 무슬림의 지배는 인도 북서부 지역 인더스강 유역에 한정됐지만, 그들의 비교적 관대한 통치는 토착민의 이슬람 개종을 이끌어 냈다. 이 지역은 오늘날까지 무슬림 절대다수 지역으로 남아 있다. 이후 이 지역은 장차 무슬림의 인도 침략을 위한 군건한 교두보가 되었다.

9세기 말부터 압바스 제국은 점차 쇠락하기 시작했다. 수도 바그다드의 칼리파뿐만 아니라 인도 북서부 지역의 허약해진 무슬림 왕조들도 중앙아시아에서 데려온 튀르크족 용병들에게 호위를 맡겼다. 이 튀르크족 용병들이 나중에 자기 왕조를 세우고 중동 전역의 패권을 장악했고, 그 일부가 1천 년경부터 인도까지 침략해 들어왔다. 아랍인에 비해 이들의 침략은 훨씬 더 무자비하고 파괴적이었다. 인도를 침략한 최초의 튀르크 군주는 가즈나 왕조의 술탄 마흐무드였다. '우상 파괴자'라는 별명이 말해 주듯이 인도를 침략해 수많은 힌두교 사원의 신상들을 파괴했다. 그중에서도 솜나트 사원의 파괴가 압권이었다. 튀르크족은 또한 인도에 역사상 최초의 이슬람 국가인 델리 술탄국(1206~1526)을 세웠다.

인도 최후의 무슬림 왕조였던 무굴 제국(1526~1857)은 티무르의 손자 바부르가 건설했다. 중앙아시아 및 페르시아에서 티무르 후손 사이에 벌어진 영토 각축전에서 패배한 바부르는 오히려 인도에 가장 큰 제국을 건설할 수 있었다. 상대적으로 적은 궁병과 기병으로 1526년 파니파트 전투에서 델리 술탄국 군대에 대승을 거두었으며, 이듬해에는 수가 훨씬 많은 라즈푸트들의 군대를 물리쳤다. 이로써 짧은 시기에 남부 지역을 제외한 인도 전역을 지배했다. 무굴 제국은 아크바르 대제 시대에 최전성기를 맞이했다. 완고하게 저항했던 라즈푸트들을 무력으로 제압하는 대신 결혼을 통해 그들과 동맹 관계를 맺었을 뿐만 아니라 그들을 정부 요직에 등용해 무슬림 귀족의 세력을 견제했다. 또한 힌두교도에게 관용을 베풀고 무슬림 남성과 힌두교 여성 간 결혼도 장려했다. 아크바르는 또한 학문과 예술을 장려해 이후 자한기르, 샤자한, 아우랑제브에 이르기까지 150년 넘게 당대 최고의 이슬람 문화가 인도에서 꽃피게 했다. 하지만 아우랑제브 사후 무굴 제국은 급속히 몰락해 전혀 새로운 문화와 종교를 가져온 영국의 식민 제국주의에 굴복하고 말았다.

chapter 2

파키스탄의 탄생

1947년 8월 14일 영국령 인도가 분리되면서 탄생한 파키스탄은 인도 아대륙에서 무슬림이 대다수를 차지하고 있는 지역들로 구성됐다.

처음에는 동파키스탄과 서파키스탄으로 독립했지만, 서파키스탄에서 1,600km 떨어져 있던 동파키스탄이 1971년에 다시 독립해 방글라데시가 됐다.

이미 1933년에 명명된 파키스탄이라는 국명은 페르시아어에서 전성된 우르두어로 '깨끗한 땅'이라는 의미지만, 인도 아대륙 북서부 각 지역의 머리글자와 끝 글자를 조합해 만들어진 명칭이기도 하다. 다시 말해 펀자브의 P, 아프간의 A, 카슈미르의 K, 신드의 S, 발루치스탄의 ISTAN을 조합해 만들어졌다.

현재의 파키스탄은 1개의 수도권, 4개 주, 1개 특별 지역, 2개의 자치 지역으로 구성되어 있다. 수도인 이슬라마바드 수도권과 펀자브, 신드, 발루치스탄, 카이베르 파크툰크와* 4개 주가 있으며, 파슈툰족을 비롯한 여러 부족이 거주해 부족 성향이 강한 반자치 특별 지역인 연방 통치 부족 지역이 있다. 2개의 자치 지역은 파키스탄 북부의 길기트-발티스탄 지역과 인도와 영토 분쟁 중인 자유 잠무-카슈미르 지역이다.

1800년대 초반 영국 세력이 강화되기 전까지 수세기 동안 인도 대부분 지역을 지배해 온 무슬림은 자신들의 이슬람 문화가 점차 서구 및 힌두교적 이상과 가치관에 침식당하고 있다는 위기감을 느끼기 시작했다. 이에 대응해 사이드 아흐마드 칸은 교육, 종교, 지식의 개혁을 부르짖는 알리가르 현대화 운동을 주도하며 독립된 무슬림 정치 정체성 확립과 무슬림의 주권 회복을 주창했다.

서구 교육을 받은 무슬림 엘리트들이 다카에서 1906년 정치 단체인 전(全) 인도무슬림연맹을 조직했다. 연맹은 영국으로부터 독립한 후 힌두 민족주의 단체들에 맞서 무슬림의 권익을 옹호하려고 노력했다. 그럼에도 인도 무슬림들은 인도국민당이 주도하는 인도국민회의에 합류했으며, 영국 통치에 맞서는 킬라파트 운동을 전개했다. 킬라파트 운동은 제1차 세계대전 이후 오스만 제국 해체에 주도적 역할을 한 영국에 항거해 인도 무슬림 사이에서 출현한 운동이다. 킬라파트 운동은 인도국민회의와 동맹을 맺고 영국의 인도 통치에 도전했지만 단명으로 끝났고, 힌두-무슬림 협력은 별 성과를 얻지 못했다.

1920년대와 1930년대 인도 무슬림 사이에 힌두교 우월주의에 대한 불안이 점차 증폭됐다. 일부 무슬림 엘리트들은 힌두교 다수가 지배하는 독

---

* 2010년 이전까지는 북서접경주(North West Frontier Province, NWFP)라고 불렸으나 이 지역의 다수 민족인 파슈툰족의 반발로 우여곡절을 겪은 끝에 유명한 카이베르 준령과 '파슈툰족의 땅'이라는 의미의 파크툰크와를 합쳐 개명됐다.

립 이후 인도에서는 무슬림 공동체의 권익을 보장받기 어려울 것이라고 믿었다. 이러한 엘리트의 대표적인 인물이 시인이자 철학자였던 무함마드 이크발이었다. 그는 인도 북서부 지역에 '통합된 무슬림 국가'를 생성함으로써 특정한 영토 내에서 '문화적 힘으로서의 이슬람적 삶'을 집중시킬 수 있다고 주장했다. 그의 주장에 동조한 무슬림연맹(Muslim League, ML) 지도자 무함마드 알리 진나는 '두 국가 이론(Two Nations Theory)'을 제시하면서 이슬람과 힌두교에 기초를 둔 별도의 두 나라를 건설하자고 주장했다. 영국은 무슬림연맹의 주장을 받아들였다. 이로써 1947년 8월 14일 인도 아대륙 북서쪽에 파키스탄이라는 신생 독립국이 탄생했다.

chapter 3

파키스탄의 이슬람 종파

독립 후 파키스탄의 정치는 이슬람 성향 및 이데올로기가 다른 수많은 정당 및 종파의 얽히고설킨 이해관계에 큰 영향을 받았으며, 군부까지 가세해 혼란이 거듭됐다. 파키스탄에서 이슬람의 정치, 종교적 상황은 최소한 네 가지 카테고리로 설명할 수 있다. 정통 순니파의 전통주의 이슬람, 수피 종단들을 기초로 한 수피주의 이슬람, 서구 교육을 받은 엘리트의 현대주의 이슬람, 이슬람 부흥 운동을 외치는 극단적인 근본주의 이슬람이 그것이다. 그 밖에 소수 집단인 쉬아파와 아흐마디파가 있다.

전통주의 이슬람

전통주의 이슬람은 순니파를 의미하며, 꾸란과 예언자 무함마드의 규범적 관습(sunnah)을 중시한다. 파키스탄 순니파는 3개의 주요 종파로 나뉘는데, 정통 순니의 데오반디파와 수피 성향의 바렐비파 그리고 소위 '하디스의 사람들' 및 그 분파들에 기원을 둔 매우 보수적인 와하비파가 그들이다. 이 중 바렐비파가 70% 이상을 차지한다. 데오반디파는 다양한 신학적 문제에 대해 바렐비파와 의견을 달리한다. 데오반디파가 이슬람의 경전 해석을 중시하는 반면, 바렐비파는 전통적으로 인도-파키스탄 이슬람 문화의 특징이라고 할 수 있는 수피즘 및 영적 문제를 강조하며 보다 온건적인 형태의 순니파로 발전했다.

데오반디 성향의 이슬람울라마협회(Jamĭ'at'Ulamā-e Islām, JUI)와 바렐비 성향의 파키스탄울라마협회(Jamĭ'at'Ulamā-e Pākistān, JUP)는 서로 강한 경쟁의식으로 항상 대립해 왔다. 이슬람울라마협회의 보수적 법학자들은 이슬람법을 엄격하게 고수하기를 주장하지만, 파키스탄울라마협회는 대중적인 성격을 띠며 다른 정통 보수주의자들이 반대하는 성인 숭배를 받아들이는 등 수피 성향을 보이기도 한다. 세 번째 학파인 '하디스의 사람들' 울라마협회(JUAH)는 철저한 유일신론을 바탕으로 일체의 수피 성인 숭배 및 수피 성소 방문을 강하게 비난하고 있다. 이들 중 극단적 보수주의자들이 살라피 운동을 벌이며 근본주의 이슬람을 발전시켰다. 또한 이들 중 전문적 지식이 없는 일반 무슬림과 몇몇 법학자들이 비정치적 성격의 타블리기 자마아트를 조직해 무슬림 각자의 정신적, 도덕적 쇄신을 위한 풀뿌리 선교 운동을 벌이고 있다.

수피주의 이슬람

파키스탄의 수피 이슬람은 정통 이슬람이 아직 효과적으로 파고들지 못한 농촌 지역의 대중적 수피즘을 기반으로 발전했다. 이미 남아시아 전역으로 퍼져 나간 수피 종단들은 펀자브 대부분 지역과 신드 일부 지역에서 대중의 열광적인 인기를 얻고 있다. 파키스탄에서 가장 유명한 수피 종단에는 카디리, 낙쉬반디, 치슈티, 수흐라바르디 종단 등이 있는데, 각 종단들은 수많은 수피 수행자들을 포함하고 있다.

수피 종단들이 주로 농촌 지역을 중심으로 발전하다 보니 그 지역의 토속 신앙과 융화되어 비정통적 의식 및 관습을 실행하는 경우가 많다. 또한 신과 인간 사이에 성인들의 중재적 역할을 인정한다. 그래서 성인 숭배 및 성소(dargāh) 순례의 관습을 행할 뿐만 아니라 스승(pīr)과 제자(murīd) 사이의 영적 관계를 믿고 있다. 주요 수피 성소 대부분이 1959년과 1961년 대통령 아유브 칸의 현대화 계획으로 몰수되어 정부에 귀속됐지만, 성소에서의 수피 의식 및 관습은 여전히 유지되고 있다. 수피 스승 가문 출신의 상당수가 이러한 정신적 영향력을 이용해 총선 및 지방 선거에서 승리해 국회 및 주 의회에 진출하고 있다.

수피 이슬람의 또 다른 줄기는 최근에 발생한 학자적 혹은 지성적 수피 운동으로, 도시에 기반을 두고 지식층 사이에서 점차 인기를 끌고 있다. 이 현대적 수피주의자들은 서구 물질주의에 대한 대안으로 이슬람 철학을 제시한다. 수피즘은 이슬람의 심장이며 이슬람의 부흥은 무슬림 각자의 영적 계몽으로부터 시작된다고 그들은 주장한다.

현대주의 이슬람

개혁주의 혹은 자유주의라고도 불리는 현대주의 이슬람은 사이드 아흐마드 칸의 저서들과 '알리가르'라고 불리는 그의 교육 개혁 운동에 기원을 둔다. 사이드는 이슬람법의 목적을 이해하는 데에는 이성적 사고의 역할이 중요하다고 강조했으며 법이나 교리상 문제에 있어 독립적 추론인 이즈티하드(ijtihād)가 허용되어야 한다는 주장을 펼쳤다. 20세기 최고 사상가 중 하나로 간주되는 무함마드 이크발의 저서에서도 현대주의 이슬람이 발견된다. 이슬람에서 '운동의 원리' 중 하나인 이즈티하드를 다시 활성화시키고 이슬람의 근본적인 법적 원리를 현대의 조건 및 사상에 비추어 재해석해서 이슬람의 종교 사상을 재구성하자는 그의 강력한 호소는 남아시아 이슬람 현대주의를 위한 원동력이 됐다.

근본주의 이슬람

사이드 아불 아을라 마우두디가 1941년에 세운 이슬람협회(Jamā'at-e Islāmī, JI)는 오늘날 파키스탄에서도 부흥주의, 근본주의 이슬람을 대표하고 있다. 그러나 과거 20여 년간 이슬람협회는 전통주의 이슬람의 이슬람울라마협회 및 파키스탄울라마협회와도 정치적으로 협력해 왔다. 이슬람협회는 파키스탄 정치에 적극적으로 참여하며 파키스탄에서 이슬람의 학문적, 정치적 담론이 활성화되는 데 큰 역할을 수행했다. 지지 기반은 전통적인 소규모 부르주아 계급과 경제 분야에 종사하는 하류 및 중류층 무슬림들이다.

이슬람협회는 이슬람법을 철저히 적용하는 이슬람 국가의 건설을 통해 이슬람 부흥을 모색하고 있으며, 이슬람의 사회 경제적 이상을 구현하고자 정권 장악에 역량을 집중하고 있다. 세속적 자유주의, 공산주의, 이슬람 현대주의에 대항해 격렬한 이데올로기 투쟁을 벌이는 이슬람협회는 사회 종교적 문제에 대해서도 가장 보수적인 목소리를 표출해 왔지만, 총선에서는 계속 저조한 득표율을 기록했다. 한때 군부나 관료층에 침투하는 데 성공함으로써 파키스탄 정치에 큰 영향력을 행사한 적도 있다.

가장 잘 조직되고 훈련된 이슬람협회는 아프가니스탄, 카슈미르, 보스니아의 이슬람 저항 운동 지지자들뿐만 아니라 팔레스타인 및 2003년 이후 이라크 무슬림 단체들과도 가깝게 교류해 왔다.

쉬아파 이슬람

파키스탄의 쉬아파 소수는 과거 20여 년간 반쉬아파 태도를 표출해 왔던 순니파 다수가 두려워 일반적으로 세속 정권을 지지해 왔다. 파키스탄 초대 대통령 무함마드 알리 진나(재임 1947~1948)와 2명의 대통령 이스칸데르 미르자(재임 1956~1958), 아가 무함마드 야흐야 칸(재임 1969~1971)이 모두 쉬아파였다. 인접국 이란에서 1979년에 발생한 이슬람 혁명은 파키스탄 쉬아파 공동체에 큰 반향을 불러일으켜 자신들의 종교적 인식을 강화하고 종파적 정체성을 일깨우는 계기가 됐다. 파키스탄의 쉬아파는 1979년 '자으파리 법학 적용 운동'이라고 불리는 종교, 정치적 정당을 조직해 정치에도 끼어들었다.

파키스탄의 쉬아파 인구 대다수가 열두 이맘 쉬아파지만, 소수의 이스마일리 쉬아파도 존재한다. 그중 무스타을리 쉬아파에 속하는 다우디 보흐라와 술레이만 보흐라는 자신들의 모스크를 갖고 있다. 지도자 칭호가 아가 칸이어서 아가 카니라고도 불리는 니자리 이스마일리파는 자신들의 집회 장소이자 예배 장소인 자마아트하네를 갖고 있다. 이스마일리파의 정신적 지도자인 아가 칸은 20세기 초 무슬림 연맹 창설에 핵심적 역할을 담당했다.

아흐마디파

미르자 굴람 아흐마드에 의해 시작된 아흐마디파는 파키스탄의 무슬림 소수 집단으로 출발했다. 하지만 1974년 파키스탄 정부는 헌법을 개정해 예언자 무함마드를 마지막 예언자로 믿는 사람만이 무슬림이라고 정의하면서 아흐마디파는 무슬림이 아니라고 선언했다. 아흐마디파는 무함마드가 법을 가져온 가장 훌륭한 예언자라고 믿지만, 창시자 미르자 굴람 아흐마드 역시 기독교의 예수처럼 무슬림의 구원자라고 주장한다. 이 때문에 결국 아흐마디파는 의회 결정에 따라 비무슬림으로 선언됐다.

1998년 인구 조사에서는 전체 인구의 0.22%만이 아흐마디파라고 발표했지만, 아흐마디파는 스스로 전체 인구의 2.2%에 해당하는 약 400만 명이라고 주장한다. 파키스탄의 첫 외무부 장관이었던 자파룰라 칸이 아흐마디파 소속이었다.

chapter 4

유네스코 문화유산

현재 파키스탄의 유적지 6개가 유네스코 문화유산으로 등재되어 있다. 세계 4대 문명 발상지 중 하나인 인더스강 유역의 모헨조다로는 기원전 2500년경에 건설된 기획 도시로, 가장 규모가 큰 고대 인류 정착촌 중 하나이다.

기원전 1세기 파르티아 제국 시대에 조로아스터교 사원으로 지어졌다가 후에 불교 수도원으로 변경된 탁티 바히는 산꼭대기에 지어진 관계로 수많은 이교도의 침략에도 고이 보존될 수 있었다. 비슷한 시기에 지어진 바로 옆의 고성 사흐리 바흘롤과 함께 1980년에 등재됐다.

역시 1980년에 등재된 '암벽의 도시' 탁실라는 지정학적 위치 때문에 기원전 5세기부터 서기 2세기까지 여러 시대를 거치면서 페르시아, 그리스, 중앙아시아 문화의 영향을 받아 건설된 유적지이다. 마지막에는 불교 승려들이 공부하는 수도원으로 사용되다가 5세기 훈족의 침략으로 파괴됐다.

라호르 도시 북쪽에 위치한 라호르성은 11세기에 흙벽돌로 지어졌다가 무굴 제국 최전성기인 17세기에 완전히 새로운 모습으로 개축됐다. 이 성은 21개 유적지를 포함하고 있는데, 그중 일부는 아크바르 대제 시대에 건축된 것이며, 나머지 대부분은 건축광으로 알려졌으며 인도의 타지마할을 건축한 샤자한 시대의 것이다. 이 성은 바로 이웃한 샬리마르 정원과 함께 1981년 등재됐다.

샬리마르 정원은 페르시아 정원 양식을 모방해 무굴 제국 시대인 1637~1641년 사이에 조성됐다.

신드 지역 주요 도시 중 하나인 타타 역시 세 왕조의 수도로 영화를 누리며 수많은 유적지를 보유하고 있다. 14세기부터 18세기까지 수백 년간 타타 도시의 공동묘지로 조성된 마클리에는 약 50만 개의 무덤이 있는 세계에서 가장 큰 공동묘지 유적지 중 하나이며, 1981년 등재됐다. 샤자한 모스크는 현재 유네스코 문화유산 후보지로 등록되어 있다.

16세기에 지어진 로흐타스성은 무굴 제국 황제위에서 쫓겨나 페르시아로 망명했던 후마윤의 귀환을 막고자 아프간족의 왕 시르 샤가 건설했다. 수백 년이 지난 오늘날까지 거의 그대로 보존되고 있는 4km 둘레의 거대한 성이다. 건축에만 8년이 걸렸지만 1555년 후마윤에게 점령당했다.

이외에도 1673년 무굴 제국 시대에 건축된 라호르 바드샤히 모스크, 물탄에 있는 수피 성인 루크네 알람 성묘, 세계에서 가장 큰 성 중 하나인 라니 코트성 등 18개의 유적지가 현재 유네스코 문화유산 등재 후보지로 지정되어 있다.

카이베르 고개

카이베르 고개는 해발 1,070m에 위치한 아프가니스탄과 파키스탄을 잇는 역사적인 준령을 일컫는 말이다. 중앙아시아에서 인도 아대륙으로 통하는 중요한 지정학적 요지에 위치해서 무역 통상로의 관문일 뿐만 아니라 군사적 요충지였다. 인도 아대륙을 침략했던 역사적 사건들은 모두 카이베르 고개를 통과했다. 페르시아 제국의 다리우스 1세, 마케도니아의 알렉산드로스, 몽골 제국 칭기즈 칸 등이 모두 이 험준한 고개를 통과해 인도 정벌에 나섰다. 근대사에서 이 고개는 파슈툰족의 지배 영역에 속한다. 파슈툰족은 이곳을 통과하는 대상들의 안전을 지켜 주는 대신 통행세를 부과해 부족의 주요 수입원으로 삼았다.

인도 아대륙을 지배한 영국은 카이베르 고개의 지정학적 중요성을 인식해 제1차 세계대전 이후인 1925년 이 험준한 지역까지 철도를 개설했으며, 제2차 세계대전 중에는 독일 전차 군단의 진입을 막고자 '용의 이빨'이라고 불리는 요새를 건설하기도 했다.

카이베르 고개는 사제 총기 제작 지역으로도 유명하다. 폐기된 차량이나 고물, 심지어는 철로까지 뜯어내 제작된 사제 총기들은 아프가니스탄 및 파키스탄에 준동했던 무장 세력들에게 공급됐다. 2001년 이후 아프가니스탄에 주둔한 미군 및 나토군의 무기와 식량 80%는 카이베르 고개를 통해 공급되고 있다. 이 때문에 오늘날 이 지역은 파키스탄 정부군의 주요 군사 작전 지역이자 탈레반의 주요 공격 목표이다.

14
필리핀

유왕종 한국외국어대학교 아랍어통번역학과

■ 국가 개황

· 국명: 필리핀 공화국(Republic of the Philippines)

· 국가 체제: 공화정

· 언어: 필리핀어, 영어

· 인구: 106,512,074명(유엔, 2018)

· 종교 분포: 가톨릭 83%, 개신교 9%, 이슬람교 5%, 불교 및 기타 3%

■

필리핀은 1571~1898년 스페인, 1898~1946년 미국, 1942~1945년 일본의 식민 통치를 경험하면서 인종, 종교, 문화적으로 다양한 분리가 발생했다. 예컨대 스페인은 필리핀에 가톨릭을 확산시켰고, 미국은 개신교를 도입했다. 그러나 스페인 통치 이전에 이미 이슬람교가 전래되어 민다나오섬을 중심으로 정착되어 있었다.

필리핀은 1946년 7월 미국으로부터 독립한 직후 과거 항일 인민군의 반정부 투쟁을 경험했으나, 1950년대 초 당시 국방 장관인 막사이사이가 이를 진압, 타결했다. 이후 1970년을 전후한 시점부터 시작되어 현재에 이르는 필리핀 내 반정부 무장 투쟁은 크게 보아 공산계 반군과 이슬람교계 분리 독립 무장 집단에 의해 이루어져 왔다.

필리핀 남부의 민다나오와 술루 군도를 중심으로 밀접해 있는 필리핀 무슬림들은 가톨릭이 지배 종교인 필리핀 사회에서 종교적, 문화적으로 소수 종족이다. 또한 일반적으로 알려진 것과는 달리 모로는 단일한 소수 종족이 아니라 인구 85% 이상의 가톨릭교도에 대항하는 민다나오와 술루 지역의 13개 다양한 문화적, 언어적 집단들로 구성된 필리핀 무슬림을 지칭하는 말이다. 모로는 필리핀 사회에서 종교적 차원의 소수 종족이다.

민다나오와 술루 지역은 원래 필리핀에 속하지 않는 독립된 이슬람 국가였다. 현재 민다나오섬 남부와 술루 군도 홀로섬에는 술탄들의 지배를 받았던 2개의 왕국이 자리 잡고 있었다. 특히 술루 술탄 왕국(1450~1915)은 다종족 이슬람 왕국으로, 술루 군도, 삼보앙가반도, 팔라완 그리고 오늘날 사바 지역인 북보르네오를 지배했다. 술루 술탄 왕국은 거의 5세기 동안 지속됐고, 마지막 술탄은 자말울 키람 2세였다. 스페인의 통치가 시작된 16세기 중엽 이후 기독교로의 개종을 강요하는 식민 통치에 끊임없이 대항한 필리핀 남부 무슬림은 각기 다른 문화와 언어를 가진 이질적인 종족임에도 이슬람이라는 종교적 일체감을 중심으로 공동체 의식을 갖게 됐다. 스페인의 종교적 탄압에 대항하는 이슬람 공동체가 형성된 것이다.

필리핀 무슬림이 분리 운동을 개시한 것은 1971년 마르코스 대통령의 권위주의 체제 때부터다. 필리핀 남부 지역에서는 미수아리가 이끄는 모로민족해방전선(MNLF)과 정부군 사이에 치열하고도 긴 피의 보복이 25년간 전개됐다. 마르코스 정부도 1976년 12월 23일에 이슬람회의기구 후원 아래 트리폴리 협약을 통해 정치적 해결을 시도했으나 성공하지 못했다. 1986년 필리핀 2월 민중 혁명 이후 민주화가 진전되면서 1989년 무슬림 민다나오 자치 지역을 허용함으로서 드디어 평화적 분위기가 마련됐다. 1996년 9월 2일, 마닐라 대통령 궁에서 라모스 대통령과 MNLF의 미수아리 의장은 내전을 종식시키고 민다나오 지역의 경제를 회복시키기 위한 평화와 개발을 위한 남부 필리핀 평의회(SPCPD) 구성에 대한 협정을 체결했다.

이 협정에 따라 미수아리가 이끄는 MNLF가 참여해 자치 정부를 맡고 있고, MNLF가 하심 살라맛의 모로이슬람해방전선(MILF)과도 점차 이견을 좁혀 가고 있다는 점을 고려하면 장래가 그렇게 비관적이라 할 수 없다.

1996년 8월, 필리핀 정부와 MNLF 간에 민다나오 평화 협정이 체결되면서 이슬람 반군 활동이 크게 위축됐다. MNLF가 사실상 무장 투쟁을 포기하면서 일부 무장 세력들이 정부군에 편입됐기 때문이다. 그러나 MNLF의 제도권 편입에 따라 MILF와 아부 사야프 집단(ASG) 등 여타 강경파 이슬람 반군 세력의 존재가 부각되고 있다. 특히 극렬 무장 단체인 ASG는 1,500명 규모지만 필리핀 남부 바실란섬을 근거지로, 가톨릭교의 영향력을 제거하는 데 주력하면서 납치와 테러 행위를 자행하고 있다.

최근 정부군의 대규모 공세로 이슬람 무장 집단들의 병력 규모는 감소된 것으로 알려졌으나, 자금 지원이 원활해질 경우 반군 규모 역시 증대될 수 있다. 이슬람 무장 집단들은 각기 장악 지대를 중심으로 '혁명 세금'을 징수하기도 하며, 특히 ASG는 외국인이나 민간인 납치 사건을 벌이고 엄청난 몸값을 요구하기도 한다.

chapter 1

이슬람 역사

동남아시아로 전래된 이슬람

동남아시아에 이슬람이 처음 전래된 것은 610년 이슬람이 성립된 뒤 600여 년 지난 13세기 초이다. 주로 서아시아, 특히 인도를 경유하는 이슬람은 무역상과 선교사를 통해 전파됐다. 무역상들은 통상 확대에 있어 편의상 현지 제후들과 접촉했고, 이들을 차츰 이슬람으로 개종시켰다. 당시 이슬람은 세계 문화의 선두에 있었다. 따라서 토착 제후들도 이러한 첨단 문화를 수용하는 데 있어 이슬람으로 개종하는 편이 좋다고 생각하고 있었다. 이렇게 무력 없는 개종, 즉 유혈의 역사가 없었던 만큼 동남아권의 이슬람은 온화성과 다양성으로 특징지어지게 되었다. 풀 한 포기 나지 않는 가혹한 자연 조건에서 탄생한 일신교 이슬람은 동남아의 풍부한 자연과 생활 환경을 접하면서 전파 과정에 큰 변화가 생길 수밖에 없었다.

9세기 말부터 아랍인은 필리핀과 교역하여 황금기를 구가했다. 그러나 12세기에 이르러 다양한 물품과 강력한 군사력을 배경으로 한 중국 상인이 등장하면서 기존 아랍 상인에 의한 동남아 무역 독점은 사실상 와해됐다. 1433년 명조가 해외 모험을 중지하고 해외 무역도 약화시키자 아랍인은 다시금 인도양과 동남아를 중심으로 한 기존의 해외 무역을 활성화했다. 아랍 상인 세력들도 16세기 서구인이 이 지역으로 세력권을 확대하자 다시 약화됐다.

마젤란이 필리핀에 도착하기보다 141년 먼저 이슬람이 필리핀에 들어왔다. 이슬람을 보급한 것은 주로 아랍인 상인, 선교사였다.

술루 역사에 의하면 13세기에 술루에 도착해 처음으로 이슬람을 소개한 사람은 투안 마샤이카였다. 그 후 그의 자손들은 술루 이슬람 공동체의 핵심을 구성했다.

14세기 중엽인 1380년, 아라비아 학자인 막둠은 말라카로부터 오늘날 술루 지방에 도달해 이슬람과 교리를 전파했다. 그는 메카에서 잘 알려진 학자로, 말라카 사람과 술루 사람을 이슬람으로 개종시켰다. 또한 최초로 이슬람 성원을 시무눌섬에 건축했는데, 이것은 오늘날까지 남아 있다. 그의 종교적 활동은 투안 마샤이카 자손들이 설립한 초기 이슬람 공동체가 성장하는 계기가 되었다.

15세기 초에는 수마트라 지역 왕자인 바권다가 술루에 도착해 원주민에게 이슬람을 전파했다. 바권다는 이슬람화 과정에 정치적 요인을 소개했으며, 필리핀에 최초로 화약과 코끼리를 들여왔다. 바권다가 정치적 자치를 행했다는 증거도 있다. 그는 자신의 딸 파라미술 공주를 메카에서 온 아랍 학자 아부 바크르와 결혼시켰고, 사위인 아부 바크르를 계승자로 지목했다. 아부 바크르는 정치 제도로써 술탄 지위를 도입해 정치적 힘을 강화했고, 샤리프 울 하심이란 이름으로 술루 초대 술탄이 되었다.

아부 바크르는 1450년 보르네오를 경유해 팔렘방 수마트라로부터 술루에 도착했다. 그가 술루에 도착한 뒤 이슬람화가 빠르게 진행됐다. 그는 이슬람법을 적용하는 재판관인 카디가 되었고, 바권다는 이맘이 됐다. 아부 바크르는 30년간 통치하면서 많은 이슬람 성원과 종교 학교를 설립했다. 아부 바크르는 단일화된 술탄이었을 뿐만 아니라 이슬람 공동체를 강하게 만들었다. 그 이후 이슬람 추종자들이 필리핀 남부 지역을 중심으로 영향력을 확산시켜 나갔다. 이것이 남부 필리핀 이슬람화의 시발점이 됐다.

16세기에 술루 제도는 이슬람 집의 일부분으로, 즉 무슬림의 지배에 놓여 있어 이슬람법이 완벽하게 행해지고 있는 지역이었다.

민다나오의 마긴다나오와 라나오 지역에 이슬람의 영향을 확대한 인물은 역시 외국 왕자였던 샤리프 가붕수완이었다. 16세기 초 마긴다나오 지역에 도착한 그는 많은 원주민을 이슬람교도로 개종시켰다. 또한 현지 유력 가문과 통혼 정책을 통해 세력을 확대했으며, 술탄 마긴다나오 왕국을 건설하여 초대 술탄이 됐다.

이후 이슬람은 크게 확산되어 술루 제도, 민다나오, 비사야, 루손, 마닐라 지역까지 확산됐다. 한때 마닐라에는 톤도 술탄 왕국이 건설됐는데, 만일 스페인에 의한 기독교 전파가 지연되었다면, 필리핀은 이슬람 국가가 되었을 것이 분명하다.

스페인의 진출과 미국의 식민 통치

필리핀 정복자 레가스피가 1565년 비사야 세부에 상륙해 필리핀에 기독교를 전파하기 시작했을 때 이슬람은 이미 마닐라 북쪽 지방 팜팡가까지 전파됐다. 특히 베티스, 루바오 바랑가이에서는 3천여 명의 원주민이 이슬람을 받아들였다. 그러자 필리핀으로의 이슬람 전파를 저지하고자 스페인 군대가 도착해 600여 명의 비사야군과 합류했다. 1571년 6월 8일, 스페인과 비사야 연합군이 마닐라 톤도 해안에서 맹렬한 전투를 벌였다. 연합군은 무슬림 세력을 물리쳤으며, 이후로도 300년 동안 스페인과 필리핀 무슬림 사이에 수십 차례의 피비린내 나는 전투를 벌어졌다.

만일 스페인이 조금 뒤늦게 필리핀에 들어왔다면 필리핀 전 지역에 이슬람이 전파됐을 것이다. 즉 필리핀인은 힘이 약했고 분열되어 있었기 때문에 이슬람화한 남부 필리핀 민다나오섬과 술루 군도를 제외하고 스페인이 필리핀의 모든 영토를 효과적으로 점령했다. 16세기 중엽 스페인이 점령한 이후부터 이슬람 세력은 남부 지역으로 후퇴했고, 스페인이 지배하는 내내 그 지역에서 독립적인 활동을 유지했다. 오늘날 필리핀 남부 지역에 이슬람의 영향이 강하게 남아 있는 것은 바로 이와 같은 역사적 배경 때문이다.

영어로 무어인(Moors)을 지칭하는 단어인 모로(Moro)는 원래 이베리아반도에 살았던 무슬림을 가리키는 말이다. 그런데 스페인 사람들이 필리핀 무슬림을 이베리아반도의 무슬림과 동일하게 부르면서, 이 명칭은 필리핀 남부 무슬림을 지칭하는 일반적인 말로 사용되었다. 그런데 모로라는 명칭에는 무슬림을 멸시하는 뜻이 담겨져 있지만, 필리핀 무슬림 자신들은 모로라고 부르는 데 대단한 자부심이 있다. 자신들의 전통문화(모로 문화)에 대단한 자부심이 있으며, 이를 의식적으로 육성하고 있다. 다종족 사회인 필리핀에서 모로는 단일 소수 종족이 아니라 민다나오와 술루 지역 13개의 다양한 문화, 언어 집단으로 구성된 필리핀 무슬림을 지칭하는 말이다.

즉 모로는 필리핀 사회에서 인구 85% 이상의 가톨릭교도에 대항하는 종교적 차원의 소수 종족이다.

다양한 문화적, 언어적 종족으로 구성된 모로를 하나의 종족 공동체로 결속시키는 요소가 바로 이슬람이다. 이슬람은 절대자인 알라의 뜻에 순종한다는 의미이며, 무슬림이란 알라의 뜻, 알라의 의지에 절대 복종하는 자들이다. 무슬림에게는 알라와 그의 예언자들에 대한 절대적인 신앙과 복종이 요구되며, 모든 일상생활과 사회생활을 이슬람법에 따라 행할 것이 요구된다. 따라서 필리핀 모로 사회는 철저히 이슬람법에 기초해 구성됐다. 무슬림 사회에서 종교적, 정치적 차원의 최고 권위를 동시에 장악한 것은 술탄이다. 술탄은 이슬람법에 대한 최고의 해석자이자 최고의 통치자인 것이다. 공통 종교와 종교 의식으로 문화적, 언어적 차이를 극복할 수 있으며, 공동체 의식을 촉발시킬 수 있다.

따라서 정치 쟁점이 종교 교리와 연결될 때 그것은 강력한 호소력을 지닌 동원 이데올로기로 작용할 수 있다. 이런 점에서 기독교가 지배적인 필리핀 사회에서 이슬람에 대한 신앙을 공유한다는 사실은 필리핀 무슬림을 하나의 종교적 종족으로 결속시키는 핵심 요인으로 작용했으며, 모로와 해외 무슬림 사이에 형제적 유대를 강화시키는 연결고리가 됐다.

스페인이 필리핀에 진출할 당시 모로는 루손섬의 마닐라 등 중북부에 거주했다. 그러나 스페인의 침략이 시작되면서 남부 민다나오섬과 술루 제도 등으로 이주했다. 16세기 중반 필리핀을 점령한 스페인은 모로의 스페인화와 기독교화에 목표를 두고 민다나오와 술루 군도를 공격했다. 특히 가톨릭으로 개종한 필리핀인 군대를 모로 소탕 작전에 투입했다. 스페인은 16세기 말 이후 300여 년에 걸쳐 모로족 정복을 시도했으나 성공하지 못했다. 모로가 수많은 희생을 치르면서까지 전쟁을 수행했던 것은 이슬람과 이슬람 공동체를 수호하는 성전으로 인식했기 때문이다. 그 결과 필리핀 여러 지역에서 필리핀인과 모로 사이에 분쟁이 끊이지 않고 발생했다.

남부 필리핀의 무슬림 지역은 스페인 지배를 실질적으로 받은 적이 한 번도 없다. 스페인은 독립적인 남부 필리핀의 술탄 왕국을 지배하려고 수십 차례 전쟁을 벌였지만 모두 실패했다. 스페인은 삼보앙가와 같은 주요 항구를 통제하고는 있었지만, 술루 술탄이나 다른 술탄 왕국들은 스페인의 지배를 결코 용인하지 않았다. 오늘날 남부 필리핀에서 진행되고 있는 필리핀 무슬림의 분리 독립 운동은 바로 이때부터 계속 되어 온 일이다.

미국도 식민 통치 기간(1898~1946)에 모로의 기독교화 및 모로 사회를 필리핀으로 흡수하려는 통합 정책을 추진했다. 이 역시 모로의 사회, 문화적 양식을 위협하고 파괴했으므로 저항 운동을 야기했다. 즉 스페인과 미국의 통합 정책은 모로에게는 종교와 삶의 양식을 파괴하려는 동화 정책에 불과했다. 이같이 기독교에 대한 오랜 저항 운동 과정에서 이슬람은 서구 침입에 대응하는 저항 운동의 동원 이데올로기가 되었으며, 필리핀 무슬림의 공동체 의식도 강화됐다. 즉 모로의 일체감과 공동체 의식은 스페인과 미국의 식민 통치에 대한 저항 운동의 역사적 산물인 셈이다.

1898년, 미국은 스페인 식민지인 쿠바와 필리핀의 독립운동을 지원한다는 명목하에 스페인과 전쟁을 벌였다. 이 전쟁에서 승리한 미국은 쿠바와 필리핀 등을 점령해 식민지로 삼았다. 그리고 모로에 대한 동화 정책을 실시해 모로인 거주지에 많은 기독교인을 이주시켰다. 이와 같은 정책은 모로에 대한 필리핀인의 우월함을 조장함과 동시에 모로에 대한 차별을 심화시키는 역할을 했다.

모로의 분리 독립운동

1930년대부터 모로 내부에서는 필리핀으로부터 독립해 독자적인 국가를 수립하자는 요구가 제기됐다. 이 움직임은 1960년대에 들어 본격화됐다. 1950년대 이후 필리핀 정부가 민다나오섬의 모로 거주지로 가톨릭교도인 필리핀인을 대량 이주시켰기 때문인데, 이 정책을 실시한 배경에는 루손의 토지 문제가 있었다.

필리핀은 1946년 미국으로부터 독립했지만 중북부에는 식민지 시대부터 유지된 대토지 소유제가 그대로 남아 있었다. 이에 따라 농민의 불만은 점점 높아졌고, 좌익 단체 조직인 후크단의 세력이 커졌다. 이에 정부는 여러 차례의 농지 개혁을 시도했으나, 대지주 계급이 지배하는 의회의 반대로 번번이 좌절됐다. 이와 같이 대지주제로 인한 루손섬의 사회 문제를 해결하고자 농민을 민다나오섬으로 이주시킨 것이다.

모로 사회에서는 공동체적 토지 소유 제도가 유지되고 있었다. 그러나 필리핀인의 이주와 함께 근대적 소유권이 도입되면서 모로와 이주자 사이에는 토지 이용을 둘러싼 분쟁이 일어났다. 이러한 갈등은 모로 독립운동으로 비화되어 1968년 민다나오섬과 술루 군도에 거주하는 모로인이 분리 독립운동을 벌이기 시작했다. 그리하여 이슬람을 믿는 모로와 가톨릭을 믿는 이주민 무장 조직 사이에 무력 충돌이 발생했고, 1971년 필리핀 정부군의 모로 학살을 계기로 분쟁은 모로와 필리핀 정부의 대결로 확산됐다. 모로는 MNLF를 결성해 무장 투쟁을 전개했고, 이로써 본격적인 내전이 시작됐다.

이 내전으로 수백만 명의 난민이 발생했고, 난민 일부는 말레이시아 등으로 흘러 들어갔다. 또한 사우디아라비아, 리비아 등 중동 이슬람 국가들이 모로 민족해방전선을 지원함에 따라 내전은 국제 문제로 비화됐다. 그리하여 1976년 남부 13개 주 자치를 인정하는 〈트리폴리 협정〉이 성립되었고, 1986년 사실상의 휴전 협정이 체결됐다.

1996년의 평화 협정에 따라 누르 미수아리가 이슬람 자치 지역(ARMM) 주지사에 취임했다. 그러나 그가 공금을 횡령 및 유용하고, 호화롭게 생활하자 국민의 비난이 고조됐다. 결국 2001년 11월에 실시된 이슬람 자치 지역 주지사 선거에서는 친정부 인사인 파로우크 후신이 당선됐다. 이후에도 여당 출신 인사들이 주지사에 당선되고 있다. 현재 ARMM의 주지사은 무지브 하타만이다.

민다나오 자치 지역

민다나오 자치 지역은 필리핀 남부 이슬람교도 자치 지역을 말한다. 행정 구역은 5개 주(州)로 나뉘고, 주는 다시 116개 군, 2,490개 바랑가이로 나뉜다. 지리적으로 크게 민다나오섬과 술루 제도 지역으로 양분된다. 민다나오섬에는 라나오델수르, 마긴다나오 등 2개 주가 있고, 셀레베스 해상 술루 제도의 바실란 본 섬 중 이사벨라시를 제외한 바실란, 술루, 타위타위의 3개 주를 합해 총 5개 주로 구성된다. 수도 마닐라로부터는 남쪽으로 약 1,662*km* 떨어진 지점에 있다.

필리핀 지방 중 유일하게 자치 정부를 갖고 있으며, 중심 도시는 행정 지역상 별개의 지방인 소크사르젠 지방에 속한 코타바토이다. 민다나오섬과 술루 제도의 무슬림은 모로족이라 불리며, 고유의 이슬람 민족기는 모로라 불린다.

술루 제도는 15세기 이래 전통적으로 이슬람교가 강세였던 지역이며, 1457년 고유의 왕국인 술루 술탄 왕국을 건립했다. 16세기 후반 필리핀의 나머지 지역은 대부분 스페인에 정복되었으나 술루 술탄 왕국과 민다나오섬 본토의 마긴다나오 술탄 왕국 등은 독립을 유지했고, 19세기 후반에 이르러 스페인의 지배권에 놓였다.

제2차 세계대전 종전 후 모로족은 필리핀 정부의 국민 통합 정책에 반발했고, 1970년대 초반부터 MNLF이 주도하는 민다나오 분리 독립운동이 일어나 필리핀군과 충돌했다. 1976년 이슬람제국회의기구가 개입해 민다나오에 이슬람 자치 지역을 설립하는 〈트리폴리 협정〉을 맺었다. 1989년 신설이 결정되어 가입 여부를 주민 투표했고, 가입에 다수가 찬성한 라나오델수르, 마긴다나오, 술루, 타위타위 등 4개 주가 1990년 11월 최초로 무슬림 민다나오 자치 지역으로 설립됐다. 2001년 바실란주가 가입해 현재의 지역을 이룬다.

chapter 2

이슬람 문화

스페인 사람들이 처음으로 민다나오에 도착했을 때 민다나오에는 문서화된 이슬람법에 따라 다스려지는 여러 개의 군소 술탄 왕국이 있었다. 각각의 왕국은 지도자인 술탄을 중심으로 구성됐다. 술루, 마긴다나오, 라나오에는 각각 다투(세습적 추장)라고 불리는 제2의 지도자가 있었다. 다투 외에도 판디타스라는 종교 지도자와 이슬람 성지인 메카로 성지 순례를 다녀오는 하지라는 계층이 있었는데, 그들 모두 이슬람 사회에서 막강한 영향력이 있는 계층이었다. 술탄은 그의 영역 내에서 절대 군주였다. 군주권은 자식에게 상속됐으며, 대개 장남의 왕권 상속이 관례화되어 있었다. 그러나 오늘날 민다나오와 술루에서 술탄 제도는 사라지고 없다.

필리핀 무슬림은 엄격한 의생활을 준수한다. 여성은 목까지 올라오는 긴팔 블라우스를 착용하며 검은색 혹은 갈색의 사롱이라고 불리는 스커트를 허리에 감는다. 사롱은 면으로 된 직물이며, 부유층은 실크로 된 사롱을 착용하기도 한다. 햇볕이 강한 오후에는 대개 사롱으로 머리를 감싼다. 여성은 대개 집에 머물도록 규제받기 때문에 길거리에서는 자주 볼 수 없다. 남자들은 대개 몸에 꽉 맞는 긴팔 재킷이나 바지 혹은 헐렁한 바지를 착용하며, 밝은색 장식용 허리띠를 몸에 두른다. 또한 페즈나 터번을 머리에 쓰는데, 지위가 높은 남자들은 빨간색 페즈를, 일반인들은 터번을 착용한다.

필리핀 무슬림 지역은 전형적인 농촌 지역으로 도시화가 상대적으로 느린 곳이다. 필리핀의 다른 지역에 비해 매우 낙후됐으며, 주민들은 교통로와 해변을 따라 발달한 작은 도시를 중심으로 거주한다. 대부분의 편의 시설과 서비스가 도시에 집중되어 있기에 무슬림 지역은 이러한 혜택으로부터 소외되어 있다. 모로 대부분은 어업, 농업, 무역업에 종사하며, 도시 지역에 거주하는 모로들은 전문직에 종사하거나 정부 기관에 근무한다.

술루 주민 대부분은 타우숙, 사말, 바자우 종족이다. 이들은 주로 바닷가에 거주하며, 일부는 보트나 수상 가옥에 거주한다. 생업은 주로 어업과 해상 교역이다. 주민 절대다수가 무슬림이며, 일찍이 인도네시아 보르네오, 자바, 수마트라 지역과 폭넓은 교역을 실시했다. 약 5세기 동안 강력한 힘을 과시하던 술루 무슬림들은 스페인 통치에 강력히 저항했다. 술루의 술탄은 보르네오 술탄을 도와준 대가로 받은 북부 보르네오 지역의 사바 지방을 자기들의 영토라고 주장한다. 홀로는 술루 군도에서 가장 중요한 항구이며, 진주조개잡이 산업의 중심지이다.

타우숙 종족은 술루 군도의 주도 집단이다. 필리핀에서 제일 먼저 이슬람을 받아들인 종족으로, 용감한 선원이자 용맹한 전사, 영리한 장사꾼으로 알려져 있다. 타우숙족은 풍부한 문화유산을 가지고 있는데, 전통적인 의상, 무기, 보석, 노래, 건축에 잘 나타난다. 타우숙 사람들은 결혼에 대해 아직까지도 과거 전통을 고수한다. 배우자의 선택은 부모 몫이며, 자식은 부모가 선택한 사람과 좋든 싫든 결혼해야 한다. 이때 신랑 부모가 신부 부모에게 가축, 곡식, 보석류, 땅 혹은 돈을 선사하는데, 이는 결혼 지참금이라 생각하면 된다. 타우숙 사람들은 신의라는 개념을 매우 중요시해서 아직까지 '피로써 맹세'하는 의식을 행한다. 이들은 매우 거칠지만 일단 신의로써 친구임을 서로 맹세하면 그 관계는 영원히 지속된다. 한편 타우숙 사람들은 사람이 죽으면 그 시신을 잘 씻은 후 영혼의 물리적인 고통을 덜어 주고자 시신 앞에서 꾸란을 낭송한다.

타위타위 주민은 절대다수가 무슬림이고, 사말 종족이다. 사말 종족은 평화를 사랑하고, 수상 가옥에 살면서 지역 사회를 이룬다. 주된 생계 수단은 어업과 방석 만들기, 보트 만들기 등이다. 이 지역의 소수 종족인 바자우 종족은 바다의 집시로 알려져 있다. 작은 배에 살면서 이리저리 떠돌아다닌다. 즉 그들의 마을은 집이 아니라 보트 떼로 이루어졌다. 물 위에서 사는 이들지만 죽은 후에는 땅에 매장된다. 또 다른 소수 종족인 자마마푼은 이슬람교를 실천하는 농부와 어부이다. 농장 가운데 '신령의 집'을 짓고, 여기서부터 씨앗을 뿌리고 수확한다.

마라나오 종족은 라나오 호수 근처에 거주하며, 신앙심이 깊은 전통적인 무슬림 집단이다. 예술에 재능이 있으며, 마라나오 방언을 사용한다.

마긴다나오 종족은 주로 쌀농사를 하면서 계곡 지역에 살았다. 그러나 해안에 가깝게 살던 사람들은 어부와 상인이 됐다. 방석, 바구니와 같은 공예품을 생산하고 음악을 즐긴다. 이들에게는 루와안이라는 엄격한 법이 있는데, 이에 따르면 물건을 빌린 사람은 빌린 물건을 사용 후 즉시 주인에게 돌려주어야 한다. 그렇지 않으면 훔친 것으로 간주해 엄중한 처벌을 받는다. 빌린 물건을 잃어 버렸을 때에는 그것과 똑같은 것을 구해 주인에게 되돌려 주어야 한다. 마긴다나오 종족에게는 부모가 미리 정해 놓은 배필과 결혼해야 하는 풍습이 있다.

다바오델수르에는 무슬림 소수 종족인 바고보 종족이 거주한다. 이들은 전통적으로 외부에서 적이 침입하는 것을 효과적으로 방어하고자 산비탈에 집을 짓고 살아간다. 먹을 것을 찾아 여러 장소로 옮겨 다니는 유랑 종족이며, 단순한 삶을 영위한다.

15
한국

김수완 한국외국어대학교 아랍어통번역학과

서울

■ 국가 개황

· 국명: 대한민국(Republic of Korea)

· 국가 체제: 공화정

· 언어: 한국어

· 인구: 51,164,435명(유엔, 2018)

· 종교 분포: 개신교 19.7%, 불교 15.7%, 천주교 7.9%, 무종교 56.1%, 기타 0.6%, 이슬람교 약 0.08%

■

대한민국은 동북아시아에 위치한 반도국으로, 약 5,100만 명의 인구를 가진 민주주의 체제 국가이다. 국토 면적은 99,720km^2(북한을 포함하면 220,258km^2)이며, 국토 남부와 서부에는 평야 지대가 많은 반면, 동북부는 대부분 산지이다. 좁은 국토 면적과 부족한 지하자원으로 경제가 발전하기 어려운 환경이지만, 인적 자원에 대한 투자와 수출 주도형 경제 계획 수립으로 2016년 현재 국내총

생산 1조 4,044억 달러를 기록, 세계 11위 수준으로 올라서 있다. 문화적으로는 대륙과 연결된 반도 국가이면서 동시에 삼면이 바다로 둘러싸인 지리적 특성상 대륙 문화와 해양 문화의 특징을 모두 간직하고 있다.

독특한 문화적, 지리적 환경으로 예로부터 수많은 종교들이 전래됐다. 샤머니즘을 근간으로 하는 토속 신앙은 고대부터 존재했으며, 삼국 시대였던 4세기 말부터 5세기 초에 불교가 본격적으로 전래되었다. 유교 역시 이 무렵에 한반도로 유입된 것으로 추정된다.

이들 종교는 고려와 조선 시대에 이르러 국가의 통치 이념으로 쓰이기도 했으나, 조선 후기에 이르러서는 서양에서 들어온 천주교가 평민을 대상으로 확산됐고, 19세기 개항 무렵엔 서양 선교사들이 전파하면서 개신교가 한반도에 들어왔다. 이러한 역사로 만들어진 종교의 다양성 덕분에 현재 한국은 다른 국가와 달리 상대적으로 특정 종교에 편중되는 경향을 보이지 않는다.

통계청에 따르면 마지막 인구 전수 조사가 있었던 2015년 당시 가장 많은 비중을 차지한 종교는 기독교로 전체 인구의 27.6%였으며, 이 중 개신교는 19.7%, 천주교는 7.9%로 나타났다. 2005년 실시된 인구 전수 조사를 통한 종교 통계(개신교 18.3%, 천주교 10.9%, 불교 25.3%)와 비교할 때 불교 인구의 하락과 개신교 인구의 상승이 눈에 띈다. 그러나 종교가 없다고 응답한 비율도 2005년 47%에서 2015년 56.1% 이상으로 증가했다는 점을 감안하면 한국의 종교 현황은 인구 절대다수가 무슬림인 이슬람 국가들과는 확연한 차이를 보인다.

chapter 1

이슬람 역사

9세기경 한반도로 전파된 이슬람

이슬람이 한반도에 전래된 것은 삼국 통일을 주도한 신라가 한반도에서 군림하던 9세기경으로 추정된다. 무함마드에 의해 이슬람이 창시된 지 한 세기가 지난 이 무렵, 동아시아는 중국 당 제국을 중심으로 국제 질서가 완성된 안정기를 구가하고 있었고, 남중국해를 기점으로 한 해상 무역이 활발하게 진행되고 있었다. 이들은 아라비아반도를 비롯한 중동 대부분을 호령하던 압바스 왕조 상인들과도 교역했는데, 실제로 중국 남부 광동성과 수도 장안을 중심으로 무슬림 상인 거주지가 존재했을 정도로 매우 활발하게 활동했다.

5세기 이전부터 중국과의 접촉을 시도한 이래 상호 교역을 증대시켜 온 아랍-페르시아계 상인들은 통일 신라 시대인 8세기에 이미 중국 동남부 해안에 이슬람 집단 거주지를 형성했고, 이 지역에서 신라 상인과 무슬림 상인 간에 교역 정보의 교환뿐 아니라 제한적인 형태의 직접 교역이 이루어졌을 가능성이 높다. 실제로 양주 같은 도시에서는 아랍 무슬림의 집단 거류지인 번방과 신라방, 신라소가 공존하고 있어 이러한 가능성을 뒷받침한다.

이러한 국제 무역 흐름은 바로 이웃 나라인 신라에도 영향을 미쳤다. 당시 동북아 교역을 주름잡았던 장보고 사후 남해 무역을 관장했던 무슬림 상인들이 자연스럽게 동북아 교역 시장을 차지하고 직접 신라에 진출하기 시작한 것으로 보인다. 비잔틴 제국 콘스탄티노플과 중국 장안이라는 육상 실크로드의 큰 두 축 사이에 교역망을 통해 많은 교역 물품들이 신라 사회까지 전달될 수 있었다.

안정된 기반 속에 통일 신라 귀족들은 당나라 번성기의 문물을 적극적으로 받아들였다. 무슬림 상인이 취급한 공예품, 약재, 향료 등은 신라 왕실과 골품 귀족에게 필수 불가결한 품목이었고, 이 때문에 한반도에서 무슬림 상인의 정착이 자연스럽게 이루어졌다.

이러한 과정에서 아랍과 페르시아 상인들이 들여온 서역 특산물은 신라 상층부를 비롯하여 일반 백성에게까지 널리 애용됐다. 신라 귀족의 사치 풍조가 만연했고, 이로써 과소비와 사치품이 확산되자 흥덕왕 9년인 834년에는 급기야 수입 사치품을 금하고 풍속을 바로잡는 법령이 공표되기도 했다.

신라뿐만 아니라 고려 시대에도 무슬림 상인의 무역 활동은 왕성하게 이루어졌다. 당대 기록으로 오늘날까지 전해지는 《고려사》는 이들의 무역 활동을 아주 자세히 묘사하고 있다.

11월 병인년에 대식국 객상인 보나합 등이 와서 수은, 용치, 점성향, 몰약, 대소목 등을 바쳤다. 유사에게 명하여 관에서 후대하게 하고 돌아갈 때는 금과 비단을 많이 주었다.

《고려사》〈정종 6년〉

대식은 일반적으로 당, 송 대에 걸쳐 중국에서 아라비아를 지칭한 용어로 알려져 있다. 아라비아를 대식국, 아랍인을 대식인으로 칭했다. 무슬림 상인이 대거 고려로 와서 교역할 수 있었던 것은 송 대에 왕성했던 해상무역이 고려에도 영향을 미쳤기 때문이다. 또한 귀족 문화를 향유하던 고려 사회에 외래 사치품이 송으로부터 대거 유입되어 무슬림 상인들이 독점하다시피 했던 향료와 약제류도 고려 귀족층에서 널리 애용됐다.

고려 조정에서 무슬림의 입지는 1274년 충렬왕 비가 된 몽골 제국공주의 시종으로 왔다가 충렬왕으로부터 장순룡이란 이름을 받고 고려에 귀화한 삼가의 경우를 통해 알 수 있다. 그는 현재 덕수 장씨의 시조로 알려져 있으며, 고려와 원 사이에서 뛰어난 외교적 역량을 발휘해 종2품 첨의참리를 제수받기도 했다. 이처럼 고려에 와서 거주하던 무슬림들은 상당한 정치적 입지도 가졌던 것으로 추정된다.

이러한 무슬림의 입지는 조선 왕조 초기까지 이어졌던 것 같다. 15세기 초반까지 상당수 무슬림이 가족과 함께 정착해 살면서 국가로부터 재산과 집, 월급까지 받고 있었음을 알 수 있다. 1418년 《세종실록》에 나타난 기록에 따르면 무슬림 원로가 세종 즉위식에 참여했음을 알 수 있고, 《조선왕조실록》에 의하면 1427년까지 조정에서 거행된 신년 하례식, 동지 망궐례 등에 참여하는 등 조정 의례에 정기적으로 초청되어 임금에게 하례하는 등 상당한 정치적 사회적 지위를 누리고 있었다. 이와 같이 무슬림 대표는 궁중 공식 행사에 참석해 임금의 만수무강과 국가의 안녕을 기원했다고 전해지고 있어 통일 신라 이후로 조선 초까지 끊임없이 무슬림이 한반도와 접촉해 왔던 것으로 추정된다. 그러나 이러한 상황은 15세기 중엽 이후 조선 왕조의 새로운 건국 이념인 유교 사상 때문에 이슬람 문화가 배척되면서 오래 지속되지 못했다.

위의 사실에서 알 수 있듯이 한반도에서는 일찍이 바다를 건너온 무슬림 상인의 움직임이 활발히 진행되고 있었다. 무슬림 상인과의 교역으로 시작된 이슬람 문화와의 접촉은 사회, 문화적인 영향력을 가졌던 것으로 추정된다. 그러나 이슬람이라는 종교 자체는 당대 신라인, 고려인 그리고 조선인에게 큰 영향을 미친 것으로 보이지는 않는다. 비록 상인에 의해 중동 지역의 이국적인 산물들이 유입되었고 무슬림이 어느 정도의 정치적 입지를 다진 것은 사실이다. 하지만 이들이 건너온 아라비아, 페르시아 지역의 종교는 존숭 대상은 아니었던 것이다.

무슬림 상인들의 왕래는 그 이후로 명맥이 끊어졌다. 1371년, 이슬람 상인과 교류를 하던 몽골 제국이 멸망했고, 이후 등장한 명 제국이 해금령을 내리면서 해상을 통한 무역 활동을 전면적으로 차단했기 때문이다. 자연스럽게 한반도의 조선 역시 쇄국으로 일관하며 바닷길을 걸어 잠갔고, 중동 지역도 압바스 왕조의 멸망 이후 일대 혼란기를 겪으면서 한반도에서 이슬람 세력은 자취를 감추었다.

20세기에 다시 부활한 이슬람

1920년대에 들어와 한반도에서 발견된 무슬림 공동체는 극히 소수였

〈표1〉 한국 이슬람 역사 연표

시기	내용
9세기(신라 시대)	한반도에 최초로 이슬람 전파
11세기(고려 시대)	고려 조정과 이슬람 제국 아랍 상인의 교역
15세기(조선 시대)	세종 재위 초기까지 무슬림과 꾸준한 접촉
1920년대	소련의 소수 민족인 튀르크계 무슬림이 이슬람 전파
1940년대	튀르크계 무슬림이 서울에 이슬람 센터 건립
1950년대	터키군 무슬림에 의해 '앙카라 학교' 건립
1955년대	한국이슬람교협회 결성
1965년대	한국이슬람교중앙연합회 설립
1976년대	서울 중앙 성원 개원

다. 만주에 머물렀던 중국계 또는 한국계 무슬림과 소련 치하에서 소수 민족으로 살던 튀르크계 무슬림으로, 소련 볼셰비키 혁명의 영향으로 만주를 거쳐 망명해 온 무슬림들이라고 볼 수 있다. 그러나 주로 정치적 이유 때문에 유입된 이들 무슬림은 한반도에 정착해 뿌리내리지는 못했다.

그렇게 한반도 역사에서 사라진 듯했던 이슬람이 다시 부활한 시기는 20세기 해방 이후 치러진 한국 전쟁 때였다. 유엔 평화 유지군으로 전쟁에 참전한 이슬람 국가 터키군는 미국 다음으로 대규모 여단 병력을 파견했다. 이들은 전쟁에서 공을 세우고, 한반도에 이슬람의 씨앗을 심었다. 터키군 장교 쥬베르 코치와 압둘 가푸르 카라이스마일오울루 형제는 김진규와 김유도라는 한국 무슬림의 도움을 받아 한국이슬람협회를 결성했고, 오늘날 서울시 동대문구 이문동 인근에 천막으로 성원을 차리고 이슬람 선교를 시작했다. 터키군의 지원을 받은 이들은 휴전 직후인 1956년 청진 학원을 개원해 전쟁으로 고통받던 불우 청소년 120명을 모아 중등 교육

과정과 이슬람에 관한 수업을 진행했다. 이렇게 터키군에 의해 다시 부활한 이슬람은 국내에서 본격적으로 선교 활동을 진행하면서 한국인 사이로 전파됐다. 1965년에는 우후죽순으로 늘어난 이슬람 단체를 하나로 통합해야 한다는 목소리가 높아지면서 한국이슬람교중앙연합회가 발족됐으며, 1976년 서울시 한남동 이태원에 서울 중앙 성원이 개원했다.

1970년대 국내 건설 회사들의 해외 진출이 급격히 증가했다. 특히 중동 지역 건설 붐과 맞물려 많은 인력이 중동 지역으로 진출했다. 이러한 상황에서 중앙 성원은 해외 건설 파견자들에게 이슬람 교육을 실시했고, 당시 3,700명이던 무슬림 수는 거의 두 배로 증가했다. 또한 중앙 성원 이슬람 센터에 '아랍어 연수원'을 개설해 무슬림과 비무슬림을 대상으로 아랍어 강의를 진행했다. 다수의 세미나와 출판 사업도 진행했다.

chapter 2

해외 무슬림의 한국 유입

20세기에 다시 한반도로 들어와 전파되기 시작했지만, 이슬람은 우리 사회에서 여전히 비주류에 속하는 종교이다. 때문에 오늘날 한국에서 살고 있는 무슬림은 대부분 해외에서 건너온 이들이다. 해외 무슬림의 주요 출신지는 동남아시아, 남아시아, 중앙아시아 등 이슬람 국가이자 이슬람 회의기구(OIC) 회원국들이다.

한국 이주 무슬림 중 가장 높은 비율을 보이는 남아시아계 및 동남아시아계 이주민은 인도네시아, 파키스탄, 방글라데시 출신이 대부분이며, 이 중 노동자들은 주로 집단 거주 형태로, 종교 생활을 중심으로 공동체를 형성해 생활하는 특징을 보여 준다. 무슬림 이주민 대부분이 이슬람 성원을 중심으로 종교 공동체를 결성하고 있다. 이들은 사회적 연결망을 만들어 서로에게 정서적, 문화적, 사회적 지원을 하고 있으며, 이 연결망으로 이루

〈표2〉 국내 거주 해외 무슬림 수

연도	인원수(명)	외국인 대비 비율(%)
2009	79,388	6.82
2011	92,059	7.03
2013	108,147	7.35
2015	135,585	7.58
2017	170,000 (추산)	12.0

어진 공동체는 한국 사회에 적응하는 데 중요한 역할을 한다. 특히 지역별로 형성된 이슬람 성원에 출석하는 무슬림 중 약 90%가 이주 무슬림이라는 점은 주목할 만하다.

2018년 1월 현재, 국내 이슬람 성원 수는 서울 중앙 성원을 포함해 부산 성원, 경기 광주 성원, 전주 성원, 안양 성원, 부평 성원, 안산 성원, 파주 성원, 포천 성원, 전남 광주 성원, 대구 성원, 김포 성원, 창원 성원, 대전 성원, 제주 성원 등 모두 15개이다.

국내 이주 무슬림의 수는 2007년 약 79,388명에서 2011년 92,059명으로 증가했고, 2013년에는 108,147명, 2015년에는 135,585명으로 증가했다. 2017년에는 국내 외국인 체류자가 200만 명을 넘어선 가운데, 이주 무슬림 수가 약 17만 명 정도를 차지하는 것으로 추산된다. 즉 해가 거듭할수록 국내 외국인 체류자 중 무슬림 인구가 차지하는 비율이 증가하는 것으로 나타났다. 또한 한국인 무슬림 수는 약 4만 명으로 추산되고 있어 국내 무슬림 수는 20만 명이 넘는 것으로 추산되고 있다.

코슬림의 등장과 한국 사회의 무슬림

1990년대 후반, 인건비 상승을 비롯한 경제적인 요인으로 한국 사회에 아시아계 이주민 유입이 증가했다. 그중 한국인과 국제결혼을 하는 이들도 있다. 여기서 태어난 이주 2세를 지칭하는 용어로 '코시안'이 등장했다.

오늘날에 이르러 한국 사회에 거주하는 이주 2세를 지칭하는 용어는 한층 더 세분화되었다. 한국에 거주하는 무슬림과 한국인 사이에 태어난 자녀, 즉 이주 무슬림 2세와 한국에 거주하는 무슬림의 자녀인 1.5세와 같은 이주 무슬림 가정 자녀를 한정적으로 규정한 용어로 '코슬림'이 등장했다. 코시안이 아시아 대륙에서 온 이주자 자녀를 지칭하는 지역적 개념에 근거한 용어인 반면, 코슬림은 이주자의 종교를 중심으로 규정한 종교적, 문화적 개념의 용어이다.

한국 사회에 정착한 무슬림들은 여러 가지 어려움에 직면해 있는데, 이들이 느끼는 가장 큰 문제는 종교적 자유와 관련되어 있다. 다문화 사회에 접어든 선진국들과 달리 한국에서는 종교 시설, 기도 장소, 예배 시간에 대한 배려와 인정이 많이 부족한 편이다. 일례로 산업 현장에는 상당수 무슬림이 노동자로 있음에도 한국인 관리자의 이슬람에 대한 관심은 거의 전무한 실정이다. 언어적인 장벽뿐 아니라 이질적인 한국 문화에 대한 적응역시 무슬림에게 있어 어려운 문제이다.

또 다른 문제는 오늘날 IS가 발흥해 전 세계적인 테러를 일으킴으로써이들에 대한 한국인의 시선이 매우 부정적으로 변하고 있다는 점이다. 오랜 세월 단일 민족이라는 강력한 정체성이 자리 잡은 한국 사회에서 무슬림에 대한 시선은 여전히 좋지 않다. 그런데 이러한 풍토에서 등장한 이슬람 테러 조직들의 잇따른 테러는 국내 거주 무슬림과 이들이 신봉하는 이슬람에 대한 혐오까지 불러일으키고 있는 실정이다.

2011년과 2015년에 각각 실시된 연구에서 한국인은 이슬람과 무슬림에대해 테러, 전쟁 등 주로 부정적인 인식을 지닌 동시에 신실한 종교 생활,가족 중심 사회 등 긍정적인 이미지도 갖고 있는 것으로 나타났다. 이는 한국 사회가 이슬람에 대해 전반적으로 부정적인 시선을 지녔음에도 종교 의식이나 종교 생활 자체에는 긍정적인 인식을 갖고 있음을 의미한다.

오늘날 세계는 종교와 이념, 인종을 뛰어넘는 다양성이 추구되는 사회로발전하고 있다. 한국 사회에서도 이러한 변화의 조짐이 일어나고 있으며,시민 의식도 한층 더 성숙해지고 있다. 하지만 사회 비주류에 속한 이슬람과 무슬림에 대한 관심과 배려는 여전히 부족한 실정이다. 한국 사회가 특정 종교에 치우쳐지지 않고 균형 잡힌 종교관을 가졌다는 점을 고려해 볼때, 이슬람에 더 주의 깊은 관심을 가지고 다가간다면 한국에서 이슬람도번영과 공존의 사회를 구성하는 데 매우 중요한 역할을 할 것이라 믿는다.

레바논　　　　　예멘　　　　　　이스라엘

바레인　　　　　오만　　　　　　카타르

사우디아라비아　요르단　　　　　쿠웨이트

시리아　　　　　이라크　　　　　팔레스타인

아랍 에미리트　이란

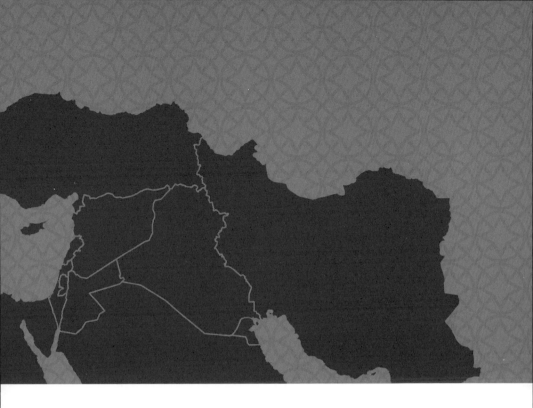

중동 Middle East

1
레바논

안정국 명지대학교 아랍지역학과

베이루트

■ 국가 개황

· 국명: 레바논 공화국(Republic of Lebanon)

· 국가 체제: 공화정

· 언어: 아랍어

· 인구: 6,093,509명(유엔, 2018)

· 종교 분포: 이슬람교 60%, 기독교 40%

■

기독교 성경에서 언급한 '젖과 꿀이 흐르는 가나안 땅'이 바로 레바논이다. 풍요롭고 아름다운 나라 레바논은 종파 간 갈등으로 1974년부터 1990년까지 16년에 걸쳐 내전을 겪었고, 지금도 긴장 관계는 지속 중이다.

레바논은 지중해 동쪽 해안에 위치한 인구 약 600만 명의 공화국이며, 국토는 10,452㎢로 우리나라 경기도 정도 크기이다. 육상 국경 대부분을 시리아와 접하고 있으며, 남으로 적성 국가 이스라엘과 접경하고 있다. 남북을 가로지르는 두 산맥(레바논산맥, 안티레바논산맥)이 국토 대부분을 차지한다. 이 두 산맥 사이 계곡에 형성된 베카 평원은 비옥한 토지를 가져 고대로부터 농사가 잘되는 곳으로 유명했다.

전형적인 지중해성 기후로 여름에는 비가 거의 내리지 않으며, 겨울철 우기는 11월 말에 시작돼 3월 말까지 이어진다. 인구 대부분이 밀집해 거주하고 있는 지중해변 도시 지역은 여름철에 높은 습도와 낮 기온이 30도 남짓해 우리나라 여름과 같은 느낌이며, 겨울은 우리 봄날의 비가 잦을 무렵과 무척 비슷하다. 겨울에는 높이 2천~3천m에 이르는 높은 산맥에 눈이 쌓이고, 그 눈이 녹아 생기는 물줄기를 이용해 농사를 짓는다. 한여름에도 산에 오르면 두텁게 쌓인 눈을 볼 수 있는데, 레바논이라는 이름도 '하얀 산', 즉 '자발 루브난'이라는 데서 왔다.

산이 높고 험하다 보니 레바논은 역사적으로 7세기 후반부터 레반트 지역의 피압박 종파 및 소수 민족의 피난처가 되었고, 각 집단은 오랜 기간 정치적, 사회적, 종교적으로 상호 분리, 고립돼 독자적인 사회를 형성하게 됐다. 그 후손들이 그대로 살아남아 지금 레바논의 독특한 사회 구조를 이루고 있다.

레바논은 전체 인구 가운데 약 60%가 무슬림이다. 나머지 40%는 대부분 기독교인이며, 아랍 국가는 물론, 중동 지역 전체에서 가장 높은 정도의 기독교인 분포를 보여 준다.

앞서 레바논의 인구가 600만 명이라고 했지만, 사실 여기에는 100만 명이 넘는 시리아 난민과 50만 명이 넘는 팔레스타인 난민이 포함되어 있다. 20세기 중반 중동의 금융과 관광 중심지로 번영을 구가했고, 내전 이후 과거의 영화를 되찾고자 고군분투하며 얼마간 예전의 모습이 살아나는 듯 했다. 그러나 종파 간 치열한 갈등이 채 봉합되지 않은 상황에 난민 문제까지 더해지며 좀체 안정을 되찾지 못하고 있다.

chapter 1

레바논 역사

고대 레바논

고대 레바논은 페니키아(기원전 3000~1570)로 대표된다. 페니키아인은 레바논 해안을 따라 도시 국가를 형성하고 해양 문화를 꽃피워 지중해 패권을 움켜쥐었다. 당시 그들이 사용하던 문자 체계가 그대로 그리스로 넘어가 지금 우리가 배워 쓰고 있는 영문자의 원형이 되기도 했다. 지금도 레바논 사람들은 스스로를 페니키아의 후예로 자처한다.

이후 고대 이집트, 바빌로니아, 로마 등 외세의 지배를 받아 오다 이슬람이 발흥한 7세기 초반 이슬람 제국에 편입된다. 시대가 흘러감에 따라 주류 이슬람 세력에 밀린 기독교 마론파는 북부 레바논 산간 지대로, 드루즈파는 남부로 흘러 들어간다. 십자군 원정 시기(1095~1291)에는 한동안 기독교가 국교 지위를 누리기도 하는데, 당시 로마 교황 레오 1세는 이들이 고난 속에 기독교 신앙을 지켜온 것을 찬양하여 '가시 속의 장미'라고 칭했고, 많은 수의 십자군이 이곳에 남아 정착한 것으로 알려진다.

프랑스의 위임 통치와 시리아로부터의 분리

16세기 초에 이슬람 순니 계열 오스만 제국의 지배하에 들어간 레바논은 공국으로서 자치를 이어 갔으나, 19세기 중반 마론파와 드루즈파의 갈등이 극에 달하면서 프랑스와 영국의 개입을 불렀다. 결국 레바논 내에서 프랑스는 마론파 기독교도의 보호자를 자처했다.

제1차 세계대전은 레바논이 현재 국가 형태를 갖추게 된 결정적인 사건이다. 전쟁이 벌어지던 1916년 영국과 프랑스는 이른바 〈사이크스 피코 협정〉을 맺어 전후 레반트 지역을 분할 점령하기로 했다. 전쟁 결과 오스만 제국이 붕괴함에 따라 1918년 프랑스가 레바논 지역과 시리아를 점령 통치하게 된 것이다. 이렇게 무슬림에게 보호막이 되어 주던 오스만 제국의 힘이 사라지자 프랑스는 레바논 지역을 먼저 점령하고 뒤이어 시리아를 점령한다. 1920년, 국제 연맹은 프랑스의 레바논, 시리아 위임 통치를 정식으로 결정한다.

프랑스는 레바논에 프랑스 같은 근대적 서구 국가를 건설하고자 했다. 먼저 시리아로부터 레바논 지역을 분리해 현재의 레바논과 시리아 두 국가를 인위적으로 건설하는 것으로 그 첫걸음을 뗀다. 프랑스는 레바논의 위상을 기독교 우위 국가로 정립시키고, 이 나라가 유럽 기독교 사회와 공존한다는 의식을 지속적으로 심고자 노력했다. 1920년, 프랑스는 기독교 마론파의 정치적 영향력을 보장하는 것을 전제로 하고, 나머지 종파가 권력을 분배하는 형태로 레바논이라는 나라를 세워 현재의 국경을 획정한다. 이러한 종파 간 권력 분배는 오스만 제국의 종파 자치권 보장 제도인 밀레트 제도를 그대로 유지하는 것과 같은 양상을 띠게 됐다. 하지만 정치권력의 주도권은 분명히 기독교계가 쥐고 있었다.

독립과 국민 협약

프랑스 위임 통치 기간 중이던 1926년 종파 대표제에 기반을 둔 의회 공화제 헌법 제정이 이루어지면서 레바논에 의회 정치 제도가 확립된다. 국민이 의회 의원을 선출하고, 의회는 대통령을 선출하고, 대통령이 총리 및 각료를 임명하는 공화 정치 체제를 채택한 이 헌법은 각 종교 공동체의 대표성을 인정함으로써 종파 대표제를 헌법으로 제도화했다. 프랑스 위임 통치를 종식시키고 독립을 쟁취하고자 기독교 지도자와 이슬람 지도자 연합에 의한 독립운동이 활발히 전개됐다. 1941년, 영국은 프랑스 정부에 레바논과 시리아의 위임 통치를 종료하도록 압력을 가했고, 결국 프랑스는 레바논이 주권을 가진 국가임을 선언한다. 뒤이어 행정권이 이양되며 1943년 11월 22일 완전한 독립을 이룬다.

프랑스의 식민 통치로부터 독립하면서 레바논은 종파 대표제에서 한 걸음 더 나아가 3권을 종파별로 분배하는 국민 협약을 체결했다. 이 협약은 주요 종파 공동체의 적절한 대표성을 정치 제도 안에서 구현하고자 고안된 것이었다. 이를 통해 레바논은 국가적 사안이 특정 종파의 독점 지배에 의해 통제되는 것을 방지할 근거를 갖게 됐다. 그러나 종파 간 권력 배분은 국민 투표에 의한 것은 아니었으며, 당시 대통령이던 마론파의 쿠리와 순니파 수상인 솔흐 간 구두 합의로 이루어진 것이었다. 당시 절대다수의 무슬림과 많은 기독교인이 시리아와의 통합을 원하고 있었지만, 그간 마론파에 위축됐던 솔흐 수상은 독립 후 마론파와 순니파의 동등한 대우 보장을 조건으로 시리아와의 통합을 포기하기로 하고 이 협약에 동의한다. 즉 마론파는 프랑스에 대한 종속 관계에서 탈피할 것을 약속했고, 무슬림들은 시리아 혹은 주변 아랍 국가와 통합을 포기한다는 합의가 만들어진 것이다.

이 협약을 근거로 1932년 실시한 인구 조사 결과에 따라 종파별 인구에 비례한 권력 배분과 정부 구성이 이루어진다. 1932년 이래 아직까지 공식적인 총조사가 이루어지지 않고 있는데, 이로써 종파별 인구 분포가 레바논에서 매우 민감한 문제임을 미루어 짐작할 수 있다. 이 협약의 중심은 다음과 같이 정리할 수 있다.

① 레바논은 아랍적인 요소와 언어를 가졌으며 지중해 문화도 공유하고 있는 특별한 성격을 지닌 아랍 국가이다.
② 레바논은 아랍 국가들과 정치, 경제, 문화, 군사적으로 상호 협력하며 아랍 국가들은 레바논의 독립과 주권을 인정한다.
③ 공직은 모든 종파가 평등하게 배분한다. 즉 마론파 기독교도에서 대통령직, 순니파 무슬림에서 수상직, 쉬아파 무슬림에서 국회 의장을 선출하고, 각 종파 비율에 따라 공무원 임용을 배분한다.

레바논은 정계 및 종교 지도자 간에 국민 협약을 채택해 독립국 정부의 각 정파 간 권력 배분에 대한 합의를 도출해 냈다. 독립 국가를 이루는 데 집단 간 이익의 조율과 타협이 이루어졌던 것이다. 이에 따라 대통령은 마론파 기독교, 수상은 순니 무슬림, 국회 의장은 쉬아 무슬림에서 배출하도록 합의가 이루어졌다. 국회 의원 의석은 1932년 인구 조사에 의거, 기독교 대 이슬람교의 비율을 6:5로 배분했다. 이와 같은 정파 간 배분은 내각, 사법부, 행정 기관에도 적용됐다

레바논이 국가 정체성을 어떻게 설정했는지는 국기를 통해서도 살펴볼 수 있다. 다른 아랍 국가와 달리 레바논 국기에는 어떠한 종교적 상징도 사용되지 않았다. 오히려 백향목을 중심에 배치함으로써 기독교적 정체성을 드러내고 있는 것은 아닌지 의심이 들 정도이다.

chapter 2

종파별 권력 분배

레바논 역사는 외부 힘에 의한 사회 간 상호 관계뿐만 아니라 협력과 갈등의 예를 보여 왔다. 레바논의 험난한 지형은 박해받았던 소수 민족 종교와 중심 지역으로부터의 추방당한 집단에게 철벽 같은 자연 피난처가 됐다. 레바논 산들은 많은 집단의 피신처가 되었고, 특히 드루즈파와 마론파는 이 지역에서 자치적이며 강한 전통을 전개했다. 이러한 공동 집단은 종교적이고, 봉건적인 가족 상호 관계를 지닌 이질적인 집단 집합체로 나타났다. 이 집단의 총체가 오늘날 알려진 레바논이 됐다.

레바논은 각기 고유한 사회적, 정치적 특징을 갖는 여러 종교 종파로 구성되어 있으며, 크게 기독교와 이슬람으로 나눌 수 있는 18개 종파가 헌법으로 공인되고 있다. 지금도 각 종파들은 지역별로 주요 거주 지역을 달리한다. 이들 종파는 자신만의 가족법(개인 지위법)과 관련한 종교 법원을 운영할 권리를 가진다. 이러한 특성이 정치권력 구조에 그대로 반영돼 국가 권

〈표1〉 레바논의 18개 공인 종파 및 인구 분포

이슬람 종파 (약 59.5%)	순니		27%
	쉬아		27%
	유사 이슬람	드루즈	5.6%
	쉬아 계열	이스마일리	1% 미만
		알라위	
기독교 종파 (약 40.5%)	마론 가톨릭		21%
	그리스 정교		8%
	그리스 가톨릭		5%
	개신교		1%
	시리아 가톨릭		6%
	갈데아 가톨릭		
	로마 가톨릭		
	아르메니아 가톨릭		
	아르메니아 정교		
	아시리아 동방교회		
	시리아 정교		
	콥트		
기타	유대교		극소수

* 인구 약 430만 명, 난민 제외

력이 종파별로 안배되어 있다. 18개 종파가 각자 종교적 권위를 정치적 권위, 사회적 권위로 행사하는 레바논의 사회 구조는 세계 어디에서도 찾아보기 힘든 독특한 현상이다.

전체적으로 이슬람 계열이 60% 가량으로 다수를 점하며, 기독교 계열이 40% 정도를 차지한다. 좀 더 자세한 구성을 살펴보면, 이슬람 계열에서 순니파는 27%, 쉬아파는 27%, 드루즈파는 5.6%이며, 기독교 계열에서 마론파가 21%, 그리스 정교가 8%, 그리스 가톨릭이 5%를 차지한다.

이슬람과 기독교 양대 세력은 레바논이 프랑스로부터 독립한 이후 상충된 정치관으로 대립해 왔다. 기독교 세력은 레바논주의를 주창하면서 완전한 독립 국가로서의 레바논을 건설하려 했고, 이슬람 세력은 아랍주의를 주창하면서 레바논을 아랍 세계로 편입하고자 했다. 그러나 이 두 세력은 앞서 기술한 바와 같이, 1943년 국민 협약에 합의함으로써 일단 갈등과 대립을 종식시키기에 이르렀다.

현대 레바논 정치에 있어 큰 획을 마련한 〈타이프 협정〉은 16년간 이어진 내전의 종식을 공표한 협정으로, 1989년 사우디아라비아의 휴양 도시인 타이프에서 협정이 이루어져 그 이름을 딴 것이다. 이 협정은 레바논을 재통합하는 청사진을 제시했고, 신헌법을 제정하는 기초가 됐다. 협정의 핵심은 내전 전까지 기독교계에 편중되어 분배되던 권력을 그간의 인구 변동을 감안해 재분배한 것이다.

주요 내용은 다음과 같다. 첫째, 내전 전까지 최고 권력을 행사하던 대통령직을 기존과 같이 기독교 마론파가 차지하지만 그 권한을 대폭 줄이고, 순니 무슬림에 배정됐던 수상에게 더 많은 권한을 부여한다. 둘째, 의회 의석을 기존 99석에서 128석으로 늘리고, 기독교와 이슬람 종파 간에 균등하게 5:5로 분배한다. 이러한 비율은 기존 6:5 비율에서 그간의 인구 증가율을 반영한 것이었다. 이와 같은 배분은 각 하부 종파 간 의회 의석수를 결정하는 것으로 연결됐다. 셋째, 각 민병대는 해산해 정부군에 편입하며, 무기는 정부에 반납한다. 넷째, 시리아의 레바논 내에서의 책임과 권한에 대한 내용을 다룬다. 다섯째, 일반 공무원에 있어서 기존 각 종파별에 할당됐던 수를 삭제한다. 마지막으로, 각 민병대는 정당으로 재조직될 수 있다. 이와 같은 내용들이 1990년에 제정된 새 헌법에 명문화됐다.

종파 간 권력 안배의 원칙이 제도화되면서 가문을 중심으로 한 족벌 정치가 오늘날까지도 레바논 정치의 특징을 이룬다. 전통 사회 대부분에서 재력과 정치적 영향력을 가진 계층이 가문을 배경으로 지배 계층을 이루게 마련이다. 특히 레바논은 종파 내에서 가문의 영향력이 막강하고, 사실상 이들 가문을 중심으로 정치권력이 분배되어 왔다. 그러므로 출세를 하려면 이들 가문에 대한 충성이 절대적인 요건인 까닭에 대외적으로는 종파 내 성원 간 단결이 강조되고, 대내적으로는 신앙 공동체의 현실적 지주가 되는 지배 가문에 대한 충성이 강조된다.

예컨대 마론파의 경우 주마엘, 시하비 가문, 드루즈의 경우 아르슬리안, 줌블라트 가문을 들 수 있다. 현역 장관이나 국회 의원의 이름만 보고도 그가 어느 종파이며 어떤 내력의 가문인지 금방 알 수 있는 경우가 많다.

chapter 3

레바논의 이슬람

이슬람 창시자 무함마드 사후 겨우 4년이 지난 636년, 비잔틴과 이슬람 군대 사이에 벌어진 야르무크 전투로 이슬람 세력이 비잔틴의 시리아 속주 전체를 정복하면서 레바논 지역도 완전히 이슬람권에 편입된다.

레바논 이슬람 종파는 프랑스 위임 통치 기간 중이던 1936년과 1937년의 결정에 따라 법적으로 순니, 쉬아, 알라위, 이스마일리, 드루즈 등 다섯 종파가 인정되고 있다. 난민을 제외한 레바논 전체 인구 430만 명 중 무슬림 인구만을 놓고 보면 약 90%를 순니와 쉬아가 양분(각각 45%, 약 116만 명씩)하고 있으며, 유사 이슬람의 성격을 보이는 드루즈파가 나머지 10% 대부분(약 24만 명)을 차지한다. 그 밖에 범쉬아 계열에 속하는 알라위파(약 4만 명)와 극소수의 이스마일파가 존재한다.

① 쉬아 – 쉬아 열두 이맘파에 속한다. 인구 대부분이 레바논의 정치 및

경제 중심지가 아닌 베카 계곡, 남부 레바논, 수도 베이루트 남부 근교에 거주한다. 이를 통해 짐작할 수 있듯, 레바논 쉬아 공동체는 수적으로 가장 큰 종파임에도 1970년경까지 순니나 마론파에 비해 교육 수준이 낮았으며, 정치적 영향력도 적었고 경제적으로도 소외되어 있었다. 이후 지속적인 차별 철폐 주장과 내전 중 영향력 확대를 통해 이전과는 다른 정치력 영향력을 확보할 수 있게 됐다. 쉬아는 2017년 현재 나비흐 베리 국회의장의 아말 진영과 이란의 지원을 받고 있는 헤즈볼라로 양분되어 있다. 특히 레바논에서 헤즈볼라는 단순한 무장 과격 이슬람 단체가 아니다. 대이스라엘 해방 투쟁 과정에서 헤즈볼라는 종파 구분을 떠나 많은 레바논 국민으로부터 도덕적 정당성을 획득해 존재를 인정받고 있다.

② 순니 – 샤피이 학파가 주류를 이루며, 일부 하나피와 한발리 학파 및 수피 종단도 존재한다. 베이루트, 트리폴리, 시돈 등 대도시를 중심으로 거주한다. 순니 중 큰 가문은 정치적, 사회적으로 기득권을 누려 왔다. 역사적으로 오래전부터 알라위파와 불편한 관계를 유지했다. 2005년 2월, 전 수상 하리리 암살에 알라위파가 장악하고 있는 시리아 정권이 개입한 것으로 알려졌다. 이후 베이루트에서는 백만이 넘는 시민이 시위에 가담하면서 그의 암살에 대한 진상 파악을 촉구했다. 나아가 시리아군 철수와 레바논 주권 회복을 요구했다. 국내외적인 압력이 높아지자 1976년부터 레바논에 주둔해 오던 시리아군은 철수를 결정했다. 2017년 현재, 암살당한 하리리 수상의 아들 사아드 하리리가 수상직을 수행하고 있다.

③ 알라위 – 알라위파는 이슬람의 4대 정통 칼리파 알리를 신격화해 그를 신의 화신으로 믿는다. 9세기 이븐 누사이르의 가르침으로부터 기원

하며 일명 누사이르파라고 한다. 20세기 후반에 들어 시리아 알라위파의 지원으로 영향력을 확대할 수 있었다. 이들은 모든 이슬람 교리가 문자가 아닌 영적으로 해석되어야 한다고 강조한다. 이들은 왜곡된 교리를 주장했다는 이유로 이라크에서 탄압을 받아 시리아와 레바논 아카르에 정착했다. 보수적인 순니파는 이들을 무슬림으로 간주하지 않지만, 1970년대 초반 레바논 주류 쉬아에서는 알라위파를 이슬람 일파로 인정했다. 2011년 시리아가 내전 상황에 들어가고 순니 진영에서 알라위 시리아 정권 타도를 선언하자 순니와 폭력적인 충돌을 벌이기도 했다.

④ 이스마일리 – 일곱 이맘파로도 알려진 이스마일리파의 이름은 쉬아 제6대 이맘 자으파르 알사디끄의 장남인 이스마일에서 유래됐다. 이들은 이스마일이 그의 아버지보다 5년 먼저 죽었다는 내용을 강조하는데, 이스마일은 죽은 것이 아니고 숨은 것이며 언젠가 마흐디(올바르게 인도받은 이, 즉 구세주)로 다시 나타날 것이라고 주장한다. 이들은 이단시되었기 때문에 비밀 선교 활동을 통해 교리를 확산시켰으며, 자기 신앙을 숨기기도 했다. 909년에 튀니지에서 우바이드 알라는 파티마조의 초대 칼리파위에 올랐다. 그는 이스마일의 아들 무함마드의 후손으로, 더 거슬러 올라가 예언자 무함마드의 딸 파티마의 자손이라고 주장했기 때문에 파티마조가 됐다. 969년에 이집트를 정복해 약 200년간 통치했으나 교세를 확장하는 데 실패했다. 현재 레바논에서도 극소수만이 이 교파를 따르고 있다.

⑤ 드루즈 – 이스마일리에서 갈라져 나온 유사 이슬람 종파이다. 레바논 중부 슈프 산악 지대에 주로 거주하고 있다. 드루즈파는 10세기경 이집

트 파티마조 제6대 칼리파 알하킴의 추종자였던 다라지가 쉬아의 교의를 더욱 극단으로 몰고 간 분파이다. 드루즈파는 일신론적 교의를 가지고 있으나 칼리파 알하킴을 일종의 신의 화신으로 간주했다. 이들의 종교적 관행 중 특이한 것은 죽은 사람의 영혼이 다시 어린아이로 태어난다는 영혼 전이에 대한 믿음이다. 일례로 그들은 죽은 알하킴이 70회나 다른 사람의 모습으로 전이되었다고 믿는다. 이와 같은 드루즈 교리를 깨달은 자는 드루즈 사회에서 지식인(우깔)으로 취급받는다. 지식인 그룹 중 50세 이상이 되고 모든 교리를 터득한 사람은 장로(아자위드)로 추대되며, 장로들은 머리에 흰색 터번을 두른다. 이들은 순니와 쉬아로부터 이단으로 배척돼 신앙을 지키고 안전하게 살고자 레바논과 시리아로 피신해 폐쇄적인 공동체 생활을 했다. 드루즈 공동체는 기독교도와 더불어 평균적으로 부의 정도가 가장 높고 사회적 불평등 요소는 가장 적은 종파로 알려져 있다.

다섯 개 이슬람 종파 가운데 이스마일리파를 제외한 네 종파는 자체 법령을 갖고 있으며 이는 각 종파의 법원인 무하카마 샤르이야가 개인 지위법에 실질적 영향력을 갖고 운영되고 있음을 뜻한다. 즉 레바논에서는 혼인이나 상속 같은 개인 지위 문제를 종교법이 담당한다. 무슬림에겐 이슬람법이, 기독교인에겐 교회법이 적용되는 것이다. 이러한 종파주의에 따른 민사법의 집행은 레바논 시민에게 많은 어려움과 불만을 일으키고 있으며 종파주의가 영구화되는 사회 여건을 만들고 있다.

한 예로 기독교도와 무슬림이 부부일 경우 쌍방이 유산을 물려받는 것을 금지한다. 즉 기독교 여성이 무슬림과 결혼 생활을 하면서 기독교를 유지할 경우 남편 사망 시에 유산을 물려받을 수 없다. 또 순니와 쉬아에서는 일부다처가 허용되는 반면, 드루즈파에서는 일부다처 혼을 금지한다. 일종의 임시 혼인 '무트아 혼인'이 쉬아파에서 성행하는 데 반해, 순니파에서는 무트아 혼인을 종교법적으로 금지하고 있기도 하다. 어떤 혁명적 변화가 있기 전에는 종파별 지도자들로부터 법적 권위를 빼앗아 오기란 어려울 것이다.

chapter 4

레바논 내전

종파 간 균형이 무너지던 1958년 일어난 레바논 1차 내전은 비교적 조용히 마무리되었다. 하지만 1970년 이후 팔레스타인 무장 세력의 대거 유입과 활동으로 다시 힘의 균형이 깨져 2차 내전이 야기됐다. 1975년 시작된 2차 내전은 1989년 〈타이프 협정〉과 1991년 모든 정파와 종파 민병대원에 대한 무장 해제 조치가 이루어질 때까지 계속됐다. 하지만 헤즈볼라는 이스라엘에 대한 항전을 이유로 무장 해제 대상에서 제외됐다.

무려 16년 동안 계속된 레바논 내전은 여러 참혹한 사건을 만들어 냈다. 1982년 베이루트에 있는 팔레스타인 난민촌 사브라, 샤틸라에서 벌어진 기독교 민병대의 난민 학살 사건(약 3,500명 사망)과 1983년 10월 헤즈볼라에 의해 자행된 주레바논 미 해병대 본부 폭파 사건(미 해병, 해군 등 241명 사망)이 대표적일 것이다.

레바논 내전을 단순한 종교 종파 갈등으로 보는 것은 오해에 가깝다. 종교 독단주의 혹은 특수주의가 종교 간 갈등의 한 요인으로 작용하는 것은 분명하지만, 현실적으로 볼 때 종교 간 갈등은 종교 간 힘과 재산의 격차, 계급적 격차와 갈등에서 비롯하는 경우가 많다. 레바논은 이에 더해 이스라엘과 팔레스타인이라는 강력한 활화산에 너무나 인접해 있는 관계로 더 큰 영향을 받을 수밖에 없었다. 식민 시대 서구에 의해 주어진 불안한 구조에서도 공존과 조화의 다원적 사회를 지향하며 번영을 실현해 가던 레바논은 국제 분쟁의 소용돌이 속에서 방향을 잃고 모자이크적 사회로 분열, 처참한 내전을 겪게 되는 것이다.

레바논 내전 자체가 내외부적 종파 간 대립이었다고 할 수 있다. 하지만 각 종파에 속한 개개인의 전쟁이었다고 말하기는 어렵다. 그들은 절친한 친구 혹은 이웃이었을 것이기 때문이다. 그러나 그들을 갈라놓은 것은 종파적 이해 대립이다. 결국 자신이 속한 집단의 결정에 맹목적으로 따라야 했던 일반 군중에게 남은 증오 혹은 미움은 대립된 종파에 대한 것이지 타 집단에 속한 개개인에 대한 것이 아니다. 즉 종파 간 대립 증오는 계속되고 심화될 수 있을지언정, 각 집단에 속한 개개인의 대립과 격한 감정은 쉽게 수그러들게 마련인 것이다. 한편 종파 간 대립을 정치적으로 이용, 선전함으로써 계속적으로 대립 관계를 유지하려는 세력도 있을 것이다.

2
바레인

정상률 명지대학교 중동문제연구소

마나마

■ 국가 개황

· 국명: 바레인 왕국(Kingdom of Bahrain)

· 국가 체제: 입헌 군주제

· 언어: 아랍어

· 인구: 1,566,993명(유엔, 2018)

· 종교 분포: 이슬람교 85%(쉬아 70%, 순니 15%)

■

1971년 8월 15일 영국으로부터 독립한 바레인은 33개의 작은 섬들로 구성된 섬나라다. 국토 넓이는 760㎢(싱가포르 697㎢, 제주도 1,849㎢, 진도군 440㎢)로, 싱가포르 정도의 넓이를 가진 작은 나라이다. 고대 무역로의 전략 지역에 위치해 있고, 자연적으로 형성된 항구가 있어서 거주민은 주로 무역업에 종사했다. 2018년 유엔 자료 기준으로 인구는 약 156만 명으로 도시 국가 수준이다. 그중에서도 바레인인은 46%에 불과하고, 주로 3D 업종에 종사하는 남아시아인이

45.5%, 타국 출신 아랍인이 4.7%를 차지해 외국인이 더 많은 나라이다. 이슬람을 국교로 하고 있고, 전체 인구 중 무슬림 인구가 85%를 차지한다. 또한 무슬림 인구 가운데 쉬아 무슬림이 70%를 차지한다. 통치 가문 및 국왕은 순니 무슬림을 따르는 것으로 알려져 있다.

바레인은 33개의 작은 섬으로 구성된 소국이며, 그중 30개의 섬은 무인도로 알려져 있다. 주도인 바레인섬은 사우디아라비아에서 약 18km 떨어져 있고, 남북 약 48km, 동서 최대 폭 20km인 석회암질 섬으로, 면적은 578km²이다. 바레인섬 주변에는 바레인 국제공항이 소재한 무하라크섬과 석유 수출항이 있는 시트라섬이 자리 잡고 있다. 1986년에는 사우디아라비아와 연결하는 연륙교가 건설되어 육상 교통로를 확보했다.

바레인은 사막 기후로 긴 여름과 짧은 겨울의 특성을 띠고 12~3월에는 비교적 온화한 날씨를 보이기도 한다. 연중 가장 더운 시기는 사막 지방 특유의 기후 상태를 보이는 5~9월로, 이때 기온은 40℃를 넘는 경우가 흔하고 46℃까지 올라가기도 한다. 여름 후반기에는 습도가 높아져 심한 경우는 습도 100%를 기록하기도 한다. 바레인은 1년 내내 습도가 높으며, 비는 거의 내리지 않으나 겨울에 75mm 정도의 강우량을 보인다. 겨울철 평균 기온은 21℃ 이하로, 이때가 여행하기에 좋은 시기이다.

chapter 1

바레인 역사와 이슬람

바레인 근대 국가 수립과 통치 가문

바레인은 아랍어로 '두 바다'라는 의미이며, 고대 무역로의 전략 지역에 위치해 있다. 자연적으로 형성된 항구에서 거주민들은 주로 무역업에 종사했다. 또한 주변 다른 지역에 비해 신선한 물이 풍부하고 땅이 비옥해 농사를 지을 수 있었다. 이 섬은 기원전 6천 년경에 지각 변동으로 아라비아반도에서 떨어져 나왔고, 선사 시대부터 사람이 거주했던 것으로 알려졌다.

바레인섬은 기원전 3천 년경에 세계사 무대에 등장하기 시작했는데, 고대에 '딜문'으로 알려진 무역 제국이 2천 년 이상 바레인섬을 차지하고 있었다. 딜문 상인들은 동양과 메소포타미아의 도시 국가 사이에서 다양한 상품을 교역하는 역할을 했다. 특히 야자열매와 진주를 수출했다. 수메르인 시대에는 딜문 제국의 땅이었던 페르시아만의 서해안 지역, 즉 아라비아반도 동쪽 해안이 '천국의 땅', '생명의 땅', '신들의 고향' 등으로 묘사됐다.[*]

고고학자들은 딜문 시기를 다시 딜문 형성기(기원전 3200~기원전 2200), 딜문 초기(기원전 2200~기원전 1600), 딜문 중기(기원전 1600~기원전 1000), 딜문 후기(기원전 1000~기원전 330) 등으로 구분하는데, 딜문 후기에 바레인섬은 아시리아 제국과 바빌론 제국에 흡수됐다. 그 이후부터 현대에 이르기까지 오랫동안 수메르인, 그리스인, 로마인, 이집트인, 페르시아인, 포르투갈인, 터키인, 와합주의자, 오만인, 영국인 등이 바레인섬을 포함한 페르시아만에서 자신들의 이익을 추구했다.

기원전 3세기부터 서기 15세기까지 바레인 지역은 진주 산지로 알려져 있었으며, 바스코 다 가마의 포르투갈 함대가 인도양에 출현하면서부터 유럽 세력이 진출했다. 16세기에는 당시 해상 패권을 쥐고 있던 포르투갈에 귀속된 후 1521년부터 1602년까지 포르투갈 지배에 놓였다. 이후 진주를 둘러싼 분쟁이 계속되다가 17세기부터 페르시아 제국에 약 180년 동안 지배를 받았다. 18세기 중엽 쿠웨이트 앗사바흐 가문의 먼 친척인 알칼리파가 쿠웨이트에서 바레인 군도로 이주했고, 바레인섬으로부터 가까운 거리에 있는 카타르반도 북서 끝자락의 주바라에 정착했다. 1782년 또는 1783년 무렵에 알칼리파 가문 출신 아흐메드 빈 무함마드는 쿠웨이트 거주 앗사바흐 가문 인척들의 도움을 받아 페르시아 주둔군을 쫓아내고 바레인 군도, 특히 아라비아반도 본토로부터 떨어져 있어 와하비 침략으로부터 상대적으로 자유로운 바레인섬과 무하라크섬을 점령했다. 이때부터 칼리파 가문의 바레인 통치 시대가 시작됐다. 아흐메드 빈 무함마드는

---

[*] Rosemarie Said Zahlan, 2002, p.7; 정상률 외, 2016, p.213 재인용

1796년 사망할 때까지 바레인 군도를 통치했다.

'바레인 왕조의 설립자'로 알려진 아흐메드 빈 무함마드가 사망하자 통치권을 둘러싼 분쟁이 있었으나 결국 두 아들 압둘라 빈 아흐메드와 살만 빈 아흐메드가 공동 통치했다. 그로부터 3년 뒤 포르투갈군에 의해 275년 전에 쫓겨났던 오만군이 재침략했다. 살만 빈 아흐메드는 주바라로, 압둘라 빈 아흐메드는 아라비아반도로 후퇴했다. 1820년 두 형제는 바레인섬을 재정복했고, 얼마 후에 영국과 하나의 조약을 체결해 그로부터 200년 이상 영국은 동인도 회사 형태로 이 지역에 존재했다. 이 조약은 바레인인이 영국 상선에 대한 해적 행위를 금지한다는 것으로, 향후 20여 년 동안 영국은 걸프 지역 셰이크들과 이와 유사한 조약을 체결했다. 살만이 1825년에 사망하자 그의 아들 칼리파 빈 살만과 압둘라 빈 아흐메드가 공동 통치했다. 1834년에 칼리파가 사망하자 압둘라 빈 아흐메드는 몇 년 동안 혼자 통치했다.

인도가 점점 중요시되면서 영국은 걸프에서 안전을 확보할 필요가 있었다. 1835년, 바레인의 셰이크를 포함한 걸프 셰이크들은 해적 행위를 중단하고 영국 왕립 해군의 통제를 받는다는 내용의 평화 조약을 체결했다. 칼리파 빈 살만이 사망한 지 수년 후 그의 아들 무함마드 빈 칼리파가 압둘라 빈 아흐메드의 권위에 도전하면서 바레인에 분란이 시작됐다. 무함마드 빈 칼리파는 공동 통치자로서 무하라크에 본부를 수립하고, 1843년에 카타르 주바라를 점령하고 압둘라 빈 아흐메드의 통치권을 폐지했다. 압둘라 빈 아흐메드가 그로부터 5년 후에 사망하자 무함마드 빈 칼리파는 반대자 없이 몇 년 동안 통치했다. 무함마드 빈 칼리파는 1861년 영국과 영구 평화, 우호 조약을 체결했다. 이 조약은 최초의 배타적 협정이었으며, 그 이후 걸프의 다른 셰이크들도 이와 유사한 조약을 체결하기 시작했다.

이 조약의 체결로 무함마드 빈 칼리파와 걸프 셰이크들은 외적의 침입으로부터 영국이 보호해 주는 대가로 자신들의 외교 문제에 대해 영국의 통제를 받는 것을 허용했다. 이후 다른 협정이 1881년과 1891년에 체결됐다.

셰이크 압둘라 빈 아흐메드의 아들인 무함마드 빈 압둘라는 아라비아 본토에 기반을 두고서 아버지를 폐위시킨 데 복수하고자 무함마드 빈 칼리파에 도전했다. 그는 바레인을 침략했고, 이러한 소동 중에 바레인과 카타르 간 전쟁이 발생했다. 이 전쟁은 1868년에 끝났다. 무함마드 빈 칼리파가 카타르로 피신하자, 그의 동생 알리가 바레인의 통치를 선언했다. 카타르에 망명한 무함마드 빈 칼리파는 카타르의 지원으로 새 함선을 만들어 바레인을 침략했고, 1869년에 동생 알리를 살해했다. 그러나 그는 사촌 무함마드 빈 압둘라와의 전투를 중단하고 오히려 무함마드 빈 압둘라에게 재정복군의 지위를 부여했다. 그들이 바레인을 정복한 후 무함마드 빈 압둘라는 아버지 폐위에 대한 복수로 무함마드 빈 칼리파를 신속하게 전복하고 그를 투옥했다.

페르시아의 해안 항구 부셰르에 기지를 갖고 있던 영국은 1869년의 이러한 상황을 주시했고, 영국 해군은 이 두 사람을 봄베이로 추방시켜 버렸다. 그리고 당시 21살밖에 되지 않은 알리의 아들 셰이크 이사 빈 알리를 아미르로 임명하고 그에게 왕세자 임명권을 주었다. 그 이후 지금까지 셰이크 이사 빈 알리의 후손이 왕위를 계승하고 있다. 2015년 현재 국왕인 셰이크 하마드 빈 이사 알칼리파는 셰이크 이사의 4대손이다.

앞의 언급과 같이 영국의 인도양 지배가 고착화되면서 바레인도 영국의 영향 아래 놓였다. 1861년에는 무역 등에 관한 평화, 우호 조약을 맺었고, 1880년과 1892년에는 영국이 바레인의 외교권을 대신 행사하기로 하는 조약을 체결함으로써 영국 보호령이 됐다.

바레인의 근대사는 1932년에 석유가 생산되면서 새로운 전기를 맞이했다. 바레인은 석유 생산을 통해 얻은 수입을 기반으로 먼저 교육과 사회 간접 자본 정비에 착수해 근대화의 기틀을 다졌다. 그러나 급격한 사회 및 경제적 변화는 많은 사회 문제를 야기했고 도시형 임금 노동자를 양산했다. 1950년대에 들어서서는 사회적 긴장이 조성되고 반영(反英)주의가 팽배하면서 석유업계에 분규가 계속되기도 했다.

1967년 영국이 남예멘에 위치한 아덴으로 철수하자 영국 함대 기지는 바레인으로 옮겨졌고, 이로써 바레인의 정치 및 군사적 중요성은 한층 커졌다. 1968년 영국 정부는 재정 상황 악화를 이유로 수에즈 동쪽으로부터의 철수를 결정했다. 이에 대응해 바레인은 독립과 함께 주변 왕국과 연방을 결성하기로 방침을 정했다.

그러나 이란이 바레인의 영유권을 주장함으로써 분규에 휩싸이게 됐다. 1970년 유엔 안전 보장 이사회가 중재에 나서 '바레인 국민은 이란으로의 귀속을 원하지 않는다'라는 보고서를 발표함으로써 사태를 수습했다. 마침내 이란이 주권을 포기하자 바레인 주민의 의사에 기반을 둔 독립이 국제적으로 인정됐다. 주변 에미리트와의 연방 결성 움직임이 이해 상충과 비협조로 난항을 거듭하자, 1971년 8월 14일 바레인은 독자적으로 독립을 선언했다.

이슬람 역사와 현황

7세기 초 사산조 페르시아를 대신해 바레인 지역을 통치하던 기독교 아랍인 통치자였던 문지르는 이슬람을 받아들이라는 이슬람 예언자 무함마드의 서신을 받고 이슬람으로 귀의했다고 전해진다. 7세기~11세기 무렵 바레인은 우마이야조(661~750)와 압바스조(750~1258) 영토에 편입됐다. 8세기에 바그다드가 압바스조 수도가 되면서 바레인을 포함한 걸프의 아랍 지역은 중요한 무역, 전략, 금융의 중심지로 재부상했다. 특히 하룬 알라시드(재위 786~809)가 압바스조 칼리파가 되면서 학자와 문인 우대 정책을 추진했고, 그에 따라 문화적으로 융성하게 됐다. 그의 통치기에 바레인 지역은《아라비안나이트》의 배경이 되었으며, 질 좋은 진주 무역의 중심지가 됐다. 당시 아랍인의 매우 발달한 항해술 덕분에 약 $9,600km$나 떨어진 중국과 정기적인 무역 거래가 가능했다.《아라비안나이트》에 등장하는 〈신드바드의 모험〉, 〈알라딘과 요술 램프〉, 〈알리바바와 40인의 도둑〉 등과 같은 이야기는 당대의 장거리 무역과 여행, 연애, 범죄, 설화 등을 반영한 것이다.

이슬람은 바레인의 국교이다. 바레인 인구의 다수는 쉬아 무슬림이고, 알칼리파 왕가와 왕가를 지지하는 일부 소수 부족의 종교는 순니 이슬람이다. 이슬람은 7세기에 전 아라비아 지역에 확산됐다. 이슬람 창시자 무함마드는 628년에 자신의 첫 사절인 알알라아 알하드라미를 바레인 지역 통치자였던 문지르에게 보내 그를 이슬람으로 초대했다.

문지르는 스스로 이슬람으로 개종했으며, 카타르에서 살고 있는 페르시아인을 포함해 바레인과 카타르의 모든 주민이 무슬림이 되었다고 선포했다. 그는 바레인에서 최초로 이슬람을 받아들인 인물이었다. 시기는 629년이었다. 이때 바레인에는 이미 기독교도, 유대교도, 조로아스터교도 등이 살고 있었다.

칼리파 우마르 시기에 아부 후라이야가 바레인 통치자로 임명됐다. 바레인 지방 전설에 따르면 아부 후라이야는 어떠한 신발도 신지 않고 왔다가 통치자에게 줄 진주와 물건들을 가지고 떠났다.

바레인 최초의 모스크 중 하나인 알카미스 모스크가 692년에 건설됐다. 이슬람의 확장이 바레인 무역에 크게 영향을 미치지는 않았다. 바레인의 번영은 메소포타미아 지역 시장에 크게 의존하고 있었다. 750년에 바그다드가 압바스조의 수도가 되고 이슬람 문명의 중심지가 되면서 중국, 남아시아로부터 흘러 들어온 외국 상품에 대한 수요가 크게 확대됐고 바레인도 크게 번창했다.

이슬람 초기에 바레인은 예멘과 이집트를 포함한 주변 지역의 성직 지망자들에게 매력적인 섬이 되었고, 중동 지역의 정신적 지식과 이슬람 학문의 중심지가 됐다. 바레인 성직자 중 가장 유명한 사람은 쉬아 열두 이맘파의 지도자인 마이삼 알바흐라니이다. 그는 합리주의 옹호자였고, 당시 철학과 이슬람을 결합하고자 시도했다. 인식론 및 존재론 같은 철학적 문제를 신학과 연결시켜 자신의 신학 이론을 만들어 낸 것으로 알려져 있다. 그의 모스크와 무덤은 수도인 마나마 외곽 마후즈 지구에 위치한다.

바레인에서 이슬람 황금시대가 꽃을 피우려는 시기에 카라미타파가 부상했고, 역사가들은 카라미타파 시기를 매우 어두운 '테러리즘의 세기'로 묘사한다. 쉬아 이스마일리파(일곱 이맘파)의 한 분파인 카라미타파는 히즈라 3세기인 899년에 아라비아 동부 지역 및 바레인을 점령하고 그곳을 근거지로 삼아 유토피아적 공동체를 건설했다. 그들은 공동체 내 모든 재산을 초기 구성원에게 골고루 분배했고, 일종의 밀교 사회를 조직했으나 완전한 비밀 조직체는 아니었다. 그들의 활동은 공개적이었으나 새로운 구성원이 되려면 7단계의 가입 의식을 거쳐야 했다.

카라미타파의 세계관에 따르면, 모든 현상과 사건은 원(圓)처럼 반복해서 일어난다. 그들은 샤리아, 부활, 최후의 심판, 순례 의무 등을 부정하거나 폐지해야 한다고 주장했으며, 이슬람의 순례, 단식, 예배 등을 내적 의미만을 지닌 단순한 종교적 상징으로 해석함으로써 기존 이슬람 사상과는 매우 다른 교리를 채택했다. 특히 그들은 바레인을 근거지로 삼아 아라비아 대상(隊商)은 물론이고, 때로는 순례자들을 급습했다. 906년에는 대상을 급습해 2만여 명의 사상자를 내기도 했다. 아부 타히르 알잔나비의 통치 시기인 923년에 압바스 왕조 수도인 바그다드를 점령하다시피 해 칼리파 행세를 했고, 930년에는 메카를 점령했다. 철저한 채식주의자였던 카라미타파 무슬림들은 하즈 순례의 핵심지 가운데 하나인 잠잠 우물을 파괴하고 무슬림 시신을 잠잠 우물에 던져 넣기도 했으며, 무슬림이 신성시하는 흑석을 탈취해 바레인으로 가져갔다. 그들은 '명령으로 우리는 그것을 빼앗아, 명령으로 그것을 되돌려 줬다'라는 메모와 함께 흑석을 마대 자루에 싸서 쿠파의 금요 사원에 방치했다. 탈취와 운송 과정에서 흑석은 손상을 입어 7개 조각으로 부서졌다. 역사가인 알주와이니에 따르면, 흑석은 23년이 지난 923년 무렵에 반환되었으나 그 대가로 압바스 왕조에 거대한 기금을 요구했다고 전해진다.

카라미타파의 이러한 행위들은 그들과 이슬람 세계의 분열을 의미했다. 그들은 세상의 마지막 순환기에 이슬람 세계에 종말을 가져온다는 마흐디 출현을 기대했던 것으로 알려져 있다. 비밀리에 조로아스터교도라고 알려진 아부 타히르는 이슬람과 기독교를 막론하고 모든 종교 서적을 불태우기도 했다. 그러나 그는 결국 무시무시한 운명을 맞았다. 쿠틉 알딘에 따르면, 그는 천연두에 걸려 종기로 몸이 썩고 벌레들이 살을 뜯어먹어 결국 비참하게 사망했다고 한다. 그 이후 바레인의 어두웠던 시대는 가고 황금 계몽 시대가 시작됐다.

카라미타파는 압바스조 시기인 976년에 이스마일파에게 패배한 후 쇠퇴했다. 역설적으로 카라미타파의 패배로 이스마일파의 혁명적 열망도 점차 식어 갔다. 대신 400년 이상 순니파가 바레인 지역을 통치했다. 이들은 카라미타파보다 저항이 약했던 열두 이맘파를 선호했고, 순니파 통치자들의 영향으로 열두 이맘파가 바레인에 정착했다. 1076~1077년 무렵 셰이크 알우유니가 셀주크 제국의 군사적 지원으로 바레인과 알하사에서 카라미타파를 완전히 축출하고 우유니 공국(1076~1253)을 수립했다.

13세기에 열두 이맘파는 철학과 신비주의를 통합해 정통 열두 이맘파의 실천 방안을 만들었는데, 이슬람 사회에서는 이들을 바레인 학파라고 부른다. 바레인 학파는 마이삼 알바흐라니, 카말 알딘 이븐 사아다 알바흐라니, 자말 알딘 알리 이븐 술라이만 알바흐라니 등의 학자를 배출했다.[*]

2010년 인구 조사에 따르면 바레인 인구의 70.2%가 무슬림이다. 인도, 필리핀, 스리랑카 등 비무슬림이 이주 노동자로 바레인에 유입되어 전 인구 중 무슬림 비율은 다른 아랍 국가에 비해 낮은 편이다.

오늘날 바레인 인구의 60~70%는 쉬아 자파리(열두 이맘파)이고, 알칼리파 통치 가문과 그 지지 부족원들은 말리키 법학파를 따르는 순니파 무슬림이다. 그 외에 샤피이 법학파와 하나피 법학파를 따르는 순니파 무슬림들도 있다.

---

[*]   Clarke, 2001, pp.331~332

chapter 2

현대 바레인 이슬람과 정치 상황

바레인의 제1대 아미르 이사 빈 살만 알칼리파는 1972년 12월 설립된 제헌 위원회가 준비한 총 109조로 된 헌법을 1973년 5월 26일 확정 공포했다. 그로부터 30년이 지난 2002년(이슬람력 1422년) 2월 14일에 처음으로 헌법이 개정됐다. 개정 헌법은 6편(제1편 국가, 제2편 사회 기본 구성 요소, 제3편 공적 권리와 의무, 제4편 권력 기관 총칙, 제5편 재정, 제6편 총칙과 최종 규정) 125조로 구성되어 있다.

국왕 하마드 빈 이사 알칼리파는 개정 헌법 서문에서 '민주주의, 번영, 발전, 성장, 안정, 복지 그리고 아랍 움마, 이슬람과 샤리아, 슈라 및 슈라 의회'를 강조했다. 이는 이슬람과 샤리아, 서구식 민주주의, 경제 성장 및 복지를 결합하는 정치 경제 체제를 지향하고 있음을 의미한다.

개정 헌법 제1편(국가) 제1조는 바레인 국가의 성격을 '완전한 주권을 가진 독립적인 이슬람 아랍국이고, 국민은 아랍 연맹 일원이며, 영토는 대

(大)아랍 국가의 일부'라고 규정하고, 제2조에서 '종교는 이슬람이고 이슬람 샤리아가 입법의 주요 원천이라고 규정했다. 이러한 내용만으로는 바레인이 이슬람 국가인지 세속 국가인지 구분되지 않으며, 대아랍 국가의 일부'라는 표현은 '주권적 독립 국가'라는 개념과 충돌하는 것으로 보인다. 이러한 애매함과 모순은 서구의 법 형식을 도입해 서구식 헌법을 제정하면서 발생하는 것으로 판단된다. 샤리아와 관련해 제2조 외에 여성 및 상속과 관련한 규정(제5조)에서 샤리아 규정을 따른다고 강조하고 있을 뿐, 헌법 전문에서 샤리아란 용어는 매우 한정적으로 사용된다.

앞서 언급한 바와 같이, 헌법상 바레인의 국교는 이슬람이고, 전체 인구의 70% 이상이 무슬림이다. 종교의 자유는 보장되어 있으나 비무슬림에게는 시민권이 부여되지 않는다. 바레인에서 순니와 쉬아 간 갈등의 골은 깊은 편이다. 인구 다수는 쉬아파 무슬림이지만, 정치 및 경제적으로 특권을 누리는 소수 엘리트들은 순니파 무슬림이다. 최근 수십 년 동안 인도, 필리핀, 스리랑카 등에서 온 이주자 때문에 전체 인구에서 무슬림 비율이 줄어들고 있다. 순니파 무슬림들은 주로 순니 법학파 중 샤피이와 말리키 학파를 따른다. 통치 가계는 말리키 학파에 속하고, 순니 이주민들은 다른 학파를 따른다. 순니파 무슬림들은 주로 200년 전 나즈드로부터 바레인으로 이주해 온 무슬림들이다. 일부는 노예로 팔려 온 아프리카계 순니파 무슬림이다. 아주 소수이고 잘 알려져 있지 않지만 오만에서 이주해 온 이바디파 무슬림도 바레인에서 살고 있다.

쉬아파 무슬림은 크게 두 그룹으로 나누어지는데, 그중 큰 그룹은 바하르나라고 불리는 아랍계이며, 다른 하나는 아잠이라고 하는 이란계 쉬아 무슬림이다. 양 그룹은 사회적으로 거의 상호 교류하지 않는다. 전통적으로 쉬아들은 마아탐으로 불리는 작은 마을 공동체에서 살아왔으나 오늘날에는 대부분 도시에서 살고 있다.

바레인의 쉬아들은 공적 영역에서 일할 기회가 제한되어 있으며, 특히 군부 주요 요직을 가진 쉬아파 무슬림이 하나도 없을 정도로 배제되어 있다. 바레인 통치 가계는 2002년에 처음으로 쉬아 학교 설립을 허용했다. 쉬아에 대한 경제적 불평등과 이란 이슬람 혁명의 영향으로 1980년대에 순니 엘리트에 대한 정치적 도전을 시작했다.

불평등에 대한 불만은 2011년 아랍의 봄 시기에 또다시 분출되기도 했다. 페르시아만 국가 중 최초로 2011년 2월에 시작된 바레인 민주화 시위는 3월 중순경에 진압됐다. 6천여 명이 모인 2월 14일 항의 시위에서 시민들은 헌법 개정, 정치 개혁, 사회 및 경제 정의 등을 주장했다. 300여 명이 참여한 첫 시위가 쉬아 마을에서 시작됐고, 수천 명이 참여한 중요한 시위가 쉬아파 인구가 밀집한 시트라섬에서 발생했다. 이와 같이 아랍의 봄에서 정치, 사회, 경제적 차별을 받아왔던 쉬아들이 개혁을 요구하는 시위를 했다는 점으로 보아 향후에도 종파 간 갈등이 바레인 정치 불안정의 주요 원인으로 작용할 것으로 예상된다.

3
사우디아라비아

김정명 명지대학교 아랍지역학과

■ 국가 개황

· 국명: 사우디아라비아 왕국(Kingdom of Saudi Arabia)

· 국가 체제: 전제 군주제

· 언어: 아랍어

· 인구: 33,554,343명(유엔, 2018)

· 종교 분포: 이슬람교(시민의 85~90%)

■

사우디아라비아는 아라비아반도에 위치한 인구 약 3,355만 명의 절대 왕정 국가다. 국토는 2,149,690㎢로 아랍 국가 중 가장 크고, 그 가운데 90% 이상이 사막이다. 세계 최대 자원 부국 중 하나로, 석유는 세계 매장량의 21%, 천연가스는 세계 매장량의 4.1%를 차지한다. 특히 동부 지역에 위치한 가와르 유전은 단일 유전으로는 세계 최대 규모로, 사우디아라비아 석유 생산량의 절반 이상을 차지한다.

사우디아라비아는 인구 대다수가 무슬림이다. 정확한 종교 관련 통계 조사가 실시되지는 않았지만, 전체 무슬림 인구 중 85~90%는 순니파에 속하며 나머지 10~15%는 쉬아파에 속하는 것으로 알려져 있다.

사우디아라비아에서 가장 권위를 지닌 공식 신학 사상은 와하비즘이다. 와하비즘은 18세기 무함마드 빈 압둘와합에 의해 아라비아반도에서 정립된 신학 사상으로, 흔히 종교 정화주의로 특징 지워진다. 사우디아라비아에는 이슬람의 발생지인 메카와 메디나가 위치하기 때문에 흔히 이슬람 종주국으로 불린다. 이 같은 이유에서 오늘날 사우디 국왕은 특별히 '두 성지(메카와 메디나)의 수호자'라는 칭호를 사용한다.

1970년대 석유 붐 이후 외국인 노동자 유입이 증가해 전체 인구 중 외국인이 약 30%를 차지한다. 외국인 노동자 대부분은 인도, 파키스탄 등 아시아 출신이다. 사우디아라비아에는 약 100만 명의 기독교인이 거주하며, 이들도 대부분 외국인 노동자이다. 그 밖에 소수의 힌두교도와 불교도들이 있다. 사우디아라비아에서는 무슬림을 타 종교로 개종시키는 선교 활동이 엄격히 금지된다.

chapter 1

사우디아라비아 역사와 왕가

와하비즘과 사우디아라비아 왕국 건설

사우디아라비아가 위치한 아라비아반도는 이슬람이 창시된 지역이다. 570년 쿠라이시 부족에 속한 하심 가문 출신의 예언자 무함마드가 메카에서 태어났다. 그는 낙타 대상 무역으로 성공한 상인이었고, 610년 메카에서 꾸란을 계시받기 시작했다. 그가 설파한 새로운 종교 이슬람의 메시지는 사회적 평등과 고아와 여성에 대한 인권 보호를 가르쳤을 뿐만 아니라 전통적인 아랍 종교관에서는 생소한 유일신 사상도 설파했다. 당시 메카는 아라비아반도의 종교 중심지 역할을 하고 있었고, 그곳 종교 지도자들은 360개의 우상을 섬기며 사람들이 신전에 바치는 재물로 막대한 수입을 올리고 있었다. 예언자 무함마드는 이 같은 우상들을 타파하고 오직 유일신 알라만을 믿으라고 가르쳤다.

사우디 왕국은 18세기 중반부터 흥망성쇠를 반복하며 제1차 사우디 왕국(1744~1818), 제2차 사우디 왕국(1824~1891), 제3차 사우디 왕국(1932~현재) 등 세 차례에 걸쳐 건설됐다. 오늘날 우리가 흔히 말하는 사우디아라비아는 1932년 압둘아지즈가 건설한 제3차 왕국을 일컫는다.

제1차 사우디 왕국의 출발은 18세기 중반 아라비아반도 중부 지역에서 발흥한 복고주의적이면서 개혁주의적인 성향을 띤 와하비즘과 함께 시작됐다. 이 종교 운동의 창시자는 무함마드 빈 압둘와합이다. 그는 나즈드 지역 학자 집안 출신으로, 직업이 선생이자 설교자였다. 와하비즘은 사우디아라비아의 이슬람을 특징짓는 용어로 익히 알려져 있지만, 사실 이 용어는 그들 스스로가 붙인 것이 아니다. 와하비즘을 추종하는 자들은 스스로를 유일신주의자라는 뜻의 '무와히둔' 또는 복고주의자란 뜻을 지닌 '살라피'라고 부른다.

무함마드 빈 압둘와합이 주창했던 종교 운동은 이슬람 법학파 가운데 가장 보수적인 성향을 지닌 것으로 알려진 한발리 법학파와 13~14세기 신학자 이븐 타이미야의 사상으로부터 많은 영향을 받았다. 무함마드 빈 압둘와합은 초창기 예언자 무함마드가 설립했던 이슬람 국가 모델에 따라 아라비아반도를 정화하고 새로운 국가를 건설해야 한다고 주창했다. 또한 술, 담배 등의 소비를 금지했고 샤리아(이슬람법)를 문자 그대로 해석해야 한다고 강조했다. 많은 와하비 사상가들은 수피즘에서 말하는 성인 개념이나 쉬아파에서 말하는 이맘 개념이 우상 숭배와 진배없다고 말한다. 왜냐하면 이슬람에서 구원의 주체와 숭배의 대상은 오직 알라 한 분이며, 따라서 누군가를 구원의 중재자나 성인으로 모시고 그 묘소를 방문하는 것은 유일신 사상에 어긋나기 때문이다. 와하비즘의 교리에 의하면, 엄격한 유일신주의를 따르지 않는 자는 불신앙인 '쿠프르'를 범한 것이 된다.

쿠프르란 유일신 사상에 대해 알면서도 고의적으로 이를 신앙하지 않는 것을 말한다.

와하비 운동의 발전에 가장 큰 획을 그은 것은 무함마드 빈 압둘와합이 1744년경 디르이야 지역의 통치자이자 훗날 사우디 왕국을 건설한 무함마드 빈 사우드와 만나 동맹을 체결한 사건이다. 두 사람의 동맹을 계기로 사우디 가문은 무슬림 공동체의 정치 지도자로 그리고 무함마드 빈 압둘와합은 종교 지도자로서의 지위를 상호 인정했다. 이 동맹은 일종의 정치, 종교 동맹으로서 아라비아반도 나즈드 지역에서 사우디 왕조가 창건되는 출발점이 됐다.

제1차 사우디 왕국이 창건된 후 사우디-와하비 동맹 세력은 1801년 메소포타미아로 진격해 쉬아파 성지인 카르발라를 공격했다. 그 와중에 후세인 빈 알리를 비롯한 여러 쉬아파 성인을 모신 묘당을 우상 숭배 장소라고 비판하며 파괴했다. 또한 히자즈 지역의 중심지인 메카와 메디나를 장악하는 데도 성공했다. 당시 오스만 제국은 사우디-와하비 동맹 세력이 아라비아반도에서 세력을 확장하는 것을 우려했고, 결국 이집트 총독인 무함마드 알리에게 이를 진압하도록 명했다. 1818년 이집트 원정대는 제1차 사우디 왕국을 초토화시킨 후 마지막 통치자였던 압둘라 빈 알사우드를 콘스탄티노플로 압송했다. 이로써 파란만장한 제1차 사우디 왕국의 74년 역사는 종말을 맞이했다.

제1차 왕국이 붕괴된 지 6년이 지난 1824년, 제2차 사우디 왕국이 건설되어 나즈드 지역을 평정하고 오만 국경 지대까지 통치 영역을 확대했다. 그러나 제2차 왕국은 왕위 계승을 둘러싼 갈등으로 내분을 겪다가 하일 지역을 중심으로 세력을 규합한 라시드 왕국에 패망하고 말았다. 제2차 왕국의 마지막 군주였던 압둘라흐만은 1891년 물라이다 전투에서 라시드 왕국에 패하자 리야드를 떠나 쿠웨이트로 망명했고, 이로써 제2차 왕국은 종말을 맞이했다.

오늘날 우리가 통상적으로 알고 있는 사우디아라비아는 제3차 왕국을 가리킨다. 제3차 왕국의 건국자 압둘아지즈는 제2차 왕국의 마지막 군주였던 압둘라흐만의 아들이었다. 그는 12세에 라시드 가문에 쫓겨 부친을 따라 쿠웨이트로 망명했다. 1902년 1월 15일, 21세 청년으로 성장한 압둘아지즈는 40명의 결사대를 이끌고 라시드 가문으로부터 리야드를 탈환하는 데 성공함으로써 현대 사우디아라비아 건국의 기틀을 마련했다. 그는 여세를 몰아 1921년에 라시드 왕국의 수도 하일을 점령하는 데 성공했다. 1925년 압둘아지즈는 메카와 메디나를 점령했고, 이듬해에 메카 대사원에서 '히자즈의 왕이자 나즈드의 술탄'이라고 선포했다. 이후 수년간 압둘아지즈는 내부 반란을 진압하고 주변국과의 국경선 획정 문제를 해결하는 데 몰두했다. 1932년 9월 23일 압둘아지즈는 스스로 사우디아라비아 왕국의 국왕임을 선포했고, 이로써 현대 사우디아라비아의 건국이 완성됐다.

사우디아라비아 왕가

1932년 건국 이후 2018년 현재까지 사우디아라비아의 역대 국왕은 모두 건국자 압둘아지즈와 그의 후손이다. 다시 말해, 제2대 국왕 사우드, 제3대 국왕 파이살, 제4대 국왕 칼리드, 제5대 국왕 파흐드, 제6대 국왕 압둘라, 제7대 국왕 살만 모두 압둘아지즈의 아들로 2세대에 속한다. 압둘아지즈는 17명의 여인과 결혼을 했으며, 아들의 숫자는 50~60명 사이로 추정된다.

〈표1〉 역대 사우디아라비아 국왕

	이름	재위 연도
제1대	압둘아지즈 빈 압두라흐만 알사우드	1902~1953
제2대	사우드 빈 압둘아지즈	1953~1964
제3대	파이살 빈 압둘아지즈	1964~1975
제4대	칼리드 빈 압둘아지즈	1975~1982
제5대	파흐드 빈 압둘아지즈	1982~2005
제6대	압둘라 빈 압둘아지즈	2005~2015
제7대	살만 빈 압둘아지즈	2015~2018 현재

압둘아지즈의 부인 가운데 핫사 빈트 알수다이리가 가장 많은 7명의 왕자를 낳았다. 이들은 흔히 '수다이리 일곱 형제'라고 불리며 2세대 가운데 가장 강력한 파벌을 형성하고 있다. 제5대 국왕을 역임했던 파흐드 국왕이 바로 수다이리 일곱 형제 중 첫째 아들이었다. 다른 여섯 형제도 지난 수십 년 동안 권력의 핵심인 왕세제, 내무부 장차관, 국방부 장차관을 독차지했다. 이들은 형이 죽으면 동생이 그 자리를 대물림하는 방식으로 이복형제를 왕세제, 내무부, 국방부 요직에서 철저히 차단시켜 왔다.

하지만 수다이리파의 장자였던 파흐드 국왕이 2005년 사망하고 제6대 국왕인 압둘라가 왕위에 오르면서 세력 균형에 약간의 변화가 생겼다. 왜냐하면 압둘라 국왕은 파흐드의 이복동생으로, 수다이리파 일원이 아니었기 때문이다. 따라서 그를 중심으로 비(非)수다이리파 왕족이 결집했다. 하지만 수다이리파의 위세가 완전히 꺾인 것은 아니었다. 압둘라 국왕 통치기간인 2005년부터 2015년까지 왕세제에 책봉되었던 술탄 빈 압둘아지즈, 나이프 빈 압둘아지즈, 살만 빈 압둘아지즈 모두 수다이리파 출신이었기 때문이다. 이 가운데 살만 빈 압둘아지즈는 2015년 1월 23일 압둘라가 사망하자 제7대 국왕으로 등극하는 데 성공했다. 이로써 수다이리파는 과거 파흐드 국왕에 이어 두 번째로 왕위를 차지하게 됐다.

살만의 집권

2017년 현재 사우디아라비아 국왕을 역임하고 있는 살만 국왕은 1935년 리야드에서 태어났으며, 사우디아라비아의 건국자 압둘아지즈 국왕의 25번째 아들로 알려져 있다. 그는 사우디 왕가 내 최대 파벌인 수다이리파 일곱 형제 중 여섯째로 지난 수십 년 동안 요직을 거치며 다양한 행정 능력과 인맥을 쌓은 것으로 평가된다. 특히 그는 1963년부터 2011년까지 48년 동안 리야드 주지사를 역임하며 관광 진흥, 리야드 도시 개발, 투자 유치 프로젝트 등을 진행한 바 있다. 2015년 그는 79세의 나이로 왕좌에 올랐다.

살만 국왕 집권 이후 사우디아라비아는 순니파 종주국으로서의 입지를 다지고자 쉬아파 종주국인 이란과 역내 주도권을 놓고 패권 경쟁을 시작했다. 사우디아라비아는 이란을 중심으로 이라크, 시리아, 레바논, 예멘, 바레인으로 연결되는 이른바 '쉬아 벨트'가 형성될 경우 자국 안보에 심각한 위협을 줄 것으로 보고 있다. 이 같은 맥락에서 2015년 3월 살만 국왕은 쉬아파로 구성된 후티 반군 세력이 예멘을 장악하는 것을 막고자 공습을 개시하며 군사 개입을 단행했다. 이 과정에서 그는 순니파 10개국을 사우디아라비아 주도의 연합군에 끌어들이는 데 성공시킴으로써 외교적 영향력을 과시했다.

chapter 2

오늘날 사우디아라비아의
이슬람과 종교 생활

국가 통치 제도와 이슬람

사우디아라비아가 국가적으로 이슬람을 중시하고 있다는 것은 통치 기본법에서 엿볼 수 있다. 통치 기본법은 사우디아라비아에서 헌법과 같은 역할을 하고 있는 법으로, 1992년 3월 1일 파흐드 국왕의 칙령으로 반포됐다. 통치 기본법 제1조는 다음과 같다.

> 사우디 아랍 왕국은 이슬람을 국교로 하는 아랍 이슬람 국가이다. 알라의 성서(꾸란)와 순나는 왕국의 헌법이며, 아랍어는 왕국의 언어이고, 리야드는 왕국의 수도이다.

한편 일반 국가가 법전을 갖는 것과 달리 사우디아라비아는 니잠이라 불리는 왕의 칙령이 법전 역할을 하며, 왕의 칙령은 이슬람 율법에 위배되지 않아야 한다. 따라서 사우디아라비아에서의 상법이나 노동법은 이슬람 율법으로 허용된 왕의 칙령으로 구성된다.

사우디아라비아의 공식 신학 사상인 와하비즘은 한발리 법학파에 뿌리를 두고 있다. 한발리 법학파는 중세 법학자 가운데 가장 보수적이었던 이븐 한발에게서 기원한다. 이븐 한발은 꾸란과 순나에 대한 문자 그대로의 해석에 의존했다. 사우디아라비아는 1928년 왕의 칙령을 통해 한발리 법학파의 가르침이 사우디 샤리아(이슬람법)의 유일한 법원임을 규정했다. 그러나 1992년에 발표된 통치 기본법에서는 개인의 해석인 이즈티하드의 역할을 인정했다. 따라서 사우디아라비아의 샤리아 법정 재판관은 첫 번째로 한발리 법학파의 율법 서적을 사용해야 하고, 두 번째로 다른 순니 법학파의 서적을 참조하며, 마지막으로 이즈티하드를 사용해야 한다.

이슬람법 가운데 서구 법 체제에서 찾아볼 수 없는 독특한 특징 하나는 율법학자 개인의 법적 의견인 파트와이다. 사우디아라비아에서는 파트와를 선언하는 독립 기관으로 그랜드 무프티 사무국이 있다. 영미법 체계에서는 어떤 사건에 대해 법적 판결을 내리거나 위헌 여부에 대한 의견을 내놓으려면 먼저 그 사건이 법정에 상정되어야 한다. 그러나 이슬람법 체제에서는 법원에 사건이 상정되지 않더라도 그것에 대해 파트와를 내놓을 수 있다. 사우디아라비아에서 파트와가 지닌 법적인 영향력은 왕위 계승 때 종종 나타난다. 왕위 계승은 원칙적으로 주요 종교 지도자나 사회적으로 존경받는 인물의 입회 아래 왕가 구성원 간 의견 합일을 통해 이루어진다. 그럼에도 새로운 국왕의 선출이 공식적으로 합법화되려면 반드시 이에 대한 파트와가 발표되어야 한다.

종교 경찰 제도

사우디아라비아는 수단, 이란, 인도네시아의 아체 지역 등과 더불어 종교 경찰 제도를 유지하고 있는 몇 안 되는 이슬람 국가 중 하나다. 종교 경찰은 아랍어로 '무타와'라고 불리는데, 이는 '자원자'라는 뜻이다.

종교 경찰은 사회 전반에 걸쳐 샤리아가 제대로 시행되는지 감시하며, 이를 통해 대중을 규제하는 기구로서의 역할을 수행한다. 종교 경찰의 주요 업무 가운데 하나는 '이크틸라트', 즉 부부나 친척 관계 이외의 남녀가 불법적으로 동석(同席)하는 것을 방지하는 것이다. 이에 따라 종교 경찰은 공공장소에서 남녀 커플이 합법적인 관계인지 확인하곤 한다. 또한 종교 경찰은 바비 인형 또는 부절적한 서구 음악이나 영화와 같은 비이슬람적인 물건, 크리스마스나 밸런타인데이와 같은 비이슬람 축제에 사용되는 용품의 유통을 금지한다. 또한 종교 경찰은 돼지고기, 알코올음료, 마약 등과 같은 이슬람법이 금하는 식음료도 규제한다.

종교 경찰은 '이르티다드', 즉 배교 행위를 방지하는 데도 힘을 기울인다. 사우디아라비아 사회에서 배교나 선교 행위는 사형 선고를 받을 수 있는 중대 범죄에 속한다. 그 밖에 종교 경찰은 동성연애나 매춘을 처벌하고 예배 시간에 상점 문이 닫히는 것을 감시하는 업무를 맡는다. 또한 종교 경찰은 마술, 주술, 최음제 또는 임신 부적 판매 등과 같은 미신적인 종교 관행도 엄격히 단속한다.

하지만 종교 경찰의 지나친 규제는 오늘날 사우디아라비아 사회 내부에서 논쟁 대상이 되어 왔다. 특히 2002년 3월 화재 사건은 종교 경찰에 대한 부정적 이미지가 사회적으로 확산되는 계기가 됐다. 당시 사우디아라비아 어느 여학교에서 화재 사건이 발생했는데, 종교 경찰은 800여 명의 여학생들이 건물 밖으로 도망치는 것을 막았다. 여학생들이 히잡과 아바야로 몸을 충분히 가리지 않았다는 이유에서였다. 어떤 여학생은 건물 밖으로 탈출을 시도했으나 종교 경찰에게 구타당하고 다시 화재 현장으로 돌아가야 했다. 그 결과 15명의 여학생이 사망하고 50명이 부상을 입었다. 2007년에는 종교 경찰이 구금하고 있었던 용의자 2명이 사망하는 사건이 발생했고, 그 이유로 여론은 더욱 악화됐다.

사우디 정부는 상기한 일련의 문제를 해결하고자 종교 경찰 제도 개혁을 단행했다. 그 결과 2007년 이후부터 종교 경찰은 용의자를 체포할 수는 있지만 그들의 신병을 곧바로 인근 경찰서로 인도해야 한다. 또한 종교 경찰이 현장에 나갈 때는 반드시 신분증을 착용해야 하고, 정규 경찰관이 동행할 경우에만 합법적인 공무 수행이 가능하게 됐다. 하지만 이 같은 제도 개혁에도 정규 경찰이 동행하지 않은 상태에서 사람들에게 접근해 불필요한 규제를 가하는 일이 종종 벌어져 여전히 시민의 불만을 사고 있다.

순니파와 쉬아파의 갈등

사우디아라비아는 엄격한 신학 교리에 바탕을 둔 와하비즘을 추구하며 순니파 종주국임을 자처한다. 한편 쉬아파 인구는 전체 인구 가운데 약 10~15%를 차지하며, 그중 약 80%는 열두 이맘파를 따른다. 이들은 주로 유전 지대가 많은 동부 지역에 거주한다. 이 밖에 소수 쉬아 종파에 속하는 이스마일파와 자이드파가 메디나, 나즈란, 지잔, 예멘과의 국경 지대 등에 거주한다.

사우디아라비아에서 쉬아파에 대한 차별은 교육, 직업 선택, 고용 및 승진 등에서 폭넓게 이뤄지고 있다. 예를 들어, 쉬아파 인구가 밀집해 있는 동부 주 지역에는 쉬아파 교육 기관이 설립되어 있지만, 사우디 정부는 어떠한 재정 지원도 하지 않을 뿐만 아니라 정식 교육 기관으로도 인정하지 않는다. 또한 정부의 고용 정책에서도 차별을 받는다. 쉬아파가 고위 정부 공직을 맡는 것은 매우 드물며, 특히 국방부, 국가 수비대, 내무부 등 안보 관련 공직에 임용되는 경우는 더욱 어려운 것으로 알려져 있다.

쉬아파는 정부의 모스크 건립 지원 정책에서도 완전히 배제당하고 있다. 사우디아라비아에는 정부로부터 지원받은 순니파 모스크가 수천 개에 달하며, 이들은 대부분 종교성(MOIA)으로부터 건립 및 유지에 필요한 재정을 지원받는다. 이에 반해 사우디 정부는 쉬아파 모스크에 대해서는 어떤 지원도 제공하지 않는다. 게다가 쉬아파 모스크 건립을 위해 정부로부터 필요한 인허가를 얻는 과정도 매우 복잡하고 명확하지 않다. 쉬아파 모스크를 건립하려면 주변 이웃 전원의 동의를 얻어야 하고, 특히 순니파 모스크 근처에는 건립 허가가 나지 않는다.

또한 쉬아파 인권 단체는 정치적 의사를 표현하거나 평화 집회에 참여할 경우 정부로부터 혹독한 처벌을 받는다. 특히 2011년 아랍의 봄 이후부터 2012년까지 동부주 카티프 지역에서는 쉬아파 26명이 반정부 시위에 참여해 보안 당국을 공격했다는 혐의로 사형 선고를 받았다고 한다. 이후에도 사우디 정부는 민주화 개혁과 쉬아파 권리 증진을 주장하며 시위에 참여한 주요 쉬아파 인사를 대거 구속했으며, 일부에 대해서는 테러 관련 혐의로 사형을 선고하거나 집행하기도 했다. 그 일환으로 2016년 1월 2일 사우디 당국은 사우디아라비아에서 가장 명망 있는 쉬아파 지도자 가운데 한 명인 셰이크 니므르 알니므르에 대한 사형을 집행했다. 이는 미국을 비롯한 서방 국가에서 인권 침해 논란을 불러일으켰을 뿐만 아니라, 쉬아파 종주국임을 자처하는 이란과의 단교 사태를 촉발시키기도 했다.

이슬람과 여성의 권리

사우디아라비아는 보수적인 종교 및 사회적 관습의 영향으로 같은 이슬람권 또는 아랍권 국가에 비해 여성의 사회적 권리가 많이 제약되어 있다. 여성과 관련된 모든 법적 문제는 이슬람법의 이름으로 결정되는데, 고위 울라마 위원회가 법을 해석하는 주체로서 역할을 하고 있다. 그리고 이 위원회에 속한 성직자 대부분은 여성의 권리란 서구적인 개념에 불과하다는 견해를 갖고 있다.

사회 전반적으로 여성은 남성에 비해 많은 부분에서 권리가 크게 제한된다. 예를 들어, 남성은 이혼 청구를 쉽게 할 수 있지만 여성은 반드시 법적인 판결을 신청해야 한다. 또한 법정에서 여성의 증언은 사실이 아닌 추정으로만 간주된다. 그리고 병원 치료가 필요한 경우조차 남성 보호자에게 서면으로 동의서를 얻어야 하며, 여행할 때도 남성 보호자의 허락이 필요하다.

하지만 최근 사우디아라비아는 세계적인 개방화 추세에 따라 여성에 대한 제약이 하나씩 풀리는 변화된 모습을 보이고 있다. 2009년에는 사우디아라비아 최초의 남녀 공학 대학인 킹압둘라 과학기술대학교(KAUST)가 설립되었는데, 여학생은 이 대학교 캠퍼스에서만큼은 남학생과 자유롭게 공부할 수 있게 됐다. 또한 노라 알파이즈라는 여성이 2009년에 교육부 차관으로 임명됨으로써 최초의 각료급 여성 고위 공직자가 탄생했다. 2011년에는 30명의 여성이 입법 자문 기구인 슈라 위원회 위원으로 임명됐다. 이와 더불어 2015년 12월 12일 치러진 지방 자치 단체 선거에서는 여성이 투표권과 피선거권을 갖게 됐다. 이로써 사우디아라비아 건국 83년 만에 처음으로 여성이 참정권을 갖게 됐다.

최근 사우디 여성의 권리 신장과 관련해 국제적인 주목을 가장 많이 받았던 사건은 여성 운전 허용이다. 살만 국왕 즉위 직후 사우디 정부는 2030년까지 사회 및 경제 전반을 개혁하겠다는 의지를 담은 국가 개조 프로젝트 〈사우디 비전 2030〉을 추진했고, 그 일환으로 2017년 9월 26일 여성의 운전을 허용하는 국왕 칙령을 발표했다.

그동안 사우디아라비아는 전 세계에서 유일하게 여성의 운전을 허용하지 않은 국가였다. 그 이유는 법적으로 금지되었기 때문이 아니라 단지 보수적인 종교주의자들이 반대했기 때문이었다. 그들은 여성의 운전을 금지하는 주된 근거로 운전을 하면 베일을 벗고 얼굴을 드러내게 된다, 자주 외출을 하게 된다, 외간 남자와 자주 접촉하게 된다 등을 내세우며, 여성의 운전은 이슬람법적 차원에서 허용될 수 없다고 주장해 왔다.

이슬람 세계의 두 성지, 메카와 메디나

사우디아라비아는 이슬람의 발생지이자 최고 성지인 메카와 메디나가 위치한 나라로, 이슬람 세계에서 특별한 지위와 특권을 누리고 있다. 사우디아라비아 국왕은 1986년부터 '두 성지의 수호자'란 칭호를 사용하는데, 이는 사우디아라비아가 메카와 메디나를 보유하고 있다는 사실에 얼마나 자부심을 갖고 있는지를 단적으로 보여 준다. 역사적으로 두 성지를 보호하는 것은 이슬람 세계의 통치자인 칼리파의 가장 중요한 임무 중 하나였다. 오늘날 사우디아라비아 국왕이 이 칭호를 쓰는 것은 자신이 과거 칼리파에 버금가는 이슬람 세계의 리더라는 점을 은연중에 과시하기 위한 것이라고 볼 수 있다.

메카와 메디나에는 순례를 위해 세계 각지에서 몰려드는 무슬림의 발길이 끊이지 않는다. 특히 메카에 위치한 마스지드 하람(메카 대사원)은 세계 최대 규모를 자랑하는 모스크로, 이곳 중앙에는 카으바 신전이 놓여 있다. 일반적으로 메카를 방문한 순례객은 순례 일정을 마치고 메디나도 둘러본다. 왜냐하면 메디나는 예언자 무함마드가 622년 헤지라(이주)하여 최초의 모스크를 세운 곳이며, 그의 묘지가 있는 장소이기 때문이다.

성지 순례는 이슬람의 5대 실천 의무 가운데 하나로서 능력이 허락되는 무슬림이라면 누구나 최소한 평생에 한 번은 이 의식을 치러야 한다. 지난 1,400년 동안 순례는 단순한 종교 행사를 넘어 국제 교역의 장으로서도 톡톡히 역할을 해 왔다. 전 세계 무슬림이 같은 날 같은 장소에 모이는 순례 행사는 대상 무역 상인이나 유목민에게 많은 이익을 가져다주었다. 20세기 초반 석유가 발견되기 전까지 순례는 사우디아라비아의 가장 큰 외화 수입원 가운데 하나였다. 오늘날에도 순례는 사우디아라비아에서 가장 중요한 관광 자원 역할을 담당하고 있다.

4
시리아

황병하 조선대학교 아랍어과

다마스쿠스

■ **국가 개황**

· 국명: 시리아 아랍 공화국(Syrian Arab Republic)

· 국가 체제: 대통령제

· 언어: 아랍어

· 인구: 18,284,407명(유엔, 2018)

· 주요 종교: 이슬람교 87%(순니 74%, 쉬아 13%), 기독교 10%, 드루즈파 3%,

  기타 소수 유대교

■

지중해변에 위치한 시리아는 터키, 이라크, 요르단, 이스라엘과 국경을 접하고

있다. 시리아 국민은 시리아 아랍인(90.3%), 쿠르드인, 아르메니아인, 투르코만

등(9.7%)으로 구성되어 있다.

시리아는 공화국으로, 현재 대통령은 바샤르 알 아사드이고, 수도는 다마스

쿠스이다. 기후는 대부분 사막 기후로, 여름(6~8월)에는 덥고, 건조하고, 태양

빛이 강한 반면, 겨울(12~2월)에는 온화하며, 해안 지역에는 비가 내린다. 또한 다마스쿠스 지역은 춥고 눈이 내리는 날씨이다. 시리아에서 생산되는 천연자원으로는 석유, 포스페이트, 크롬, 망간, 광물 자원, 철광석, 암염, 대리석 등이 있다.

시리아 역사와 이슬람

이슬람 이전의 역사

시리아에서 초기 고유 문명을 발전시킨 왕국은 기원전 3천 년경에 등장한 에블라 왕국으로, 오늘날 이들리브 근처 시리아 북부 지역에 위치하고 있었다. 이후 시리아를 통치한 제국은 메소포타미아의 아카드 제국이었다. 기원전 21세기 시리아 북부 지역은 후르리인이 통치했으며, 나머지 지역은 아모리인이 통치했다. 아모리인이 설립한 바빌로니아 제국과 고대 아시리아 제국은 기원전 19~18세기경 시리아 동부 지역을 점령했지만, 북부 지역은 얌하드(오늘날의 알레포) 제국이 2세기 동안 지배했다.

이후 시리아는 여러 외부 세력의 전쟁터가 됐다. 여기에는 히타이트 제국, 미타니 제국, 이집트 제국, 중세 아시리아 제국, 바빌로니아 왕국 등이 포함되어 있었다.

기원전 13세기에는 페니키아인으로 알려진 가나안인이 시리아 해안 지역을 통치했으며, 기원전 11세기에 히타이트 제국이 멸망하고 아시리아 제국이 쇠퇴하면서 아람인이 시리아를 통치했다.

시리아 지역과 근동 지역 전체를 통치한 제국은 신아시리아 제국(기원전 911~기원전 605)이었다. 아시리아어는 서기 7~8세기 아랍 이슬람 세력이 시리아와 근동 지역을 지배할 때까지 이 지역을 지배한 언어로, 기독교 전파에 중요한 역할을 담당했다. 아시리아 제국의 뒤를 이어 시리아를 통치한 세력은 신바빌로니아 제국(기원전 605~기원전 539)이었다. 이 기간에 시리아는 바빌로니아와 아시리아 식민 세력들의 전쟁터가 됐다.

기원전 539년, 페르시아는 서남아시아 지역에 대한 헤게모니를 장악하면서 바빌로니아로부터 시리아를 빼앗았다. 기원전 330년에는 알렉산드로스의 마케도니아 제국이 시리아를 점령했다. 이 지역을 시리아라고 부르기 시작한 사람들은 그리스인이었다.

기원전 83년에는 아르메니아인이 잠시 시리아를 점령했다. 이들은 로마가 시리아를 점령할 때까지 약 20년 동안 통치했다.

2세기경 시리아 북부 지역에서는 아람어를 말하는 팔미라 왕국이 등장했다. 팔미라는 로마 제국에서 가장 부유한 왕국으로, 체계적인 무역 네트워크를 가지고 있었다. 3세기경 오데나투스 왕은 페르시아 샤푸르 1세를 패퇴시키고, 로마 제국의 동부 지역 전체를 통치했다. 그의 후계자와 미망인 제노비아가 팔미라 제국을 건설했으며, 이집트, 시리아, 팔레스타인, 소아시아, 주다, 레바논 등지를 점령했다. 이 제국은 273년 로마 제국에 멸망했다. 이후 시리아는 로마 제국의 분열로 비잔틴 제국 수중으로 들어갔다.

7세기 아랍 이슬람 세력의 정복 이전까지 시리아 인구 대부분은 아람인이었으며, 그리스인, 로마 지배층, 아시리아인, 페니키아인, 유대인, 아르메니아인 등도 살고 있었다. 또한 시리아 남부 사막에는 나바트인과 라흠인, 가산인도 살고 있었다. 당시 시리아 주요 지역에는 기독교도가 살고 있었으며, 유대교인, 마니교인, 그리스 로마 종교인, 가나안 종교인, 메소포타미아 지역 종교인도 거주하고 있었다. 시리아는 기독교 역사에서 매우 중요한 지역이었다. 타르수스의 사울루스는 다마스쿠스로 돌아오는 도중 기독교로 귀의하고 사도 바울로 활동했고, 고대 시리아 안티오크의 기독교 교회 발전에 매우 중요한 역할을 담당했다.

이슬람 이후의 역사

아랍 이슬람 세력이 시리아 사람들과 처음 접촉한 시기는 626년 7월 두마트 알잔달 전투 기간이었다. 무함마드는 추종자들에게 두마를 침공하라고 명령했다. 왜냐하면 이 지역 일부 부족들이 노상강도 짓에 가담했으며, 사우디아라비아의 이슬람 중심지 메디나를 침공할 준비를 하고 있다는 정보를 입수했기 때문이다. 하지만 두마트 알잔달은 메디나로부터 800*km*나 떨어져 있는 지역이었기 때문에 무함마드가 이 지역으로부터 직접적인 위협을 받았던 것은 아니었다. 그럼에도 그는 이 원정을 통해 이슬람의 정치적 영향력과 종교적 힘을 확대할 수 있었다.

640년경 시리아는 이슬람 정통 칼리파 제국의 2대 칼리파 우마르의 군사령관 칼리드 이븐 알왈리드에게 정복됐다. 7세기 중반 정통 칼리파 시기의 4대 칼리파 알리 때 시핀 전투가 발생했다. 이 전투는 시리아 총독 무아위야가 4대 칼리파 알리에 대한 충성 맹세(bay'a)를 거부하면서 발생했다. 이 전투에서 알리는 카리지파 자객에게 암살당했으며, 무아위야는 목숨을 건졌다. 무아위야는 시리아에 우마이야 제국을 설립했으며, 수도를 다마스쿠스로 이전했다.

시리아의 정치적, 종교적 영향력은 우마이야조 말기부터 점차 쇠퇴하기 시작했다. 우마이야 제국은 750년 압바스 제국에 전복됐으며, 수도는 바그다드로 이전됐다. 우마이야 제국 시기에 아랍어는 시리아의 공식적인 언어로 자리 잡았으며, 비잔틴 시기에 활성화된 그리스어와 아람어의 영향력은 급격히 쇠퇴했다.

887년, 이집트 툴룬조는 압바스조가 지배하던 시리아를 이집트로 합병했다. 이후 시리아는 이집트를 기반으로 하는 이크시드조의 통치를 받았고, 사이프 알다울라가 알레포에 설립한 함단조의 통치를 받기도 했다.

1098년부터 1189년까지 벌어진 십자군 전쟁 당시 시리아 지역은 프랑스, 영국, 이탈리아, 독일 기독교 영주들이 통치했다. 시리아는 안티오크 공국 등과 함께 모두 십자군 국가의 통치를 받았다. 당시 시리아 해안의 일부 산악 지역은 쉬아 이스마일파의 니자리파가 통치했다. 이들이 바로 십자군 국가들과 간헐적으로 대결하고 휴전했던 아사신(Abbassins, 암살단)으로 불린 집단이었다. 후에 니자리파는 프랑크 제국과 적대 관계를 형성했으며, 이집트 아유브조의 지원을 받아 성공적인 활동을 수행하기도 했다.

시리아는 약 1세기 동안 셀주크족의 지배를 받은 후 이집트 아유브조의 창시자 살라딘에게 점령당해 약 1세기(1175~1185) 동안 통치를 받았다가 이후 몽골의 침략을 받았다. 몽골의 훌라구는 1258년 바그다드를 점령했고, 1260년 1월에는 알레포, 3월에는 다마스쿠스를 점령했다. 하지만 다마스쿠스를 점령한 직후 몽골 내부에서 후계자 계승 논란이 벌어졌고, 이 때문에 몽골로 귀환할 수밖에 없었다.

수개월 후 이집트에서 아유브조를 무너트린 맘루크조가 군대를 이끌고 시리아로 진격했으며, 갈릴리의 아인 잘루트에서 몽골 군대와 격돌했다. 이 전투에서 맘루크조 군대는 몽골 군대를 격파했으며, 총사령관 바이바르스는 다마스쿠스를 맘루크조로 편입하고 시리아를 지방 수도로 삼았다. 바이바르스가 죽고 난 뒤 시리아 통치권은 칼라운에게 넘어갔다. 한때 순쿠르 알아슈카르가 자신을 다마스쿠스 통치자로 선언하기도 했으나 1280년 6월 21일 칼라운에게 패하고 시리아 북부 지역으로 도피했다. 몽골 여인과 결혼한 아슈카르는 몽골에 도움을 청했으며, 일한 제국의 몽골 군대가 다마스쿠스를 일시적으로 점령하기도 했다. 하지만 칼라운은 아슈카르를 설득하는 데 성공했으며, 이들은 1281년 10월 29일 홈스 전투에서 몽골 군대를 격파했다. 이후 시리아는 다시 맘루크조의 지배를 받았다.

1400년 무슬림 튀르크-몽골 정복자 티무르가 시리아를 침공했다. 맘루크 군대를 격파한 후 알레포를 약탈했고 이어 다마스쿠스를 점령했다. 다마스쿠스 시민들은 기술자를 제외하고 모두 살육당했으며, 기술자들은 사마르칸트로 강제 이송됐다. 한편 티무르는 아람인 및 아시리아인 기독교인도 대량 살육하여 이들의 숫자가 대폭 줄어들었다. 15세기 말 유럽에서 극동으로 이어지는 해상 무역 통로가 발견되면서, 동서양 무역을 연결하는 시리아의 역할과 중요성이 급격하게 약화됐다.

1516년, 오스만 튀르크 제국이 이집트 맘루크조를 멸망시키면서 시리아 통치권은 오스만 튀르크 제국으로 넘어갔다. 오스만 튀르크 제국으로 합병된 시리아는 국가 운영 시스템에서 커다란 어려움을 겪지 않았다. 왜냐하면 오스만 튀르크 제국은 꾸란의 언어인 아랍어를 존중했으며, 이슬람의 종교적 신조를 받아들였기 때문이다. 다마스쿠스는 메카로 향하는 이슬람 순례자들의 중요한 중간 기착지로 간주됐으며, 이로써 무슬림에게 성스러운 종교 중심지로 간주됐다. 당시 메카로 순례를 떠나는 북부 지역 무슬림들은 시리아 다마스쿠스를 반드시 통과해야만 했다.

시리아에 대한 오스만 튀르크 제국의 행정 시스템은 평화로운 공존을 유지하는 방향으로 진행됐다. 오스만 튀르크 제국은 시리아 내 다양한 인종적, 종교적 집단을 포용해 단일 공동체 집단을 형성했다. 여기에는 아랍 쉬아 무슬림, 아랍 순니 무슬림, 아람 시리아 정교회, 그리스 정교회, 마론파 기독교인, 아시리아 기독교인, 아르메니아인, 쿠르드인, 유대인이 포함됐다. 이 시기에 각 공동체의 종교 지도자들은 개별 법률 체계를 통해 공동체를 운영했다.

1831년, 이집트의 이브라힘 파샤는 오스만 튀르크 제국에 대한 충성을 포기하고 시리아를 공격해 다마스쿠스를 점령했다. 그는 비록 짧은 기간 시리아를 통치했지만, 시리아의 인구 분포와 사회 구조를 변화시키려 노력했다. 그는 시리아 남부 지역 평원을 개발하려고 수만 명의 이집트인을 이주시켰으며, 자파를 재건설했다. 이 도시를 이 지역 중심 도시로 발전시키고자 이집트 군인들을 정착시켰다. 이후 그는 시리아 농민과 드루즈 파를 철저히 억압했으며, 복종하지 않는 부족들을 강제 추방했다. 하지만 1840년경 그는 오스만 튀르크 제국에게 항복했으며, 이 지역을 다시 제국에게 넘겨주었다.

1864년, 오스만 튀르크 제국은 시리아 오스만 튀르크 제국에도 탄지마트 개혁 운동을 적용하고, 알레포, 주르, 베이루트, 다마스쿠스 주 정부를 새로 개척했다. 또한 레바논산(山) 무타사르리프(mutasarrif, 오스만 튀르크 제국 당시의 주 정부)가 새로 창설됐으며, 예루살렘 무타사르리프도 별도의 지위를 가지게 됐다.

제1차 세계대전 동안 오스만 튀르크 제국은 독일 등 동맹국 편에서 전쟁을 수행했다. 오스만 튀르크 제국은 제1차 세계대전의 패배로 근동 지역 대부분 영토의 통치권을 영국과 프랑스에게 넘겨주었다. 제1차 세계대전 기간에는 제국 내 기독교인, 시리아 다이르 알주르의 아르메니아인 및 아시리아인에 대한 인종 학살을 단행했다. 시리아의 운명은 제1차 세계대전 중 진행된 영국과 프랑스의 〈사이크스 피코 협약〉에 의해 결정됐다. 원래 영국과 프랑스가 맺은 협정으로 전후 오스만 튀르크 제국의 영토에 요르단에서 이란으로 이어지는 직선 국경이 설정되면서 양국이 분할 통치한다는 데 동의했다. 하지만 제1차 세계대전이 끝나기 직전 모술 지역에서 석유가 발견되자 1918년 영국과 프랑스는 새로운 협정을 체결했다. 프랑스는 1918년 이 지역을 영국의 영향력 아래 둔다는 내용에 합의했다. 〈사이크스 피코 협약〉으로 설정된 국경은 시리아가 1920년 국제 연맹의 위임 통치하에 들어가면서 국제적으로 인정됐다.

현대 역사

1918년 하심 가문의 파이잘 1세가 영국 군대의 지원을 받아 다마스쿠스를 점령하고 400년 오스만 튀르크 제국의 지배를 종식시키면서 시리아의 현대 역사가 시작됐다.

1919년 제1차 세계대전에서 독일과 오스만 튀르크가 패하면서 파이잘은 시리아에 자치 정권을 수립했다. 1920년 3월 시리아 국민 의회 선거가 실시됐고, 의회가 파이잘을 시리아(터키 국경 타우루스산맥에서 이집트 시나이 사막에 이르는 지역)의 왕으로 선언했다. 1920년 6월 산레모 조약은 파이잘의 새로운 아랍 왕국을 해산시켰고, 시리아와 레바논에 대한 프랑스 위임 통치를 인정했으며, 팔레스타인에 대한 통치권을 영국에 위임했다. 이후 프랑스 군대는 다마스쿠스를 점령했으며, 파이잘 국왕은 해외로 피난을 떠날 수밖에 없었다.

1922년, 프랑스는 시리아를 세 지역으로 분할했다. 프랑스는 알라위파를 해안 지역에, 드루즈파를 남부 지역에 배치했다. 이후 프랑스에 저항하는 민족주의 세력의 소요가 전국적인 시위로 확산됐다. 이를 진압하고자 프랑스 군대는 다마스쿠스를 공격했다. 1936년, 민족주의 세력과의 오랜 갈등 끝에 프랑스는 원칙적으로 시리아 독립에 동의했다. 하지만 프랑스 군대는 여전히 시리아에 주둔했으며, 강제로 경제 통제 조약을 체결했다. 1940년 제2차 세계대전이 발발한 후 프랑스가 독일 지배를 받게 되자 시리아는 주축국의 통제를 받았으나, 1941년 영국 군대와 프랑스 군대가 시리아를 점령했다. 드골은 시리아에 대한 프랑스 위임 통치를 끝내겠다고 약속했다. 1945년 프랑스 군대의 철수가 지연되자 시리아 민족주의 시위가 다시 확산됐다. 1946년 마지막 주둔 프랑스 군대가 시리아를 떠났다.

1947년 미첼 아플라크와 살라딘 알비타르가 아랍 사회주의 바스당을 창설했다. 1949년 군사령관 아딥 알쉬샤클리는 1년 동안 세 차례 군부 쿠데타를 일으켰으며, 3번째 군부 쿠데타로 정권을 장악했다. 1955년 시리아 민족주의자 슈크리 알쿠와틀리가 대통령으로 당선된 후, 시리아는 이집트와 밀접한 관계를 유지하게 됐다. 1958년 시리아와 이집트가 연합 아랍 공화국(United Arab Republic, UAR)을 창설했고, 이집트 대통령 가말 압델 나세르가 대통령이 됐다. 그는 시리아 정당의 해산을 명했는데, 양 국가의 통합을 주창했던 바스당은 혼란에 빠졌다. 1961년 이집트의 주도권에 불만을 품고 있었던 일단의 시리아 장교들이 다마스쿠스를 점령했고, 연합 해산을 선언했다.

1967년 제3차 중동 전쟁에서 이스라엘 군대는 6일 동안 전쟁을 수행했으며, 이 기간에 시리아 골란고원을 점령했고, 시리아 공군을 무력화시켰다. 1970년 하피즈 알아사드는 누르 알딘 알아타시 대통령을 축출하고, 살라흐 자디드를 투옥했다. 1971년 아사드는 국민 투표를 통해 7년 임기의 대통령에 당선됐다. 1973년 아사드가 대통령은 무슬림이어야 한다는 헌법적 요구를 폐기하자 시위가 발생했다. 당시에 무신론 정권을 이끌고 있다는 비난을 받던 아사드는 군대를 동원해 시위를 진압했다. 1978년, 이집트와 이스라엘 간 캠프데이비드 평화 협정 이후 아사드는 이스라엘과 전략적 동등성을 갖게 됐다. 1979년 이란 이슬람 혁명 이후 시리아 무슬림 단체들은 1980년에 알레포, 홈스, 하마 등지에서 시위를 주도했다. 아사드는 시리아 무슬림의 이슬람 준수를 강조하면서 무차별 진압을 감행했다. 1982년, 하마에서 무슬림형제단이 반정부 시위를 일으켰다. 시리아 정부는 군대를 동원해 시위를 강제 진압했는데, 인권 단체는 민간인 사망자가 수만 명에 달했다고 비난했다.

2000년 6월에 아사드가 사망하고, 그의 둘째 아들 바샤르 알아사드가 대통령직을 계승했다. 2002년 미국은 시리아를 '악의 축'에 포함시켰다. 2003년 시리아 정부는 시리아가 화학 무기를 개발하고 있다는 미국의 주장을 부정했다. 하지만 미국은 시리아가 올바른 행동을 하지 않을 경우 제재를 가하겠다고 위협했다. 2004년, 미국은 시리아가 테러를 지원했다는 이유로 시리아에 대한 경제 제재를 단행했다. 2005년 레바논 라피크 하리리 총리가 베이루트에서 암살당한 후 미국은 시리아를 배후로 지목하며, 시리아 군대의 레바논 철수를 촉구했다. 2008년 바샤르 알아사드 대통령은 파리를 방문해 2005년 하리리 암살 사건 이후 냉각된 외교 관계를 회복했다. 2010년 미국은 시리아가 레바논의 헤즈볼라 등 테러 집단을 지원하고 있다고 비난하면서 경제 제재를 재개했다.

2011년, 아랍의 봄 이후 시리아 보안군이 남부 도시 디라아에서 정치범을 석방하라고 주장했던 시위자들을 향해 발포했다. 이후 시리아에서 반정부 소요 사태가 발생해 전국으로 확산됐다. 시리아 정부는 북서부 도시 지스르 알슈구르에서 반정부 시위대의 공격에 보안군 120여 명이 사망했다고 발표했다. 시리아 군대는 이 도시를 포위했으며, 약 1만 명 이상의 주민이 터키로 피난을 떠났다. 아사드 대통령은 국가 개혁을 위해 국민 대화를 시작하겠다고 발표했다. 그러나 북부 도시 하마에서 대규모 시위가 발생하자 주지사를 해고했다. 시리아 군대가 질서 회복을 위해 파견되었고, 수십 명이 사망했다. 한편 새로운 시리아 국민 위원회가 결성돼 국내외 반정부 운동에서 공동 전선을 형성할 수 있게 됐다.

　　2013년, 이슬람주의 반군들이 서방 세계가 지원하는 자유 시리아군 근거지들을 장악했다는 보고가 있은 후 미국과 영국이 시리아 북부 지역 반군들에 대한 무기 지원을 중지한다고 선언했다. 2014년에 유엔이 중재한 시리아 평화 협상이 제네바에서 개최됐으나, 시리아 정부가 과도 정부의 수립 논의를 거부함으로써 실패로 끝났다. 2014년 8월 라카 근처의 타브카 공군 기지가 IS 수중으로 들어갔으며, 이후 IS는 라카 전 지역을 통제하게 됐다. 이에 미국과 아랍 5개국이 알레포와 라카의 IS 세력을 공습했다.

　　2015년 9월에는 러시아가 시리아에서 최초의 공습을 단행했다. 이들은 IS 세력을 목표로 한다고 말했지만, 서방 국가와 시리아 반군은 러시아가 반정부 세력을 주목표로 삼고 있다고 말했다. 2016년 3월, 시리아 정부군은 러시아 공군의 지원을 받아 IS로부터 팔미라를 탈환했다. 그리고 2017년 현재, 시리아는 내전 상태이다. 시리아 군대는 라카에서 IS를 완전히 격파했다고 말했지만, IS는 국지적으로 시리아의 여러 지역에서 여전히 시리아 정부군과 교전을 벌이고 있다.

chapter 2

시리아 문화

주요 인물

살라딘

모술의 술탄 산하 쿠르드족 부대장 아유브의 아들로 태어난 살라딘은 이집트 쉬아파 파티마조를 무너트리고, 아유브조를 설립했다. 그는 시리아 정복을 단행했으며, 1175년 다마스쿠스를 점령했고, 압바스조 칼리파로부터 시리아 통치를 위임받았다.

살라딘은 아나톨리아 코니아까지 영향력을 확대하며 아유브조의 통치력을 확대했고, 십자군 국가의 주변에 이슬람 연합 제국을 만들어 십자군을 압박했다. 1187년에는 십자군을 제압하고 예루살렘을 탈환했다. 하지만 십자군 마지막 요새인 티레를 함락시키지는 못했다. 십자군은 티레에서 병력을 강화했고, 1191년 사자 왕 리처드가 도착해 아크레를 점령했다.

살라딘은 다마스쿠스에서 사망했는데, 그가 세운 순니파 아유브조는 시리아, 팔레스타인, 이집트 등지에서 영향력을 행사했다.

라시드 앗 딘 시난

시난은 시리아 이스마일파의 지도자이며, 십자군에게 산상의 장로(세이크 알 자발)로 알려진 인물이다. 바스라에서 태어나 이란에서 교육을 받은 그는 십자군에 저항했으며, 살라딘과도 맞서 싸웠다.

시난이 사망한 후 시리아의 니자리 이스마일파는 쇠퇴의 길을 걸었으며, 결국 순니파 맘루크조의 공격을 받고 최후를 맞이했다.

음식

시리아 음식은 내용물이 풍부하고 다양하다는 점이 특징이다. 지중해 남부, 그리스, 남서 아시아 음식의 특징들이 내재되어 있으며, 일부 시리아 음식은 터키와 프랑스에서 유래되기도 했다. 시리아의 주요 음식에는 킵바, 홈무스, 타블라, 파투시, 라브나, 샤와르마, 무자다라, 샨클리쉬, 파스티르마, 수주크, 바클라바 등이 있다.

주식은 빵으로, 아랍어로 쿱즈라고 한다. 시리아 사람들은 본 요리가 나오기 전 마자라고 부르는 전채 요리를 쿱즈와 함께 먹는다. 잘게 썬 소고기로 만든 자아타르와 치즈 마나키쉬는 대중적인 전채 요리에 속한다.

음료는 시간과 장소에 따라 매우 다양하다. 가장 일반적인 뜨거운 음료는 아랍 커피인데, 이는 터키 커피를 의미한다. 아랍 커피는 아침 식사나 저녁 식사와 함께 음용하는데, 주로 식사를 마친 후 제공된다. 아랍의 알코올음료인 아락은 이슬람권에서 금지되어 있지만, 시리아에서는 특별한 경우에 제공한다. 그 밖에 아리안, 잘랍, 알 샤르크라는 제조 맥주 등이 있다.

유적

우마이야 모스크

다마스쿠스 구도시에 위치한 우마이야 모스크는 이슬람 세계에서 가장 크고 오래된 모스크 중 하나이다. 무슬림은 이 모스크를 이슬람 4대 성지 중 하나로 간주한다.

634년, 아랍 무슬림 군대가 다마스쿠스를 정복한 후 우마이야 모스크는 기독교인과 무슬림 모두에게 추앙받는 예언자 세례 요한(야흐야)을 기리고자 건설된 기독교 성당 자리에 건축됐다. 6세기 전설에 의하면, 이 모스크에는 세례 요한의 두상이 보존되어 있었다. 또한 무슬림은 최후의 심판 날에 예수가 이 모스크로 돌아올 것이라고 믿고 있었다. 이 모스크의 북쪽 정원에는 십자군 전쟁의 영웅 살라딘의 무덤이 조성되어 있다.

우마이야 모스크 안쪽 마당에는 세 방향으로 기둥이 세워져 있으며, 이를 토대로 아케이드가 설치되어 있다. 이 모스크가 이슬람 세계에서 명성을 얻고 있는 것은 모스크 외벽과 아케이드를 장식하고 있는 화려한 모자이크 양식과 그림 때문이다.

하미디야 시장

다마스쿠스 구도시에 위치하고 있는 전통 시장으로, 시리아에서 가장 크고 방문객이 많은 시장이다. 하미디야 시장에서 가장 유명한 것은 1885년에 개점한 아이스크림 가게 바크다쉬이며, 피스타치오를 뿌린 부자 아이스크림이 가장 인기 있다. 하미디야 시장을 찾는 방문객들이 가장 좋아하는 이 아이스크림은 시리아뿐만 아니라 아랍 세계에 널리 알려져 있다.

타드무르

팔미라라고 알려진 타드무르는 다마스쿠스 북동쪽 $215km$ 지역에 위치한 시리아 사막 오아시스 지역에 있다. 현재 타드무르주의 행정 중심 도시이며, 인구수는 2004년 기준 51,323명이다. 타드무르에 위치하고 있는 고대 유적들은 유네스코 세계문화유산으로 등록되어 있다. 타드무르라는 도시 명칭에 대해 네덜란드 언어학자 알버트 슐텐스는 셈어의 대추야자(타마르)에서 유래되었다고 말했다. 예로부터 이 도시 주위에 많은 대추야자 나무가 자랐다고 한다.

타드무르 주민들은 1838년 순니 무슬림으로 개종했다. 현재 진행 중인 시리아 내전 동안 주민 수가 급격하게 증가했는데, 이는 타 지역 순니파 피난민들이 IS가 통제하는 이 도시로 유입되었기 때문이다. 2015년 5월 IS는 타드무르를 공격해 점령했고, 비이슬람적인 고대 유적들을 파괴했다. 이로써 상당수 유네스코 세계문화유산들이 역사 속으로 사라졌다. 반쉬아파 및 반수피 노선을 취하는 IS는 예언자 무함마드의 조카이자 사위인 알리의 후손 무함마드 이븐 알리의 무덤 등 쉬아파 유적들을 파괴했다. 또한 16세기에 이 도시에 거주하며 많은 업적을 남긴 수피 학자 니자르 아부 바하이딘의 무덤도 파괴했다.

5
아랍 에미리트

하병주 부산외국어대학교 아랍지역학과

아부다비

■ 국가 개황

· 국명: 아랍 에미리트 연방(United Arab Emirates)

· 국가 체제: 입헌 군주 연합국

· 언어: 아랍어

· 인구: 9,541,615명(유엔, 2018)

· 종교 분포: 이슬람교 76%, 기독교 9%, 기타(힌두교, 불교 등) 15%

■

7개 에미리트 중 아부다비, 두바이, 샤르자(앗샤리카), 아지만, 움 알카이와인, 라스 알카이마 등 6개 에미리트가 아랍만을 따라 남서쪽 방향으로 걸쳐 있다. 7번째 에미리트인 푸자이라는 오만만에 접해 있다. 국토 전체 면적은 약 83,600㎢이며, 사우디아라비아 남쪽과 서쪽, 카타르 동쪽과 국경을 접하고 있다. 7개 에미리트는 조각 그림 맞추기처럼 서로 맞닿아 있다.

　북쪽은 아크바르산이 자리 잡고 있어 아라비아반도 동부 지역에서 특이한 지형을 이루고 있다. 내륙 동쪽은 오만 하자르산의 지맥으로 하자르 가르비가 위치한다. 내륙 평원은 산으로부터의 퇴적층으로 이루어져 있어 경작이 가능한 곳이다. 식생은 드물며, 사막에 일부 관목 등이 자생한다. 남쪽과 서쪽으로는 사우디아라비아의 광대한 사막인 루브으 알칼리에 접하고 있어, 거대한 사구 지대를 형성하고 있다.

아랍 에미리트는 고온 사막 지대로, 7월에서 9월 사이가 가장 덥다. 이 기간에 평균 기온은 약 33℃이다. 낮 동안은 보통 38℃를 웃돌며 가끔 45℃를 넘는 경우도 있다. 반면 1월은 평균 기온이 약 20℃이며, 해안 지대는 고온 다습한 여름과 달리 쾌적한 기후이다. 연중 강수량은 많지 않지만, 약 95% 정도는 12월 1월에 집중된다. 샤르자 지역은 최근 강수량 증가 등 특이한 계절 변화를 나타내고 있다. 낮 동안 해연풍이 불면 습도는 높아지지만, 1시간 이내에 온도가 약 5℃ 정도 떨어지기도 한다. 이러한 현상은 때로는 70~80km 내륙 지역까지 영향을 준다. 밤에는 대륙에서 해양으로 바람 방향이 바뀌어 분다. 3월경에는 북풍으로 강력한 모래 폭풍이 불기도 한다. 이 지역은 오래전부터 기후에 민감해서 다양한 지역 이름이 붙여졌다.

아랍 에미리트 거주 인구는 약 950만 명이며, 전체의 90% 정도는 비시민권자이다. 전체 인구의 3분의 2 이상은 아부다비와 두바이에 정착하고 있다. 약 100여만 명인 시민권자의 약 85%는 순니 무슬림이며, 약 15% 이하는 쉬아 무슬림이다. 비시민권자 거주민은 남아시아 및 동남아시아 출신이 대부분이다. 일부는 중동, 유럽, 중앙아시아, 북아메리카 출신이다. 다양하게 구성된 거주민 전체의 약 76% 정도는 무슬림이며, 약 9% 정도는 기독교인 그리고 다른 종교인으로 이루어져 있다.

chapter 1

아랍 에미리트 역사

초기 역사와 근대 영국의 영향

　의미 있는 초기 정주는 청동기 시대까지 거슬러 올라간다. 기원전 3천여 년경 현재 아부다비 근처에 움 알나르로 지칭되는 고대 문화가 존재했다. 이 문화는 이 지역을 포함해 현재 오만 지역 해안까지 영향을 주었다. 비슷한 시기에 바디야(푸자이라 인근)와 람스(라스 알카이마 인근) 지역에도 사람들이 거주하고 있었다. 또한 이 지역은 페르시아를 비롯해 미약하지만 그리스의 문화적 영향도 받았다. 페르시아 사산 제국은 636년 이슬람 시대 전까지 영향을 미쳤다.

　이슬람 도래 후 630년경 사도(예언자) 무함마드가 파견한 특사에 의해 이 지역에 이슬람이 전파됐다. 무함마드 사후에는 당시 릿다(배교) 운동에 휩쓸려 소요가 발생한 적이 있었다. 초대 칼리파인 아부바크르가 소요를 진정시켰으며, 이후 지속적으로 이슬람이 발전했다.

15세기경에는 네스토리우스파 기독교인들이 아부다비 서쪽 지역 시르 바누 야스섬에 수도원을 짓기도 했다. 중세에는 호르무즈 왕국이 아랍만 초입을 포함한 이 지역 대부분을 지배했으며, 지역 무역도 장악하고 있었 다. 1498년에서 1515년에는 포르투갈이 침입해 줄파르(라스 알카이마 인근) 를 점령하기도 했다. 그들은 관세청 등을 설립해 1633년경까지 당시 인 도, 동아시아 등지와의 활발한 교역에 대해 세금을 부과해 부를 취득했다.

18세기 중엽부터 영국 해군이 증강되면서 진출하기 시작했다. 동시대 에 이 아랍만 지역에는 유력한 두 부족 연합이 정착하고 있었다. 현재 아 랍 에미리트의 7개 에미리트 중 4개 에미리트 통치자의 선조들인 카와심 과 바누 야스 부족 연합이다.

카와심 부족 연합은 현대 샤르자와 라스 알카이마의 선조이며, 한때는 아랍만의 페르시아 지역 일부까지 영향을 미치기도 했다. 이러한 정황은 현재 오만의 선조인 부 사이드 가문과 동맹을 맺고 있었던 영국과 충돌하 기에 이르렀다. 당시 영국은 인도 항해에 걸림돌인 프랑스를 막고자 오만 과 동맹을 맺고 있었던 것이다. 카와심 부족 연합은 부 사이드 부족을 이 지역의 배반자로 여겼으며, 영국 배들을 공격해 쉬운 상대가 아님을 보여 주었다. 결과적으로 영국은 이 지역을 '해적 해안'으로 규정하고 1805년, 1809년 그리고 1811년에 걸쳐 카와심 부족 연합을 공격했다. 1820년에 영국 함대는 카와심 선단 대부분을 파괴하거나 포획했으며, 결국 아랍만 지역 일대 9개의 아랍 에미리트와 평화 협정을 강제했다. 그럼으로써 영 국은 이 지역에 주둔 지역을 확보할 수 있었다.

영국은 이 협정 이후 1835년에는 〈해양 휴전 협정〉을 체결해 이 지역에 영향력을 확대했다. 협정은 1853년 재개정되었으며, 〈영구 해양 평화 조약)으로 개명됐다. 이후 이 지역은 걸프 지역 '영국보호령연합'으로 알려졌다.

이곳은 석유가 발견되기 전까지는 조그만 어촌으로, 어업과 조개잡이를 하는 어부와 유목민이 살고 있는 에미리트에 불과했다. 때로는 부족 간에 통치권 갈등이 있었으며, 이에 영국이 개입하기도 했다. 동시에 영국은 나름의 계산으로 이 지역이 사우디아라비아에 통합되는 것을 막기도 했다. 20세기 초 세계 진주 시장이 붕괴된 후 이 지역은 경제 상황이 급격히 어려워졌다. 그러나 아부다비, 두바이, 샤르자 등은 이미 석유 탐사를 계획하고 있었다. 당시 아부다비 통치자인 샤크부트는 1939년 처음으로 영국 이라크석유채굴유한회사에 석유 채굴권을 이양했다. 1962년에는 최초로 채굴된 석유를 실은 수송선이 아부다비를 출항하기도 했다. 당시 수출항으로 주요한 두바이에서는 1969년에 최초의 석유 수출이 시작됐다.

연방 체제로의 로드맵과 에미리트의 통치자 부족

1951년, 영국은 영국보호령연합위원회를 구성해 현재 바레인, 카타르와 영국보호령연합을 연방 체제로 전환하려 했다. 1971년에 영국이 철수하자 아부다비 통치자 셰이크 자이드가 주도해 바레인, 카타르와 영국보호령연합 지역을 연방제로 통일하고자 했다. 바레인 및 카타르는 별도로 독립했으나, 마침내 1971년 12월 2일 다른 에미리트는 연합해 현재 아랍 에미리트 연방을 창설했다. 아랍 에미리트의 최초 대통령은 아부다비 통치자인 셰이크 자이드가 되었으며, 2004년 사망 시까지 '건국의 아버지'로 불렸다. 그는 현재까지 아랍 에미리트뿐만 아니라 전 중동 지역에서 존경받는 인물이다. 이어서 그의 아들 셰이크 칼리파가 정권을 평화적으로 이양받아 현재 통치 중이다.

18세기말경 이 지역에는 카와심(혹은 조아스미)과 바누 야스 등 2개의 유력한 부족 연합이 있었다. 카와심은 해안 동쪽 지역과 이란 해안 호르무즈 해협 쪽 케심섬에 분포해 있었다. 그들의 후손은 현재 샤르자와 라스 알카이마 에미리트 등에 거주하고 있다. 바누 야스 부족 연합은 자신들의 계파인 부 팔라흐가 부족과 함께 두바이에서 카타르에 이르는 해안 지역에 분포해 있었다. 이 부족들은 이란, 인도, 아프리카 등 지역인과의 혼혈인으로, 오늘날 토착민으로 정착했다.

당시 영국 영향 아래 있었지만, 해양을 제외한 내륙 지역에서는 비교적 자유롭게 부족 간 경쟁이 가능했다. 바누 야스 부족 연합은 내륙의 리와 오아시스 출신이지만, 1793년경 현재 아부다비로 이주해 이 지역을 통치하기 시작했다. 19세기 초에는 바누 야스 부족 연합이 크게 두 개로 나누어지면서 아부다비에서 두바이가 별도의 에미리트로 발전했다. 바누 야스 부족 연합 중 알팔라흐 가문은 아부다비를, 알팔라시 가문은 두바이를 통치하게 되었다.

chapter 2

아랍 에미리트 정부와 이슬람

연방 정부와 에미리트 정치

7개 에미리트 연합인 아랍 에미리트 연방은 일종의 입헌 군주 연합국 체제이다. 에미리트(이마라)는 전통적으로 왕이 아닌 왕자, 즉 아미르가 통치하는 국가를 지칭하며 유럽 공국에 해당된다. 각 에미리트의 세습 통치자, 즉 아미르들은 셰이크로 지칭한다. 아랍 에미리트는 입헌 군주 연방국으로 아부다비 통치자 아미르가 대통령이 되며, 두바이 통치자가 부통령이 된다. 그리고 다른 에미리트 통치자가 각료로서 지위를 가진다. 그럼에도 각 에미리트는 거의 내적으로 독립된 자결권을 가지고 있다. 각 에미리트 통치자를 위원으로 한 연방 최고 기구인 최고 위원회를 구성해 주요 연방법 비준과 정책을 결정한다. 그리고 각 에미리트의 총리 모임인 각료 위원회가 있다. 자연스럽게 건국 이후 경제적으로 성장한 아부다비와 두바이가 연방 내에서 우월한 대표권을 발휘하고 있다.

현재 아랍 에미리트의 번영과 조화 및 괄목한 발전을 이룬 중심에는 고 셰이크 자이드 알나흐얀 통치자가 있었다. 그는 연방 건국의 아버지이며, 아부다비와 아랍 에미리트의 놀라운 발전의 기틀을 세운 추앙받는 통치자였다. 아부다비 통치자 셰이크 자이드는 1918년 아부다비에서 출생했으며, 통치자이었던 셰이크 술탄의 네 아들 중 막내였다. 1946년에는 아부다비 동쪽 오아시스 지역인 알아인 지역을 통치했으며, 1966년에 아부다비 통치자로 선임되어 당시 영국의 영향하에서 이 지역의 영국보호령연합 구성에 기여했다. 1968년 영국의 철수가 알려지면서, 셰이크 자이드는 본격적으로 건국의 꿈을 펼치고자 신속하게 주변 에미리트와의 연대를 적극적으로 추진했다. 그의 리더십은 이 지역의 에미리트 지도자들에게 받아들여졌다. 그는 두바이 통치자인 셰이크 라시드 빈 사이드 알마크툼과 함께 1971년 마침내 에미리트 연합의 에미리트 연방 창설에 성공했다.

〈표1〉 역대 아랍에미리트 역대 통치자

대통령	부통령
아부다비 통치자	두바이 통치자
바누 야스 부족 중 알팔라흐 가문	바누 야스 부족 중 알팔라시 가문
자이드 빈 술탄 알나흐얀(재위 1971~2004) 칼리파 빈 자이드 알나흐얀(재위 2004~)	라시드 빈 사이드 알마크툼(재위 1971~1990) 마크툼 빈 라시드 알마크툼(재위 1990~2006) 무함마드 빈 라시드 알마크툼(재위 2006~)

아부다비 통치자, 연방 대통령 셰이크 칼리파 빈 자이드 알나흐얀

셰이크 칼리파 빈 자이드 알나흐얀은 현재 아부다비 통치자로, 연방 대통령직을 수행하고 있다. 칼리파 대통령은 선친이며 초대 대통령인 셰이크 자이드의 뒤를 이어 2004년에 선출됐으며, 부친의 어록 중 '모든 문제에 있어 인내하고 신중해야 한다'라는 말을 담론화하기도 했다. 그는 2006년 두바이 통치자이며 연방 부통령인 셰이크 무함마드 빈 라시드 알마크툼을 총리로 하는 각료를 재구성하기도 했다. 셰이크 칼리파 대통령은 이들에게 연방 정부와 아부다비의 지속적인 개혁과 혁신을 추진하도록 독려했으며, 경제와 비즈니스 부문뿐만 아니라 정치 부문에서도 효율적인 개혁을 요청했다. 그는 특히 아부다비의 정책적 혁신을 통해 주요한 변화를 목표하고 있다. 첫째는 일반 시민을 위한 서비스 부문에서의 효용성과 비용에 대한 혁신을 추구하고 있다. 둘째는 경제 개방의 수준을 더욱 높여 민간 부문의 직접 투자와 공공 민간 협력 부문의 발전을 도모하고자 하고 있다.

두바이 통치자, 연방 부통령 셰이크 무함마드 빈 라시드 알마크툼

셰이크 무함마드 빈 라시드 알마크툼은 현재 두바이 통치자이며 아랍에미리트 연방의 부통령과 각료 총리를 맡고 있다. 두바이 건설자인 고 셰이크 라시드 빈 사이드 알마크툼의 네 아들 중 셋째로, 1949년 현재 두바이 인근인 신다가 지역에서 태어나 알마크툼 가문 전통 속에서 교육받았다. 어릴 때 선친으로부터도 아랍어와 이슬람 교육을 받았으며, 1966년에는 영국 케임브리지에 있는 벨 언어 학교에서 수학했으며, 영국에서 군사 학교를 수료하기도 했다.

귀국 후 장군으로서 다양한 분야에서 활동했고, 이후 두바이의 주요 프로젝트 책임자로서 중요한 역할을 맡았다. 1955년에 두바이 황태자로 지명된 셰이크 무함마드는 두바이를 국제 무역 및 관광 허브로 발전시키려는 야심 찬 계획을 준비했다. 1995년 두바이 쇼핑 페스티벌, 1999년 부르즈 알아랍 호텔, 2000년 두바이 인터넷 시티, 2001년 야자수섬 프로젝트 (The Palm Island Project), 두바이랜드 프로젝트 등 세계적으로 놀라운 계획을 수립하고 시행했다. 2006년에는 형 셰이크 마크툼 빈 라시드 알마크툼의 뒤를 이어 두바이 통치자가 되어 그의 국가 비전을 지속적으로 실천하고 있다. 2010년 개장한 부르즈 칼리파 세계 최고층 건물은 그의 역동적인 에너지의 결집으로 평가되는 대표적인 결과물이다.

아랍 에미리트의 이슬람법 체계

아랍 에미리트 헌법은 공공 정책과 공중도덕을 침해하지 않는 전제하에 종교적 자유를 보장한다. 모든 사람은 법 앞에 평등하며, 종교 차이로 차별받지 않음을 규정하고 있다. 정부는 타 종교에 대해 종교적 관용 정책을 시행하며, 실제로 타 종교 활동에 대해 거의 제지하지 않는다. 정부는 타 종교 단체의 공식적인 등록이나 허가증 취득 등을 요구하고 있지 않으나, 토지 사용 통계로 타 종교 단체의 규모와 성장 정도를 확인하고 있다. 이슬람 공무 및 기금청(GAIAE)에 따르면 비이슬람 종교 교단에 재정 지원책은 없지만 각 교단을 위한 토지 대여 정책이 있다. 정부는 30여 개가 넘는 기독교 교단에 종교 건물 건설을 위한 토지 사용을 허가했다.

7개 에미리트가 연합한 연방국은 이슬람을 국교로 천명한다. 무슬림의 개종은 허락되지 않으며, 타 종교로의 개종을 강요받을 수 없음을 정하고 있다. 그럼에도 무슬림이 타 종교로 개종한 사례는 정확히 파악되지 않으며, 법정 처벌 실제 사례 기록도 확인되지 않고 있다. 이슬람법하에 무슬림 남성은 성서를 따르는 타 종교인 여성과 결혼할 수 있다. 그러나 무슬림 여성은 비무슬림 남성과의 결혼이 허락되지 않는다.

정부는 타 종교의 종교적 출판물을 대중에 보급하는 것을 금지한다. 대부분의 순니 이슬람 사원에 재정적 지원을 하며, 순니 이맘들을 고용하고 있다. 순니 이슬람 사원 중 일부는 개인 재정으로 운영되기도 한다.

아랍 에미리트의 사법 제도는 샤리아(이슬람법) 법정과 세속(일반) 법정이라는 이원 체제로 수립되어 있다. 샤리아 법정에서는 형사와 가족법 문제, 일반 법정에서는 시민법 문제를 다룬다. 두바이에서는 쉬아 무슬림의 가족법 관련 문제(결혼, 사망, 상속 등)를 별도의 쉬아 이슬람법 특별 위원회를 통해 다룬다.

쉬아 무슬림 대부분은 두바이와 샤르자에 거주하고 있으며, 자신들의 이슬람 사원에서 자유롭게 종교 활동을 한다. 쉬아 이슬람 사원은 기본적으로 정부 통제를 받지 않으며, 타 기관으로부터의 재정 지원을 받을 수 있다. 두바이에는 걸프 협력 회의(Gulf Cooperation Council, GCC) 국가의 쉬아 무슬림을 위한 이슬람 센터도 있다. 정부에서는 극단적 성향이나 종교 이데올로기를 지양하도록 시민을 독려한다. 종교에 관계없이 모든 학교는 정부에 등록해야 하며, 모든 공립 학교에서는 의무적으로 이슬람을 가르쳐야 한다. 무슬림을 위한 사립 학교도 동일하다.

chapter 3

비즈니스와 생활 문화

경제 인프라와 비즈니스 환경

오랫동안 어업이 생업이었던 이 지역에서는 19세기 말과 20세기 초 조 개잡이가 성업했다. 1900년경에는 수천 대의 배와 약 2만 2천여 명이 이 에 종사했다. 그러나 1930년대 세계 경제 대공황과 일본 조개 양식 산업 과의 경쟁으로 거의 붕괴됐다. 어업은 그 후에도 계속되었으며, 약 1만여 명이 종사하고 있다. 수확된 다양한 어종은 건조하거나 서남아시아, 동아 프리카, 사우디아라비아 등지에 수출했다. 어업은 특히 아지만과 움 알카 이와인 등지에서 더욱 성업했고, 라스 알카이마에서는 상어가 주로 잡혔 다. 약 재료이기도 한 건조된 상어 지느러미와 꼬리는 말레이시아와 싱가 포르 등지에 수출된다.

농업도 부분적으로 이루어진다. 푸자이라와 라스 알카이마는 다른 에미리트보다 자연환경이 비교적 나은 편이다. 라스 알카이마는 농업용 지하수와 강수량을 비교적 충분히 확보하고 있는 곳이다. 농업 경작품은 대추야자, 바나나, 오렌지, 레몬, 무화과, 포도, 석류, 오디, 딸기 등이다. 토마토, 가지, 양배추, 오이, 양파, 무, 순무, 파슬리 등의 농산물은 상당수를 다른 에미리트에 공급한다. 또 알팔파(콩과류 풀)를 동물 사료로 사용하고 있다. 오아시스는 농업에 있어서 중요한 곳이다. 하자르 산자락에 위치한 알아인 오아시스는 풍부한 샘물을 확보하고 있다. 이에 알아인 농사는 대추야자와 알팔파에 집중되어 있으나 최근에는 과일과 채소 중심으로 농경의 다각화에 힘쓰고 있다. 아부다비 남서쪽으로 160km 정도에 위치한 리와 오아시스는 규모 면에서 알아인보다는 못하지만, 주로 대추야자 농사에 집중하고 있다.

연방 경제는 주로 석유와 관련 있다. 1962년 아부다비에서 석유 생산이 시작됐으며, 두바이는 1969년에 시작됐다. 푸자이라 에미리트를 제외한 다른 에미리트에서도 석유 탐사는 계속 이루어지고 있다. 석유 산업으로 소규모 인력을 직접 고용하고 있으며, 석유 판매 수입은 정부 통제하에 있다. 정부는 석유 판매 수입으로 교육, 건강과 주거 등 사회 복지 서비스 산업에 주로 투자하고 있다. 도로, 항구, 공항, 시멘트 공장 등 사회 간접 시설 확충에도 투입하고 있다. 이러한 산업을 위해 숙련된 기술자와 과학자를 유럽이나 미국 등지에서 유입하고 있다. 일반 근로자는 국내 인력으로 절대 부족해 외국으로부터 급격히 유입하고 있다. 그중 40% 이상은 이란, 30% 이상은 인도와 파키스탄 등의 국적자이다. 동시에 국내에서는 많은 국민이 도시로 집중하는 현상이 발생했다. 1968년 당시 국민 절반 이상이 도시에 거주하는 것으로 나타났다.

아랍 에미리트는 세계 7번째 규모의 석유 매장량을 보유하고 있으며, 대부분은 아부다비에 집중되어 있다. 약 100여 년간 채굴할 수 있는 매장량으로 평가된다. 따라서 정부는 석유 고갈 이후를 대비한 각종 정책 수립에 매진하고 있다. 관광, 무역, 수송, 재정과 부동산 산업 확대로 이미 석유 산업이 전체 대비 25% 정도 비율로 떨어졌으며, 상대적으로 석유 수입이 아주 적은 두바이는 석유 수입 비중이 5% 이하이다.

한편 2008년 두바이에 재정 위기가 닥쳤을 때 부동산 가격이 절반으로 폭락했는데, 이때 아부다비가 100억 달러 이상 채무 보증함으로써 그 위기에서 서서히 벗어날 수 있었다. 이는 아랍 에미리트의 연대성이 더욱 강화되는 계기가 되었으며, 현재 유일하고도 견고한 연방으로 남아 있는 것이다. 두바이는 자유 경제 구역(FTZ) 설정 등으로 재정 위기 탈출에 더욱 정진했다. 100% 지분 소유, 자본과 이익의 자유 송금, 15년간 법인세 제외, 통화 유통 무제한, 소득세 부과 면제 등 여러 성공적인 정책으로 두바이의 제벨 알리 경제 자유 구역에는 이미 120국가 5,500여 개 이상의 기업이 활동 중이다.

음식과 생활문화

아랍 에미리트의 음식 문화는 다른 아랍 세계와 비슷하게 사막 등 자연 환경의 영향으로 육류, 곡류와 유지류가 주식을 이룬다. 일부 지역에서는 채소류가 생산되며, 육류는 주로 양과 닭이다. 특별한 경우에는 낙타 고기도 요리한다.

아침 식사로는 빵과 치즈, 대추야자 잼, 달걀 등을 즐긴다. 전통적인 주요리는 아랍만 국가들과 마찬가지로 양고기, 곡류, 야채 등으로 조리한 마클루바와 마크부스(사우디아라비아에서는 캅사라고 부른다), 곡물 죽인 하리스 등이 대표적이다. 아랍 에미리트를 포함한 만안 지역 국가들은 해안에 접한 지역적인 이유로 해산물이 주요한 식재료이다. 각 요리에는 중동 지역에서 인기 있는 향신료인 사프란, 카다몸, 심황, 타임 등도 즐겨 사용한다. 후식으로는 둥근 모양의 팬케이크를 튀겨 참깨와 대추야자 꿀에 버무린 루카이마트(일종의 경단)가 최고 인기 음식이다. 아랍 에미리트도 이슬람 국가로, 술과 돼지고기는 금지 품목이며 비무슬림에게는 제한된 장소 등에서 비교적 자유롭게 유통이 허가되고 있다. 최근에는 이러한 전통적인 소재와 퓨전을 접목해 최고의 음식을 개발 및 발전시키고 있다. 더욱이 두바이에서는 2014년부터 두바이 음식 축제를 개최하고 있어, 이미 성공한 다른 축제와 더불어 세계적인 음식 문화의 중심지로서 발돋움하고 있다.

아랍 에미리트의 전통 생활은 자연환경의 절대적인 영향 아래 있다. 이 지역은 대체로 해안 및 도서, 하자르산맥 부근 오아시스, 황량한 사막 지역 등으로 구분된다. 이러한 자연환경이 에미리트인의 전통 생활에 다양성을 부여한 것이다. 현재 아랍 에미리트는 전통과 현대의 첨단을 접목하는 안목으로 정부 목표인 관광, 쇼핑, 문화 및 물류 허브를 추진하고 있다.

척박한 사막에서 아랍 에미리트 부족의 생계 수단이었던 매사냥 전통은 오늘날 새로운 전통 스포츠로서 세계화에 이미 성공했다. 매사냥은 사막에 필수적인 교통수단이었던 낙타와 함께 아랍 에미리트에서 새로운 스포츠 분야로 발전했다. 사막 스키와 드라이빙 등 사막 투어도 좋은 예이다. 아랍 에미리트 정부는 단순히 여기에 만족하지 않고 전통과 첨단이 접목된 가능한 모든 분야에서 최고를 지향하는 강력한 정책을 추구했다. 경마, 자동차 경주, 골프, 테니스, 축구, 요트, 모터보트, 사격 등 다양한 종목의 세계 스포츠 대회를 개최함으로써 국제적 입지를 굳혀 나갔던 것이다.

이와 동시에 부동산 개발 및 테마형 쇼핑몰, 체류형 리조트 등 관광 인프라가 거의 갖추어져 있어 산업 간 시너지 효과가 크게 나타나고 있다. 현재도 스마트 도시 개발과 첨단형 복합 리조트 개발이 지속적으로 진행되고 있다. 두바이 경우만 해도 이미 2012년에 1천만 이상의 관광객 유치에 성공했으며, 2017년에는 관광객이 1,600만 명을 훌쩍 넘겼다. 두바이 정부는 '2020 두바이 세계 엑스포' 개최 전까지 관광객 2천만 명 유치 달성을 목표로 하고 있다. 이에 대한 두바이 정부의 정책이 매우 성공적이며, 그 전망도 매우 밝다고 평가받고 있다.

아랍 에미리트는 내국인과 직접 관련된 교육, 보건, 농업 등 다양한 분야에서도 획기적인 개발 계획을 성공적으로 추진하고 있다. 이는 한편으로 아랍 에미리트의 부족주의 관습을 점차 와해시키고 있지만, 아직까지 사회 전체적으로 전통적이며 보수적인 관행이 지켜지고 있다. 아랍 에미리트 여성 대부분이 히잡을 쓰며, 아직은 사회생활에의 직접 참여가 부족한 상태이다.

그럼에도 직장 문화 등에 서구적 현대화 생활 관습이 급속히 이입되고 있다. 변화의 물결은 아랍 에미리트의 사회 전반에 지속적으로 작용될 것으로 예상한다.

6

예멘

박찬기 명지대학교 방목기초교육대학

■ 국가 개황

· 국명: 예멘 공화국(Republic of Yemen)

· 국가 체제 : 공화정

· 언어: 아랍어(공용어)

· 인구: 28,915,284명(유엔, 2018)

· 종교 분포: 이슬람교 99.1%, 기타 0.9%

■

예멘은 아라비아반도 최남단 서쪽에 위치한 아랍 이슬람 국가이다. 국토 총면적이 527,970㎢로 남한의 약 5배가 넘으며, 아라비아반도에서 사우디아라비아 다음으로 큰 지역을 차지한다. 예멘 국토는 지형과 기후에 따라 크게 4개 지역으로 구분할 수 있다. 홍해 연안을 따라 형성된 해안 평야 지대(티하마), 서부 산악 지역, 수도 사나를 포함한 중부 산악 지역 및 동부 사막 지역 등이다.

총인구는 약 2,900만 명 정도이며, 이들 중 약 46%가 15세 미만이고 65세 이상이 2.7%로 국민 평균 연령이 매우 낮다. 반면 평균 수명은 남성 63세, 여성 67세로 매우 짧은 편이다. 인종적으로 아랍인이 대부분이고, 아랍-아프리카 혼혈인, 남아시아인, 인도인, 페르시아인 및 유럽인의 후손도 있다. 유대인도 상당수 거주했으나, 1967년 6월 전쟁 이후 아랍-이스라엘 갈등이 악화되면서 대부분 이스라엘로 이주하고 현재 사나 지역에 150여 명이 살고 있다.

종교 분포를 보면 약 54%가 순니파이며 45%정도가 쉬아파이다. 쉬아파 중 43%가 자이드파, 나머지 2%가 열두 이맘파, 자파리파, 이스마일리파 등이다. 순니파는 다수가 샤피이 법학파이며, 말리키 법학파와 한발리 법학파도 있다. 순니파는 대부분 남부와 남동부에 거주하며, 쉬아 자이드파는 북부와 북서부 지역, 이스마일리파는 사나와 마리브 등 대도시에 거주하고 있다.

정치적으로는 항상 불안정의 연속이었는데, 2011년 초 '아랍의 봄'이 전파되면서 정국이 더욱 혼란스러워졌다. 소요 사태가 증가하고 폭력이 난무하자 걸프협력회의(GCC) 국가와 유엔의 중재로 살레 대통령이 하야하고 부통령이던 하디가 정권을 승계했다. 그 결과 예멘은 아랍의 봄 여파로 기존 정권의 대통령이 협상으로 하야한 유일한 사례가 됐다.

그러나 예멘은 장기간의 정치적 혼란과 경제 발전의 부재로 아랍 국가 중에서 가장 빈곤한 국가 중 하나이다. 국민 소득이 연 2,500달러 정도이며, 국민 약 54%가 빈곤층에 속한다. 실업률 또한 27%(2014년 기준)를 상회한다. 산유량이 감소하고 있지만, 석유 수출이 GDP의 25%, 정부 예산의 65%를 차지한다. 기타 수출품으로는 액화 천연가스, 커피, 어류 등이 있다.

또한 예멘은 강수량이 부족해 수자원을 지하수에 의존하는데, 과도한 지하수 사용으로 지하수면이 계속 내려가고 있다. 1970년대에는 사나의 지하수면이 30m였으나, 2012년에는 1,200m로 내려갔다. 농업의 90%가 지하수를 사용하는데, 농업용 지하수의 반을 식량이 아닌 기호품 카트 생산에 사용하고 부족한 식량은 수입에 의존해 문제가 되고 있다.

chapter 1

예멘 역사와 이슬람

고대 역사

아라비아반도 최남단에 위치한 예멘은 홍해와 인도양 연안에 긴 해안선을 가지고 있기에 오래전부터 해상 무역의 근거지가 됐다. 또한 서부의 해안 평야 지역과 산악 지역은 모두 경작이 가능해서 유목민이 주를 이루는 다른 아라비아반도 지역과는 달리 정착민이 주를 이루면서 오래전부터 고대 문명의 발상지가 됐다.

기원전 11세기에는 시바(영어로는 사바, 히브리어로는 스바) 왕국이 자리 잡으면서 전성기에는 현재의 에티오피아, 에리트레아, 지부티, 소말리아 등지를 통치하는 대제국을 건설했다.《구약성서》〈열왕기〉에 나오는 솔로몬과 시바 여왕(본명은 마케다)의 교류도 예멘을 통치한 시바 왕국에 기인한다.

당시 예멘은 이집트 파라오 신전과 로마 신전에서 애호하던 유향의 주

수출국이었으며, 향료 등 무역의 중심지로서 부를 축적했다. 특히 기원전 700년대에는 당시 기술 수준으로서는 경이로운 대규모의 마리브 댐을 건설했다.* 절정기를 지나면서 왕국은 축소되어 기존의 시바, 하드라마우트, 카타반, 마인 등 4개 왕국으로 분리되었지만, 기원전 25년 로마 제국의 침략 때까지도 시바 왕국은 존속됐다.

예멘은 로마 제국의 침략 이후 함단과 힘야르, 두 부족 간 대립으로 정치적 혼란 시기를 겪었으며, 동로마 제국 시대에는 기독교파와 유대교파 간 갈등으로 또다시 정치적 혼란을 겪었다. 525년에는 현재 에티오피아 지역에서 번창하던 악슘 왕국의 침략을 받았으며, 570년경에는 페르시아 사산 왕조의 침략을 받으면서 페르시아 영향권에 들어갔다.

이와 같은 고대 문명의 발상지인 예멘의 쇠퇴 원인을 학자들은 소왕국 간의 잦은 전쟁, 해상 교역의 증가로 인한 육로 교역 감소, 기후 변화, 베두인족 침입 및 대규모 농경지를 지탱하던 마리브 댐의 붕괴(575~580) 등으로 설명한다.

이슬람 전파 이후

예멘과 이슬람의 인연은 이슬람 발현 당시부터 시작됐다. 메카에서 초기 이슬람교도에 대한 박해가 극에 달했을 때 예언자 무함마드는 신자들을 이웃 기독교 국가인 아비시니아로 피신시켰는데, 이들 80여 명의 이주

---

* 마리브 댐은 기원전 1750년경에 처음 건설된 것으로 본다. 후대 왕조에서 점차 증축해 최종적으로 길이 580m, 높이 14m까지 도달했고, 현재까지 알려진 고대 댐 가운데 가장 오래된 것이다. 근처에 새로 건설된 댐은 아부다비 통치자 셰이크 자이드가 아랍 단합의 상징으로 7천만 달러를 지원해 1986년 완공된 것이다.

자 중 한 명이 훗날 제3대 칼리파가 된 우스만이다.* 또한 이슬람 발현 시 무함마드는 이집트, 비잔틴 제국뿐만 아니라 예멘에도 전령을 보내 이슬람 탄생을 알렸으며, 630년에는 그의 사촌 알리를 사나 지역으로 파견해 포교 활동을 하게 했다. 예멘 부족 중 함단 부족 연합이 이슬람을 가장 먼저 수용했다. 이후 전 지역으로 이슬람이 전파되면서 예멘 부족 군인들이 이슬람 초기 정복 전쟁에서 큰 역할을 했다.

우마이야조 말엽인 745년 압둘라 이븐 야흐야 알킨디가 이맘에 선출되면서 이바디파를 부흥시켜 동부 하드라마우트 지역과 오만까지 세력을 확장했다. 뿐만 아니라 사나의 우마이야 지사를 축출하고 746년에는 메카와 메디나를 정복하면서 첫 이바디 국가를 건설했다. 그 후 압바스조 때인 818년, 바그다드의 무함마드 이븐 지야드가 예멘 부족에 의해 초청되면서 동해안 쪽 티하마 지역을 중심으로 지야디드 왕조를 세우고 하드라마우트 지역뿐만 아니라 현재 오만 일부 지역까지 통치하는 강성한 국가로 번성했다. 그러나 981년경부터 국력이 쇠진해지면서 989년에 멸망했다.

한편 893년 메디나에서 분쟁 해결사로 활동하던 야흐야 이븐 알후세인이 사이다 지역으로 초청되면서 897년 자이드 이맘 국가를 창설했다. 특히 하시드와 바킬 부족이 먼저 자이드 교리를 수용한 후 점차 북부 산악 지역으로 세력을 확장했다. 그러나 900년대에는 여러 군소 국가가 사나를 침공하면서 북부 예멘은 대대적인 혼란을 겪었다.

대혼란을 겪은 후 1040년경에 이스마일리파 왕조가 들어서면서 예멘뿐

---

* 김정위 교수의 주장에 따르면, 현재 에티오피아 지역에 근거지를 둔 아비시니아인은 이집트 콥트교도처럼 단성론자이고, 교회 수장은 알렉산드리아에 거주했다. 6세기 때 유대교 힘야르 왕국의 왕 두 누와스가 아라비아반도 서남쪽에 위치한 나지란(현재 사우디아라비아 지역)의 기독교인을 박해하자 아비시니아의 네구스 왕이 비잔틴 황제를 대신하여 정벌에 나섰다. 그 결과 이슬람 발현 당시 메카의 박해를 피하고자 무함마드의 딸 루카이야와 그의 남편 우스만 등 80여 명이 기독교 통치 지역인 나지란으로 피신한 것이다.

만 아니라 메카까지 통치하는 대국으로 발전했다. 특히 1087년에는 전 통치자의 부인인 아르와 알술레이히가 등극하면서 고대 시바 여왕 다음으로 여왕이 통치하는 이슬람 국가가 됐다. 아르와 여왕은 51년간 권좌에 있으면서 예멘의 발전에 기여한 성공한 군주로 꼽히며, 현재까지도 예멘 문학과 민중 설화에 자주 등장해 '작은 시바의 여왕'으로 불리기도 한다.

그러나 아르와 여왕 사후 다양한 이슬람 종파 간의 갈등 때문에 5개 소국으로 갈라졌다. 이러한 상황에서 이집트 아이유브 왕조가 예멘을 침략했다. 하지만 종파 갈등으로 분열되었던 예멘 부족들은 외적의 침략을 받자 단합해 저항한 결과 1229년에 아이유브 지사는 메카로 철수했다.

한편 당시 부지사로 근무하던 오마르 빈 라술이 잔존하면서 자비드를 도읍으로 한 라술 왕조(1229~1454)를 세우고 메카에서 도파르 지역까지 관장하는 대국을 건설했다. 그의 아들은 수도를 타이즈로 옮기고 무역을 활성화해 인도와 극동 지역까지 교역을 확대했다. 또한 수많은 마드라사를 건설하여 순니 샤피이 법학 교육을 확장했다. 그 결과 자비드와 타이즈는 이슬람 연구 중심지가 되었으며, 당시의 연구 결과가 현재까지 예멘 이슬람법의 근간이 되고 있다.

라술 왕조는 예멘을 통합해 안정적으로 통치하면서 국가 전반에 많은 발전을 가져왔다. 그러나 후계자 문제로 인한 왕실 내부의 갈등, 부족의 반란, 쉬아파 자이드 이맘과의 갈등 등으로 국력이 쇠퇴하면서 타헤르 부족이 정권을 장악하게 됐다.

타헤르 왕조(1454~1517)는 라다아 지역에 근간을 둔 씨족들이 세운 국가로 비교적 짧은 기간 군림했다. 그 이유는 동북부 자이드 부족의 도전과 외세의 침략을 물리칠 여건이 되지 못했기 때문이다. 특히 당시에는 이집트 맘루크 왕조가 예멘을 이집트에 예속시키고자 노력했으며, 포르투갈이 소코트라를 점령하고 1513년에는 아덴을 공격했다. 이러한 유럽 세력의 위협에 맘루크는 자이드파와 연합해 타헤르 왕조를 몰락시키고 예멘을 통치하게 됐다.

당시 외부 세력의 예멘에 대한 욕심은 인도양을 통한 해상 무역로를 장악하기 위한 것이었다. 포르투갈과 이집트 맘루크 간에 예멘에 대한 갈등이 고조되는 과정에서, 1517년 오스만 제국이 이집트를 점령하면서 맘루크의 예멘 통치도 종말을 고했다.

근대 역사

오스만 제국의 예멘에 대한 관심은 메카와 메디나를 예멘 부족의 공격으로부터 보호하는 것과 인도양의 해상 무역로를 확보하는 것이었다. 오스만군은 1538년 아덴을 함락시키고, 다음 해에는 자비드와 티하마 전체를 점령했다. 그러나 북부 산악 지역은 점령하지 못했을 뿐만 아니라, 남부 지역에서도 저항이 거세 많은 희생자가 발생했다. 1539년부터 1547년까지 이집트에서 8만여 명의 오스만군이 예멘에 파병되었으나 단지 7천 명만 생존했다. 그 결과 예멘을 '오스만군의 무덤'이라고 부를 정도였다.

1547년, 오스만 제국은 제2차 원정대를 파견해 사나까지 점령하면서 예멘 전체를 장악할 수 있었다. 하지만 폭정이 반란으로 이어졌다. 제3차 원정대가 반란을 진압하고 예멘을 재정복한 뒤 오스만군은 1585~1597년에 비교적 안정적으로 예멘을 통치했다. 그러나 자이드파가 재충전한 후 오스만군을 공격하기 시작하면서 점차 통치 지역을 상실했을 뿐만 아니라 희생자가 급증했다. 1635년, 오스만군은 예멘에서 전면 철수했다.

이후 자이드파는 부족들을 재규합해 카시미드 왕조를 건설했다. 카시미드 왕조는 북쪽 아시르 지역에서 동쪽 도파르 지역에 이르기까지 예멘 전 지역을 통일하면서 최강의 자이드 국가를 건설했다. 그러나 18세기에 접어들어 이맘 계승에 관한 문제와 부족 간 갈등이 고조되면서 혼란기에 접어들었다. 이러한 상황에서 영국이 예멘에 관심을 보였다.

초기에 영국이 예멘에 관심을 둔 것은 인도 식민지를 오가는 배의 연료 공급지가 필요했기 때문이었다. 영국 동인도 회사는 사나의 자이드 이맘과 남부의 라헤즈 술탄과 협상을 시도해 아덴을 연료 공급지로 할애받고자 노력했다. 외세의 통치 경험이 있는 예멘 부족들은 완강히 거절했다.

하지만 돌발 사건이 발생해 상황을 바꾸었다. 영국 무역선이 아덴 앞바다에서 좌초됐을 때 예멘인이 선적물을 노략질한 것이다. 영국이 보상을 요구했으나 예멘은 듣지 않았다. 결국 1839년 1월, 영국은 함포 사격을 하면서 아덴을 점령했다. 그리고 부족의 저항에 맞서 라헤즈 술탄을 추방하고 아덴 주위 9개 부족과 보호 및 우호 조약을 체결하면서 1850년 아덴을 '자유 무역 지역'으로 선포했다.

영국의 아덴 진출은 오스만 제국에게 큰 위협으로 간주됐다. 그 결과 200년 만에 오스만 제국이 예멘에 재진출하는 상황이 벌어졌다. 1849년 오스만군은 티하마 지역에 상륙한 후 사나로 진격했으나 부족군의 저항으로 실패했다. 그 결과 오스만군은 철수까지 생각했다. 하지만 1869년 수에즈 운하가 개통되면서 전략적 차원에서 잔류하기로 결정했다. 그 후 1872년에 이스탄불에서 지원군이 도착해 결국 사나를 점령하고 행정 수도로 삼았다.

그러나 오스만 제국의 재등장은 여러 부족을 반오스만 깃발 아래 단결시키는 계기가 되면서 반란이 끊이지 않았다. 특히 1904년부터는 자이드 이맘 야흐야가 반란을 주도하면서 오스만군의 희생자와 전비가 증가하자, 1911년 이맘 야흐야와 조약을 체결해 북부 산악 지역의 자치권을 인정했다. 그 후 오스만 제국이 제1차 세계대전에서 패배하면서 오스만군은 1918년 예멘에서 완전히 철수했다.

오스만군의 철수 이후 이맘 야흐야는 1918년 11월 북부 예멘의 독립을 선포하면서 자이드 이맘 국가를 건설했다. 그는 과거 대제국의 부활을 꿈꾸었지만 북쪽에서 세력을 확장하던 이븐 사우드 및 아덴 지역을 장악하고 있던 영국과 마찰을 빚었다. 1932년 이븐 사우드가 통합 왕국을 건설하면서 영국의 지원하에 예멘을 위협하자, 1934년 협상을 통해 나지란, 아시르, 지잔 등 3개 지역을 20년간 사우디아라비아에 양도했다. 또한 같은 해에 아덴을 40년간 영국의 보호령으로 인정했다. 아덴은 제2차 세계대전 기간에 경제적 호황을 누리면서, 뉴욕 다음으로 번성한 국제 무역 도시로 성장했다.

이맘 야흐야가 1948년 무라드 부족원에게 암살되자 그의 아들 아흐마드 빈 야흐야가 이맘직을 계승했다. 그러나 그의 폭정과 변덕스러운 통치 스타일은 많은 적대 세력을 형성했다. 특히 당시 소련, 중공, 이집트 등과 연대해 상당한 원조를 받았으나 종국에는 이집트와 적대 관계가 됐다.

분열, 통합, 분열의 악순환

1962년 이맘 아흐마드가 사망한 뒤 그의 아들이 이맘직을 계승했다. 그러자 군이 쿠데타를 일으켜 권력 장악을 시도하면서 북부 예멘은 내전에 휩싸였다. 영국을 비롯한 사우디아라비아, 요르단, 심지어 이스라엘까지 이맘을 지지했고, 이집트 나세르는 쿠데타군을 지원했다. 1968년, 쿠데타 세력이 승리하면서 예멘 아랍 공화국이 건설됐다. 그러나 신생 공화국은 초기 두 명의 대통령이 암살되는 등 극심한 혼란기를 겪었고, 1978년 알리 압둘라 살레가 대통령으로 취임했다.

한편 북부의 공화국 설립은 남부의 반영국 정서와 독립운동에 영향을 미쳤다. 그 결과 남부도 1967년 영국으로부터 독립해서 '예멘 인민 민주주의 공화국'을 건설했다. 이 같은 분열로 남과 북은 1972년과 1979년에 걸쳐 두 차례 전쟁을 했으며, 1986년에는 남부 예멘에서 내전이 발발했다. 같은 해 남부 예멘의 알리 나세르 무함마드 대통령이 북부 예멘으로 피신하는 상황에 이르렀다. 결국 1990년 남북이 통일에 합의하면서, 살레가 통일 예멘의 초대 대통령으로, 남부 예멘 대통령이 부통령으로 취임했다. 그러나 통일 이후에도 정치적 불안이 계속되면서 1994년에는 또다시 내전이 시작됐다. 남부가 패전하면서 통일은 유지되었지만, 알카에다 등 과격 이슬람 단체의 테러 활동이 증가하면서 계속적인 혼란을 겪게 됐다.

한편 2004년 6월부터 북부 지역 쉬아 자이드파가 중앙 정부의 차별 대우와 종교 탄압을 이유로 반정부 무력행사를 시작했다. 이에 맞서 정부군은 2009년 사우디아라비아의 지원으로 쉬아 반군 토벌 작전을 전개하면서 정부군 3천 명 이상이 사망했다. 이러한 상황에서 예멘도 2011년 아랍의 봄을 맞이했다.

2011년 1월 반정부 연합 단체는 수도 사나에서 1만 6천 명을 동원해 시위를 시작했다. 가장 큰 이슈는 대통령 임기 제도 부활, 부자간 권력 승계 반대 등이었다. 당시 시위대가 분홍색 깃발을 사용했으므로 예멘 아랍의 봄을 '핑크 혁명'이라고 부른다.

살레 대통령이 시위대의 요구를 수용하면서 정국이 진정되는 것 같았다. 그러나 2월 11일 이집트 무바라크 대통령의 사임 소식이 전해지면 시위가 전국적으로 확대되자 군 지도자들도 살레 대통령의 즉각적인 사임을 요구했다. 6월 3일에는 대통령궁이 폭격당해 살레 대통령이 중상을 입고 사우디아라비아로 후송되면서 부통령 하디가 임시 대통령직을 수행하게 됐다. 11월 23일 살레 대통령은 GCC 국가가 중재한 권력 이양에 합의하면서 예멘 아랍의 봄은 일단 종식됐다. 그리고 2012년 2월 대통령 선거에서 하디가 당선되면서 살레 대통령의 33년 장기 집권이 종식됐다.[*]

2014년 9월, 중앙 정부에 대한 자이드파의 불만이 다시 폭발하면서 후티를 수장으로 한 쉬아 반군이 수도 사나를 점령했다. 하디 대통령은 연합정부를 구성하고 예멘을 6개 연방 지역으로 나눠 분리 통치하기로 했으나 쉬아 반군은 이에 반기를 들고 그를 가택 연금시켰다. 2015년 1월 대통령, 수상 및 각료들이 사임하자 반군은 의회를 해산하고 최고혁명위원회를 구성해 후티를 예멘 지도자로 선정했다.

한편 하디는 고향인 남부로 피신한 후 사임을 취소하고, 본인이 합법적인 통치자라고 주장하면서 아덴을 임시 수도로 선포했다. 이러한 상황에서 후티 반군은 남부로 진격해 라흐즈를 점령하고 3월 25일에는 아덴 근교까지 접근했다. 그 결과 하디는 사우디아라비아로 피신했다. 3월 26일 사우디아라비아는 오만을 제외한 GCC 국가와 요르단, 모로코, 수단, 이집트, 파키스탄 등과 연합군을 편성하고 후티 반군에 폭격을 시작했다. 미국

---

[*] 살레 전 대통령은 탈출 도중 2017년 12월 4일 사나 외곽에서 후티 반군에게 암살당했다. 살레는 쉬아 자이드파였으나 집권 중인 2004년에 후티 지도자를 암살하게 하는 등 반후티 정책을 추진했다. 실각 후인 2014년에는 후티 반군이 사나를 점령하자 그들과 연대해 하디 정부에 반기를 들고 권좌 복귀를 시도했다. 내전이 교착 상태에 빠지고 후티 반군과 살레 지지층 사이에 갈등이 고조되자 살레는 사우디아라비아와 휴전을 중재하겠다고 주장했다. 그러나 후티 반군은 이를 거부하면서 그를 맹렬히 비난했다. 아랍의 봄에서 살아남았지만, 결국 내전의 희생자가 됐다.

도 군수 물자와 정보를 제공하면서 동참했다. 한편 후티 반군은 이란으로부터 무기와 재정을 지원받았다. 이로써 내전이 국제화됐을 뿐만 아니라 순니파와 쉬아파 간 대리전 형태로 진행됐다. 사상자가 증가하면서 혼란이 계속되자 유엔이 주도한 휴전 협정이 2016년 4월 체결됐다. 그러나 현재까지도 내전이 진행 중이며, 해결의 실마리는 보이지 않는다.

chapter 2

예멘의 이슬람

　예멘의 이슬람도 정통 칼리파 시대를 지나서는 이슬람 왕조 또는 이슬람 분파에 따라 영향을 받았다. 우마이야조 시대에는 예멘 출신이 타 지역 점령 전쟁과 왕조 유지에 많이 기여했다. 파티마조가 번창할 때는 이스마일리파의 지배, 이집트 맘루크 시대에는 맘루크의 지배를 받기도 했다. 오스만 제국 시기에는 무수한 침략을 받았고 결국 두 번에 걸쳐 오스만 제국의 통치를 겪었다. 그 결과 예멘의 이슬람은 다양한 이슬람 왕조 또는 국가의 영향을 받으면서 복잡한 역사를 가지고 있다. 그러나 현재 예멘의 이슬람은 크게 순니파와 쉬아파로 대별할 수 있다.

쉬아 자이드파

예멘의 이슬람 종파 중에서 가장 주목받는 것은 쉬아 자이드파이며, 현재 예멘 내전의 원인도 이들의 반란이다. 이들은 과거에도 내적 갈등으로 자주 혼란을 자초했으며, 외세의 침략에도 가장 강렬하게 저항해 왔다. 이러한 자이드파의 특성은 이 교파의 시작과 연관이 있다고 볼 수 있다.

자이드파의 시조는 쉬아파 3대 이맘 후세인의 손자인 자이드 이븐 알리이다. 자이드는 우마이야조의 10대 통치자인 히샴 이븐 아부드 알말리크(재위 724~743)의 부패와 부정한 통치에 항거해 반란을 일으켰으나 실패하면서 740년 쉬아파 근거지인 쿠파에서 사살됐다. 그는 정의롭지 못한 통치자에 대항해 이를 바로잡으려고 노력하는 것이 진정한 무슬림의 도리이자 의무라고 주장했다. 그러므로 그의 추종자들은 이러한 정의로운 행동을 하지 않은 당시 쉬아파 5대 이맘 무함마드 알바키르는 이맘 자격이 없기에 자이드가 5대 이맘이 되었어야 한다고 주장했다. 이러한 교리를 따르는 자들이 자이드파를 형성했다. 이들은 선대의 4대 이맘까지는 인정하지만, 5대 겸 마지막 이맘으로는 자이드를 택하고 있다. 그 결과 이들을 '다섯 이맘파'라고도 한다. 한편 알바키르 추종자들은 훗날 이스마일리파와 열두 이맘파로 분리됐다.

자이드파는 쉬아파의 가장 오래된 분파로, 다른 쉬아파와 달리 4명의 정통 칼리파와 그들의 가르침을 인정한다. 그러므로 자이드파는 쉬아파 중에서 순니파와 가장 가까우며, 역사적으로 무으타질리파(이성주의자)의 영향을 많이 받았다. 1501년 이란 사파비조가 건국되면서 열두 이맘파를 국교로 선포하기 이전까지는 쉬아파 중 가장 규모가 큰 분파였다. 현재까지도 쉬아파 중에서 자이드파가 열두 이맘파 다음으로 두 번째로 큰 분파이다.

이슬람법

1990년 남과 북이 통일되면서 예멘 의회는 이슬람 율법의 법제화를 두고 심각한 논의를 진행했다. 특히 통일 국가를 지향하면서 자이드, 샤피이, 이스마일리 등의 종파적인 용어도 사용하지 않고 일반적인 이슬람 율법 (샤리아)을 모든 법 제정의 근간으로 삼는다고 선언했다. 그 결과 결혼 연령의 제한이 폐지되고, 남편이 또 다른 부인을 얻을 때는 기존 부인에게 사전에 통보하는 규정도 삭제했다. 이 같은 보수 이슬람주의자의 중심에는 자이드파인 살레 대통령과 예멘 무슬림형제단이 추측이 된 이슬라 정당, 아프간 반소 성전에서 귀국한 이슬람주의자 등이 있다. 이러한 북부 이슬람주의자의 권력 독점이 1994년 내전의 한 원인이 됐다.

북부의 승리로 내전이 종식된 후 이슬라 정당과 북부 부족 지도자들은 연대해 헌법을 개정하면서 모든 세속주의적, 사회주의적 조항들을 삭제했다. 또한 가족법, 형법, 상법, 해상 교통법 등 모든 영역에서 이슬람 율법에 따른 법조문 성문화 작업을 추진했으나 내전 재발과 정치 불안의 연속으로 현재까지 결실을 맺지 못하고 있다.

그러나 기존 헌법에 따르면 샤리아가 모든 법 제정의 근간이 되며, 특히 형법은 샤리아에 근거한다. 살인자는 사형이지만 사망자의 친인척이 위자료 지불로 타협을 원할 시에는 절충이 가능하고, 결혼 상태에서 간통죄는 돌로 쳐서 죽이고, 배교는 사형이며, 강도와 절도는 손을 절단하는 형벌을 명시하고 있다.

특히 국제적으로 많은 비판을 받고 있는 여아의 결혼에 관해 1999년 예멘 의회는 남녀 모두 15세를 최소 결혼 연령으로 규정했으나, 2011년 이러한 결혼 연령 제도를 폐지했다. 단지 법적으로는 결혼을 했지만 여성이 사춘기에 도달하기 전에는 성관계를 금지하고 있다. 현재까지도 예멘의 여성은 15세까지 14%, 18세까지 52%가 결혼을 하고 있다.

전반적인 여성의 권리 또한 매우 취약한 상황이다. 1994년 개정된 헌법에는 여성을 '남자의 누이들'로 표기하고 있다. 즉 여성은 남성의 보호 아래 있어야 된다는 것이다. 예를 들면 간통 사건에서 여성 증인이 인정되지 않으며, 금전 사건에서 여성의 증언은 남성의 반에 해당된다. 또 여성이 외국인과 결혼할 때는 내무부의 승인을 받아야 된다. 여성의 시민권은 과부, 이혼 등의 사유를 제외하고는 자식에게 승계될 수 없다. 뿐만 아니라 여성이 살인을 당했을 때 위자료는 남성의 반에 준한다고 되어 있다.

이같이 예멘은 오래된 이슬람 국가이지만 장기간의 남북 분리 체제, 계속되는 정치적 혼란과 내전 등으로 중앙 정부의 능력이 매우 취약하다. 수도인 사나 지역을 제외하고는 중앙 정부의 공권력이 미치지 못하는 지역이 대부분이다. 그러므로 예멘 이슬람법의 실태는 중앙 정부의 취지나 정책과는 많은 차이가 있다. 또한 대다수의 모스크는 정부 관할 밖이다. 그 결과 지역과 도시에 따라 각자의 샤리아 전통과 이슬람 관습이 있다고 해도 무리가 아니다. 그러므로 예멘의 이슬람법을 일반적으로 논하기에는 아직도 시기상조라고 할 수 있다.

chapter 3

예멘 문화

모카커피

커피나무의 원산지는 에티오피아라고 전해지지만 처음으로 경작되기 시작한 곳은 예멘 고산 지대이다. 고산 지대의 건조한 공기와 척박한 토양으로 예멘 커피 원두는 작지만 단단하다. 또한 원두가 커피나무에서 완전히 건조된 후 수확하기에 독특한 향을 지닌다. 오스만 제국 통치 기간인 15~17세기에는 예멘이 전 세계에서 유일한 커피 생산 국가였으며, 홍해 연안 모카 항구를 통해 수출됐다. 그 결과 모카커피가 세계적으로 커피의 대명사가 됐다.

커피 생산의 독점을 유지하고자 커피 묘목이나 씨앗은 외부 반출이 엄격히 금지됐으며 수출용 커피도 볶은 다음에 수출이 허용됐다. 그러나 유럽 제국들은 18세기 초반에 불법으로 커피 묘목과 씨앗을 반출해 식민지에 커피 경작을 시작했다. 그 결과 아프리카, 중남미, 동남아 등지에서도 대규모 커피 경작이 진행됐다. 타 지역의 대규모 커피 경작으로 전통적인 예멘의 커피 경작은 매우 위축됐다. 그럼에도 현재까지 모카 지역에서는 커피가 계속 재배되고 있으며, 예멘의 국가 휘장이나 우표에도 모카커피 나무가 등장한다. 모카커피는 자메이카 블루마운틴, 하와이 코나 등과 함께 세계 3대 커피로 자리 잡고 있다.

카트

예멘 남성의 대표적인 기호품은 당연히 카트 씹는 것을 들 수 있다. 언제 어디서 누구와 카트를 씹는가에 따라 그 사람의 신분을 알 수 있다고 한다. 예멘 남성은 주로 오후에 모여 카트를 씹으면서 사회적인 친분을 돈독히 하고 중요한 문제들을 논의한다. 특히 사업 모임에서도 카트 씹는 것이 관행이며, 이는 의사 결정에 도움을 준다고 한다. 또한 일부 예멘 여성은 주말에 남편과 함께 카트를 즐긴다. 카트 파티에 갈 때는 본인의 카트를 지참하는 것이 관례이다.

카트 나무는 에티오피아 지역이 원산지로, 15세기경에 예멘에 전파됐다고 한다. 관목과의 사철나무로 1~5m의 작은 것부터 열대 지방에서는 10m까지 자란다. 비교적 느리게 성장하는 나무이며, 완전히 자라기까지 7~8년이 걸리고 꽃도 핀다. 특히 카트는 강수량이 적은 지역에 적합하며 국가에 따라 여러 호칭이 있다.

카트 나무는 가지를 잘라서 플라스틱 또는 알팔파, 바나나 잎 등으로 포장해 신선도를 유지한 뒤 소비자에게 판매한다. 카트 나무에도 '족보'가 있어서 어느 지역, 어느 동네 또는 누구 농장에서 생산되었는가에 따라 품질이 다르고 가격도 상이하다. 색상도 녹색부터 엷은 보라색까지 다양하다. 가지 길이도 다양하며 사나 같은 곳에서는 긴 줄기를 가장 고급으로 여기고, 밑 부분 가지를 '카탈'이라 부르며 가격이 저렴하다. 카트 나무의 종류, 줄기 위치 등에 따라 향이 다르기에 예멘에서는 카트 잎의 향을 맡는 것이 포도주의 향을 음미하는 것과 유사하다.

카트를 씹으면 기분이 밝아지고 생각이 멍해진 뒤 생기가 넘치고 말이 많아진다고 한다. 즉 약한 흥분제로서 도취감을 자극하고 식욕을 감퇴시킨다. 비중독성이지만 장기간 사용하면 만성 변비를 유발할 수 있다. 예멘 남성의 약 60%, 여성의 약 35%가 매일 카트를 씹는다고 한다.

그러나 경제적으로 많은 문제가 있다. 경작지의 약 30%, 농업용수의 50%가 카트 재배에 사용되며, 매년 카트 재배 면적이 증가하고 있다. 그런데 밀, 수수 등 식량은 많은 부분을 수입에 의존하고 있다. 이는 경제적인 이유 때문이다. 이를테면 과일나무 재배보다 카트 재배가 5배 수익을 올릴 수 있다. 카트는 한 해에 4번까지 수확이 가능하며 바로 현금화할 수 있고, 재배 비용이 저렴하기에 농민들이 가장 선호하는 품목이다.

또 다른 문제는 가구 소득의 약 17%를 카트 구입에 소비해 경제적인 낭비가 심하다는 것이다. 뿐만 아니라 카트를 씹는 데 장시간 소요되기에 노동 시간이 많이 낭비된다는 주장도 있다.

건강상에도 많은 문제를 제기한다. 카트를 장기간 씹으면 간 기능이 약화될 수 있으며, 치아 변색과 구강 궤양을 유발할 수 있다. 또한 성욕 감퇴도 수반한다. 이러한 이유로 세계보건기구(WHO)는 1980년에 카트를 '확대 마약(a drug of abuse)'으로 규정했다. 카트를 씹을 때 나오는 카틴과 카티논은 현재 세계반도핑기구(WADA) 표준 금지 약물로 지정되어 있다.

전통 음식

예멘의 음식 문화는 다른 아랍 국가와는 차이가 많다. 북부 지역은 오스만 제국의 영향을 많이 받았고, 남부 지역은 인도의 영향을 받았다. 또한 일반 아랍 국가에서는 저녁이 가장 중요한 식사이지만, 예멘에서는 점심이 하루 식사 중 최고 위치를 차지한다. 식자재는 주로 콩, 고수풀, 양파, 감자 및 토마토 등과 육류로 닭고기, 염소고기, 양고기 등을 사용하며 쇠고기는 비싸서 자주 먹지 못한다. 해변 지역에서는 생선도 먹는다.

아침은 주로 꿀을 곁들인 빵, 달걀부침, 케밥, 양고기 등을 먹고 차를 마신다. 커피는 본고장임에도 대중화되어 있지 않다. 점심은 각 지역마다 다소 차이가 있지만 국민 음식인 살타를 먹는다. 살타는 오스만 제국 통치기에 유래한 갈색빛 고기 스프로, 쌀, 토마토, 으깬 달걀, 야채 등과 쇠고기, 양고기, 닭고기 등을 넣어서 만든 일종의 스튜이다. 예멘의 대표적인 평평한 빵인 쿱즈를 살타에 찍어 먹거나 밥 위에 살타를 뿌려서 먹는다. 저녁은 아침과 비슷하지만 약간의 고기, 콩, 토마토, 양파 등을 넣은 한국 찌개와 비슷한 슈르바에 빵을 찍어 먹는 등 비교적 가볍게 먹는다.

이외에도 예멘에는 지역에 따라 다양한 음식이 있다. 특히 동부 하드라마우트 지역에는 '만디'라는 전통 음식이 있다. 다양한 양념으로 만든 볶음밥 위에 별도로 요리한 양고기나 닭고기를 곁들인 대중적인 음식이다. 결혼식이나 기타 모임에서 손님에게 제공되는 대표적인 음식이기도 하다. 이 밖에도 역사가 오래된 만큼 예멘의 음식 문화는 다양하다.

7

오만

이성옥 한국외국어대학교 국제지역대학원

무스카트

■ 국가 개황

· 국명: 오만 술탄국(Sultanate of Oman)

· 국가 체제: 술탄제

· 언어: 아랍어(공용어), 기타(영어, 발루치어, 우르두어, 인도 방언)

· 인구: 4,829,946명(유엔, 2018)

· 종교 분포: 이슬람교 85.9%, 기독교 6.5%, 힌두교 5.5%, 불교 0.8% 등

■

오만은 아라비아반도 동쪽 끝에 위치한 국가로, 서쪽으로 아랍 에미리트, 사우디아라비아, 예멘과 접한다. 국토는 30만 9,500㎢로 남한의 약 세 배에 해당한다. 독특하게도 아랍 에미리트 영토 내에 오만 본토와는 분리된 무산담과 마드하 지역을 영토로 갖고 있다. 또한 마드하 내에는 아랍 에미리트에 속하는 나흐와 지역이 있다. 영토의 80%가량이 바위와 모래로 덮인 사막 지형으로, 북쪽과 해안을 따라 두 산맥이 뻗쳐 있다. 오만의 내륙 사막 지역은 운석과 지질 연

구의 세계적인 보고이다.

선사 유적과 고대 유적이 약간 발견되기는 하지만, 오늘날 오만의 인구는 기원전후 1세기에 아라비아반도에서 마리브 댐 붕괴로 이주한 아랍인이 정착한 것으로 본다. 현재 인구는 2016년을 기준으로 340만가량인데, 자국민은 200만 미만이다.

종파에 대한 언급은 국가의 분열을 조장하는 것으로 금기시되어 정확한 통계는 없지만, 이바디파 무슬림이 다수인 것으로 알려져 있다. 학자에 따라 이바디파가 50%, 순니가 45%를 구성한다고 보기도 하고, 반대로 보기도 한다. 나머지 5%는 쉬아파 무슬림, 힌두교도, 기독교도이다. 쉬아파는 북쪽 해안 지역을 중심으로 분포하고, 힌두교도는 오만 국적을 획득한 인도 출신인 및 그 후손이다. 이슬람 외의 종교는 국가가 지정한 종교 단지에서 종교 활동을 할 수 있다.

석유 매장량 25위인 오만은 1967년 석유 수출을 시작한 이래 석유 및 관련 상품이 국가 수입의 80%에 육박한다. 최근에는 높은 석유 의존도를 낮추려는 노력을 시도하고 있으며, 관광 수입이 증가세를 보이고 있다.

오만 역사와 이슬람

이슬람의 도입과 이바디

오만으로 이슬람이 도입된 것과 관련해 흥미로운 이야기가 전한다. 마진이라는 사람은 나지르라는 우상을 숭배했는데, 어느 날 우상에게 제물을 바치다가 돌에 불과한 우상을 숭배하는 일을 그만두고 지옥에서 구원할 수 있는 위대한 알라를 믿으라는 음성을 듣는다. 때마침 히자즈 지역에서 건너온 사람에게서 무함마드라는 이가 알라를 믿으라고 설파한다는 소식을 듣는다. 그는 바로 우상을 파괴하고 메디나로 가서 선지자를 만나고 이슬람을 받아들인다. 두 번째 만남에서는 알라가 오만 사람을 이슬람으로 인도하셨다고 보고하고 선지자의 축복을 받는다.

역사적으로는 다른 기록이 존재한다. 이슬람의 사도 무함마드는 주변 지역의 왕이나 군주에게 이슬람을 받아들이라는 메시지와 함께 사절단을 파견한다. 오만에는 아므르 이븐 알아스 장군이 당시 오만을 공동으로 다스리고 있던 줄란다 형제에게 편지를 전달한다. 편지는 이슬람을 받아들이고 무슬림이 되면 안전을 보장하고 통치권을 주겠지만, 거절할 경우 주권을 빼앗고 사도의 군대가 오만을 차지하고 무함마드의 사도권이 우위에 있게 될 것이라는 내용을 담고 있었다. 줄란다 형제는 원로 및 장군들과 회의한 후 이슬람을 받아들이기로 결정한다. 오만인은 이렇게 자발적으로 이슬람을 받아들인 것에 대해 매우 자랑스럽게 생각한다.

현재 오만은 많이 알려지지 않은 이바디파 이슬람의 중심지이다. 이바디, 또는 이바디파는 그동안 이슬람이 순니, 쉬아로 나뉘기 전에 형성된 카와리지의 일종으로 알려졌다. 1900년대 초까지만 해도 오만 국가도, 이바디파도 고립되어 있었고, 다른 종파에서는 이바디를 카와리지이자 이단이라 보았기 때문에 관심을 두지 않았다. 게다가 이바디에 관한 사료도 많이 남아 있지 않고, 창시자에 대해서도 알려진 바가 없어 서양 학자 사이에서도 연구가 활발하지 않았다. 그러다가 북아프리카 이바디 학자들이 독립운동과 연결해 이바디파를 알리고, 그 역사와 신학을 발전시키면서 알려지기 시작했다. 이들은 자신들에 대한 오해를 풀고자 이슬람 연합과 자신들의 온건한 견해를 피력하며 꾸란과 하디스로 돌아가자고 주장했다.

이슬람의 제3대 칼리파 오스만의 사망 이후 후계자를 놓고 이슬람 내에서 첫 번째 피트나, 즉 분쟁이 발생한다. 4대 칼리파인 알리를 지지하는 세력과 무아위야 사이에 전쟁이 발발한 것이다. 알리는 무아위야 측과의 협상을 받아들이는데, 이에 반대한 분파가 '나가다'라는 뜻의 카와리지이다. 이바디파는 칼리파 오스만을 인정했지만, 그의 후기 개혁을 사도와 교우의 전통인 순나에서 벗어나는 것으로 보았기 때문에 그의 정부를 전복시킨 알리를 인정했다. 그러나 알리가 무아위야와의 중재를 받아들이고 이를 반대하는 무슬림을 살해했다는 이유로 반대편에 서게 된다. 따라서 카와리지의 분파로 분류된다.

우마이야조의 박해가 심해지자 이들은 모든 활동을 비밀리에 할 수밖에 없었다. 이때 이 운동을 주도하고 신학을 발전시킨 사람이 자비르 이븐 자이드 알아즈디이다. 이바디라는 이름이 압둘라 이븐 이바드 알무르리 알타미미를 따르는 사람들이라는 뜻으로 붙여진 것이지만, 이바디 학자들은 자비르 이븐 자이드 알아즈디를 실제 창시자로 본다. 이들의 활동이 대부분 비밀리에 행해진 것과 달리 이바드가 대외 활동, 특히 신학적 논쟁을 공개적으로 활발히 벌였기 때문에 이바디파로 알려진 것으로 보인다. 또한 이바드는 지역의 유력 가문 출신으로 어느 정도 보호를 받고 중앙 정부를 비판할 수 있었던 것으로 보인다. 이바드에 대해 알려진 역사적 사실은 거의 없지만, 그가 타비운, 곧 무함마드의 교우에게서 배운 계승자 중 한 명이라는 기록이 있다.

그런데 자비르와 이바드의 활동은 모두 오늘날 이라크 남부에 위치하는 바스라를 중심으로 이루어졌다. 우마이야조가 강성해지면서 8세기에는 오만으로 이동해 자리 잡는다. 역사가 알살라미는 이바디의 역사를 '메디나에서 알을 낳고, 바스라에서 부화해 오만으로 날아간 새'라고 묘사했다.

오만에서 이바디파 신학을 쉽게 널리 받아들이게 된 데에는 몇 가지 이유가 있다. 칼리파 우마르 때 치른 페르시아 정복 전쟁에 자국 내에서 페르시아인을 물리친 오만의 무슬림 병력도 참가했는데, 그 일부는 바스라 지역에 남아 정착했다. 그 후 바스라와 오만의 무역 관계 등으로 점차 오만인의 바스라 이주가 증가했는데, 특히 자비르가 속한 아즈드 부족이 중심이 됐다. 오만은 행정 구역으로도 바스라에 편입됐다. 이렇게 부족이라는 혈연관계가 있을 뿐 아니라, 당시 오만은 아즈드 부족이 통치하고 있었기 때문에 이바디 전파도 수월했을 것으로 보인다. 또한 오만의 고립된 지리적 환경과 독립국의 역사, 이에 따른 독립적 성향과도 맞았던 것이다.

이바디파가 오만에 자리 잡기 전, 오만은 이미 7세기에 카와리지의 공격을 받고 이를 물리친 적이 있다. 급진적인 카와리지가 자신들과 뜻을 함께하고 적극적으로 활동하지 않는 무슬림을 불신자로 규정하고, 이들에게 물리적 공격을 하는 것에 대해 이바디파는 분명히 반대했다. 이바디파의 견해로는 먼저 공격당했을 때만 싸울 수 있고, 다른 무슬림의 재산은 전리품이 될 수 없으며, 무슬림 여자나 어린이는 죽이거나 사로잡아서는 안 된다. 또한 주류 이슬람에서 분리되는 것은 의무 사항이 아니며, 자신의 목숨을 희생하는 '쉬라'도 자발적인 것이다. 극단적인 카와리지 집단을 '카와리지 알자우르', 즉 불공정한 카와리지로 구분하기도 한다.

이슬람을 이미 받아들인 줄란다 왕국은 우마이야조에 수차례 공격받다가 대규모 수륙 합동 작전에 패망했다. 그런데 정복 후 아즈드 부족 인물을 지역 통치자로 임명했기 때문에 실제로는 자치에 가까운 통치를 할 수 있었고, 30년 이상을 통치한 지야드 이븐 알무할랍 시대에 이바디파도 널리 퍼지게 됐다.

오만의 이맘국과 왕국

749년에는 이바디 신학을 바탕으로 하는 이맘국이 건설된다. 이맘직은 세습이 아니라 선출을 원칙으로 했지만, 실제로는 세습의 경우도 많았다. 호르무즈 해협 입구에 위치한 지정학적 이유로 오만에는 고대부터 외국의 침략이 끊이지 않았다. 이슬람 시대에도 중앙 정부의 공격과 정복이 반복되었기 때문에 이맘은 종교 지도자뿐 아니라 전쟁을 수행하는 군사 지도자이기도 했다. 무함마드와 이슬람 초기 칼리파 역할에 비견할 수 있겠다. 이들의 전투가 이슬람 영토의 확장을 위한 것이었다면, 이바디 집단의 투쟁은 방어를 위한 것이라는 차이가 있다. 이맘이 선출되면 지도자들의 충성 서약을 받고 이맘의 검을 물려받았다. 외부 위협이 있는 상황에서는 이맘직 세습이 일반적으로 받아들여졌다. 안정적인 시기에는 세습에 대한 저항과 후계자 문제로 인한 내분이 빈번히 일어났다. 이맘을 선출하는 것도, 이맘이 성실히 이맘직을 행하지 않을 때 그를 물러나게 하는 것도 울라마, 즉 종교 학자의 역할이었다.

893년, 압바스조는 내분을 틈타 무함마드 이븐 누르 장군을 앞세워 이맘국을 정복한다. 압바스조가 지역 통치자를 세웠지만 명목상의 이맘도 지속되었고, 다시 이맘국의 면모를 갖추었다. 이맘국은 수차례에 걸친 외침과 내분을 겪고 멸망한다.

1154년, 아즈드 부족 일파인 아티크 부족의 나브한 가문이 나바히나 왕조를 세운다. 이 왕조는 500여 년간 오만을 다스렸지만, 잦은 전쟁과 내분으로 소실돼 자료가 많이 남아 있지 않다. 나바히나 왕조가 다스리는 중에도 이맘국은 부활과 소멸을 반복했으며, 왕국과 서로 다른 지역을 차지하며 동시에 존재하기도 했다. 이 시기에는 특히 호르무즈 및 시라즈 등이 페르시아인의 공격을 자주 받았다.

16세기에 오만은 극심한 내분과 혼란에 빠졌다. 설상가상으로 동아프리카 점령에 성공한 포르투갈이 오만의 해안 지역을 점령한다. 포르투갈은 여러 도시를 파괴하고 주민을 노예로 삼는 등 오만 역사에 잊지 못할 아픔을 남겼다. 페르시아인의 잦은 공격과 포르투갈의 점령은 모두 호르무즈 해협에서 인도양을 연결하는 해양 상권을 장악하기 위한 것이었다.

오만인은 포르투갈이 경제적 이유뿐 아니라 오만에 기독교를 전파하고자 온 것이라고 종교적인 해석을 하기도 한다.

한편 오랜 혼란기에 발생한 서양 세력의 점령은 분열된 오만을 단합하게 하는 힘이 됐다. 1624년, 나세르 이븐 무르시드가 이맘으로 선출됐는데, 그는 이맘국의 영토를 착실히 넓히며 오만을 연합한 뒤 대포르투갈 항전을 벌이기 시작했다. 그의 후계자 술탄 이븐 사이프는 무스카트를 탈환하는 등 남은 포르투갈 세력을 몰아냈다. 이맘은 울라마가 선출했지만 실제로는 왕조 성격이었고, 역사에서는 이맘이 속한 가문의 이름을 따 야아리바 왕조라고 부른다. 야아리바 시대에 이맘국 영토는 원래 니즈와를 중심으로 하던 내륙 지역에서 무스카트를 포함하는 해안까지 확장됐다. 해안 지역은 무역 중심지였으므로 이맘의 역할은 무역상 보호 및 상업 진흥 등 경제적인 측면도 한층 강화됐다. 이맘직을 놓고 벌인 권력 투쟁 과정에서 한편이 페르시아를 불러들인 것이 페르시아의 오만 정복이라는 결과를 가져오며 야아리바 왕조는 120여 년이라는 짧은 역사를 쓰고 무너졌다.

페르시아를 몰아내려고 오만은 다시 연합했고, 대페르시아 항전을 성공적으로 이끈 아흐마드 이븐 사이드가 오만에 알부 사이드 왕조라는 새로운 시대를 열었다. 현재 오만 군주인 술탄 카부스도 알부 사이드 왕조의 후손이다. 1748년, 아흐마드는 페르시아군을 몰아내고 무스카트를 재건하면서 공식적으로 이맘이 된다. 통치자 직함은 점차 술탄으로 변경되어 오만은 술탄국으로 자리 잡았다. 알부 사이드 가문의 통치하에 오만은 수도를 무스카트로 이전하고, 바레인을 점령했다. 1832년에는 동아프리카 잔지바르에 제2의 수도를 세우고, 인도 서해안을 복속시키는 등 해양 강국으로 거듭났다.

한편 18세기부터 사우디를 통합하며 성장한 와하비 세력은 오만을 침략해 부레이미 지역을 근거지로 확보하고 공격을 거듭한다. 당시 술탄 가문의 바드르는 자신이 권력을 갖고자 와하비 세력과 연합해 군사를 끌어들였다. 사이드 이븐 술탄의 군대는 이를 잘 방어했지만, 곧 이은 제1사우디 왕국의 멸망이 접경국인 오만에도 혼란을 가져왔다.

19세기 후반 증가한 영국의 간섭에 대한 반대와 부레이미 지역 해방을 기치로 내세우며 1868년 다시 한 번 이맘국이 부활한다. 이때부터는 이맘국과 알부 사이드 가문의 술탄국이 동시에 존재하며 갈등 관계를 지속한다. 영국은 술탄을 후원하며 학교 제도 등을 도입했다. 반면 이맘은 아랍 연맹 가입을 시도하고, 아랍 국가에 대표 사무실을 설치하는 등 대외적인 노력을 통해 이맘국을 인정받으려 노력했다. 1954년, 이맘 무함마드 알칼릴리의 사망과 후계자 선출을 놓고 이맘국이 약화되었고, 술탄은 영국의 후원을 받은 군사력으로 세력을 확장한다. 영국은 해안을 중심으로 하는 술탄국 영토 내에서 석유가 발견되지 않자, 석유가 있는 내륙 이맘국 지역을 술탄국으로 통합하려 했다. 이맘국 지지자들은 내륙의 자발 아크다르 지역에서 저항 활동을 벌였지만 영국군의 공세로 패하고, 1964년 이맘국이 공식적으로 종식된다. 같은 시기 북아프리카 잔지바르 지역에서는 무장 봉기로 오만인이 쫓겨나며 영토를 상실한다.

알부 사이드 가문은 아즈드 부족에 속하는 상인 집안 출신으로 상인 군주를 배출한 셈이다. 상인 군주에 대해 이맘은 종교적이어야 한다는 전통주의자의 반대도 있었다. 학자들은 오만이 종교 제도적으로는 정통을 중시하는 원리주의적인 면이 있으나 정치적으로는 실용주의였다고 본다. 제레미 존스와 니콜라스 라이도트는《오만 근대사》라는 책에서 울라마라는 전통 엘리트와 알부 사이드 가문처럼 새로이 부상한 상인 엘리트, 거기에 해양 강국으로서 발달시킨 뛰어난 군사력이 합해 오만이라는 국가의 근간을 이루었다고 평가한다.

술탄 카부스의 즉위와 오만의 현대화

현 통치자인 술탄 카부스의 부친 술탄 사이드 이븐 타이무르는 일종의 쇄국 정책과 긴축 재정 정책을 펼치며 국민을 힘들게 했다. 평화 조약을 맺은 내륙 이맘국과 해안 술탄국 사이에 이동도 자유롭지 못할 정도였다. 본인의 대외 활동도 극히 제한적이었다. 이맘국 종식 후에도 국가 재건 및 사회 개발에 관심을 보이지 않았다. 남부 도파르에서는 실업과 가난, 문맹에 반대하고 민주화를 주창하며 도파르해방전선이 만들어졌다. 또한 예멘의 영향을 받아 공산주의해방전선도 유입됐다. 도파르 측의 술탄 암살 시도 등 반술탄 세력의 움직임이 커지자 영국은 당시 유학에서 돌아와 실질적인 가택 연금 상태에 있던 술탄의 아들 카부스로 하여금 궁정 쿠데타를 통해 아버지를 폐위시키게 한다.

1970년 7월 23일, 권좌에 오른 술탄 카부스는 대국민 메시지를 통해 최대한 빨리 정부를 민주화하고, 불필요하게 국민을 짓누르는 규제를 폐지할 것이며, 다시 한 번 오만이 영화로운 역사를 이룰 수 있도록 최선을 다하겠다고 약속했다. 그리고 국민 통합과 발전을 위해 발 빠르게 움직였다. 먼저 해안과 내륙의 구분을 암시하는'무스카트와 오만 술탄국'이라는 국명을 통합을 상징하는 '오만 술탄국'으로 바꾸고, 국기도 전면 빨강에서 현재의 삼색기로 바꾸었다. 도파르 반군에게는 대대적인 사면을 베풀었다. 아랍 연맹과 유엔에 가입하는 등 대외 관계도 발전시켰다.

술탄 카부스의 집권 이래 개방 정책과 근대화 정책으로 오만이 짧은 기간 이룩한 경제 발전과 사회 변화는 가히 놀랄 만하다. 국가 수입 대부분은 사회 간접 자본 확충에 사용됐다. 1970년대 경제 성장률은 1,300%에 이른다. 수차례에 걸친 경제 개발 계획을 통해 국민 소득은 4만 달러 이상이 됐다. 1970년 세 개에 불과하던 학교는 2006년에 공립학교 1천 개 이상, 사립학교 450개 이상이 됐다. 보건부 산하 병원 49곳 및 225개 의료 센터를 비롯해 수많은 민간 병원과 진료소 등 의료 관련 시설도 갖추었다. 세계보건기구(WHO)는 2000년 오만의 의료 체계를 세계 8위로 평가했다. 그러나 2003년 이라크 전쟁 이후 국제 유가 하락은 오만의 경제 발전 속도를 감소시키고 있으며, 2015년에는 재정 감축으로 이어지기도 했다.

chapter 2

오늘날의 오만

이슬람과 종교 생활

오만 기본법은 이슬람이 국가 종교이고, 샤리아가 법의 근원이라고 명시한다. 오만은 신정국이 아니지만 국가가 종교를 제도화하고 보호하는 형태를 보인다. 종교 자유가 있고, 다른 종교에 대한 관용이 많이 강조되는 분위기로 종교나 종파 차이에 근거한 차별은 거의 존재하지 않는다. 법적으로는 개종도 가능하지만 사회적으로 받아들여지지 않는 분위기이다. 이바디와 순니, 소수의 쉬아파도 존재하지만 종파나 부족 차이에 대해 언급하는 것은 금기이다. 공교육 12년 동안 이슬람 수업이 필수인데, 이때 이슬람 내 분리의 역사보다는 이바디를 정통으로, 순니 및 쉬아파와 공통된 내용만 가르친다. 국가가 종교 간 대화를 지원할 뿐 아니라 오랫동안 주도적으로 이끌고 있다. 이바디를 이슬람 역사에서 가장 폭력적이고 급진적인 것으로 알려진 카와리지의 분파로 생각하면 모순으로 보인다. 하지만 오만은 관용 정신을 강조하는 온건한 이바디의 견해를 일종의 국가 브랜드로 삼아 2016년 초까지 27개국 90개 도시에서 순회 전시회를 개최하는 등 차분하면서도 활발하게 국가 이미지 홍보를 하고 있다.

이바디파는 처음부터 다른 종파 무슬림을 불신자로 낙인찍고 공격하는 극단적인 카와리지 신학에 반대해 왔다. 이바디 신학의 영향인지, 오만 사람들의 천성인지, 또는 석유로 얻은 부가 주는 여유로움인지 대부분의 오만 사람은 놀라우리만큼 온화하고 조용하다.

모스크

이바디파 모스크는 매우 검소하고 장식이 많지 않은 것이 특징이다. 그나마 반구 모양에 다양한 색상과 문양으로 꾸민 돔에서 장식 요소를 찾아볼 수 있다. 초기 이바디 모스크의 경우 첨탑도 거의 없었으나, 순니의 영향으로 도입된 것으로 보인다. 술탄 카부스 이래 국가의 지원으로 지역마다 모스크가 건축되었고, 규모가 큰 현대식 모스크는 랜드 마크 역할을 하고 있다. 2001년 건축한 술탄 카부스 그랜드 모스크는 오만 최대 규모의 사원일 뿐 아니라 회랑을 빙 둘러 세계 각국의 이슬람 건축 양식을 소개한다. 예술적이기도 하지만, 관용과 포용 정신을 상징한다고 할 수 있다. 또한 종교와 학문의 공존을 강조하는 현대식 도서관과 대규모 정원까지 마련해 시민의 탐구와 휴식 공간 및 관광지 역할까지 한다.

종교 지도자

오만에는 종교 법원이 따로 존재하지 않으며, 종교법 샤리아는 특히 가족법 등에 적용된다. 오만의 최고 무프티는 이바디파이지만, 순니 국민에 대해서도 종교적 유권 해석을 해 준다. 지역 사원에서는 이맘이 예배를 이끌고 지도한다. 여기서 이맘은 일반적인 이슬람 사회에서 예배 지도자를 일컫는 의미로서의 이맘이다. 상황에 따라 누구나 예배를 이끌 수는 있지만, 이맘은 샤리아 대학 교육을 받고 면허를 받는다.

오만에는 여성 종교 지도자인 '무르시다트'라는 독특한 종교 제도가 있다. '무르시다'는 여자 지도자라는 뜻으로, 샤리아 대학을 졸업한 여성이 지역 사원이나 학교에 배정돼 사회, 지역 문제, 특히 여성 문제를 종교적으로 해결하는 역할을 한다. 사원에서 지역 사회 여성을 대상으로 하는 종교 교육 강좌를 열기도 한다. 남자는 이맘이나 설교자를 통해 종교 지도를 받을 수 있지만, 그동안 이슬람 사회에서 여성에게 체계적인 종교적 상담 등이 부족했던 현실 문제를 해결하는 제도이다. 이들은 종교부 산하 무르시다트 부서에 소속되며, 이들의 활동은 보고되고 평가도 받는다. 2016년 현재 오만에는 1,187명의 무르시다가 활동하고 있다.

복장

공식적인 장소에서 남자는 긴 원피스 치마 형태의 하얀 디슈다쉬를, 여자는 검정 아바야에 히잡을 착용한다. 일상생활에서는 색상과 모양이 다양한 지역별 전통 의상을 입기도 한다. 하얀 디슈다쉬, 검은 아바야와 히잡은 종교성을 보여 주는 복장이라 할 수 있다. 1980년대 이후 사우디의 영향을 받아 더 종교적인 옷차림으로 변한 것으로 보인다.

여성의 지위

가족을 제외한 남녀는 분리되어 활동한다. 초등학교 4학년까지는 남녀 합반이지만 교실에서 줄을 구분해 앉으며, 5학년부터 분반된다. 대학교의 경우 학교나 강의에 따라 다르지만 남녀 분반이 아닐 경우라면 남학생은 앞에, 여학생은 뒤에 앉아 분리한다.

최근 오만 여성은 교육, 고용, 경제력 등에서 많이 발전했다. 오만은 걸 프 지역 국가 중 가장 먼저 여성의 피선거권을 인정했지만, 인권 운동가들 은 아직도 여성의 지위가 더 향상되어야 한다고 주장한다. 이들은 오만 사회가 가부장 문화, 부족 문화, 전통주의인 이바디 문화 때문에 양성 평등이 라는 개념 자체를 거부한다고 비판한다. 법적으로는 여성이 먼저 이혼을 제기할 수도 있고, 남자가 말로 세 번 이혼을 선언하면 이혼이 성립되는 탈라크를 금하기는 하지만, 실제로는 그렇지 않다는 것이다.

앞으로의 과제

2011년 시작된 아랍 민주주의 운동 이래 여러 아랍 국가의 정권이 바뀌 거나 혼란에 빠지고, 극단주의 이슬람 테러 세력이 문제를 일으키고 있지 만, 오만은 안정적인 모습을 보이고 있다. 그러나 오만이 지속적으로 안정 적인 발전을 하려면 몇 가지 문제를 해결해야 한다.

먼저 술탄 카부스가 고령이고 공식적인 후계자가 없다는 것이다. 술탄 카부스에게는 자녀가 없다. 술탄의 유고 시 왕가에서는 삼일 내로 후계자 를 지명해야 한다. 그렇지 못할 경우에는 술탄이 후계자 이름을 적어 봉인 해 놓은 봉투를 열게 되어 있다. 후계자가 권력 이양 훈련을 미리 받지 못 한다는 약점이 있다. 또한 자문 의회 및 슈라 의회의 역할을 강화해야 한 다는 등 전반적인 민주화의 요구가 있다. 다음으로는 석유 의존적인 경제 구조를 바꾸어야 한다는 것이다. 오만이 술탄 카부스 집권 이래 석유 자본을 바탕으로 초고속 경제 성장을 이루었지만, 저유가 및 국제 경제 구조 변화에 발맞추어 석유 이후 시대를 준비해야 한다. 종교적으로는 무엇보다도 극단주의 세력의 침입을 막아야 한다. 사회적으로 극단주의는 받아들여지지 않고 있지만, 1967년부터 정치적 이슬람이 등장했고, 와하비즘, 무슬림형제단 및 쉬아 이슬람주의도 소수 존재하는 것으로 보고되고 있다. 극소수이기는 하지만 2005년에는 이맘국의 부활을 시도하는 이바디 활동가들이 체포되기도 했다. 1960년대에는 공산주의에 대항하는 것이 오만의 신학적 과제였고, 결과적으로 오만의 이슬람 부흥을 이루었다. 이제는 주변국을 통한 알카에다 및 IS 등 극단주의 테러 세력의 침입을 막는 것이 당면 과제이다.

요르단

윤은경 한국외국어대학교 아랍어과

■ 국가 개황

· 국명: 요르단 하심 왕국(The Hashemite Kingdom of Jordan)

· 국가 체제: 왕정

· 언어: 아랍어(공용어)

· 인구: 9,903,802명(유엔, 2018)

· 종교 분포: 이슬람교 97.2%, 기독교 2.2%

■

요르단은 지중해 동부에 위치한 아랍 국가로 약 990만 명의 인구와 9만㎢에 달하는 영토를 지니고 있다. 영토 대부분은 사막이며, 경작 가능한 토지는 전체 영토의 2%밖에 되지 않는다. 석유나 천연가스 등의 천연자원과 수자원은 부족하지만 인산염 및 탄산칼륨 등은 비교적 풍부하다. 서쪽으로 이스라엘, 남쪽으로 사우디아라비아, 북쪽으로 시리아, 동쪽으로 이라크와 접해 있으며, 아카바 항구를 통해 홍해와 연결되어 있다. 수도는 북부에 위치한 암만이다.

요르단 인구의 절대 다수인 97.2%는 순니 무슬림이며, 기독교도 인구는 2.2%로 소수이다. 또한 대다수 요르단인은 아랍인이며, 오스만 제국 지배 시기에 요르단 지역으로 이주한 아르메니아인, 체르케스인, 체첸인과 이라크에서 피난 온 아시리아인 등의 소수 집단이 살고 있다. 지리적으로 가까운 이라크, 시리아, 팔레스타인 등에서 많은 수가 요르단으로 이주했다. 요르단에는 약 200만 명의 팔레스타인인이 살고 있으며, 이들 중 60만여 명은 요르단 국적을 지니고 있지 않다. 또한 2015년 기준으로 약 130만 명의 시리아인과 13만 명의 이라크인이 요르단에 머무르고 있다.

현대 요르단 국가는 '요르단강 동부의 아미르국'이라는 의미를 지닌 '트란스요르단 아미르국'이라는 국명으로 1921년 수립됐다. 건국 당시에는 1916년 맺어진 영국과 프랑스의 중동 분할 계획 〈사이크스 피코 협정〉에 따라 영국의 보호령이었다. 영국은 지중해 동부에서 걸프만으로 이어지는 통로에 대한 영향력을 유지하려는 의도로 영국에 우호적이며 안정된 국가를 필요로 했고, 이에 따라 1918년 오스만 제국에 맞서 아랍 봉기를 일으킨 헤자즈 군주인 샤리프 후세인의 아들인 압둘라를 1921년 트란스요르단 아미르국의 새로운 군주로 선출했다. 1948년 제1차 중동 전쟁 당시 트란스요르단은 요르단강 서안 지역(오늘날 팔레스타인 자치 정부 지역)을 점령, 국명을 요르단으로 변경했다. 요르단은 건국 이래로 하심 왕가가 다스리는 왕정 체제를 유지하고 있으며, 현재 국왕은 초대 압둘라 1세의 증손자인 압둘라 2세이다.

요르단은 비록 헌법을 지닌 입헌 군주국을 표방하고 있지만, 요르단 국왕은 여전히 군 통수권, 총리 임명권 및 의회 해산권 등 국정 다양한 분야에 걸쳐 강력한 권한을 지니고 있다. 4년마다 150명을 선출하는 하원 선거가 치러지나, 다른 내각제 국가와 달리 총리를 선출하는 권한은 하원 다수당이 아닌 국왕에게 있다. 하원 외에도 75명으로 구성되는 상원이 있으며, 상원 의원은 국왕이 임명한다.

chapter 1

요르단 정치와 이슬람

요르단 무슬림형제단과 왕정

1928년 이집트에서 처음 창설된 무슬림형제단은 아랍 이슬람 세계에 대한 서구 문화와 사상의 침투에 맞서 이슬람 신앙에 근거한 사회와 국가 건설을 목표로 하는 조직이다. 무슬림형제단의 주장은 이집트를 넘어 다른 아랍 국가로도 확산되었고, 요르단에도 무슬림형제단의 지부가 1945년 조직됐다.

지배 정권과 적대적인 관계에 있던 이집트, 시리아의 무슬림형제단 조직과 달리 요르단의 무슬림형제단은 처음부터 왕실과 협력하는 관계였다. 1940년대 중반 당시 아랍 세계에 확산되던 반제국주의와 아랍 민족주의의 성장 속에서 압둘라 1세 국왕은 이를 견제할 세력을 필요로 했고, 무슬림형제단과 같은 이슬람주의 조직이 바로 그러한 견제 세력이라고 판단했다. 이에 따라 1945년 무슬림형제단의 요르단 지부는 압둘라 1세의 후원하에 결성됐으며, 이후에도 무슬림형제단과 요르단 왕실은 때때로 부침이 있었지만 전반적으로 상호 협력 관계를 유지했다. 1957년 이집트 나세르를 지지하던 아랍 민족주의 세력의 왕실에 대한 도전이 거세질 때, 무슬림형제단이 왕실 지지 시위를 조직하는 등 요르단의 무슬림형제단은 아랍 민족주의의 위협에서 왕실 지지 세력의 역할을 수행했다.

1980년대 후반까지 요르단에서의 정당 활동은 금지됐지만, 무슬림형제단은 정당이 아닌 사회단체로 인정받아 왕실 지배 질서에 위협을 제기하지 않는 한 자유롭게 활동할 수 있었다. 이러한 환경에서 무슬림형제단은 자선 단체를 운영해 병원, 학교, 진료소, 고아원과 같은 복지 서비스를 국민에게 제공함으로써 요르단 사회에서 영향력을 확대해 나갔다.

1980년대 들어 요르단은 경제 위기에 봉착했다. 국가 주요 수입원이었던 아랍 산유국으로부터의 원조가 유가 하락으로 감소했고, 이에 따라 요르단 국내 경제 상황도 점차 어려워졌다. 여기에 더해 팔레스타인 문제도 요르단에게 큰 부담이었다. 요르단 인구 중 많은 수가 팔레스타인인이었으며, 1987년 팔레스타인 인티파다가 시작되자 요르단 내 팔레스타인인 역시 이에 자극받았다. 경제적 문제와 팔레스타인 문제로 내부 불안정이 악화될 것을 우려한 후세인 국왕은 1989년 민주화 조치를 단행, 의회 선거를 실시했다. 이 선거에서 가장 큰 의석을 차지한 세력은 여러 복지 기구 및 사회 활동을 통해 요르단 사회 내에서 뿌리 깊은 지지 기반을 갖춘 무슬림형제단 및 이슬람주의 세력이었다. 총 70석의 하원 중 무슬림형제단 소속 후보가 20석, 기타 이슬람주의 세력 후보가 14석을 차지했다.

정치 영역에서 무슬림형제단의 선전은 이슬람주의 세력이 또 다른 강력한 세력으로 성장했음을 보여 주는 신호였다. 특히 80년대 말 아프가니스탄에서 소련에 맞서 현지 아프간인과 함께 싸운 아랍인이 요르단으로 돌아오고, 이들에 의해 폭력적 이슬람주의가 유입됨에 따라 후세인 국왕은 점차 이슬람주의 세력의 위험성에 대해 경계하기 시작했다. 훗날 이라크에서 악명을 떨친 아부 무사브 알자르카위 역시 이러한 아랍-아프간 중 하나였으며, 1989년 준드 알샴이라는 조직을 결성했다가 1992년 체포되어 수감됐다. 1991년 7월에도 요르단 정부는 이들 아랍-아프간이 세운 극단적 이슬람주의 지하드 조직인 '무함마드의 군대' 대원 100여 명을 체포했다.

이러한 상황에서 후세인 국왕은 이슬람주의 세력의 위협을 무시할 수 없다고 판단하고, 이들의 영향력을 견제하고자 했다. 후세인 국왕은 이슬람주의 세력에게 불리하게 선거법을 개정했고, 이로써 1993년 치러진 선거에서는 무슬림형제단의 정당인 이슬람행동전선이 80석 중 16석을 차지하는 데 그쳤다. 무슬림형제단 및 이슬람주의 세력과 왕실 사이의 관계는 1994년 요르단과 이스라엘의 평화 협정으로 더욱 악화됐다. 이슬람주의 세력은 암만에서 평화 협정 반대 시위를 조직했고, 정부는 이를 진압하고 모든 시위와 집회를 금지하는 식으로 불만을 억눌렀다. 이슬람행동전선은 정부의 권위주의적 행보와 이스라엘과의 평화 협정 결정을 비판하며 1997년 선거를 보이콧했다.

1999년, 후세인 국왕이 사망하고 압둘라 2세가 즉위한 이후에도 왕실과 무슬림형제단 및 이슬람주의 정치 세력은 팔레스타인의 무장 저항 조직인 하마스에 대한 요르단의 적극적 지원과 정부의 선거 조작, 권위주의적 행보 중단을 요구하며 정부와 여러 차례 갈등을 빚었다. 2007년 총선에서 110석 중 6석만을 획득한 패배에 대해 이슬람행동전선은 이를 정부의 선거 조작으로 인한 결과라고 주장하며 정부를 비판했다. 이슬람행동

전선은 이후 계속해서 정부의 선거 조작과 친정부 세력에 유리한 선거법 등을 비판하며 2010년, 2013년 두 번의 총선에 모두 불참하는 등 왕실과 대립하는 양상을 보이고 있다. 2011년 시작된 개혁 요구 시위에서도 무슬림형제단은 적극적으로 시위를 조직하고 참여를 독려하며 왕실의 권위주의 행보에 반기를 들었다.

〈표1〉 1989~2013 요르단 하원에서의 무슬림형제단 의석 변동

	1989	1993	1997	2003	2007	2010	2013
무슬림형제단 (이슬람행동전선)	20	16	불참	16	6	불참	불참
총 의석	70	80	80	110	110	120	150

요르단 무슬림형제단은 다른 이슬람주의 정당보다 민주주의, 다원주의, 정치적 개방, 타 종교에 대한 입장 및 여성 지위에 대해 더욱 개혁적인 입장을 취한다. 또한 폭력적, 극단적 이슬람주의 무장 투쟁에는 반대 입장을 분명히 드러낸다.

chapter 2

요르단 사회와 이슬람

요르단은 종교적 보수성이 강한 사회이다. 세계가치조사(WVS)의 2014년 조사에 따르면 요르단인 중 93.3%가 삶에서 종교가 매우 중요하다고 응답했으며, 약 80%가 아이를 키우는 데 있어 종교적 신앙이 중요하다고 보았다. 또한 62%가 동성애자를 이웃으로 두고 싶어 하지 않는다고 답하는 등 보수적인 성격을 강하게 드러낸다. 또한 2013년 퓨 리서치 설문 조사에서 응답자 95%가 도덕적인 사람이 되려면 종교를 가져야 한다고 답했다.

이러한 강한 종교적 성향은 정치에서도 나타난다. 퓨 리서치 조사에서 응답자 80%가 종교 지도자가 정치적 영향력을 지녀야 한다고 답했으며, 46%가 종교 정당이 다른 정당에 비해 더 낫다고 보았다.

그러나 요르단 무슬림은 강한 종교성과 보수성을 보이는 동시에 극단주의에 반대하는 입장도 분명히 드러낸다. 85%의 응답자가 민간인에 대한 자살 폭탄 테러가 결코 정당화될 수 없다고 답했다. 퓨 리서치 조사는 요르단 사회의 강한 종교성 그 자체는 결코 이슬람 극단주의로 이어지지 않음을 보여 준다.

요르단 왕실은 통치 정당성 강화를 위해 요르단 사회의 이러한 강한 이슬람 종교성을 적극 이용하고 있다. 전 국왕인 후세인은 요르단강 서안과 예루살렘 지배 시 이슬람의 3대 성지인 알아크사 모스크를 여러 차례 수리했으며, 1992년과 1994년에는 역시 무슬림의 성지인 예루살렘 바위의 돔을 수리하는 데 80억 달러의 개인 재산을 내놓았다. 요르단 왕실인 하심 왕가가 예언자 무함마드가 속한 쿠라이시 부족의 한 씨족인 점을 들어 요르단 정부는 현 왕실이 예언자 무함마드의 후손임을 강조하고 있다. 왕실은 더 나아가 이슬람에 근거한 정통성을 공고히 하고자 요르단 전역에 모스크 건립을 후원했다. 요르단 왕실은 또한 요르단 내 여러 이슬람 건축물 및 유산을 관리하는 데 힘을 쏟고 있다.

이라크, 시리아, 팔레스타인 등 극단 이슬람주의 무장 집단의 영향력에서 가까운 지역에 위치한 요르단은 관용적이고 온건한 이슬람 해석을 전파하고자 노력하고 있다. 후세인 국왕은 1980년 왕립 알알베이트 이슬람 사상 연구소를 세웠으며, 1994년에는 왕립 종교 간 연구소를 세워 이슬람과 기독교 사이의 대화와 협력, 공존에 관한 인식 형성과 메시지 전파를 후원했다.

요르단 정부는 이러한 관용적인 이슬람 해석을 국내에 퍼뜨리고자 하고 있다. 비무슬림은 공립 학교의 정규 교육 과정인 이슬람 종교 교육이 아닌 자신들의 종교 교육을 받으며, 기독교 학교는 요르단의 법적 공휴일인 금요일이 아니라 일요일에 쉴 수 있다. 또한 비무슬림 공동체에게는 개인 지위에 관한 문제에 있어 이슬람법이 아닌 자기 종교 공동체의 법이 적용된다. 하원에서 기독교도 의석은 쿼터로 보장되며, 내각 및 군부, 고위 관료 등에서 기독교도의 진출도 활발한 편이다. 요르단 기독교도들은 특히 금융 분야에서 두각을 드러내고 있다.

요르단의 이슬람법

요르단 헌법은 국교로 이슬람교를 명시하고 있으며, '하심가의 순니 무슬림 남성'만이 국왕 자리에 오를 수 있다고 규정한다. 또한 헌법에 따라 모든 요르단 국민은 인종, 종교, 성별에 따른 차별을 받지 않으며, 신앙의 자유, 의견의 자유 및 표현의 자유를 가진다. 다만 국민 권리에 대한 헌법상 권리는 실제 정부 정책이나 사회적 차원에서 완전히 지켜지지 않고 있다.

요르단 법률은 유럽식 법과 이슬람법에 근간을 둔다. 민사 및 형사 사건을 다루는 민간 법원 외에 결혼, 이혼, 양육, 상속과 같은 개인 지위법상 문제를 다루는 종교 법원이 존재하며 무슬림은 샤리아 법원에서, 기독교도는 교회 법원에서 담당한다. 무슬림과 기독교도 사이에 법적 갈등이 발생하면 민간 법원에서 사건을 담당하며, 샤리아 법원과 교회 법원 및 종교 법원과 민간 법원에서의 판결을 둘러싼 의견 차이가 있을 시에는 요르단 최고위 법원인 파기 법원 법원장이 해당 사건을 담당할 별도의 판사 세 명을 임명하여 판결한다. 다만 상속의 경우, 이슬람법에 따른 상속법이 비무슬림에게도 적용된다.

샤리아를 중요시하며 엄격한 샤리아 집행에 찬성하는 요르단 무슬림의 수는 결코 적지 않다. 퓨 리서치 조사에 따르면 요르단은 다른 아랍 국가(팔레스타인, 이집트, 이라크, 모로코, 튀니지)에 비해 더 많은 수인 응답자의 81%

가 이슬람법인 샤리아가 '신의 계시'라고 생각한다고 답했으며, 비무슬림에게도 샤리아를 적용해야 하는가라는 질문에 대해서는 7개 아랍 국가 중 이집트에 이어 두 번째로 많은 비율인 58%가 찬성한다고 답했다. 또한 응답자 93%가 이슬람법 법관이 가족 문제 및 재산 문제에 대해 판결을 내려야 한다고 답했다. 후두드형 집행에 대해서 응답자 57%가 신체 절단형에 찬성한다고 했다. 그리고 67%는 간통에 대한 투석형에, 82%는 이슬람을 배교한 자에 대한 사형에 찬성한다고 답했다.

〈표2〉 샤리아에 대한 7개 아랍 국가 응답자들의 의견

	요르단	이라크	이집트	팔레스타인	레바논	튀니지	모로코
샤리아 지지	71%	91%	74%	89%	29%	56%	83%
비무슬림에 대한 샤리아 적용 지지	58%	38%	74%	44%	48%	40%	29%
신체 절단형 지지	57%	56%	70%	76%	50%	44%	
투석형 지지	67%	58%	81%	84%	46%	44%	
배교자 사형 지지	82%	86%	42%	66%	46%	29%	

* 퓨 리서치 조사, 2013

요르단 여성의 지위

개인 지위법에 이슬람법을 적용함으로써 요르단 여성은 헌법에 명시된 남녀평등 원칙을 제대로 누리지 못하는 상황이다. 2015년, 요르단의 양성 격차 지수 순위는 145개 조사국 중 140위에 그쳤다. 남성에 비해 여성은 이혼하기가 더 어려우며, 이혼 후에도 자식에 대한 법적 보호권은 어머니

가 아닌 아버지가 지닌다. 법적 결혼 연령은 남녀 모두 18세 이상이지만, 여성 나이가 15세 이상일 경우에도 특정한 조건을 충족하면 결혼이 가능하다. 일부다처제 역시 법적으로 허용된다. 2007년 통계에 따르면 결혼한 여성 중 약 5%가 조사 당시 일부다처제 상황이었다.

법적인 영역뿐만 아니라 사회적인 차원에서도 요르단 여성들은 아직 완전한 평등권을 누리지 못하고 있다. 2013년 퓨 리서치 조사에 따르면 요르단 응답자 중 80%가 아내는 남편에게 반드시 복종해야 한다고 답했다. 또한 오직 22%만이 여성도 이혼할 권리를 가져야 한다고 답했으며, 25%만이 남성과 여성이 동등하게 상속받을 자격이 있다고 생각한다고 응답했다. 뿐만 아니라 2013년 케임브리지 대학 연구팀 조사에 따르면 약 33%의 응답자가 명예 살인이 정당화될 수 있다고 답했다. 이처럼 사회적 차원에서도 아직 여성 지위 개선과 권리 부여에 대해 보수적이며, 가부장적이고 남성 우월적인 관점이 널리 퍼져 있다.

이러한 가부장적인 사회 분위기를 바꾸고자 여성 지위 향상을 위한 시민 사회적 차원의 대응도 점차 성장하고 있다. 압둘라 2세의 아내인 라니아 여왕은 명예 살인에 반대하고 여성 지위 향상을 위한 사회적 캠페인을 적극적으로 이끌고 있으며, 1992년 요르단 문화부는 요르단 전국여성위원회를 조직, 사회적 인식 개선을 위한 활동을 시작했다. 또한 다양한 여성 운동 조직이 명예 살인, 강간, 성추행과 여성에 대한 불평등을 철폐하고자 싸우고 있다.

정치 영역에서 남녀 간 성적 격차 해소를 위해 요르단 압둘라 2세 국왕은 하원 의회에 여성 의석 할당제를 도입해 2007년 선거에서 110석 중 6석을 여성에게 할당했다. 여성 할당 의석은 더욱 확대되어 2013년 하원 선거에서 150석 중 10%인 15석을 여성에게 할당했고 총 19명의 여성 의원이 탄생했다. 하지만 여전히 정치 참여 및 사회 모든 영역에서 여성 지위 향상을 위해 바뀌어야 할 것이 많은 상황이다.

chapter 3

요르단 문화

이슬람 축제

요르단 무슬림들은 다른 국가 무슬림과 마찬가지로 이슬람의 두 명절인 이드 알피트르와 이드 알아드하를 중요하게 여긴다. 라마단 달에 무슬림은 해가 뜨기 전에 일찍 일어나 아침 식사를 하고, 해가 떠 있는 낮에 단식한 뒤 해가 지면 이프타르라는 식사를 한다. 모스크나 자선 단체에서는 가난한 사람이나 지역 주민을 위해 공동 이프타르 식사를 준비하기도 한다. 요르단에서 라마단 특별 드라마나 영화 등을 선보이는 기간이기도 하며, 1년 중 다른 기간에 비해 소비가 증대하는 달이다. 이를 맞아 많은 가게나 상점이 다양한 특별 세일이나 판촉 행사를 시작한다.

라마단 달의 단식 종료를 기념하는 이드 알피트르는 '작은 명절'라는 뜻의 '알이드 알사기르'라고도 불리며, 3일간 지속된다. 이 기간에 부모는 아이에게 새 옷이나 여러 가지 선물을 주고, 사람들은 '카으크'라고 불리는 과자를 먹는다.

이드 알아드하는 '큰 명절'이라는 뜻의 '알이드 알카비르'라고도 불리며, 5일간 지속된다. 이날은 모든 무슬림의 의무 중 하나인 성지 순례 기간의 끝을 축하하는 명절이다. 이날 요르단 사람들은 양을 잡는데, 특히 부유한 사람은 여러 마리의 양을 잡아 가난한 사람들에게 고기를 나눠 준다.

또 다른 이슬람 명절로는 '알마울리드 알나바위'라고 불리는 예언자 탄신일이 있다. 두 이드만큼 성대하게 보내지는 않지만, 이날 가게 주인들은 사탕들을 준비해 고객에게 나눠 주곤 한다.

'아슈라'는 예언자 무함마드의 외손자이자 쉬아파의 3대 이맘인 후세인의 죽음을 기리는 날이다. 쉬아 무슬림들은 후세인의 죽음을 추모해 애도하며 보내지만, 요르단 순니 무슬림 아이들에게는 마치 핼러윈과 비슷한 날이다. 아이들이 집집마다 돌며 사탕이나 과자, 돈을 받으러 돌아다닌다. 독실한 순니 무슬림은 단식을 하기도 한다.

이슬람 명절 외에도 부활절, 성 금요일, 성탄절 등 기독교 명절도 요르단에서는 공식적으로 인정받으며, 기독교도는 기념행사와 의례를 한다. 특히 성탄절인 12월 25일은 기독교 기념일 가운데서도 공휴일로 지정됐다.

민간 의례

예배, 순례, 단식과 같은 공식적 의례 외에도 지방 및 민간 차원에서 행해지는 의례들도 존재한다. 공식적으로 이슬람은 예언자 무함마드를 포함해 신이 아닌 어떠한 인간에 대한 숭배도 금기시하지만, 많은 민중은 기적을 행한 성자(聖者)에 대한 숭배나 초자연적인 믿음을 유지했다. 요르단 이 슬람에서도 그러한 모습이 나타난다. 요르단 북부 말카에 있는 셰이크 우마르 알말카위의 무덤, 마자르에 있는 4대 칼리파이자 예언자 무함마드의 사촌인 알리의 형제 자으파르 알타이르 및 다른 예언자 교우들의 무덤은 지역 주민들이 주로 찾는 민간 이슬람 명소이다. 또한 요르단에는 모세의 형인 아론의 무덤, 살트에 있는 욥의 무덤, 와디 슈아입의 슈아입의 무덤 등 무함마드 이전 예언자의 묘지가 있으며, 현지 지역 주민들이 방문하곤 한다.

초자연적인 정령 진에 대한 믿음도 존재한다. 일부 요르단 사람들은 고대 유적지에 진들이 지키는 보물이 있다고 믿으며, 진과 보물에 대한 민담이 일부 지역에서 전해진다.

또 다른 민간 신앙적 요소로는 사람에게 해를 끼치는 '질투의 눈'에 대한 개념이 있다. 요르단 무슬림들은 좋은 일이 생기거나 행운을 얻었을 때 사악한 힘이 이를 질투해 해를 끼친다고 믿는다. 따라서 요르단 사람들은 질투의 눈을 끌어들일 만한 좋은 일이나 축하할 일이 있을 때, 칭찬이나 감탄을 표하고자 알라의 이름을 언급한다. 이러한 뜻을 지닌 대표적인 표현으로는 '마 샤 알라(신이 원하신 것)'가 있다. 또한 질투의 눈이 가져오는 액운을 피하려고 문이나 가게, 집안 및 차량 등에 푸른색 눈동자 모양의 장신구나 꾸란 구절을 걸어 놓기도 한다. 일부 사람들은 액운을 피하려고 부적을 써 주는 사람에게 부적을 구하기도 한다.

음식

요르단은 지리적 영향으로 팔레스타인, 시리아, 레바논 등 레반트 지역의 음식 문화와 많은 점을 공유하고 있으며, 요르단강 동안 원주민인 베두인의 음식 문화도 요르단 음식의 다양성에 영향을 주었다.

대표적인 전통 음식은 베두인의 음식인 만사프(또는 만시프)이다. 만사프는 커다란 쟁반 위에 얇은 빵을 깔고, 그 위에 밥과 양 또는 염소고기를 쌓아 양젖 또는 염소젖으로 만든 자미드라는 요구르트 소스 등을 뿌려 먹는 음식이다. 베두인은 이 음식을 결혼식 등 경사가 있거나 손님을 환영할 때, 또는 부족장 회의가 있을 때 주로 대접하곤 했다. 손님에게 주인의 부(富), 관대함, 환대를 보여 주는 대표적 음식이다. 오늘날 요르단에서는 이전보다 간소화된 형태의 만사프를 볼 수 있다. 만사프를 먹을 때는 전통적인 방식대로 손을 이용하거나, 또는 빵을 찢어 밥을 싸 먹는 방식 대신 식기를 이용해 먹곤 한다. 또한 양이나 염소 대신 닭고기를 이용해 요리한 간소화되고 더 양이 적은 만사프도 쉽게 찾아볼 수 있다. 오늘날 요르단 식당에서는 이처럼 간소화된 만사프 요리를 제공하며, 많은 요르단인과 관광객이 즐겨 찾는다.

요르단인이 간식이나 간단한 식사로 즐겨 먹는 음식 중 대표적인 것으로는 병아리 콩을 으깨 동그란 모양으로 튀겨 만드는 팔라필이 있다. 얇은 빵에 싸서 먹거나 토마토 등 야채와 함께 훔무스, 바바 간누즈 등 콩류로 만든 소스 등에 찍어 먹는다. 요르단인은 팔라필이 요르단 전통과 문화의 중요한 일부라고 간주하며, 이를 기념하고자 암만의 한 호텔은 2012년 약 75kg에 달하는 세계 최대 크기의 팔라필을 만들기도 했다.

9
이라크

남옥정 단국대학교 GCC국가연구소

바그다드

■ **국가 개황**

· 국명: 이라크 공화국(Republic of Iraq)

· 국가 체제: 공화정

· 언어: 아랍어, 쿠르드어

· 인구: 39,339,753명(유엔, 2018)

· 종교 분포: 이슬람교 99%, 기독교 등 소수 종교 1%

■

아라비아반도 북동부에 위치하는 이라크는 인류 최초 문명의 하나인 티그리스 강과 유프라테스강이 흐르는 고대 메소포타미아 문명이 발흥한 곳이다. 이라 크라는 명칭은 메소포타미아 남부 지역 수메르인이 거주하던 '우루크'에서 기 원했다는 설이 유력하다. 우루크는 수메르어로 '도시'라는 뜻으로, 우루크가 유 프라테스강 동쪽으로 고대 수로를 따라 이어지는 습지대에 위치해 있었고, 이 라크가 아랍어로 '가장자리, 둑'이라는 의미를 지닌다는 점에서 명칭의 기원이 연관되어 보인다.

오늘날 이라크는 인종적으로 인구의 80%가 아랍인이며, 쿠르드인 15%와 그 외 투르크멘인, 아시리아인, 아르메니아인 등 약 5%의 여러 소수 민족으로 구성된다. 종교적으로는 전체 인구의 99%가 무슬림으로, 순니가 35%, 쉬아가 65%(CIA World Factbook, 2017)인 쉬아파 다수 국가이다. 그 외 소수지만 기독교와 기타 소수 종교가 공존한다. 공식 언어는 아랍어와 함께 쿠르드어가 2005년 제헌 헌법에 의거해 채택됐고, 투르크멘, 아시리아, 아르메니아어를 사용하는 소수 민족도 그들의 모태어로 교육받을 수 있는 권리가 부여됐다.

1인당 GDP는 4,609달러(World Bank, 2016)에 불과하다. 그렇지만 전 세계 석유 매장량 5위로 1,400억 배럴의 석유를 보유하고 있다. 세계은행은 2017년 이라크 경제 성장률이 3.1%에서 7.1%까지 반등할 것으로 예측하고 있다. 이라크 정부는 석유 부문에 대한 투자를 통해 경제 성장률을 높이려고 지속적인 노력을 하고 있다. 그러나 저유가 추세의 지속, ISIS로 인한 안보 위기, 쿠르드 자치 정부(KRG)의 독립 요구 및 사우디아라비아를 비롯한 이란, 터키 등 주변 강대국이 이라크를 두고 펼치는 대리전 양상 등 여러 정치적 안정 저해 요소들로 국가 운영의 정상화에 어려움을 겪고 있다.

이라크 약사

이라크는 7세기에 이슬람화되면서 신생 이슬람 제국의 가장 중요한 중심지 중 하나가 됐다. 8세기 중엽 압바스조 제2대 칼리파 만수르는 정치경제적, 안보적 측면에서 가장 뛰어난 입지 조건을 갖추고 있던 바그다드를 수도로 결정했고, 이곳에서 압바스조는 세계 문명사에 빛나는 자랑스럽고 찬란한 중세 이슬람 문명을 활짝 꽃피운다. 1258년 몽골 훌라구 칸의 바그다드 점령과 16세기 이후 오스만 튀르크 제국 지배하에 있으면서도 이라크는 여전히 이슬람 세계의 중요한 지역으로 존재해 왔다.

제1차 세계대전 중인 1916년 영국과 프랑스가 맺은 〈사이크스 피코 협정〉에 따라 이라크는 영국의 실질적인 지배하에 놓였다. 그러나 비동맹 중립주의, 반외세주의를 주창한 나세리즘에 영향을 받은 압둘 카림 카심 장군과 이라크 혁명군의 쿠데타로 1958년 이라크는 군주제에서 공화제로 전환된다. 그 뒤 1968년 하산 알바크르 장군이 쿠데타를 일으켜 사회주의

바트당이 정권을 잡게 되고, 당시 바트당 부사무총장이었던 사담 후세인이 권력자로 부상한다.

사담 후세인은 1979년 대통령이 되어 1980년 이라크-이란 전쟁, 1990년 8월 쿠웨이트 침공을 주도했다. 그 결과 이라크는 광범위한 유엔 경제 제제를 받게 된다. 2001년 9.11 사태 이후 미국 대통령 조지 W. 부시는 대량 살상 무기(WMD) 보유와 테러 단체 지원 혐의로 2003년 이라크 공습을 개시했고, 이로써 사담 후세인의 장기 독재 정권은 붕괴한다. 그 결과 이라크에 근대 역사상 최초로 다수파인 쉬아 신정부가 들어서지만 기존 순니 정치 엘리트에 대한 의도적인 배제로 현재까지도 내분이 지속되고 있는 양상이다.

걸프전 당시 설정된 비행 금지 구역(북위 36도 이북) 덕에 사실상 자치를 누려온 쿠르드 지역은 2006년 쿠르드 자치 정부(KRG)를 출범시켰고, 한발 더 나아가 완전한 독립을 이루고자 2017년 9월 25일 분리 독립 투표를 강행했다. 그러나 이라크 법원은 투표 실시에 대해 위헌을 선언했으며, 이라크 정부군이 쿠르드족 실효 지역인 키르쿠크를 현재 점령하고 있기 때문에 이 지역 역시 혼란 상황에 놓여 있다.

chapter 2

이라크의 이슬람

쉬아의 실질적 탄생지, 카르발라

바그다드 남서쪽으로 100㎞ 떨어진 카르발라는 메카와 메디나, 예루살렘과 더불어 무슬림, 특히 쉬아에게 매우 중요한 성지다. 예언자 무함마드의 외손자이자 쉬아 무슬림의 3번째 이맘인 후세인 이븐 알리가 거룩한 순교를 맞은 곳이기 때문이다. 그의 아버지인 제4대 정통 칼리파 알리빈 아비 탈립이 사망한 뒤, 정통 칼리파 시대는 막을 내리고 알리에게 반기를 든 시리아 총독 무아위야가 초대 칼리파가 되는 우마이야조 시대가열린다. 무아위야의 20년 철권통치가 끝난 뒤 그의 아들 야지드가 칼리파직을 세습하자 제국 내 원로들은 이슬람 전통에 어긋나는 이러한 세습적칼리파위 승계를 인정하지 않으며 야지드의 칼리파제 권위에 도전한다.

칼리파 알리를 흠모하고 지지한 이라크 쿠파 주민 사이에서 그의 차남 후세인을 칼리파로 추대하려는 움직임이 일었다. 이에 메카 하람 성원에 머물던 후세인은 초청에 응해 쿠파로 가기로 결정한다. 그러나 이를 알게 된 야지드가 우마이야가(家)에 충성하던 바스라 총독 우바이둘라에게 반정 음모에 대한 소탕을 명령했다. 쿠파로 향하던 후세인과 가솔들은 카르발라에서 3만의 우미이야 군대와 마주친다. 680년 10월 9일(이슬람력 61년, 무하르람 10일), 이곳에서 후세인은 몸이 두 동강 나는 비참한 최후를 맞았다. 이 '카르발라의 참극'은 후세인의 죽음에 대한 동정론과 반우마이야 정서를 불러일으켰고, 이라크인은 예언자의 손자인 후세인을 초청해 화근을 만든 것을 후회하고 그에게 아무런 도움도 주지 못한 자책에 빠져 스스로 타와빈(참회자)이 된다. 그들은 후세인의 죽음을 알라의 뜻에 의한 거룩한 순교로 받아들였다. 그리고 반우마이야가 감정이 점차 고조되면서 정치적으로도 우마이야조에 등을 돌리고, 알리와 그의 아들인 후세인, 즉 알리 가문에 대한 지지와 결속을 도모해 가는 동아리가 생겼다. 이슬람 역사는 이들을 '쉬아 알리(알리의 추종자, 줄여서 쉬아)'로 부른다. 카르발라의 비극은 이같이 순니와 쉬아라는 무슬림 종파의 양대 산맥을 낳는 분기점이 됐다.

오늘날 쉬아 무슬림은 무하르람 10일 아슈라의 날을 맞이하면 후세인이 수난을 당했을 때 받은 고통을 함께 나누고자 자신의 가슴을 치거나, 채찍으로 등을 때리고 자해하면서 추모와 애도의 기념 행진을 한다. 또한 아슈라 40일이 지나고 사파르(이슬람력 2월) 20일 아르바인의 날에는 전 세계에서 엄청난 수의 쉬아 순례객이 카르발라에 모여 꾸란을 암송하고 이맘 후세인을 애도하며 그를 기리는 특별한 기도문을 송독한다.

"알라는 평화를 선호하신다. 평화는 알라가 사랑하는 교우들과 함께 하노라. 그는 누구와도 비교할 수 없는 영웅! 평화는 알라의 최고 선택과 함께 하노라."

순니 법학과 신학의 요람

쉬아에게 카르발라를 비롯한 이라크 도시들은 신앙에 있어 정신적 고향이다. 하지만 사실 이라크는 순니 이슬람 법학과 신학이 태동하여 체계화되고, 기초적인 정형화가 이루어진 이슬람학 연구와 발전의 본산지였다. 쿠파와 바스라는 처음에는 병영 도시로 출발했으나 아랍어 문법과 학문 연구의 산실이 되었고, 바그다드와 함께 이슬람 사상과 법, 신앙 체계가 확립되는 중심 무대가 된다.

순니 4대 법학파 창시자 중 메디나의 이맘 말리크 외에는 아부 하니파, 샤피이, 이븐 한발 모두의 활동 무대가 바로 여기였다. 이성과 자유 의지를 강조하며 법체계를 세운 이맘 하니파(699~767)는 699년 쿠파에서 태어나 바그다드에서 사망했다. 말리키 학파 창시자인 이맘 말리크(709~795)의 문하생이었던 이맘 샤피이(768~820)는 바그다드로 진출해 아부 하니파의 가르침에 깊은 영향을 받고 하나피 법학 체계에도 통달하고는 전승을 중시했던 말리키 법학과 이성을 중시한 하나피 법학의 절충적 조화자가 되어 그의 독자적인 법체계인 샤피이 법학파를 세운다. 한발리 법학파의 창시자 이븐 한발(780~855)도 바그다드 출생이다. 그는 샤피이를 존경하며 제자가 되었지만 앞선 세 대가들이 인간 이성으로 법 판단을 하는 방식에 반발해 꾸란과 하디스만을 법원으로 채택하는 그의 법학 체계를 만들어 낸다.

정통 순니 신학(칼람)의 창시자인 알아슈아리(837~935)는 바스라에서 태어나 성장했다. 40살까지 무으타질라파의 일원이었지만 그들의 지나친 이성주의에 회의를 갖고 이탈해 한발리 순니가 된다. 그러고는 무으타질라파의 변증법과 합리주의 방법론을 이슬람 정통 교리에 조화 절충시켜 유명한 알아슈아리 순니 신학 체계를 세운다. 그 뒤 바그다드 니자미야 대학 교수였던 알가잘리(1058~1111)가 아슈아리 학파 신학과 논리를 정통 수피 사상과 접목해 오늘날 정통 이슬람 신학이 형성된다.

이슬람 신비주의, 수피 사상의 발전 토대도 이라크에서 만들어졌다. 수피들은 이라크 바스라의 대신학자 하산 바스리를 최초 선구자로 추앙한다. 그가 수피들이 지향하는 대표적인 금욕주의자였기 때문이다. 그러나 순니 세계에서는 이를 인정하지 않고, 그를 이슬람 신학 발전에 지대한 공헌을 한 최고의 신학자로서 존경한다.

바스라에서 진정한 수피 성녀 라비아 알아다위야가 태어난다. 하산 바스리가 신에 대한 외경을 실천한 표본이었다면, 그녀는 신과의 신비적 사랑을 체험하고 신에 대한 사랑을 실천한 본보기였다. 오직 예배와 기도 속에서 신비주의자로서의 길을 걸었고, 시인이 되어 신께 바치는 주옥같은 사랑의 시들을 남긴다.

바스라와 쿠파에서 발전한 금욕주의 수피즘은 바그다드로 이동해 9세기 초 수피주의 바그다드 학파를 형성한다. 그 중심에 천재적인 당대 최고 종교학자 알주나이드가 있다. 그는 종래 수피주의 이론을 종합하고 수피들이 걸어야 하는 기나긴 영적 도정의 종착점으로 파나(신과의 합일)와 바까(신 안의 영혼)라는 마깜(영적 상승 단계) 이론을 내놓으며 체계적인 정통 수피주의 이론을 정립했다. 그는 정통주의 수피의 영적 아버지로 불린다.

쉬아 법원의 확립

순니파에 4대 법학파가 있다면, 쉬아파에는 대표 법학파로 우술리 학파가 있다. 우술리는 '우술 알피크흐(법학의 원천)'에서 유래한다. 이들은 꾸란,

하디스, 이즈마아(합의), 아끌(이성)을 유효한 법원으로 간주하며, 신앙과 실천에 관련된 일상의 주요 문제를 해결하는 데 있어 이즈티하드(독자적인 법적 판단에 이르게 하는 법 해석의 행위)를 할 수 있는 능력을 갖춘 무즈타히드(이즈티하드의 실행자)를 따라야 한다고 주장한다. 18세기에 이 학파의 이론은 꾸란과 하디스(예언자 순나)만을 종교적 권위이자 법원으로 국한시키며 신학적인 법적 사변을 거부하는 쉬아 전통주의자, 즉 아크바리 학파(순니파의 아흘 알하디스파에 해당) 이론을 누르고 압도적인 승리를 거두며 아크바리 학파를 대체해 간다.

우술 알피크흐에 대한 쉬아의 연구는 11세기 초 무으타질라파 신학의 이성주의에 영향을 받은 알무피드, 알무르타다, 셰이크 알투시 등과 같은 바그다드의 걸출한 학자들에 의해 본격적으로 시작됐다. 유프라테스강 부근 힐라 태생인 뛰어난 법학자 알리마 알힐리는 우술 알피크흐의 이론 정립에 크게 공헌했다. 최초로 아야툴라(신의 증표)로 칭해진 힐라의 현자, 알힐리는 이즈티하드의 중요성을 주장했다. 이즈티하드야말로 울라마(종교학자군)의 특권임을 강조하고, 일반 신도는 무깔리둔(무즈타히드의 추종자)이 되어 살아 있는 권위자인 무즈타히드의 법 결정에 따라야만 한다고 주장한 것이다.

무즈타히드 양성 센터, 나자프

18세기 중반 우술리 학파의 승리로 무즈타히드의 지위가 상승하자 자격을 갖춘 무즈타히드들이 쉬아 사회에서 더욱 필요했다. 따라서 이들을 양성하는 공인된 하우자라는 훈련 기관이 출현한다.

하우자는 오랜 동안 어떤 특정 도시에 세워진 것이 아니라 학식이 높고 그 지역에서 사회적으로 인정받는 무즈타히드의 거주지가 곧 하우자였다.

그렇지만 셰이크 알투시가 순니였던 셀주크조에 의해 강제로 바그다드에서 나자프로 이주하게 되자, 처음으로 나자프에 쉬아 교육 기관으로서의 하우자가 설립된다. 그 이래로 지금까지 매년 수천 명에 이르는 우수한 쉬아 인재들이 무즈타히드의 지위를 획득하고자 하우자에 입학해 고되고 엄격한 학업을 수행한다. 나자프 하우자는 다른 어느 공동체보다도 가장 명망 있는 쉬아 종교학자의 손에 의해 졸업자들을 배출하고 있다.

그 뒤 1920년에 이르러 이란 콤에 하우자가 설립된다. 이라크 카르발라와 나자프는 이란 이스파한, 콤 등과 함께 오늘날까지 쉬아파 학자들의 학문 연구의 중심지로 성장을 거듭하고 있다.

현대 이라크 쉬아파의 정신적 지도자, 아야툴라 알리 알시스타니

알사이드 알리 알후세이니 알시스타니는 1930년 8월 4일 종교학자 가문에서 태어나 그랜드 아야툴라 아부 알카심 알코이에게 수학했다. 1960년 31세라는 매우 젊은 나이에 최고 수준의 학자적 지위를 의미하는 무즈타히드 반열에 오른 시스타니는 1992년 그랜드 아야툴라 알코이가 사망하자 그의 장례식을 주도했고, 이후 전통적 최고 종교 지도자 위원회 배심원들의 승인 절차를 통해 그랜드 아야툴라 지위에 오른다. 이에 따라 알코이가 가졌던 탄탄한 인적 네트워크뿐만 아니라 이라크 이슬람의 진정한 정신적 지도자라는 알코이의 상징성을 함께 계승하며 가장 주목받는 쉬아파 지도자로 급부상했다.

사담 후세인 정권 붕괴 이후 서구 각종 매체와 연구 기관들이 이라크에서 '가장 영향력 있는 인물'로 그를 지목할 만큼 시스타니의 종교적, 정치적 역할은 매우 크다. 그런데 2004년 나자프의 셰이크 무크타다 알사드르와 그가 이끄는 마흐디군이 일련의 군사 작전을 주도하며 진보적 영향력을 키우고 역내 쉬아파 사이에서 시스타니에 맞서는 도전 세력으로 성장했다. 그러나 강경한 입장을 취해 온 무크타다 알사드르는 아야툴라의 반열에 오르지 못했으며, 쉬아뿐 아니라 순니파 대다수의 존경까지 받고 있는 시스타니의 종교적, 정치적 영향력을 아직은 넘어서기 힘들 것 같다.

시스타니는 미국의 이라크 침공 이후 자주 파트와를 내기 시작했는데, 주요 내용은 신정부 구성을 위한 민주적 투표에 이라크 국민의 적극적인 참여를 독려하는 것들이었다. 한 예로 2004년 10월 1일 성명에서 그는 '진실로 여성들은 후세인의 누이 자이납이 카르발라에 4차례나 갔던 것처럼 투표 당일 꼭 투표장에 가야 한다'라면서 쉬아파 여성의 투표 참여를 이끌었다. 시스타니의 파트와는 종래 쉬아 종교학자들이 역사적으로 '정치에서 한발 물러난 입장'을 통상 고수해 왔던 점과 다르게 최초의 쉬아 정권인 현 이라크 정부의 독점적 정치력을 직접적으로 쉬아파가 이끌기 위한 움직임으로 해석될 수 있다.

시스타니는 복수전으로 치닫고 있는 테러리즘을 경계하고 종파 분쟁의 위험에 더 이상 휘둘리지 말 것을 강조하며 이라크 국민의 대통합을 외치고 있다. 아직도 불안정한 이라크의 정치, 종교적 상황에서 그의 역할론이 커지면서 2005년 미국 〈포린 폴리시〉지는 세계 100대 지식인 가운데 30위로 그를 선정했다. 2014년 이래로 각종 매체를 통해 수차례 노벨 평화상 후보에도 오르고 있다.

이라크 문화

도시와 유적

이슬람 문명의 황금기와 유럽 르네상스를 이끈 바그다드

이슬람 문명의 전성기를 이끈 압바스조 수도 바그다드는 당대 세계 최고의 메트로폴리스로 다문화 사회의 표상이었다. 아랍인 중심의 아랍 혈통주의 정책을 펼쳤던 우마이야조와 달리 압바스조는 이슬람 평등주의를 표방하고 인종과 민족을 초월한 범이슬람 제국으로의 발전을 도모해 후대 역사가들은 진정한 이슬람 제국이라고 불렀다. 이곳에서 무슬림, 유대인, 그리스도교인, 힌두교인을 비롯한 다양한 문명권의 우수한 인재들이 다문화를 수용하고 융합해 이를 바탕으로 새롭고 독창적인 이슬람 문화를 창달했다.

그 중심에 압바스조 제7대 칼리파 알마문과 그가 세운 '지혜의 집'이 있었다. 이곳은 번역 센터, 도서관, 연구소 시설을 두루 갖춘 종합 문화 센터로, 한마디로 말해 최고의 학문과 지식의 전당이었다. 여기서 아리스토텔레스와 신플라톤파의 철학서, 히포크라테스의 의학서, 프톨레마이오스의 천문학서, 페르시아와 인도의 과학서 등 선진 문명국의 중요 서적들이 속속 아랍어로 번역되고 바그다드의 문화적 르네상스 시대가 활짝 열리기 시작한다.

《천일야화》에 등장하는 제5대 칼리파 하룬 라시드는 805년 바그다드에 최초의 병원을 세운다. 그리고 후일 서양에서 이슬람 세계 최고의 의사로 불리는 알라지가 바그다드 병원 원장을 역임하며, 이곳에서 의학 백과사전인 《의학총서》를 펴냈다. 칼리파 마문 때에는 바그다드 천문대가 세워져 무슬림 천문학자들의 천문학 연구와 발전의 요람이 되었다. 대수학 창시자인 알카와리즈미는 지혜의 집에서 수학과 천문학 연구에 일생을 바쳤고, 그를 비롯한 무슬림 수학자들에 의해 아라비아 숫자가 유럽에 전달되고 오늘날까지 우리가 사용하고 있는 십진법을 쓰게 했다. 바그다드 출신인 마스오디는 30권에 이르는 세계 역사서 《황금 초원과 보석광》을 써서 신라는 공기가 맑고 물이 좋으며 비옥한 토지의 나라라고 한국의 위치와 자연환경을 소개하기도 했다. 셀주크조의 재상 니잠 알물크는 1067년 바그다드에 세계에서 가장 오래된 대학 중 하나인 니자미야 대학을 설립했다. 광학의 기초를 세우고 《광학의 책》을 펴내 서양에서 알하젠으로 오늘날까지 존경받는 위대한 물리학자이자 수학자, 천문학자인 이븐 알하이삼도 이라크 출신이었다.

바그다드 학파가 고대 학문과 지식을 단순히 지키고 보존해 미래 세대에 본래 그대로를 넘겨주었다 해도 인류에게 공헌한 그들의 업적은 높이 평가받을 만하다. 하지만 거기서 그친 것이 아니라 그들은 학문과 과학의 모든 갈래에서 새롭고 근원적인 연구 성과를 첨가해 고대 지식을 넓히고 풍요롭게 재창조했고, 이를 암흑시대에 있던 중세 유럽에 고스란히 넘겨줌으로써 유럽 르네상스에 중추 기반을 마련해 주었다. 더 나아가 다시 그것이 근대 과학 문명의 밑바탕이 되어 오늘날 우리가 향유하고 있는 문명화된 생활을 낳게 했다는 점에서 이슬람 문명은 정말 위대하다고 평가받는다.

무슬림의 발길이 끊이지 않는 모스크와 순례지

이라크 남부 나자프에 위치한 이맘 알리 모스크는 제4대 정통 칼리파이자 쉬아파 초대 이맘인 알리 이븐 아비 탈립의 묘가 있는 사원이다. 쉬아파 전승에 따르면 이곳은 아담과 노아가 모셔져 있던 장소이기도 하다. 이맘 알리는 그의 묘지가 적에 노출되어 훼손당할 것을 우려해 가솔과 교우에게 유언을 남겨 자기 시신이 오랫동안 이곳에 비밀리에 묻혀 있게 했다. 그러나 6대 이맘 자으파르 알사디크 때 이 비밀 장소가 드러났고, 그 위에 현재의 이맘 알리 모스크가 세워졌다. 나자프는 카르발라 다음으로 중요한 성지로 무슬림에게 인식되어 해마다 약 800만 명에 이르는 순례객이 찾아온다.

카르발라에는 이맘 후세인을 모시고 있는 쉬아파 제1의 순례지 이맘 후세인 사원이 있다. 바로 건너편에는 그의 형제인 알압바스 이븐 알리의 모스크가 있는데, 이 모스크에도 매년 순례객의 발길이 끊이지 않는다. 알압바스 사원은 페르시아와 중앙아시아 건축가가 설계했으며, 중앙에 배 모양의 돔이 화려하게 장식되어 있고 두 개의 높은 미나레트가 세워져 있다. 묘소는 순금과 격자 모양의 은으로 꾸며져 있으며 바닥에는 이란산 카펫이 깔려 있다. 이곳에는 후세인의 아들 알리 알아크바르와 알리 알아스가르 등 카르발라 순교자들의 무덤도 있다.

바그다드에서 북쪽으로 불과 수 킬로미터밖에 떨어지지 않은 카디미아에는 2개의 황금색 돔과 4개의 황금색 미나레트를 가진 카디마인 모스크가 거대하고 화려한 위용을 뽐내고 있다. 여기에는 쉬아 제7대 이맘 무사 알카짐과 제9대 이맘 무함마드 알자와드가 묻혀 있다. 한때 압바스조 시대에서는 이곳을 예언자의 출신 부족인 쿠라이시족의 이름을 따라 쿠라이시 묘역이라고 불렀다.

한편 바그다드 북서쪽으로 125㎞ 떨어진 사마라에도 쉬아 순례지가 있다. 제10대 이맘 알리 알하디와 그의 아들 제11대 이맘 하산 알아스카리의 영묘가 있는 모스크다. 이맘 하산 알아스카리는 꾸란 해석가로도 명성을 날렸다. 불분명한 꾸란 계시에 명료한 주석을 달아 놓은 그의 《알아스카리 타프시르》는 지금도 꾸란 주석학 연구자들에게 많은 도움을 준다. 또한 사마라는 이라크의 중요 관광 명소 중 하나다. 842년에 건축이 시작돼 압바스 제10대 칼리파 알무타와킬(재위 847~861) 통치 시기인 852년에 완공된 알무타와킬 모스크(250×156m, 다마스쿠스 우마이야 모스크의 2.5배)의 잔해와 높이 52m, 너비 33m의 유명한 나선형 원추형의 말라위 미나레트가 있기 때문이다. 이곳은 2007년 유네스코 세계문화유산으로 등재됐다.

이라크에는 쉬아 이맘들의 묘소뿐 아니라 순니 무슬림의 정신적 안식처가 되는 수많은 모스크과 묘지가 곳곳에 산재해 있다. 그 대표적인 예로 바그다드 서쪽 알아드하미야에는 이맘 아부 하니파의 묘소가 있는 아부 하니파 모스크가 있다. 이곳은 순니 세계 최고의 법학자인 그를 추앙하는 뜻에서 '위대한 지도자'라는 의미의 '알아으담 모스크'로 더 잘 알려져 있다. 바그다드 교외에 있는 유명한 수피 스승 압둘 카디르 알질라니의 무덤과 사당 또한 아직까지 무슬림의 성소가 되어 순례객의 방문이 끊이지 않는 곳이다. 그는 오늘날 인도에서 모로코까지 이슬람 세계 곳곳에 널리 퍼져 있는 카디리야 수피 종단의 창시자이다. 이 종단은 수피주의 형제들의 최초 공동체로, 알질라니의 손에 의해 바그다드에 세워졌다.

아시리아 유적과 모슬린의 도시, 모술

모술은 바그다드에 북서쪽으로 396km 떨어진 니네베주 주도로 이라크에서 바그다드 다음가는 두 번째로 큰 도시다. 압바스 이슬람 제국의 통치 후에도 모술은 함단조, 셀주크조, 잔기조, 훌라구의 몽골 지배, 맘루크국, 사파비조 등 통치자가 여러 번 바뀌는 변혁의 정치사를 겪었고, 그 뒤 1517년 맘루크국을 멸망시킨 오스만 술탄 셀림 1세 이후 오스만 제국의 한 주로 편입됐다. 제1차 세계대전에서 오스만 제국이 독일 편으로 참전해 패하자 1918년 영국은 모술을 포함한 이라크 전체를 위임 통치 지역으로 삼았고, 로잔 조약 이후 이곳은 이라크의 중요한 영토가 된다.

모술 일대는 키르쿠크와 함께 예로부터 쿠르드족이 많이 살던 곳이다. 또 다른 민족으로는 네스토리우스파 기독교인인 아시리아인과 이라크 투르크멘이 있다. 1987년 도시 인구는 66만 4,221명이었으나, 2002년에는 무려 173만 9,800명으로 크게 증가했는데, 증가 인구는 대부분 아랍인이었다. 이는 모술의 인구 비율을 변화시키려고 사담 후세인이 대다수 아랍인을 이주시킨 정책의 결과이다.

모술에는 이라크의 식수를 대는 중요한 모술 댐이 있고, 주변 지역이 티그리스와 유프라테스강이 흐르는 비옥한 평야 지대다. 게다가 모술은 이라크 북부의 가장 중요한 상업 중심지이며, 3천 년의 긴 역사를 지닌 문명 도시이다. 이곳 지명에서 대표적인 여름철 직물인 모슬린의 이름이 유래됐다. 대리석과 도자기도 유명한 산물이다. 중세부터 흙으로 빚은 도자기에 은실을 상감하는 기법을 써서 만든 이 지방 도자기는 모술의 이름을 따서 '마우실리'라고 불렸으며, 마르코 폴로의 《동방견문록》에는 이탈리아인 중 '무솔리니'라는 성을 가진 사람이 '모술 상인의 후예'라고 기록되어 있다.

모술은 메소포타미아 북쪽 광대한 지역을 지배한 세계 최초의 제국 아시리아의 땅이기도 하다. 제국의 중심 도시였던 니네베는 오늘날 모술의 위치와 일치한다. 이곳에는 아슈르나시르팔 대왕의 사자 사냥도가 남아 있고, 모술 남동쪽으로 약 30km 떨어진 아시리아 제국의 두 번째 수도 님루드에는 사람 얼굴에 독수리 날개를 단 황소 상 라마스와 왕궁터 등 세계적인 고대 유적들이 산재해 있다. 불행히도 지난 2004년 6월 ISIS가 이곳을 점령해 님루드 유적을 무자비하게 파괴하고 모술 국립 박물관에 소장된 희귀 서적과 고문서 등 약 8천여 점을 소각하는 등 잔악한 반달리즘 행위를 저질러 세계인을 경악하게 했다. 이라크군은 2년 반 만인 2016년 11월에야 이 중요한 역사적 문명 도시를 탈환하는 데 성공했다. 하지만 그 과정에서 약 2만 2천여 명의 난민이 발생했고, 유적의 보존 상태 및 향후 복원 가능성에 대해 아직도 세계인의 이목이 집중되어 있다. 이라크 정부는 이곳을 유네스코 세계문화유산으로 등재 신청했다.

수메르 문명과 지구라트

이라크는 눈에 보이는 곳, 발에 닿는 곳 모두가 인류 문명의 보고라고 해도 지나치지 않다고 고고학자들은 말한다. 미국 고고학자 사무엘 노아 크레이머는 《역사는 수메르에서 시작한다》(1956)에서 수메르인의 삶과 사회, 가족 제도, 교육, 법률, 의학, 농업, 철학, 윤리, 직업군에 관한 기술은 물론, 노아의 홍수와 에덴 설화에 대한 수메르인의 기록도 발굴하고 밝혀

놓았다.

수메르인은 이라크 남부에 우르, 우루크, 니푸르 등 도시 국가를 형성했으며, 현재 수메르 문명의 실재를 증명하는 우르 지구라트가 남아 있다. 에덴동산의 실제 장소가 어디인지는 이견이 있지만, 아직까지도 많은 고고학자들이 우르를 가장 유력한 곳이라고 말한다. 우르 지구라트는 진흙과 갈대를 반죽해 형틀에 넣어 빚어낸 뒤 햇볕에 말린 벽돌로 지어졌는데, 홍수에 무너지는 것을 방지하려고 역청을 발라 방수 처리 작업을 했다. 때문에 이곳은 '틸 알무카이야르(역청의 언덕)'라고 불렸다. 1929년 영국 고고학자인 레너드 울리 경은 저서 《우르의 발굴》(1955)에서 기원전 2천 년경 건설된 '아브라함의 집'으로 추정되는 바빌로니아 시대의 대형 건물을 발견했고 대홍수로 인한 침식 흔적을 증거로 큰 홍수가 실제로 발생했다고 주장했다. 이보다 앞서 주이라크 영국 영사를 지낸 테일러는 1856년 우르 지구라트를 조사하다가 발굴한 기원전 6세기 나보니도스의 기록에서 지구라트의 보수 증축 기록을 발견하고, 이곳이 아브라함의 고향인 갈대아 우르라는 사실을 밝힌 바 있다. 이런 주장에 따르면 우르가 곧 노아의 홍수로 에덴동산과 당시 세상의 모든 지형이 파괴되고 변했다는 성경 기록의 사실 여부를 증명해 주는 실재 소재지라는 것이다.

이라크의 유명한 고고학적 유산에 관한 언급에서 바빌론을 빼놓을 수 없다. 바그다드 남쪽 80km에 위치하는 메소포타미아의 도시 바빌론은 4천 년 역사를 지닌 인류 문명사상 가장 오래된 도시 중 하나로, 고대 바빌로니아 왕국의 수도이자 중심지다. 바빌론이라고 하면 무엇보다 '눈에는 눈, 이에는 이'라는 동태 복수법으로 유명한 함무라비 대왕의 《함무라비 법전》이 먼저 떠오른다. 하지만 현재까지 보존된 거의 모든 유적 및 문화유산은 신바빌로니아 제국의 네부카드네자르 2세 시대 것이다. 그중 가장 유명한 것은 고대 세계의 7대 불가사의 중 하나인 공중 정원으로, 여기에 있던 이슈타르 문은 현재 베를린 박물관에 소장되어 있다. 성서에 나오는 '바벨탑'의 근원이라고 알려진 바빌론의 지구라트도 같은 시기에 건설됐다.

전통 음식

바그다드가 압바스 제국 수도로 세계 중심이 되면서 주변 터키, 이란, 시리아 지역 다양한 음식 문화의 영향을 받아 이라크 음식이나 조리법이 더욱 풍성해졌다. 아랍의 전통 요리에 관한 최초의 문헌은 10세기경 이븐 사이야르 알와르라크가 쓴《음식 요리의 책》으로 알려져 있다. 그는 향신료와 양념의 구분을 명백히 밝혔고, 향신료 목록도 기술해 놓았다. 또한 바그다드 출신 무함마드 빈 하산 알바그다디는《음식 조리법의 책》에서 압바스조의 이색적인 궁중 요리와 아랍 전통 요리를 정리해 놓았다.

이라크 요리의 특징적인 재료로는 가지, 토마토, 오크라, 양파, 감자, 주키니, 아스파라거스, 마늘 등을 들 수 있다. 곡물로는 쌀과 밀, 보리, 렌틸콩, 과일로는 대추야자, 포도와 건포도, 살구, 수박, 석류, 감귤류, 레몬, 라임 등이 대표적인 먹거리이다. 특히 이라크인은 바스라 지역에서 나는 대추야자가 세계 최고 품종이라고 자랑한다. 육류로는 주변 아랍국들과 마찬가지로 닭과 양고기를 가장 많이 소비한다.

이라크 대표 요리로는 돌마를 들 수 있다. 돌마는 다진 양이나 쇠고기와 쌀을 섞어 포도 잎으로 감싼 뒤 쪄낸 아시리아 음식으로, 아직까지도 이라크인이 매우 즐겨 먹는다. 현대에는 토마토소스로 기본 조리를 하고 요구르트와 함께 먹는다.

생선 요리 마스쿠프도 대표적인 요리 중 하나이다. 이라크 전역에서 즐겨 먹으며, 특히 티그리스강 유역 아부 누와스 지역에는 수십 개의 유명한 마스쿠프 전문 식당이 늘어서 있다. 카탄이라는 잉어가 가장 인기 있는 마스쿠프용 민물고기다. 팔딱거리는 활어를 세로로 갈라 넓적하게 펴서 손질한 후 올리브 오일을 바르고 소금 간을 한다. 단단한 생선 머리 쪽에 막대를 끼우고 잘 달구어진 화로 위에 세워 꽂아 훈제로 서서히 굽는다. 생선 크기가 보통 1.5kg 이상이라 다 익히려면 적어도 한두 시간이 넘게 걸리기 때문에 최소 하루 전에 주문해야 한다. 다 구워진 생선은 큰 쟁반 위에 통째로 담아 식탁 위에 제공된다. 생선의 흰 살을 손으로 찢은 빵과 함께 깨로 만든 양념장인 타히나에 찍어 먹으며, 토마토, 양파, 샐러리, 마늘, 카레, 생강, 소금과 후추를 섞어 만든 양념 샐러드를 곁들인다.

10
이란

유달승 한국외국어대학교 이란어과

테헤란

■ 국가 개황

· 국명: 이란 이슬람 공화국(Islamic Republic of Iran)

· 국가 체제: 이슬람 공화정

· 언어: 이란어

· 인구: 82,011,735명(유엔, 2018)

· 종교 분포: 이슬람교(쉬아 약 92%, 순니 약 8%)

■

이란은 서남아시아에 위치한 인구 8,200만 명의 이슬람 공화국이다. 국토 면적은 164만 8천㎢로 한반도의 7.5배이다. 국토 절반은 산악 지대로 구성되어 있고, 4분의 1은 사막과 황야 지대 그리고 나머지는 평야 지대이다. 이란은 풍부한 자원을 가진 나라로 석유 매장량은 2014년 기준으로 세계 4위(9.3%)이고 천연가스 매장량은 세계 1위(18.2%)이다. 전체 광물 매장량은 약 600억 톤 이상으로 추정되며, 세계 광물의 7%(세계10위)를 차지한다. 대표적인 광물 자원으로는 아연(세계 1위), 철광석(세계 9위), 우라늄(세계 10위), 납(세계 11위), 구리(세계 17위), 석탄(세계 26위) 등이 있다. 지정학적으로 이란은 자원 이동에 중요한 역할을 한다. 자원 보고로 알려진 페르시아만(세계 석유 매장량 3분의 2)과 카스피해(세계 석유 매장량 5분의 1)를 연결하는 지구촌 유일한 국가로 에너지 지정학 허브이자 중앙 아시아로 연결하는 통로이기도 하다. 또한 '세계 에너지의 생명선'이라고 불리며 전 세계 석유와 천연가스 수송량의 약 40%가 통과하는 호르무즈 해협도 끼고 있다.

한편 전체 인구 가운데 약 99%가 무슬림이며, 무슬림 인구 중 92%가 쉬아파에 속하고 나머지 8%가 순니파이다. 이외에도 조로아스터교, 기독교, 유대교 등 신자가 있다.

이란 헌법에서는 종교 자유를 보장하고 소수 종교의 이해관계를 대변하고자 국회 의원 의석수를 배정하고 있다. 국회 의원은 국민의 직접, 보통 선거로 선출되며 전체 의석수를 인구 비례에 따라 할당해 다득표 순으로 결정하는 대선거구제이다. 아르메니아 정교 2석, 유대교 1석, 아시리아 정교 1석 등 소수 종교에 5석을 배정하고 있다. 또한 주요 도시에는 아르메니아 정교회 성당과 유대교 회당 등 다양한 종교 시설이 있고 소수 종교는 독자적인 학교를 운영할 수 있다. 하지만 다른 이슬람 국가와 마찬가지로 무슬림을 대상으로 한 포교 활동은 엄격히 금지되어 있다.

이란에서 모든 여성은 실외에서는 이슬람에서 규정하는 복장을 착용해야 하고 외국인도 마찬가지이다. 또한 술과 돼지고기 등 종교적으로 금지된 음식도 금지한다.

chapter 1

이란 역사와 이슬람

인도 이란 어족의 대이동과 이란 국가의 건국

기원전 4천 년에서 3천 년 사이 중앙아시아 초원 지대에 살고 있던 아리아족의 대이동이 시작됐다. 그들은 원래 살고 있던 중앙아시아 기후가 한랭 건조해지면서 가뭄, 기근, 추위 등 자연환경이 변하고 인구도 증가해 더 이상 그곳에서 거주할 수 없게 됐다. 인도 유럽 어족은 서쪽과 남쪽으로 이주하기 시작했다. 서쪽으로 이동한 부족은 유럽 대륙에 정착해 게르만, 슬라브, 라틴의 원조가 되었고, 남쪽으로 이동한 부족은 이란고원에 정착해 이란인의 기원이 되었다. 더 남쪽으로 내려간 부족은 인도에 거주하게 됐다. 여기서 이란과 인도 지역에 이주한 아리아족을 인도 이란 어족이라고 부르며, 이란인의 직접적인 조상인 이들은 기원전 2500년경 이란고원으로 이주했다. 인도 이란 어족 가운데 가장 큰 부족은 메디아족(구약성경 메대족)과 페르시아족(구약성경 바사족)이다.

메디아 왕조(기원전 708~기원전 550)는 이란인이 세운 최초의 왕조로, 아시리아로부터 독립해 이란 남부와 소아시아에 걸쳐 국가를 건설했다. 이 왕조는 중앙 집권제를 수립하지 못했고 지방 세력과 혈연관계를 통해 연계된 형태의 연방체로 운영된 부족 국가 연합체였다. 아케메네스 제국(기원전 550~기원전 330)은 인더스강에서 나일강까지 세 대륙에 걸쳐 다양한 종족을 통합한 인류 최초의 세계 제국이었다. 아케메네스 제국의 창건자 키루스 대왕은 기원전 539년 바빌로니아를 정복한 후 '키루스의 원통'으로 알려진 세계 최초의 인권 선언문을 발표하면서 노예로 잡혀 있던 유대인을 해방시켰다. '키루스의 원통'에는 다양한 종교와 문화를 인정하며 관용과 배려를 베푼다는 내용이 기록되어 있다. 아케메네스 제국은 알렉산드로스 대왕의 침공으로 멸망했고, 알렉산드로스 사후 그리스계 셀레우코스 왕조(기원전 312~기원전 247)가 이란 중서부를 지배했다. 그리스 문화 중심의 셀레우코스 왕조에 반발해 이란족과 스키타이족의 혼혈인 파르티아족이 이란 고원에 파르티아 왕조(기원전 247~서기 224)를 세웠다. 파르티아 왕조는 지배층을 중심으로 조로아스터교를 믿고 있었지만, 특정한 종교를 지지하지 않았고 종교에 대한 간섭과 탄압도 하지 않았다. 또한 중국 및 로마와 외교 관계를 맺고 이란을 통과하는 무역로를 활성화시켰고, 이는 훗날 동서 무역의 중심인 실크로드로 발전했다. 고대 이란의 마지막 왕조인 사산 왕조(224~652)는 조로아스터교를 국교로 지정하면서 정교일치를 통한 강력한 중앙 집권 체제를 수립했다. 이 왕조는 중계 무역을 통해 동서 문화를 받아들였기 때문에 조로아스터교, 그리스도교, 불교가 혼합된 형태로 나타나게 되었다. 그 결과 동서 종교를 융합한 마니교라는 종교가 탄생했다.

637년 카디시야에서 제2대 칼리파 우마르의 아랍 군대가 사산 왕조 군대와 벌인 전투에서 승리해 사산 왕조의 겨울 수도 크테시폰을 정복했다. 이후 이란은 이슬람 국가의 일부로 병합되면서 정치적, 종교적 지배를 받게 되었다. 아랍의 지배를 통해 이란에서는 급속한 이슬람화가 진행됐다. 하지만 이란인은 아랍인에게 정복당해 이슬람으로 개종했지만 주류인 순니파를 거부하고 독자적인 쉬아파를 창조해 자신의 전통과 문화를 고수했다.

아랍 지배 후기에는 타히르 왕조(821~873), 사파르 왕조(867~1495), 사만 왕조(875~1005), 가즈나 왕조(977~1186), 부예 왕조(932~1062) 등 다양한 이란계 왕조가 등장했다. 이란계 왕조들은 고대 이란 전통의 부활을 시도했다. 부예 왕조는 이란에서 탄생한 최초의 쉬아파 국가였지만, 공식적으로는 자신을 칼리파 체제에 예속시켰다. 이 왕조는 945년 바그다드를 점령해 100여 년 동안 지배했고 이 기간에 압바스 왕조 칼리파는 어떤 권한도 행사할 수 없는 형식적인 존재로 전락했다. 튀르크계 유목 민족인 셀주크 왕조(1038~1194)는 10세기 중반 이후 인도 서북부와 이란을 장악했고, 11세기 압바스 왕조의 수도 바그다드를 점령하면서 칼리파에 대한 부예 왕조의 후견을 종식시켰다. 이후 셀주크 왕조는 압바스 왕조의 칼리파로부터 술탄이라는 칭호를 획득했고, 이를 계기로 튀르크족이 이슬람 세계의 중심으로 등장했다.

이란이 대표적인 쉬아파 국가가 된 것은 사파비 왕조(1501~1722)의 수립과 관계가 깊다. 사파비 왕조의 샤는 제7대 이맘의 자손이라고 자처하면서 이맘 혈통을 강조했다. 이를 통해 쉬아파 성직자의 지원을 얻어 권력을 장악했고, 이후 쉬아파를 국교로 선포했다. 사파비 왕조 역사는 셰이크 사피 알딘에서 출발한다. 몽골족의 일한조 시대에 셰이크 사피 알딘은 수피 종단을 설립해 아제르바이잔 아르다빌에서 활동하면서 명성을 쌓아 영향력 있는 종교 지도자가 됐다. 후손들은 그의 이름을 따서 수피 종단 사파비예를 만들었고, 이후 사파비 가문이 됐다. 사파비 왕조는 아랍 침입 이후 약 850년간 지속된 이민족의 지배를 종식시키고 통일 국가를 건설했다.

이란 역사는 사파비 왕조 이후 카자르 왕조(1796~1925)와 팔레비 왕조(1926~1979)로 이어지면서 쉬아파의 영향력이 점차 강화됐다. 사파비조 붕괴 이후 아프샤르 왕조와 잔드 왕조 등 여러 왕조가 등장하는 혼란기를 종식하고 또다시 이란 전체를 통일한 왕조가 카자르 왕조(1796~1925)이다. 카자르 왕조의 창건자는 투르크멘족 카자르 부족의 아가 모하마드 칸이었다. 아가 모하마드 칸은 1796년 수도를 테헤란으로 옮기고 카자르 왕조의 샤안샤로 취임하는 대관식을 거행했다. 이란 북동부를 중심으로 활약했던 아가 모하마드 칸은 자신의 근거지 가까운 곳에 새로운 수도를 설립할 필요성을 느꼈다. 그리하여 테헤란은 카자르 왕조, 팔레비 왕조 그리고 이슬람 공화국에 이르는 질곡의 역사 속에서 이란의 수도로 자리매김하게 됐다.

카자르 왕조는 약 1세기 동안 이어진 내전 이후 이란을 통일해 중앙 집권 체제를 수립했지만, 과거처럼 종교와 성직자 기구를 정부 통제 아래 두지 못했다. 쉬아파 성직자들은 사파비 왕조에서 경제적 독립을 얻었고, 카자르 왕조에서는 정치적으로 독립하기 시작했다. 카자르 왕조 샤의 부정부패와 무능으로 샤의 권위는 점차 실추되었고 이란의 자주성을 수호하는 최후의 보루로 종교와 성직자가 등장했다. 카자르조 시대는 쉬아파 성직자들이 사회, 정치적으로 영향력을 행사할 수 있는 새로운 시대였다.

레자 칸의 쿠데타로 수립된 팔레비 왕조는 급속한 근대화, 도시화 정책을 추진했다. 그 과정에서 빈부 격차가 확대됐고 양극화 현상이 심화되면서 심각한 사회 갈등이 발생했다. 경제적인 변화는 종교의 역할과 기능을 강화시켰고, 성직자와 대중이 밀접한 관계를 형성하게 됐다. 팔레비 왕조의 독재 정치로 심각한 인권 탄압이 나타났고, 지배층의 부정부패에 대한 저항 운동이 확산됐다. 특히 1978년 9월 8일 계엄령 선포에 항의하는 테헤란 시민을 군대를 동원해 무력 진압하자 반정부 시위가 전국적으로 확산됐다. 1953년 8월 군사 쿠데타 이후에는 팔레비 왕조의 일방적인 친미 정책에 반발해 왕을 '아메리칸 샤'라고 규정한 반외세 저항 운동이 확산됐다.

팔레비 왕조의 비민주성, 빈부 격차의 심화 및 이슬람 전통을 무시한 서구화 정책은 전국적인 저항 운동으로 이어졌고, 마침내 이슬람 혁명이 일어났다. 이슬람 혁명의 구호는 자주, 자유, 이슬람 공화국이었다. 1979년 2월 11일 이슬람 혁명으로 4월 1일 이슬람 공화국(1979~현재)이 수립되어 오늘날까지 이어지고 있다. 1979년 이슬람 혁명으로 탄생한 이란 이슬람 공화국은 오늘날 대표적인 쉬아파 종주국이다.

쉬아파 이맘

쉬아파는 순니파에 대립하는 이슬람 종파로, 알리가 예언자 무함마드의 진정한 후계자라고 믿는다. 그들은 알리와 그의 자손만이 신에게 선택된 이맘이라고 여긴다. 이맘은 아랍어 '모범', '본보기'란 뜻이며, 일반적으로 예배 인도자를 말한다. 하지만 쉬아파에서 이맘은 이슬람 공동체의 최고 지도자일 뿐만 아니라 신과 인간을 연결해 주는 특별한 중재자로 인식되고, 결코 오류를 범하지 않는 완전무결한 영적 존재이다. 쉬아라는 단어는 '무리' 또는 '당파'라는 의미이고, 쉬아트 알리, 즉 알리의 무리에서 유래됐다.

〈표1〉 열두 이맘

	이맘	비고
제1대	이맘 알리	661년 죽음
제2대	이맘 하산	669년 죽음
제3대	이맘 후세인	680년 죽음
제4대	이맘 아비딘	712년 죽음
제5대	이맘 바키르	713년 죽음
제6대	이맘 사디크	765년 죽음
제7대	이맘 카짐	799년 죽음
제8대	이맘 리다	818년 죽음
제9대	이맘 자와드	835년 죽음
제10대	이맘 하디	868년 죽음
제11대	이맘 아스카리	874년 죽음
제12대	이맘 문타지르	878년 사라짐

632년 6월 8일, 예언자 무함마드 사후 후계자 문제를 둘러싸고 이슬람 세계는 커다란 분열에 휩싸였다. 쉬아파는 예언자 무함마드가 후계자를 알리로 지명했다고 믿었다. 이는 632년 6월 8일 예언자 무함마드가 메카에서 메디나로 마지막 순례를 떠났다가 돌아오는 길에 훔 연못에서 소집한 회의 중 추종자에게 말한 것에서 비롯됐다.

"나를 자신의 주인(마울라)으로 맞이할 이는 누구든지 알리를 자신의 주인으로 맞이하라."

쉬아파는 이 선언으로 알리가 공식적으로 예언자의 후계자로 지명되었다고 주장하면서 이날을 가디르 축제(이드 알가디르)로 정했다. 하지만 이 발언에 대해 순니파는 다른 입장을 취한다. 아랍어 마울라는 '주인' 또는 '친구'라는 두 가지 의미로 해석될 수 있는데, 순니파는 이 발언을 단순히 친구를 지칭하는 것이라고 주장한다.

쉬아파는 칼리파위를 알리 가문에 돌려주려는 운동에서 시작됐다. 제1대 이맘이자 제4대 칼리파 알리는 661년 쿠파의 사원에서 암살당했다. 알리 암살 이후 정통 칼리파 시대가 종식됐다. 이후 이슬람 세계의 칼리파는 우마이야 왕조와 압바스 왕조로 이어졌다. 이 시기에 쉬아파는 칼리파의 권위를 거부하고 이슬람 사회의 정당한 지도자는 알리와 그의 후손이라고 주장했다. 예언자의 자손만이 유일하게 정당한 지휘권을 가질 수 있다고 믿으면서 당시 칼리파에게 도전하는 자세를 견지했다. 쉬아파에게는 끝나지 않은 정치, 종교적 투쟁의 시작이었다.

알리의 장남 제2대 이맘 하산은 아버지 사망 이후 우마이야 왕조 무아위야에게 저항했다. 그러나 투쟁을 포기하고 처자식을 이끌고 메디나로 돌아온 후 46세에 독살당했다.

알리의 차남인 제3대 이맘 후세인은 680년 10월 10일 이라크 쿠파 근처 카르발라에서 반란을 일으켰으나 우마이야 왕조 칼리파 야지드의 군대에 참혹하게 살해됐다. 이 사건은 쉬아파에서 매우 중요한 역사적 사건으로, 종교적 상징이 되었다. 이로써 쉬아파에게 그의 죽음에 대한 애석함과 무관심에 대한 죄책감을 불러일으켰고 복수와 정의를 실현해야 한다는 주장이 나타났다. 즉 제3대 이맘 후세인은 다른 사람의 죄를 대신해 속죄하는 희생양으로 선택되었다는 것이다. 제3대 이맘 후세인의 죽음은 순교 개념으로 쉬아파 세계를 확장시켰다. 수난이라는 주제가 도입되었고, 애도 의식이 중요한 부분이 됐다.

제4대 이맘 아비딘은 카르발라 비극의 유일한 생존자로, 당시 몸이 아파 텐트에 누워 있어서 해를 입지 않았다고 한다. 당시 증언에 따르면 다마스쿠스 법정에 불려 갔지만 석방돼 메디나에서 거주한 것으로 알려졌다.

제5대 이맘 바키르는 740년 쿠파에서 저항했으나 전투에서 사망했고, 제6대 이맘 사디크는 쉬아파의 법과 전통에 대한 권위로 자주 인용된다. 하지만 그는 압바스 왕조 칼리파 만수르의 명령으로 64세에 독살당했다. 쉬아파의 커다란 위기는 제6대 이맘 사디크의 죽음을 통해 구체화됐다. 이맘 후계자가 정해지지 않은 상태에서 제6대 이맘 사디크의 장남 이스마일은 아버지보다 10년 먼저 사망했다. 일부는 요절한 이스마일과 그의 후손을 추종했지만, 또 다른 일부는 제6대 이맘 사디크의 차남 카짐을 제7대 이맘으로 추대했다.

제8대 이맘 리다는 765년 메디나에서 태어났으며 816년 압바스 왕조 칼리파 마문에 의해 칼리파위 후계자로 임명됐다. 이 시기에 이라크에서는 수많은 반란이 일어났으며, 리다는 호라산에서 독살당했다. 그는 마샤드에 묻혔는데 열두 이맘 중 유일하게 이란 땅에 묻힌 이맘이다.

순니파 전통에 따르면 제11대 이맘은 어린 나이에 사망했기 때문에 남성 후계자를 남기지 못했다고 한다. 이에 대해 쉬아파에서는 제11대 이맘에게는 869년에 태어난 무함마드라는 후계자가 있었다고 반박했고, 제11대 이맘이 칼리파로부터 그를 보호하고자 숨겼다고 전해진다.

쉬아파 전통에 따르면 제12대 이맘은 오직 가장 가까운 가족과 신뢰할 수 있는 친구들에게만 나타났다고 한다. 제12대 이맘은 은폐된 상태로 어딘가에 존재하고 있고 어느 순간 재림한다는 것이다. 불가사의하거나 은폐된 이맘에 관한 이론은 새로운 것이 아니었다. 일부 쉬아파는 제6대 이맘 사디크와 제7대 이맘 카짐이 은폐되어 있으며 돌아올 것이라고 믿었다. 쉬아파는 제12대 이맘을 본 적이 없음에도 비슷한 희망을 가지고 있다. 쉬아파에서는 그가 아버지의 순교적인 죽음 후에 이맘이 되었고 신의 명령으로 은폐됐다고 믿는다. 그 후 그는 4명의 대리인에게만 나타났다. 874년에서 940년까지 숨은 이맘은 대리인들을 통해 공동체를 인도했다. 이 기간은 소은폐기로 알려져 있다. 대은폐기에 숨은 이맘은 어떠한 인물과도 접촉이 끊어져 있는 상태이지만, 그는 살아 있으며 적절한 시기가 오면 다시 이 세상에 나타난다. 그의 출현과 함께 압박과 폭정의 장소에서 공평과 정의로 그 땅을 채울 것이다. 쉬아파 자료에 따르면 그가 에스파한의 유대인 지역 또는 쿠파 또는 호라산에 나타날 것이라고 한다. 제12대 이맘 마흐디*는 죽지 않고 다만 사라졌을 뿐이다. 그가 돌아오는 날이 바로 최후 심판의 날이다. 올바른 정부가 형성되면 이맘과 정부는 하나가 된다. 그러나 이맘의 은폐기에는 이슬람법학자 또는 종교학자가 대리인으로서 무슬림에 대한 문제를 관리한다. 현재 이슬람 혁명 이론가들은 제12대 이맘 마흐디가 재림할 때까지 이란의 이슬람 혁명이 지속적으로 이루어진다고 주장한다.

---

*　제12대 이맘의 원래 이름은 문타지르이며, 마흐디는 '올바르게 인도된 자'로 구세주를 뜻한다. 일반적으로 12대 이맘을 마흐디라고 부른다.

chapter 2

이란 이슬람 공화정

이란 이슬람 공화국 헌법

이란 이슬람 공화국 헌법은 이슬람법학자 통치론과 이슬람법을 토대로 구성되었고 전문, 제14장 제175조로 이루어졌다.

헌법 전문에는 '이란 이슬람 공화국은 이슬람 원리에 토대를 둔 이란 국민의 문화, 사회, 정치 및 경제의 기초가 된다'라고 명시했다. 또한 입헌 정부의 반독재 운동과 석유 민족주의의 반식민주의 운동을 계승하며 1963년 백색 혁명을 제국주의와의 결탁으로 간주하고 이맘 호메이니의 지도 이념에 따라 무슬림의 저항과 승리로 세워진 국가임을 분명히 밝히고 있다.

헌법 제5조는 '제12대 이맘의 부재 시 움마(이슬람 공동체)는 그 시대 상황에 정통한 공정하고 독실하며 용감하고 책략이 풍부하고 행정 능력이 있는 최고 지도자에게 위임한다'라고 규정한다. 이는 최고 지도자가 사실상 제12대 이맘의 대리인이고 실질적인 국가 통치권을 가지고 있음을 의미한다. 따라서 헌법에서는 삼권 분립 원칙을 규정하지만 최고 지도자가 삼권에 우선해 국정 전반에 관한 최고 통치권을 행사할 수 있다.

헌법 제107조에서는 최고 지도자의 자격 요건을 언급한다. '마르자에 타클리드이자 혁명 지도자 이맘 호메이니처럼 대다수 국민으로부터 최고 지도자로 받아들여지는 경우 그가 최고 지도자가 된다. 최고 지도자는 국가에 관한 모든 권한과 책임을 부여받고 있다.'

헌법 제110조에는 주요 정책 집행의 감독, 군 통수권, 군 사령관 임명권, 대통령 인준권 및 해임권, 사면 및 감형권과 같은 최고 지도자의 책임과 의무를 규정하고 있다.

이란 이슬람 공화국 헌법은 1989년 호메이니 사후 헌법 개정을 통해 몇 가지 변화가 생겼다. 개정 헌법에서는 최고 지도자의 자격 요건에서 마르자에 타클리드 조항을 삭제했고, 최고 지도자를 국민 투표가 아닌 전문가 회의에서 선출하도록 규정했다. 또한 수상제를 폐지하고 부통령제를 신설하면서 대통령의 권한을 강화했다. 호메이니 사후 최고 지도자는 1989년 6월 4일 전문가 회의를 통해 아야톨라 알리 하메네이가 선출됐다.

이란 대통령

대통령은 국가 원수로, 직접, 보통 선거로 선출된다. 임기는 4년이며 3회 이상 연임할 수는 없지만, 2회 연임 후 쉬었다가 다시 출마할 수 있다. 대통령은 부통령 10명과 장관 21명으로 구성된 내각, 즉 행정부를 관장한

<표2> 역대 대통령

	대통령	재임
제1대	아볼 하산 바니사드르	1980~1981년
제2대	모하마드 알리 라자이	1981년
제3대, 제4대	아야톨라 알리 하메네이	1981~1989년
제5대, 제6대	아크바르 하셰미 라프산자니	1989~1997년
제7대, 제8대	모하마드 하타미	1997~2005년
제9대, 제10대	마흐무드 아흐마디네자드	2005~2013년
제11대	하산 로하니	2013~현재

다. 대통령이 지명한 장관은 국회의 개별 인준을 받아야 공식적으로 임명되며, 국회는 각료 전체 또는 개별 장관에 대해 불신임권을 가진다. 부통령에 대해서는 국회 인준이 불필요하다. 국회 의원 3분의 1의 대통령 불신임 동의가 있고, 3분의 2가 찬성하면 대통령직에서 해임된다.

제1대 바니사드르 대통령은 이슬람공화당과 수상 선출을 둘러싸고 갈등하면서 해임됐다. 자유주의 성향의 바니사드르는 성직자 조직을 약화시키려고 혁명 기구들을 단계적으로 해체시켜 강력한 중앙 정부를 추진하려 했다. 그러나 미 대사관 인질 사태 이후 정국 주도권을 장악한 이슬람 강경파의 도전에 직면했다. 바니사드르가 추천한 수상을 국회에서 거부하면서 이슬람공화당은 모하마드 알리 라자이를 수상으로 제안했다. 바니사드르는 공개적으로 자질 부족을 근거로 라자이를 비난했고, 총 216석 가운데 130석을 차지한 최대 정당 이슬람공화당은 대통령 불신임 동의안을 채택했다. 호메이니는 이를 근거로 대통령을 해임시켰다.

제2대 모하마드 알리 라자이 대통령은 바니사드르 실각 이후 당선됐다. 그러나 1981년 8월 30일, 바호나르 수상과 수상실에서 회의하던 중 폭발

물 사건으로 사망했다. 이 사건은 무자헤딘 할크의 소행으로 추정된다.

제3대 대통령 선거는 이란 정국에 커다란 전환점이 됐다. 호메이니는 성직자가 대통령직에 오르는 것을 반대했지만 국가 위기를 수습하고자 측근을 추대하면서 기존 입장을 바꾸었다. 호메이니는 혼란스러운 정국에 성직자가 보다 더 막강한 권력을 가져야 한다는 견해를 밝혔다. 결국 하메네이의 당선은 성직자 대통령 시대를 의미했다. 1981년부터 1989년까지 알리 하메네이는 제3대, 제4대 이란 대통령을 역임하면서 영향력을 확대했다. 특히 이란-이라크 전쟁(1980~1988)에서 강경 노선을 표방하며 지지 세력을 강화했고, 전쟁 중 직접 군복을 입고 전선으로 나가 군인들을 독려하면서 자신의 위상을 높였다.

호메이니 사후 이란 정국에 커다란 변화가 나타났다. 헌법 개정을 통해 수상직을 폐지하고 부통령제를 신설하면서 대통령 권한을 강화시켰다. 라프산자니는 1989년부터 1997년까지 제5대, 제6대 이란 대통령을 역임했고 전문 관료 출신을 대거 등용해 새로운 변화를 추진했다. 이슬람 혁명 이후 이란 내각에서는 성직자와 비성직자의 역할 분담이 이루어졌지만, 라프산자니 내각에는 성직자에 의한 전문 관료와 비전문 관료 간에 조정이 나타났다. 성직자 관료는 이슬람 지도성, 사법성, 내무성 및 정보성과 같은 정치 부서를 담당했고, 전문 관료는 건설성, 국방성, 에너지성, 주택성, 산업성, 광업성, 석유성, 체신성 및 교통성 등에 임용됐다.

1997년 5월 23일 제7대 대통령 선거에서 당선된 하타미는 대외적으로 '문명 간의 대화'를 바탕으로 이란의 자주성을 존중하는 모든 국가와 우호 관계를 유지하겠다고 주장했다. 대내적으로는 자유와 인권이 구현되는 '이슬람 시민 사회의 부활'을 강조했다. 하타미의 당선은 이슬람 혁명 이후 커다란 변화를 의미하며, 폐쇄 사회와 통제 경제에 대한 개혁을 반영한 것이다. 2001년 제8대 대통령 선거에서도 하타미는 재선됐다. 그러나 이란 젊은이들은 개혁 조치의 즉각적인 실시를 주장하면서 거리로 뛰어나왔다. 1997년 7월 9일 대학생들은 테헤란 대학가를 중심으로 자유와 독재 타도를 외치며 시위를 벌였다. 7.9 학생 운동은 이슬람 혁명 이후 등장한 최초의 반정부 시위였다. 이런 상황에서 보수파에게는 이슬람 체제를 유지하고 강화시키는 데 보다 강력한 신정 체제가 필요하게 됐다.

2005년 7월 제9대 이란 대통령 선거에서는 아흐마디네자드가 강력한 이슬람 사회를 위한 평등주의를 제기하면서 당선됐다. 그는 이슬람 혁명 정신을 사회 정의라고 주장하면서 빈곤 타파, 부정부패와의 전쟁을 선언했다. 그는 1979년 11월 4일 미국 대사관 점거를 주도했던 학생 운동 단체 일원이었고, 이란-이라크 전쟁에 자원해 혁명수비대 특수 부대 고위 장교를 지냈다. 전쟁 이후에는 이슬람 민병대에서 활동했다. 이런 경력으로 그의 주요 지지 기반은 군부와 민병대였다. 선거를 통해 이란 정치의 주도권이 성직자에서 군부로 넘어간 것이다. 1979년 이슬람 혁명 이후 성직자들이 모든 실질적 권력을 장악했지만, 성직자(라프산자니)와 군부(아흐마디네자드)의 대결에서 아흐마디네자드가 승리한 것은 군부의 정치 개입과 영향력 확대를 상징한다. 2009년 6월 12일 제10대 이란 대통령 선거에서 아흐마디네자드는 재선에 성공했다.

2013년 6월 4일 제11대 이란 대통령 선거에서는 중도파와 개혁파의 연대를 통한 후보 단일화에 성공한 하산 로하니가 당선됐다. 하산 로하니는 당선 직후 극단주의에 대한 온건파의 승리라고 선거 결과를 평가했다. 2009년 대선에서 좌절된 개혁파의 녹색 운동이 이번 선거에서는 보라색 운동으로 나타났다. 로하니의 상징인 보라색은 억압과 차별에 대한 저항과 자유와 평등을 의미한다. 그는 선거 공약으로 여성부 신설, 소수 민족 인권 보호, 언론 자유를 언급하면서 새로운 개혁을 강조했다. 이 선거는 8년 만에 보수 강경파에서 중도 개혁파로 정권 교체가 이루어진 중요한 사건이라고 볼 수 있다.

chapter 3

이란 문화

겸양의 문화

이란의 대표적인 전통문화는 타어로프이다. 타어로프는 상대방을 존중하고 체면을 중시하는 겸양의 문화이다. 이는 상대방을 칭찬하거나 상호 간 체면을 지키려는 것이고, 손님과 상대방에 대한 환대를 의미한다.

타어로프는 쉬아파의 타키야 교리와 밀접한 관계가 있다. 이슬람 역사는 순니파 역사라고 볼 수 있다. 정통 칼리파 시대 이후 우마이야 왕조, 압바스 왕조, 오스만 튀르크 제국까지 모두 순니파 국가였다. 이에 따라 순니파를 다수파, 쉬아파를 소수파라고 부른다. 타키야란 소수파인 쉬아파가 다수파인 순니파의 정치 종교적 억압과 박해를 피하고자 자신의 신앙을 감추는 방어 수단이자 위장 행위를 의미한다. 타키야는 위기 상황에서 자신이 쉬아파가 아니라고 위장해 스스로를 보호하는 데서 유래했다. 즉 자신을 보호하고자 종교적 신념과 반대되는 말과 행위를 하는 것이 허용되는 문화가 오늘날 의례적인 표현과 간접 화법인 타어로프로 발전했다.

이란에서는 상점에서 물건을 살 때 상점 주인이 "이것은 아무런 가치가 없다."라는 표현을 자주 쓴다. 그렇다고 물건 값을 지불하지 않으면 상점 주인을 매우 불쾌해한다. 물건을 살 때뿐만 아니라 택시비 지불 등 거래가 이루어지는 모든 경우에 이란인은 이와 같은 표현을 의례적으로 사용한다.

복장 문화

이란의 복장 문화는 이슬람 문화에 토대를 두고 있다. 이슬람에서는 히잡이라는 이슬람 복장을 구체적으로 언급하며, 여성의 히잡 착용을 의무화하고 여성의 정숙한 옷차림으로 규정하고 있다. 꾸란 33장 59절에는 다음과 같이 언급하고 있다.

> 예언자여 그대의 아내들과 딸들과 믿는 여자들에게 베일을 쓰라고 이르라. 그때는 외출할 때니라. 그렇게 하는 것은 편리하고 간음당하지 않도록 함이라.

성인이 된 이란 여성은 손과 얼굴을 제외한 신체 전부를 천으로 가리고 외출해야 한다. 여성이 자기 몸을 노출할 수 있는 대상은 친족에서 남편, 친자식, 쉬아버지, 남자 형제, 조카 등이며, 성욕이 없는 하인이나 성에 눈을 뜨지 않은 남아에 한정된다.

이란에서는 실외에서 모든 여성이 이슬람에서 규정하는 복장을 착용해야만 한다. 심지어 외국인이라 할지라도 그 규정을 따라야 한다. 이란 여성은 일반적으로 세 가지 복장을 착용한다. 첫째, 차도르는 검은 천으로 온몸을 감싸는 것으로 가장 보수적이고 정숙한 의복이다. 둘째, 마그나에와 만토가 있다. 먼저 마그나에는 이란의 공식적인 여성 복장이다. 머리에 쓰도록 제작된 것으로, 얼굴이 드러나지만 머리카락을 가릴 수 있고 가슴 앞까지 내려오기 때문에 목 주위 노출을 막을 수 있다. 현재 학교와 관공서 등에서 교복이나 유니폼으로 사용한다. 색깔은 주로 검정색과 감색이 많고, 일반적으로 단색 위주이다. 만토는 롱코트 형태로 길고 헐렁한 겉옷이다. 계절에 따라 두께가 달라지고 일반적으로 발목까지 내려오는 것이 원칙이다. 셋째, 루사리는 머리에 쓰는 스카프로 외국인이 주로 하는 형태지만, 개방적인 이란 여성도 많이 착용한다. 루사리는 가장 자유롭고 실용화된 형태이다.

이슬람 복장은 남성에게도 적용된다. 남성은 반바지나 민소매 차림으로 외출할 수 없다. 최근에는 거리에서 민소매 차림을 한 이란 남성을 볼 수 있지만, 그런 복장으로는 관공서 출입이 금지된다. 또한 넥타이를 매는 것 역시 서구 문화의 상징으로 여겨 금지한다. 관공서 출입 시에는 외국인에게도 풀 것을 요청한다. 히잡의 본질은 남녀 모두에게 적용되는 것으로, 신체 노출을 금하는 것이다. 한편 결혼 예복으로 신랑은 양복, 신부는 웨딩드레스를 입는다. 상복은 검정색 옷을 착용한다.

11
이스라엘

성일광 건국대학교 중동연구소

예루살렘

■ **국가 개황**

· 국명: 이스라엘(State of Israel)

· 국가 체제: 공화정

· 언어: 히브리어(공용어), 기타(아랍어, 영어)

· 인구: 8,452,841명(유엔, 2018)

· 종교 분포: 유대교 74.8%, 이슬람교 17.6%, 기독교 2%, 드루즈 1.6%, 기타 4%

■

이스라엘의 면적은 2만 770㎢(한반도의 약 1/10)이고, 골란고원과 팔레스타인 자치 지역(가자 지구, 요르단강 서안 지구)까지 포함하면 총 2만 8,023㎢이다. 이스라엘 지형은 평원, 산악, 사막, 해안 지대로 이루어져 있으며 좁고 긴 형태로, 폭은 가장 넓은 곳이 약 135㎞이고, 길이는 약 470㎞이다. 지중해성 기후로, 우기는 일반적으로 11월경에 시작되어 이듬해 4월경까지 이어진다. 연 강우량은 대체로 500~750㎜이다.

이스라엘 인구는 2018년 기준 약 8,452,841명이다. 수도는 예루살렘으로, 해발 750m에 있으며 인구는 89만 명이다. 다만 예루살렘은 정치적 수도로서 수도 지위 문제에 대해 논란이 있으며, 각국 대사관은 행정 수도인 텔아비브에 있다. 단 미국의 도널드 트럼프 대통령은 2018년 미국 대사관을 예루살렘으로 이전했으며, 과테말라도 대사관을 예루살렘으로 옮겼다.

이스라엘은 1948년 5월 14일에 독립했으며, 독립 기념일은 유대력 기준으로 5월 5일이다(유대력에 따라 날짜는 매년 바뀐다). 군사력은 현역이 17만 6,500명, 예비군이 44만 5천 명이다. 화폐 단위는 뉴이스라엘세켈(NIS, 줄여서 세켈로 통용)로 표기하며, 환율은 2018년 현재 1미국 달러(USD)가 3.67세켈이다. 국내총생산(GDP)은 2,819억 달러, 1인당 GDP는 3만 3천 달러이다.

수출은 2015년 기준 약 564억 달러로, 주요 수출 품목은 다이아몬드, 소프트웨어, 화학 제품, 전자, 기계, 플라스틱, 농산물, 의류 등이다. 수입은 약 588억 달러로 주요 수입 품목은 원유, 차량, 철강, 기계류, 다이아몬드 원석, 군수 물자, 소비재 등이다.

정부 형태는 의회 민주주의이며 헌법 대신 국회인 크네세트에서 기본법을 제정한다. 시몬 페레스는 2007년 6월 대통령으로 취임했고 2014년 퇴임했다. 현 총리는 베냐민 네타냐후로 2009년 3월에 두 번째 총리 임기를 시작했다. 의회는 크네세트로 불리며, 임기 4년 단원제(120석)이다. 국회 의장은 2009년 3월에 취임한 레우벤 리블린으로 2014년 퇴임한 페레스를 이어 이스라엘 대통령으로 선출됐다.

이스라엘에서는 매주 '샤바트'라고 부르는 안식일(금요일 일몰에서 토요일 일몰까지의 기간)에 대부분의 유대인 상점 및 공공 기관이 문을 닫으며, 대중교통수단도 운행이 정지된다. 주요 공휴일은 부림절(3월), 유월절(4월), 현충일(4월 또는 5월), 오순절(5월 또는 6월), 새해 설(9월 또는 10월), 속죄일(9월 또는 10월), 초막절(9월 또는 10월), 하누카(12월) 등이다. 유대력(달력)에 따르므로 날짜는 매년 바뀐다.

이스라엘 통계청이 2011년 5월에 발표한 내용에 따르면, 1948년 80만 6천 명이었던 이스라엘 총인구는 2016년에는 829만여 명이 됐다. 이스라엘에서 태어난 유대인(Sabras, 히브리어로 짜바르)의 비율 또한 1984년 35%에서 2011년에는 72%에 이르렀다. 1년간 출생자는 약 15만 5천 명이고 사망자는 약 4만 2천 명이다. 이스라엘 사람의 평균 기대 수명은 여성 84세, 남성 80세이다. 평균 월급은 8,477NIS(약 2,500달러)로 최상층 월급은 최하층 월급의 약 8배에 달해 빈부 격차가 점차 커지고 있다.

우리나라와 1962년 4월 9일에 수교했으며, 1964년 8월 이스라엘 주한 상주 대사관이 설치됐다. 1978년 4월부터는 대사관이 폐쇄되고 주일 이스라엘 대사가 겸임했으나, 1992년 1월 재개됐다. 우리나라에서는 1969년 4월 주이탈리아 대사가 이스라엘 대사를 겸임하다가 1992년부터 상주 공관을 설치했다. 요르단강 서안 지구 팔레스타인 도시 라말라에 팔레스타인 대표부를 두고 있다.

chapter 1

이스라엘 이슬람 현황

이슬람 역사

이스라엘 건국 이전 이슬람 역사는 초기 황금시대로 알려진 라시둔 시대로 거슬러 올라간다. 이슬람 역사의 첫 발자국은 2대 칼리파인 우마르 이븐 카타브가 634년경 예루살렘을 침공하고 4년 후 결국 점령하면서 시작된다. 정확히는 칼리파 우마르가 보낸 아므르 이븐 알아스 장군이 예루살렘을 점령한 것이다.

우마이야 시대에는 왕조 창건자 무아위야가 660년 예루살렘에서 칼리파를 선언한 뒤 예루살렘을 이슬람 성지로 만들고자 많은 노력을 기울였다. 꾸란에서는 예루살렘이 메카 이전의 첫 번째 기도 방향인 키블라였다고 언급한다. 무함마드는 밤에 메카에서 예루살렘까지 부라끄를 타고 날아 알아크사 사원에 도착했고, 이후 바위 돔에서 승천해 천국을 경험했다는 전승도 있다. 691년, 5대 칼리파 압둘 말리크는 성전산에 바위 돔 또는 꾸빗 앗 사크라를 건축했다. 현재 이 돔은 황금이 덧입혀지면서 황금 돔으로도 불린다. 예루살렘은 메카, 메디나와 함께 이슬람 3대 성지이다.

750년에 압바스 왕조가 바그다드를 수도로 정하면서 예루살렘에 대한 관심은 낮아졌다. 그러다가 1187년 아이유브 왕조 창건자인 살라딘이 십자군 전쟁에서 승리한 뒤 예루살렘을 점령했고, 이후 1229년까지 통치하면서 예루살렘은 다시 이슬람의 중심이 되었다.

1260년, 맘루크 왕조는 팔레스타인을 침공한 몽골 군대를 아인잘루트(골리앗의 우물, 현재의 에인 하롯)에서 물리쳤다. 이로써 몽골이 팔레스타인과 카이로를 점령하는 것을 막아 이슬람 세계를 보존할 수 있었다.

이후 맘루크 왕조 술탄들은 예루살렘과 알아크사 사원, 바위 돔을 여러 차례 수리하고, 숙소들을 설치했으며, 알아크사 유지를 위한 기금도 조성했다. 나스르 무함마드 통치하의 시리아 총독 텐기즈는 예루살렘에 큰 마드라사(학교)를 세웠으며, 14세기 토후 투슈투무르와 아르군, 1482년 술탄 카이트바이도 마드라사를 세웠다.

맘루크 왕조는 수도 시설 재건에도 많은 비용을 충당해 마을에 물을 공급했다. 당시 터키와 페르시아 왕자들은 학교와 순례객을 위한 숙박 시설을 지었다. 이렇게 수많은 재단이 상당한 숫자의 종교 건축물을 지었는데, 이것이 결국 예루살렘의 가장 큰 특징이 되었다.

무슬림 인구와 모스크 수

이스라엘 내 무슬림 인구는 142만 명으로, 전체 인구의 17.7%에 달한다.

2014년 이스라엘 통계청 인구 조사에 따르면 무슬림 연령대는 비교적 젊은 편으로, 0~14세 연령대가 무슬림 인구의 36.5%를 차지한다. 무슬림이 가파르게 증가하는 이유는 출산율이 월등히 높기 때문이다. 무슬림 여성의 출산율은 1인당 3.4명인 데 반해 유대인 여성은 3.1명, 기독교인은 2.3명에 그친다. 무슬림 여성 출산율은 다른 아랍 국가 여성보다도 높아서, 시리아는 여성당 3.0명이고 알제리는 2.9명이다.

한편 이스라엘 내 모스크도 매년 증가하고 있다. 1967년에는 60개였으나 2015년에는 400여 개에 달한다. 이스라엘은 아랍 지역 발전을 위해 2015년부터 향후 5년간 총 2,600억 원을 투자하기로 결정했다. 이스라엘 정부는 약 300여 명의 무아진(기도 시간을 알리는 사람)과 이맘(금요 기도를 인도하는 사람)에게 월급을 주고 있다.

〈표1〉 연도 별 모스크 수

연도	1967	1988	1993	2003	2015
모스크 수	60	80	240	363	400

샤리아 법원

샤리아 법원은 결혼, 이혼, 생활비(양육비), 아동 양육 보호권, 친자 확인, 화해, 와크프, 가정 폭력, 이슬람 개종, 유산, 재산 분할 등의 문제를 다루며, 오스만 시대 샤리아 법원(이슬람 가정 법원) 전통을 유지하고 있다. 예루살렘, 야파, 하이파, 베에르셰바, 나사렛, 아코, 타이베, 바카 알가라비야 등 8개 도시에 샤리아 법원이 있다.

chapter 2

이슬람 운동

개요

　1971년에 시작된 이슬람 운동은 이스라엘 내 팔레스타인 인구의 아랍, 팔레스타인, 무슬림 정체성 형성과 함양을 위해 시작됐다. 교육과 종교 단체의 활동을 통해 이스라엘 내 팔레스타인과 이슬람에 대한 교육을 목표로 정하고, 고대와 현대 팔레스타인 역사뿐만 아니라 이스라엘 내 팔레스타인 시민이 처한 다양한 문제에 관심을 집중했다. 히브리어에 동화된 팔레스타인 아랍인의 아랍어 향상에도 힘썼다. 이슬람 운동이 주장한 세 가지 기치는 이슬람화, 팔레스타인화, 아랍화이다.

발전사

이스라엘 통치하의 예루살렘 성지 보호를 위한 이슬람 회의 조직이 1969년 모로코 정상 회담 후 창설됐다. 1970년대 들어서 이스라엘 내 팔레스타인 출신 셰이크 압달라 니므르 다르위시, 라에드 살라흐, 카말 카티브, 이브라힘 사르수르 등이 요르단강 서안에서 교육받고 카프르 카셈, 움 엘파힘 등 이스라엘 북부에서 다와(선교) 활동을 시작했다.

1971년, 압달라 니므르 다르위시는 이슬람 운동을 정식으로 창설했다. 이후 팔레스타인 대중의 광범위한 지지를 얻어 지방 구호 단체, 건강 클리닉, 사원, 학교 건설을 통해 아래로부터의 이슬람 확장(다와)에 박차를 가한다.

1980년대에 이슬람 운동은 풀뿌리 운동의 성과를 바탕으로 팔레스타인 인구가 대다수인 도시 지역 정치 제도권에 진출했으며, 1990년대 초에 이르러서 지방 정부에도 진출했다. 특히 1989년 지방 자치 선거에서 시장 5명이 당선됐고, 11개 시 의회와 지방 의회에서 45석을 차지했다. 이를 통해 지역 문제에 해결에 발 벗고 나섰으며, 주로 팔레스타인 주민과 토지 및 무슬림 성지를 보호하는 데 초점을 맞췄다.

1990년에서 1996년까지 이슬람 운동은 팔레스타인해방기구(PLO)와 이스라엘이 체결한 〈오슬로 평화 협정〉(1993)에 대한 상반된 입장과 팔레스타인 정치 제도권 참여 문제를 놓고 노선 차로 분열을 맞는다. 이로써 움 엘파힘에 근거를 둔 급진적 성향의 북부 이슬람 운동(지도자 사아드 라에드 살라흐)과 카프르 카셈에 근거한 온건한 남부 이슬람 운동(압달라 니므르 다르위시)으로 나뉜다. 그리고 1996년, 남부 이슬람 운동은 이스라엘 국회 크네세트에 참여했고, 북부 이슬람 운동은 이에 반대하면서 완전히 분할된다.

2011년까지는 이슬람 운동의 글로벌화와 지방화도 이루어졌다. 먼저 알아크사 사원과 예루살렘 보호에 집중하면서 지방화된 동시에 이슬람 유산인 예루살렘에 대한 이스라엘의 위험성을 언론과 인터넷 매체에 전파해 국제 사회의 지지와 관심을 얻는 데 성공하면서 글로벌화됐다.

2001년, 움 엘파힘 시장으로 선출된 셰이크 라에드 살라흐는 동예루살렘 재건, 반대 시위와 하람 알샤리프, 즉 성전산에서 종교 축제를 개최해 팔레스타인 대중의 지지도를 확보하면서 '알아크사 셰이크' 또는 '예루살렘의 팔레스타인 시장'이라는 별명을 얻었다. 그러나 하마스를 도왔다는 이유로 2003년부터 2005년까지 수감됐으며, 2007년에는 폭력과 인종 차별주의 선동죄로 5개월간 복역했다. 또한 2014년에는 2007년 연설에서 폭력을 선동했다는 혐의로 또다시 8개월 동안 수감됐다.

2015년, 이스라엘 정부는 북부 이슬람 운동을 테러 단체와 연계했다는 이유로 불법 단체로 규정했다. 온건파 남부 이슬람 운동은 1996년 크네세트에 입후보했고, 현재 아랍 정당 연합체인 연합 명단(Joint List) 소속 13명 국회의원 중 3명이 남부 이슬람 운동 소속이다.

한편 이슬람 운동의 창립자 압달라 니므르 다르위시는 2017년 69세로 생을 마감했다.

주요 활동

지하드

지하드는 성전으로, 이슬람을 지키고자 노력하거나 투쟁하는 활동을 의미한다. 정신적 또는 물리적 지하드는 마음, 혀, 펜(손)과 칼로 행할 수 있다. 최근 가장 흔히 알려진 지하드의 의미는 필요시 전쟁도 불사하고 이슬람 통치권을 세워 이슬람 신앙을 불신자에게 전파하거나 IS 같은 조직이 신실하지 못한 무슬림들을 초기 이슬람의 가치로 되돌리고자 행하는 거룩한 투쟁을 의미한다. 지하드는 크게 둘로 나눌 수 있다. 첫째 방어적 지하드는 외부의 적으로부터 다르 알이슬람(이슬람의 땅)을 지키기 위한 개인적인 의무로서, '파르드 아인', 즉 공동체 내 모든 무슬림이 참여해야 한다. 반면 무슬림 공동체의 집합적 의무로서의 지하드는 다르 알하릅(불신자의 땅) 주민들을 이슬람의 땅으로 데려오기 위한 군사 작전이 주가 되며 '파르드 키파야'로 파르드 아인과 달리 공동체 일부만 참여하면 된다.

이슬람 운동은 1970년대 초 준군사 조직 '지하드의 가족'을 창설해 대이스라엘 항전, 즉 지하드를 시도했으나 1979년 주모자가 검거되면서 실패했다. 지하드가 실패하면서 전략을 수정해 팔레스타인 아랍인을 위한 교육, 구제, 의료, 선교 사업 즉 다와로 전환한다.

다와 활동

다와는 '증인이 되다'라는 의미로 '신의 길로의 초대'를 뜻한다. 구제와 교육 및 의료를 포함한 이슬람 선교 활동을 의미하며, 대부분의 이슬람 원리주의 조직은 다와를 통해 조직원을 모집한다. 이슬람 운동의 거의 모든 구제, 교육, 의료 활동을 다와라고 볼 수 있다. 주 활동은 이슬람화와 팔레스타인 아랍 무슬림의 이스라엘화를 막고자 옛 이슬람 묘지, 성지, 사원 등의 성지 회복 및 복원 노력을 했다. 예컨대 하이파에 있는 이즈 알딘 알카삼 묘지와 역사적으로 오래된 사라판드 사원을 보존했다.

이슬람 운동의 구호는 '이슬람이 해결책'이란 뜻의 '이슬람 후와 알할'에서 '예루살렘은 전 무슬림의 문제'로 점차 바뀌었다. 예루살렘의 유대화를 막고 이슬람화하고자 여러 다른 활동도 전개했다. 일례로 '알아크사 피 카타르(아크사 사원이 위험하다)'라는 축제를 개최했는데 7만 명의 무슬림이 참가해 성공을 거두었다.

하람 알샤리프를 방문한 무슬림 방문객이 증가해 구시가 상권이 회복되면서 무슬림 경제 활동에도 도움을 주었다. 2001년부터 성지 관광 전문 조직인 비야레크가 성지 방문객 모집을 지원하면서 방문객이 늘어 2001년부터 약 200만 명이 방문했다. 또한 알아크사 사원에서 과학 세미나를 개최하거나 하람 알샤리프 내 나무 심기 축제, 알아크사 사원 깃발 행진 대회도 개최했다.

한편 이슬람 운동은 1980년대 이후 이스라엘 남부 네게브 지역에 거주하는 20만 베두인 주민 지원 사업에 총력을 기울였다. 먼저 정체성이 불분명한 베두인 주민에게 비시온주의 정치적 정체성을 부여했고, 둘째로 국가가 제공하지 못하는 의료, 교육, 복지, 사회 서비스를 제공하고, 사원을 지어 종교 활동을 장려했다. 또한 불법 건축물이라는 이유로 국가로부터 철거당한 주택을 새로 짓는 사업을 전개해 큰 지지를 얻었다.

다와 기관

신실한 무슬림을 양성하려는 다와 활동을 위해 창설한 하부 기관에는 알아크사 어린이 재단, 미디어 조직인 '사우트 알하크와 알후르리야(진실과 자유의 목소리)', 홈페이지 에크라(Eqra), 자선 단체 알아크사 재단 등이 있다. 1989년에는 알아크사 협회를 조직해 이스라엘 내 이슬람 성지와 지도를 작성하고 기록했다. 토지 소유 기록 연구와 보관, 법원 명령과 상소, 대중시위 동원과 논란이 된 장소에서 텐트 시위도 이어 나갔다.

가자와 요르단강 서안 팔레스타인 주민을 위해 인도적인 지원 단체 '자비로운 이슬람 위원회(Islamic Committee of Mercy)'를 창설하기도 했다. 1996년 이스라엘 정보부는 움 엘파힘의 자비로운 이슬람 위원회가 샤히딤(자살 폭탄 공격 사망자)과 테러리스트 가족을 돕는다는 이유로 폐쇄 조치했다. 또한 '고아와 빈곤자 지원을 위한 인도적 구제 위원회'를 창설했으나 2003년에 이 조직도 폐쇄 조치당했다.

활동 자금은 지역민이 제공하거나 해외 지원을 받았다. 해외 지원 규모는 정확히 알려지지 않았지만, 이스라엘 의회에 따르면 남부 지역 셰이크 이브라힘 사르수르는 영국과 아랍 에미리트 무슬림 인권 단체의 지원을 받고 있다고 한다.

2008년, 이스라엘 대내 정보부는 북부 운동 조직 산하 알아크사 연구소를 폐쇄 조치하고 문서와 자료를 압수했다.

교육

팔레스타인 정체성과 이슬람 교육을 통해 새로운 신실한 무슬림을 양성하고자 이스라엘은 국가 교육 시스템을 보충하는 독립적인 교육 기관을 창설했다. 꾸란, 이슬람과 팔레스타인 역사 교육 등 새로운 교육 과정을 소개했고, 아가방, 보육원, 유치원 및 고등 교육 기관(대표적으로 1990년에 세워진 앗 다와 칼리지) 등을 창설했다. 수십 개의 유치원을 카프르 카나, 마즈드 알크룸, 아라베 등의 아랍 도시에 세웠다.

또한 초등학교와 고등학교는 국가 통제하에 있어, 방과 후 사원에서 보충 수업을 통해 이슬람 교육을 하고, 방학에는 여름 캠프 프로그램을 열었다.

성과

새로운 신실한 무슬림을 양성하고, 활동적인 조직원과 모집원을 확보하고, 독립된 이슬람 공동체를 형성하는 등 소기의 목적을 달성했다. 2003년 보고서에 따르면 이슬람 운동은 아랍 지역 교육 기관 86%를 소유한 것으로 나타났다. 라에드 살라흐는 이스라엘 내 이슬람 가치에 기초한 독립된 무슬림 공동체를 건설하고 예루살렘을 미래 이슬람 칼리파제의 수도로 정할 것이라고 언급했다. 물론 다른 지도자 사르수르는 이스라엘 내 또 다른 이슬람 국가를 세울 의지가 있지만, 단 이스라엘 내 무슬림이 75% 이상이어야 한다는 조건을 달았다. 따라서 이슬람 운동의 한계를 인지하고 있으며, 사실상 거의 불가능한 것임을 인정했다.

이스라엘의 대이슬람 운동 정책

크게 두 가지 정책으로 나눌 수 있다. 먼저 적극적인 개입 정책으로는 라에드 살라흐를 수감하고, 미디어 조직인 사우트 알하크와 알후르리야, 알아크사 재단을 폐쇄한 것을 들 수 있다. 이어서 라에드 살라흐의 구시가 출입을 막고 추방 조치를 내렸으며 해외 지원 기관과의 관계도 단절시켰다.

그리고 분할 통치 정책으로 이슬람 운동을 이용해 팔레스타인 자치 정부(PA)와 요르단의 예루살렘에 대한 영향력을 상쇄시켰다. 예루살렘 문제를 관할해 오던 파이잘 후세이니의 오리엔탈 하우스도 폐쇄하고, 알아크사 사원 논란을 이슬람 운동이 주도하도록 방치하면서 이 문제를 국제 문제나 아랍권 문제가 아닌 이스라엘 내부 문제로 국한시켰다. 그런데 PA와 요르단을 배제하면서 의도치 않게 이슬람 종교 활동에 있어 예루살렘이 중심이 되면서 군소 다른 이슬람 운동이 발생하게 됐다.

이스라엘에 주는 함의

하마스와 이슬람 지하드는 이슬람 가치에 기반을 둔 이슬람 국가 건설을 최종 목표로 정하고 있다. 하지만 이스라엘 내 이슬람 운동은 이스라엘 국가 내에서 활동하는 제약이 있는 만큼 이슬람 국가 건설을 천명하기보다는 무슬림의 사회적, 정신적, 집합적 공동체 형성을 목표로 정하는 실용적인 노선을 보여 주고 있다. 다만 대부분의 이슬람 원리주의 단체와 마찬가지로 다와와 지하드 활동을 추진해 왔다.

이스라엘은 하마스와 지하드 이슬람을 테러 단체로 규정하고 공세적인 탄압 정책을 펼 수 있다. 하지만 이스라엘 내 이슬람 단체는 구성원이 이스라엘 시민권을 가지고 있으며, 일부는 이스라엘 의회에 진출하는 등 합법적인 범위 내에서 활동하고 있어 새로운 접근을 모색할 것으로 보인다. 제도권 내에서의 저항이란 점에서 이슬람 운동은 하마스와 이슬람 지하드보다 이스라엘에 더 위협적일 수 있다. 이스라엘 내 약 140만 명의 팔레스타인 시민을 대상으로 이슬람화와 팔레스타인화를 통해 팔레스타인 아랍 정체성 정립을 시도하기 때문이다. 반면 이스라엘 내 팔레스타인 시민의 이스라엘화(히브리어 사용 및 생활 방식 면에서 유대인과 유사해지는 현상)도 급속히 진행되고 있다. 예컨대 이스라엘 내 많은 팔레스타인 청년들이 팔레스타인 민족주의에 별다른 흥미를 갖지 못할 뿐만 아니라 유창한 히브리어를 구사하고 복장도 유대인 청년을 닮아 가면서 아슈케나지화(중동 출신 유대인이 유럽 유대인화되는 현상)된다고 보는 시각도 있다.

더 흥미로운 점은 다양한 이슬람 원리주의 흐름 속에서 이스라엘 내 이슬람 운동은 어떤 방향성을 가질 것인지 전망하는 것이다. 계속되는 이스라엘의 탄압 속에서 다른 여타 이슬람 원리주의 조직처럼 국가의 힘이 강할 때 지하드보다는 다와에만 집중할 것인지 지켜볼 필요가 있다. 반면 조직원을 충분히 확보하고 조직에 대한 이들의 충성도가 높아진다면 이스라엘에 대한 어떤 형태의 무력 사용을 결정할 것인지 아니면 여전히 다와에만 집중할 것인지도 관심사가 아닐 수 없다. 또한 이슬람 운동이 향후 하마스, 이슬람 지하드와 헤즈볼라 같은 다른 이슬람 조직과 어떤 관계를 형성할지 매우 흥미로운 주제다.

chapter 3

무슬림 성지

마밀라 묘지

이슬람 시대 예루살렘의 가장 큰 묘지로, 아미르, 무프티, 아랍 및 수피 신비주의자, 살라딘의 병사와 예루살렘 귀족 무덤이 소재한 곳이다. 묘지의 명칭은 만 민 알라, 즉 '신으로부터 온 자'라는 의미이다. 약 7만 명이 이곳에 묻힌 것으로 알려졌다.

알아크사 사원

성전산(유대교 성전이 세워졌던 터) 남쪽에 위치한 은색 둥근 지붕의 이슬람교 사원이다. 메디나, 메카와 더불어 이슬람교 3대 성지 중 하나로 8세기 압둘 말리크(재위 685~705)와 그 아들이 건설했으며, 십자군 시대에는 십자군 왕궁으로 사용되기도 했다. 알아크사 사원은 원래 비잔틴 시대 교회를 사원으로 만든 것인데, 그 후 지진 등으로 훼손되어 수차례 수리했다. 현재의 건물은 1066년에 준공됐다. 사원 내부는 7개의 홀로 되어 있고, 스테인드글라스와 타일로 아름답게 꾸며져 있다.

바위 돔

구시가지에서 가장 높은 성전산에 위치한다. 지붕이 황금으로 되어 있어 '황금 돔'이라고도 한다. 건물은 팔면체로 되어 있는데, 윗부분은 면마다 다른 타일을 붙였고, 아랍어 문자로 꾸란 문장이 새겨져 있다.

성전산 언덕에 위치한 이슬람 성지인 바위 돔은 이슬람교 성지로서 예언자 무함마드가 하늘로 올라간 바위 자리에 세운 건축물이다. 현존하는 팔각형의 아름다운 건축물로, 우마이야조 칼리파 압둘 말리크가 건축을 명해 691년에 완공된 것이다. 돔 아래에는 높이 1.8m, 폭 11m의 바위가 있다. 유대인은 이 바위에서 아브라함이 이삭을 신에게 바치려 했다고 믿는다. 반면 무슬림은 아브라함이 바치고자 한 아들이 이삭이 아닌 이스마일이라고 믿으며, 예언자 무함마드가 메카에서 말을 닮은 신비의 동물 부라끄를 타고 밤에 날아와 이 바위에서 승천해 천국을 여행했다고 믿는다.

다마스쿠스 문

오스만 술탄 술레이만 대제가 1542년 건설한 예루살렘 구시가 성벽 중 무슬림 지역으로 들어가는 주 출입문으로, 성벽 문 중 가장 크다. 구시가 북쪽에 위치해 시리아 다마스쿠스를 향한다고 해서 지어진 이름이다. 아랍어 명칭은 '밥 알아무드(기둥 문)'이다.

우마르 사원

예수 무덤 교회 맞은편에 정확히 위치한 우마르 사원은 638년 칼리파 우마르가 기도한 곳으로 믿어진다. 예루살렘 총대주교는 무슬림 기도 시간에 성묘 교회를 우마르에게 보여 주었다. 총대주교는 교회에서 기도할 곳을 제공했으나 우마르는 "내가 만약 교회 안에서 기도한다면, 나를 따르는 무슬림들이 그것을 소유할 것"이라며 거절했다. 전승에 따르면 우마르는 돌을 집어 교회 밖에 던졌고, 그 자리에서 기도했다. 현재 우마르 사원은 1193년 살라딘의 아들 아프달 알리에 의해 지어진 것이다.

나비 무사

예루살렘에서 여리고로 내려가는 길에 위치에 있다. 무슬림 전통에 따르면 이 언덕에 예언자 무사(모세)가 묻혔다고 한다.

1269년, 맘루크 술탄 바이바르스가 작은 무덤을 세운 것이 시초이다. 또한 메카로 성지 순례를 가는 무슬림들이 예루살렘에서 여리고(예리코)로 내려가는 도중 쉬면서 기독교 전통이 전하는 모세의 무덤이 있는 요르단 계곡 느보산 방향을 바라보던 장소이기도 하다. 이런 이유로 주변에 여행자 숙소가 늘어나고 15세기 중반에는 더 확장됐다.

1820년, 터키는 이곳을 보수해 일주일 동안의 성지 순례를 장려했다. 부활절에 맞춰 성금요일 알아크사 사원에서 행진을 출발해 하루 만에 나비무사에 도착해 5일 동안 기도와 금식을 하는 내용으로 구성돼 있다. 매년 나비 무사 축제가 열린다.

12

카타르

이원삼 선문대학교 국제관계학과

도하

■ 국가 개황

· 국명: 카타르국(State of Qatar)

· 국가 체제: 전제 군주제

· 언어: 아랍어

· 인구: 2,694,849명(유엔, 2018)

· 종교 분포: 이슬람교 67.7%, 기독교 13.8%, 힌두교 13.8%, 불교 3.1%

■

카타르는 페르시아만 및 사우디아라비아와 국경을 공유하는 중동 국가의 일부이며 걸프협력회의(GCC) 회원국이다. 국가 전체 면적은 11,586km^2이며, 인구는 약 269만 명으로 경기 상황에 따라 인구 증감 변동이 심하다. 이는 인구 대부분이 외국인으로 구성되어 있기 때문이다.

카타르는 과거 최빈국이었으나 오늘날 세계에서 가장 부유한 나라 중 하나로 부상했다. 이는 막대한 석유 가스 자원으로 경제 발전을 이뤄 왔고, 1995년 무혈 쿠데타에도 안정된 정부를 유지했기 때문이다. 카타르는 세계에서 가장 낮은 실업률을 자랑한다.

현재 대규모 가스 채굴 수입 자금으로 걸프 지역뿐만이 아닌 세계적인 도약을 위한 야심 찬 계획을 실현시키고 있다. 카타르는 〈아프가니스탄 평화 협정〉을 성사시키려는 시도를 하고 있으며, 2022년 월드컵 축구 개최지이다. 또한 팔레스타인 하마스와 파타당 간 평화 협상을 중재하고, 이집트와 시리아의 이슬람 단체에 지원을 제공하고 있다.

그러나 카타르는 몇 가지 문제에 직면해 있다. 오일 머니로 많은 서비스가 무료이며 막대한 보조금을 복지 분야에 투자하고 있으나 이주 노동자들의 인권은 매우 낮고 불합리한 부분이 있다. 이에 종종 인권 단체들이 이주 노동자에 대한 처우를 비판한다.

chapter 1

카타르 역사

　1760년대에 바니 유타 부족의 알칼리파족들은 쿠웨이트와 중부 아라비아에서 카타르로 이주해 북쪽 주바라에 진주와 상업 기지를 설립했다. 그후 알칼리파는 영토를 확장해 바레인을 정복한 후 통치했다. 현재 지배 세력인 알타니족은 19세기까지 카타르반도에 대한 소유권을 주장하는 알칼리파와 수년간의 논쟁 끝에 독립 정부를 수립했다.

　1867년 영국은 모하마드 빈 타니를 카타르 대표자로 인정했다. 몇 년후, 그의 아들 카심 알타니는 이 지역에서 권력을 잡으려고 하는 오스만 튀르크인으로부터 총독 직함을 수여받았다. 1916년 카심의 아들 압둘라는 영국과 협약을 맺어 통치 가문으로서의 알타니를 공고히 하는 대신 영국인 보호와 영국인에 대한 특별 권리를 제공했으며, 외교 관계에서 영국이 카타르에 대해 발언권을 갖도록 했다. 그 후 석유 채굴로 인한 국고 수익 증가는 알타니의 지위를 강화했다. 영국이 철수를 결정하고 카타르는

1971년 독립을 선언했으며 안정된 체제를 유지했다.

카타르는 1991년 걸프전 당시 유엔군이 자국을 기지로 사용할 수 있도록 허용했다. 사우디아라비아와도 국경 분쟁이 발생했지만 1992년 12월 해결했다. 그러나 바레인과 하와르섬을 두고 일어난 영토 분쟁은 해결되지 않았다.

한편 카타르는 1994년 미국과의 국방 협정에 서명한 세 번째 걸프 국가가 됐다.

chapter 2

카타르의 경제와 정치

경제

에너지 부국인 카타르는 세계에서 가장 부유한 나라 중 하나이며, 호화로운 지출과 다양하고 풍부한 국가 보조금으로 유명하다. 카타르는 전 세계에서 은행을 구입했으며, 유럽 축구 클럽 및 런던 심장부에 있는 자산을 지구상에서 가장 높은 가격으로 사들였다.

카타르의 수입은 에너지 자원에서 비롯된 것으로, 특히 석유와 가스가 GDP의 60% 이상, 수출과 수입의 85%, 정부 수입의 70%를 차지한다. 현재 1인당 GDP가 13만 달러에 달하는 부국이다. 석유는 1940년대에 발견되었으며, 매장량은 250억 배럴 정도이다. 또한 현재까지 확인된 천연가스 매장량은 약 24조 m^3로, 러시아(47조 m^3)와 이란(34조 m^3)에 이어 세계 세 번째이며, 한국도 LNG 수입에서 37%를 카타르에 의존하고 있다.

다른 걸프국과 마찬가지로 석유에 의존하던 카타르가 천연가스로 눈을 돌린 것은 1990년대부터다. 가스층이 발견된 것은 1971년이지만, 북쪽 해안의 가스전에서 첫 생산을 한 것은 1991년이었다. 영국에서 독립한 지 20주년 되던 해였다. 천연가스를 석유 대체 품목으로 키워 본격적인 수출에 나선 것은 1996년이다. 하마드 전 국왕이 1995년 아버지를 몰아내는 궁정 쿠데타를 일으킨 다음 해다.

석유보다 온실가스 배출이 적은 천연가스 시장은 폭발적으로 커졌다. 2016년 전 세계에서 LNG가 3억 톤 생산됐고 이 중 2억 6,800만 톤이 거래됐다. 카타르의 석유 고갈은 그리 멀지않은 것으로 예상되지만, 천연가스는 100년 이상 채취가 가능할 것으로 보인다.

그러나 전 세계적인 에너지 가격 하락은 주력 프로젝트의 축소와 보조금 및 세제에 대한 개혁으로 이어졌다. 카타르의 재정 삭감은 개발 프로젝트, 문화 계획, 교육, 운송 및 2022년 월드컵 축구 지출을 포함해 광범위하게 이루어졌다. 카타르는 2,200억 달러의 비용이 들어갈 것으로 추정되는 2022년 월드컵 경기장을 완공하는 데 주력하고 있으나 건설 비용 상승으로 2014년 예정된 경기장 수를 12곳에서 8곳으로 줄였다.

또한 카타르 정부는 다방면으로 비용을 절감하고 있다. 카타르 철도는 '업무 효율 검토'의 일환으로 50명의 직원을 해고했으며, 에너지 회사인 라스 가스, 카타르 석유 및 마스크 오일 카타르는 2014년 이후 수천 명의 직원을 해고했다. 카타르 재단은 비영리 단체인 시드라 메디컬 앤 리서치 센터의 인력 감축, 블룸스버리 출판사와의 파트너십 종료, 영화 산업에 대한 지출 및 대학 예산을 삭감했다. 카타르 박물관 역시 250명의 직원을 해고했다.

2016년 이후 방송사인 알자지라는 전 세계 지사와 본사에서 1천 명 이상의 직원을 해고하고, 알자지라 아메리카를 폐쇄했다. 또한 카타르 정부는 일부 국영 기업을 민영화할 계획이라고 밝혔다.

국내 정치

전 왕인 셰이크 하마드는 44세 때인 1995년, 궁정 쿠데타를 일으켜 아버지를 몰아냈다. 그는 영국 샌드허스트 육군 사관 학교에서 교육받았으며, 왕좌를 잡자마자 즉각 일련의 개혁을 시작했다. 그중 하나가 총리직을 신설해 동생을 임명하고, 서구에서 교육받은 젊은 고문단 및 기술 전문가 팀을 구성한 것이었다. 이 집단은 기존 정부 담당자들에 비해 현저히 젊었으며, 서구로부터 영향을 받아 기존과는 다른 사회 정치적 아이디어를 내 카타르 사회 구조에 적용하기를 원했다.

셰이크 하마드는 여타 아랍국 왕과는 다른 행보를 보였다. 그는 기존 지역 사회 사람들과 다르게 자신의 사회에 다가섰다. 초연한 자세를 취하고 거리를 둔 것이 아니라 언론에 정책을 이야기하고 왜 그것들을 해야 하는지 설명했다. 그는 카타르가 세계에 알려지고 주목받아야 한다고 반복해서 주장했다.

중동 북아프리카 지역 정권 대부분은 자국민에게 눈속임 선거 형태를 도입했다. 이러한 정권 중 상당수는 실제로 독재 정권을 강화하고자 민주화를 회피하거나 선거 정치를 조작하려고 정치 참여를 사용한다. 하지만 실제로 독재 정권들이 정치적 참여는 물론, 심지어 민주주의를 홍보하지 않을 때에도 셰이크 하마드는 국가 내 정치 공간을 개방했다. 이러한 지도력은 1995년 중앙시의회(CMC)의 전국 선거를 시작하기로 결정한 때부터 시작됐으며, 그 후 이러한 정책 기조를 이어 갔다.

또한 카타르는 여성에게 투표권과 공직에 출마할 수 있는 권리를 부여함으로써 이웃 국가 중 어느 나라도 아직 취하지 않은 조치를 실행하기로 결정했다. 쿠웨이트 국회 의원 선거는 1992년부터 시작됐지만 2005년까지 쿠웨이트 남성에게만 투표와 출마를 허용했다. 오만 여성들은 2003년 선거에 참여할 수 있는 권리를 얻었고, 바레인 여성들은 2002년에서야 투표권을 얻었다. 전통적인 카타르 여성들도 대부분의 다른 아랍 걸프 국가에서와 마찬가지로 집안일에만 한정된 생활을 하고 있었으며, 공공장소에서의 노출을 꺼리고 있었다. 그러한 상황에서 여성에게 정치적 권리를 부여하는 것은 가정 밖에서 그들의 존재를 정당화하는 것이고, 어떤 면에서는 이 지역에서 상당히 혁명적인 일이었다.

1995년 11월, 카타르의 아미르 하마드 알타니는 카타르가 CMC에서 29석을 직접 선출할 것이라고 발표했다. 이전까지 CMC 의석은 카타르 통치자인 아미르의 임명으로 채워졌다. 이 발표는 당시 카타르뿐만 아니라 걸프만 거의 모든 사람들을 놀라게 했다. CMC는 자문 권한을 가지고 있으며 도로 건설 및 유지 보수, 수자원 및 위생 서비스, 공원 및 휴양 같은 도시 서비스와 관련된 문제에 대해 시 정부 및 농업부와 협력한다. CMC는 정부 각 부처에 의견을 건의하며 의견 불일치가 있을 경우 문제를 해결하고자 각료 회의에 문제를 제기할 수 있다.

1995년 이래로 카타르 정부는 국내 정치 개혁에서 주도적인 역할을 해왔다. 아미르와 그 측근들은 국제 사회의 주목을 끌려고 이러한 개혁을 수행했다. 그 때문에 국내 개혁은 외교 정책의 도구 상자 중 일부로 간주됐으며, 정권이 국민으로부터 환영받는 것이 매우 중요했다. 즉 국제 규범을 준수하는 것은 카타르 엘리트가 국가 외부 평판을 강화하고자 추구하는 이미지 건설의 일부분이다.

그러나 투명성의 결여와 정부 조달에 있어서 공정치 못한 개인적 인맥 연결에 대한 비난들이 증가했다. 카타르는 2022년 월드컵 유치 경쟁에서 승리하려는 과정 중 부패한 관행에서 벗어나지 못했으며, 이러한 상황은 지속되고 있다. 또한 이주 노동자의 재산권을 거부하고 있으며, 사법부는 헌법에서 독립성을 보장받고 있음에도 독립적이지 않다. 왜냐하면 대다수의 판사는 아미르가 임명하는 외국인이기 때문이다.

외교 정책

국제적 명성 및 생존 전략을 위한 카타르의 외교 정책은 1971년 독립 이후 여러 단계를 거쳤다. 그중 1995년 셰이크 하마드 빈 칼리파 알타니의 무혈 정권 교체와 2013년 6월 그의 아들인 셰이크 타밈에게 권력을 이양한 두 가지 사건이 카타르 외교 정책에서 뚜렷한 전환점이 됐다.

다른 걸프 국가와 마찬가지로 카타르는 셰이크 하마드 빈 칼리파 알타니 지도력하에 독자적인 길을 개척하기 시작한 1990년대 중반 전까지는 사우디 정부의 외교 정책에 부응했다. 그러나 90년대 중반 이후부터 미디어, 외교, 교육, 문화, 스포츠, 관광, 경제 및 인도주의적 원조와 같은 연성 권력 수단에 의존하는 개방형 외교 정책을 채택했다. 카타르의 전략은 이웃 국가와의 선린 관계를 기반으로 했으며, 강대국 및 개발 도상국 세력과 전략적 제휴를 맺고 브랜드를 구축했다.

카타르의 외교 정책은 주로 아미르가 설계해 주도한다. 아미르 셰이크 하마드의 계산에서 가장 두드러진 두 국가는 미국과 사우디아라비아이다. 그는 미국을 보호국과 동맹으로 유지해 외국 침략에 맞서고 사우디가 자신의 정권을 훼손하려는 정책을 재개하지 못하게 하려고 했다. 카타르는 아랍 정치에서 중요한 역할을 하고자 지역 분쟁 조정에 적극적으로 참여했고, 아랍 대중에게 소프트 파워의 힘을 과시하려고 알자지라 텔레비전 방송국을 효과적으로 발전시켰다. 이 두 가지 모두에서 카타르는 매우 성공적이었다.

최근 카타르는 규모 면에서 세계적으로 가장 혁신적인 중재자로 부상했다. 이에 대한 국제적 명성과 생존을 위한 외교 전략을 결합해 중동 전역에서 벌어지는 국제 및 국내외 갈등 많은 부분에서 중립적인 평화주의자로 자리 잡고자 노력했다. 그 결과 카타르는 긴장 완화의 중재자 역할을 해낼 수 있음이 입증되었지만, 근원적으로 갈등을 해결하지는 못했다.

이러한 카타르의 성공은 분쟁 중재 당사자의 중립성, 중재 협상을 주재하고 평화를 위한 재정적 인센티브를 제공할 수 있는 방대한 재정적 자원, 국가 최고 지도자의 개인적인 관심과 참여로 촉진됐다. 그러나 이러한 성공은 종종 뿌리 깊은 갈등의 복잡성에 대해 지나친 단순화 및 과소평가를 통해 이루어진 것이 대부분으로, 장기적 관점에서는 그 결과가 긍정적인 것만은 아니다. 카타르의 중재력 강화를 위한 외교 전략은 앞으로도 계속될 것으로 보이지만, 그 결과에는 긍정적인 면과 부정적인 면이 혼재할 것이다.

2000년대 중반 이후 카타르는 중동과 아프리카 일부 지역 국가 간 갈등에서 세계에서 가장 활동적인 중재자가 됐다. 이 중 가장 주목할 만한 것은 레바논, 수단, 예멘에서의 중재 노력과 참여이다. 팔레스타인과 지부티, 에리트레아 국경 분쟁에서도 이러한 노력을 했다. 이 과정에서 카타르는 평화와 안정에 관심이 있는 정직한 중개인으로서의 이미지를 적극적으로 개발했다.

2013년 6월, 현재 통치자인 셰이크 타밈은 부친인 셰이크 하마드로부터 정권을 이양받아 왕이 됐다. 이는 현대 아랍 역사에서 전례가 없었던 일이었다. 즉 쿠데타나 사망으로 인한 정권 이양이 아닌 현직 왕이 스스로 정권을 이양한 것은 비록 아들에게 왕위를 물려준 것이라 하더라도 아랍 지역에서는 매우 파격적인 사건이었다. 특히 다른 왕정 국가는 매우 충격적인 일로 받아들였다.

또한 당시 아랍 지역은 지정학적 환경과 지역 권력 균형이 재편되는 시기였다. 이집트 대통령 무함마드 무르시 축출, 리비아 분쟁 확대, IS 영토 확장, 예멘 후티족의 주요 국가 기관 장악 등이 벌어지고 있었던 때였으므로 왕이 노쇠한 사우디아라비아가 받아들이는 충격은 매우 컸다. 왜냐하면 사우디아라비아는 형제 계승으로 노쇠한 왕들이 계속 이어짐으로써 정권 쇄신에 대한 욕구가 나라 안팎에서 증가하고 있었기 때문이다.

아랍의 봄 영향

중재 노력의 역할로 카타르는 국제적인 신뢰를 얻는 긍정적인 결과를 얻었다. 이로써 카타르는 2008년 5월 레바논 합의와 2007년 리비아에 구금되었던 불가리아인 간호사와 팔레스타인 의사의 석방을 중재할 수 있었다. 이렇게 카타르의 외교 정책은 중립성과 공평성으로 유명해졌다.

2010년 12월 발발한 '아랍의 봄' 시위는 이 지역 정치 환경에 역사적인 변화를 촉발했다. 이때 카타르는 중재자가 아닌 적극적인 지지자로 국가의 국제적 이미지가 바뀌었다. 카타르는 2011년 4월 리비아의 무아마르 카다피 세력에 맞서 나토(NATO)가 주도한 유엔 군사 행동에 참여했다. 또한 카타르는 시리아에서의 유혈 사태를 막고자 아랍 연맹의 일환으로 아랍계 군대를 시리아로 파견할 것을 요구했다.

카타르는 아랍의 봄 여파 속에서도 휘청거리지 않은 유일한 아랍 정권 중 하나이다. 이는 카타르가 지역 분쟁 가능성이 있는 세력과 협조하고 시대 조류를 앞서 왔기 때문이다. 반면에 주변 다른 왕정 국가는 시대 조류에 편승하지 못해 불안정하며, 융통성이 없는 것이 일반적인 현상이다. 카타르 외교 정책에서 이러한 실질적인 변화는 카타르가 작은 국가임에도 이 지역 다른 국가와 동등한 수준에서 독립적인 의사 결정과 능력을 발휘할 수 있다는 확신을 반영하는 것이다.

스마트 파워로의 전환

셰이크 타밈 빈 하마드 알타니가 권력을 잡으면서 카타르의 외교 스타일이 변했다. 특히 이집트, 이라크, 시리아 등 다양한 지역의 변화와 함께 크게 바뀌었다. 카타르의 외교 정책 도구는 소프트 파워와 스마트 파워로서 주목할 만한 발전을 거쳤다. 이러한 발전은 카타르 지도부가 변화하는 우선순위에 따라 정책을 채택하고 합리적으로 재구성했기 때문에 가능했다. 카타르의 외교적 움직임은 이전 입장과 비교했을 때 다소 스마트해졌다. 이는 외교 정책을 뒷받침하는 헌법 원칙을 유지하면서 소프트 파워와 하드 파워에 대한 접근 방식을 결합해 전략적인 외무 정책을 구체화하려는 젊은 아미르의 희망에 기인한 것으로 볼 수 있다.

외국 언론의 카타르에 대한 비판이 증가한 이후 새로운 카타르 지도부는 국내 문제에 이전보다 더 많은 관심을 기울이고 있다. 카타르 당국자들은 외국인 근로자 권리와 관련해 문제점이 있음을 부인하지 않는다는 점에 주목할 필요가 있다. 관련 정부 부서는 특히 카타르가 2030년까지 지속 가능한 발전 목표를 이행하고 달성하려는 시도를 한 이후로 이러한 문제들을 다루려고 법률을 제정했다. 또한 카타르는 각종 세계적인 행사를 유치하며 영향력을 키웠다. 2006년 아시안 게임과 2012년 기후변화당사국회의를 개최했으며, 2022년에는 월드컵을 개최할 예정이다.

카타르 의사 결정권자들은 정치적인 면에서 어떤 단체도 제외시키지 않는 것에 중점을 두면서 가능한 한 모든 곳에서 모든 당사자와 대화하는 개방 정책을 채택했다. 이 입장은 일부 이슬람 정치 운동에 직면한 특정 이웃 국가의 입장과 모순되기 때문에 GCC 내에서 의견 차이를 촉발했다. 2014년 3월, 사우디, 아랍 에미리트, 바레인 등 3개국은 카타르가 무슬림 형제단을 지원한다는 이유로 자국 대사를 소환했다. 의심할 여지없이 이것은 셰이크 타밈이 통치 첫해에 직면한 가장 큰 도전 과제였다. 이 사건은 쿠웨이트의 중재로 일단락되었지만, 이 전례 없는 GCC 내 갈등과 해결 과정은 카타르의 자율적인 정치적 의사 결정이 다른 지역 국가에 적대적이지 않은 독립 전략을 유지할 수 있다는 능력을 보여 주었다.

카타르의 반응은 위기를 극복할 수 있는 유연성과 의지를 보여 주었고, 2014년 9월 독일과 유엔에서의 아미르 연설 및 CNN과의 인터뷰에 잘 나타나 있다. 이에 대한 분석은 카타르 외교 정책의 새롭고 오래된 특징을 강조하며 헌법에 명시된 기본 원칙을 손상시키지 않고 조정했음을 시사한다. 중재 원칙 중 가장 중요한 특징은 카타르가 지역 및 국제 분쟁을 해결하는 평화 협상지로서의 지위를 획득하는 것이다.

최근 국제 포럼에서 카타르의 타밈 빈 하마드 알타니는 선제 전쟁보다는 선제적 평화 방법을 통한 대화 문화와 예방 외교를 촉구했으며, 점진적인 개혁을 실행하는 정부를 지원하고, 카타르가 외교 정책의 기본을 변경하지 않고 아랍의 봄 발발 이후 채택된 것보다 더 유연한 접근법을 탐구하기를 희망한다고 언급했다.

또한 독재 정권의 독재와 지하드 조직의 테러 사이에서 강제적인 선택보다는 자유와 존엄성, 자신의 더 나은 삶에 대한 권리를 요구하는 아랍 국가의 권리를 카타르 의사 결정권자들이 일관성 있게 지지한다는 것이다.

외교 정책 도구로써의 알자지라

작은 국가인 카타르가 국제적인 명성을 얻은 가장 중요한 요소는 유명한 미디어 네트워크인 알자지라이다. 아미르가 1996년에 설립한 이 회사는 중동 지역에서 가장 지배적인 뉴스 네트워크가 됐다. 셰이크 하마드 빈 칼리파 알타니가 위성 뉴스 채널을 설립하기로 결정했을 때 그의 의도가 무엇이었든 간에, 알자지라는 정보 통제로 사회를 관리하고 권위주의 정권을 확보하는 데 중요한 도구로, 남아 있는 지역에서 검열 밖에 존재하는 뉴스 센터가 됐다.

알자지라의 보도 스타일은 예리하고, 매끄럽고, 현대적이었다. 이는 카타르 엘리트들이 원한 국가에 대한 이미지를 완벽하게 보완했다. 그것은 팔레스타인 인티파다와 같은 사건의 생생하고 노골적인 장면을 방영했을 뿐만 아니라 PLO의 비효율성과 미국의 이라크 침공에 대한 폭력성을 다루었다. 뿐만 아니라 이스라엘 지역과의 인터뷰를 위해 현지까지 간 최초의 지역 네트워크이기도 했다. 즉 아랍인이 이전에 보지 못했던 분쟁의 또 다른 측면을 보도한 것이다. 오사마 빈 라덴과 같이 논란이 많은 인물의 메시지를 전달해 이웃 국가와 서방 국가 모두를 자극하기도 했다.

카타르의 외교 정책과 마찬가지로 알자지라는 누구에게도 종속되어 있지 않은 것처럼 보였고, 종종 서방과 여러 아랍 정권을 부정적인 시각으로 묘사했다. 알자지라는 지역을 가로질러 많은 이에게 아랍의 입장을 묘사하는 것으로 느껴졌다. 결과적으로 지역 사건들을 이해하는 데 더 이상 서구 뉴스 네트워크를 볼 필요가 없었다. 알자지라가 아랍 사회에 영향을 미치고 있는 능력은 카타르의 강력한 외교 정책 도구로써이며 카타르 엘리트들은 그러한 것을 피부로 느낄 수 있었다.

알자지라 직원은 자신들이 완전히 독립적이며, 보도하는 내용과 범위에 관해 정권에 지시받지 않는다고 주장했다. 카타르 정권이 네트워크를 광범위하게 통제하지는 않는 것은 어느 정도 사실인 것 같다. 그러나 알자지라 운영을 정권 자금에 의존하고 있다는 것 또한 비밀이 아니다. 명백한 검열이 일반적으로 일어나지 않더라도, 자기 검열은 여전히 중요한 역할을 한다. 더욱이 정권이 알자지라를 통제하지 않는다고 해도, 네트워크가 아미르가 원래 만든 목적을 달성하지 못한다는 것을 의미하지는 않는다.

또한 알자지라는 아랍의 봄과 관련이 있고 영향력 있는 인물이 될 능력을 보유한 자들을 활용해 정권을 위한 새로운 상황과 기회를 창출했다. 정권과 알자지라는 분명히 아랍의 봄에 대한 책임이 없다. 하지만 네트워크는 폭력 사태가 전개되고, 국가에서 국가로 급속도로 퍼진 것에 큰 역할을 했다. 이 상황은 폭동의 발전과 전개 과정에서 의도적이든 아니든 간에 카타르가 영향을 미친 나라로 간주되게 했다.

알자지라는 아랍계 대중에게 선과 진실의 힘으로 간주되었고, 서방 국가에게도 긍정적인 인식을 얻었다. 알자지라가 도하에 기반을 두고 있다는 사실은 카타르가 근대적이고 진보적인 국가라는 이미지를 더욱 부각시켰을 뿐 아니라 이 지역과 세계에 큰 역할을 하고 있다는 것을 강조했다. 비록 이웃 국가의 분노를 고조시켰을지라도 지역에 영향력을 행사할 수 있는 권한이 커졌다. 왜냐하면 원할 경우 알자지라를 통제할 수 있는 능력이 있기 때문이다.

사우디아라비아와의 관계

카타르의 외교 정책은 사우디아라비아와의 관계와 별도로 설명할 수 없다. 아미르 하마드의 아버지 칼리파는 사우디아라비아의 그늘에 남아 있는 것에 만족했다. 그러나 아미르와 젊은 주변 고문들은 이에 동의하지 않았으며, 1990년대 중반부터 지역 강국에게 벗어나기 시작했다. 궁정 쿠데타 이전인 1992년 두 명의 경비원을 죽인 국경 충돌 결과로 양국 간 긴장이 이미 고조되어 있었다. 쿠데타 이후 사우디아라비아는 새로운 아미르를 지지하기를 꺼렸으며, 심지어 GCC 사무총장을 위한 카타르 후보를 거부하기까지 했다.

1996년, 셰이크 하마드는 이후 사우디아라비아에 큰 가시가 된 것으로 입증된 알자지라를 설립했다. 사우디 정권은 또한 카타르와 이스라엘, 하마스, 이란, 시리아, 헤즈볼라와의 관계에 불만을 표시했다. 카타르는 도하에서 개최된 중동 북아프리카 경제협력기구(MENA) 회의와 같은 행사에 이스라엘을 지속적으로 초청해 사우디아라비아와 다른 이웃을 화나게 했다. 셰이크 하마드는 사우디아라비아와 독립된 외교 정책을 구사하려는 희망을 반복적으로 주장했으며, 이러한 욕망은 카타르의 국제적 이미지를 발전시키는 원동력의 일부가 됐다.

　카타르가 이렇게 할 수 있었던 것은 천연가스 개발 덕이다. 카타르가 천연가스에 집중하면서 원유 생산국인 사우디의 지배력으로부터 한발 떨어질 수 있었기 때문이다. 대신 미국, 이란, 러시아 등과의 연결 고리를 강화했다. 카타르 국부 펀드는 2016년 러시아 국영 석유회사 로스네프트에 27억 달러 투자를 결정했다. 사우디 속국이나 마찬가지였던 카타르가 천연가스로 번 돈을 통해 독자적인 역할을 찾아간 것이다.

　그러나 이것이 빌미가 되어 2017년 6월 5일 사우디아라비아를 필두로 바레인, 아랍 에미리트, 이집트가 테러리즘을 지원했다는 이유로 카타르에 단교를 선언했다. 예멘, 몰디브, 리비아 임시 정부도 곧바로 단교를 발표했고, 서아프리카 모리타니와 모리셔스도 가세했다. 이에 카타르는 단교 배경인 알자지라의 논조나 외교 정책 노선은 카타르의 문제로 누구도 개입해선 안 된다면서 내부 문제로 협상하지 않겠다고 강경한 자세를 취하고 있다.

　사우디와 카타르 관계는 2011년 이집트에서 일어난 아랍의 봄 시위를 계기로 극도로 악화됐다. 카타르는 이집트 반정부 이슬람 단체로 아랍권 왕정 타도에 나선 무슬림형제단을 뒤에서 지원하며 사우디와 각을 세웠다. 또한 사우디 왕실의 치부를 보도해 눈엣가시였던 알자지라 위성 방송은 아랍의 봄 시위를 촉발한 튀니지 채소 장수의 분신 사건을 내보내며 시위 물결을 확산시켰다. 이와 같이 사우디의 카타르 단교는 20년 넘게 곪은 갈등이 터진 것이다.

13

쿠웨이트

최영철 서울장신대학교 교양학부

쿠웨이트

■ **국가 개황**

· 국명: **쿠웨이트국(State of Kuwait)**

· 국가 체제: 입헌 군주제

· 언어: 아랍어(공용어), 영어

· 인구: 2,694,849명(유엔, 2018)

· 종교 분포: 이슬람교 76.7%, 기독교 17.3%, 기타 5.9%

■

쿠웨이트는 아라비아반도의 사우디아라비아, 이라크, 이란과의 접경에 위치한 인구 269만여 명의 입헌 군주국이다. 국토는 17,820㎢로 경상북도 면적과 비슷하다. 쿠웨이트는 1946년에 원유 수출이 시작된 이후 국고 수입 대부분을 원유와 석유 제품 판매에 의존해 급속한 경제 발전을 이루었다. 석유 산업은 쿠웨이트 국가 GDP의 50%, 정부 재정 수입의 90%, 수출 총액의 95%를 차지한다. 현재 쿠웨이트의 원유 추정 매장량은 1,040억 배럴이며, 전 세계 원유 매장량의 10%에 달한다. 현재 생산량은 하루 220만 배럴이며, 전체 생산량 중에서 160~170만 배럴 정도를 수출한다.

미국 국무부의 2015년 〈국제 종교 자유 보고서(쿠웨이트 편)〉에 의하면, 쿠웨이트 전체 인구는 약 420만 명이다. 이 중 쿠웨이트 시민권자가 130만 명(31%), 쿠웨이트 시민권을 갖지 않는 외국인이 290만 명(69%)이다. 쿠웨이트 시민권자 130만 명 가운데 70%는 순니파 무슬림이며, 30%는 쉬아파 무슬림이다. 비(非)시민권자 대부분은 외국인 노동자로, 이 가운데 순니 무슬림 175만 명(60%), 쉬아 무슬림 15만 명(5%), 기독교도 75만 명(25%), 힌두교도 10만 명(3.5%), 불교도 10만 명(3.5%), 시크교도 1만 명(0.4%), 바하이교 등 기타 4만 명(1.4%)이다. 쿠웨이트에 거주하는 외국인 인구를 출신 국가별로 보면 인도인 90만 명, 이집트인 59만 명, 필리핀인 24만 명, 방글라데시인 20만 명, 시리아인 15만 명, 파키스탄인 11만 명, 스리랑카인 10만 명 등이다.

chapter 1

쿠웨이트 역사와 정치 체계

쿠웨이트는 아라비아반도 지역 다른 아랍 왕정 국가와 달리 1962년 이후 의회 제도가 비교적 안정적으로 발전되어 왔다. 쿠웨이트의 참여 정치는 2세기가 넘는 전통을 지니고 있다. 쿠웨이트의 상인 엘리트가 알사바 통치 왕가를 재정적으로 지원하면, 왕가는 쿠웨이트 통치자로서 중요 사안에 관해 상인 엘리트에게 자문을 구하는 결합 통치에 합의했다. 이렇게 해서 통치 왕가와 상인 엘리트 간에 정치적인 균형이 형성됐으며 제도화됐다.

1961년 독립 이후 쿠웨이트는 전통적인 전제 정부 형태에서 좀 더 민주적이며 제도화된 형태로 발전했으며, 이 과정에는 1950년부터 1965년까지 통치했던 압달라 국왕이 크게 기여했다. 그의 통치하에서 1962년 헌법이 제정되었으며 의회 제도를 도입해 국회를 창립했고, 권력 분립을 제도화했다. 통치 왕가, 상인 엘리트 그리고 종교적, 이념적으로 다양한 정파가 참여해 주요 정치 행위자 간에 역동, 상호 존중, 상대적으로 비폭력적 그리고 부드러운 관계를 발전시키고 제도화하는 데 성공했다.

쿠웨이트는 18세기 초 아나이자 부족의 알사바 가문이 건설했다. 알사바 가문은 아라비아반도 내부 나즈드에서 내려와 걸프만 아라비아 해안에 정착한 가문이다. 이 지역에 정착했던 주민들이 알사바(재위 1751~1762)를 통치자로 추대했고, 1751년부터 공식적으로 쿠웨이트를 통치했다. 알사바 왕가에서 일상적인 공공 업무를 수행하면, 진주 채취와 무역을 생업으로 하는 상인 엘리트가 주민 대표 격으로 재정적인 지원을 제공하고 국왕은 중요한 결정에 대해 그들에게 자문을 구했다. 이렇게 서로 협력하는 관계의 영향으로 '결합된 통치' 형태를 띠게 됐다. 즉 알사바 왕가 대표가 제한된 권력만으로 통치하는 정치 제도였다. 그리고 20세기 들어서까지 잘 제한된 통치가 이어졌다. 무바라크 대왕(재위 1896~1915) 통치 말기까지 쿠웨이트는 진주 채집과 무역이 주를 이루는 경제, 사회 구조였으므로, 알사바 왕가가 우월한 정치권력을 가졌더라도 재정 자원을 보유한 상인 엘리트가 왕권을 견제할 수 있었다.

제1차 세계대전 이후 영국의 통치를 받게 된 쿠웨이트는 국제 수준 행위자에게 어느 정도 영향을 받았다. 하지만 내적 역동성이 정치 과정에 반영되어 치자와 피치자 간에 균형을 맞춰 주었고, 정치 하부 구조로 기능하게 했다. 이러한 정치적인 게임 규칙이 1921년 슈라 평의회가 창립되고 1938년 입법평의회라는 기구로 제도화된 쿠웨이트 정치 체제의 골격이다.

쿠웨이트는 1961년 6월 19일 영국으로부터 독립했으며, 당시 국민에게 존경받고 '헌법의 아버지'로 추앙받은 압달라 국왕(재위 1950~1965)의 뒷받침으로 1962년 초 헌법 제정 의회가 구성됐다. 그리고 1962년 11월 11일 입헌 군주제를 국가 정체로 규정하는 헌법을 제정했다.

chapter 2

쿠웨이트의 이슬람

이슬람법 체계와 종교 생활 규범

1962년 11월 11일 제정된 쿠웨이트 헌법 제2조는 쿠웨이트 국교가 이슬람이며, 이슬람 샤리아가 입법의 주요 법원(法源)임을 명시하고 있다. 쿠웨이트 법체계는 영국 보통법, 프랑스 민법, 이집트 민법, 이슬람법 등이 혼합되어 형성됐다.

순니파가 시민권자 인구의 70%를 차지하는 쿠웨이트의 가족법은 말리키 법학을 기반으로 하며, 쉬아파 쿠웨이트 국민은 쉬아파 이슬람 법학에 기초한 가족법을 따른다. 가정 법원에서 여성의 증언 능력은 남성의 절반이다. 쿠웨이트 무슬림 여성은 비무슬림 남성과의 결혼이 금지되어 있으나 쿠웨이트 무슬림 남성은 비무슬림 여성과 결혼할 수 있다. 1984년 개정된 쿠웨이트 가족법 제18조는 쿠웨이트 무슬림 여성과 비무슬림 남성과의 결혼이 무효임을 규정한다. 또한 쿠웨이트 가족법 제145조는 그러한 종교적, 법적 원칙을 쿠웨이트 무슬림 남편에게도 적용한다. 무슬림 남편이 이슬람에서 다른 종교로 개종하면 무슬림 여성과의 결혼은 무효가 된다. 나아가 쿠웨이트 가족법 제294조에 의하면 혼인 기간 중 다른 종교로 개종한 무슬림 남편은 그의 무슬림 부모나 배우자, 친척으로부터 유산을 상속받을 수 없다.

쿠웨이트 헌법 제35조는 종교 자유를 규정한다. 국가는 관습으로 확립된 종교 의식을 행하는 자유를 보호해야 하지만, 그러한 종교 의식은 도덕과 공공 질서를 해치지 않아야 한다. 쿠웨이트에서는 무슬림을 상대로 선교 활동을 할 수 없다. 또한 쿠웨이트 무슬림 시민권자는 다른 종교로 개종해서는 안 된다.

쿠웨이트 형법 제111조는 이슬람이나 다른 종교의 명예를 훼손하고, 이슬람 예언자 무함마드나 그 부인들을 모욕하는 신성 모독의 죄를 범할 경우 최고 징역 10년형을 받을 수 있다. 실제로 쿠웨이트에서 신성 모독죄로 처벌받는 사례가 가끔 발생한다. 2012년 3월 쉬아파 쿠웨이트 국민 하마드 알나키는 트위터에 사우디아라비아와 바레인 국왕, 예언자 무함마드와 그 동료들을 비판하는 내용의 포스트를 게재했다. 쿠웨이트 지방 법원은 2012년 6월 5일 그에게 국가 보안법 제15조와 형법 제111조를 적용해 징역 10년형을 선고했다. 하마드 알나키는 판결에 불복해 상급 법원에 항고했으나 2014년 7월 20일 항소심에서 징역 10년형이 확정됐다.

이 사건 이후 쿠웨이트 국회는 무슬림으로서 알라, 꾸란, 모든 선지자, 또는 예언자 무함마드를 저주할 경우 사형이나 종신형(비무슬림 경우 10년 이상 징역형)을 받게 하는 형법 개정안을 찬성 40표, 반대 6표(쉬아파 국회 의원 5명과 자유주의 국회 의원 1명 반대함)로 통과시켰다. 그러나 국제 인권 단체와 미국 등 국제 사회의 압력으로 쿠웨이트 내각 회의의 동 법안 거부 권고와 함께 쿠웨이트 국왕은 이 형법 개정안에 대한 거부권을 행사했다.

쿠웨이트의 모든 국립 학교에서는 이슬람 종교 교육이 의무적이다. 이슬람 이외의 종교 교육은 모든 학교에서 금지된다. 비무슬림 학교에 그들의 종교 교육을 허가해 주는 경우도 있으나 이때 무슬림 학생은 단 한 명이라도 그 종교 수업에 참가해서는 안 된다. 무슬림 이외의 비무슬림이 가정에서 개인적으로 종교 생활을 하는 것은 국가가 간섭하지 않는다.

무슬림 국가인 쿠웨이트에서 라마단 단식을 지키는 것은 의무이다. 이슬람 음력 9월 라마단 기간 한 달간 해가 뜰 때부터 해가 질 때까지 낮 시간 동안 음식을 먹고 물을 마시는 것이 금지된다. 그러나 해가 진 후부터 다음 날 해가 뜰 때까지 음식을 먹고 마실 수 있다. 이 기간에 쿠웨이트 무슬림은 꾸란 읽기와 기도 등 신앙생활에 집중하며, 가족이나 친지와 교제하는 친교 활동이 적극적으로 이루어진다.

쿠웨이트에는 2016년 현재 1,387개의 모스크가 있으며, 쿠웨이트 그랜드 모스크는 순니파 무슬림의 구심점 역할을 한다.

쿠웨이트 이슬람 정당

쿠웨이트의 제도권 정치는 다양한 이슬람 종교 운동을 포용한다. 그리고 주요 이슬람 그룹이 국회에 다수의 의석을 확보하고 있다. 순니 이슬람 그룹으로는 쿠웨이트 무슬림형제단 계열인 이슬람헌법운동(ICM)과 4개의 살라피 블록이 있으며, 2개의 쉬아 이슬람 그룹이 제도 정치권에서 활동하고 있다. 행정부 내각에 이슬람 그룹 국회 의원과 정치인이 장관으로 임용되며, 행정부 각 부처 고위 관료, 교육계, 법조계 등에 많은 지지자를 확보하고 있다.

쿠웨이트 이슬람 그룹들은 샤리아 등 이슬람 규범의 급격한 적용보다는 점진적인 이슬람적 사회 개혁을 추구하고 있다. 반면 국회 의원 선거를 통해 선출된 총리의 임명과 영국과 같은 입헌 군주제의 도입 등 헌법 개정 운동, 국회 의원 선거법 개정을 통한 부정 선거 개혁 등 정치 개혁을 자유주의 좌파, 민족주의 진영, 노조, 상인 엘리트 등 광범위한 야권 세력과 연대해 추진하고 있다. 온건하고 점진적인 이슬람 사회 건설과 범사회적인 정치 개혁, 민주화를 추진하는 쿠웨이트 이슬람 운동은 다른 중동 국가의 이슬람 운동과 차별화된다.

무슬림형제단과 다양한 살라피 운동으로 구성된 쿠웨이트 야권 세력은 급격한 국내 정치 혁명보다는 타협적이고 점진적인 개혁을 추구한다. 특히 이집트 군부 쿠데타나 시리아와 이라크에서의 IS 부상 이후 쿠웨이트 이슬람 운동은 그들의 엄격한 사회 개혁(이슬람화) 아젠다보다는 비이슬람주의 야권과 공유하는 국내 민주 개혁을 진전시키고자 서로 긴밀하게 협력하고 있다. 이집트와 시리아에서 급진적, 극단적 이슬람 운동이 등장하고 이에 대한 반작용 현상을 목도한 쿠웨이트 주류 이슬람주의 운동이 온건한 정치 개혁을 선택한 것으로 보인다.

쿠웨이트 무슬림형제단

쿠웨이트 무슬림형제단은 1951년 이집트 무슬림형제단의 쿠웨이트 지부로, 이슬람지도협회라는 이름으로 공식 출범했다. 1961년 쿠웨이트가 영국으로부터 독립한 후에는 그 명칭을 사회개혁협회로 바꾸었다. 즉 쿠웨이트의 무슬림형제단인 사회개혁협회는 비정치적인 종교 및 사회 개혁 운동과 자선을 통한 선교(다와) 사업을 중점적으로 추진했다.

1960년대 초 쿠웨이트 무슬림형제단은 자마아트 이슬라의 이름으로 쿠웨이트 국회 의원 선거에 참여하기 시작했으나 1967년 6일 전쟁 이후 아랍 민족주의가 쇠퇴하기 시작한 1970년대까지 국회에 진출하지 못했다. 무슬림형제단 일부 회원은 개인 자격으로 국회 의원에 선출됐다. 초기 무슬림형제단 지도부 인사들은 국회 등 정치 참여에 대해 하산 알반나가 주창한 이상적인 이슬람 국가 건설은 순수한 선교 활동과 점진적인 개혁으로 가능하다는 인식을 가지고 있었다. 때문에 무슬림형제단의 공식적인 후보로 총선에 참여하는 것은 이러한 원칙으로부터의 일탈이라고 규정했다. 그리고 비이슬람적인 정치 질서 아래 총선에 참여하는 것에 대해 유보적인 입장을 취했다. 또한 현실 정치 영역에서 효과적으로 활동할 수 있는가에 대한 의문도 제기됐다.

이렇게 순수하게 비정치적 종교와 사회 개혁 운동에 매진하던 쿠웨이트 무슬림형제단은 1970년대에 정부 부처 장관과 관료제에 진입해 국정에 적극적으로 참여한다. 이러한 흐름은 1967년 아랍 국가들이 이스라엘과 벌인 6일 전쟁에서 패하고 아랍 민족주의가 쇠퇴하는 가운데 아랍 민족주의의 대안으로 이슬람 운동이 부상하는 중동 사회 밑바닥으로부터의 움직임과 강력한 야권의 도전에 대응하는 과정에서 쿠웨이트 왕가가 이슬람 세력과 연대하는 위로부터의 전략이 결합되어 나타난 현상이다.

쿠웨이트 무슬림형제단은 1980년대에 접어들어 쿠웨이트 사회를 이슬람화하려는 목적에 따라 교육에서의 남녀 성 분리, 알코올 판매 제한, 오직 무슬림에게만 시민권을 부여하는 것 등 쿠웨이트 사회의 이슬람화 정책을 제도권 정치를 통해 추진하기 시작했다.

1980년대 혁명적인 이슬람 사상의 전파는 쿠웨이트 무슬림형제단의 내부 분열을 초래했으며, 쿠웨이트 무슬림형제단은 두 파로 나누어졌다. 첫째 그룹은 비무슬림 정부에 참여하는 것을 거부하는 원리주의 그룹이다. 두 번째 그룹은 정치 참여를 이슬람 선교(다와)를 촉진하는 수단으로 간주했다. 전 국회 의원 압달라 알나피시는 극단적인 거부주의 입장을 대표했다. 그는 정부와 충돌이 불가피하다고 생각했으며, 이슬람 운동 최대의 적은 세속적인 정권이라고 주장했다. 하지만 온건파 지도자였던 이스마일 알샤티는 좀 더 온건한 입장이었다. 그는 쿠웨이트 사회의 이슬람화를 위한 목적을 달성하는 데 있어 합법적인 정치 제도를 통한 점진적인 변화와 개혁을 추구했다. 그는 의회를 통한 개혁 활동은 기존 사회 체제 내에서 이슬람 부흥주의자에게 신뢰성을 부여한다고 주장했다.

이러한 온건파의 실용적인 접근에 반발한 알나피시는 1987년 쿠웨이트 무슬림형제단의 정치 조직인 자마아트 이슬라를 탈퇴했다. 알나피시는 국회 의원으로 재직했으나 개혁이 너무 느리고, 급진적인 개혁이 필요하다고 생각했다. 이러한 내부 분열과 갈등으로 쿠웨이트 무슬림형제단은 정부 내각에 참여해 장관직을 맡기도 하고, 때에 따라서는 야권에 합류해 정치 개혁을 시도하는 등 상황에 따라 정부와 협력 또는 갈등을 오가는 모습을 보여 주었다.

이슬람헌법운동

이슬람헌법운동(ICM)은 야당 세력 중 가장 규모가 크며, 야당 세력 주류를 형성한다. 1991년 이라크군이 쿠웨이트에서 철수한 후, 쿠웨이트 무슬림형제단은 같은 해 그의 정치 조직인 이슬람헌법운동을 창립했다. 이 그룹은 잘 조직되어 있으며, 쿠웨이트 국내 중요한 경제 단체와 자선 단체를 기반으로 두고 있다. 이슬람헌법운동은 쿠웨이트의 어떤 정당보다도 당내 민주화에 힘쓰고 있다. 또한 대학교 학생회, 교사 협회, 노동조합, 정부 조직, 이슬람 자카트 센터, 이슬람 협회 등에 상당한 영향력을 보유하고 있다. 또한 쿠웨이트 사회의 여론 형성에 영향력이 있는 언론 매체를 다수 보유하고 있다. 이 그룹의 사무총장은 나세르 알사네이다. 2016년 쿠웨이트 국회 의원 선거에서 오사마 이사 샤힌, 자마아안 하비쉬, 하마드 알마트르, 무함마드 달랄 등 4명이 당선되어 국회 의원을 역임하고 있다.

1960년대 이후 무슬림형제단의 정부와 제도권 정치로의 진입은 알사바 통치 왕가와 정부의 지원으로 이루어졌다. 그러나 정치적인 영향력이 급격히 확대된 뒤에는 정부를 견제하는 야권의 중심 세력이 됐다. 세속적, 민족주의적 야권과 협력해 정부와 통치 왕가를 견제하는 강력한 야당 블록을 주도적으로 이끌어 가면서 쿠웨이트 제도 정치권에서 강력한 입지를 구축할 수 있었다. 이슬람헌법운동은 인기가 높았지만 국회에서 가장 많은 의석을 보유했을 때가 50석 중 6석에 불과했다. 이슬람헌법운동은 많은 의석을 차지하려고 무리하지 않았다. 정치적인 영향력 행사가 가능할 정도의 의석을 확보해 다른 정파들과 연대하는 것을 선호했다.

이슬람헌법운동은 세속적인 자유주의 야권과 연대하면서 종교, 사회 정책보다 정치 개혁에 치중했다. 샤리아의 실정법 도입 등 쿠웨이트 사회의 이슬람화보다는 강력한 민주주의를 주창하며 정치적인 자유화와 정치 개혁을 강조한다. 쿠웨이트 유권자가 직접 선출한 의회에서 총리를 선출하고 행정부 장관을 임명하는 등 실질적인 내각 책임제 성격의 입헌 군주제 도입을 주장한다. 이슬람헌법운동과 세속적인 야권이 정치 민주화의 아젠다에서 정치 개혁의 목표를 공유함에도 좌파 정치 그룹과 이슬람헌법운동은 시민 권리를 방어하는 데 있어 종종 충돌했다. 이슬람헌법운동은 큰 틀에서 민주화와 자유화를 지지했다. 그러나 그 자유화가 이슬람헌법운동의 문화적, 종교적 아젠다와 연계될 때 문제가 있었다. 즉 국회 의원 선거법 개정 등 정치 개혁 아젠다에서는 세속 정파들과 협력했으나, 쿠웨이트 이슬람화 등 종교와 문화와 관련된 아젠다에서는 서로 갈등을 겪고 있다.

〈표1〉 1992~2016년 쿠웨이트 국회 정파별 의석 분포[*]

총선 년도	계	친정부	순니 이슬람정파	쉬아파	리버럴/좌파/민족주의	기타	여성
1992	50	15	19		13		
1996	50	24	22		5	9	
1999	50	12	12	6	11	9	
2003년 7월	50	14	17	2	8	9	-
2006년 6월	50	14	22	3	8	3	-
2008년 5월	50	14	24	5	7	-	(0)
2009년 5월	50	21	13	6	7	3	(4)
2012년 2월	50	18	23	9	9	1	(0)
2012년 12월	50	28	4	17	1	-	(3)
2013년 7월	50	29	3	9	9		(2)
2016년 11월	50	20	16	6	8		(1)

이슬람헌법운동은 샤리아의 실정법 적용 확대를 추구한다. 1996년 대학교에서의 남녀 성 분리 법안을 국회에서 통과시켰다. 1960년대 이후 쿠웨이트 여권 운동 단체에서 추진한 여성의 참정권 도입도 반대했다. 여성이 근무할 수 있는 시간을 제한하는 입법도 추진했다. 특히 2012년 이슬람헌법운동이 주도해 이슬람과 예언자 무함마드나 그의 부인들을 모욕하는

[*]   Mary Ann Tétreault, Stories of Democracy: Politics and Society in Contemporary Kuwait, New York: Columbia University Press, 2000; Michael Herb, Kuwait Politics Database; Al-Qabas; Al-Rai al-Am; Al-Watan; Al-Hayat; Al-Jarida; KUNA in various dates.

신성 모독 죄에 대해 최고 사형의 형벌을 받을 수 있는 형법 개정안을 국회에서 통과시켰다.[*] 이슬람헌법운동은 민주주의를 이용해 비헌법적, 비민주적 법률을 입법하고 있다는 비판을 받고 있다.

그럼에도 전반적으로 이슬람헌법운동은 쿠웨이트 사회의 급진적인 이슬람화보다는 점진적인 접근을 택했다. 이슬람헌법운동 지도자가 궁극적으로 샤리아의 범국가적 적용을 원함에도 꾸란도 단계적으로 등장했다는 주장과 함께 쿠웨이트 사회의 이슬람화라는 목표에 점진적인 접근을 선호한다. 즉각적인 샤리아 적용과 이슬람주의 사회 정책의 집행보다는 정부의 정치 개혁을 좀 더 긴급한 것으로 생각하고 우선한다. 그러나 이슬람헌법운동의 쉬아파 이슬람 그룹 및 세속적인 정파와의 협력, 점진적인 종교 및 사회 개혁 노선은 보수적인 이슬람주의자들의 비판을 받았다. 그리고 이러한 온건하고 실용주의적 접근은 쿠웨이트 살라피 운동이 득세할 수 있는 공간을 제공했다. 또한 이슬람헌법운동은 알사바 왕가 통치 체제의 일부가 됨에 따라 통치 체제 자체의 개혁을 요구하지 않는 한계를 보이고 있다.

이슬람헌법운동의 정치적인 영향력이 커지고, 때때로 쿠웨이트 통치 왕가를 견제하는 야당의 중심 세력으로 성장했다. 그러나 쿠웨이트 정부는 중동의 다른 무슬림 국가와는 달리 이들과 합리적인 관계를 유지하고 있다. 2013년 이집트 군부 쿠데타로 무슬림형제단의 무르시 정부가 붕괴된 이후 중동 지역에서 반무슬림형제단의 분위기가 형성됐다. 하지만 쿠웨이트 정부는 쿠웨이트 무슬림형제단을 압박하지 않고 과거와 큰 차이가 없

---

[*]　이슬람과 예언자 무함마드나 그의 부인들을 모욕하는 신성 모독 죄에 대해 최고 사형으로 처벌할 수 있는 형법 개정안은 쿠웨이트 국왕의 거부권 행사로 법제화되지 못했다.

이 일관성 있는 입장을 견지했다. 이집트의 군사 정권, 사우디아라비아와 아랍 에미리트 정부의 반무슬림형제단 조치와는 달리 구조적인 정치 개혁을 주창하는 쿠웨이트 무슬림형제단의 정치 활동을 제한하지 않았다. 쿠웨이트 정부는 쿠웨이트 무슬림형제단이 알사바 왕가의 통치에 정치, 안보 측면에서 큰 위협이 되지 않는다는 입장이다. 알사바 정부는 쿠웨이트 살라피 운동 역시 알사바 정권에 직접적인 위협이 되지 않는다는 입장을 견지하고 있으며, 이 정치 그룹의 이슬람 사회 실현과 정치적 목적 달성을 위해 제도권 정치에 합법적으로 참여하는 것을 허용하고 있다.

이슬람헌법운동은 2012년 헌법 재판소의 의회 해산 결정과 선거법 개정에 항의해 총선 불참을 선언했으나 2016년 총선에 다시 참여해 국회 내에서 가장 강력한 행위자로서의 지위를 회복했다.

살라피 운동

쿠웨이트 살라피 운동은 청교도적인 순니파 이슬람 운동으로, 살라피야 사상을 기초로 시작됐다. 즉 이슬람 초기 시대 독실한 살라프(선조)들이 걸었던 길로 돌아가는 것, 즉 살라피야 사상을 국가 통치의 기본으로 삼을 것을 목표로 한다. 이슬람 살라피 운동은 이슬람 경전인 꾸란과 순나를 문자적으로 원문 그대로 해석하고 논리적, 은유적 해석을 반대하며, 원리주의적 경향을 중시하고 종교적 이단이나 변혁(비드아), 미신적 관행(쿠라파)을 배격한다. 그리고 이성적, 계몽주의적인 입장에서 이슬람 사회의 개혁과 종교 개혁을 주장한다.

쿠웨이트 살라피 운동은 1960년대 중반 정치 참여를 반대하는 순수주의자들이 조직했다. 청년 그룹들이 살라피 선교(다와)에 전력하는 가운데 조직됐으며, 기본적인 교육 프로그램을 진행했다. 이 이슬람 운동은 쿠웨이트 사회를 살라피야의 이상적인 이슬람 사회로 각성시키는 것을 목표로 추진했으며, 1980년대 초 쿠웨이트 살라피 운동의 연합 조직인 이슬람 유산부흥협회가 공식적으로 설립됐다.

쿠웨이트 무슬림형제단처럼 살라피주의자는 주로 비정치적인 아젠다에 중점을 두고, 교육과 자선 사업에 집중했다. 살라피 운동은 처음부터 기존 이슬람 조직과는 별도로 조직화됐다. 셰이크 압둘라 알사브트는 순수한 종교 개혁에 초점을 맞추었으며, 진정한 살라피 선교를 추구했다.

쿠웨이트 국회에서 공식적인 4명의 국회 의원을 포함, 10석 내외의 의석을 차지하고 있는 쿠웨이트 살라피 운동의 가장 중심적인 단체가 이슬람살라피연합이다. 이슬람살라피연합은 정당의 합법화와 반정부 저항에 반대하며, 알사바 왕가에 비판적이다. 이슬람살라피연합은 쿠웨이트 무슬림형제단과 함께 대학교에서의 남녀 성 분리, 체육 운동, 춤과 음악 등 공연에서의 남녀 혼성 제한에 관련된 법률 입법을 추진했다.

이슬람살라피연합 대표는 칼리드 알술탄 빈 이사이며, 2016년 총선에서 왈리드 알타브타바에이, 무함마드 하예프, 나예프 메르다스 등 4명의 국회 의원을 배출했다.

쿠웨이트 살라피주의자들은 이슬람헌법운동과 함께 도시 엘리트 계층에서 지지자들을 확보하려고 서로 경쟁한다. 그러나 이슬람헌법운동에 비해 상대적으로 쿠웨이트 통치 체제와 통치 왕가에 대해 관대해서 알사바 정권의 정통성을 인정하고, 그에 대한 비판을 지양한다. 그러나 좀 더 보수적인 살라피 과격파들은 이슬람유산부흥협회가 살라피주의 원칙을 어겼다고 비판한다. 조직적인 구조를 가지고 선거에 참여했다는 것이다. 극보수 순수주의 살라피주의자들은 정치적인 조직화를 반대하며, 정치에 참여하고 공식 정당 조직을 설립하는 것은 신앙의 부패를 초래한다고 주장한다. 왜냐하면 그런 행동은 알라 대신에 조직과 그들의 지도자에게 충성하게 만든다는 것이다.

그러나 대부분의 살라피주의자는 쿠웨이트 정치 체제의 개혁을 요구하고 있다. 이 살라피 운동은 샤리아를 쿠웨이트 실정법 법체계에 도입하고 국회에서 총리 및 각부 장관을 선출하는 실질적인 입헌 군주제로의 정치 개혁을 요구한다. 또한 알사바 통치 왕가와 정부에 대한 비판을 강화했다. 살라피 운동은 전통적으로 쿠웨이트 정계에서 지배적인 지위를 차지했던 상인 엘리트 그룹과 민족주의, 자유주의 진영에 대한 견제 세력으로 성장했다. 이들은 또한 도시 지역 거주자에게 지지를 받았던 이슬람헌법운동의 대안 세력으로 등장했다.

쿠웨이트 최초로 정당이라는 명칭 아래 움마당이 2005년 등장했다. 샤리아 학자인 하킴 알무타이리가 살라피 운동의 정당화(政黨化)를 주장하며 국내 정치에 집중하는 움마당 설립을 주도했으며, 당원들은 주로 부족 출신들이다. 그는 정치적으로 적극적이며 진보적인 살라피주의를 선호하는 쿠웨이트 베두인 사회의 교육받은 계층에서 강력한 지지를 받고 있다. 이 베두인 출신 정치 그룹들은 쿠웨이트 제도권 정치에서 영향력을 확대하고 있다. 움마당은 처음으로 쿠웨이트에서 알사바 왕가가 아닌 국민이 주권을 행사하는 국민 주권을 요구했으며, 국회가 정부 내각 장관들을 선출해야 한다고 주장한다. 이에 대해 보수적인 살라피주의자들은 반대했다. 이들은 알무타이리가 살라피 운동과 무슬림형제단의 이념적인 차별성을 모호하게 했다고 비판한다. 꾸란 해석에 있어서도 엄격하게 문자적으로 해석하지 않고 이성을 과도하게 적용한다고 비판한다.

실천주의 살라피주의자들은 쿠웨이트 국회에 보통 1석을 보유하고 있다. 반면 순수주의 살라피주의자들은 8~10석을 차지하고 있다. 실천주의

자는 그들과 비슷한 정강을 가지고 국회에서 지배적인 지위를 차지한 이슬람헌법운동과의 경쟁에서 밀려 약세를 띠고 있다.

쿠웨이트는 실천주의 살라피주의자가 제도권 정치에 참여하고 있는 매우 드문 사례다. 쿠웨이트에서 그들에게 제공된 자유로운 활동 공간은 쿠웨이트 밖에서 그들의 자선 활동을 확대할 수 있게 했다. 2014년 미국 재무부는 쿠웨이트 실천주의 살라피 운동 지도자였던 하마드 알알리가 시리아의 알카에다 연계 테러 조직인 알누스라전선(ANF)에 무기와 보급품 구매를 위해 수만 달러의 자금을 지원했다고 주장했다. 본인이 시리아를 직접 방문해 자금을 전달했으며, 쿠웨이트 국민에게 시리아를 방문하도록 권장해 시리아 테러 조직에 자금을 전달했다는 것이다.

쉬아파 이슬람 정파

쿠웨이트 시민권자 130만 명 가운데 70%는 순니파 무슬림이며, 30%는 쉬아파 무슬림이다. 쿠웨이트 쉬아파 무슬림은 사우디아라비아나 바레인 지역에 살던 쉬아 무슬림이 쿠웨이트로 이주한 무슬림의 후손이거나 이란 지역에서 살다가 돌아온 쿠웨이트 아랍인 조상의 후손이다. 이란 출신 쉬아파 무슬림은 아랍어와 이란어를 구사하며, 이란에 있는 친족과 관계를 유지하면서 무역과 경제 활동을 하는 경우도 있다. 1979년 이란 이슬람혁명과 1980년대 이란 이라크 전쟁으로 쿠웨이트 쉬아 무슬림 공동체의 정체성이 강화됐다. 또 이로써 순니파와의 갈등이 심화되기도 했다.

쿠웨이트에는 쉬아파 성직자를 배출할 수 있는 교육 기관이 없다. 따라서 이라크나 이란 또는 시리아에서 이맘 교육을 받고 쉬아파 모스크의 이맘으로 임명된다. 쿠웨이트의 쉬아파 무슬림은 대부분 열두 이맘파에 속하며, 이스마일파나 그 외 소수 종파도 존재한다.

쿠웨이트의 대표적인 쉬아파 계열 정치 단체는 민족이슬람연합과 정의와 평화연합이다. 민족이슬람연합은 정치 개혁을 주장하며 쿠웨이트 국민 간 정의와 평화를 강조한다. 반면 정의와 평화연합은 아랍계 쉬아 공동체를 대표한다. 쿠웨이트의 쉬아파 그룹들은 2012년 총선에서 17석을 획득한 바 있으나 1999년 이후 7석 내외의 의석을 보유하고 있다. 2013년 7월 총선에서 9석을 획득했으나 2016년 11월 총선에서는 6석을 얻는 데 그쳤다.

쿠웨이트 쉬아파 정파들은 상대적으로 친정부적 경향을 보여 왔으며, 행정부 내각에 1~2명의 쉬아파 출신이 장관으로 임명됐다. 또한 여성 참정권과 남녀평등에 대해 진보적인 입장을 보였다. 쿠웨이트 이슬람주의 국회 의원 대부분이 여성 참정권에 반대했으나 쉬아파 국회 의원은 이에 찬성했다.

2005년 6월 임명된 쿠웨이트 사상 최초의 여성 장관은 마수마 알무바라크 쿠웨이트 대학교 정치학과 교수로, 쉬아파 출신이었다. 그는 2005년 7월 기획과 행정 개발 담당 정무 장관, 2007년 3월부터 보건부 장관을 역임했다. 또한 2009년에는 쿠웨이트에서 처음으로 여성으로서 다른 3명과 함께 국회 의원에 당선됐다.

14
팔레스타인

안승훈 가천대학교 아시아문화연구소

라말라

■ **국가 개황**

· 국명: 팔레스타인

· 국가 체제: 이원 집정부제

· 언어: 아랍어, 히브리어, 영어

· 인구: 5,052,776명(유엔, 2018)

· 종교 분포: 이슬람교 85%, 유대교 10%, 기독교 5%

■

팔레스타인의 역사적 범위는 대체로 동쪽 요르단강 서안부터 서쪽으로 지중해, 북쪽 이스라엘과 레바논 국경에서 남쪽 가자 지구에 이르는 지역을 총칭한다. 그러나 현재 국제법상 의미로는 5,800㎢의 요르단강 서안 지구와 365㎢에 이르는 남서단 지중해 연안 지역을 지칭한다.

자연환경은 지중해성 기후의 영향을 받아 건기의 여름과 우기의 겨울이 가장 길며, 상대적으로 짧은 봄과 여름이 존재한다. 예루살렘을 기점으로 남부 지역은 대부분 중동의 전통적인 사막 기후를 보이고, 예루살렘 북부 지역은 목초와 산림 지대로 이루어져 있다. 그러나 산림의 경우 대부분 소규모 잡목이며, 겨울에 내린 우기가 전체 강수량 대부분을 차지한다.

인구 구성을 보면 팔레스타인 아랍계가 월등히 다수를 차지하고, 유대인은 서안 지구 내 팔레스타인 정착촌에 집중적으로 거주한다. 종교 분포는 무슬림인 85%, 유대교가 10%, 아랍계 기독교인이 5%를 차지하고 있다. 팔레스타인 지역에서는 주로 아랍어를 사용하지만 히브리어와 영어도 함께 사용한다.

2014년 기준 서안 지구에 272만 명, 가자 지구에 170만 명 등 총 500만 명이 거주하고 있다. 2012년 기준 GDP는 67억 달러이며, 1인당 GDP는 약 1,679달러밖에 되지 않아 절대 빈곤선상에 머물고 있다. 주요 수출 품목은 과일 및 채소류 등 농산품이며 2012년 기준 수출액은 약 8억 달러이다. 수입의 경우, 식품 및 소비재 상품이 주를 이루고 매년 42억 달러어치의 물품을 해외에서 수입하고 있다.

팔레스타인 현대사

제2차 세계대전 종전 후 유엔은 유대인-아랍 팔레스타인 간 분쟁을 종식시키고자 1947년 11월 29일 팔레스타인 분할안을 유엔 총회에서 통과시켰다. 이 안의 핵심은 영국의 위임 통치 지역에 유대 국가와 팔레스타인 국가를 동시에 세우는 소위 '두 국가안'이었다. 유엔 분할안에 대해 팔레스타인 내 유대인 사회는 적극적으로 지지한 반면, 팔레스타인 지도부는 팔레스타인 인구가 당시 인구 비율에서 절대적으로 다수를 차지하고 있었음에도 할당된 영토가 45%밖에 되지 않는다는 이유로 거부했다.

양쪽 사이에서 유혈 충돌은 지속적으로 발생했고, 팔레스타인 주변 아랍 국가는 유대 국가가 세워진다면 무력 공격을 할 것이라고 경고했다. 이에 당시 다비드 벤구리온을 중심으로 한 시온주의 진영은 1948년 5월 14일 텔아비브에서 이스라엘 국가 수립을 공식적으로 선언했고, 미국과 구소련을 비롯한 국제 사회 다수는 이를 공식적으로 승인했다. 이에 이집트, 시리아, 레바논, 이라크, 요르단을 포함한 7개 아랍국은 이스라엘에 즉각적인 선전 포고와 함께 전면전을 단행했다.

1948년 제1차 아랍-이스라엘 전쟁에서 이스라엘은 군사적 열세에도 아랍 국가의 공격을 성공적으로 저지했으며, 전쟁 발발 약 6개월 만에 유엔 안보리 중재하에 휴전에 합의했다. 제1차 중동전이 종전된 후, 이스라엘은 무려 80% 이상의 지역을 차지하는 대대적인 승리를 거두었다. 반면 약 80만 명에 이르는 팔레스타인 아랍인은 난민 신분으로 고향을 떠나 주변 아랍 국가로 향했다. 그 결과 1948년에 시작된 팔레스타인 난민 문제는 지금까지도 팔레스타인 분쟁의 주요 문제이다.

1967년 6월 5일에 발발한 6일 전쟁은 이스라엘과 팔레스타인에 엄청난 변화를 가져왔다. 이 전쟁은 이전 전쟁과 달리 이스라엘이 이집트와 시리아를 대상으로 선제공격을 감행함으로써 발생했다. 당시 이스라엘군 지도부는 시리아와 이집트가 소련이 제공한 정보에 따라 이스라엘을 공격할 것이라고 판단했고, 이를 사전에 무력화시키고자 시나이반도와 골란고원에 대한 기습 공격을 감행했다. 6일 전쟁이 발발하기 이전, 당시 이집트 대통령 사다트는 이스라엘의 핵심적인 석유 공급선인 티란 해협을 일방적으로 봉쇄했으며, 시나이반도에 이집트군을 집중 배치함으로써 이스라엘에 대한 군사 위협을 강화했다. 이런 상황에서 모셰 다얀을 중심으로 한 이스라엘군 지도부는 이집트와 시리아에 대한 선제공격만이 유일한 해결책이라고 판단하고, 이스라엘 정치 지도부를 설득해 기습적인 공격을 가했다. 그 결과 이스라엘은 6일 만에 이집트로부터 시나이반도와 가자 지구를, 시리아로부터 골란고원을, 요르단으로부터 동예루살렘을 빼앗음으로써 무려 이스라엘 기존 영토의 5배에 달하는 점령지를 확보했다.

1967년 6일 전쟁은 이스라엘과 팔레스타인 모두에게 정치, 사회, 경제 등 전 영역에 걸쳐 엄청난 영향을 끼쳤다. 이스라엘은 실질적인 영토 확장을 통해 안보를 강화했을 뿐만 아니라 내수 상품 시장 확대나 팔레스타인의 저임금 노동력을 확보함으로써 경제 성장의 발판을 마련했다. 특히 유대교 성지가 밀집된 동예루살렘을 장악하고 이를 이스라엘 수도로 자체 선포함으로써 이스라엘 내 종교 및 보수 진영의 영향력이 급속히 성장하는 데 크게 기여했다. 반면 팔레스타인은 형제 아랍 국가들이 6일 전쟁에서 허망하게 패배하는 것을 지켜보면서 아랍 민족주의의 정치적 실상을 목격했다. 즉 팔레스타인의 정체성에 대한 정치적 자각과 함께 팔레스타인 민족주의가 새로운 정치 이념으로 등장했다. 그리고 야세르 아라파트는 1964년 PLO를 만들면서 본격적인 대이스라엘 저항 운동을 벌였다.

1987년에 발발한 제1차 인티파다는 이스라엘 점령에 대한 팔레스타인의 자발적인 민중 봉기로, 이스라엘-팔레스타인 관계에 질적인 변화를 가져왔다. 1987년 12월 가자 지구에서 팔레스타인 노동자 4명이 이스라엘인의 트럭에 치여 사망하는 사건이 발생했는데, 이스라엘 치안 당국이 이를 공정히 처리하지 않자 격분한 팔레스타인이 집단적인 민중 봉기를 일으켰다. 표면상으로는 단순한 사건이었지만, 그 이면에는 20년 가까이 이어진 이스라엘의 일방적인 점령이 있었다. 점령 기간에 가자 지구와 서안 지구에 대한 이스라엘의 정책은 상호 공존과 번영보다는 팔레스타인을 이스라엘 사회를 지탱하는 부차적이고 보조적인 대상으로 간주했다. 따라서 제1차 인티파다는 이스라엘 점령에 대한 팔레스타인 민중의 저항이었으며, 이스라엘인에게 팔레스타인의 존재에 대한 새로운 인식을 남겼다.

또한 제1차 인티파다는 1993년 〈오슬로 협정〉을 태동시키는 데 결정적인 역할을 했다. 〈오슬로 협정〉은 이스라엘과 팔레스타인이 직접적인 협상을 통해 도출한 최초의 평화 협정이다. 일부에서는 이를 두고 팔레스타인 분쟁의 주요 의제인 팔레스타인 독립 국가 건설 인정, 동예루살렘의 최종 지위, 국경선 확정, 1948년 난민 문제 등에 대한 명확한 합의와 결정을 내리지 못한 미완성 협정이라고 비난했다. 하지만 평화 협상을 통한 분쟁 해결이라는 측면에서 분명 큰 의의가 있었다. 협정 결과, 이스라엘은 서안 및 가자 지구에 대한 관할권을 팔레스타인에 점진적으로 이양하고 5년이라는 과도 기간을 통해 이스라엘군을 점진적으로 철수시키는 데 합의했다.

그러나 그 후 팔레스타인 최종 지위를 두고 7여 년간 진행된 평화 협상 과정은 이스라엘과 팔레스타인 사이에 평화 정착이 얼마나 힘든 과정인지 증명해 주었다. 1995년 11월, 라빈 총리가 유대계 극우 성향 청년인 이갈 아미르에게 암살되는 사건이 발생했다. 뒤이어 하마스를 비롯한 팔레스타인 무장 단체들의 무자비한 폭탄 테러가 연이어 발생했다. 1997년 이스라엘 우파 연합 정당인 리쿠드당 당수 네타냐후가 집권한 후 이스라엘은 팔레스타인 무장 단체에 보복 공격을 했을뿐만 아니라 오슬로 평화 협상 전반을 전면적으로 재고했다. 비록 1998년 10월 25일 〈와이리버 협정〉을 통해 요르단강 서안에 대한 단계적 이양과 함께 이스라엘에 대한 적대 행위를 중단하는 데 합의했지만 실제 이행으로 이어지지 않았으며, 그 후 양쪽은 무기력한 협상과 합의 도출 실패를 반복했다.

1999년 5월, 노동당 당수이자 총리였던 바라크는 당시 빌 클린턴 미 대통령의 중재로 2000년 8월 팔레스타인 자치 정부 수반 아라파트와 캠프 데이비드 협상을 추진했다. 이 협상에서 바라크 총리는 예루살렘 구시가에 대한 일부분 통치권을 팔레스타인 측에 이양하는 것을 제안했으나, 아라파트 수반은 팔레스타인 내 강경파의 주장을 의식해 동예루살렘 전체에 대한 지위권을 이양할 것을 요구했다. 결국 양측은 아무런 결론을 내리지 못하고 협상은 결렬됐다. 캠프 데이비드 협상 결렬은 곧바로 이스라엘과 팔레스타인 양측의 유혈 대립으로 번졌다. 특히 리쿠드당 당수 샤론이 경찰 호위 속에 성전산 알아크사 사원을 기습 방문한 것을 계기로 팔레스타인의 시위는 폭력적인 형태를 띠었다. 이스라엘 정부 당국은 이를 강경 진압했다.

소위 알아크사 인티파다로 알려진 제2차 인티파다 기간에 하마스를 포함한 팔레스타인 무장 조직들은 이스라엘 민간인을 대상으로 무차별적인 폭탄 테러를 감행했다. 이에 대해 이스라엘 샤론 정부는 군대를 동원해 강경 진압과 보복 공격으로 대응했다. 2002년, 이스라엘군은 라말라에 있던 팔레스타인 자치 정부 건물들을 강제로 폐쇄하고 아라파트 수반을 자택 감금 조치했다. 2004년에 아라파트가 사망하고 그 뒤를 이어 아바스가 수반으로 취임했다. 그리고 이듬해 이스라엘과 팔레스타인은 폭력 사태를 진정시키고자 협상을 시도했으며, 이로써 〈샤름 엘셰이크 공동 선언〉을 채택했다. 2005년, 이스라엘 샤론 총리는 가자 지구로부터 이스라엘 정착촌 철거 및 이스라엘군의 완전 철수를 결정함으로써 38년간의 가자 점령을 종식했다.

2006년 1월 25일 팔레스타인에서 치러진 총선에서 이슬람주의 조직인 하마스가 PLO 계열 파타를 누르고 다수당이 됐다. 하마스의 승리는 이스라엘과 팔레스타인 관계뿐만 아니라 팔레스타인 내 정치 세력 간 관계를 더욱 복잡하게 했다. 2007년 6월 9일 가자 지구에서 하마스와 파타 간 무력 충돌이 격화되면서 충돌은 걷잡을 수 없는 상황으로 전개됐다. 특히 2007년 6월 14일 하마스 조직원들이 가자 지구에서 파타 조직을 와해시키고 무력으로 가자 지역을 접수함으로써 팔레스타인 지도부는 서안 지구의 파타와 가자 지구의 하마스로 양분됐다. 2012년 파타와 하마스가 연합 정부를 구상하고자 협상을 시도했지만 특별한 합의를 이루어 내는 데 실패했다. 비록 2012년 팔레스타인 자치 정부가 유엔으로부터 유엔 비회원 옵서버 국가 자격을 인정받았지만, 현재까지 팔레스타인 분쟁은 아무런 출구를 찾지 못한 채 유혈 대결만 지속되고 있다. 특히 2014년부터 시작된 아랍 이스라엘인의 이스라엘 민간인에 대한 무차별적인 공격으로 갈등이 더욱 심화하고 내재화하는 상황으로 전개되고 있다.

chapter 2

팔레스타인 내 이슬람 운동

　팔레스타인에서 이슬람이라는 종교의 역할은 다른 중동 국가와는 달리 다층적인 구조를 지닌다. 즉 이스라엘 점령으로부터의 해방과 팔레스타인 국가 독립이라는 특수한 정치적 상황 속에서 이슬람은 민족주의와 함께 가장 강력한 정치 통합 이념으로 발전했다. 따라서 이슬람의 역할은 단순히 개인적 신앙의 차원을 뛰어넘어 팔레스타인 사회 및 구성원의 정체성을 형성하고 민족 해방을 위한 저항 이념의 역할을 해 왔다. 팔레스타인에서 이슬람은 다른 타 중동 지역에 비해 훨씬 더 강력한 정치 이념으로 발전할 수밖에 없었고, 이스라엘 통치하의 지정학적 고립성은 이슬람의 역할을 더욱 정치화시켰다.

　팔레스타인에서의 이슬람 운동은 1928년 이집트 무슬림형제단을 창단한 하산 알반나가 그의 동생 압두 알라흐만 알반나를 1935년 가자 지구에 파견해 무슬림형제단 가자 지부를 설치하면서 본격적으로 시작됐다. 무슬림형제단 가자 지부가 설치되고 난 후 야파, 하이파, 예루살렘, 나불루스 등 팔레스타인 전 지역에 걸쳐 형제단 지부가 설립됐다. 그러나 팔레스타인 무슬림형제단은 그리 적극적인 정치 활동을 할 수가 없었다. 당시 팔레스타인이 영국 위임 통치의 직접 관리 아래 있었고, 무엇보다 제2차 세계대전 후 당시 이집트 왕정이 이집트 형제단 운동을 반정부 운동으로 탄압하고 있었기 때문에, 이에 영향을 받아 팔레스타인 형제단 운동에도 많은 제약이 있었다.

이슬람해방당

1950년대 초반 셰이크 타키 알딘을 중심으로 한 이슬람주의 운동가들은 이스라엘에 대한 투쟁에 있어 소극적이고 제한적인 활동을 하던 무슬림형제단을 비판하며 정치적으로 급진적인 이슬람 저항 단체를 만들었다.

1952년 창당된 이슬람해방당은 기존 무슬림형제단과 조직 및 활동 방식에 있어 많은 차이를 보였다. 우선 무슬림형제단은 이슬람 국가 건설 이전에 사회의 이슬람이 선행되어야 한다고 보았기 때문에 정치 조직으로 발전하기보다는 지역 사회 서비스를 제공하는 사회 활동에 머물렀다. 조직 또한 각 지역의 특수한 상황에 따라 자율성이 많이 부여됐다.

이에 반해 이슬람해방당은 처음부터 사회 개혁보다는 이슬람 국가 건설이라는 정치 목표를 세웠고, 조직 또한 무슬림형제단의 지부 분권적 체제보다는 중앙 지도부의 직접적인 관할 속에서 움직이는 중앙 집권적 조직체였다. 이슬람 국가 건설에 있어 선거 참여나 정치 제도 참여를 통한 제도적 방식보다는 무력을 통한 폭력적 방식을 허용했다. 따라서 당시 부패한 데다 서구 제국주의와 결탁한 세속 정권은 반드시 강제적인 방식을 통해서라도 제거해야 할 대상이었다. 이슬람해방당은 세속 국가 형태는 당연히 타락할 수밖에 없기 때문에 이슬람 율법인 샤리아에 기반을 둔 칼리파제의 부활을 주장했으며, 이를 통해 범세계적 이슬람 공동체를 구현할 수 있다고 믿었다.

그럼에도 이슬람해방당은 비밀 조직으로 활동했기 때문에 조직 확장에 있어 많은 한계를 지녔다. 무엇보다 무슬림형제단과 비교했을 때 무슬림형제단은 교육, 의료, 일자리 제공, 종교 활동 및 빈민 구제와 같은 구휼 활동에 집중해 탄탄한 하부 조직을 거느리고 있었으나, 이슬람해방당은 대중 운동을 지속할 사회 하부 구조가 전무해 상대적으로 이슬람 운동에 있어 열세에 있을 수밖에 없었다. 그 결과 이슬람해방당은 인적, 물적 토대의 취약성으로 1980년대 말에 이르러 거의 해체됐다.

팔레스타인 이슬람 지하드

1967년 6일 전쟁은 팔레스타인 민족 해방 진영뿐만 아니라 이슬람주의 운동에도 큰 영향을 끼쳤다. 1967년 가자 지구와 서안 지구의 점령은 이스라엘에게 있어 실질적인 영토의 확장이라는 안보적 측면뿐만 아니라 정치, 사회, 경제 등 전 영역에 걸쳐 질적 변화를 가져왔다. 특히 이스라엘은 팔레스타인을 점령과 통치 대상으로 보았기 때문에 이후 양쪽의 갈등과 반목은 예정된 상태였다. 이런 가운데 팔레스타인 저항 운동은 야세르 아라파트를 중심으로 한 PLO가 주도할 수밖에 없었고, 민족주의 운동은 이슬람주의 운동을 인적, 물적 측면에서도 이미 압도하고 있었다.

이 시기에 팔레스타인 내 이슬람주의 운동은 무슬림형제단이 주도하는 가운데 여전히 사회봉사 활동이나 구휼 활동에만 전념한 채, 실질적인 정치적 저항 운동을 벌이지 못했다. 그중 가장 대표적인 것이 셰이크 아흐마드 야신이 주도한 이슬람 센터 활동이었다. 이슬람 센터는 역설적이게도 이스라엘 정부로부터 적극적인 재정 지원을 받았다. 이스라엘은 이슬람 진영을 PLO에 대한 견제 세력으로 키우려고 했다. 따라서 이슬람 센터는 이스라엘 정부의 비호 아래 팔레스타인 지역의 종교 시설뿐만 아니라 부동산 및 융자 사업까지 담당했으며, 모스크 등 팔레스타인 종교 기관 다수에 재정을 지원했다.

이런 가운데 1979년 무슬림형제단의 소극적인 투쟁에 반기를 들고 서안 지구 예닌을 중심으로 새로운 이슬람주의 운동이 일어났다. 물리학 박사 압두 알아지즈 샤카키와 셰이크 압두 알아지즈 우데를 중심으로 창건된 팔레스타인 이슬람 지하드는 이스라엘에 대한 무력 저항 운동을 선언했다. 원래 이집트 무슬림형제단 소속이었던 이 두 사람은 1981년 사다트 이집트 대통령 암살 사건에 연루되었다는 혐의로 이집트에서 가자로 추방되었고, 이후 팔레스타인에서 본격적인 이슬람 지하드 운동을 주도했다. 팔레스타인 이슬람 지하드 운동은 이슬람해방당처럼 이슬람 국가 건설을 운동 목표로 정했으며, 폭력을 통한 대이스라엘 저항 투쟁을 벌였다. 1979년 이란 이슬람 혁명은 이슬람 지하드 운동 진영의 강경 노선에 가장 큰 영향을 끼쳤다. 그들의 정치적 목표인 이슬람 국가 건설이 이란 혁명으로 실현되는 것을 목격한 이들은 팔레스타인에서의 이슬람 국가 건설에 대해 강한 믿음과 신념을 가지게 됐다. 그 후 1987년 제1차 인티파다가 발발하기 전까지 이슬람주의 운동을 이끌며 이스라엘에 대한 저항 운동을 주도했다.

하마스

1987년 발발한 제1차 인티파다 운동은 팔레스타인 이슬람 운동에 큰 전환점이 됐다. 표면상으로는 이스라엘인이 일으킨 단순한 교통사고로 촉발된 시위였지만, 근원적인 측면에서 보면 이스라엘의 장기 점령으로 팔레스타인이 사회, 경제적으로 심각한 피폐 상태에 이른 것이 주요 원인이었다.

이스라엘 정부는 인티파다에 대해 정확하게 인식하지 못한 채 일시적인 항의 시위로 판단했으며, 대처 방법에 있어서도 군대를 동원한 물리력에 의존했다. 즉 인티파다로 표출된 팔레스타인 민중의 저항을 강제 진압을 통한 일시적인 봉합으로 해결하려고 했다. 팔레스타인 이슬람 운동 진영도 초기에 이스라엘 정부 당국처럼 인티파다에 안일한 시각을 가지고 있었다. 당시 무슬림형제단은 인티파다를 반이슬람적인 행위를 간주했고, 실질적인 지도부가 부재한 단순 시위 사건으로 보았다. 그러나 야신을 중심으로 한 일단의 이슬람 운동 진영은 인티파다가 발발한 후 자체 회의를 통해 인티파다에 적극적으로 참여하고, 동시에 이 민중 봉기를 주도하기로 결정했다. 이를 위해 하마스라는 정치 조직을 결성해 인티파다 지도부를 형성했고, 하마스는 인티파다의 실질적인 주도 세력으로 등장했다.

제1차 인티파다가 발발하기 전, 팔레스타인 해방 운동은 이슬람해방당을 중심으로 한 이슬람 진영과 PLO를 중심으로 한 팔레스타인 민족 운동 진영이 양분하고 있었다. 그러나 하마스가 제1차 인티파다를 주도하고 팔레스타인 민중의 절대적인 지지 속에 저항 운동을 이끌어 가자 운동의 중심축은 급격하게 하마스로 이동됐다. 비록 PLO 또한 하마스와 연합 전선을 구축하며 인티파다에 참여했지만, 아라파트를 위시한 지도부 대부분이 해외에서 활동하고 있었기 때문에, 팔레스타인 내부에서 일어난 인티파다를 지도하기에는 무리가 있었다. 이런 가운데 팔레스타인 이슬람 지하드도 대이스라엘 투쟁에 있어 더욱 과격한 노선을 취했다. 이로써 팔레스타인은 하마스 및 팔레스타인 이슬람 지하드를 중심으로 한 이슬람 진영과 PLO를 중심으로 한 민족 운동 진영으로 양분됐다.

이런 가운데 하마스는 다른 조직에 비해 월등한 능력을 발휘하며 팔레스타인 저항 운동을 이끌어 나갔다. 하마스는 모(母) 조직인 무슬림형제단의 사회 하부 조직들을 흡수하면서 대중 동원력에 있어 이미 다른 조직을 압도했다. 조직 구성에 있어서도 다른 조직과 비교할 수 없는 체계를 구축했다. 예를 들어 하마스는 중앙 지도부 산하에 3개 분과 위원회를 설치하는 한편, 각 지역 조직으로 총 4개 지역 위원회를 구축했다. 그리고 무엇보다 정치 위원회로부터 분리된 이즈 알딘 카샴이라는 예하 부대를 창설해 독립적인 군사 활동을 했다. PLO와의 관계에 있어서 1988년 헌장은 PLO와 경쟁 관계가 아닌 협력 관계임을 선언했지만, 1987년 인티파다 이후 두 조직은 실질적인 경쟁 관계에 있었다. 특히 2001년 제2차 인티파다 이후 하마스가 2006년 총선에서 대승을 거두고, 2007년에 가자 지구에서 PLO의 파타 진영을 완전히 축출함으로써 양 진영의 대결 구도는 더욱 공고해졌다.

chapter 3

팔레스타인의 지성

에드워드 사이드

에드워드 사이드는 팔레스타인 출신의 미국 영문학자이자, 문학 비평가이다. 그의 저서《오리엔탈리즘》은 포스트 식민주의 비평의 전환점을 만든 명저로 높이 평가받는다.

사이드는 1935년 팔레스타인 예루살렘에서 미국인인 아버지 와디르 사이드와 나사렛 출신 아랍 기독교인인 어머니 힐다 사이에서 태어났다. 1948년 이스라엘이 건국되자 그는 가족과 함께 이집트 카이로로 피신했고, 영국 정부가 세운 카이로 빅토리아 칼리지에 입학했다. 그러나 빅토리아 칼리지는 영국과 혈연관계가 있는 이집트 학생을 위한 학교이자 일종의 귀족 학교였기 때문에, 팔레스타인 출신 사이드가 적응하기에는 무리가 있었다. 결국 그는 새로운 교육 환경에 적응하지 못한 채 학업을 중단했고, 그 무렵 사이드 가족은 생계 등의 이유로 미국으로 이민을 갔다.

미국 매사추세츠에 정착한 에드워드 사이드는 청교도 계열 학교에 입학했으나 그곳에서도 아랍인이자 미국인으로서 자신의 정체성에 많은 혼란을 겪었고, 동료 학생에게 따돌림을 당하기도 했다. 그럼에도 학업에 매진한 결과 프린스턴 대학교를 거쳐 하버드 대학교에서 박사 학위를 취득했다. 그 후 콜롬비아 대학교에서 비교 문학과 교수 생활을 시작하면서 본격적인 문학 비평 활동을 시작했다.

1967년 6일 전쟁은 그의 지성사에 큰 변화를 일으켰다. 그는 많은 서양인이 6일 전쟁에서 이스라엘의 승리를 칭송하고 피해자인 팔레스타인인에 상대적으로 무관심한 것을 목격한 뒤 적극적으로 비평 활동에 전념했다. 특히 1978년 명저《오리엔탈리즘》을 출간하면서, 그는 오리엔탈리즘을 '서양 학문, 서양 의식, 나아가 근대에 와서 서양의 제국 지배 영역 속에 동양을 집어넣은 일련의 표상 체계'로 정의했다. 즉 이 책을 통해 동양의 부정적이고 낙후된 이미지는 서양인의 집단적인 편견과 고정화된 왜곡에 기인하며, 이는 동양을 서양의 하류 체계로 전락시킨 지배 권력이자 지배의 상징이라고 주장했다. 나아가 오리엔탈리스트들은 서양을 진취적이고, 강인하며, 이성적인 남성성으로, 동양은 소극적이고, 나약하며, 순종적인 여성성으로 간주했다고 했다.

《오리엔탈리즘》은 크게 〈오리엔탈리즘의 범위〉, 〈오리엔탈리즘의 구성과 재구성〉, 〈오늘의 오리엔탈리즘〉 등 3부로 구성된다. 이 책을 통해 사이드는 오리엔탈리즘의 기원과 함께 영국과 프랑스 나아가 미국이 오리엔탈리즘에 입각한 외교 정책을 어떻게 구현하고 추진하는지 추적했다. 1993년에는《문화와 제국주의》를 출간하면서 세계적 수준에서 오리엔탈리즘이 어떻게 확장되는지 분석했다. 그리고 2001년에는 미국의 아프가니스탄 전쟁을 반대하며《도전받는 오리엔탈리즘》을 출간하고 미국의 일방적인 외교 정책을 신랄하게 비판했다. 그의 주장이 오히려 지배자-피지배자, 서양-동양이라는 이분법적 식민 담론을 오히려 강화시켰다는 비판도 있지만, 에드워드 사이드가 쌓은 오리엔탈리즘에 대한 날선 비판이 어느 누구도 부정할 수 없는 절대적인 권위를 가지고 있는 것은 분명하다.

이외에도《지식인의 표상》,《아웃 오브 플레이스》등의 다양한 저서와 칼럼을 저술했다. 그러던 중 1994년부터 앓기 시작한 백혈병이 악화되어 2003년 9월 24일 사망했다. 그가 남긴 지성사의 족적은 오늘날에도 포스트 식민주의 영역뿐만 아니라 다양한 학문 분야에서 지대한 영향을 미치고 있다.

에밀 하비비

에밀 하비비는 팔레스타인 소설가이자, 팔레스타인의 대표적인 문인 중한 사람이다.

1921년 하이파에서 태어났으며, 팔레스타인 라디오 방송국 아나운서 활동을 하면서 팔레스타인의 대표적인 언론인으로 각광받았다. 한때 이스라엘 좌파 정치인이 만든 이스라엘공산당에 가입해 당원으로 활동한 적이 있었으나, 1972년에 탈당하면서 정치 일선에서 완전 물러나 집필 활동에만 전념했다. 그의 소설들은 팔레스타인이 처한 상황을 강력한 풍자를 통해 저술한 저항 문학이었고, 특히 1969년 출판된《6일 전쟁에 관한 여섯 가지 이야기》는 이스라엘 점령 체제하에서 팔레스타인 민중이 겪는 삶의 애환과 갈등을 사실적으로 묘사했다.

가산 카나파니

1936년 팔레스타인에서 태어난 가산 카나파니는 팔레스타인 저항 문학의 거두이자 팔레스타인 해방 운동의 투사이다.

팔레스타인 지중해 연안 작은 항구 도시 아크레에서 태어난 카나파니는 1948년 제1차 아랍-이스라엘 전쟁 때 난민 신분으로 팔레스타인을 떠나 시리아로 피신했다. 그 후 쿠웨이트로 건너가 잠시 교사 생활을 하다 레바논 베이루트로 옮겨 본격적인 팔레스타인 해방 운동에 뛰어들었다. 아랍 민족주의 운동 지도자인 조지 하바시와 함께 팔레스타인해방인민전선을 창설했고, 조직 기관지인 〈알하다프〉 편집장을 맡으면서 팔레스타인 해방 운동의 이념을 이론화시키고 체계화시키는 데 큰 역할을 했다.

그는 팔레스타인의 저항 문학 영역에서도 큰 족적을 남겼다. 1963년 《태양 속의 남자들》, 1966년 《당신에게 남은 것들》, 1969년 《사아드 엄마》 등의 소설을 통해 팔레스타인인이자 추방자로서의 삶을 사실적으로 묘사했으며, 이런 경험들이 어떻게 투쟁의 삶으로 귀결되는지 구체적으로 그렸다. 특히 1976년에 출간한 《하이파에 돌아와서》는 이전의 염세적 추방자의 삶이 아닌 현실 도전적인 새로운 팔레스타인의 전형을 세웠고, 이는 팔레스타인 해방 운동에 생기를 불어넣는 데 큰 역할을 했다. 1972년, 정치 정적이 일으킨 폭탄 테러로 베이루트에서 사망했다.

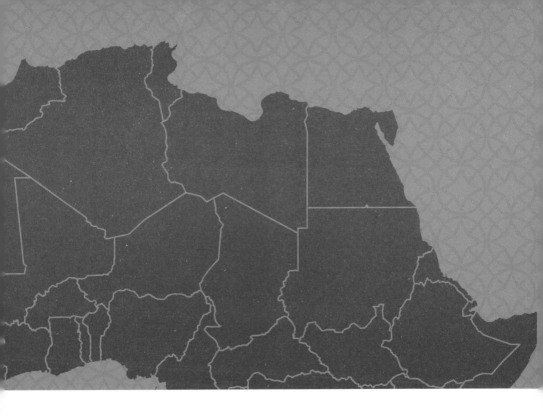

아프리카 Africa

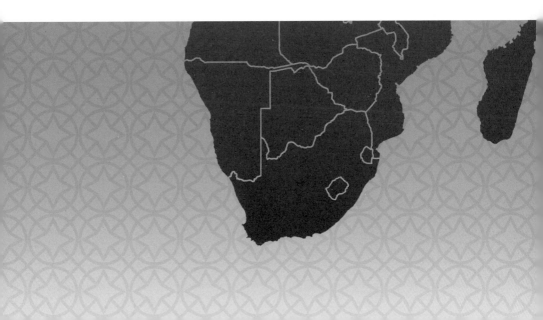

1
리비아

이성수 부산외국어대학교 아랍지역학과

트리폴리

■ 국가 개황

· 국명: 리비아국(State of Libya)

· 국가 체제: 공화정

· 언어: 아랍어

· 인구: 6,470,956명(유엔, 2018)

· 종교 분포: 이슬람교 96.6%, 기독교 2.7%

■

2011년 이전까지 리비아 인민 사회주의 아랍 공화국으로 불렸던 리비아는 마그레브와 나일강, 지중해 동부 비옥한 초승달 지역 사이에 위치하는 북아프리카 국가이다. 서쪽으로는 알제리, 동쪽으로는 이집트, 남쪽으로는 니제르 및 차드와 국경을 접하고 있으며, 북쪽은 지중해로 그리스와 마주보고 있다. 리비아는 고대 지중해 중개 무역의 거점이었으며, 페니키아, 오스만 제국, 이탈리아 등 외부 세력 침략으로 오랜 식민 지배를 받기도 했다.

리비아는 1959년 독립 당시 최빈국이었다가 석유 자원 발견 이후 '아랍의 봄'이 발생하기 전까지 아프리카에서 가장 부유한 국가였을 뿐 아니라 중동 국가 중에서도 사회적 삶의 조건이 가장 좋은 나라였다. 특히 교육과 의료 등은 모두 무상으로 제공됐으며, 주택도 국가의 보조를 받을 수 있었다. 그러나 2017년 현재는 동부와 서부, 각 부족 간 내전으로 국민들은 힘든 삶을 이어 가고 있다.

리비아에서는 아랍어가 공용어지만 영어도 광범위하게 통용되며, 이탈리아어와 프랑스어도 부분적으로 사용된다. 인종은 베르베르족을 포함한 아랍족이 97%로 절대다수이다.

chapter 1

리비아 역사와 이슬람

역사

기원전 1천 년경 페니키아인이 리비아 서부 연안인 트리폴리타니아에 진출해 렙티스 마그나, 오에아, 사브라타 등 3개의 식민 도시를 건설했다. 페니키아가 건설한 카르타고가 지중해 최대 식민 도시로 성장하면서 리비아는 기원전 517년까지 카르타고의 지배를 받아 사하라 이남 아프리카 및 수단에서 들어오는 금, 은, 옥석, 상아, 노예의 무역 중계지로 번영했다.

기원전 631년 그리스인이 지금의 리비아 동부 키레나이카 지역에 진출해 키레네를 비롯하여 벨루니스, 아폴로니아 등을 건설했다. 키레네는 강성했으나 알렉산드로스 제국의 지배하에 들어갔고, 기원전 322년 이후 이집트 프톨레마이오스 왕조 지배를 거쳐 기원전 96년 로마 식민지가 됐다.

로마와 카르타고 사이에 일어난 포에니 전쟁으로 리비아 서부 지역인

트리폴리타니아는 누미디아 왕국의 지배를 받았다. 기원전 86년부터 서기 4세기 중반까지는 로마의 지배를 받았다.

리비아는 올리브, 포도, 보리, 밀 등 농산물을 로마에 공급하는 '로마의 곡창 지대'로 번성했으며, 193년에는 렙티스 마그나 출신인 셉티무스 세베루스가 로마 황제에 등극하기도 했다. 로마 제국이 멸망한 뒤 리비아는 431년 반달족에게 정복됐으며, 약 100년 후 비잔틴 제국의 유스티니아누스 황제에 의해 재차 정복됐다.

그 후 이슬람 창시자인 예언자 무함마드의 추종자였던 아므르 빈 알아스가 이집트를 근거지로 삼은 후 마그레브 지역에 대한 정복을 시작하면서 트리폴리도 함락됐다. 이후 아랍인이 마그레브 전역으로 지배 영역을 확장하면서 리비아에서는 아랍화 및 이슬람화가 이루어졌다.

8세기 말 압바스조 칼리파였던 하룬 알라시드는 이브라힘 빈 알아글라브를 총독으로 파견했다. 튀니지 카이로우안을 수도로 한 아글라브조(800~906)가 바그다드 칼리파로부터 독립해 리비아를 지배했으나 10세기 초 쉬아파의 반란으로 붕괴되면서 쉬아파 국가인 파티마조가 건설됐다.

파티마 왕조 이후 11세기에 바니 힐랄 부족과 바니 살림 부족이 이집트에서 리비아로 대거 이주했는데, 이들이 리비아 원주민인 베르베르족과 혼혈하면서 아랍화가 크게 진전됐다.

급속한 아랍화에도 리비아는 튀니지 카이로우안과 이집트 카이로의 강력한 이슬람 정권 사이에서 독자적인 이슬람 국가를 건설하지 못한 채 1510년 스페인에게 트리폴리가 점령당했다. 이때 몰타를 거점으로 삼았던 성 요한 기독교 기사단이 지배했다. 1551년에는 오스만 제국의 시난 파샤에 의해 트리폴리가 함락됨으로써 오스만 튀르크의 지배를 받게 됐다.

1711년, 오스만 튀르크군 장교였던 아흐마드 카라만리가 카라만리 왕조를 세워 1835년까지 지속됐다. 하지만 튀니지와 알제리 지역에서 프랑스의 세력 확장을 우려한 튀르크 황제가 1835년 리비아를 다시 점령한 뒤 튀르크 정부의 직접 통치하에 두었다. 그 뒤 제1차 세계대전을 전후로 리비아에 진출하려는 이탈리아와 끊임없이 투쟁한 리비아는 1951년 연방 왕국으로 독립했다.

독립 왕국 시기 및 혼란기를 거친 리비아는 이드리스 국왕이 터키에 체류하고 있던 1969년 9월 1일, 트리폴리에서 일어난 자유장교단의 군사 혁명으로 무아마르 알카다피가 정권을 잡았다. 이후 42년의 장기 집권을 거쳐 2011년 부족 간 갈등과 주변 아랍 국가의 민주화에 영향을 받아 카다피 정부가 무너짐으로써 현재와 같은 혼란이 계속되고 있다.

카다피와 리비아의 현재

리비아는 1969년 혁명에 성공한 무아마르 알카다피가 집권한 후 2011년까지 가장 오랫동안 1인 독재 체제가 유지된 국가이다. 서구 문화의 영향을 많이 받은 마그레브 문화권과 이집트 문화권 사이에서 중동과 북아프리카의 교량 역할을 담당했다.

제2차 세계대전 이후 1951년 무함마드 이드리스를 국왕으로 하는 연방 왕국을 건설했으나 1969년 무아마르 알카다피를 중심으로 하는 청년 장교 그룹이 트리폴리에서 무혈 혁명을 일으켜 전국을 장악한 뒤 왕정을 폐지하고 리비아 아랍 공화국을 선포했다.

1977년, 총인민 회의에서 카다피는 제3세계 이론에 입각한 인민 주권 선언을 승인했으며, 이에 따라 리비아의 독특한 인민 직접 민주 제도인 자마히리야 체제를 수립해 지속적인 통치를 해 왔다. 리비아는 반서구 및 반제국주의를 강화해 미국과 영국 등 서방 국가 등에 대해 매우 적대적으로 대했다. 그러나 2003년 이라크의 사담 후세인이 미국에 의해 몰락하는 과정을 보면서 미국과의 관계를 회복했다.

그 결과 미국과 리비아는 관계 정상화의 길을 걸어 관계가 회복됐고, 이후 카다피의 독재에 대해 미국은 일언반구도 없었다. 이러한 점은 카다피 정권에 오히려 긍정적인 영향을 주었고, 그가 독재 체제를 계속 유지할 수 있게 했다.

그러나 2011년 튀니지와 이집트의 민주화 시위에 영향을 받은 민주화 시위가 발생했다. 카다피 정부에서 홀대받던 부족들을 중심으로 반카다피 운동이 확산됐고, 리비아 사태는 걷잡을 수 없는 방향으로 확산됐다.

카다피는 집권 초기 10년간 부족 통합 정책을 폈지만, 점차 충성하는 부족에겐 특권을 주고 반발하는 부족에게는 무력을 행사하며 정권을 유지했기 때문에 리비아에서의 내전은 곧 부족 간 전투를 의미했다.[*]

이런 상황에서 나토(NATO)의 미사일 공격과 폭격 등 무력 사용 및 군사적 개입 그리고 반카다피 세력의 활동으로 2011년 10월 20일 마침내 카다피가 반군에 사로잡혀 죽임당하면서 그의 정권은 무너졌다.

---

[*] 리비아 부족은 약 140개로 분화돼 있는데, 그 가운데 국내 정치에 영향을 미치는 세력은 30여 개다. 그중 카다피 정권과 가장 밀접한 관계를 맺고 있던 부족은 카다파 부족과 마가리하 부족이었다. 카다피가 부족장으로 있었던 카다파 부족은 규모는 크지 않지만 카다피 집권 후 각종 혜택을 받았으며, 마가리하 부족은 과거 카다피의 오른팔로 불리는 압드살람 잘루드 전 총리를 비롯해 정부와 군의 요직을 많이 배출해 충성도가 높은 부족으로 분류됐다.
반면 2011년 리비아 사태 당시 반정부 시위대가 장악한 동부 지역에서는 주와이아 부족의 영향력이 매우 컸다. 리비아 내에서도 손꼽히는 유전 지대를 관할하는 이 부족은 '폭력 진압을 멈추지 않으면 석유 수출을 중단하겠다'라고 하면서 카다피에게 반기를 들었다. 또한 리비아에서 가장 많은 인구(약 100만 명)를 가진 서남부의 와팔라 부족은 2011년 카다피에게 전쟁을 선포했다. 이러한 리비아의 부족 갈등으로 촉발된 내전은 마침내 카다피 정권을 무너뜨리는 기제가 됐다.

〈표1〉 2011년 이후 리비아의 정치 상황

2011년	리비아 내부 분열과 부족 간 부족 전쟁 발생
2011년 9월	유엔 시민군 대표로 국가과도위원회(NTC) 인정
2014년 1월	동부 지역 독립 선포
2014년 7월	민병대 트리폴리 입성, 7월 완전 내전 상태 돌입. 유엔 주재원 철수
2015년 7월	리비아 각 정파가 유엔 중재하에 새 평화안 수용
2015년 12월	트리폴리 정부와 투브루크 정부가 단일 정부 합의안 수용. 단일 정부 총선을 2년 이내에 시행 합의
2016년 2월	리비아군이 ISIS를 몰아내고 벵가지 탈환, 도심 장악
2016년 3월	NTC를 리비아 합법 정부로 인정(5개 지역 대표단 구성)

리비아는 2014년 7월 이후 이슬람계와 비이슬람계(세속주의) 세력 간 무력 충돌로 완전히 내전 상태에 돌입했다. 이후 이 두 세력 간 대립이 이어지면서 유엔 주재로 지속적인 평화 회담을 추진했다. 결국 2015년 12월 18일 통합 정부(GNA)가 출범하고, 2016년 3월에는 통합 정부가 트리폴리에 입성했다.

그러나 통합 정부는 국정 장악력이 미약했고 시급한 민생 문제에도 제대로 대처하지 못하면서 정치적 영향력이 감소했다. 또한 ISIS가 리비아에서 지속적인 활동을 펼쳐 리비아는 정정 불안이 장기화됐다.

2016년 현재에도 리비아 동부 지역(투브루크 의회, 국민군)과 서부 지역(통합 정부, 민병대)의 대립은 지속되고 있고, 중앙은행, 석유 공사, 전력청 등도 서부(트리폴리)와 동부에 별도로 설치되어 운영되고 있는 상황이다. 이 때문에 지속적인 물가 상승, 전력 부족 등의 민생 문제가 지속되어 리비아 국민은 어려움에 처해 있다.

chapter 2

리비아 사회 구조와 카다피

카다피 혁명 이전 리비아는 주민 대부분이 주요 도시에 집중되어 살았으나, 반면 나머지는 대부분 원시적인 형태의 단순한 아랍 사회였다. 주민 생활도 안정되지 않아서 당시 정치, 사회적 상황은 오히려 일부 리비아 국민에게 베두인 사회를 더 선호하게 했다. 사막 생활이 훨씬 수월했고, 가정과 부족들은 거대 도시보다 사막을 더 조용하고 편안한 장소로 인식했기 때문이었다. 그러나 주민 대부분은 수공업 제품을 판매하고 공공 행정 부처 혹은 외국인 회사에서 살았다.

그러다가 카다피의 알파타 혁명으로 이탈리아 점령자들을 리비아에서 추방했고, 석유 개발과 농업 및 축산 부분 부흥으로 리비아 사회는 안정되어 갔다. 이슬람과 사회주의의 결합을 시도한 '리비아 아랍 자마히리야'는 리비아 사회의 발전의 원동력이 됐다. 당시 농업 및 관개 수단을 활용해 토지가 증가했고, 지중해에 접한 리비아 해안 2천km에 걸쳐서 수백만ha의 사막이 경작용 토지로 바뀌었다.

리비아의 성장은 리비아 사회 구조에도 많은 변화를 일으켰다. 대부분의 해안 도시, 특히 트리폴리와 벵가지 두 도시에 집중되어 있던 시민들은 알자마히리야가 시민에게 지원하던 농업 지역 주거 계획 사업을 활용하고자 도시를 떠나 농업 중심지로 이주하기 시작했다.

또한 초보적 단계에 머물러 있던 경공업이 카다피 혁명 후 비약적으로 발전해 사회 구조의 변화가 이루어졌다. 또한 개혁적 교육 정책으로 다양한 기능공과 기술자들이 리비아와 외국 대학에서 배출되었고, 국가의 방위를 위해 창설된 국민 민병대와 정규군을 통해 국가 방위 체제가 발전했다. 즉 카다피 시절 리비아는 사회 구조적으로 큰 발전을 이룬 것이다.

일부 보수적인 전통도 남아 있지만, 당시 카다피 정부는 모든 여성에게 교육을 완벽하게 개방해 거의 대부분이 제도권 교육을 받았으며, 사회 활동과 직업 활동도 장려했다.

그럼에도 카다피 정권 시절 리비아는 사회 통합이 미약했다. 세대 간, 지역 간, 부족 간 갈등의 골이 깊었으며, 카다피의 개혁 정책에 불만을 가진 부족들이 많았다. 카다피 정권 시절 리비아는 이슬람 교리를 종교, 정치 등 사회 모든 부분의 기본적인 틀로 격상시켰다. 카다피 정권은 나이트클럽 등 이슬람 교리에 배치된다고 여겨지는 모든 위락 시설을 금지했다.

가정과 일상생활

　리비아 가정은 대부분 이슬람 원칙에 어긋나지 않는 형태를 유지하고 있다. 그러한 원칙들은 꾸란에서 제시되는 이슬람법에 따른 생활을 기반으로 한다. 다른 이슬람 국가들과 마찬가지로 리비아의 이슬람식 사회 구조에 따른 일부를 제외하고는 일부일처제를 따른다. 이는 시대적 변화를 따르면서도 과거 리비아 정부가 장려한 까닭이기도 했다.

　가족 또는 가문이 리비아 사회생활에서 갖는 위치는 절대적인데, 개인은 가족에 대한 소속감을 그 어떤 공동체에 대한 소속감보다 우선하며 가문의 명성, 특히 여성 구성원의 명성에 따라 다른 구성원에 대한 사회적 인식이 결정됐다.

　리비아 남자들은 이슬람법인 샤리아에 의해 한 명 이상의 여성들과 결혼할 수 있음에도 대부분 일부일처제를 채택했고, 현재 리비아도 마찬가지로 대부분 일부일처제이다. 그러나 일부 베두인에서는 일부다처제가 실시되는 경우도 존재한다.

리비아 아랍 무슬림 가정의 주도권은 남성에게 있으며, 남자는 당연히 그 집안의 장이다. 따라서 이러한 상황에서 여성의 남편에 대한 순종과 자녀의 아버지에 대한 순종은 이중적 배열 관계를 만들어 놓고 있다.

리비아 사회는 꾸란의 가치관과 원칙에 의존하는 믿음이 강한 사회이다. 그러므로 다른 종교를 신봉하는 사람들이 이슬람 사회의 특징을 인정하고 기본 원칙들을 존중한다면 비무슬림일지라도 그들을 존중해 주어야 한다는 사고를 가지고 있다. 또한 기본적으로 리비아에서는 남녀 간 교제를 자연스럽게 받아들이지만, 그럼에도 반드시 엄격한 가족의 허락 아래 이루어진다.

리비아 여성은 소녀는 물론, 가정주부나 학생, 혹은 기능적인 분야에서나 기술을 가진 전문가 등 모두 사회적 역할에 있어 과거 카다피의《그린북》원칙과 자연법에 따라 책임과 의무를 지켜야만 했으며, 이러한 원칙은 현재도 별반 다르지 않다.

chapter 4

리비아 문화

음식 문화

아랍과 유럽 지중해 지역의 특성을 동시에 지닌다. 과거 이탈리아에 지배받았던 경험 때문에 파스타나 마카로니 같은 음식도 보편화되어 있다. 곡물로 만든 다양한 종류의 쿱즈(빵)가 주식이며, 올리브, 대추야자, 포도, 우유, 치즈 등을 식재료로 사용한다.

전통 음식으로는 양고기와 토마토 등을 섞어 만든 수프 종류인 샤르바가 있고, 시금치, 페타 치즈, 올리브유 등으로 만든 빵인 부리크도 유명하다. 이 음식들은 지방마다 요리법이 조금씩 다르며, 부족마다 맛과 향이 다르다.

리비아에서 가장 선호하는 음식은 양고기 케밥이다. 한국과 마찬가지로 내장도 진미로 생각하며, 케밥 재료로 삼는다. 소스를 많이 사용하지는 않고, 소금, 후추, 레몬, 올리브유, 파슬리, 마늘, 양파 등을 주로 사용한다.

아침 식사는 쿱즈, 우유, 커피 등으로 간단히 해결하며, 여타 아랍 국가들과 마찬가지로 점심에는 양고기, 닭고기, 쇠고기, 밥 등으로 푸짐하게 식사한다. 저녁은 주로 9~10시 이후에 빵, 우유, 치즈, 차, 과일 등을 가볍게 먹는다. 아랍인의 특성이 있어 음식은 푸짐하게 차리며, 특별한 사람이라고 해서 자리를 구별하지 않는다.

민속 춤

리비아에는 아프리카의 특성을 살린 다양한 민속춤이 있다.

먼저 알카스카 댄스는 가다메스, 날루트, 주와라 지역에서 전통으로 내려오는 민속춤으로, 부족 간 갈등을 춤으로 나타낸 스토리텔링 형식의 춤이다. 두 부족이 사소한 시비로 갈등을 일으켜 등을 지고 싸우지만, 결국 현명한 인물이 나타나 갈등을 해결하고 서로 우위를 가지게 된다는 내용을 가진 가무이다.

앗사헬 댄스는 미스라타, 즐리텐, 쿰스 지역 전통 민속 무용이다. 북아프리카 특유의 부족 간 화합과 행복, 결혼식 행사 및 부부 행복을 춤으로 표현한 것이다.

아르 리마 댄스는 투아레그 지역 민속 무용이다. 투아레그족은 북아프리카 전통 부족으로, 사하라의 리비아, 나이지리아, 수단 등에 살고 있는 베르베르족 중 한 종족이다. 과거에는 '죽음의 전사'라는 명칭으로 불리기도 했으며, 투아레그어와 아랍어를 사용하고, 이슬람을 믿으며, 사냥으로 생활한다. 남자들이 추는 이 춤은 사냥 준비, 사냥 및 포획물에 대한 즐거움을 내용으로 한다. 봄과 여름 중 보름달이 뜨는 날 단체로 춘다.

알자발 댄스는 가리안, 예프렌 지역 민속춤으로, 결혼식에서 전통 음악에 맞추어 주로 추는 경쾌한 내용의 춤이다.

가젤(영양) 댄스는 북아프리카 자연과 동물을 기반으로 하는 춤으로, 가다메스 지역 민속 무용이다. 아름다운 가젤이 자연 속에서 마음대로 자유롭고 즐겁게 뛰놀던 중 사냥꾼에게 공포를 느끼고 피해 숨는다는 내용이다.

전통 복장

리비아 여성의 전통 복장은 이슬람식임에도 상당히 화려하다. 특히 금속 장식을 많이 사용하며, 얼굴 절반 정도 크기의 귀걸이도 자주 착용한다. 이마에 별 문장이 새겨져 있는 장식을 붙이기도 하며, 반지도 매우 크다.

유적

유네스코 지정 세계유산으로는 키레네 고고 유적, 렙티스 마그나 고고 유적, 사브라타 고고 유적, 가다메스 구도시, 타드라르트 아카쿠스의 암각화 유적 등 총 5개가 있다. 특히 가다메스 구도시는 '사막의 진주'라고 불렸으며, 건물들이 진흙으로 만들어졌다.

2
모로코

이종화 명지대학교 아랍지역학과

라바트

■ 국가 개황

· 국명: 모로코 왕국(Kingdom of Morocco)

· 국가 체제: 입헌 군주제

· 언어: 아랍어, 베르베르어

· 인구: 36,191,805명(유엔, 2018)

· 종교 분포: 이슬람교 99%

■

모로코는 입헌 군주국으로 정식 국명은 모로코 왕국이다. 행정 수도는 라바트이며, 경제 수도는 카사블랑카이다. 공식 언어는 아랍어와 베르베르어이며, 프랑스어와 스페인어가 널리 사용된다. 인구 대부분은 아랍화된 베르베르인이며, 소수의 흑인과 유대인이 있다. 종교는 99%이상이 순니 무슬림이며, 주요 이슬람 법학파는 말리키파이다.

모로코는 동쪽으로 알제리, 서쪽으로 대서양, 남쪽으로 서사하라, 북쪽으로 지중해를 접한다. 면적은 서사하라 지역을 포함해 70만km^2에 이르며, 인구는 약 3,600만 명으로 추산된다. 평균 해발 고도 800m 산악국으로, 동북에서 남서 방향으로 리프산맥과 아틀라스산맥이 길게 뻗어 있고 4,165m의 투브칼산이 아틀라스산맥의 최고봉이다. 아틀라스산맥 너머로는 사하라 사막이 펼쳐져 있다. 지중해와 대서양에 접한 해안선은 2천km에 이르며, 지중해성 기후와 사막 기후가 공존한다. 석유 자원은 거의 없으며 인 광석이 세계 최대 매장량을 자랑하고 있다. 철광석, 아연, 납, 석탄, 구리 등도 매장되어 있다.

이슬람 이전 모로코 원주민은 주로 남유럽과 사하라, 이집트 이주민들로 추정된다. 이들은 리비아인 또는 무어인으로 불렸으나 현재 베르베르의 선조로 간주된다. 기원전 15세기경부터 베르베르인이 모로코 땅에 정착했고, 기원전 8세기에는 페니키아인이 들어와 상업 거래소를 설치했으며, 기원전 5세기에 카르타고인이 들어와 지배했다. 이후 서기 46년 로마 속주가 되었다가 5세기에 반달족, 6세기에 비잔틴 제국이 지배했으나 이들의 통치는 해안 지역에 국한되었다. 리프산맥이나 아틀라스 지역, 사하라 지역은 통제가 불가능해 지역 지도자들이 정복자의 간섭 없이 독자적으로 통치했다. 이때까지 베르베르 부족의 종교는 소수가 기독교인이거나 유대교인이었고, 대다수는 원시 종교를 믿고 있었다.

7세기 말에 이르러 모로코는 이슬람의 침략을 받았다. 아랍인은 모로코를 정복해 베르베르인을 이슬람으로 개종시키기 시작했다. 개종하면 많은 이익이 보장되는 이슬람의 매력 때문에 베르베르인은 이슬람을 받아들였고, 안달루시아 스페인 원정군에 스스로 자원하기도 했다. 하지만 스페인 정복으로부터 획득한 몫에 대한 불만족과 탕헤르 총독의 가혹한 세금에 격앙해 740년 반란을 일으켰다. 742년 시리아에서 파견된 반란 진압군을 대파한 베르베르인은 우마이야 칼리파로부터 벗어나 독립적 지위를 누렸다.

8세기 말 압바스 왕조 출신인 물레이 이드리스가 페스 지역에 최초의 아랍 왕조인 이드리스 왕조를 건국했다. 이 왕조는 모로코의 많은 지역과 베르베르인을 지배한 최초의 왕조였으며, 이슬람 포교에 전력해 많은 베르베르인이 이슬람을 받아들이게 되었다. 통치자들은 알리의 후손임에도 전통 교리의 열렬한 수호자였으며, 모로코에 뿌리내린 카와리즈파와 싸웠지만 완전히 뿌리 뽑지는 못했다. 11세기 베르베르인을 주축으로 마라케시에서 일어난 알무라비툰조는 모로코 전역을 이슬람화하고, 사하라 이남의 말리, 니제르, 세네갈로부터 북쪽으로 스페인, 서쪽으로 알제리와 튀니지 이프리키야에 이르는 대제국을 건설했다.

12세기에는 무와히둔조가 일어나 무라비툰조를 멸망시키고 통치 지역을 병합했다. 13세기 스페인에서 기독교 재정복 운동이 성공을 거두자 스페인 무슬림은 모로코로 피신했다. 당시 모로코 지역은 마린조가 무와히둔조를 멸망시키고 15세기 중엽까지 모로코를 통치했다. 마린조의 붕괴와 더불어 모로코 지역은 군소 왕국으로 분할되어 권력 구심점이 와해되었다. 이를 기회로 유럽인은 꾸준히 모로코를 공격했으나 성공하지 못했고, 또한 오스만 제국의 모로코 침략도 실패했다. 따라서 모로코는 유일하게 아랍 국가 가운데 오스만 제국의 지배를 받지 않은 지역으로 남았다.

모로코는 16세기 중엽 사아드조로 통합됐으나 17세기 샤리프가(家)인 알라위 왕조가 일어나 통치하게 되었다. 가장 강력한 통치자는 물레이 이스마일로, 중앙 통치 체제를 완비한 군주였다. 18세기 말과 19세기 초에 이르러 모로코에 대한 유럽의 간섭이 증대했고, 결국 모로코 중부 지역은 프랑스, 남부와 북부는 스페인 식민지로 전락했다. 알라위 왕조의 계승자인 무함마드 5세가 프랑스와 협상해 1956년 독립을 쟁취하여 샤리파 왕국인 입헌 군주국을 수립했다. 1961년 하산 2세가 부친을 이어 즉위했고, '녹색 행진'을 통해 스페인령 서부 사하라를 합병했다. 1999년에는 하산 2세의 뒤를 이어 무함마드 6세가 즉위해 현재 모로코를 통치하고 있다.

chapter 1

모로코의 이슬람

1956년 독립 이후 모로코 정치 체제는 예언자 무함마드의 혈통을 지닌 샤리프 가문(예언자 무함마드의 외손자 하산의 자손)이 다스리는 입헌 군주국이 되었다. 왕국은 국왕을 기반으로 하며, 국왕은 이슬람 신도의 지도자이자 예언자 무함마드의 후손이다. 왕은 거의 신성시되며 헌법의 수호자, 민족 단결의 상징, 시민의 권리와 자유를 지키는 사람으로 묘사된다. 헌법에는 이렇게 명시하고 있다.

모로코 왕국은 이슬람 왕국이며, 공식 언어는 아랍어이며, 모로코는 대(大)마그레브의 일부분이다.

_ 헌법 전문

국왕은 신도들의 지도자이며, 국가의 대표자이며, 국가 통일의 상징이며,

국가의 영속성을 보장하며, 종교의 수호자이며, 헌법의 수호자이며, 국민과 단체와 조직의 자유와 권리를 보장하는 자이다.

_ 헌법 제2조 19항

즉 모로코 국왕은 예언자 무함마드의 후손인 샤리프 가문 출신으로, 모로코 왕국을 이슬람식으로 통치하고 있기 때문에 국왕에 대한 이슬람주의자의 직접적인 도전은 약할 수밖에 없다. 따라서 국왕과 이슬람 세력 사이에는 큰 갈등이 존재하지는 않았으나, 이란의 이슬람 혁명 이후 영향을 받은 이슬람주의자와 알제리 이슬람 세력과의 연대를 주장하는 세력이 출현해 정부와 마찰을 일으키고 있다. 이와 더불어 제도권 안에서 이슬람 개혁을 부르짖는 정당들이 활동하며 정부와의 마찰을 일으키고 있다.

살라피야 개혁주의

살라피야 개혁주의 운동은 19세기 말과 20세기 초 모로코에 널리 퍼졌다. 모로코에서 살라피야 개혁 운동은 애국주의와 동일시하는 경향으로 인식되었다. 개혁주의가 1930년대 애국주의와 서로 뒤얽혔던 것은 사실이다. 아부 슈아입 알두칼리처럼 초기 살라피야들이 '애국주의의 영웅'으로 인정되는 것은 많은 학자가 지적하듯이 실수이다. 왜냐하면 알두칼리는 1912년 강요된 프랑스 보호령을 결코 반대하지 않았기 때문이다. 사실상 그는 식민지 정부에서 행정가로서 일하며 상당한 부를 축적했다. 알두칼리 같은 살라피 울라마들은 불신자들이 이슬람 세계, 특히 자신의 국가를 통제하는 것을 원하지는 않았다. 그러나 유럽의 식민주의를 멈추게 할 어떤 일도 하지 않았다. 알두칼리의 제자인 무함마드 이븐 아라비 알알라위조차 1944년까지 공개적으로 프랑스를 반대하지 않았다.

이와 대비해 시디 무함마드 이븐 압둘 카비르 알카타니와 아흐마드 알히바 같은 수피 셰이크들은 식민 지배에 대한 저항을 이끌다가 사망했다.

시디 무함마드 이븐 자파르 알카타니는 두 권의 책으로 잘 알려져 있다. 1899년 출판된《살와트 알안파스(영혼들의 위로)》와 1908년 초판이 발행된《나시하트 아흘 알이슬람(이슬람의 사람들에 대한 솔직한 충고)》이 그것이다. 알카타니는 저서에서 최초의 무슬림인 '올바른 선조'들이 알라의 법을 준수했기 때문에 세계의 많은 지역을 정복하고 번영하게 되었다고 주장한다. 그런데 믿는 자들이 알라의 법에서 벗어났고 그것이 유럽의 불신자들로 하여금 무슬림을 정복할 수 있게 했다는 것이다. 만일 믿는 자들이 '올바른 길'로 돌아간다면 그들은 다시 한번 번영할 것이고, 알라는 이교도의 지배로부터 무슬림을 해방시킬 것이며, 모든 사회적 부정의를 제거할 것이라고 주장했다. 이러한 주장은 20세기 무슬림 개혁주의와 원리주의의 중심 주제가 되었다.

살라피 운동은 결과적으로는 모로코 애국주의와 함께 나타나 이스티크랄 정당에 의해 구체화됐다. 이 정당의 가장 유명한 지도자로는 무함마드 알랄 알파시가 있다. 모로코가 1956년 독립을 쟁취했을 때 무함마드 5세 왕과 그의 계승자인 하산 2세는 이 정당의 정치적 영향력을 억제하려고 많은 노력을 기울였으나 모로코에 공공 교육이 확대됨으로써 이슬람의 살라피 개념은 더욱 퍼져 나갔다.

이슬람 청년 단체

모로코의 호전적 이슬람 그룹 가운데 가장 급진적인 성향을 가진 단체는 이슬람 청년 단체이다. 이 그룹은 1972년 교육부 감독관이자 모로코 교사 연맹 활동가, 사회주의당인 국민세력총연합(USFP) 활동가인 압둘 알카림 무티가 설립했다. 무티는 몇몇 파벌이 그의 지도력을 거부했음에도 1975년까지 최고 지도자였다. 1960년대 말, 30대의 그는 메카 성지 순례를 하던 중 종교적 경험을 했고, 이후 사회적 활동은 세속적 세력에 대해 가차 없는 호전성을 드러냈다.

모로코 이슬람 운동의 급진파들을 단순히 원리주의자라고 정의하는 것은 잘못된 것 같다. 왜냐하면 이들의 운동은 주로 라틴 아메리카의 해방 신학과 많은 공통점을 갖고 있기 때문이다. 이들의 주장은 이슬람법에 입각한 사회를 주창하기보다는 외국의 지배에 대한 비난과 사회 부정의에 대한 저항에 집중되어 있다.

이슬람 청년 단체 지지자 대부분이 고등학교와 대학교 학생들이며, 소수지만 젊은 노동자 계층, 임시 고용직 도시 빈민, 고등학교 탈락자들과 유사한 정도의 교육을 받은 자들도 있다. 1985년 8월, 이슬람 청년 단체 소속 18명에 대한 재판이 있었는데, 그때 밝혀진 바에 따르면 6명은 학생이었고, 4명은 블루칼라 노동자, 3명은 하층 도시 빈민, 2명은 행상인, 경비원와 판매 점원이 각 1명 그리고 마지막 한 명은 재봉사였다. 이들 모두 1985년 당시 34세 이하 젊은이였다. 그런데 이와는 상반되게 단체 지도자들은 무티처럼 나이 많은 공무원이었다.

단체 회원들은 종종 고등학교와 대학교에서 마르크스주의자들과 충돌했다. 교육을 받은 젊은이들이 호전적인 이슬람 운동의 주요 지지자로 단체의 회원이 되거나 또는 세속적 좌익 세력인 마르크스주의자가 되는 것은 놀라운 일이 아니다. 이슬람 운동과 세속 좌익 세력 간에 팽팽한 증오심은 1975년 12월에 악화됐는데, 당시 이슬람 청년 단체 소속 젊은 회원 두 명이 USFP의 영향력 있는 지도자인 오마르 벤 잘룬을 암살했을 때였다.

이슬람 청년 단체는 이후 수년간 심하게 상호 대립하여 여러 파벌로 나누어졌다. 그 이유는 주로 무티의 정책에 대한 논쟁이었다. 1984년 7월, 정부는 이슬람 청년 단체의 71명을 재판에 회부했고, 19명에 대해 궐석 재판을 했다. 이들에 대한 죄목은 비합법적 조직 가입, 정부 전복을 촉구하는 반정부 소책자 배포, 하산 2세 국왕의 명예를 실추시키는 간행물 출간, 정부 전복을 위한 모의 등이었다. 이들은 각각 4년형부터 종신형에 이르는 형량을 선고받았다. 변호사들에 따르면, 재판에 회부된 대다수는 고등학생이라고 알려졌다. 1985년 10월에는 무자히딘 파벌의 3명이 1년에서 종신형에 이르는 형량을 선고받았다.

이슬람 청년 단체의 보다 급진 파벌들이 하산 2세의 정부 전복을 원했음은 틀림없는 사실이지만, 이들이 이러한 일을 수행할 만한 위치나 능력을 갖지 못했다. 1979년 이란 이슬람 혁명을 지지하는 집회에 참여하고, 1981년 6월과 1984년 1월 폭동에 참여하기는 했으나 직접적으로 이 사건을 조직화하고 통제하지는 못했다. 이 단체 여러 파벌의 지지자들은 모로코 전역에서 수천 명도 채 되지 않으며 대부분 학생이다. 때문에 아직까지 모로코 정부에 큰 위협이 되지 않고 있다.

모로코 원리주의 이슬람 운동

이슬람 청년 단체가 모로코 이슬람 운동의 급진적 성향을 대표한다면, 압둘 살람 야신은 중도파 주류를 대표한다. 그는 비합법적 평론지인 〈알자마아〉를 1979년부터 1983년까지 발행했다. 야신이 조직을 결성해 지도자로 나타난 적은 아직까지 없지만, 현존하는 호전적 이슬람 그룹들을 통합시키는 데 노력하고 있다. 비록 이슬람 청년 단체와 급진주의자 등이 주장하는 무장봉기와는 반대되는 설교와 교육을 강조하는 행동 때문에 비난을 받고 있지만, 야신은 의심할 여지없이 호전적 이슬람의 주요한 이론가이다.

야신은 스스로를 샤리프 혈통의 베르베르어를 말하는 소작농의 아들로 묘사하며, 물질적 궁핍의 해소를 주장한다. 주로 종교 교육 기관 울라마 밑에서 꾸란을 암기하고 이슬람 교육을 받는 등 전통적인 교육을 받았다. 1956년 모로코가 독립할 때 교육부 장학관이 되었고, 25년 이상 관리자로 재직했다.

야신의 첫 번째 중요한 정치적 행동은 1973년 하산 2세에게 114페이지 분량의 서한을 쓴 일이다. 〈이슬람과 대홍수〉라는 이 서한에서 야신은 주로 제국주의와 서구화, 도덕의 부패, 사회의 부정의 등을 비난하며, 이슬람으로 돌아갈 것을 주장했다. 그의 정치적 행동에 대한 보복 차원에서 모로코 정부는 그를 3년간 교도소에 딸린 정신 병원에 감금했다.

이란 팔레비 왕조의 붕괴가 있었던 1979년에 야신은 〈알자마아〉라는 이슬람 잡지를 출간함으로써 대중으로부터 광범위한 관심을 끌었다. 하지만 이 잡지는 하산 왕에 대한 명예 실추와 이슬람 혁명을 주장한다는 등의 이유로 1983년 출판이 금지되었고, 이와 더불어 모스크에서의 설교도 금지당했다. 1983년 12월 그는 〈알수브흐〉라는 일간지를 발행하고, 〈태양은 곧 모로코에 떠오를 것이다〉라는 제목의 사설을 썼다. 정부는 이 역시 이슬람 혁명을 촉구하는 것으로 해석해 신문 간행을 금지하고, 야신을 체포해 1984년 5월 감옥형 2년을 선고했다.

야신은 자신의 이슬람 운동에서 추구했던 문제를 〈알자마아〉를 통해서 표현했는데, 주요 주제는 외국 지배에 대한 분개와 비난이었다.

> 지구상 무슬림은 약하고, 패배되고 성공하지 못했다. 그들은 세계적인 압력으로부터 고통받고 있으며 거인들인 미국과 소련의 투쟁의 가장자리에서 굴러갈 뿐이다. 그리고 이슬람 국가는 그들의 착취와 위협으로부터 항상 불안정한 경제로 신음할 뿐이다.

야신은 실제로 모든 이슬람 국가들이 두 강대국인 미국과 소련의 예속자라는 주장에 다른 이슬람 운동가들과 함께했다. 이와 함께 모로코의 서구화된 지식인들이 서구 자본주의와 동구 공산주의에 의존하는 것을 격렬하게 비난했다.

또한 야신은 모로코 사회에서 신의 법이 거부되고 도덕적 타락이 만연되어 있다고 주장했다.

> 우리나라에서는 일터에서 기도 시간을 준수하는 시민이 해고 위협에 시달린다. 이제 나라를 다스리는 자들은 배교자들, 죄 지은 자들, 술 취한 자들이며, 진정한 믿음을 가진 자들은 자신들의 종교를 수행하는 것조차 방해받고 있다. 정치와 운영은 착취 계층의 특권이다. 신의 가르침은 옆으로 밀려나고 말았다.

야신은 모로코 엘리트, 특히 페스인의 비도덕성과 서구 모방, 가난한 자에 대한 착취, 힘 있는 서구 국가에 예속된 모로코를 영구화하려는 행위 등을 맹비난했다.

이제 그리스도 교인이 했던 것처럼 페스인이 통치한다. 그들은 빌라와 자동차와 하인을 가지고 있다. 그러나 한입의 빵을 위해 일하는 삶들은 독립 이래 아무것도 얻지 못했다. 그리고 페스인과 다른 부유한 모로코인은 그들의 종교를 망각했다. 그들은 기독교도처럼 되었다. 때때로 그들끼리는 불어로 이야기한다. 그들은 프랑스 여자와 결혼하고, 자식을 프랑스 학교로 보낸다. 그리고 심지어 그들의 무슬림 부인과 딸은 기독교 매춘부처럼 거의 알몸을 드러낸다. 그들은 해변에서 비키니를 입고 거리에서 짧은 스커트와 블라우스를 입는다. 그리고 심지어 오늘도 그리스도 교인은 여전히 모로코를 통제한다.

야신의 이슬람에 대한 개념과 모로코 엘리트 및 정부에 대한 비판은 많은 모로코인에게 공감을 이끌어 낼 수 있었으나, 그들을 지지 세력으로 연결시키지는 못했다.

대중적 설교자들

모로코의 많은 대중적 설교자들은 서구 문명의 만연으로 모로코 사회가 도덕적으로 해이해지고 부패되었다고 개탄했다. 그들은 정부 통제에서 벗어난 모스크를 중심으로 엄격한 이슬람 사회를 만들어야 한다고 지속적으로 주창했다. 또한 많은 대중과 접촉해 이슬람 운동의 밑바탕을 형성했다.

대부분의 대중적 설교가들은 야신이나 이슬람 청년 단체보다는 덜 급진적이다. 이 같은 성향의 설교가가 모로코에 얼마나 많이 있는지는 알지 못한다. 하지만 그들은 확실히 소규모 형태로 규칙적으로 모스크에서 금요 설교를 행한다. 이들이 설교하는 몇몇 모스크는 호전적 이슬람 운동을 위한 모임 센터이자 중요한 집회 장소로, 경찰이 철저하게 감시한다. 자유 설교자 몇몇은 이슬람 혁명을 선동한다는 죄목으로 체포됐고, 따라서 이슬람 혁명을 피하는 연설만이 여전히 허락될 뿐이다. 이러한 설교자 중 얼마나 많은 수가 실제로 이슬람 혁명을 주장하는지, 얼마나 많은 수가 단지 혁신만을 원하는지 알기는 매우 어렵다. 하지만 이러한 설교자들은 보다 급진적인 이슬람 청년 단체나 야신보다 훨씬 더 많은 모로코 대중과 교감할 수 있다는 것이 사실이다. 따라서 이들의 영향력을 과소평가하기는 이른 것 같다.

chapter 2

중세 도시들

천년의 향기가 가득한 페스

페스는 1,200여 년의 세월을 거슬러 809년 도시가 건설될 당시 옛 삶의 원형을 그대로 간직한 도시다. 흔히 '시간이 멈춰 버린 중세 도시'라고 부르는데, 그만큼 중세 시대 도시의 원형을 그대로 품고 있다.

오늘날 페스는 신시가지와 구시가지로 나뉜다. 신시가지는 프랑스 식민 지배 아래 프랑스인이 건설한 현대식 구역인 반면, '페스 알발리'라 불리는 구시가는 중세에 건설된 오래된 구역이다. 페스 구시가는 9천 개 이상의 미로 같은 좁은 골목이 거미줄처럼 얽혀 무려 300km에 달하며, 이 안에는 모스크, 꾸란 학교, 수크(아랍 전통 시장), 세계적으로 유명한 천연 염색장 등이 몰려 있다. 이곳 건축물 대부분은 9세기부터 14세기에 지어졌고, 그 뒤 큰 변화 없이 중세의 모습을 유지하고 있다.

구시가는 카라윈 구역과 안달루시아 구역으로 나뉜다. 북부 아프리카 정복과 이슬람 전파를 위해 아랍인은 튀니지 카이로우안에서 페스로 진출했고, 이곳에 카라윈 구역을 만들어 많은 모스크와 꾸란 학교를 건설했다. 특히 카라윈 모스크와 카라윈 이슬람 신학교는 페스를 북아프리카 이슬람의 중심지로 만들었다. 또한 스페인 안달루시아에 살다가 여러 이유로 지브롤터 해협을 건널 수밖에 없었던 안달루시아 이주민은 페스로 이주해 안달루시아 구역을 만들었고, 이곳에 자신들이 가진 모든 예술적 재능을 쏟아부어 건축물들을 아름답게 장식했다.

페스 구시가에 들어서면 시간이 갑자기 멈추어 버린 듯 중세로 되돌아간다. 안내자 없이는 출구를 찾을 수 없는 미로처럼 얽힌 길, 그 길의 폭은 두 사람이 겨우 지날 정도로 좁다. 하지만 이 좁은 골목은 온갖 것으로 가득 차 있다. 무거운 짐을 실어 나르는 당나귀들, 끊임없이 소리치는 상인들의 목소리, 가죽 제품 상점마다 풍겨나는 양가죽 냄새, 골목마다 들려오는 아이들의 꾸란을 읽는 우렁찬 목소리, 예배 시간을 알리는 모스크에서 들려오는 아잔 소리, 찻집에서 풍기는 아랍 커피와 박하 차 향기, 대장간과 그릇 가게에서 들려오는 망치질 소리……. 이 풍경은 바로 중세 이슬람 최고의 문명 도시였던 페스의 옛 모습 그대로이다. 이러한 살아 있는 중세 모습에 유네스코는 1981년 페스 구시가 전체를 세계 문화유산으로 지정했다. 이를 계기로 페스는 단지 모로코뿐만이 아니라 국경을 초월한 인류 보편의 문화유산임을 인정받았다.

페스 알발리에서 가장 중요한 곳은 중앙에 위치한 이드리스 2세 사당이다. 그는 모로코 최초의 이슬람 왕국 이드리스 왕조(789~926)를 건설한 이드리스 1세의 후계자이자 페스를 왕국 수도로 정한 뒤 도시의 원형을 완성한 사람이다. 그래서 모로코 사람은 그를 페스의 '수호성인'으로 삼고

'자위야'라는 사당과 모스크를 지어 그를 기리고 있다.

온통 푸른 기와로 뒤덮인 카라윈 모스크는 북아프리카 이슬람의 중심지로 흔히 알려져 있지만, 사실 이슬람 대학으로 더 의미 깊고 유명한 곳이다. 카라윈 대학은 튀니지 자이툰 대학, 이집트 알아즈하르 대학과 함께 10세기에 건설된 세계 최초 대학 가운데 하나이다. 14세기에 카라윈 대학 도서관은 3만 권의 장서와 1만 필의 필사본 두루마리를 소장하고 있었을 정도였으니, 가히 최고(最古)에 걸맞은 규모이자 학문의 중심지다운 규모라 할 수 있다. 역사가 이븐 칼둔도 이곳에서 학생을 가르쳤고, 철학자 이븐 루시드도 여기서 사색에 잠겼다고 한다.

페스에서 가장 유명한 곳 중 하나는 천연 염색장이다. 중세부터 해 왔던 방식 그대로 수많은 통에서 여러 색으로 천연 염색하는 흥미로운 광경이 펼쳐진다. 염색은 일일이 사람 손으로 이뤄진다. 양이나 염소 가죽이 숙련공의 능숙한 손길을 따라 형형색색의 가죽으로 바뀌고, 염색된 가죽들은 건물의 벽과 지붕과 바닥에 빼곡히 널려 건조된다. 이 일련의 과정으로 풍기는 가죽 염색 냄새는 '페스의 향기'라 불리며, 구시가 전체로 퍼져 나간다.

중세 베르베르인 영광의 도시 마라케시

붉은 도시 마라케시는 중세 성벽, 모스크, 집, 메디나, 택시 모두 붉은색을 띤 매혹적인 도시이다. 마라케시의 색은 석양이 물들 때 더욱 선명한 빛을 드러낸다. 붉은 해가 야자수 너머 사막 저편으로 기울 때 온 도시는 다시 한번 붉은색의 향연을 갖는다. 사막 초입에 위치해 일 년 내내 무덥지만, 한여름 서너 달을 제외하곤 언제나 아틀라스산맥에 쌓인 하얀 눈을 볼 수 있고 겨울에는 스키를 즐길 수 있다. 계절을 초월한 곳. 최고 전성기에는 남으로 사하라 이남 말리부터 북으로 스페인 안달루시아 지역까지, 동으로 튀니지와 서로는 대서양에 이르는 광대한 제국의 수도였던 곳. 베르베르인의 고향이며 그들의 자부심이 마음껏 묻어나는 도시가 바로 마라케시다.

마라케시는 1062년 사하라 베르베르 종족이 연대해 일어난 무라비툰조의 술탄 유수프 빈 타시핀이 건설했다. 무라비툰조는 스페인 통치로 획득한 많은 부를 이용해 스페인 예술가를 불러와 도시를 아름답게 꾸미고 확장하는 데 온 정성을 기울였다. 그 결과 당시 건설된 지하 농수로는 지금까지도 아틀라스의 물을 마라케시로 끌어들인다. 그러나 1147년 새로운 베르베르 세력인 무와히둔조가 마라케시를 점령하고, 무라비툰조가 통치하던 지역에 더해 주변 지역까지 정복함으로써 모로코 역사상 가장 광대한 제국을 형성했다. 이들은 마라케시를 세계적이고 이슬람적인 아름다운 도시로 꾸미려고 많은 노력을 기울였으며, 쿠투비아 모스크라는 걸작을 남겨 놓았다. 하지만 페스를 기반으로 한 마린조가 1269년 무와히둔조를 멸망시킴으로써 마라케시의 영광은 사라지는 듯했다.

16세기 사아드조가 발흥하면서 마라케시는 다시 제국 수도가 되었다. 이때 유대인 집단 정착촌인 멜라, 거대한 모사인 모스크, 알리 벤 유수프 마드라사 등이 건축됐다. 그러나 알라위조는 제국 수도를 메크네스로 옮겼고, 마라케시 알바디 궁전의 건축 자재를 사용해 메크네스의 궁전을 건축했다. 때문에 현재는 알바디 궁전의 흔적만 남아 있다. 이때부터 마라케시는 제국 중심에서 멀어졌고, 쇠퇴 시기로 접어들었다. 이후 모로코가 프랑스 보호령이 되면서 프랑스의 도시 건설 계획에 따라 마라케시에 신도시가 건설되었고, 구도시인 메디나도 재정비되었다.

마라케시 여행은 도시 중심에 위치한 쿠투비아 모스크에서 시작된다. 12세기에 건설된 이 모스크는 무와히둔조 시대의 영광을 나타내는 상징 물이다. 특히 미나레트가 유명한데, 황토색 흙벽돌로 쌓아올린 6층 구조로 높이가 77m에 이른다. 무와히둔조는 라바트와 세비야에도 유사한 모스크 를 세워 자신들의 영광을 드러내고자 했다. 현재 라바트에는 첨탑만 온전 히 보존되어 있고 사원은 지진으로 무너져 그 흔적만 남아 있다. 세비야에 서도 첨탑은 히랄다 탑으로 바뀌어 온전히 남아 있으나 모스크가 있던 자 리는 세비야 대성당으로 바뀌었다. 역사는 승자의 것이라 했던가. 패자는 말없이 모스크가 성당으로 바뀌는 모습을 지켜볼 수밖에 없었으리라.

쿠투비아 모스크 옆으로 걸음을 옮기면 자마 알프나 광장이 나온다. 이 곳에서는 다양한 삶의 모습이 밤낮을 바꾸어 가며 끝없이 펼쳐진다. 낮에 는 사람들이 모여들어 민속 축제가 벌어진다. 기획되지 않은 거리 연극, 점 쟁이들의 주술과 부적, 다양한 베르베르 음악의 향연, 우리네 시골의 약장 수들이 즐겨 하던 재주넘기, 온갖 종류의 약재들을 판매하는 약장수들의 외침, 코브라 춤을 보여 주며 돈을 버는 뱀 부리는 사람들의 피리 소리, 구 구절절이 기묘한 이야기들을 목소리 높이며 들려주는 이야기꾼의 흥분 된 목소리. 쉼 없이 계속되는 삶의 향연에 깊이 빠져 있는 사람들에게 물 을 파는 물장수들로 낮의 광장이 꾸며졌다면, 밤은 다른 모습으로 우리에 게 다가온다. 너른 광장을 가득 메운 포장마차에서 번지는 연기는 하늘을 뒤덮고 민속 악단들의 공연 소리는 하늘을 가르며 모든 세계인이 함께하 는 대화가 광장을 가득 채운다. 유네스코마저 이 삶의 공간을 세계 문화유 산으로 지정할 수밖에 없을 정도로 자마 알프나 광장은 우리 삶이 살아 숨 쉬는 현장이다.

광장을 지나면 메디나가 있다. 메디나는 과거 주거 공간이었으나 현재는 대부분 시장으로 사용된다. 이곳 메디나도 페스처럼 거미줄과 같은 미로로 이어져 있고, 중앙에 모스크가 있다. 모스크가 삶의 중심에 자리 잡는 방식은 이슬람 도시의 전형적인 모습이다. 모스크에는 꾸란 학교가 있고, 모스크를 중심으로 함맘(목욕탕), 빵 가게, 책방 등이 있으며, 이어서 시장이 형성된다. 사람들은 메디나 안에서 희로애락을 경험하며 삶을 영위한다. 마라케시의 베르베르인도 메디나에서 태어나 성장하며 기쁨과 슬픔을 경험하고 그들의 일생을 마쳤으리라.

수단

김종도 명지대학교 중동문제연구소

카르툼

■ 국가 개황

· 국명: 수단 공화국(Repblic of Sudan)

· 국가 체제: 공화정

· 언어: 아랍어

· 인구: 41,511,526명(유엔, 2018)

· 종교 분포: 이슬람교 70%, 토속 종교 25%, 기독교 5% 등

■

수단은 고대 이집트 시대 이전부터 찬란한 문명과 역사를 꽃피웠고, 6~15세기에는 기독교 시대, 그 이후 이슬람 시대를 맞이했다. 최근세에 영국 식민지 통치를 거쳐 지금은 지정학적으로 아랍과 아프리카의 관문 역할을 한다. 지리적 위치 덕분에 아랍 문화와 아프리카 문화가 공존하며, 종교적으로 이슬람과 기독교 또는 토속 종교가 함께 어우러지는 곳이다. 수단이란 단어는 '검은 대륙, 검은 사람, 또는 검은 문화'를 지칭하여 광범위하게 사용한다.

2011년 7월 9일 남수단이 독립하기 이전에 수단 공화국(이하 수단)은 아프리카 대륙 동북부 이집트 바로 아래에 위치한 나라로, 면적이 한반도의 11.3배에 달하는 2,505,813㎢로 아프리카에서 가장 넓었으며, 9개 나라와 홍해를 접하고 있었다. 기후는 열대, 대륙성 기후로 대부분 지역이 비가 거의 오지 않은 편이다. 그러나 2011년 7월 9일, 남수단이 독립함으로써 북수단, 즉 수단 공화국은 아프리카에서 세 번째로 큰 나라가 됐다(1,861,484㎢). 현재 면적은 한반도의 8.7배에 해당한다.

수단은 남부나 나일강 상류 지대에 1,500㎜ 이상의 비가 내리므로, 이로써 농업에 필요한 용수를 해결한다. 북부 지방은 50㎜ 정도 내리나 나일강을 이용하기에 농업 용수 이용에는 문제가 없다. 이러한 농업의 중요성 때문에 아랍 연맹 소속 아랍농업발전기구가 수단에 있다. 2018년 IMF 보고서에 의하면 수단의 GDP는 1,870억 달러이다. 1998년의 25억 달러에 비하면 무려 74배나 증가한 셈이다. 이는 연 3.1%라는 지속적인 경제 발전과 원유 수입에 힘입은 것이다. 국민 1인당 GNP는 세계 은행 2014년도 자료에 의하면 1,876달러로 1993년 215달러에 비해 9배가량 증가했다. 수출 규모는 2014년 44억 달러로, 1998년 6억 달러에 비해 7배 이상 증가했다. 수출품 대부분은 원유와 면화, 참깨 등의 농산물이다. 수입 규모는 1998년 19억 달러로, 2014년 92억 달러로 껑충 뛰었음에도 만년 적자를 면치 못하고 있다. 외채 규모는 약 3,500억 달러 정도이다. 공용어는 아랍어이며, 영어도 통하나 식민지 세대가 사라지면 아랍어가 더 큰 영향력을 발휘할 것으로 보인다.

지리적으로는 남쪽에서 북쪽으로 흐르는 백나일강과 동쪽에서 수도 카르툼으로 흘러 들어오는 청나일강이 만나 이루는, 지구상에서 가장 긴(6,671㎞) 나일강이 흐른다. 영토 대부분이 평원으로, 경사지는 약 0.01%에 불과해 농업에 최적의 조건을 갖추고 있다.

한편 남북이 갈라지기 전에 수단에는 570여 종족이 살고 있었다. 현재 북수단에는 수단계 아랍인이 약 70%, 푸르족, 베자족, 콥틱족, 누바족 등이 나머지 30%를 차지한다. 국가 체제는 대통령 중심제를 채택하고 있으며 1989년 6월 29일에 쿠데타로 집권을 한 오마르 바시르가 28년째 집권하고 있다. 행정은 18개 주로 되어 있다.

남수단이 독립하기 이전에는 순니 무슬림이 70%로, 대부분 북부에 살고 있었다. 토착 종교는 25%, 기독교인은 단 5%에 불과했다. 아랍어를 공용어로 사용했으며, 아랍족이 40%, 딩카족이 12%, 베자족이 7%를 차지했다. 현재 남수단의 주축 종족은 딩카족이다. 현재 북수단의 종교 분포를 보면 남수단이 독립하기 이전에는 이슬람과 기독교, 토속 종교가 어울렸으나 지금은 북수단 인구의 97% 이상이 이슬람 순니파를 따르며 이슬람 법학파로는 말리키 학파를 따른다. 그러나 샤피이 학파나 하나피 학파를 따르는 사람도 소수 있다. 최근에는 쉬아파와 마흐디의 이데올로기를 따르는 사람들도 늘어나고 있는 추세이다.

수단의 순니파 무슬림은 신앙과 실천의 통일체로 표시되어 있지 않으며, 일부 무슬림이 순니파 교리에 반기를 들고 있다. 수단에는 이슬람에서 기원하지 않은 많은 의식들이 널리 퍼져 있으며, 이 때문에 가장 관대한 순니 국가로 알려져 있다. 사실 이슬람이 전파되던 7~8세기 이전까지는 기독교가 주류를 이루고 있었으며, 19세기 마흐디[*] 치세하에서 이슬람으로 강압적으로 개종을 강요받기 전까지 누비아족은 콥트 교도로서 인구 상당 부분을 차지했다. 아직 콥트 교회와 신도들은 여전히 소수 종교로 명맥을 유지하고 있다. 가톨릭교도는 110만 명 정도이며, 카르툼 대교구와 알오베이드 교구가 하나씩 있다. 가톨릭 성직자는 대부분 남수단 출신이다. 한편 남수단으로 돌아가지 않은 일부 남수단인은 자신 정체성을 지키고자 토착 종교를 신봉하고 있다.

---

[*] 마흐디의 본명은 무함마드 아흐마드 빈 압드 알라이다.

chapter 1

수단 역사

역사

고대 이집트인은 세계를 네 개로 구분했는데, 그들의 남쪽 지역에 오늘날 우리가 이해하는 특별한 경계선의 의미를 부여하지 않고 흑인이 살고 있는 땅이라 하여 '흑인의 땅'이라 불렀다. 고대 이집트인은 수단을 '흑인의 땅'이라는 뜻으로 '타네흐수'로 칭했는데, 이 단어는 아직도 이집트의 다른 알마하스 지역에서 사용한다. 제1, 2 카타락타 지역에 살던 사람을 와와트라고 부르기도 했으며, 제3, 4 카타락타에 살던 사람은 맛조이*라고 불렀다. 쿠시 또는 카시로도 알려져 있었다. 또한 고대 이집트인은 이집트

---

* 맛조이는 고대 이집트인이 경찰이나 군대 부류에 사용하던 명칭으로, 당시에 이 지역 사람을 많이 고용한 데서 기인한다.

남쪽에 있던 지역을 '수단의 나라'라는 의미에서 '빌라드 알수단'으로 불렀다. 이 명칭은 중세를 거쳐 19세기 초 이집트 총독이었던 무함마드 알리 파샤가 수단을 정복할 때까지 사용했다. 오늘날 수단이란 이름은 1898년 영국-이집트 통치에서 생긴 산물이다.

기원전 8세기에 누비아 세력이 성장해 쿠시의 땅을 이집트 지배로부터 독립시켰고, 뒤이어 여러 기독교 왕국이 출현했다. 기원전 28년 누비아는 로마인의 침략을 받았고, 많은 지역이 로마에 병합됐다. 서기 350년에는 에티오피아 기독교 왕국의 침입을 받아 많은 수가 기독교로 개종했고, 6세기에는 누비아, 마쿠리아, 알와 등 3개의 기독교 왕국이 형성됐다. 기독교는 기원후 64년경부터 이집트 상인 등을 통해 전파됐으나 6세기경 비잔틴 황후 테오도라가 보낸 선교사가 누비아에 도착해 기독교를 전파함으로써 본격적인 기독교 선교가 이루어졌다. 이 가운데 마쿠리아 왕국이 가장 막강했으며, 수도를 현 수단 중부에 위치한 동굴라에 둔 이 왕국은 14세기 초까지 지속됐다. 7세기부터 침투하기 시작한 이슬람은 아랍 상인, 이종 결혼, 수피 등을 통해 꾸준히 전파됐다. 결국 이 기독교 왕국들은 이슬람에 자리를 내주었는데, 이는 기독교가 토착화되지 못한 데 기인한다. 그 이유는 성직자, 언어, 경전이 모두 수입품이었기 때문이다. 그리고 수단 북부 지역이 손쉽게 이슬람화될 수 있었던 것은 이집트, 홍해, 마그레브와 중앙 수단 지역 등 세 가지 전파 경로로 꾸준히 전파됐기 때문이다.

1천여 년간 지속된 기독교 세력은 16세기경 푼지족 아마라 둔쿠스라는 지도자가 제1 카타락타와 제2 카타락타가 있는 신나르 지역에 세운 신나르 술탄국, 즉 푼지 왕국 때문에 자취를 감췄다. 이후 19세기까지 남부 수단에 대해 알려진 것이 거의 없지만, 북부 수단은 다양한 연대 기록이 잘

남아 있다.

현대사

1899년, 영국과 이집트는 그 유명한 앵글로-이집트 공동 통치 조약을 맺고 수단에 대한 공동 통치를 시작하며 남북 분리 정책을 실시했다. 불행하게도 수단은 영국의 제국주의적인 '분리와 통치' 정책 결과 남북 간 이질감이 더욱 심화되었다.

수단은 1956년 1월 1일 독립했으며, 이후 14년간 7번의 연정과 6년의 군정이 있었으나 남부가 수단에 병합되면서 내전이 시작되었다. 그 근본적인 이유는 아랍-이슬람화 정책에서 찾아볼 수 있다. 그간 수단에서는 1958~1964년 압부드, 1969~1985년 니메이리, 1989~현재 바시르에 이르기까지 세 차례에 걸쳐 독재 정치가 이루어졌다.

하지만 수단은 광대한 영토에 석유를 비롯한 풍부한 지하자원을 가지고 있으며, 또한 나일강 거의 3분의 2를 차지하는 농업 국가로, 21세기 풍요와 번영을 지향하는 미래의 나라로 부상할 것이다.

니메이리 대통령과 이슬람법

1964년 10월 혁명으로 압부드 장군이 이끄는 내각이 실각하고 연정 체제가 들어섰다. 이를 계기로 움마당과 국가통일당(National Unionist Party, NUP)이 이끄는 양 가문이 여당을 형성했다. 반면에 야당은 이슬람을 대표하는 이슬람 원리주의자과 공산당이 주축을 이루었다. 특히 남부 세력의 대표 주자로 안야냐(ANYA NYA)가 세력 신장을 꾀했다. 그러나 이 연정은 경제 문제를 도외시하고 정권 잡기에 혈안이 되어 남부와의 평화 문제를 협상할 겨를이 없었다. 결국 1969년 5월 25일 16년 집권의 시나리오가 펼쳐졌다. 이것은 니메이리에 의한 쿠데타로, 자유 장교 운동이라고 부른다.

1969년 정권을 잡은 뒤 니메이리 대통령은 친소 정책을 펼쳤다가 후반에 친미 정책으로 바꾸었다. 집권 기간 말기 이전까지는 이슬람을 정치적으로 이용하지 않았으나 독재로 인한 여론의 화살을 피할 목적으로 이슬람을 강화하기 시작했다. 그리하여 1983년 9월 8일, 니메이리는 장기 집권을 합리화하고자 형법을 샤리아로 대치했다.

이 법은 니메이리 정권 말기에 법무 장관을 지낸 하산 투라비가 제정한 것으로, 꾸란으로 절도, 강간 등 여러 범죄를 판결하게 됐고 음주와 노름이 금지되었다. 그러나 비무슬림은 절도나 살인을 저지른 경우를 제외하고는 꾸란의 적용을 받지 않았다. 1983년 9월 23일, 수도 카르툼에서 새 법령이 발효되자 주류상에 있던 술들을 나일강 근처에 산더미로 쌓아 놓고 불도저로 뭉개 버려 강물에서 한동안 술 냄새가 풍기기도 했다. 남녀가 데이트를 즐기다가 곤장 수십 대를 맞고 벌금을 물기도 했고, 강력범들은 총을 가지고 이전보다 더 잔인한 범죄를 저지르기도 했다. 이 법이 시행되자 많은 수단인이 정부에 대한 불신을 쌓아 갔으며, 이는 정권 말기로 치닫는 원동력이 되었다.

불과 1년 반이 조금 지나 민생고를 해결하지 못한 니메이리는 걷잡을 수 없는 정치적 소용돌이에 말려들었고, 1985년 4월 6일 역사적인 민중 봉기에 무릎을 꿇고 만다. 그 후 1년간의 과도 정부에 이어 선거를 통해 1986년 6월 움마, NUP, 민족이슬람전선(NIF)의 연정이 구성되지만, 3년 뒤 투라비의 후광을 업은 군부가 쿠데타를 일으켰다. 오마르 바시르 장군이 주도한 장교 집단이 권력을 잡고 3년간의 민주주의와 의회에 종지부를 찍은 것이다.

하산 투라비

순니 이슬람 사상가이자 지도자인 하산 투라비는 수단 현대 정치에 가장 영향을 많이 준 인물로, 수단 이슬람 건국의 든든한 버팀목이었다. 정권 초기에 바시르는 그를 외교부 장관에 임명했으나 10년 뒤 투라비를 투옥했다. 여기에는 여러 이유가 있다. 우선 1996년 바시르 정부가 투라비를 형님처럼 모시던 알카에다 지도자 오사마 빈 라덴과 그 가족들을 아프가니스탄으로 추방했다. 그러자 같은 해 국회 의장이 된 투라비는 바시르를 못마땅해하며 야당인 대중국가의회당을 창설하고, 대통령 권한을 제한하는 법을 제안했다. 1999년 12월, 바시르는 투라비와 대중국가의회당 원로들이 국가 안보와 헌법 질서를 교란했다며 비상사태를 선포하고 국회를 해산하고 투옥시켰다. 더구나 당시 투라비는 바시르가 수단인민해방군과 내전을 종식시키고자 양해 각서를 체결한 것에 불만이 있었고, 바시르는 이를 못마땅하게 여기고 있었다.

즉 투라비는 바시르 정권의 후견인 역할을 했으나 권력 암투에서 밀려난 것이다. 그러나 그의 재산은 천문학적이라 알려져 있으며, 그가 보낸 이슬람 선교사들이 전 세계에 포진하고 있다고 한다. 그는 2016년 3월 5일 사망했다.

바시르 대통령과 남수단 독립

니메이리 대통령은 정권 유지를 위해 1983년 샤리아(이슬람법)를 선포했다. 그러나 니메이리 정권은 1985년 4월 민중 봉기로 막을 내렸다. 이어서 같은 해 사디크 알마흐디에 의해 민정이 들어섰다가 1989년 6월 30일 오마르 바시르 준장이 군사 쿠데타를 일으키면서 이 역시 전복됐다. 당시 바시르 준장은 NIF*의 지지와 후원을 받아 왔다고 후에 알려졌다.

2011년 7월, 남부 수단 독립을 찬성하는 99.75%의 지지에 바시르 대통령이 결단을 내리면서 남부 수단이 독립했다. 여기에는 북부를 이슬람화하겠다는 바시르의 야심이 작용한 것으로 보인다. 즉 바시르 대통령은 남수단을 독립시키면서 북부에만 이슬람화를 추진했다. 이에 강경 이슬람 성직자들은 바시르에게 수단 이슬람화에 반대하는 어떤 조직이나 활동도 금지해야 한다고 촉구했다. 바시르 입장에서는 골칫거리인 남수단을 내던져 버렸으니 자기 세상이 된 셈이다.

한편 국제 사법 재판소는 바시르 대통령에게 다르푸르 지역의 인종 청소에 대해 전쟁 범죄 및 대량 학살 혐의로 체포 영장을 발부했지만, 아직까지 대통령직을 수행하고 있다.

현재 수단 공화국과 남수단 사이에는 석유 매장 지대인 아브예이 지역 국경 문제가 해결되지 않아 수시로 분쟁이 일어나고 있다. 남수단에 전체 석유 매장량의 80%가 있기 때문이다. 석유 파이프라인이 지나는 북수단은 통과세를 많이 요구하고 있어 수시로 송유가 중단되기도 한다.

---

* NIF는 수단 무슬림형제단에서 파생된 단체로 정당 활동을 하고 있었다. 이 NIF의 우두머리가 니메이리 정권 말기에 샤리아법을 주도적으로 입안한 당시 검찰 총장 하산 투라비였고, 아이러니하게도 마흐디는 투라비의 처남이었다.

chapter 2

이슬람과 문화

수단 이슬람의 현주소

수단 이슬람의 현주소를 알려면 남수단 독립하기 이전의 남북 관계를 살펴보는 것이 필요하다.

〈표1〉 독립하기 전 수단 남부와 북부

	북부	남부
종교	이슬람	기독교
종족	아랍	아프리카 제 종족
노예 관계	주(主)	종(從)
비고		전통적으로 이집트 등에 대한 반감과 노예 무역*에 대한 반감으로 아랍 통치를 싫어함.

수단 무슬림 대다수가 이슬람 순니파를 따르며, 이슬람 법학파로는 말리키 학파를 따른다. 순니 가운데 가장 큰 집단인 말리키 학파는 사우디 북부, 쿠웨이트, 바레인, 차드 등지에서 주로 추종하며, 법 해석의 주요 원천으로 꾸란과 하디스에 무게를 두고 있다. 또한 다른 법학파와는 달리 메디나 사람의 합의를 이슬람법의 타당한 출처로 간주한다.

주요 인물

수단 이슬람사에서 유명한 인물은 14세기에 이슬람을 동굴라 지역에 확신시킨 굴람 알라 바이드, 수피 종단을 세운 하마드 아부 다우안 등이 있다. 그러나 무엇보다 현대 이슬람 확산에 기여한 인물로는 앞서 언급한 하산 투라비를 들 수 있다.

1932년 수단 동남부 카살라에서 태어난 투라비는 이슬람 교육을 받았으며, 대학생 신분으로 무슬림형제단에 가입했다. 그는 카르툼 대학교 법대를 졸업한 후에 프랑스 소르본 대학에서 법학 박사를 받았고, 귀국해서는 카르툼 대학교 법대 교수로 지내며 수단의 이슬람화에 골몰했다. 수단에서 정치 이슬람 지도자로 서서히 입지를 군히면서 니메이리 정권하에서 검찰 총장을 지내며 샤리아를 제도화했다. 그는 강경파의 이데올로기 지도자로 수시로 정권에 의해 투옥당하기도 했다. 투라비의 사상을 살펴

---

* 남부 수단인은 독립 이전에도 이집트, 그리스, 로마, 오스만 튀르크 등의 노예 사냥 대상이었다. 옴두르만 국회 의사당 옆에는 아직도 노예 시장이 형성되었던 항구의 흔적이 남아 있다. 기록에 의하면 1820년 당시 이집트의 오스만 튀르크 총독이던 무함마드 알리가 병력을 파견해 1882년에만 노예 3만 명을 포획했다고 한다.

보면 그는 꾸란과 순나의 효력만을 믿을 뿐 다른 영향력은 인정하지 않는다. 서구 세속주의를 비판하며 이슬람 국가를 옹호하고, 이즈티하드(독자적인 법 해석)만이 샤리아를 재구성할 수 있다고 확신해 이즈티하드를 모든 분야에 적용할 것을 주장했다.

이에 맞선 사디크 알마흐디는 1935년에 태어났으며, 두 차례(1966~1967, 1986~1989)나 수상을 역임했고, 움마당 지도자이기도 하다. 2014년에는 바시르 대통령이 정적인 그를 반역 혐의로 체포하려고 하자 이집트로 피신했다가 2017년 1월에 카르툼으로 돌아와 온건 이슬람을 주창하고 있다.

아프리카의 이슬람

수단은 이슬람 문화와 아프리카 문화가 혼재하는 곳이다. 1천 년 동안 지속된 기독교를 내몰고 이슬람이 깊이 뿌리를 내렸는데, 이는 이슬람이 그곳에 토양에 맞게 토착화되었기 때문이다. 따라서 아프리카의 모든 것을 축소해 놓은 수단을 통해 아프리카의 이슬람을 이해할 수 있다. 아프리카 전통을 고수하면서 이슬람이라는 종교를 통해 500여 종족이 공감대를 이루며 진정한 평화와 공존의 삶을 언제 이루어 낼지는 알라만이 알고 있는 영원한 숙제일지도 모른다.

일상생활

수단에는 다양한 문화가 공존하고 있어 딱 하나로 단정 짓기가 어렵다. 그러나 민중 사이에서 행해지는 문화와 풍속은 기존 전통과 이슬람이 어우러진 것이 많다. 이슬람은 굿을 허용하지 않지만, 필자가 목격한 바에 의하면 중환자가 있는 집에서는 가끔 며칠에 걸쳐 굿을 하기도 한다. 머리가 아프면 꾸란 구절을 태워서 재로 만들어 이를 물에 타 마시기도 한다. 또한 이슬람이 지배적인 사회이면서도 오랫동안 기저 문화를 지탱해 온 전통문화가 있기에 전통 민속주를 암암리에 밀조해 팔고 있다.

지방에 가면 아직까지 전통 가옥이 많이 있으며, 점차 현대식 건물로 바뀌는 추세이다. 그러나 집에는 대부분 마당이 있으며, 날씨가 따뜻해지면 바깥에 침대를 내다 놓고 자는 사람이 많다. 특히 수도 카르툼은 밤 열 시가 넘으면 시원하기 때문에 가능한 일이다.

주식은 콩과 빵이며, 콩죽에 해당하는 풀(Ful)을 즐겨먹는다. 풀은 '콩'이라는 의미이며, 우리나라의 양대콩 같은 것을 삶은 뒤 으깨어 파, 식용유, 양파, 고춧가루 등을 넣고 섞은 뒤 빵을 찍어 먹는다. 그래서 아침인사가 '쇠바할 풀'이다.

도시들

주요 도시로는 수도인 카르툼이 있다. 카르툼은 아랍어로 '코끼리의 코'라는 의미로, 청나일강과 백나일강이 만나는 카르툼, 옴두르만, 카르툼 바흐리 지역이 마치 코끼리 코 형상을 하고 있어 붙은 이름이다.

옴두르만은 수단에서 두 번째로 큰 도시로, 나일강 서안에 위치하며, 상업 중심지이기도 하다. 1956년 독립 전에 수단의 수도였다. 이슬람적 요소가 곳곳에 묻어 있고, 시나 산문에서도 많이 언급된다. 옴두르만은 '두르만의 엄마'라는 의미로, 두르만은 두 나일강의 합류점에 살았던 전설적인 인물이다. 이곳에는 많은 모스크가 있으며, 이슬람과 샤리아를 전문적으로 가르치는 옴두르만 이슬람 대학교와 '꾸란과 이슬람학 국립 대학교'도 자리한다. 또한 마흐디의 묘소도 있다.

그 밖에도 바닷길의 관문인 수단항인 있는 포트수단, 서부 중심지 알오베이드, 동남부 중심지이자 투라비의 고향 카살라, 농업 중심지로 중부 게지라주의 주도인 와드 메다니, 알자지라주의 주도인 와드 마다니 등이 있다. 특히 와드 메다니는 관개 수로가 잘 정비되어 있어 수단의 곡창 지대로 알려져 있는데, 이는 1925년 식민지 당시 자지라 관개 계획 덕분이다. 사탕수수 농장도 여러 개 있는데, 한두 시간을 달려도 끝이 없을 정도이다. 이곳은 땅콩, 밀, 가축, 보리 등이 모이는 집산지이기도 하며, 수단의 독립 운동이 시작된 곳이기도 하다.

유적지

옴두르만에는 구세주 사상을 부르짖었던 마흐디 묘소가 있으며, 카르툼 북쪽 메로에는 고대 누비아의 쿠시 피라미드가 있다. 해가 뜨고 달이 질 때의 광경이 특히 환상적이다. 서부 다르푸르 지역에는 해발 3,042m의 마르라산이 있다. 한편 수단 국립 박물관은 마치 이집트 국립 박물관의 축소판을 보는 듯한데, 이는 고대에 같은 문명권에 있었기 때문이다.

4
알제리

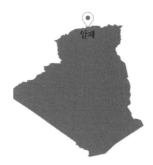

임병필 명지대학교 중동문제연구소

알제

■ **국가 개황**

· 국명: 알제리 인민 민주 공화국(People's Democratic Republic of Algeria)

· 국가 체제: 공화정

· 언어: 아랍어(공용어), 타마지그트어(공용어), 불어 통용

· 인구: 42,008,054명(유엔, 2018)

· 종교 분포: 이슬람교 99%, 기독교와 유대교 약 1%

■

알제리는 아프리카 대륙 북서부 지중해 연안에 있는 공화국이다. 동쪽은 튀니지, 서쪽은 모로코, 남동쪽에서 남서쪽에 걸쳐 리비아, 니제르, 말리, 모리타니와 국경을 마주하고 있다. 국토 면적은 2,382,000㎢에 달해 아프리카에서 가장 국토 면적이 넓고, 세계에서도 10번째로 넓은 나라이다.

여러 천연자원을 보유하고 있는데, 특히 석유(세계 4위), 천연가스(세계 5위), 망간(세계 3위), 수은(세계 3위), 코발트(세계 2위) 등이 많이 생산되며, 철광석, 석탄 등 아직 개발되지 않은 자원도 많다.

　방대한 영토로 따스한 온대 지중해성 기후, 무더운 사막성 기후, 온대 기후, 스텝 기후 등이 나타나며 겨울에 눈이 내리기도 한다.

　전반적으로 알제리의 이슬람은 순니이며, 무잡 지역에는 이바디파가 존속하고 있다. 지배적인 법학파는 말리키이며, 일부 튀르크 가문에서는 하나피 법학파를 신봉한다. 수피즘은 일부 지역에서만 남아 있다. 알제리인은 성인 숭배 사상을 간직하고 있는데, 무슬림은 이를 배교 행위로 보고 있다.

chapter 1

알제리 역사

고대 알제리는 페니키아가 튀니지 지역에 설치한 카르타고에 속해 있었으나 카르타고가 로마 제국에 멸망당하자 알제리 지역도 로마에 편입된다. 이후 로마 제국이 쇠퇴하자 알제리 지역은 반달 왕국 영토가 되었다가, 6세기경에는 비잔틴 제국 영토가 되었고, 7세기 말에는 우마이야조에 편입된다. 8세기 말경에는 스페인에 건설된 안달루시아 우마이야조(750~929)에 편입되었다가, 그 이후에는 루스탐조(778~909), 파티마조(909~1171), 무라비툰조(1040~1147), 무와히둔조(1130~1269), 자얀조(1249~1277), 합스조(1229~1574), 베르베르 해적의 근거지를 거쳐 1516년에 오스만 제국(1299~1922) 치하에 들어간다. 오스만 제국 통치하에서는 명목상의 총독이 있었지만, 상당 부분 자치권을 누렸다.

이후 1830년대부터 프랑스가 지중해 일대의 베르베르 해적 토벌을 명목으로 알제리를 공격하고 점령하면서 프랑스 식민지가 되었다. 프랑스는 프랑스와 유사한 자연환경을 가진 알제리를 제2의 프랑스로 만들어 영구 지배하겠다는 계획을 세우고, 강력한 프랑스화 정책을 추진했다. 이 정책에 따라 유럽인 상당수가 알제리로 이주했으며, 이 때문에 알제나 오랑 등 주요 도시에는 유럽 도시 분위기가 짙게 나타난다. 유럽 이주민은 '검은 발'이라는 뜻의 '피에 누아르(Pied-Noir)'라고 불리며 식민 지배 시기 알제리 사회에서 기득권을 독차지했다. 피에 누아르는 알제리뿐만 아니라 모로코, 튀니지와 같이 프랑스의 식민 통치를 받던 아프리카 국가의 유럽계(프랑스, 스페인, 이탈리아, 몰타, 유대) 주민을 일컫기도 한다. 알제리 독립 시점에 피에 누아르 인구는 약 100만 명이었다.

그러나 100년 넘게 지배를 받으면서 피지배층인 아랍계의 불만이 커지고 프랑스 식민 제국이 쇠락해 가면서 1954년부터 민족해방전선(FLN)을 중심으로 8년간의 대프랑스 전쟁이 발발했다. 그리고 1962년 7월 5일 마침내 독립을 쟁취했다. 독립 후 알제리에는 FLN의 일당제 정권이 들어서고 아메드 벤 벨라(재임 1963~1965)가 초대 대통령이 되었으나 1965년 국방 장관이었던 후아리 부메디안의 쿠데타로 쫓겨난다. 대통령이 된 부메디안(재임 1976~1978)은 1978년 사망할 때까지 석유 국유화, 사회주의 정책, 비동맹 정책 등을 통해 알제리의 경제적 황금기를 이끌었다. 이후 샤들리 벤제디드(재임 1979~1992) 대통령 시기에는 유가 하락, 부채 급등, 물가와 실업률 상승 등과 같은 경제 위기로 정권에 대한 반감이 커졌다. 1988년 대규모 시위가 발생했고, 1989년에는 헌법 개정으로 사회주의가 폐지되고 다당제가 인정됐다.

1990년 6월 치른 도 의회와 시 의회 선거에서 이슬람주의 정당인 이슬람구원전선(FIS)이 48개 도 의회 의석 가운데 31석, 1,541개 구 의회 의석 가운데 854석을 차지하는 등 주요 도시에서 압승을 거두었다. 여당인 FLN

은 2위 정당이 되었다. 그러나 이슬람주의 정권이 집권하는 것을 용납하지 않은 군부가 쿠데타를 일으켜 리아민 제루알(재임 1994~1998) 대통령을 축출하고 FIS를 불법화하자 이슬람 세력이 반발해 알제리 내전(1991~2002)이 발발했다. 처음에 이슬람 반군은 군부에 반대하는 수준이었으나, 시간이 지나면서 무장이슬람그룹(GIA) 등 강경 반군이 민간인과 외국인을 무차별 살해하기에 이르렀다. 그러자 반군 내부에서도 내분이 일어나 FIS 이슬람해방군(AIS)은 1997년에 정부와 휴전을 맺었다.

1999년, 압델아지즈 부테플리카(재임 1999~현재)가 대통령이 되었고, 이슬람주의 세력을 사면하는 조건으로 2000년에 AIS는 해산됐다. 그러나 GIA와 GIA의 분파인 선교전투그룹(GSPC)은 항복하지 않았다. 이후 GIA는 정부군 소탕 작전으로 쇠퇴했으며, GSPC는 '이슬람 마그레브 알카에다'로 이름을 바꾸어 살아남았지만 세력이 크게 줄어들면서 알제리 내전은 일단락되었다. 2011년 '아랍의 봄' 당시 이웃 나라인 튀니지와 리비아에서 독재 정권이 붕괴된 것에 반해 알제리에서는 큰 변화가 일어나지 않았는데, 이에 대한 원인으로 알제리 내전에 대한 공포를 꼽기도 한다.

2014년 4월 17일 대통령 선거에서 압델아지즈 부테플리카 대통령이 81.5%의 득표율로 4선에 성공하면서, 1999년부터 2019년까지 19년 동안 알제리를 통치하게 되었다.

chapter 2

알제리 이슬람 역사

이슬람의 도래

이슬람이 처음 도래한 것은 670년에 우마이야조 우크바 이븐 나피 군대의 정복과 이후의 개종 때문이다. 원주민인 베르베르인은 대다수가 이슬람으로 개종했고, 일부 기독교도와 이교도는 무라비툰조까지 유지되었다. 8세기 말경에는 루스탐조가 알제리 대부분 지역을 통치했는데, 루스탐조는 청교도적이고 온건한 이바디파를 공언했으며, 칼리파를 비도적덕인 강탈자로 보았다. 루스탐조는 909년에 쉬아파 파티마 왕조에 멸망당했다. 그러나 루스탐조의 이념은 피난민에 의해 알제리 사라하에 있는 무잡 계곡에 건설된 도시에 정착했으며, 현재까지도 존속하고 있다.

파티마조의 이스마일 이념이 북아프리카 대부분 지역에서 큰 인기를 얻지 못하고, 파티마조도 명목상 그들에게 종속되었던 지리조(1001~1147)에게 북아프리카를 넘겨주고 이집트로 물러간다. 압바스조(750~1258)의 정치적 위협이 사라지면서 알제리는 순니 이슬람, 특히 마그레브 지역에서 널리 인기를 얻었던 말리키 법학파로 개종한다. 그러자 파티마조는 바누 힐랄 부족을 파견해 이 지역에 대한 복수를 감행했지만 실패로 끝났다. 이후 쉬아 이슬람은 신속하게 힘을 잃고 사실상 이 지역에 거의 존재하지 않게 된다.

한편 말리키 법학파는 메디나 출신의 말리크 빈 아나스의 이름에서 유래됐다. 주요 법원은 꾸란과 하디스이며, 이 두 원천에서 근거를 발견하지 못할 경우 메디나 주민들의 관행(아말), 그다음으로 교우들의 이즈마으, 교우 개인의 법적 견해, 끼야스, 이스티쓸라흐, 무슬림의 관습(우릅)순으로 법원을 채택한다. 말리키 법학파는 메디나에서 기원했으나 아프리카에서 상당한 인정을 받았으며, 한때 안달루시아 우마이야조와 무라비툰조에서 공인받기도 했다. 그러나 다히리 법학파를 신봉한 무와히둔조에 밀려나면서 안달루시아에서 힘을 잃었다. 9세기 이래로 말리키 법학파 중심지는 튀니지 카이로우안에 있는 카이로우안 모스크(우크바 빈 알나피 모스크)였다. 현재 말리키 법학파는 이집트 북동 지역, 서아프리카, 차드, 수단 등 아프리카에서 지배력을 확보하고 있으며 전통적으로 바레인, 쿠웨이트, 두바이, 사우디아라비아 북동부에서 선호하는 법학파이다.

알제리는 무와히둔조 통치하에서 종교적인 동질성을 눈에 띄게 획득한다. 무잡 지역의 이바디파와 소규모 유대교 공동체와 달리 순니 이슬람과 말리키 법학파는 사실상 보편적인 이념이 된다. 하나피 법학파를 공인한 오스만 제국 통치하에서 알제리는 튀르크인과 관련된 사안에 대해서는 하나피 법학을 사용했지만, 그 외의 사안에 대해서는 기존 말리키 법학을 채택한다. 오스만 제국 통치 시기에 수피즘이 널리 확산됐다. 또한 '마르부트'라고 불리는 성소를 중심으로 한 성인 숭배 사상이 큰 인기를 얻었는데,

'시디'라는 이름이 붙은 많은 도시에서 당시 상황을 알 수 있다. 무정부의 산악 지역에서 성인 숭배 사상은 정치적인 힘을 제공했지만, 도시 지역에서는 종교적인 기능에 초점이 맞추어져 있다. 한편 이슬람은 남부로 확대되었으며, 14세기에는 투아레그인이 이슬람으로 개종했다.

저항 운동

1830년에 프랑스가 알제리 지역을 정복한 이후 저항 움직임이 많이 일어났다. 특히 수피 전사인 압둘카디르 알자자이리는 프랑스를 축출하려는 저항 운동을 전개했으나 실패했다. 저항 운동은 1870년 셰이크 모크라니에 이르기까지 지속되었다. 프랑스는 알제리 무슬림 전통문화를 약화시키고자 식민 정책을 추진했다. 프랑스법에 따라 무슬림은 공공 집회를 개최할 수 없고, 무기를 소지할 수 없으며, 허가 없이 거주지를 떠날 수도 없었다. 법적으로 알제리인은 프랑스 식민이며 완전한 권리를 가진 프랑스 시민이 되었지만, 이슬람법을 포기해야만 했다. 이슬람의 공익 신탁 토지는 정부 재산으로 간주되어 몰수됐으며, 전통적인 꾸란 학교(쿳탑) 조직은 잠재적인 저항 조직 본부로 간주돼 붕괴시키면서 문맹률이 심화되었다.

그러나 꾸란 학교와 개혁가인 압둘하미드 벤 바디스의 등장으로 이러한 경향들은 반전되기 시작했다. 1910년대부터 압둘하미드 벤 바디스는 성인 숭배 사상을 반대하는 설교를 시작하고 아랍어와 이슬람 교육의 중요성을 촉구했다. 그 제자들은 광범위한 학교 조직을 설립하고 성인 숭배 사상을 배척하면서 이슬람이 점차 자리 잡기 시작했다. 이슬람은 알제리 독립 전쟁에서 프랑스에 대항하는 저항 운동의 강력한 힘이 되었으며, 독립

운동 전사들은 지하드(성전)를 행하는 무자히둔으로 불리고, 그들의 죽음은 순교로 인정되었다. 독립운동을 주도한 FLN은 술과 매춘을 금지하는 등 이슬람의 주요 원칙을 시행하는 상징적인 노력들을 구체화했다.

국교로서의 이슬람

1962년 독립 이후 알제리 정부는 국가 통합과 정치 통제를 목적으로 종교 활동에 대한 국가적 통제를 주장했다. 이슬람은 신헌법에서 국교가 되었으며, 지도자의 종교가 되었다. 2016년 개정된 알제리 헌법은 임시 규정을 포함해 4장 218조로 구성되어 있다. 제1장 알제리 사회 통치 일반 원칙(알제리, 국민, 국가, 권리와 자유, 의무), 제2장 권력 조직(행정부, 입법부, 사법부), 제3장 선거 감독과 감시, 자문 기관(감독, 선거 감시, 자문 기관), 제4장 헌법 개정 등을 담고 있다. 헌법 제1조는 '알제리는 인민 민주 공화국을 국시로 하고 있다'이다. 이로써 알제리의 국시가 사회주의임이 드러나지만, 사유 재산 인정, 시장 경제 조항으로 보아 혼합 정치 경제 체제라 할 수 있다. 국어는 아랍어(헌법 제3조)와 타마지그트어(헌법 제4조)이며, 이슬람을 국교로 규정하고 있다(헌법 제2조). '샤리아가 법 제정의 원천'이라는 규정은 없으나 헌법 서언 첫머리에 '자비로우시고 자애로우신 알라의 이름으로'라는 문구가 들어가 있는 것으로 보아 샤리아가 중요한 법 제정의 근거가 될 것으로 판단된다.

국가는 모스크 건설을 독점하고, 종교성이 1980년대 중반까지 약 5천 개의 모스크를 통제했다. 이맘은 훈련을 받고 임명되었으며 국가 급여를 받고 금요일에는 종교성에서 발행된 설교를 했다. 종교성은 종교 재산을 관리하고 종교 교육을 제공하며 이슬람 교육을 위한 특별 기관을 설립했다. 이슬람법 샤리아가 가족법에 적용되었지만, 나머지 부분에 대해서는 관여하지 않았다. 이로써 1984년 알제리 가족법에 의거해 무슬림 여성은 비무슬림과 결혼할 수 없지만, 술은 금지되지 않았다.

이슬람주의 발흥

1964년 초 '알끼얌'이라는 무장 이슬람 단체가 등장했다. 이들은 1990년대에 FIS의 전신이 되었다. 알끼얌은 알제리의 법 조직 및 정치 조직에서 이슬람의 지배적인 역할을 요구했고, 알제리인의 사회 및 문화생활에서 서구적인 활동을 거부했다. 이 같은 무장 이슬람주의는 진압되었지만, 1970년대 또 다른 이름으로 다시 등장했고, 대학교의 좌익 학생 운동에 맞서도록 정부가 장려하면서 널리 확산됐다. 1980년대까지 이러한 운동은 더욱더 강력해졌으며, 1982년에는 알제리 대학교 벤 아크눈 캠퍼스에서 유혈 충돌이 촉발됐다. 대립과 갈등은 1980년대와 1990년대 내내 지속되었다.

이슬람주의의 발흥은 알제리 사회에 중대한 영향을 주었다. 더욱더 많은 여성이 히잡을 착용했는데, 그 원인은 종교적으로 보수적이 되었기 때문이기도 하지만, 거리나 캠퍼스 또는 직장에서 희롱을 예방할 수 있다고 보았기 때문이다. 이슬람주의자들은 페미니스트 단체와 협회의 반대에도 좀 더 자유로운 가족법의 제정을 금지했다. FIS가 1991년 선거에서 승리한 이후 그리고 군부에 의한 선거 취소 이후, 이슬람주의자와 정부 간 긴장과 갈등은 충돌로 이어졌다. 10년 동안 지속된 충돌로 약 10만 명의 사상자가 발생했다. 그러나 평화사회운동(MSP)과 이슬람저항운동(IRM) 등 일부 이슬람 정당은 살아남았으며 정부에 의해 선거 참여가 허용됐다.

chapter 3

알제리 문화

알제의 카스바

카스바(까싸바)는 '요새, 성채'라는 뜻을 가진 아랍어로, 중세 이후 아랍인이 외부로부터 도시를 방어하고자 건설한 성곽 및 미로 같은 도시를 말한다. 무엇보다 외적 침입에 효과적으로 대응하고 뜨거운 태양의 열기를 막으려고 카스바 내 모든 집은 미로처럼 얽힌 좁은 길을 따라 밀집되어 있다. 5개 성문 중 아직까지 남아 있는 첫 번째 출입구는 기원전 4세기경 카르타고인이 무역 거점으로 개발한 도시 위에 1516년 오스만 제국 현지 총독이 건설했다고 한다. 이곳은 1992년에 유네스코 세계 문화유산으로 지정되었다. 카스바 내에는 약 5만 명이 거주하고 있는데, 132년 동안 프랑스 식민 시대와 10년간의 내전을 거치면서 슬럼가처럼 변해 버렸다.

콩스탕틴 유적

콩스탕틴(쿠산티나)은 알제리 북동부에 위치한 도시로 콩스탕틴주 주도이며, 인구는 544,700명(2008년)이다. 콩스탕틴은 알제리에서 세 번째로 큰 도시이며, 이곳에 알제리 국가 영웅인 압둘카디르의 무덤이 있다. 기원전 3세기에 누미디아가 이곳에 도시를 건설했고, 로마가 특별 시민권을 부여하면서 로마 제국의 북아프리카 속주 중 가장 유명한 도시가 됐다. 이후 431년 반달족에게 정복되었다가, 비잔틴 제국의 지배를 받았고, 7세기 아랍인에게 정복되면서 쿠산티나라는 이름을 얻었다. 12세기에 피사와 제노바, 베네치아와의 무역이 발달하면서 다시 번영을 누렸다. 1529년 오스만 제국에 정복되면서 총독의 지배를 받았고, 이때부터 이슬람 건축 양식이 들어서면서 번영을 누렸다.

라이 음악

1900년 초 알제리 서부에서 베두인 전통 민속 음악인 멜훈에서 파생해, 1920년대 오랑을 중심으로 기본적인 틀이 형성되었다. 멜훈은 18세기와 19세기에 걸쳐 성행했던 고전적인 민중 시가로, 그 기원은 16세기로 거슬러 올라간다. 그러나 라이가 멜훈의 정통을 이어받은 적자는 아니다. 오히려 그 반대로 고전적인 민속음악의 주변부에서 그 권위에 저항하면서 형성된 음악이다. 마리 비롤 수이베는 라이가 일정 부분 멜훈이 '부르주아화' 되는 것과 몇몇 시인이 '프랑스 식민 통치에 협력'하는 것에 대한 반작용을 통해, 특히 보다 즉각적으로 20세기 초에 발생한 문화적 전통성의 상실과 농촌 사회의 붕괴를 표현하면서 발전하기 시작했다는 사실을 강조한다.

라이가 형성되는 초기에 대부분의 가수들은 남성, 즉 셰이크였다. 이들은 결혼식, 할례식, 이슬람 종교 행사 등과 같은 가족적이며 종교적인 행사의 피로연에 초대되었고, 종교, 사랑, 도덕 등을 주제로 한 노래를 불렀다. 그러나 이 같은 공식적인 자리가 아닌 광장이나 술집에서는 음주나 육체적 쾌락과 같은 종교적 금기를 위반하는 주제를 다루는 노래를 부르기도 했다. 하지만 셰이크의 공식적인 역할은 어디까지나 전통적인 가치를 수호하고자 자신들의 '의견'을 개진하는 데 있었다(라이는 '의견'이라는 뜻을 가진 아랍어이다).

그런데 라이가 멜훈과 달리 보다 주변부에 위치한 하위 문화로서 급진적인 성격을 띠며 발전하게 되는 데에는 여성 가수, 즉 셰이카의 등장이 크게 기여했다. 당시 알제리 사회에서 여성이 남성 청중 앞에서 노래하고 춤을 추는 것은 불명예스러운 것으로 금기시되어 있었다. 그러나 식민주의로 농촌 사회가 붕괴되면서 생계를 잇고자 여성이 카페나 카바레, 술집에서 노래하게 되었다. 그들은 여성이 겪고 있는 가난, 사랑의 실패, 방랑생활, 나아가 술의 유혹이나 육체적 욕망과 같은 금기시되는 주제에 대해 자신들의 '의견', 즉 주변부 여성의 라이를 노래했다. 셰이크가 전통을 지켜야 한다는 사명으로부터 자유롭지 못했던 반면, 셰이카는 자신들이 직접 겪고 있는 힘든 삶으로부터 우러나오는 감정을 솔직하게 표현하고, 또 동일한 고통을 겪고 있는 사회 계층의 음악적 기대에 호응하는 데 멜훈의 전통적인 가사, 박자, 스타일 등을 자유롭게 변형시켰다.

셰브 칼레드는 '라이의 왕'으로 불리며, 셰이카 리미티는 '라이의 여왕, 또는 라이의 할머니'라고 불린다.

타진

알제리를 넘어 마그레브 지역 전통 음식인 타진은 음식 이름이기도 하지만, 음식을 조리하는 도자기인 찜기 이름이기도 하다. 이 도자기는 유목민의 지혜의 산물이다. 물이 부족한 사막 지역에서 조리를 할 때 타진을 사용하며, 식재료 자체의 수분을 이용해서 찌는 원리이다. 따라서 물이 없어도 걸쭉한 탕 요리를 조리할 수 있다. 소고기, 양고기, 닭고기 등에 양파, 말린 과일, 견과류, 계핏가루, 강황(카레), 꿀, 식용류, 후추, 올리브 등을 넣고 오랫동안 푹 찌면 맛있는 타진 요리가 완성된다.

이집트

서정민 한국외국어대학교 국제지역대학원

카이로

■ **국가 개황**

· 국명: 이집트 아랍 공화국(The Arab Republic of Egypt)

· 국가 체제: 공화정

· 언어: 아랍어(공용어), 영어, 프랑스어

· 인구: 99,375,741명(유엔, 2018)

· 종교 분포: 이슬람(90%), 기독교(10%)

■

이집트는 동북 아프리카 지중해 연안에 자리 잡고 있는 공화정 국가이다. 한 반도의 약 5배인 약 1,010,407㎢의 국토에 약 9,937만 명의 인구가 거주한다. 전 국토의 95%가 사막으로 이루어져 있으며, 기후는 열대성 사막 기후이다. 수도 카이로는 약 1,900만 명이 밀집해 사는 아프리카 최대 인구 도시이다. 민 족은 이집트인, 베두인족, 베르베르인으로 구성된 함족이 99%로 대다수이며, 그 외에 누비아인, 아르메니아인 등 소수 민족이 존재한다.

1952년에 쿠데타가 일어나 왕정이 붕괴하고 이듬해인 1953년 6월 18일 영국으로부터 완전 독립해 대통령 중심제 공화국을 선포했다. 2011년 1월 25일, 장기 집권하던 무함마드 호스니 무바라크 대통령의 퇴진을 요구하며 일어난 시민 혁명이 성공해 2012년 6월 자유선거를 통해 무슬림형제단 출신 무함마드 무르시가 대통령으로 취임했다. 그러나 2013년 대규모 반정부 시위와 군부 쿠데타로 민선 대통령 정권이 무너지고, 국방 장관이던 압델 파타 엘시시가 2014년 6월 대통령에 취임했다.

7세기 이전까지 인구 다수가 기독교를 믿었지만, 이슬람이 전파되면서 무슬림 수가 급증했다. 현재는 전체 인구 가운데 약 90%가 무슬림이다. 안와르 사다트 대통령 시절 이슬람이 국교가 되었고, 이슬람법이 주요 법원으로 인정됐다. 그 외 9%는 콥트 교회, 기타 1%를 믿는다. 무슬림 인구 중 절대다수가 순니파에 속한다. 쉬아파 무슬림은 약 220만 명 정도로 추산된다. 그리고 약 1,500만 명에 달하는 무슬림이 수피 종파에 소속된 것으로 집계된다.

chapter 1

이슬람 역사

이슬람의 전파와 왕조의 부침

현대 이집트인 정체성에 가장 중요한 전환점을 마련한 지적 흐름은 단연 이슬람 종교였다. 이집트에 이슬람이 전파된 것은 초기 이슬람 시대인 7세기 초중반이다. 이슬람을 열정적으로 확장시키고자 하는 이슬람 군대의 진격으로 이집트를 포함한 북부 아프리카 지역에 이슬람이 소개됐다. 641년, 아므르 이븐 알아스가 지금의 카이로를 정복하고 병영 도시인 알 푸스타트를 건립했다. 647년에 북부 알렉산드리아 지역까지 정복하면서 이슬람 통치가 시작됐다. 이집트의 첫 번째 무슬림 통치자 아므르는 타 종교에 관용을 베풀라는 예언자 무함마드의 지시에 따라 우호적인 분위기에서 통치를 시작했다. 아므르는 콥트 기독교도에게 지즈야(세금)를 내는 것을 조건으로 종교 및 공동체 자치권을 허용했다.

아므르가 죽은 후에도 이집트는 아랍 이슬람 왕조의 통치하에 있었다. 다마스쿠스 우마이야 왕조 및 바그다드 압바스 왕조로부터 파견된 총독이 이집트를 지배했다. 이 기간에 많은 콥트 교도가 이슬람으로 개종하고 아랍어가 콥트어를 대체했다. 이집트의 첫 번째 튀르크계 지도자인 아흐마드 이븐 툴룬 총독 시기에는 바그다드의 지배에서 벗어나 반독립적 세력을 형성했다. 일부 역사가는 이 시기를 툴룬 왕조 시대로 분류하기도 한다. 툴룬은 열정적인 신앙과 믿음을 보여 주는 아름다운 이븐 툴룬 모스크를 건축했다. 876년에 완공되었으며, 카이로에서 가장 유명한 모스크 중 하나이다.

툴룬 왕조에 이어 보다 독립적인 이슬람 왕조가 이집트에 들어섰다. 쉬아파 왕조인 파티마 왕조(969~1171)가 969년부터 약 200년간 이집트를 정복해 통치했다. 파티마 왕조는 예언자 무함마드의 사위인 알리를 유일한 후계자, 즉 정통 칼리파로 인정하는 쉬아파 이슬람 왕조이다. 이 왕조는 순니파 압바스 왕조의 칼리파 승계에 도전했으며, 969년 이집트를 정복해 1171년까지 지배했다. 통치 기간에 쉬아파 지배 세력은 많은 모스크, 성지, 학교 등을 건축했지만, 순니파의 반발로 쉬아파는 확고하게 정착하지 못했다.

이후 십자군 전쟁 시기에 이집트로 건너온 쿠르드 출신 살라딘은 순니 이슬람을 기반으로 한 아이유브(1171~1252) 왕조를 건설했다. 이집트를 침입한 십자군에 대항하고자 셀주크 튀르크 술탄이 파견한 살라딘은 십자군을 물리친 후 이집트 지역을 실질적으로 지배했다. 이 왕조를 그의 아버지 이름을 따 아이유브 왕조라 부른다. 그는 파티마 왕조의 쉬아파 정체성을 척결하는 동시에 십자군 공격에 대비해 카이로 주변에 성곽 시타델을 축조했다.

아이유브 왕조는 십자군에 대항하는 데 튀르크계 노예 출신인 맘루크를 수비대로 활용했으나, 이들의 반란으로 1250년 왕조가 몰락했다. 맘루크 지휘관 바이바르스는 몽골군의 침입을 격퇴하고 십자군 세력, 아이유브 왕조 잔당, 아르메니아, 누비아 등을 정벌한 후 순니파 이슬람의 보호자 역할을 수행한다는 명분으로 술탄 지위를 승계했다. 맘루크 왕조(1250~1517) 시대에는 튀르크어가 널리 사용됐으며, 내정은 불안했으나 대외적인 관계는 강력한 군사력을 바탕으로 대체로 안정을 유지했다.

대제국으로의 편입

15세기에서 16세기에 걸쳐 이슬람 세계는 크게 세 개의 제국, 오스만 제국, 사파비 제국, 무굴 제국으로 나누어졌다. 아라비아반도 일부 지역, 아프리카에서 수단과 모로코를 제외한 아랍어를 사용하는 나머지 지역은 이스탄불을 수도로 한 오스만 제국에 포함됐다. 오스만 제국 셀림 1세가 1517년 맘루크 왕조를 멸하고 이집트를 정복했다. 이후 오스만 왕조에서 파견한 총독 파샤가 이집트를 1805년까지 지배했다. 후기에는 군 출신 귀족 바이(Bay)들이 사병의 힘을 토대로 파샤의 권위에 도전했다. 이집트는 문화 중심지로서의 역할이 쇠퇴했으나, 이슬람 종교 중심지로서의 중요성을 확보했다.

정치적으로는 나름대로의 독립성이 보장되었다. 오스만이 정복한 이후에도 이집트는 제국의 통치 구조와는 다른 별개의 정치 사회를 유지했다. 최상층의 행정은 오스만 출신 관료들이 장악했지만, 옛 정치 제도의 구조에는 큰 변화가 없었다. 지방의 맘루크는 여전히 중요한 군사 세력이었고,

이들은 토지를 할당받아 직접 세금을 징수했다. 수석 재판관과 무함마드의 출계 집단을 관리하는 수석 행정 장관은 오스만 정권이 이스탄불에서 임명했지만, 그 밖의 울라마 체제는 지방에 뿌리를 두었다. 법률 학교의 법률 고문과 성(聖) 종족의 수장, 알아즈하르 대학 책임자가 종교 단체의 지도급 인사로서 신자의 규율을 책임졌다. 그들은 와크프(종교적 재산) 수입을 관리했고, 18세기에는 징세 위탁 농장을 분급받아 개인적인 활동비는 물론이고 학교와 종교 단체의 유지비를 충당했다.

무함마드 알리와 이집트 근대 국가 출범

18세기 후반 이집트는 격렬한 전쟁, 지배 계층의 착취, 관개 시설의 노후화 등으로 경제적 피폐가 두드러진 시기였다. 오스만 제국의 다른 지역과 마찬가지로 이집트에서도 오스만 총독들은 권위를 잃었고, 지방 맘루크는 와크프의 통제권을 장악하고 파벌 싸움을 벌였다. 특히 카심파와 파카르파의 정권 다툼이 치열했다. 결국 1786~1787년에 오스만 제국이 개입해 맘루크의 파벌 싸움을 진압하고 중앙 정부의 통제력을 회복했다. 이러한 혼란 속에 등장한 인물이 무함마드 알리였다. 근대 이집트 역사의 시작에 대해 일부 학자들은 1517년 오스만 제국이 맘루크를 공격한 시기부터라고 보기도 하지만, 학자 대부분은 무함마드 알리가 이집트를 통치하면서 신식 군대를 구축하고 새 지도를 제시하는 등 근대화 프로젝트를 시작한 때부터라고 본다.

1798년, 오스만 제국의 약화를 틈타 나폴레옹이 이집트를 침공했고, 이에 뒤질세라 영국도 이집트에 개입했다. 프랑스와의 투쟁에서 정치력을 발휘한 무함마드 알리는 1805년에 이집트 통치자로 부상했다. 그는 자기 가문이 통치하는 왕조를 세우고 군주가 됐으며, 그의 왕국은 1952년까지 이집트를 지배했다. 무함마드 알리는 대외적으로도 야심 찬 프로젝트를 추진했다. 알리는 와하비파를 무찌르고 아라비아반도 서부 및 성지 메카와 메디나를 점령했다. 또한 이집트의 지배력을 수단 지역까지 확장했으며, 그리스 독립 전쟁에서는 오스만군을 지원했다. 1831년에는 시리아를 침공해 오스만 제국의 생존을 위협하기도 했다.

무함마드 알리의 손자 이스마일 파샤(재위 1863~1879) 역시 나라 발전에 더욱 매진했다. 이스마일 파샤는 경제 개발과 기술 발전 프로그램을 계속 추진하고, 철도와 전신을 확대했으며, 수에즈 운하와 새로운 알렉산드리아항을 건설했다. 또한 유럽형 법정과 서구식 언론을 도입하고 세속 학교와 대학, 도서관, 연극 극장, 오페라 하우스 등을 세웠다. 이집트도 오스만 제국처럼 근대적인 문화 인프라를 갖추었다. 그러나 이스마일의 과도한 개혁 정책은 국고의 고갈을 가져왔고, 결국 수에즈 운하까지 영국과 프랑스 손에 넘어가는 등 이집트가 서구 제국주의 지배하에 놓이는 계기가 되었다.

프랑스 및 영국의 점령과 서구화

영국이 이집트에 관심을 갖게 된 이유는 궁극적으로 인도에 대한 지배를 강화하는 데 있었다. 1798년 나폴레옹의 이집트 침공, 1831~1839년 무함마드 알리의 시리아 공격, 1859~1869년 수에즈 운하 건설 등의 사건은 이집트가 대영 제국의 방어에 가장 중요한 지역이라는 사실과 인도에 이르는 길목에 위치함을 일깨워 주었다. 더욱이 이집트 자체가 매력적인 시장이었다. 이집트는 무함마드 알리의 개혁 정책을 통해 목화 수출국이 되면서 경제를 해외 수출에 크게 의존하게 되었다. 또한 영국에서 생산되는 의류 수입국이기도 했다. 이집트는 사치품, 군수품, 제조 설비 등을 구입하고 철도와 수에즈 운하 건설 자금을 마련하고자 유럽의 은행과 정부로부터 차관을 들여왔다. 지나친 대외 의존으로 이집트 경제는 결국 파산했고, 1876년에는 영국과 프랑스의 공동 채무 관리를 받게 되었다.

영국의 지배가 이집트 이익에 유리하게 작용한 면도 약간 있었지만, 영국의 강압적인 지배에 대해 이집트인의 원한은 깊었다. 영국은 이집트인 장교를 영국인으로 교체했고, 이집트인에 대한 교육을 무시했으며, 수단까지 영역을 확장하려고 이집트를 착취했다. 영국 지배하에서 이집트의 신흥 지주와 지식층은 저항을 멈추지 않았다. 이 엘리트 세력은 상호 관련된 두 가지 이데올로기적 입장, 즉 이슬람 근대주의와 이집트 민족주의를 부르짖었다. 1914년에 발발한 제1차 세계대전은 이집트인이 독립에 대한 결의를 굳히는 계기가 되었다. 영국의 보호령 설치, 계엄령 선포, 이집트인의 노동과 제조 역량, 카이로 강제 이주 등의 고난을 겪으면서 영국의 지배에 대한 이집트인의 저항은 더욱 심화되었다. 전후에 사아드 자글룰이 이끄는 대표단은 윌슨 대통령의 선언에 고무되어 런던 회의와 파리 평화 회의에 참석해 완전한 독립을 요구했다. 자글룰은 대중의 지원을 동원할 수 있었으며, 1919년부터 1922년까지 3년간 투쟁을 벌이면서 영국으로 하여금 보호령을 해제하게 했다.

반독립적 자유주의 정권의 한계

이집트는 1922년에 반(半)독립 국가가 되었다. 무함마드 알리가 세운 왕조의 왕과 국민에 의해 선출된 의회가 이집트를 통치했다. 그러나 외교와 국방, 수단 지역 및 이집트 거주 외국인에 대한 관할권은 여전히 영국이 쥐고 있었다.

제1차 세계대전을 거치면서 이집트는 터키와 마찬가지로 세속적인 국민 국가 체제를 수립했다. 그러나 터키와는 달리 완전한 독립을 이루지 못했다. 이집트와 터키가 서로 다른 길을 걷게 된 데는 외국의 점령이라는 요인이 작용했지만, 이집트 엘리트의 계급 구성도 한몫했다. 기본적으로 장교로 구성된 터키 엘리트는 국가주의 전통에 깊이 젖어 있었고 터키 국민의 정치적, 군사적 잠재력을 동원할 수 있었다. 반면 지주, 언론인, 정치인이 주축을 이룬 이집트 엘리트는 정치적 저항을 조직할 수는 있었으나, 효율적인 군사 독립 투쟁을 주도할 수 없었다.

이런 어려운 상황에서 1936년 조건부 독립에 관한 조약이 체결되었다. 조약에 따라 이집트는 20년 동안 영국의 군사 동맹국으로 남게 되었고, 영국군은 운하 지대를 제외한 모든 지역에서 철수했다. 치외 법권을 비롯한 외국인의 법률상 특권도 폐지되었다. 조약은 또한 이집트가 독립 국가 자격으로 국제 연맹에 가입할 것을 권유했다. 조약 체결로 이집트는 주권을 거의 회복했으나 군사권은 여전히 영국 수중에 있었다. 제2차 세계대전을 겪으면서 영국은 이집트에서 발을 빼기가 더욱 망설여졌다. 전쟁 이후 협상은 수단 문제를 둘러싸고 난항을 거듭한 끝에, 1950년에 1936년 조약과 1899년 수단 협정을 파기하는 데 성공했다. 이어서 영국군의 운하 지대 점령에 대항하는 게릴라전이 전개되었다. 1952년 1월에는 폭동이 일어났고, 같은 해 7월에는 군사 쿠데타가 발생했다. 이로써 왕정과 의회 제도는 막을 내렸고, 영국은 운하 지대에서 군대를 철수하는 데 동의했다.

독립과 권위주의적 중앙 집권 체제 등장

1952년에 자유장교단이 수립한 군사 정권은 약간의 수정을 거쳐 2011년 초 후스니 무바라크 정권이 붕괴할 때까지 이어졌다. 당시 혁명 세력은 권위주의적인 군사 정권을 확립하고 권력을 장악하기 시작했다. 토지 개혁을 통해 지주 계급의 경제적 기반을 무너뜨렸기 때문이다.

이 같은 권력 집중화 과정에서 이슬람 세력도 예외는 아니었다. 무슬림 형제단이 1956년 해체돼 불법 조직으로 전락해 지하로 잠적했다. 알아즈하르 대학, 사설 모스크, 자선 활동, 와크프는 모두 국가 통제하에 들어갔다. 왕정, 정당 제도가 폐지되고, 일당(一黨) 시스템의 대통령제가 도입되었다. 신정부는 이집트 발전의 목적을 규정하고자 자유주의에서 사회주의로, 국제 사회와의 공조에서 반제국주의로, 내셔널리즘에서 범아랍주의로 돌아섰다.

나세르 정권은 1957년과 1960년 사이에 대형 은행을 지배하고 영국인, 프랑스인, 유대인 등의 재산을 압류하는 한편, 농업 개혁과 아스완 댐 건설을 추진했다. 그러나 정부 정책을 뒷받침할 만한 자본이 없었다. 1960년과 1961년에 정부는 은행과 주요 사업체를 국유화하고, 은행, 보험, 무역, 수송, 건설, 섬유 등의 산업을 직접 통제했다. 군부는 정부 행정은 물론이고, 산업체 경영에서도 주도권을 행사했다. 관료, 기술자, 교사, 언론인, 법률가가 군부를 지지했다. 새로운 엘리트 세력은 권력 중심부에 자리를 잡고 국가 부르주아지가 되었다.

안와르 사다트는 집권과 함께 기존 이집트의 대내외 정책을 대대적으로 손질했다. 소련과의 관계를 끊고 미국 및 보수적인 아랍 국가와 동맹을 맺었으며, 이스라엘과의 분쟁을 해소하려고 노력했다. 중요한 정치적 결단은 1972년에 소련 고문단을 추방한 일이었다. 그러나 역설적이게도 이스라엘과의 분쟁을 종식시키려는 사다트 정권의 노력은 이스라엘과 다시 한번 전쟁을 치르고 나서야 정당성을 확보하게 되었다. 1973년에 이집트는 수에즈 운하를 건너 이스라엘을 기습 공격해 초기 몇 번의 전투에서 승리를 거두었다. 이어 이스라엘이 반격을 시도해 이집트 영토로 침투했으나 미국이 개입해 이스라엘은 진군을 멈추고 휴전에 합의했다. 사다트는 이스라엘에게 도저히 이길 수 없다는 패배 의식을 깨뜨림으로써 정신적인 승리를 주장할 수 있었다. 그는 예루살렘으로 날아가 이스라엘 의회(크네세트)에서 평화를 제의하는 감동적인 연설을 했다. 1979년에 이집트는 카터 대통령의 중재로 캠프데이비드 협정을 체결하고 이스라엘을 인정하는 대신 1967년 전쟁에서 이스라엘에 빼앗겼던 시나이반도를 돌려받았다.

대외 정책 전환과 함께 국내 정책과 정치적 정체성에도 변화가 있었다. 이집트는 사회주의에서 혼합 경제로 전환했다. 1974년에는 인피타흐, 즉 문호 개방 정책을 추진해 외국 자본을 받아들이는 한편, 미국 및 보수 진영 아랍 국가와 동맹을 맺었다. 그러나 외국인의 투자에도 이집트 경제는 여전히 원유 수출, 관광, 수에즈 운하 통행세, 해외 근로자의 송금에 의존하는 상태에 머물렀고, 외채까지 크게 늘어났다.

사다트 대통령은 이스라엘과의 화해 및 세속주의 정책에 반대하는 무슬림 과격파에게 1981년 암살당했다. 하지만 세속주의 혁명 정권의 기반은 크게 흔들리지 않았다. 당시 부통령이던 공군 장교 출신 후스니 무바라크가 사다트의 뒤를 이었으며, 무바라크는 대체로 사다트의 정책 노선을 유지했다. 무바라크는 친미 정책을 견지해 미국으로부터 대이스라엘 지원에 버금가는 군사적, 경제적 원조를 받았다. 그는 사우디아라비아를 비롯한 걸프만 국가들과 긴밀한 경제 협력 관계를 유지하는 한편, 이스라엘과 냉랭한 평화를 유지하면서 이스라엘과 팔레스타인 사이에 합의를 이끌어 내려고 계속 노력했다. 1991년 걸프전 당시 무바라크는 유엔 연합군이 쿠웨이트에서 이라크를 몰아낼 때 아랍 국가의 지원을 이끌어 내는 데 중요한 역할도 했다. 그럼에도 무바라크의 이집트는 군과 정부 기관 및 일부 중산층이 정권을 떠받치는 고도로 중앙 집권화된 권위주의 국가였다. 때문에 2011년 초 아랍의 봄 민주화 시위의 희생양이 되고 말았다.

chapter 2

정치사상과 사회 운동

서구 세속주의와 이슬람 부흥 운동

나폴레옹이 이집트를 침략하기 전, 이집트의 교육, 법률, 공중 보건, 사회 복지 문제는 대부분 이슬람 지도자, 즉 울라마의 관할권하에 있었다. 지식인 울라마는 항상 평범한 이집트인과 외국인 통치자 사이를 중재하는 역할을 해 왔으며, 때때로는 외국인 통치자의 권력이 지나치지 않는지 감시하는 기능을 수행했다. 하지만 이집트 근대 국가의 아버지 무함마드 알리와 그 후손들이 현대적인 정부 기관을 설립하면서 종교를 최대한 정치에서 분리했다. 점차 이집트에서 이슬람과 울라마의 권위는 축소되었다.

한편 이처럼 세속주의 국가를 건설하는 과정에서 새로운 이슬람 이념이 등장했다. 특히 1798년 프랑스가 이집트를 정복한 이후 이슬람권이 유럽 제국주의에 패퇴하면서 일부 이슬람주의자는 이슬람권의 자각을 언급하기 시작했다. 대표적인 인물은 자말루딘 아프가니, 무함마드 압두, 라시드 리다 등이다. 이들은 종교적 교육을 받은 동시에 서양 문명과 접촉한 인물들로, 유럽 과학 기술을 받아들이는 동시에 이슬람의 부흥을 주창했다. 이에 영향을 받아 20세기 초 국민당 설립자인 무스타파 카밀과 무함마드 파리드도 오스만 칼리파 시스템에 대한 지지를 표명했다.

최초의 이슬람 사회 운동과 무슬림형제단

지나친 세속주의와 서구화에 반발하는 이슬람 운동도 등장했다. 이슬람 개혁 운동의 중심은 1928년에 하산 알반나가 설립한 무슬림형제단이었다. 알반나는 이슬람 원리의 회복과 꾸란 및 이슬람 신앙으로의 복귀를 주장했다. 그는 광범위한 추종자들을 확보하고, 이들을 세포 또는 분회로 조직했다. 각 조직은 모스크, 학교, 병원, 탁아소 등을 갖추고, 심지어 구성원을 위한 협동 노동의 기회를 만들었다. 1930년대에 이 운동은 적극적인 정치 운동으로 발전했고 체육 집단과 준군사 집단이 또 다른 세포로 조직되었다. 무슬림형제단 의용병은 1936~1939년에 팔레스타인에서 일어난 아랍인 봉기를 지원했다. 또한 다른 이슬람 청년 운동 단체와 동맹해 영국의 지배와 정권 부패, 팔레스타인 이스라엘 전쟁에서의 패배 등에 항거했다.

대중의 지지가 확대되면서 무슬림형제단은 1936년 800명의 회원 규모에서 1938년 20만 명, 1948년에는 50만 명으로 가파르게 성장했고, 1940년대 후반에는 회원 수가 약 200만으로 추정됐다. 무슬림형제단은 국적을 초월하는 조직을 세우는 것을 목표로 했으며, 1936년 레바논, 1937년 시리아, 1946년 트란스요르단에도 조직을 세웠다. 또한 카이로에서 외국인 학생을 신입 회원으로 모집했다. 때문에 카이로는 본부로서 전체 무슬림 세계를 대표하는 만남의 장소이자 중심지가 되었다.

그러나 무슬림형제단의 사회 정치적 활동은 자유장교단의 출현으로 크게 약화되었다. 1952년, 무함마드 나기브, 가말 압델 나세르, 안와르 사다트가 이끄는 자유장교단은 국왕을 축출하고 의회 정치를 끝냈다. 혁명에 성공한 나세르 혁명 정부는 초창기에는 무슬림형제단을 혁명 위원회에 영입했지만, 이슬람 국가 건설을 놓고 이견이 발생하면서 탄압 정책으로 선회했다. 1954년 나세르에 대한 암살 기도가 나타난 직후부터 1970년 그가 사망할 때까지 수천 명의 무슬림형제단은 나세르의 세속 정권에서 철저히 배제되고 고통받았다.

나세르의 사회주의에서 벗어나려고 노력했던 사다트 정권은 무슬림형제단의 활동을 직간접적으로 지원했다. 이를 기반으로 무슬림형제단은 무바라크 정권 기간에 제도권 진입을 위해 노력했다. 2011년 이집트 혁명과 후스니 무바라크 사임 이후 무슬림형제단은 합법적인 단체가 되었다. 형제단은 3월 헌법 개정안에 대한 국민 투표를 지지했다. 2011년 4월 30일 무슬림형제단은 자유정의당이라 불리는 새로운 정당을 창설했다. 이집트 국민은 2012년 6월 실시된 대통령 선거에서 무슬림형제단 출신 무함마드 무르시를 결선 투표 끝에 투표 참가자 51.78%의 지지로 대통령으로 선출했다. 그러나 무르시 정부는 집권 후 지난 1년간 배타적이고 독선적인 행태를 보였으며, 치안 및 경제 상황 악화 등 제반 민생 사안에서 민심을 잃으면서 권력 기반이 약화되었다. 이 과정에서 2011년 혁명을 견인했던 자유주의 세력이 반발하면서 반정부 투쟁이 가시화되었다. 2013년 7월 3일, 압델 파타 엘시시 이집트 국방 장관은 무함마드 무르시 이집트 대통령의 권한을 전격 박탈하고 과도 정부 수립을 발표했다.

이집트 문화

알아즈하르 사원 및 대학교

알아즈하르 사원과 대학교는 세계에서 가장 오래된 교육 중심의 이슬람 사원이다. 쉬아파 파티마 왕조가 969년 이집트를 정복한 이후 쉬아파 전파를 위해 종교적 교육 센터를 모스크와 함께 설립했다. 그리고 칼리파 알 아지즈의 재상 이븐 알킬리스는 988년에 칼리파의 허락을 받아, 알아즈하르를 대학으로 공식 선포하고, 조직적 교육 기관으로 만들어 갔다. 그는 이슬람 법학자 35명을 알아즈하르 대학 교수로 임명했고, 월급을 주고 사원 주변에 숙소까지 제공했다. 세계에서 가장 오랜 역사를 자랑하는 대학이 세워진 것이다.

하지만 후에 파티마 왕조의 쉬아파 전통을 제거하려는 후대 왕조 통치자가 보수적인 순니파 교육의 중심으로 변모시킨다. 1171년, 십자군과의 오랜 전쟁을 승리로 끝낸 살라딘은 이집트 파티마 왕조를 접수하고 알아즈하르의 쉬아파 학자들을 추방했다. 살라딘은 순니파 이슬람 4대 법학파의 하나인 샤피이 학파를 추종하는 인물이었다. 쉬아파 교리에 따른 예배 의식과 교육은 전면 금지되고, 정통파 순니 교리만 가르쳤다. 이후 세월이 지나면서 알아즈하르에서는 쉬아파적인 요소가 완전히 사라졌고, 순니 세계의 대표적 사원이자 이슬람 교육 기관으로 바뀌었다. 그리고 아이유브 왕조의 뒤를 이어 튀르크계 노예들이 세운 맘루크 국이 들어서면서 다시 융성기를 맞는다.

사원은 여러 차례 재건축됐으며, 학교는 지속적으로 증축했다. 1798년 나폴레옹이 이집트를 침공하자 알아즈하르 성직자들은 성전을 선포했다. 이에 프랑스군은 모스크를 집중적으로 포격하고 약탈을 자행했다. 근세에 이르러서는 유럽식 대학과 교육 제도가 도입되면서 전통적인 이슬람 교육이 서구식 제도에 흡수되고 많은 교육 과정이 서구화되었다. 그러나 알아즈하르는 일부 서구 학문을 수용했지만, 유일하게 아직도 종교 교육의 본기능을 수행하고 있다. 알아즈하르 대학은 순니파 이슬람 학문 연구와 교육의 중심지이자 권위의 상징으로 지금도 그 역할을 이어 가고 있다.

전통 음식

이집트는 인구가 가장 많은 아랍 국가이다. 9천만 명 이상이 나일강을 따라 분포한 농업 지역에 거주하고 있다. 따라서 많은 인구가 먹을 수 있는 대중 음식이 발달했다.

서민이 가장 선호하는 첫 번째 음식은 타으미야다. 빵에 넣어 샌드위치처럼 먹거나 혹은 따로 먹기도 하며, 길거리 혹은 대중식당에서 많이 판다. 콩, 파슬리, 양파, 달걀, 마늘, 베이킹파우더, 깨, 소금 약간을 넣어 갈아서 반죽을 만들고 납작하게 빚어 기름에 튀겨 낸다. 나일강 유역 농경지에서 재배되는 야채를 주재료로 이용해 더운 날씨에도 보관이 용이하도록 기름에 튀겨 낸 가장 일상적인 음식이다.

이집트의 또 다른 대중 음식은 쿠샤리 혹은 코샤리다. 19세기 서구 문물이 유입되면서 도시화가 시작된 이집트에서 개발된 음식이다. 쌀, 마카로니, 렌틸 콩 등을 주재료로 사용해 비벼 먹는 음식이다. 여기에 이집트 콩과 튀긴 양파를 얹고 토마토소스 혹은 마늘 식초 소스를 곁들인다. 쿠샤리는 이집트 전통 음식이라고 보기는 어렵고, 19세기에 다양한 문화가 들어오면서 여러 재료를 섞어 간단히 먹을 수 있는 음식으로 발전한 것이다. 최근에도 서민들은 길거리, 쇼핑몰 등에서 외식 음식으로 선호한다.

6
튀니지

최진영 한국외국어대학교 아랍어통번역학과

■ 국가 개황

· 국명: 튀니지 공화국(Republic of Tunisia)

· 국가 체제: 공화정

· 언어: 아랍어(국어), 불어

· 인구: 11,659,174명(유엔, 2018)

· 종교 분포: 이슬람교 99%, 가톨릭, 유대교

■

튀니지는 아프리카 북동부에 위치한 나라로, 북동부는 지중해, 서부는 알제리, 동남부는 리비아와 맞닿아 있다. 면적은 16만 5천km^2, 수도는 튀니지 북동부 해안에 위치한 튀니스이다. 아틀라스산맥과 사하라 사막을 소유한 튀니지는 농경지 및 목초지가 국토의 50% 이상을 차지할 정도로 아프리카 지역에서 비교적 좋은 자연환경을 가지고 있다. 이러한 이점 덕분에 예로부터 지중해의 농업 지대로 여겨졌다.

이 지역에는 원래 베르베르 원주민들이 살고 있었으며, 기원전 12세기 페니키아인이 이주해 카르타고를 건설했다. 이후 경쟁자였던 로마와의 전투에서 패배하고 로마의 식민 지배에 놓였다. 7세기 이후 아랍인의 지배를 받았고, 이 지역에 살던 베르베르 원주민도 이슬람으로 개종했다. 16세기에 오스만 제국이 이 지역을 점령하기 전까지 계속해서 아랍인의 지배를 받았다. 19세기 말 프랑스가 튀니지 지역을 점령하면서 보호국 명목하에 식민 지배했다. 프랑스의 탄압에 꾸준히 저항하다가 1954년 7월 튀니지 자치 정부 수립을 약속받고, 1956년 3월 20일 독립했다.

공화정 체제를 선택한 튀니지는 대통령 중심제로 국가가 운영됐다. 1957년에 총선거를 통해서 하비브 부르기바가 튀니지 초대 대통령으로 선출되었다. 1987년에는 벤 알리가 쿠데타를 일으켜 제2대 대통령으로 취임했다. 그 후 벤 알리는 4번의 재선에 성공해 99%의 당선율을 보여 주며 독재 정권을 유지했다. 그러나 계속된 경기 불황과 실업률 등 사회 문제로 시민의 불만이 고조되었다.

2010년 12월 17일, 무함마드 부 아지지가 분신자살을 시도한 것이 촉매가 되어 튀니지에서 반정부 시위가 확산됐다. 벤 알리는 이를 무마하는 데 실패했고, 2011년 1월 14일 사우디아라비아로 망명했다. 이것이 '아랍의 봄'의 시작이었다. 이후 임시 정부 체제를 유지하던 튀니지는 알나흐다당, 공화의회당, 자유노동민주포럼이 연합해 3당 연립 정부 형태를 이루어 운영하다 2014년 베지 카이드 에셉시를 새 대통령으로 선출했다.

chapter 1

이슬람 역사

7~13세기, 이슬람 도래

이프리키야(비잔틴 시대 아프리카), 즉 튀니지의 이슬람 문화는 아랍인의 마그레브 지역 침략과 함께 시작된다. 이집트 정복자 아므르 빈 알아스가 주도한 튀니지 원정은 670년 우크바 빈 나피이가 이 지역을 비잔틴 로마로부터 점령함으로써 일단락됐다. 그는 이곳에 마그레브 원정 기지로써 카이로우안을 세웠고, 카이로우안은 그 후 30년간 북아프리카 전역으로 이슬람을 전파하는 전초 기지가 되었다. 아랍인이 진출하자 마그레브 지역은 두 가지의 변화를 맞이했다. 첫째는 국가 출현이고, 둘째는 베르베르인의 이슬람화이다.

마그레브 지역 원주민인 베르베르인은 전통적으로 부족 사회를 유지했다. 그들은 민족 개념의 국가 형태나 유일신 사상, 농경 및 도시화된 상업 사회와는 오랫동안 격리된 사람들이었다. 베르베르인은 전통적으로 성인 숭배 의식을 갖고 있으며, 각 부족마다 살아 있는 성인을 숭배하고 그의 축복과 치료를 받고자 성소가 있다. 성인은 종교 지도자(이하 마라부트)로서 초자연적이고 절대적인 권위를 행사했다. 마라부트의 숭배 의식은 인간과 신 사이의 영적인 교섭과 합일에 이르는 신비적인 체험을 강조했다. 숭배 의식은 특별한 마라부트가 진행했고, 의식 동안 신비적 체험을 이끌어 낼 수 있는 주문이나 가무 등의 주술적인 행위를 했다. 이러한 영적 의식은 이슬람 신비주의를 연상시키는데, 훗일 하프시드조 시기에 신비주의가 번성한 것도 이와 무관하지 않은 것 같다. 그들은 역사적으로 페니키아인 및 로마인과 상호 동맹을 맺고 도시 문화와 기독교 문화에 접촉한 적이 있으나 형식적인 것이었다. 주로 해안 도시에 거주하던 베르베르인은 기독교인이 되기도 했지만, 산악 지역이나 오지에 살던 베르베르인은 대부분 토착 신앙을 유지했다.

베르베르인이 아랍인과 함께 국가 형성에 참여한 것은 이슬람으로의 개종을 통해 아랍 사회 구성원이 됨으로써 가능했다. 베르베르인의 이슬람화는 복합적인 과정을 거치며, 세 가지 원인으로 진행되었다. 첫째 아랍 군대에 편입돼 이슬람 사회 구성원이 되었던 것, 둘째 730년부터 시작된 남부 모로코와 서부 사하라에서의 무슬림 상인 활동, 셋째 8~9세기 동안 마그레브 지역이 마슈리크 지역의 정치적 망명자를 받아들였고, 우마이야 칼리파에 반대하는 카와리지와 쉬아파 교리를 전파하는 종교, 정치적 전도자의 활동 장소가 되었다는 사실이다. 칼리파 대리인의 억압적인 정책과 과도한 징세에 고통받았던 베르베르인은 아랍 지배 계층에 대한 강한 거부감과 반발을 갖게 되었다.

더욱이 카와리지와 쉬아 사상을 받아들인 베르베르인은 아랍 침입에 부단히 저항했다. 비잔틴은 배후에서 병력과 물자를 대면서 저항 세력을 지원했다. 이들은 칼리파 통치를 이슬람의 올바른 교의에서 벗어난 것으로 여겼고, 자신들이야말로 아랍인 통치자가 실현하지 못했던 종교적 정의와 평등을 실현할 수 있다고 주장했다. 카와리지의 한 분파인 수프리야는 압바스조에 대항하는 쉬아 반란을 주도하다 도망한 이드리스 빈 압둘라를 도와 북부 모로코 페스에 이드리스 왕조(788~974)를 세웠다. 이드리스 왕조는 이슬람을 받아들인 베르베르인에게 이슬람 문화를 보급하고 그들을 동화시키는 데 중요한 역할을 했다. 압바스조에 대한 이드리스조의 도전으로 칼리파 하룬 라시드는 800년에 카이로우안 지방 총독인 이브라힘 빈 알아글라브를 칼리파 종주권을 인정하는 대가로 이프리키야의 아미르로 임명했다. 원래 서부 아프리카 지역을 통제하고 이드리스조를 평정하고자 보내졌던 그는 자기 이름을 따서 아글라브조를 세웠다. 아글라브조는 이드리스조와 이바디파의 루스탐조와 함께 9세기 이프리키야 지역을 통치했다. 아글라브조는 쉬아의 일곱 이맘파인 이스마일파 파티마조(909~1171)에 멸망당했다.

9세기 왕조들은 새로운 정치 세력을 구성하고 베르베르 부족의 통합을 위해 이슬람 교리에 의지했다. 이슬람은 아랍인과 베르베르인 사이에 정치적 결속의 수단이 되었다. 그러나 주목할 만한 사실은 이 왕조들이 중앙 칼리파 통치에 대항해 세워졌음에도 통치 형태는 다르지 않다는 점이다. 카와리지의 이드리스조나 쉬아의 파티마조는 통치자 모두 예언자 가문의 후손으로, 또 개인적인 자질에 근거해 강력하고 신성한 권위를 강조했다. 이러한 특징은 남부 튀니지와 알제리의 다른 카와리지 속국들이 자질보다 종교적 이념을 강조한 것과 대비된다. 그곳 이맘은 신성한 존재가 아니라 사회 질서의 평등한 개념을 유지하는 공동 대표 역할을 했다. 반면 아글라브조 시기에 카이로우안은 북아프리카 지역 내 순니 이슬람과 말리키 학파의 중심지가 되었다. 카이로우안의 말리키 학파는 동부 지역 및 안달루시아 출신 학자들과 메카와 메디나로 여행한 마그레브 지역 학자로 구성되었다.

말리키 학파가 마그레브 지역으로 전파된 이유 중 가장 타당한 것은 아마도 정치적 이유일 것이다. 당시 압바스조는 아부 하나피파를 채택해 그 이론에 따르고 있었는데, 마그레브 왕조나 안달루시아 우마이야조는 압바스조에 대한 우월성을 나타내고자 예언자의 도시인 메디나에서 법학의 기틀을 다졌던 말리키 학파를 택했을 것이다. 카이로우안에서 하나피 학파는 아글라브조 상류 계층이 선호했고, 후에 파티마조와 협력했다. 반면에 말리키 학파는 국가와의 협력을 피했고 대중적인 지지를 받았다. 파티마조 당시 말리키 학파는 쉬아주의를 비난하고 카이로우안에서 반쉬아 운동을 일으켰다.

1049년에는 지르조(972~1148)로 하여금 순니주의에 대한 충성과 압바스조 칼리파를 인정하게 했다. 카이로우안과 튀니스가 말리키 학파의 주요 중심지였고, 해변 지역 리바트에서 강력하게 지지했다. 리바트는 원래 시칠리아 지역의 비잔틴 군대가 침입할 것을 대비해 세워진 해변의 병영 요새였다. 그러나 9세기에 아글라브조가 시칠리아를 점령한 뒤 이프리키야의 리바트는 세상과 격리된 금욕주의자들의 장소가 되었다. 무라비트, 즉 '리바트의 사람'이라는 말은 두 가지 의미로 쓰였다. 첫 번째 의미는 헌신적인 전사, 둘째 의미는 은둔자를 나타낸다. 후일 성전을 호소하는 신의 사람이라는 의미가 추가되었다. 이슬람법을 기준으로 선을 행하고 악을 금하는 그들의 경건한 의무는 때때로 과격한 성격을 띠어 마치 알라의 말씀을 전하며 불의를 타파하는 예언자처럼 행동했다. 그러한 행동은 혁명적이었으며, 정치적으로 통치자에게 위협적인 것이었다. 그들은 쉬아 파티마조에서 말리키 학파를 지지했고, 또한 초기 이슬람 시대에 말리키 학파와 함께 중요한 종교적 힘이었던 수피 사상을 따랐다.

특히 베르베르인 마라부트가 수피주의를 추종했다. 그들은 은둔할 수 있는 능력, 비를 내리고 기적을 행하며 영적인 존재와 소통하거나 꿈을 해석하는 등 초자연적인 능력을 갖고 인간과 신의 중간 존재로 행동하는 성인들을 믿었다. 이미 마슈리크에서 발전한 수피 사상은 12세기 무슬림 스페인에서 신학 및 철학과 접목됐다. 13세기 초 스페인에서 이븐 알아라비라는 위대한 신비주의자가 등장했다. 그의 동료인 아부 마드얀 알안달루시는 금욕적 신비주의의 믿음에 신학적 측면에서 접근하는 방법과 명상에 대한 배움을 주된 내용으로 하는 스페인 형태의 수피 사상을 이프리키야에 도입했다. 그 추종자들은 신비주의 수행 개념과 과정을 하디스와 이슬람법 측면에서 해석하는 전통을 이어 갔다. 무라비툰의 성인은 수피 사상을 받아들임으로써 새로운 형태의 사회 구조를 농촌 지역에 만들었다. 그들은 이슬람을 신비주의적 행위에 덧붙임으로써 기도와 경배, 명상 방법과 꾸란의 비유적 의미를 파악하는 방법을 개발해 성인 자격을 다져 나갔다. 그들이 사는 곳, 즉 자위야는 성인의 축복을 받고자 방문하는 추종자를 보호하는 성소가 되었다. 성인은 중앙 정부의 간섭에서 벗어난 부족 사회의 지도자로, 세금을 징수하거나 부족을 외부 침입으로부터 보호하는 독립적인 역할도 했다. 하프시드조 몰락 이후 그들은 국가 권력의 장악에도 간섭할 정도로 정치적 역량이 커졌다. 16세기 모로코에 마라부트와 그들이 통치했던 부족이 사디안 왕조를 세웠으며, 같은 시기에 튀니지 카이로우안에는 샤비야라는 단명에 그친 왕조를 세우기도 했다. 수피학자들은 튀니스와 카이로우안에서 정착했고, 모로코에서는 아그마트와 마라케시에 정착했다. 말리키 학파와 수피 사상, 카와리지 교리는 이슬람을 튀니지에서 남부 모로코와 다른 지역까지 전파하는 데 크게 기여했다. 또한 상업과 학자 활동은 사하라 지역에 이슬람을 알리는 데 기여했다.

13세기 중반까지 아랍인의 침입과 이슬람의 도래는 수세기 동안 튀니지와 모로코에 부족 국가가 아닌 이념 국가를 형성시켰다. 8세기 아글라브조, 10세기 초 파티마조가 튀니지에 세워졌다. 모로코에는 알무라비툰조와 알무와히둔조가 들어섰다. 튀니지에는 로마와 비잔틴으로부터 도시 문화와 농업 및 상업 제도가 도입되어 비교적 강한 중앙 집권적 왕조가 들어설 수 있었다. 11세기 중반에 마그레브 지역은 압바스조 통치에서 벗어났으나 대신 여러 속국이 등장했다. 더욱이 파티마조가 이집트로 이동하고, 안달루시아 우마이야조의 영향력이 감소한 것은 이 현상을 가속화했다. 이러한 상황에서 이슬람은 이슬람 단일 국가 수립에 대한 이상을 실현하고 부족주의를 타파할 수 있는 원동력으로써 마그레브 사회에 국가와 종교 간 새로운 관계를 정립했다.

13~19세기, 중세 이슬람

알무와히둔조의 몰락과 함께 마그레브 지역에서 중앙 집권 통치는 막을 내린다. 우리는 그 이유를 베르베르 부족 간 저항과 포르투갈, 스페인 세력 확장, 15세기 말 포르투갈이 인도 항로를 발견하면서 벌어진 튀니지를 비롯한 마그레브 지역 무역의 쇠퇴에서 찾을 수 있다.

13세기에서 19세기까지 튀니지 사회는 농촌 및 유목 인구에 대한 정치적 지배와 도시화된 경제에 기반했던 과거 중앙 중심 통치 구조로 회복을 추구했다. 8세기와 9세기에 뿌리를 내렸던 중앙 통치는 하프시드조 (1228~1574)에 의해 복원됐다. 하프시드조는 이집트 맘루크조와 같이 이슬람법과 말리키 학파를 채택했다. 동시에 수피 사상을 인정함으로써 남부 튀니지의 베르베르 사회를 통치하려 했다. 그러나 튀니지 전체에 대한 하프시드조의 통치는 일시적이고 간헐적이었다. 이 시기 튀니지의 통치 형태는 결합과 해체의 반복적인 과정을 거쳤다.

통치 제도가 붕괴됨으로써 힘의 균형은 기존 국가와 기독교 침입에 반대하는 수피 중심의 부족 사회로 이동했다. 수피 사상은 동부 무슬림 세계와 스페인에서의 발전에 힘입어 12세기에 이르러 마그레브 지역에 뿌리를 내렸다. 수피 중심 사회는 농촌 인구의 중요한 사회 조직이 되었다. 알무와히둔조 이후의 국가 통치는 정치 세력과 종교 세력 간에 새로운 관계를 발전시켜야 했다. 그런 점에서 수피주의자는 울라마와 함께 이슬람의 권위를 합법적으로 대표하는 자로서 그리고 국가 통치의 중간자로서 인정받았다. 말리키 학파와 함께 수피주의는 19세기까지 지속되었다. 14세기 하프시드조 쇠퇴와 15세기 복원, 16세기 최종적인 몰락 과정을 거치면서 튀니지 사회에서 수피 이슬람은 말리키 학파와 함께 조직된 형태를 갖추고 가장 강력한 힘이 되었다.

튀니지 사회는 16세기 오스만 튀르크와 합스부르크 간의 전쟁 결과, 1574년 오스만 통치하에 들어간다. 오스만 속국이 된 튀니지에서는 하프시드조에서 발달한 종교 세력이 정치적인 지배를 재개했다. 베이는 카디, 무프티, 수피의 셰이크를 임명하고 해임할 수 있었다. 종교 조직은 비교적 잘 유지됐고, 울라마와 수피주의자는 똑같이 인정받고 있었음에도 사실은 중앙 정부에 예속된 것이었다. 중앙 정부는 농촌 지역 부족 간 연합을 와해시킴으로써 그들을 통치했다. 그러나 많은 부족들이 조직화된 연대감과 수피적 형제애 그리고 정치적 연합으로 외형적인 독립을 유지했다. 튀니지 사회는 경제, 무역의 쇠퇴와 유럽 열강의 도전에 밀려 1881년 프랑스 보호령이 되었다.

근대 이슬람

튀니지가 프랑스 보호령이 되자 이슬람법과 법학자는 이러한 사회 변화에 영향을 받지 않을 수 없었다. 유럽 국가의 관료주의와 의회 입법권 등 사법 제도가 이슬람법과 정부 형태를 대신했다. 법은 신성한 속성보다는 입법권에 근본을 두었다. 울라마도 새로운 통치 제도에 부득이 응할 수밖에 없었다. 프랑스는 민족주의의 출현을 막으려고 수피주의와 혼합된 전통 이슬람을 인정했다. 그 대가로 싫든 좋든 프랑스 정부에 협력해야 했다. 울라마는 그들에게 적합한 지위를 부여했던 식민지 정부의 의뢰인이 되었다.

그러나 소수의 학자들은 이러한 상황을 거부했다. 1900년부터 이들은 이슬람 부흥 운동인 살라피야 운동에 가담했다. 그들은 이슬람 근본 교리에 입각한 이슬람의 개혁을 요구했다. 그러나 식민지 통치 기간에 개혁 주체는 무슬림 지도자가 아닌 일반 무슬림이었다. 개혁의 성취 여부와 관련해 이슬람은 단순히 개인의 신조나 도덕적 기준으로 존재해야 한다는 주장과 이슬람 개혁을 위해 즉각적인 정치적 독립이 필요하다는 보다 적극적인 주장이 있었다.

살라피야 운동에 대한 보수적인 울라마의 우려와 반대 속에 셰이크 쌀비가 튀니지 독립에 대한 요구를 시작했다. 셰이크 쌀비는 1920년에 창당된 최초의 민족주의 정당인 구 헌법당의 가장 대중적인 지도자였다. 그러나 1934년부터 구 헌법당은 서구화된 지도자 부르기바가 이끌었던 신 헌법당에 잠식당했다. 쌀비가 서구적 세속주의와 전통 이슬람에 대한 대안으로 이슬람 개혁과 사회적 변화에 부응하는 이슬람을 제시한 것은 이슬람 부흥 운동에 있어서 커다란 성과였다. 그러나 종교는 현대 국가의 구성에 필요한 정치 정당과 관료주의의 수립에 있어 충분한 대안일 수가 없다. 때문에 그의 주장은 제한적일 수밖에 없었다.

반면에 부르기바의 노선은 이슬람 보존과 개혁에 근거하되, 독립 국가 형성에서는 서구적 세속주의를 추구했다. 실제로 튀니지 독립 때 부르기바는 프랑스 사회주의 모델에 영향을 받아 비이슬람적인 강력한 세속 정치를 했다. 교육을 확대하고 일부다처제를 폐지하고 여성에게 고용의 기회를 확대함으로써 여성 권리를 신장시켰다. 또한 공휴일을 금요일에서 일요일로 바꾸기도 했다. 더욱이 일당 정치로 사회, 경제적 불안이 커지자 일어난 1978년 민중 시위가 좌익 정당과 이슬람 운동에 의해 주도되었다고 밝혀지자 그는 사원을 폐쇄하고 심지어 라마단 금식을 폐지하려 했다. 증가하는 사회적 불만을 해소하려고 부르기바는 1981년 다당제를 합법화했다. 그러나 라시드 가누시가 이끄는 부흥당은 합법화되지 못했다. 그리고 가누시를 비롯한 당원 600여 명이 구속되었다. 1984년 8월, 가누시와 다른 지도자들이 1984년 1월에 발생한 빵 폭동에 연루되지 않았다는 이유로 석방됐다. 이것을 기화로 부르기바의 자세는 다소 유연해졌지만, 여전히 그는 이슬람주의자를 불신하고 있었다. 마침내 1987년 3월 가누시와 90여 명에 이르는 이슬람주의자가 이란으로부터 지원받은 국가 전복 음모에 연루되어 구속되었다. 이와 같이 부르기바의 통치는 반이슬람적인 세속 정치를 표방했다.

1987년 11월, 자인 아비딘 벤 알리가 무혈 쿠데타로 정권을 잡았다. 새 정권은 이슬람주의자를 석방하고 그들과 대화를 했다. 부흥당은 부흥운동(알나흐다)으로 명칭을 바꾸었다. 그러나 벤 알리 대통령은 부흥운동당의 합법화에 반대했다. 대신 일부 후보가 17%의 투표율을 기록하면서 무소속으로 출마했으나 의석을 얻는 데는 실패했다. 그러나 실제로 투표율은 30%을 상회했다. 1991년 정부와 부흥운동은 서로 대치하는 국면을 맞이했다. 부흥운동이 팔레스타인 인티파다의 지지와 걸프전에 반대하는 시위를 조종했다는 혐의를 받고 가누시는 추방당했다. 더욱이 1991년에 벤 알리 암살 음모에 이슬람주의자가 연루된 사건으로 정부와 부흥운동 사이의 관계는 더욱 악화되었다. 벤 알리의 이슬람화 정책은 이슬람주의자가 주장하는 요구에 못 미치는 것이었다. 때문에 부흥운동당은 학생과 젊은 층으로부터 광범위한 지지를 받았다. 망명지 런던에서 가누시는 이슬람에 의한 점진적인 사회 개혁을 통해 민주주의와 다당제 정치를 수용하겠다고 공언했다. 그러나 그는 무슬림 사회에서 서구 세속주의는 반대하면서 세속적인 무슬림 지식인을 강렬히 비난했다.

알제리와 달리 튀니지는 급진적 이슬람주의의 발흥을 억제하는 데 성공했다. 튀니지 이슬람 운동의 미래는 정치 개혁과 경제 안정 그리고 알제리로부터 유입되는 급진적 이슬람 운동에 대한 정권의 대처 능력에 좌우될 것이다.

벤 알리 정권 붕괴와 아랍의 봄 이후 이슬람 운동

1990년대 튀니지 국내에 팽배한 이슬람주의 운동으로 벤 알리는 1994년과 1999년 대선에서 타 후보의 출마를 금하며 대통령직을 역임했다. 이후 2004년 대선까지 총 4번의 재선에 성공하며 독재 정치를 계속했다. 23년 간 장기 독재 정치를 하면서 벤 알리 대통령의 가족 및 친인척은 정경 유착을 행했고, 국가 주요 기업체와 은행 등에 부정부패가 만연했다.

경기 불황 및 실업률 증가, 극심한 생활고, 집권층 부패 등과 같은 사회 문제로 튀니지 국민의 분노는 커져만 갔다. 그러던 2010년 12월 17일, 무함마드 부 아지지가 경찰 노점 단속으로 청과물 및 수레를 빼앗기자 분신자살을 시도한 것이 촉매가 되어 튀니지에서 반정부 시위가 확산됐다. 벤 알리는 이를 무마하고자 노력했으나 민심을 얻는 데 실패했고, 2011년 1월 14일 사우디아라비아로 망명하면서 일단락되었다. 이 반정부 시위로 아랍 여러 지역에 혁명을 가져다 준 '아랍의 봄'이 시작되었다. 그러나 혁명 및 독재 정권의 붕괴가 아랍 지역에 밝은 미래만을 가져다준 것은 아니었다.

새로운 헌법을 제정할 위원회가 구성되었고, 2011년 10월 선거에서 이슬람 부흥주의 정당인 알나흐다당이 의석 89석을 얻으며 승리했다. 이로써 알나흐다당, 공화의회당, 자유노동민주포럼이 연합해 3당 연립 정부 형태를 구성했다.

그러나 독재 정권 붕괴 후 안사르 알샤리아와 같은 이슬람 원리주의 테러 단체가 튀니지로 유입되었다. 2012년에는 미국 대사관이 공격받았고, 2013년에는 세속주의 정치인 초크리 벨라이드가 이 테러 단체에 암살당했다. 같은 해에 또 다른 야권 정치인 무함마드 부라히미가 암살되었고, 이러한 일련의 사건으로 알나흐다당은 테러리스트의 활동을 방관했다는 비난을 받았다. 재스민 혁명 이후 2번의 연립 정부를 구성했던 알나흐다당은 결국 헌법을 제정하기까지 오랜 시간을 쏟아부었고, 국민 4자 대화 기구를 만드는 등 노력을 기울였다. 그리하여 2014년 1월 26일 신헌법이 제헌 의회에서 채택됐다. 신헌법에 따른 국회 의원 및 대통령 선거로 세속주의당 소속인 베지 카이드 에셉시가 대통령에 취임하고, 이듬해인 2015년 하비브 에시드가 총리로 취임하면서 과도 정부 시기가 끝이 났다. 2014년 총선에서 승리한 니다투니스당은 알나흐다당을 포함한 3개의 정당과 연립 내각을 수립해 이를 유지하고 있다.

chapter 2

이슬람 문화

주요 관광지

카이로우안

인구가 10만 명이 조금 넘는 작은 도시인 카이로우안은 아랍인이 북아프리카 지역에 최초로 세운 도심지이자 모스크로, 이슬람 성지 중 하나이다. 670년 우크바 이븐 알피흐리가 북아프리카에서 베르베르족과 전쟁하던 당시 공격을 피해 군사 진영을 세웠는데, 이곳이 카이로우안의 근거지가 되었다. 이슬람 문화가 그대로 남아 있어 2009년 이슬람 문화 도시로 선정되었고, 세계 문화유산이기도 하다.

북아프리카에서 가장 오래된 사원인 카이로우안 모스크는 매우 큰 규모를 자랑한다. 671년에 건축된 이 사원은 9세기에 아글라브 왕조 때 증축됐고, 12세기에 지금 모습으로 완성되었다. 사우디아라비아 메카, 이스라엘 예루살렘, 이집트 카이로와 함께 4대 성지인 이곳은 이슬람 건축의 다양한 특징을 보여 준다. 먼저 넓은 중정은 모서리에 비해 낮게 건설됐는데 이는 식수가 부족한 사막 지대에서 물을 모으기 위한 것으로, 마당 지하에 파놓은 물 저장고로 빗물이 모아지게 틈을 만들어 놓았다. 또한 2천 명이 들어갈 정도로 매우 넓다. 회랑 기둥은 이슬람식이 아니라 로마 건축 방식을 따르고 있는데, 아랍인 통치 전 튀니지를 식민 지배했던 로마 건축물의 기둥을 가져와 그대로 사용한 것이다. 샹들리에는 베네치아산이며, 기둥 안쪽 아치는 스페인 안달루시아 양식이다.

사원 밖 구시가지에는 여러 상점과 가옥들이 모여 있다. 오랜 전통과 역사를 지녔으며, 지중해풍 건축 양식인 흰색 벽과 파란색 문이 돋보인다.

카르타고

기원전 814년, 페니키아인이 카르타고 제국의 수도로 튀니지 해안에 건설했다. 지중해를 건너 시칠리아와 북아프리카를 지나는 배들에 세력을 떨치기 좋은 요충지였다. 이로써 카르타고는 무역 중심지이자 항구로 성장했다.

당시 이곳은 해양 제국으로, 약 70만 명의 인구가 거주했던 것으로 추정된다. 이렇게 성장해 로마 제국의 맞수가 된 카르타고는 약 5세기에 걸쳐 로마와 전쟁을 계속했다. 이를 포에니 전쟁이라 부르는데, 여기에서 페니키아인이 패배하면서 로마 군대에 의해 폐허가 되었다가 로마 식민지로 거듭났다.

유명한 유적으로는 수천 명의 어린이가 카르타고 신에게 바치는 제물로 불에 태워져 희생된 재가 남아 있는 토페트 유적, 로마 제국의 영향을 엿볼 수 있는 항구 및 목욕탕 시설, 원형 극장 등이 있다. 이 중 보존이 잘된 유적지는 포에니 전쟁 후 로마인이 건설한 대규모 욕장인 '안토니우스의 목욕탕'으로, 온탕, 냉탕, 사우나 시설을 겸비했던 것으로 추정된다. 카르타고 지역에 있던 로마 귀족 남자들이 주로 사용했고, 수십 km 떨어진 내륙에서 물을 끌어온 것으로 보인다. 19세기 후반에 건설된 프랑스 성당도 있다. 이곳은 원래 카르타고 신전으로 사용되었다가 후에 로마 포럼으로 쓰임새가 바뀐 곳으로, 십자군이 원정을 왔다가 루이 9세에게 바치려고 성당으로 개축한 곳이다.

시디 부 사이드

카르타고 근교에 위치한 작은 마을로, 하얀 벽과 푸른 문이 대비되는 색의 조화로 '지중해의 산토리니'로 불린다. 12~13세기 이슬람의 유명 인물 중 한 명인 아부 사이드 이븐 칼리파 알베지가 이곳에 사원을 세우고 사망 후 묻히면서, 그를 기리고자 도시 이름을 자발 엘메나르에서 시디 부 사이드로 바꾸었다.

18세기 오스만 제국 지배 당시 튀니지 부호가 이곳에 대저택을 지었고, 1920년대에 프랑스 은행 가문 출신으로 화가이자 아랍 음악 애호가인 루돌프 데를랑게르 남작이 환경 미화 작업을 하면서 아름다운 경관으로 유명해졌다.

많은 유럽 예술가들이 이곳에 거주하며 활동했다. 모파상, 알베르 카뮈 등이 영감을 받았다는 곳인 카페 데 나트, 데를랑게르 남작이 건축한 국립 지중해 음악 센터가 유명하다.

수스

기원전 4세기에 페니키아인이 건설한 도시. 해변이 깨끗하고 일조량이 풍부해 과거부터 관광지로 인기가 많았다. 해양 도시로서 전쟁이 잦았으므로 첨탑을 세워 감시했던 것으로 보이는데, 이를 엿볼 수 있는 곳이 구시가지였던 수스 메디나이다. 남북으로 700m, 동서로 450m에 이르는 성벽으로 둘러싸여 있으며, 보존 상태가 매우 양호하다. 이곳에서는 851년에 건설된 대모스크와 감시탑으로 있었던 3개의 탑을 볼 수 있다. 이 외에 카타콤베, 카스바, 리조트 시설 등이 유명하다.

두가

수도 튀니스 서남쪽 120km 지점에 위치한 누미디아 왕국의 옛 도시. 페니키아 및 로마 시대 유적물이 있는 아프리카 대륙 최대 로마 유적지로, 고고학적 가치가 가장 크다. 원형 극장, 새턴 신전, 주피터 신전, 공중 목욕탕 등이 이 지역의 대표적인 로마 유적이다.

메디나

수도 튀니스 시내에 위치한 구시가지로 성벽으로 둘러싸여 있다. 7세기에 건설됐으며 성벽 내에 이슬람 사원, 주택 밀집 지역, 시장 등이 있다. 신시가와 구시가를 잇는 파리 개선문과 유사한 형태로 지어진 '바브 엘 바흐르'와 사원들이 유명하다.

음식

쿠스쿠스

언뜻 보면 쌀 같지만 좁쌀만 한 크기의 파스타를 증기로 쪄내고, 채소와 고기를 넣어 끓인 스튜를 곁들여 먹는 음식. 튀니지뿐만 아니라 북아프리카 전역에서 즐겨 먹는다. 아직도 현지 가정에서는 밀가루로 쿠스쿠스를 대량으로 빚는다.

쿠스쿠스를 만들려면 전용 2단 냄비가 필요하며, 먼저 아래쪽 냄비에 올리브 오일을 두르고 고기와 채소를 볶는다. 고추와 마늘 등을 갈아 만든 하리사를 넣고, 각종 향신료와 기타 재료를 기호에 맞게 넣어 스튜를 끓인다. 위쪽 냄비에는 쿠스쿠스를 넣고 아래 냄비에서 올라오는 증기를 이용해 쪄낸다. 쿠스쿠스 위에 조리한 스튜를 올려 먹거나 함께 비벼서 먹으면 된다.

하리사

칠리 고추와 고수, 커민, 토마토 등을 섞어 만든다. 우리나라 고추장과 비슷한 느낌이지만 더 자극적이며, 대부분의 요리에 넣어 먹는다. 튀니지뿐만 아니라 북아프리카 지역에서 먹는 대표적인 음식이다. 갓 구워 낸 바게트에 올리브 오일을 섞은 하리사를 찍어 먹거나 생선 혹은 고기 요리 등에 넣어 먹는다. 취향에 따라 레몬즙이나 식초를 첨가하며 공기와 접촉하지 않도록 올리브 오일을 부어 보관한다.

브릭

전통 전채 요리로, 종잇장처럼 얇은 반죽에 날달걀과 참치, 안초비, 야채, 하리사 등을 넣고 기름에 튀긴다. 달걀이 완전히 익지 않도록 조리하며, 단 시간에 튀겨 뜨거울 때 바로 먹는다.

라블라비

조금 딱딱해진 바게트를 잘라 수프와 함께 담은 뒤 올리브 오일과 향신료를 첨가한다. 먹기 전에 흰자를 살짝 익힌 달걀을 올려 숟가락으로 으깨서 먹는다.

유럽 Europe

1
독일

김영경 고려대학교 기초교육원

베를린

■ **국가 개황**

· 국명: 독일 연방 공화국(Federal Republic of Germany)

· 국가 체제: 공화정

· 언어: 독일어

· 인구: 82,293,457명(유엔, 2018)

· 종교 분포: 로마 가톨릭 29%, 개신교 27%, 이슬람교 4.4%, 무교 또는 종교를
밝히지 않은 인구 36%

■

독일 연방 공화국은 유럽 중앙에 위치한 나라이다. 영토는 남한의 3.5배 정도
인 357,021km^2이며, 인구는 2015년 말 기준 8,229만 명으로 유럽 연합 국가 중
가장 많다. 특히 눈에 띄는 건 이민자 인구가 1,650만 명으로, 전체 인구의 20%
를 차지한다는 점이다. 이런 이유에서인지 독일은 이민자가 미국에 이어 가장
선호하는 국가다.

게르만이란 이름으로 로마 역사에 등장한 독일 민족이 최초로 근대적인 국민 국가를 설립한 때는 1871년 초 프랑스-프로이센 전쟁 중이다. 국력을 키우고 영토를 확장하는 과정에서 독일은 제1차 세계대전 중 오스만 제국 등과 손잡고 영국 및 프랑스를 상대로 식민지 쟁탈전을 벌였다. 패배로 끝난 전쟁 이후 혼란스런 정국에 극단적인 민족 우월주의자 히틀러가 출현해 제2차 세계대전을 일으켰고, 그로써 수많은 유대인과 집시가 학살되었다.

　　제2차 세계대전에서의 패전으로 독일은 1949년 독일 민주 공화국(동독)과 독일 연방 공화국(서독)으로 분단되었다. 그러나 '라인강의 기적'이라고 불리는 눈부신 경제 발전과 꾸준한 평화 통일 노력, 1980년대 말 찾아온 동구 공산주의 체제 붕괴라는 역사적 기회를 살려 1990년 극적으로 통일을 이루었다. 통일의 숙원을 이룬 독일은 이에 그치지 않고 인접국 프랑스와 함께 1993년 유럽 연합의 탄생에 산파 역할을 했다. 독일은 이후에도 유럽 대륙의 정치적 통합과 경제 및 사회 발전에 견인차 역할을 하고 있다.

chapter 1

독일의 무슬림

역사와 인구

독일 땅에 무슬림이 처음 거주하기 시작한 것은 독일의 전신인 프로이센 왕국의 프리드리히 빌헬름 1세가 터키 공화국의 전신인 오스만 제국과 정치, 외교, 국방, 경제 등 여러 분야에서 제휴 관계를 맺으면서부터이다. 부국강병에 힘썼던 그는 무슬림 20명을 군인으로 임용하기도 했다. 1745년 보위에 오른 프리드리히 2세는 아예 '무슬림 기병대'라 칭한 부대를 창설해 운영했다. 여기에는 보스니아, 알바니아, 타타르 출신 무슬림이 복무했다. 1760년에는 다시 1천 명 규모의 보스니아 부대를 창설했다.

제1차 세계대전 중에는 베를린에 무슬림 전용 포로수용소가 조성됐다. '초승달 캠프'로 불린 이곳은 전선에서 포로가 된 무슬림을 수용하기 위한 것이었다. 다른 포로수용소에서와는 달리 그들은 비교적 후한 대접을 받았다. 특히 신앙생활을 위한 각종 편의가 제공되었다. 그 일환으로 1915년 모스크 한 채가 캠프 안에 세워졌다. 이러한 호의는 그들의 전향을 이끌어 내 지하디스트로 활용하기 위해서였다. 이 모험적인 프로젝트를 추진하는 데 앞장섰고 직접 그들의 종교 지도자로 활동한 인물은 튀니지 출신 무슬림 셰이크 살리흐 알샤리프였다. 그는 당시 독일 동맹국인 오스만 제국 정보국 요원으로 일하고 있었다. 그 결과 4~5천 명의 포로 가운데 3천 명 이상의 무슬림이 북아프리카와 중동 지역 전선에서 독일군을 위해 싸웠다. 그러나 독일 땅에 최초로 세워진 이 모스크는 10년 후 폐허로 변해 철거됐다.

1933년 히틀러가 권좌에 오르면서 나치 시대의 문이 열렸다. 히틀러는 로마 가톨릭교회에서 세례받았고, 죽을 때까지 교회를 떠나지 않았다. 그리고 기독교인을 자신 편으로 끌어들이려고 공개 석상에서 그들을 옹호했다. 하지만 히틀러는 내심 기독교를 혐오했고, 궁극적으로는 말살시킬 의도를 갖고 있었다. 그는 독일 민족에게는 나약한 기독교보다 동맹국 일본의 전통 종교인 신도(神道) 혹은 이슬람이 더 적합할 수 있다고 생각했다. 히틀러는 특히 이슬람에 호의적이었다.

제1차 세계대전에서 아랍인이 튀르크 민족의 지배로부터 벗어나고자 영-불 연합군 편에 서서 오스만 제국과 손잡은 독일과 싸웠다면, 제2차 세계대전에서는 영국의 식민 지배로부터 독립하고자 독일을 도왔다. 그에 앞장선 인물은 예루살렘의 최고위 무프티 하즈 아민 알후세이니였다. 히틀러의 도움이 있으면 영국군은 물론, 유대인을 팔레스타인 지역에서 축출할 수 있을 것이라고 판단한 그는 나치 친위대인 SS에 관여하며, SS와 독일 정규군을 위해 복무할 아랍 무슬림을 모집하는 데 앞장섰다.

제2차 세계대전 패망 후 기적적으로 경제 부흥을 일군 독일은 부족한 인력을 충원하고자 가까이로는 이탈리아, 스페인 등 인근 국가, 멀리로는 한국에 이르기까지 해외로 눈을 돌렸다. 가스트아르바이터, 직역하면 '손님 일꾼'으로 불린 이들 가운데 가장 많은 인력은 터키, 특히 아나톨리아 지방 농촌 지역 출신이었다. 원래 두 정부가 구상한 계획에 따르면 가스트아르바이터는 1~2년의 계약 기간만 일하고 고향으로 돌아가는 것이었다. 그러나 많은 이주 노동자가 귀국하지 않았을 뿐만 아니라 오히려 가족들을 초청해 영구 정착하는 쪽을 선택했다.

현재 무슬림은 개신교인과 가톨릭교인에 이어 최대의 종교적 소수 집단을 이루고 있다. 2009년 독일 내무성이 자국 내 무슬림 숫자를 조사한 결과 추정치보다 훨씬 많은 430만 명으로 파악되었다. 이는 독일 전체 인구의 5.4%에 해당한다. 이 가운데 190만 명은 독일 국적으로 추정된다.

최근에는 알바니아, 코소보 등 발칸반도에서 들어오는 이민자와 북아프리카, 중동, 특히 시리아 내전을 피해 고향을 떠난 난민이 대거 유입되면서 독일 내 무슬림 수가 수직으로 증가하고 있다. 이러한 과정을 거쳐 꾸준히 증가한 독일 내 무슬림 인구는 불과 반세기 만에 600만 명, 전체 인구의 7%를 넘어섰다.

독일 국적이든 아니든 독일 내 무슬림 인구는 이처럼 대부분 이주 노동자나 난민 출신과 그 자녀 세대로 구성된다. 이 외에도 사업이나 유학을 목적으로 왔다가 돌아가지 않은 사람들, 정치적 망명자 등이 있으나 소수에 불과하다. 독일 출신 개종자도 소수이긴 마찬가지이다. 독일 내 무슬림을 출신 국가별로 분류하면 터키 출신이 63.2%로 과반을 넘고, 나머지는 파키스탄, 구 유고슬라비아, 아랍, 이란, 아프가니스탄 등이다.

종파 및 단체

독일 내 무슬림은 출신 국적뿐만 아니라 종파적으로도 다양한 분포를 보인다. 가장 많은 무슬림이 속한 종파는 순니파로 약 264만 명, 독일 내 전체 무슬림의 75% 정도를 점한다. 쉬아파 무슬림은 독일에 약 22만 5천 명이 거주하며, 주로 이란 출신이다. 이 외에도 아흐마디야, 이스마일리, 자이디, 이바디 등의 소수 종파 무슬림이 주로 구 서독 지역에 거주한다. 하지만 이런 통계는 최근에 있은 대규모 난민 유입 이전에 파악된 것이므로 상황의 진전에 따라 계속 변할 것이다.

독일 거주 무슬림이 모두 종교 공동체나 조직에 속한 것은 아니다. 다른 나라와 마찬가지로 신앙생활이나 종교 조직에 관심이 없는 경우도 다반사이므로 오히려 이슬람을 기치로 내세운 공동체나 조직에서 열정적으로 활동하고 있는 무슬림은 소수라고 보아야 할 것이다.

무슬림이 모여 결성한 조직 가운데 독일에서 가장 큰 조직은 2007년에 설립된 독일무슬림협의기구(KRM)이다. 이 기구에는 터키이슬람종교기구연합(DITIB), 독일이슬람기구(IR), 이슬람문화센터연합(VIKZ), 독일무슬림중앙기구(ZMD) 등 4개의 주요 단체가 모여 있다. 이 4개의 메이저 단체가 모여 하나의 조직을 구성한 가장 큰 이유는 독일 당국과의 각종 협의와 협상에서 대표성을 확보하기 위함이다.

그러나 2008년 실시된 한 조사에 따르면, 조사에 응한 무슬림의 90% 이상이 독일무슬림협의기구에 대해 모른다고 답했다. 안다고 답한 무슬림 가운데서도 22.7%만이 그의 대표성을 인정한다고 했다. 이런 결과는 우선 조직이나 단체 결성에 대한 무슬림의 관심이 그만큼 낮기 때문이다. 더 큰 이유는 이 주요 단체 외에도 적지 않은 단체가 독자적으로 활동하고 있을 뿐만 아니라, 이슬람 세계의 크고 작은 종파적, 국가적 갈등과 역사적 앙금이 독일이라는 디아스포라 공동체에 그대로 전이되어 작동하고 있기 때문이다.

이슬람을 기치로 내세운 군소 단체 가운데 두 개 단체는 2002년 독일 헌법 재판소로부터 위헌 판정을 받아 해체되었다. 히즙 웃 타흐리르와 칼리프 국가가 그것이다. 다소 성격을 달리하지만 인도주의를 표방한 국제 인도주의구호기구 독일 지부도 2010년 7월 불법적인 단체로 규정되어 활동을 중지당했다. 이들이 불우한 사람을 돕는다는 명분으로 모금한 막대한 자금이 유럽 의회가 테러 단체로 분류한 팔레스타인 무장 단체 하마스로 흘러 들어간 사실이 포착됐기 때문이다.

chapter 2

이슬람 문화

신앙심과 문화

무슬림이 모두 독실한 신앙생활을 하는 건 아니다. 하지만 다른 종교 집단과 비교하면 훨씬 더 종교적인 성향을 보인다. 이러한 성향은 무슬림 청소년에게서 더 두드러진다. 즉 무슬림 청소년은 동년배 다른 집단 청소년에 비해 훨씬 더 종교적이다. 최근에 발표된 한 연구 결과에 따르면 독일 내 터키 청소년의 예배 모임 참석률은 35%로, 14%에 그친 비무슬림 청소년보다 훨씬 높게 나타났다. 터키 청소년을 대상으로 한 또 다른 조사에 따르면, 소년 중 41%, 소녀 52%가 정기적으로 혹은 가끔 예배에 참석한다고 답했다. 결혼 후 자녀를 갖게 되면 그들에게 종교, 즉 이슬람을 가르치겠다고 답한 소년과 소녀는 각각 64%와 74%였다. 독일에 이슬람 문화, 좀 더 정확하게 표현해서 무슬림 문화가 있다면, 지금은 다양한 국적과 종파의 무슬림이 지니고 있는 문화의 모자이크라고 해야 할 것이다.

독일의 유명 무슬림 인사

독일 국적 무슬림 가운데 사회적으로 성공을 거둔 인물이 적지 않다. 이들은 주로 학계, 정계, 언론계, 스포츠계에 분포한다. 특히 눈에 띄는 것은 독일 축구 국가 대표 23명 가운데 세 명이 무슬림이란 사실이다. 터키계인 메수트 외질, 튀니지 아버지와 독일 어머니 사이에서 태어난 사미 케디라, 알바니아계 시코드란 무스타피가 그들이다. 산술적으로만 따지면, 국가 대표 23%가 무슬림인 셈이다. 독일 연방 의회에서도 국회 의원 9.5%가 무슬림이다. 터키계 여성 아이단 외주구스, 에킨 델리괴즈, 제밀레 주수프, 쿠르드계 여성 세빈 다그델렌, 터키계 남성 젬 외즈데미르, 이란계 남성 오미드 노우리포르 등 여섯 명이 현재 독일 연방 의회에서 의정 활동을 하고 있다. 이들은 집권 기독교민주당과 사회민주당부터 진보 정당인 동맹90 녹색당과 좌파당에 이르기까지 극우 정당을 제외한 다양한 정당에 소속되어 있다.

이 가운데 가스트아르바이터 자녀로 독일에서 태어난 제밀레 주수프는 최초의 기독교민주당 출신 국회 의원이다. 무슬림이 기독교를 당명에 명시한 정당 당원이 되어 국회 의원까지 되었다는 사실에 대해서는 그리 놀랄 필요가 없다. 명칭과 달리 실질적인 정당 활동엔 종교적 색채가 거의 없기 때문이다. 역시 이주 노동자의 자녀로 성장했으며 자신을 '세속주의적 무슬림'이라고 칭하는 젬 외즈데미르는 유럽 의회 의원으로 활약하기도 했다. 독일 정계에서 현재 가장 고위직에 임명되어 활동하고 있는 무슬림은 아이단 외주구스 의원이다. 그녀는 현재 국무성 장관과 이민, 난민, 포용 위원장직을 겸직하고 있다.

모스크

초승달 캠프 모스크의 철거가 시작된 해인 1925년 베를린에는 무슬림이 자력으로 세운 최초의 모스크가 건립됐다. 20세기 초 서유럽에서 가장 적극적으로 선교 활동을 펼친 아흐마디야 운동이 세운 것으로, 베를린 아흐마디야 모스크라고 한다. 이 모스크는 당시 각국에서 온 무슬림의 예배 장소였을 뿐만 아니라 다양한 형태의 집회 장소로도 이용됐다. 현존하는 독일 내 모스크 가운데 가장 오래된 것으로, 지금은 라호레파(派) 아흐마디야 무슬림이 운영한다.

현재 독일에는 전형적인 모습을 갖춘 330여 개의 모스크와 외관으로는 전혀 모스크처럼 보이지 않는 2,600여 개소 예배처가 있는 것으로 추정된다. 이 가운데 지역 사회 기독교인과 각별한 유대 관계를 유지하는 공동체도 있다. 포르츠하임 파티 모스크 공동체가 좋은 예이다. 1987년 건립된 이 모스크 중앙에 설치된 고가의 샹들리에는 우호 선린 관계의 표시로 현지 개신교인과 가톨릭교인이 기금을 모아 선물한 것이다.

한편 일종의 사립 모스크 성격을 지닌 예배처는 독실한 무슬림 몇몇이 모여 상가나 주거지 임대 건물을 빌려 운영한다. 공동체 구성원이 많아지고 재정적인 여건도 좋아지면 아예 건물 전체를 임대하거나 구입해서 사용하는 경우도 적지 않다. 이러한 모스크는 주로 노동자 계층에 속하는 무슬림이 주축을 이루므로 교통이 좋은 곳, 때로는 홍등가가 밀집한 기차역 주변 후미진 곳에 위치하기도 한다. 함부르크 장크트 파울리나 프랑크푸르트 중앙역 인근에 있는 모스크가 그런 경우다. 그럴 땐 모스크 건물을 신축하는 경우 흔히 발생하는 지역 사회와의 마찰도 염려할 필요가 없다. 하지만 최근에는 영국에서처럼 교회 건물이 모스크로 개조되는 경우가 점차 늘고 있어 기독교인을 긴장시키고 있다.

chapter 3

여러 이슈들

유럽 다른 나라와 마찬가지로 독일에서도 무슬림 인구의 급격한 증가는 사회적 긴장과 정치적 갈등을 야기한다. 곳곳에서 중세 유럽을 괴롭혔던 이슬람포비아, 즉 이슬람 공포증이 감지되고 있다.

여기에 불을 지른 건 두말할 것도 없이 21세기 벽두 미국에서 발생한 9.11 테러였다. 엎친 데 덮친 격으로, 최근에는 IS의 만행과 테러, 내전을 피해 조국을 떠난 시리아 난민 문제로 유럽 대륙 전체가 홍역을 앓고 있고, 독일은 그 중심에 있다.

현실적인 차원에서 사회적 긴장과 정치적 갈등을 야기하는 문제는 급격한 인구 증가에 따른 주거, 복지, 직업, 교육, 안전, 범죄 문제 등 전 분야에 걸쳐 있다. 무슬림의 경우, 여기에 더해 히잡, 할랄 식품, 모스크 건립에 따른 마찰, 여성 인권, 일부다처, 샤리아, 테러 위협, 테러리스트 위장 입국 등의 문제가 겹쳐 있다.

교육 분야

무슬림 청소년들의 종교 교육 문제는 독일 교육계가 풀어야 할 숙제이다. 현재 독일에서는 대부분의 주에서 학생이 종교 수업을 선택할 수 있다. 학교에서 가르치는 종교는 개신교, 가톨릭 그리고 일부 지역에 국한된 것이긴 하나 유대교로, 학생이 선택해서 주로 자기 종교에 대한 기초 지식을 얻게 된다. 관련 교재나 수업 내용은 해당 종교 공동체의 검토를 거친 것이다. 당연히 이슬람도 여기에 포함되어야 한다는 주장이 무슬림에서뿐만 아니라 교육계에서도 나오고 있다. 그러나 유감스럽게도 교육 내용을 검토 및 재가할 수 있는 대표성이나 정당성을 갖춘 기구가 없다.

독일에서 이슬람과 관련된 가장 뜨거운 사회적 이슈는 공공장소, 특히 학교에서의 히잡 착용 문제이다. 2007년 기준 독일 전체 16개 주 가운데 절반인 8개 주에서 여교사와 여교수의 히잡 착용을 금지했다. 그러나 최근 이 문제를 종결시킨 판결이 내려졌다. 2015년 3월 독일 연방 헌법 재판소가 2004년 히잡 착용 금지 판결과 관련해 위헌 판결을 내린 것이다. 헌법이 정한 종교 자유의 원칙과 합치하지 않는다는 게 그 이유였다. 그러나 최근 다시 눈만 내놓고 전신을 가리는 니캅을 입고 학교에 오는 문제에 대해 금지가 정당하다는 법원 판결이 나와 사안의 복잡성을 보여 준다.

이슬람주의

2001년 9.11 테러 이후 독일에서도 이슬람주의에 대한 무슬림 2, 3세대 젊은이의 동조 현상이 감지되고 있다. 심리적, 사회적으로 자신이 태어나

자란 국가나 부모의 조국, 그 어느 쪽에도 제대로 뿌리를 내리지 못한 청소년에게는 최강 미국에 대항하는 지하디스트의 모습이 매력적일 것이다. 추측컨대 IS에 가담하고자 터키나 이라크 국경을 넘은 700명 이상의 독일 국적 무슬림 상당수는 여기에 속할 것이다. 독일에는 현재 약 8,300명의 살라피스트가 활동하는 것으로 파악이 된다. 2013년 발표된 한 자료에 의하면, 이들 가운데 140명은 위험인물로 분류돼 당국의 감시를 받고 있다.

2012년 여론 조사에 따르면, 독일 거주 터키인의 72%가 이슬람이 유일하게 참된 종교라고 믿고 있다. 46%는 독일 땅에 기독교인보다 더 많은 무슬림이 살게 되기를 희망한다고 답했다. 그다음 해 베를린 사회 연구 센터가 실시한 인터뷰에 응한 무슬림 3분의 2는 자신이 거주하고 있는 나라의 법보다 종교적 율법이 더 중요하다고 답했고, 45%는 서구의 출현과 함께 이슬람이 파괴되었다고 생각했다. 한편 무슬림이 서구 문화를 파괴하려 하고 있다고 답한 기독교인은 조사에 응한 전체 기독교인의 23%였다.

무슬림에 대한 불신

무슬림에 대한 독일인의 불신을 잘 보여 주는 것은 반(反)난민을 기조로 내세운 극우 정당, '독일을 위한 대안(Alternative für Deutschland, AfD)'의 약진이다. 2013년 2월 유럽 통합에 반대하는 목소리를 높이며 출범한 이 정당은 2016년 3월에 실시된 독일 3개 주(州) 지방 의회 선거에서 비약적인 성공을 거두었다. 옛 동독 지역이었던 작센안할트 지역에서는 24.2%를 얻어 제2당이 되어 제1당을 차지한 기민당(29.8%)을 위협했고, 다른 두 곳에서도 각각 15.1%(바덴뷔르템베르크)와 12.6%(라인란트팔츠)의 득표율로 제3당이 됐다. 이 선거는 비록 3개 주에서만 치러졌지만, 메르켈 총리가 난민 포용 정책을 실시한 이후 처음 치러진 선거여서 현 정부 이민 정책에 대한 심판의 성격을 띤다.

3개월 후인 2016년 6월, 독일 대중지 〈빌트〉가 여론 조사 전문 기관 인자에 의뢰해 조사한 결과, 메르켈 총리가 이끄는 기독민주당-기독사회당 연합과 소수 파트너인 사회민주당의 지지율 합계는 49%로 떨어진 반면, AfD는 15.0%로 3위를 차지했다. 독일 정치의 주류를 형성하고 있는 3당 연합의 지지율이 50% 미만을 기록한 것은 제2차 세계대전 이후 처음이다.

선거 결과는 정치인의 신념이나 의견과는 상관없이 유권자들이 결정한다. 그리고 유권자의 마음은 여러 변수에 따라 걷잡을 수 없이 변한다. 달리 말해 독일 정치 지형의 변화는 현지에 정착한, 혹은 그러기를 원하는 난민, 특히 무슬림 난민과 그들이 믿음의 형제로 여기는 독일 무슬림의 처신에 좌우된다. 무분별하게 유럽 아무 도시에서나 폭탄을 터뜨리지는 않을 무슬림 무장 단체들의 치밀한 전략은 물론 더 큰 영향을 미칠 것이다.

이슬람 종주국의 태도도 예외가 아니다. 일례로 메르켈 총리가 시리아 난민 문제로 정치적 곤경을 겪고 있던 2015년 9월, 사우디아라비아 정부가 독일에 도착한 시리아 난민 100명당 하나씩, 총 200개의 모스크를 지어 줄 용의가 있다고 발표했다. 이는 독일 유권자, 특히 기독교인의 심기를 심히 불편하게 했다. 사우디아라비아는 자신의 인접국에서 발생한 난민 문제, 그것도 같은 무슬림 난민의 고통을 해결하는 데는 소극적이며, 직간접적으로 살라피스트를 지원하는 것으로 의심받는 와하비 무슬림의 나라이다. 그렇지 않아도 교회 건물이 하나둘 소리 없이 모스크로 개조되고 있어 마음이 편치 않은데, 사우디아라비아는 본국에 단 한 채의 교회도 허락하지 않으면서 어떻게 이런 제안을 할 수 있단 말인가?

대학의 실험

독일 정치인과 지식인이 과연 이슬람이 민주주의와 같은 배를 타고 항해할 수 있을지의 여부를 놓고 뜨겁게 논쟁을 하고 있는 사이, 다른 한편에서는 그와 관련된 실험이 조용하게 진행되고 있다. 다섯 개 국립 대학이 파일럿 형식으로 설립해 운영 중인 이슬람 신학부가 그것이다.

뮌스터, 오스나부르크, 프랑크푸르트, 튀빙겐, 에를랑겐 등 5개 도시에 자리 잡고 있는 대학에서 추진되고 있는 이 프로젝트는 2016년 4월, 이슬람 및 기독교 전문가로 구성된 심의 위원회의 긍정적인 평가를 받아 향후 5년 동안 2천만 유로(한화 약 252억 원)를 지원받게 되었다.

현재 1,800명의 학생을 수용하는 이 프로그램은 점차 확대될 것으로 전망된다. 예를 들어, 가장 큰 규모인 700명의 학생이 3년에 걸친 학사 과정을 공부하는 뮌스터 대학의 경우, 2배 이상의 학생을 더 수용할 계획이다. 이들 대학의 성공에 자극받아 최근엔 베를린 대학이 연방 정부의 재정 지원과 상관없이 이슬람 신학부를 설치하기로 결정했다.

독일 정부가 재정적으로 이슬람 신학부를 지원하는 목적은 독일 내 무슬림 젊은이를 교사나 사회 복지사로 훈련시켜 이슬람에 대해 자유롭게 연구하도록 하고, 종교 간 대화에 참여시키려는 것이다. 이와 관련 독일 연방 교육 연구부 장관 요한나 방카는 지난 1월 앞서 언급한 다섯 개 대학 이슬람 신학부를 위한 추가 예산을 재가하는 자리에서 다음과 같이 말했다.

"이들 센터와 함께 무슬림 신앙은 독일의 학문적, 신학적 담론에 참여할 수 있게 되었습니다. 이는 종교 간 대화에도 대단히 크게 기여할 것입니다."

chapter 4

마무리하며

독일 정부가 이민자와 난민을 적극 수용하는 이유는 크게 두 가지이다. 하나는 출산율 저하에 따른 노동 인력 감소를 이민자와 난민을 통해 보충함으로써 국력을 유지하려는 것이고, 다른 하나는 난민에 대한 인도주의적인 지원을 통해 국제 사회의 책임 있는 일원으로서 자기 역할을 다하는 것이다. 여기에 하나의 이유를 덧붙인다면, 히틀러의 광기와 그에 동조한 결과로 얻은 홀로코스트의 악몽 그리고 그와 결부된 역사적 멍에를 조금이나마 덜기 위함일 것이다.

의도야 어찌 됐든 그 결과 독일 사회는 자국 땅에 확고한 뿌리를 내린 이슬람의 도전 앞에 섰다. 이슬람으로 말미암아 홍역을 치르는 것은 독일뿐만이 아니라 유럽 전역이다. 일각에서는 홍역이 아니라 사투를 벌이고 있다는 표현이 적절할 것이다. 그러한 위기의식은 이웃 나라인 헝가리 오르반 빅토르 총리가 한 말에 잘 반영되어 있다.

"오늘날 우리에게 걸려 있는 문제는 과연 우리가 유럽, 유럽 시민의 삶의 스타일, 유럽적 가치, 유럽 국가의 생존 혹은 소멸, 좀 더 구체적으로 말해 이러한 것들이 지금은 우리가 알 수조차 없는 그 어떤 것으로 변형이 되느냐 않느냐의 문제입니다. 오늘날 우리에게 주어진 질문은 단순히 어떤 종류의 유럽에서 살기를 원하느냐가 아니라, 우리가 유럽이라고 이해하는 것들이 과연 무엇 하나 살아남기라도 할 것인가 하는 것입니다."

사정은 이슬람도 마찬가지다. 제국주의, 민족주의, 세속주의 등 유럽 열강이 추구했던 가치 그리고 그로 인한 식민 지배와 전쟁 속에서 엄청난 희생과 수모를 견뎌야 했던 이슬람이 지금은 민주주의와 씨름을 하고 있는 형국이다. 무슬림도 양 진영으로 갈라져 있다. 신이 만든 율법을 위해 인간이 만든 법률 체계와 정치 시스템 따위는 사라져야 한다고 주장하는 측이 있는가 하면, 이슬람은 민주주의와 함께할 수 있을 뿐만 아니라 그래야만 한다고 생각하는 측도 있다. 소시오패스 수준의 광기로 무장된 IS나 살라피스트들은 전자 입장에서 자신들의 신념을 관철시키려 한다. 이들이 외치는 구호에 따르면, '민주주의는 암(癌)이고 이슬람은 답(答)이다'.

이슬람과 민주주의는 과연 상호 배타적인 이념일까? 종교사적으로는 물론, 세계사적으로도 중차대한 이 이념적 투쟁의 한가운데 독일이 있다. 불교가 중국에서 그랬던 것처럼 이슬람이 독일에서 '독일의 이슬람'이 되어 독일과 유럽의 발전을 도울 것인지, 아니면 독일이 '이슬람주의자의 독일'로 전락해 유럽의 이슬람화에 일조할 것인지, 그것도 아니면 제3의 대안이 출현할 것인지 실로 가슴 조이며 지켜볼 일이다. 강 건너 불 보듯 한가하게 지켜보기엔 지구촌이 너무 좁아졌다.

2

동유럽 발칸 지역

김원회 한국외국어대학교 그리스 · 불가리아학과

■

냉전 시대에 미국과 소련의 대결 구도에서 자주 언급된 지정학적 용어가 바로 동유럽이다. 즉 소련 15개 구성 공화국 외에 동부 유럽 지역에 위치한 국가, 즉 체코, 폴란드, 헝가리, 불가리아, 유고 연방, 루마니아 등을 지칭하는 용어로 동유럽이라는 용어가 사용됐으며, 오늘날에도 부분적으로 남아 있다.

이 지역을 지칭하는 또 다른 용어로 중동부 유럽 또는 동남부 유럽이라는 용어가 있다. 1984년, 체코 출신 작가 밀란 쿤데라는 〈뉴욕 리뷰 오브 북스〉에 〈중부 유럽의 비극(The Tragedy of Central Europe)〉이라는 기사를 기고하면서 동유럽 내에서 중동부 유럽 국가와 동남부 유럽 국가를 구분했다.

폴란드, 헝가리, 체코 같은 나라들은 로마 제국의 지배를 받아 서방 가톨릭 문화권에 속하며, 비잔틴 제국의 지배를 받은 동방 정교 문화와 이슬람 문화가 뒤섞인 동남부 유럽(발칸반도)과는 구별된다고 주장했다. 그는 자신의 조국 체코슬로바키아와 같은 국가는 '동방'의 서쪽 경계선이 아니라 '서방'의 동쪽

경계선에 해당한다고 주장했다.[*]

　이 글에서 다루게 될 이슬람의 전파와 특성에 대한 경우에는 동유럽 지역 중에서도 과거 오스만 튀르크의 지배를 받은 동유럽 발칸[**] 지역에 한정해 기술하는 것이 더 적절하다. 왜냐하면 이 지역에서 이슬람의 수용은 오스만 튀르크 제국의 지배로 대부분 생겨났기 때문이다.

　동유럽 발칸 지역은 인종적, 언어적, 종교적으로 매우 복잡하게 얽혀 있는 지역이다. 종교적으로는 가톨릭, 정교회, 이슬람이 세 개의 축을 이루고 있으며, 인종적 측면에서는 슬라브 민족, 라틴 민족(루마니아), 알바니아 민족이 주류를 이루는 다수 민족이고, 무슬림,[***] 헝가리계, 타타르계, 터키계, 집시 민족이 소수 민족에 속해 있다. 언어 측면에서 보면 불가리아어, 세르비아어, 마케도니아어, 크로아티아어, 슬로베니아어 등이 슬라브어군에 속하고, 라틴어군에 속하는 루마니아어, 그 외에 알바니아어가 있다.

---

[*]　오승은, 2014, 174쪽

[**]　발칸산맥 지명에서 유래한 발칸반도는 지리적으로 보면, 북으로 도나우강과 드라바강을 통해 중부 유럽 국가와 연결되고, 서로는 아드리아해, 동으로는 흑해와 접지면을 갖고 있다. 남으로는 에게해 및 이오니아해와 연결된다. 총 면적은 약 50만 5천km^2이고 동서 길이는 1,300km에 달하며 남북 길이는 1천km에 달한다.

[***]　동유럽 발칸 지역의 주요 무슬림으로는 슬라브족 무슬림인 보스니아인, 불가리아와 마케도니아의 포마크인 등이 있으며, 그 외의 이슬람교도로는 알바니아인, 터키인, 타타르인 등이 있다.

chapter 1

이슬람의 유럽 진출

　이슬람의 비잔틴 제국 점령과 동유럽으로의 진출 이전에 이슬람 세력은 북아프리카를 통해 스페인에 먼저 상륙했다. 이것이 이슬람의 유럽 진출 시작이다.

　이슬람 군대는 711년 지브롤터를 건너 스페인 이베리아반도로 진격한다. 732년에는 프랑스 파리 교외에 있는 푸아티에까지 진격하는데, 거기에 이르기까지 이렇다 할 유럽의 저항 세력을 만나지 않은 것으로 알려져 있다. 이슬람 군대가 페르시아와 비잔틴을 무너트리고 아프리카를 거쳐 스페인에 당도했다는 사실이 알려지자 당시 프랑크 왕국의 카를 마르텔이 유럽 연합군을 결성한다.

　압둘 라흐만이 지휘하는 8만의 정예 이슬람 군대는 푸아티에에서 유럽 연합군과 마주치는데, 추운 날씨와 끊어진 보급로, 지휘자 압둘 라흐만의 전사로 프랑스가 살아남고, 프랑스에서 북부에 해당하는 유럽의 이슬람화가 저지된다.[*] 결국 732년 이후 약 800년간 스페인과 포르투갈 지역이 이슬람 땅이 되었다. 아울러 프랑스 남부는 약 200년, 이탈리아 남부는 약 220년 정도 이슬람의 지배를 받게 된다. 그 결과 상당 기간 지중해는 '이슬람의 바다'로 불렸다.

우회적으로 유럽에 도착해 정복 사업을 진행한 이슬람 세력은 이제 서쪽으로 비잔틴을 공격하기 시작한다. 그러나 비잔틴 제국을 완전히 무너뜨리지는 못한다. 비잔틴 제국은 동쪽의 비옥한 오리엔트 지역을 대부분 포기하고 콘스탄티노플에 들어가 성벽을 굳게 잠갔다. 콘스탄티노플 성벽은 삼중으로 세계에서 가장 견고했다. 아랍 세력이 성벽을 계속 공격했지만 결국 뚫지 못한다. 그때 살아남은 비잔틴 제국은 800년을 더 버티다 1453년 또 다른 이슬람 세력인 오스만 튀르크에게 콘스탄티노플을 내준다.

당시 동부 유럽의 중심지이자 유럽의 동쪽 저지선이었던 비잔틴 제국이 무너지자 오스만 튀르크는 알바니아, 그리스, 불가리아, 체코, 헝가리를 정복하는 등 종횡무진으로 세력을 확장했고, 오스트리아 합스부르크의 심장인 빈까지 진출했다. 그때가 바로 1683년, 이슬람이 가장 극성이던 시기였다. 빈 침공 이후에는 100년 가까이 냉전 시기였다.

그동안 힘의 우위에 있던 이슬람이 서구에 의해 세력을 잃게 된 직접적 시작은 1798년 나폴레옹의 이집트 정벌이었다. 이 사건 이후 약 200년 동안 모든 이슬람 세계는 단 한 지역의 예외도 없이 서구의 지배를 받았다.

---

[*] 이희수, 2015a, 91~93쪽 일부 인용

chapter 2

오스만 튀르크와 동유럽 발칸의 이슬람

동유럽 발칸 지역은 14세기부터 약 500여 년간 오스만 튀르크 제국의 통치를 받은 지역이다. 이 지역의 이슬람화는 오스만 튀르크에 의한 이 지역 통치와 절대적인 연관성을 갖는다. 따라서 이 지역에서의 이슬람을 연구하려면 오스만 튀르크의 지배, 이슬람화 그리고 탈(脫)오스만 튀르크화의 순으로 진행하는 것이 올바르다.

오스만 튀르크의 지배

아나톨리아 셀주크 제국 말기에 비잔틴 제국과의 국경 부근인 사카랴 호수 부근 쇠위트에 위치했던 오스만 부족국은 몽골군의 침공으로 약화된 셀주크 술탄의 지배에서 벗어나 1299년에 독립한다. 그 후 소아시아반도 서북쪽 한 모퉁이에 있던 이 작은 토후국이 아시아, 아프리카, 유럽 등세 대륙에 걸쳐 영토를 확장해 최고 전성기 때는 20여 개 민족, 약 5천만명의 인구를 가진 대제국으로 발전했다. 오스만 제국이라는 명칭은 오스만 왕국을 제국으로 성장시킨 에르투그룰의 아들 오스만(Osman)의 이름에서 나온 것으로, 오늘날 터키인은 '오스만르(Osmanh)', 서양인은 '오토만(Ottoman)'이라고 부른다.

비잔틴 제국 내 여러 분파와 동맹을 맺음으로써 오스만 제국은 1346년경 유럽에 발판을 마련했다. 이후 1356년 세르비아와 불가리아 연합군을 격파하며 발칸 지역으로 세력을 확장했다. 1389년 6월 29일 코소보 전투에서 술탄 무라드가 발칸 동맹군(세르비아, 보스니아, 불가리아 연합군)을 무찌르고 이 지역에 대한 오스만의 지배를 확립했다.[*]

이 시기 발칸반도에 깊숙이 침입한 오스만 제국은 연일 승승장구하며 동유럽 발칸의 여러 나라들을 복속했다. 1354년 갈리폴리에 이르렀고, 1361년 아드리아노플을 점령했다. 대부분의 지역에서 슬라브 연합군은 여지없이 패퇴했고, 테살리아, 모레아, 도브루자가 곧바로 병합됐다. 1396년에는 이들의 진격을 저지하고자 파견된 십자군이 니코폴리스에서 격퇴됐다. 결국 1453년 메메트 2세가 콘스탄티노플을 점령했고, 비잔틴 제국은 종말을 맞았다. 1460년에는 북부 보스니아와 칼리기아의 카라만 토후국이 오스만 제국에 합병됐다. 1470년에는 크림반도의 타타르한국이 예속적인 지위로 격하됐고, 이어 튀르크 군대의 요새가 카파에 세워졌다.

16세기 초반의 20년 동안 시리아, 이집트, 헤자즈가 셀림 1세에게 정복당했다. 이후 10여 년간 베오그라드가 병합되고, 헝가리 대부분이 복속됐

---

[*] 권혁재, 2011, 207쪽 일부 재인용

으며, 빈까지 포위된다. 결국 발칸반도 거의 전 지역이 복속됐다. 그리스, 세르비아, 불가리아, 보스니아, 동부 헝가리가 오스만의 영토가 되었다. 몰다비아, 왈라키아, 트란실바니아는 도나우와 드네스트르강 유역의 튀르크 직할 영토로 포위된 채 표면적으로는 기독교도 통치자가 다스리는 오스만의 조공 국가가 되었다. 이제 흑해는 오스만의 호수와 다름없었다.

오스만 제국의 지배 방식

초기 오스만 제국은 유연성을 발휘해 종교적 지배보다는 사회, 경제적 지배 기조를 유지했다. 즉 이슬람 전파에 앞서 정복한 지역에 대한 지배 구조를 공고히 하는 것을 우선 목표로 삼았던 것이다. 이러한 목표 달성을 위하여 오스만 제국은 정복 지역 기득권 세력의 기득권을 인정하고, 술탄에 충성하는 해당 지역 출신 신진 엘리트를 양성해 지역에 파견하는 제도를 채택했다.

우선 기득권 세력의 유지를 위하여 토지 분배와 조세의 자율성을 인정하는 티마르 제도와 해당 지역의 종교와 문화 교육의 자치권을 보장하는 밀레트 제도를 마련했다. 기본적으로 오스만 제국에서 모든 경작지와 목축용 토지는 와크프라는 사원에 대한 기부 토지를 제외하고는 전적으로 술탄의 개인적인 세습 재산으로 간주됐다. 이러한 소유 개념에 따라 술탄이 자기 영토 내에 있는 모든 부의 원천을 징발할 수 있는 무제한의 권리를 갖는다는 개념이 탄생했다. 제국 내 귀족에게는 경제적 기반이 될 토지가 존재하지 않았으며, 이 때문에 성장할 수 있는 기반이 부재한 것도 사실이었다. 그러나 제국의 규모가 커지면서 자연스럽게 토착 귀족 및 토후의 권한을 인정하는 방향으로 전이되고, 다만 해당 지역에서의 조세 징수만은 강력한 통치 기제로 남았다.

티마르 제도와 밀레트 제도

이때 도입된 것이 티마르 제도였다. 오스만 제국은 점령 지역의 토지 자원을 모두 조사한 뒤, 조세 수입을 오스만 군대와 정부 관료에게 티마르 형태로 분배했다. 티마르를 보유한 사람들은 티마르에서 세금을 거둘 권리를 가졌고, 세금의 양은 지위가 높고 핵심적일수록 많았다. 이 시스템은 이슬람의 개종과는 무관했다. 그 실례로 1431년 알바니아에 355개의 티마르가 존재했다는 기록이 있는데, 이 가운데 60개를 기독교 알바니아인이 차지하고 있었다고 한다.*

티마르 영지는 결코 진정한 의미의 봉토가 아니었다. 비록 술탄의 기병대인 시파히가 자신의 지역에서 술탄을 위해 행정과 경찰 임무를 어느 정도 수행한 것은 사실이다. 하지만 시파히가 자기 티마르에서 일하는 농민에 대해 봉건적인 지배권이나 영주로서의 사법권을 행사했던 것은 아니다.

한편 종교 자치구였던 밀레트는 해당 종교를 교육할 수 있었고, 지역 전통에 따라 공동체를 유지할 수 있었다. 개별 종교 자치구는 밀레트 제도를 통해 종교와 문화 등을 후손에게 전수할 수 있었다.

데브쉬르메 제도

두 번째로 술탄에 충성하는 지역 엘리트를 양성해 지역에 파견하는 데브쉬르메 제도는 향후 이슬람 전파에 큰 영향을 미쳤다.

---

* 권혁재, 2011, 209~210쪽

당시 지역 농민에게는 5년마다 아들이 몇 명인지 지방 행정관에게 보고 해야 할 의무가 있었다. 이때 보통 다섯 명의 아들 중 한 명을 약 6~7세에 차출해(일부 학자들은 이것을 '남자 어린이 징용'이라고 지칭하기도 한다) 제국으로 데려가 이슬람으로 개종시키고 엘리트로 교육시킨 후 해당 지역 관리로 파견하거나 제국 군대의 중추로 거듭나게 했다.

개종과 교육을 위해 끌려간 곳은 주로 콘스탄티노플이나 아나톨리아 등 당시 중심 도시였다. 이것은 특히 지금의 보스니아, 알바니아, 불가리아 지역에서 강하게 나타났다. 이들은 스스로가 오스만 제국 엘리트라는 의식이 강했으며, 종교적으로 이슬람으로 무장되어 있었다.

데브쉬르메 제도로 오스만 제국은 매년 1천~3천 명의 새로운 노예 전사를 충원했다. 이들은 전쟁 포로 및 외국 노예와 함께 군사 훈련을 받았고, 오스만 제국의 기병이나 보병으로 활동했다.[*] 이들 중 일부는 저 유명한 친위대인 예니체리 연대에 들어가 진정한 제국의 최고 군인으로 활동하기도 했다.

동유럽 발칸 지역의 이슬람화

오스만 제국은 이러한 특별한 제도를 통치 수단으로 삼았고, 당시 봉건 유럽에서는 상상할 수 없는 노예와의 공동 통치를 실현했다.

이와 동시에 경제적인 이유로 동유럽 발칸 지역에서의 이슬람화도 빠른

---

[*] 물론 전통적인 의미의 기병 군대인 시파히도 존재했다. 이들은 주로 지역 관할 기병대를 형성했으며, 술탄으로부터 술탄 영지인 티마르나 더 큰 단위인 지아메드를 할당받아, 병역을 제공하는 대가로 고정 수입을 거두어들일 수 있는 권리를 받았다.

속도로 진행됐다. 데브쉬르메 제도를 통해 젊은이의 이슬람으로의 개종이 공격적으로 일어난 것이다. 또한 가난한 기독교 농노들은 가톨릭 봉건 체제에 대한 불만과 이슬람교도로서 받을 수 있는 징병 및 세금 혜택을 보고 이슬람으로 개종했다.

이 과정에서 공납 지향적인 종교적 관용과 전도 지향적인 개종 압력의 충돌이 일어난 것도 사실이다. 오스만 제국에서는 지배 계층인 오스만리 계급과 피지배 계층인 라이야가 엄격하게 구분되어 공존하고 있었다. 대부분 동유럽 발칸의 기독교 농민으로 이루어진 피지배 계층은 조세를 통해 지배층을 유지시키고 있었다. 오스만 제국은 이슬람 개종을 통해 사회 문화적 통합을 이룰 것인가, 아니면 종교적 관용을 바탕으로 하는 안정적인 조세 수입을 유지할 것인가 하는 문제에서 후자를 선택한 것이다. 물론 조세 제도를 정교하게 하고, 지방 토후나 지주, 파견 관리관의 부당한 요구 및 조세 누수를 방지하는 데 많은 조치와 노력을 행했다.

그런데 역설적으로 지방 귀족은 기존 권력 기반을 유지하려고 발 빠르게 이슬람으로 개종했으며, 오스만 제국 지배 계층으로 서서히 흡수됐다. 결국 기독교 농민들은 종교적 전통을 지키고 토착 귀족들은 이슬람으로 개종하면서, 동유럽 발칸 일부 지역에서 이슬람이 제1 종교로 올라설 수 없었던 객관적인 원인을 제공한다.

17세기 초까지 이슬람으로의 개종은 소수에 불과했으나 중반 이후 대규모 개종이 일어났다. 대규모 이슬람화가 일어난 대표적인 곳이 보스니아와 알바니아 지역이었다. 오스만 제국의 영토적 팽창이 정지됨과 동시에 제국의 쇠퇴가 시작됐다. 이것은 오스만 제국이 군사적, 정치적, 종교적 장점이 있는 다양한 제도를 갖추었지만, 경제적 관점에서는 많은 약점이 있었다는 것을 의미한다. 오스만 제국이 경제 기반으로 삼고 있는 토지에서의 생산량이 한계점에 다다랐다. 아울러 피지배층의 문화적 표현과 상상력은 회교와 정교 성직자들의 전유물이 되었고, 튀르크 지배자에 대한 성직자의 예속에 무지와 미신이 뒤따랐다. 오스만 제국은 군사 조직을 이용해 지중해와 흑해, 서유럽에서 서아시아로 이어지는 무역과 교역 항로를 보호하며 무역을 장려했다. 그러나 그 이면에는 술탄의 절대적 권력과 간섭, 제도적 경직성이 내포되어 있었다. 결국 17세기 이후 상업적 기능은 점차 그리스인, 유대인, 아르메니아인 등이 속한 이교도 소수 민족 공동체로 넘어갔다. 이로써 이슬람 생산자와 거래상은 대개의 경우 소규모 점포상과 장인의 직업에 한정됐다.

유럽의 방벽이었던 콘스탄티노플과 동유럽 발칸의 점령을 통해 제국의 영화를 누렸다면, 오스만 제국의 지배 동안 더 강력해지고 발전한 합스부르크 왕가와의 대립에서는 그 한계점을 노출시켰다. 육지에서 벌어진 빈 공방전과 바다에서 벌어진 레판토 해전에서의 실패가 그 예다. 결국 오스만 제국은 오스트리아, 폴란드와의 전투에서 패한 후 국력이 점차 기울기 시작했다. 합스부르크 제국과의 전투에서 패배하고, 1798년 나폴레옹의 이집트 점령이 알려지면서 동유럽 발칸 지역에서 오스만 제국의 권위는 추락했고 세력이 약화됐다. 여기에 더해 프랑스 대혁명에서 시작된 민족주의 운동은 동유럽 발칸 지역에서 민족적 자각을 일깨웠으며, 범슬라브주의와 같은 민족주의 운동을 촉발시켰다. 이제 오스만 제국과 이슬람은 동유럽 발칸 민족의 독립을 방해하는 공적으로 떠올라 타파해야 할 대상이 된 것이다. 15세기 이후 오스만 제국에 의한 500여 년에 걸친 지배는 로마 가톨릭과 동방 정교가 주요 종교를 이루던 동유럽 발칸반도에 이슬람교를 도입하게 함으로써 주요 종교를 세 개로 확장시켰다.

이슬람의 영향

오스만 제국의 오랜 지배는 이 지역 주민의 언어생활에도 많은 영향을 끼쳤다. 세르비아어에는 35%, 불가리아어에는 50%에 가까운 튀르크 어원 단어와 표현이 차용됐다.

아울러 다양한 터키식 음식 문화들이 도입됐다. 한 예로 보스니아를 포함한 유고슬라비아 지역 음식에는 다양한 터키식 향신료와 양념이 사용되었다. 이슬람 전통 음식으로는 케밥, 수파, 초르바 등이 대표적이다. 유고슬라비아 지역에서 먹는 카추카발리라고 불리는 치즈는 터키어 카수카발에서 유래했으며, 절인 양배추를 양념한 간 고기에 싸서 찌거나 끓인 겨울철 음식인 싸르마는 터키어 사르마에서 유래한 것이다. 이 밖에도 아이바르 소스, 투르쉬야 샐러드, 젖소 우유로 만든 카이막 등도 터키의 영향을 받은 동유럽 발칸의 음식과 음료다. 특히 마케도니아, 보스니아, 세르비아 등지에서 상용하는 투르스카 카파는 문자 그대로 터키식 커피를 의미하며, 일상생활 음료로 자리 잡았다.

이슬람의 영향은 음식 문화 외에 축제 문화에도 많이 남아 있다. 가령 불가리아 지역 이슬람 문화 축제를 들 수 있다. 5세기에 걸친 불가리아와 튀르크의 공존은 서로의 관습, 전통 등에 막대한 영향을 주고받았다. 물론 튀르크 지배 시기에 주 종교는 이슬람교였기 때문에 불가리아 전통 축제에 이슬람 전통이 흘러 들어갔을 것이라는 예측이 지배적이다. 실제로는 불가리아 정교 축제와 이슬람 축제가 모두 범민족적 축제로 승화되는 양상을 보여 준다. 대표적인 예로는 라마잔 바이람 축제와 쿠르반 바이람 축제가 있다.

라마잔 바이람 축제는 라마단 달의 금식이 끝난 바로 다음에 이어지며,

사흘간 계속된다. 축제 첫날은 사원에서 예배로 시작되고, 연장자와 젊은이가 서로 손에 입을 맞추며 덕담을 나눈다. 사원에서 의식이 끝나면 모두 집으로 돌아가 식사를 시작하는데, 주식은 야채를 넣은 고기 요리인 카바마와 전통 바니차 빵이다. 단 과자들도 준비된다. 음식 10분의 1은 헌식으로 남겨 두는 전통이 있으며, 젊은이들은 노래를 부르고 춤을 추며 축제를 즐긴다. 라마자 바이람 축제일이 되면 모든 여자들은 손에 적갈색으로 꽃물을 들이고 놀이를 즐긴다. 이날은 회교 성직자인 호자가 집집마다 돌며 축복을 내려 준다. 그다음 모두 무덤에 가서 성묘를 한다.

반면 부활절과 유사한 의미를 지니는 쿠르반 바이람 축제에서는 사바흐라고 불리는 일반 예배와 바이람이라 불리는 의례 예배를 드린다. 호자는 꾸란을 읽고 진정한 믿음과 메카로의 순례, 양을 통한 번제의 의미를 강조한다. 예배가 끝나면 집으로 돌아와 연장자가 양의 목을 딴 후 번제를 드린다. 피가 잘 스며드는 곳에서 번제를 하며, 집안에서 가장 나이 많은 안주인은 아이 이마에 피를 바르며 건강을 기원하고, 문주에 피를 바르며 집안의 건강과 행운도 기원한다. 양을 살 때는 흥정을 하지 않고 판매자가 원하는 대로 값을 쳐주는데, 이것은 알라가 값을 흥정한 양의 번제는 받지 않는다는 믿음에서 유래한 것이다. 이날 음식은 양고기를 이용한 음식과 파차라는 스프, 카바마 고기 요리가 나온다. 불가리아 거주 무슬림은 술 마시는 것을 규제하는 엄격한 규율을 지키지 않는 모습도 보인다.

chapter 3

이슬람 관련 분쟁 지역

오늘날 동유럽 발칸 지역에서 무슬림의 위상은 오스만 튀르크 제국의 쇠퇴에서 일차적으로 변화를 겪었다. 오스만 튀르크의 쇠퇴로 정치적 보호막을 잃어버린 많은 무슬림이 1878년 러시아-튀르크 전쟁과 1912~1914년 발칸 전쟁,[*] 제1차 세계대전을 거치면서 오늘날의 터키로 이주했다. 그리스 역시 지정학적 관점에서 동유럽 국가로 볼 수는 없지만 동유럽 무슬림과 상당히 관련을 맺고 있다. 전후 처리 과정에서 그리스 무슬림은 터키로 이주했고, 반대로 아나톨리아의 그리스 정교회 교도는 그

---

[*] 1908년 오스만 제국이 청년 튀르크군 장교 주도의 혁명으로 혼란에 빠지자 불가리아는 오스만 제국으로부터 완전 독립을 선언했다. 불가리아는 유럽의 세력 균형이라는 관점에서 합의된 조건에 대해, 특히 세르비아와의 영토 문제에 불만을 품었으며, 1911년 이탈리아가 전쟁을 일으키자 불가리아, 세르비아, 그리스 및 몬테네그로도 합세해 튀르크 제국에 대항해 최종적으로 항복을 받아 냈다. 이것이 제1차 발칸 전쟁이다. 그러나 마케도니아 지역에 대한 지배권을 놓고 불가리아와 세르비아가 반목함에 따라 1913년 제2차 발칸 전쟁이 일어났다. 불가리아는 세르비아, 그리스, 튀르크 및 루마니아 연합군에게 패배함으로써 영토가 현격하게 축소됐고 오늘에 이르렀다.

리스로 이동했다.

　각국에서 무슬림이 이동하자 알바니아를 제외한 동유럽 발칸 국가 대부분에서 무슬림은 소수 민족으로 전락했다. 그 후 발칸의 모든 국가에서 무슬림은 빠른 속도로 세속화되었다. 그 결과 무슬림은 이슬람을 철저히 실천하는 부류의 무슬림과 이슬람을 실천하지는 않지만 혈통, 문화, 민족 때문에 스스로를 무슬림으로 여기는 부류로 나뉘었다.

　제2차 세계대전 이후 동유럽 발칸 국가들을 정치적으로 지배하게 된 각국 공산당은 무슬림을 핍박하고 이슬람을 금지했다. 불가리아와 유고슬라비아의 공산 정권 역시 이슬람 관행을 금지했고, 알바니아의 엔버 호자는 이슬람 단체를 뿌리 뽑았다. 1980년대 말과 1990년대 초 공산 정권들이 붕괴하면서 균질적인 국민을 만들어 내려던 이들의 계획은 실패로 끝났고, 민족적, 종교적 편 가르기와 갈등이 부활했다. 그 대표적인 국가가 구유고 연방 국가인 보스니아, 코소보 지역, 마케도니아, 알바니아 등이다.

　1990년대에 동유럽 발칸에는 대략 825만 명의 무슬림이 있었는데, 이는 전체 인구의 약 13%를 차지하는 규모이다. 나라별로 살펴보면 알바니아 인구의 70%, 보스니아헤르체고비나 인구의 45%, 마케도니아(대부분 알바니아인) 인구의 30%, 유고슬라비아(코소보의 알바니아인과 세르보크로아티아어를 사용하는 산자크 슬라브인 포함) 인구의 20%, 불가리아 인구의 13%가 무슬림이며, 루마니아(타타르인)와 그리스에는 아주 소수의 무슬림이 살고 있다. 알바니아인은 모두 합쳐 400만 명이 넘는다. 보스니아인은 235만 명, 불가리아, 마케도니아, 그리스, 루마니아에 거주하는 튀르크인은 105만 명이다. 이 숫자를 모두 합치면 자그마치 약 740만 명에 이른다. 다음 표는 동유럽 발칸 지역 국가의 인종, 언어, 종교 현황을 보여 준다.

국가	인종	언어	종교
슬로베니아	슬로베니아인(88)	슬로베니아어(91) 세르보크로아티아어(6)	가톨릭(70.8)
크로아티아	크로아티아인(89.6)	크로아티아어(96)	가톨릭(87.8)
보스니아 헤르체고비나	무슬림(48) 세르비아인(37.1) 크로아티아인(14.3)	세르보크로아티아어 (공식어)	이슬람교(40) 정교회(31) 가톨릭(15)
마케도니아	마케도니아인(64.2) 알바니아인(25.2)	마케도니아어(70) 알바니아어(21)	정교회(67) 이슬람교(30)
세르비아 몬테네그로	세르비아인(62.6) 알바니아인(16.5) 몬테네그로인(5)	세르비아어(95) 알바니아어(5)	정교회(65) 이슬람교(19)
루마니아	루마니아인(89.5) 헝가리인(6.6)	루마니아어(공식어) 헝가리어(소수어)	정교회(87) 신교(6.8) 가톨릭(5.6)
몰도바	몰도바인(64.5) 우크라이나인(13.8) 러시아인(13)	루마니아어(공식어) 러시아어(소수어)	정교회(98)
불가리아	불가리아인(83.6) 터키인(9.5)	불가리아어(공식어)	정교회(83.8) 이슬람교(12.1)
알바니아	알바니아인(95)	알바니아어 (토스크어 공식어)	이슬람교(70) 정교회(20) 가톨릭(10)

* 출처 김정환, 2004, 304쪽

구유고슬라비아 연방 공화국 시절, 연방의 자치권을 적절히 부여하고 정치적 민족주의와 문화적 민족주의를 적절하게 배합했던 티토가 1980년 사망했다. 당연히 그의 사망 이후 유고슬라비아에서는 연방 국가 간 긴장이 고조됐다. 알바니아인은 코소보의 자치 또는 공화국 승격을 요구하면서 세르비아 국수주의와 충돌했다. 1991년에는 마케도니아가 독립을 선포했고, 이어서 슬로베니아, 크로아티아, 보스니아헤르체고비나도 독립했다. 슬로보단 밀로세비치 대통령이 이끄는 유고 연방에는 몬테네그로와 세르비아만 남았다. 세르비아와 크로아티아는 전쟁에 돌입했고, 보스니아는 내전에 휩싸였다. 결국 1995년 NATO가 개입해 분쟁이 종식됐고, 현재는 재건 사업이 진행 중이다. 이후 코소보에서 세르비아인과 알바니아인 사이에 분쟁이 일어나자 이번에도 NATO가 개입해 코소보를 점령했다. 마케도니아에서도 알바니아인과 슬라브계 마케도니아인 사이에 내전의 기운이 감돌고 있다. 여기서 한 가지 간과해서 안 될 것은 이 지역에서의 분쟁이 종교적 원인뿐만 아니라 민족과 인종적 문제도 함께 갖고 있다는 점이다.

한편 이들 국가에서 종교를 달리하는 민족 간 갈등은 불가리아에도 영향을 미칠 개연성이 있다. 불가리아 남동부에 거주하는 약 125만여 명의 터키계 무슬림이 자치권 인정과 분리 등을 요구하며 행동에 나설 가능성이 있기 때문이다.

보스니아

동유럽 발칸 국가 중에서 오스만 제국의 영향을 가장 많이 받은 곳이 바로 보스니아다. 1878년 수세기에 걸친 오스만 제국의 지배가 끝나고, 보스니아는 오스트리아-헝가리 제국으로 편입된다. 오스트리아는 '라이스 알울라마'를 통해 보스니아의 무슬림을 통제하고 와크프를 관리하는 자문위원회를 설치해 운영했다. 아울러 1909년에는 무슬림 행정 기구에 자치권을 부여했다. 보스니아의 종교 엘리트들은 신분적 차별성과 무슬림 정체성의 표시로 오스만 언어를 사용했으며, 세속적인 교육의 확대, 정치 단체 및 교육 단체를 조직해 새로운 지식층 출현에도 일조했다. 이러한 활동으로 세르비아인이나 크로아티아인과는 구별되는 종교 및 민족적 정체성을 만들었다. 보스니아인은 세르비아인과 크로아티아인으로부터 오는 '동일 국민화' 압박에서 벗어나려고 지속적으로 노력했으며, 아랍 문자나 키릴 문자로 표기하는 보스니아어를 지속적으로 사용했다.

1918년 유고슬라비아가 건국되자 보스니아인은 유고무슬림기구를 조직하고 자치권, 무슬림 교육 제도, 사법 제도의 유지 등을 요청했다. 그러나 1929년 쿠데타가 일어난 뒤 알렉산드르 왕은 보스니아헤르체고비나를 영토에서 제외하고 세르비아화 정책을 추진했다. 제2차 세계대전 중에는 크로아티아에 흡수되기도 했다. 전쟁 중에는 크로아티아 파시즘 정당 우스타샤와 세르비아인 군사 조직 체트니크의 주도로 수만 명의 보스니아인이 학살되는 시련을 겪기도 했다. 1945년 공산 정권이 수립되자 많은 보스니아인이 터키로 이주했다. 1952년에는 공산 정권의 압력 속에 수피 교단 활동이 금지되고, 이슬람 학교와 모스크가 폐쇄됐다. 1966년 이후 티토 대통령은 관용적인 민족 정책을 채택하고 보스니아인을 유고슬라비아 국가 내에서 분리된 동등한 민족으로 인정했다.

1990년 공산 정권 붕괴 이후 알리야 이제트베고비치가 이끄는 보스니아 무슬림의 민주행동당은 보스니아인의 독립과 세속적인 다민족 국가의 창설을 주창했다. 보스니아가 독립을 선언하자 보스니아와 헤르체고비나에 거주하는 세르비아인도 독자적인 국가 건설을 선언하고 무슬림을 공격하기 시작했다. 세르비아인은 테러와 고문, 강간, 대량 학살 등의 방법으로 '세르비아계로의 민족 정화'를 시도했으며, 이슬람적 특성을 나타내는 모스크와 역사적 유물들을 파괴했다. 결국 크로아티아-보스니아 연합과 NATO의 합동 작전으로 전쟁을 종식하고, 1995년 11월 〈데이턴 협정〉을

체결했다. 이 협정을 근거로 보스니아는 두 개의 국가, 즉 무슬림과 크로아
티아인의 국가와 세르비아인의 국가로 나뉘었다.

코소보

코소보의 알바니아인 역시 보스니아인과 마찬가지로 유고 연방을 받아
들이지 않은 채 독자적인 정체성 유지와 독립 국가 건설을 지상 목표로 삼
고 있다. 코소보 알바니아인의 정체성도 종교적 관점보다는 민족적 관점
에서 정의되었다.

1974년 유고슬라비아 헌법은 코소보를 유고슬라비아 연방 내 자치 지
역으로 인정했다. 그러나 시간이 흐를수록 코소보를 둘러싼 알바니아인과
세르비아인의 갈등이 점점 고조됐다. 1990년을 기준으로 코소보 내에서
알바니아인은 약 85%를 차지했고, 학교, 법원, 언론 등을 장악했다. 보스
니아에 비해 상대적으로 높은 자치를 누렸으나 대(大)알바니아 국가 건설
에 대한 욕망은 줄어들지 않았다.

1989년, 슬로보단 밀로셰비치 유고슬라비아 대통령이 코소보의 자치권
을 박탈했다. 이어서 언론을 장악하고 경찰력을 동원해 알바니아계를 탄
압했다. 심지어 타 지역으로의 강제 이주도 계획했다. 이에 대항해 이브라
힘 로고바의 지휘로 알바니아인은 지하 정부를 수립하고, 독립운동을 전
개했으며, 코소보 해방군까지 조직했다. 결국 NATO가 개입했고, 1999년 3
월부터 6월까지 미국과 그 동맹국들이 세르비아를 폭격했다. 이후 NATO
가 이 지역을 점령하고 관할하게 되었다.

2006년 '세르비아판 테러와의 전쟁'도 이러한 일련의 사태와 맥을 같이

한다. 2001년 미국에서 9.11 테러가 발생하자, 세계 곳곳에서는 사건과 직접적인 관련이 없는 아랍인과 무슬림에 대한 중상과 공격이 이어졌다. 미국과 지리적으로 멀리 떨어진 발칸반도에도 불똥이 떨어졌다. 코소보 무슬림은 하루아침에 '민족 분리주의자'에서 '이슬람 테러리스트'로 변했다. 세르비아 언론은 코소보 알바니아와의 민족 갈등을 '기독교 세르비아'가 '이슬람 코소보 알바니아'에 대항해 성전(聖戰)을 치르는 것으로 묘사했다. 다시 말해 세르비아가 이슬람 세력이 가하는 위협으로부터 기독교 세계를 지키려고 코소보 무슬림과 싸운다는 것이다. 세르비아 언론들은 세르비아 민족을 '신의 민족', '천상의 민족', '용감한 민족' 등으로 묘사하는 반면, 코소보 무슬림을 '테러리스트', '범죄자'로 매도했다. 20세기 내내 이어져 오던 세르비아와 코소보 알바니아인 사이의 민족 갈등이 21세기에 들어 '종교 전쟁'으로 탈바꿈한 것이다.

마케도니아

　발칸 국가 가운데 가장 최근에 종교적, 민족적 분쟁을 겪은 지역이 마케도니아이다. 유고슬라비아 공화국의 자치 지역이었던 마케도니아는 1991년 독립했다. 인구 중 이슬람교도는 약 30%이며, 알바니아인 25%, 튀르크인 5%를 포함한다. 이외에도 특이하게 이 지역에는 포마크* 또는 토르베시라고 불리는 슬라브 무슬림과 '로마'라고 불리는 집시 무슬림도

---

* 　포마크(Pomak)는 원래 불가리아인이면서 무슬림인 사람을 지칭하는 용어이지만, 마케도니아 공화국에서는 슬라브계 무슬림을 지칭하는 용어로도 사용됐다.

있다. 이들은 스스로를 튀르크인 또는 알바니아인으로 인식한다. 마케도니아에서 알바니아인은 알바니아어를 국어로 인정해 달라고 요구하고 있다. 또한 공동 통치를 하는 민족 집단으로서 국정 파트너의 지위도 요구한다. 마케도니아의 슬라브 내셔널리스트들은 이런 요구를 완강하게 거부하고 있다.

마케도니아는 2000년과 2001년 NATO의 정치적인 주선과 타협으로 내전을 가까스로 피한 상태이다. 그러나 두 개 민족으로 구성된 국가 구성을 위한 헌법 개정과 민족 차별 철폐를 요구한 알바니아계 주민이 2001년 세르비아 코소보 자치주와의 통합, 더 나아가 알바니아 국가와의 통합을 요구하는 자치 확대 및 분리 독립운동을 전개함으로써 공화국 내 자치 분쟁이 발생했다. 1991년 9월 8일 공포된 헌법 전문에 따르면 '마케도니아는 마케도니아인의 민족 국가로서 수립됐으며, 마케도니아 공화국 내에 거주하는 알바니아인, 터키인, 블라흐인, 루마니아인, 기타 소수 민족에게 마케도니아인과 더불어 시민으로서의 절대 평등과 항구적 공존을 제공할 것'을 천명하고 있다.

알바니아

1389년 세르비아가 오스만 제국에 패한 후 대거 이슬람교로 개종한 알바니아에는 95%에 달하는 알바니아인 외에도 3%의 그리스계가 살고 있다. 현재 알바니아인은 국내에 300만 명 이상이 거주하고, 국외에는 코소보 자치주에 약 160만 명 이상, 마케도니아 서쪽에 약 40만 명 이상, 몬테네그로 남쪽에 약 4만 명이 거주하는 것으로 파악된다. 알바니아 주민의 약 55%는 순니파 이슬람교도이고, 15%는 벡타시파이다. 북부 게그족은 순니파와 가톨릭교도로 나뉘어 있고, 남부 토스크족은 벡타시파와 그리스 정교회 교도로 나눠진다.

사회주의 정권 시대였던 1967년에서 1990년 사이에는 모든 종교 활동이 금지되었으나 1990년 라미즈 알리아 대통령이 종교 활동을 부활시켰다. 사우디아라비아, 걸프 연안국, 터키, 말레이시아와 해외 거주 알바니아인의 도움으로 모스크, 마드라사, 수피 테케, 성묘, 도서관 등이 새로 세워졌다. 벡타시파는 이란의 지원을 받았다.

이슬람 문화와 종교적 부활에도 알바니아인은 내셔널리즘을 정치적 정체성의 기초로 삼고 있다. 정치적으로 알바니아, 보스니아, 코소보, 마케도니아의 알바니아인을 통합해 발칸반도에 대(大)알바니아국 건설을 목표로 하고 있다.

불가리아

현재 불가리아에는 총 인구의 13%에 해당하는 약 125만 명 정도의 무슬림이 살고 있다. 대부분 튀르크인이지만, 로마와 포마크의 수도 적지 않다. 불가리아 무슬림은 여러 차례에 걸쳐 차별과 박해를 경험했다. 1878년 러시아-튀르크 전쟁을 통해 독립을 쟁취한 불가리아 지도부는 국가를 서구화하고자 오스만 제국의 유산을 청산하려는 정책을 편다. 그 결과 1878년과 1912~1913년에 많은 무슬림이 오스만 제국으로 이주했다. 하지만 지배층이었던 불가리아 정교도들은 무슬림을 정치적 경쟁자로 여기지 않았다. 따라서 지방의 튀르크인이 피해를 보는 일은 없었다.

1944년 정권을 쟁취한 불가리아 공산당은 세속적이고 사회주의적인 정체성을 심고자 종교적 정체성을 억압하기에 이른다. 특히 1950년대 후반부터 1985년까지 공산 정권은 무슬림 고유의 민족적 정체성을 와해시키려고 노력했다. 종교 및 문화적 관행의 금지는 물론, 터키 이슬람식 이름과 터키어 사용을 금지했다. 나아가 세속적인 교육을 통해 터키 엘리트들을 불가리아 사회에 동화시키려는 정책을 펼치기도 했다. 정부의 억압이 이어지자 1950~1951년에 많은 무슬림이 불가리아를 떠났고, 1989년에는 무려 50만 명이 이민을 가는 사태가 일어났다. 공산 정권이 붕괴되면서 무슬림은 다시 종교 및 문화적 정체성을 강화하기 시작했다. 불가리아 내에서 포마크는 스스로를 불가리아인이라고 여기면서 강력한 친족 관계와 직업적 유대 관계를 소중히 하고 이슬람식의 교육과 관행을 부활시켰다.

1984년 겨울, 불가리아와 터키의 관계는 극도로 긴장되었다. 그 원인은 불가리아 영토에 거주하는 터키인에 대한 불가리아 정부의 탄압 때문이었다. 당시 불가리아 정부는 터키계 불가리아인을 동화시키고자 강력한 정책을 폈다. 개명,* 이슬람 종교 의식 금지, 회교 사원 폐쇄, 터키식 음악과 전통 의상 금지, 공공장소에서의 터키어 사용 금지 등이 대표적이다. 이러한 불가리아 정부의 탄압이 1985년 터키 본토에 알려지자 언론에서는 연일 항의성 방송을 내보냈으며, 터키 전역에서 반대 집회가 일어났다. 당시 불가리아 정부는 터키 정부의 쿠르드족 소속 민족 탄압 사례를 들며 터키의 논리에 대항했다.

불가리아 정부는 불가리아 내 터키계 이슬람교도와 관련된 문제가 자국 문제라는 입장을 견지하며 토론이나 협의를 거부했다. 그러나 국내 여론이 이에 반대하는 쪽으로 기울자, 1989년 5월까지 과도한 행동을 자제했다. 이 기간에 불가리아와 터키 관계는 한 단계 우호적으로 변하며 하나의 외교적 전기가 마련됐으니, 1988년 베오그라드에서 열린 발칸 회의에서 터키 외무장관 메수트 이을마즈와 불가리아의 동료 피터 믈라데노프가 〈선린, 우호와 협력 의정서〉에 서명한 것이다.[**] 이 의정서에는 양국의 경제, 무역, 관광, 기술, 교통, 통신과 문화, 기타 인본주의적 협력을 위한 공동 위원회 설치가 포함돼 있다. 1989년 11월 당시 집권 서기장이던 토도르 지프코프가 축출되면서 1990년으로 예정되었던 개명 복구와 종교 및 이슬람 전통의 복구 작업은 이루어지지 못했다. 1989년 5월에 약 2천 명의 불가리아 터키 인권 운동가들을 추방했으며, 터키에 국경을 개방하도록 요구했다. 터키 대통령 투르구트 오잘이 국경을 개방하자 약 31만 명의 터키계 무슬림이 터키로 넘어갔고, 그 숫자가 지나치게 많아지자 8월에 터키는 다시 국경을 폐쇄하고 비자를 요구했다. 일시에 많은 이주자가 오자 터키는 일정 수의 이주자만을 요구했고, 1990년 1월에 약 13만 명이 다시 불가리아로 돌아왔다.

발칸과 동유럽의 무슬림은 정치적 보호막으로 터키를 염두에 두고 있으며, 터키도 종교와 오스만 제국의 역사를 공유한다는 점에서 형제 국가를 자처한다. 이러한 이유로 터키는 발칸 문제에 군사적으로 개입하기도 했다. 무슬림 튀르크인 공동체를 보호한다는 명분으로 키프로스 일부를 점령했으며, 키프로스를 통합하려는 그리스의 시도에 제동을 걸기도 했다. 전체적으로 터키는 동유럽 발칸 지역이 그리스도교 동맹과 이슬람 동맹으로 양분될 수도 있다는 판단 아래 신중한 행보를 시작하고 있다.

---

[*]   유사한 불가리아어 개명 압력은 불가리아계 이슬람교도에게는 1972~1974년, 불가리아 집시에게는 1981~1983년 동안 이루어졌다.

[**] 양국 간에는 1925년과 1968년에도 유사한 합의와 협약이 이루어진 경험이 있다. 양국 간 인구의 교환과 헤어진 가족의 상봉에 대한 조항도 담고 있다.

3
러시아

정세진 한양대학교 아태지역연구센터

모스크바

■ 국가 개황

· 국명: 러시아 연방(Russian Federation)

· 국가 체제: 공화정

· 언어: 러시아어

· 인구: 143,964,709명(유엔, 2018)

· 종교 분포: 러시아 정교 16~20%, 이슬람교 10%(CIA)

■

현재 우리가 말하는 러시아는 정식 국호로 러시아 연방(이하 '러시아'로 표기)이다. 러시아는 과거 소비에트 사회주의 공화국 연방(USSR)이 1991년 해체되고 15개의 신생 공화국이 등장하면서 1991년 12월 25일에 새롭게 출발한 국가다. 국명은 제정 시대부터 사용하던 러시아를 그대로 가져와 '러시아 연방'으로 정했다.

수도는 모스크바이고, 인구는 약 1억 4,396만 명, 연평균 인구 증가율은 -0.46%이다. 제2의 도시는 상트페테르부르크이다. 전통적으로 유럽과 아시아 양 대륙에 걸쳐 있으며, 이로써 러시아가 유럽의 정체성을 가지고 있는 것인가, 아시아적 정체성을 가지고 있는 것인가가 역사적 논쟁거리로 부각되었다.

국토 면적은 1,708만 km²(한반도의 78배, 미국의 1.8배)에 달해 세계 면적의 약 8분의 1을 차지하고 있는 세계 최대 영토 보유국이다. 과거 소련의 면적은 이보다 훨씬 커서 세계 면적의 6분의 1을 차지하기도 했다. 국토의 동쪽 끝인 추크치반도와 서쪽 끝인 칼리닌그라드 지역 간의 시차는 총 11시간이다. 러시아는 겨울이 길고, 여름이 서늘한 전형적인 대륙성 기후이다.

민족 구성은 러시아인이 80%, 타타르인 4%, 우크라이나인 2% 정도이며, 많은 소수 민족으로 이루어져 있다. 소수 민족의 숫자는 정확하게 집계하기 어려우며 140여 개 소수 민족이 전체 인구의 8% 정도를 차지하는 것으로 알려져 있다.

국가에서 공식적으로 인정하는 종교는 러시아 정교, 이슬람, 불교, 유대교 등 4개다. 종교 분포를 보면, 러시아인의 영적, 정신적 체계라고 할 수 있는 러시아 정교회가 75% 정도를 차지한다. 이슬람은 정확한 통계를 알 수 없지만 일반적으로 10% 정도를 차지하는 것으로 예측된다.

러시아 정부 형태는 대통령 중심제의 연방 공화제이다. 국가 원수는 블라디미르 푸틴 대통령이며, 2000년부터 2008년까지 대통령, 2008년부터 2012년까지 총리, 2012년 이후 지금까지 6년제로 바뀐 대통령직을 수행하며 재선에 성공했다. 의회는 상하 양원제로 상원은 임기가 2년으로 168석이고, 하원은 임기가 4년으로 450석이다.

chapter 1

러시아의 이슬람

특성

이슬람은 러시아 내에서 러시아 정교 다음으로 많은 사람들이 믿고 있다. 러시아 내에서 이슬람을 자신의 신앙 정체성으로 정확하게 고백하고 있는 숫자를 적시하기는 어렵다. 그러나 대체적으로 전체 인구 중 10%를 상회하는 것으로 알려져 있으며, 최대 20%까지로 주장하는 경우도 있다. 이렇게 볼 때 이슬람 인구는 약 2천만 명 정도로 파악되며, 이는 2012년 기준 러시아 연방 전체 인구 약 1억 4,300만 명 가운데 약 7분의 1 정도에 해당한다.

러시아는 988년에 동방 정교를 수용했다. 러시아에서 동방 정교는 러시아 정교로 명명되었으며, 역사적으로 가장 핵심적인 종교 정체성을 형성해 왔다. 그런데 러시아에 이렇게 이슬람 인구가 많은 이유는 무엇일까?

그것은 러시아가 국경 인근의 무슬림을 정복하고 통치했기 때문이다. 러시아는 16세기에 카잔한국이라는 무슬림 민족을 최초로 정복함으로써 이슬람권으로 진출했고, 이것이 러시아 내에서 무슬림 숫자가 많아진 계기였다. 북캅카스 등 러시아가 정복한 지역에 무슬림이 많았던 것이다.

러시아는 러시아 정교를 절대적으로 수용했지만, 러시아가 제국의 길을 걸으면서 무슬림이 살고 있는 국가와 영토를 침범하고 식민지화함으로써 무슬림 인구가 많아졌다. 그래서 19세기 러시아 지식인들은 러시아 제국 내의 이슬람 민족과 슬라브 민족이 공존의 길, 화해의 길을 모색해야 한다고 주장하기도 했다. 러시아는 무슬림 민족을 원활히 통치하려고 제국의 법적 권위를 강조하고 이를 전면에 내세웠다. 캅카스 민족의 이슬람 문화는 러시아 제국주의와 대립했으며, 반제국주의 모티프이자 민족 통합성의 요소로 작용했다.

러시아 이슬람 약사

튀르크계 민족의 이슬람 전파

먼저 러시아 연방 내 북캅카스 지역에 속하는 다게스탄에 아랍 무슬림이 상인으로 들어왔다. 이들이 러시아에 들어온 첫 번째 무슬림이었다. 그러나 다게스탄에 이슬람이 결정적으로 전파되는 데에는 아랍 이슬람 군사 원정대의 역할이 컸다. 이들이 다게스탄을 침공하면서 처음으로 다게스탄 산악 지역에 이슬람이 전파됐다. 다게스탄의 매우 중요한 도시였던 데르벤트에서 이슬람 문화가 처음으로 발흥했으며, 오랜 기간 이 지역은 러시아 이슬람의 학문적 중심지였다. 러시아에서 가장 오래된 모스크도

데르벤트에 있는데, 이 최초의 모스크는 8세기에 건립됐다. 이후 볼가강 유역에 무슬림인 볼가 불가르인이 등장했으며, 이로써 9세기에 볼가강 중류 불가르 공국에 이슬람이 전래됐다. 바그다드 칼리파들은 불가르 공국에 이슬람을 전파했다. 903년경 불가르인 대부분이 무슬림이 되었고, 통치자도 무슬림이었다. 모스크와 이슬람 학교도 건립됐다.

둘째, 러시아 이슬람은 튀르크권 이슬람 민족에 의해 확산되었다. 러시아 이슬람 연구의 권위자인 바르톨드는 튀르크 민족이 러시아권 지역에 이슬람을 전하고 이슬람 문화가 정착되는 데 결정적 역할을 담당했다고 강조했다. 11~12세기 전반기까지 셀주크 튀르크는 러시아 남부 지역을 지배하면서 이슬람을 급속히 보급했다. 러시아 이슬람 역사에서 가장 중요한 민족이 튀르크계이며, 튀르크계 민족의 후손이 이슬람을 적극적으로 전파했다.

셋째, 몽골 점령에 따른 이슬람 전파 단계이다. 13세기 초 몽골 통치 때 이슬람 전파가 일시 중단되었다. 이후 러시아 지역에 칭기즈 칸의 군대가 침입했고, 이들은 현재 러시아 내 타타르스탄 자치 공화국에 킵차크한국을 세웠다. 몽골 통치기에 지도자층도 종교 관용 정책을 펼치면서 이슬람을 적극적으로 수용했다. 이슬람은 킵차크한국의 공식 종교가 되었다.

넷째, 티무르 제국의 군사 원정으로 이슬람이 광범위하게 확산됐다. 티무르 제국은 14세기 후반부터 중앙아시아의 과거 몽골 점령 지역에서 발흥해 러시아의 캅카스를 점령했다. 티무르는 그때까지 비이슬람화된 민족들에 이슬람을 전했다. 이 무렵 이슬람화는 강제적인 성격을 띠었다. 튀르크계가 러시아 내에서 세력을 떨치면서 현재 러시아 연방 지역에 이슬람 국가가 나타나기 시작했다. 중앙 볼가 지역에 카잔한국(1438~1552)이 등장했고, 볼가 하류 지역에 아스트라한한국(1459~1556)이 형성됐다. 서

시베리아 지역에 시비르한국(15~16세기)이 나타났고, 다게스탄 북부 지역과 카스피해 북쪽 해안 지역에 노가이한국이 등장했다. 그리고 크림한국(1443~1783)도 등장했다. 이들은 대부분 몽골 후계 국가였다.

소비에트 시기 이슬람

러시아 이슬람 역사에서 중요한 부분은 소비에트 시대이다. 당시 볼셰비키 세력은 러시아 정교 등 모든 종교 세력을 아편으로 규정하고 탄압을 일삼았다. 소비에트 시대에는 소련식 공산주의가 국가 시스템 내에서 발동되었다. 소비에트 당국은 모스크와 마드라사를 폐쇄하고 무슬림 자체 샤리아 법정을 불법화했다. 공공장소에서 무슬림의 기도와 무슬림 의식 행위가 금지됐고, 셰이크와 그 추종자들의 재산이나 사원의 토지 등이 몰수됐다. 이들은 강제로 감옥에 가거나 정치적 유형에 처해지기도 했다. 볼셰비키 통치 시기에 러시아 무슬림은 전 세계 무슬림 세계로부터 단절되어 있었다. 소련은 '소비에트 시민'이라는 슬로건을 내걸고 소비에트형 인간에 맞는 교육을 추진했으며, 종교는 탄압 대상이 될 수밖에 없었다.

1991년, 소비에트 연방이 해체됐다. 포스트 소비에트 시기에 접어들자 과거 소비에트 시민 정체성으로 묶어 놓았던 민족주의는 신생 12개 공화국에서 새로운 국가의 동력이 되었다. 이러한 민족적 요소가 체첸 공화국 등에서 독립 요구로 나타났다. 타타르스탄 공화국도 독립을 요구했지만, 체첸 공화국처럼 매우 강력히 독립을 요구한 것은 아니었다. 이후로는 독립 요구를 하지 않았다.

러시아 이슬람과 현재 위치

러시아 이슬람은 공시적으로는 러시아 연방이라는 공간에 속하면서 러시아와 역사적 관계 속에서 복합적으로 형성되었다는 특성이 있다. 러시아에서 이슬람을 수용한 민족은 캅카스 인종계로 대변되는 산악 민족이거나 튀르크 종족, 혹은 타타르 종족이었다. 지금도 이 지역은 러시아 내 자치 공화국에 속하지만 완전한 독립을 요구하기도 한다.

러시아 이슬람은 슬라브 민족의 정신적 이념이었던 러시아 정교에 비해 근본적으로 이질적인 특성을 가지고 있다. 독립 이후에는 러시아 정부에 대한 반저항적 요소로 발전하기도 했다. 그러므로 러시아에서 이슬람은 반정부적 특성을 가진 측면이 있다. 현재 러시아 내에서도 종교의 공존이라는 관점이 대두되고 있다.

러시아 이슬람과 체첸 전쟁

1991년 소련 해체 이후 러시아 연방이 새로이 출범했다. 이 와중에 체첸 자치 공화국에서 체첸 전쟁이 발생했는데, 이 전쟁은 19세기 러시아와 북캅카스 민족 간에 발생한 캅카스 전쟁의 연장이었다. 소련이 해체된 해에 체첸 공화국은 전격적으로 독립을 선포했으나 러시아 정부는 체첸 독립과 관련해 체첸이 추진한 그 어떠한 정치적 시도도 받아들이려 하지 않았다.

소련 해체 이전에 소련 지도자들은 체첸 공화국의 독립 요구에 대한 해결 방법을 공식적으로 준비하지 못한 상태였다. 1991년 11월에 두다예프 대통령이 전격적으로 독립을 선포한 와중에서 전쟁이 발발해 10만 명 정도가 사망했다. 1차 전쟁(1994~1996)과 2차 전쟁(1999~2002)으로 나누어졌는데, 사실상 1차 체첸 전쟁에서는 체첸 공화국이 승리했다는 분위기가 팽배했다. 체첸은 당시에 민족적, 국가적으로 자부심이 대단했다. 러시아 연방 옐친 대통령이 체첸을 전격 침공함으로써 발생한 1차 체첸 전쟁에서 러시아 국내외 여론은 옐친에게 매우 불리하게 진행됐다. 2년 동안 벌어진 전쟁에서 많은 인명 피해가 있었으며, 군인뿐만 아니라 민간인에서도 많은 사상자가 발생했다. 결국 러시아와 체첸 당국은 평화 조약을 맺고 전쟁을 종식했다. 그러나 체첸이 1차 체첸 전쟁의 승리자라는 인식이 매우 강했다. 그러나 2차 체첸 전쟁의 양상은 확연히 달랐다.

1999년 모스크바에서 아파트 테러 사건이 일어나 수백 명의 러시아인이 사망했다. 체첸인이 이 아파트 테러 사건을 자행했다는 의심을 샀고, 러시아 정부도 공식적으로 체첸인이 아파트 테러를 주도했다고 발표했다. 러시아 여론이 체첸에 불리하게 돌아갔다. 그러나 이 사건에 관한 정확한 내막은 잘 보도되지 않았다. 그리고 이후 당시 푸틴 러시아 대통령 권한 대행이 전격적으로 체첸에 대한 군사 공격을 감행해 결정적인 승리를 차지했다. 당시 여론도 체첸 이슬람 원리주의자에 대한 반감이 강했으며, 2차 체첸 전쟁은 이슬람 원리주의자들이 주도한 측면이 강했다.

러시아 정부는 체첸 전쟁을 국가 간 전쟁이 아니라 단순히 테러라고 규정하고, 테러는 자유 및 독립과는 전혀 무관하다는 입장을 고수하고 있었다. 이에 반해 체첸인은 역사 속에서 나타났던 항거 정신을 매우 강력히 주장하면서, 체첸 전쟁을 자유와 독립을 위한 전쟁으로 받아들였다.

chapter 3

러시아 문화 특성

수피즘

수피즘은 러시아 내에서 절대적으로 많은 숫자가 아니지만, 19세기에 러시아에 저항한 문화적 요소였다. 즉 당시 수피즘은 종교 요소보다는 러시아에 대한 저항이라는 이념 요소로 기능했다고 할 수 있다.

전통적으로 러시아는 남쪽으로 세력을 확장하면서 무슬림과 역사적 갈등 관계에 놓였다. 전통적으로 이슬람 세력권이었던 러시아 남부에서는 1991년 소비에트 연방 해체 이후 강력한 민족 분쟁이 발생했다. 또한 러시아 북캅카스 지역은 강력한 이슬람 중심지였다. 다게스탄과 체첸 등은 제정 러시아 시기에 이슬람을 정체성으로 하는 국가였고, 19세기에 신정 국가를 건설할 때 수피즘이 이념적으로 핵심적인 역할을 담당했다.

러시아 연방 내에서 무슬림 세력이 매우 강한 북캅카스 지역에 가장 강력하게 전파된 이슬람 종파는 순니파였다. 그러나 신비주의로 알려진 수피즘이 19세기 이 지역에 전파되면서 점진적으로 영향력을 발휘하기 시작했고, 지금도 수피즘은 체첸, 다게스탄 지역에서 매우 강력한 세력을 갖고 있다.

러시아 정교

러시아 정교는 지난 1천 년간 러시아인의 영적 생활뿐만 아니라 경제와 문화 영역 등 국민적 정서에 강력한 영향력을 가진 종교이다. 기독교를 수용한 988년 이후로 비잔틴 정교로 세례를 받은 러시아 정교는 민중의 세계관이었다. 1917년 볼셰비키 혁명 때까지 러시아 국민에게 가장 중요한 종교적 정체성을 심어 주었고, 국민에 있어 정신적 세계의 가장 핵심적인 문화 요소였다. 러시아의 중앙 집권적 통치와 민족 통합성에 정교가 끼친 영향은 절대적이었다.

러시아 정교는 처음부터 전통적인 민간 신앙의 기반에서 수용되었다. 기독교가 러시아에 전래된 러시아 정교는 이중 신앙의 특징을 보여 주었다. 러시아 역사의 기원인 '키예프 루시'는 민중의 자발적 의지로써 러시아 정교를 수용하지 않았다. 위로부터의 선택이라는 방식으로 정교를 수용했다.

14세기와 15세기에 러시아의 중세 국가인 모스크바 국은 몽골을 격퇴하고 유라시아의 강력한 국가적 세력으로 출현했다. 이때 러시아 정교는 모스크바 국의 문화 정체성으로 기능했고, 모스크바 국이 로마노프 왕조로 발전하는 과정에서 정교는 슬라브인의 핵심적인 종교 및 문화적 요소였다. 러시아는 러시아 정교를 통해 중앙 집권적 성격을 강화했다. 러시아 정교는 모스크바 국 시기부터 정부의 중앙 집권 강화를 위한 이데올로기로써 활용됐다.

1991년 소비에트의 붕괴와 러시아 연방의 출범으로 러시아 사회는 급변했으며, 시장 체제와 민주주의 체제 이행기에 러시아 정교회는 매우 복잡한 정치적 과정을 경험하고 있다. 그러나 러시아 정교회는 여전히 국가 세력을 지원해 주는 역할을 하고 있으며, 이런 점에서 매우 보수적인 입장으로 러시아 정부의 권력 강화에 핵심적 역할을 하고 있다. 그러나 소련 시기에 탄압을 받은 러시아 정교가 비로소 종교로서의 기능을 가지게 된 것 역시 1991년 소비에트 해체 이후 러시아 연방이 출범하면서 가능했다.

그렇다면 러시아 정교의 핵심 이데올로기는 무엇인가?

첫째, 교리의 핵심 가치는 보편주의에 있다. 러시아 정교에 사회적 평등이 있다는 것이며, 공동체 의식은 단일하다는 입장이다.

둘째, 러시아 정교는 가족주의를 강조한다. 즉 원래 집단성과 공동체성을 가지고 있는데, 개인적 조화가 있다는 것이다.

셋째, 러시아 정교는 조화가 매우 중요한 가치이다. 러시아 문화의 공동체성을 가진 측면이 조화 사상에서 비롯되었다.

전체적으로 러시아 정교에는 매우 복잡한 윤리적 이념이 있지만, 무엇보다도 현세 지향적이며 민족주의적 특성이 있다. 그리고 평등한 공동체를 지향한다. 즉 러시아 정교의 공동체성은 핵심적인 도덕적 가치를 지닌다. 인민성, 집단성, 전체주의적 특성을 보유하고 있는 것이다.

4
스페인

윤용수 부산외국어대학교 지중해지역원

마드리드

■ 국가 개황

· 국명: 에스파냐 왕국(Kingdom of Spain)

· 국가 체제: 입헌 군주제

· 언어: 스페인어

· 인구: 46,397,452명(유엔, 2018)

· 종교 분포: 가톨릭 76%, 이슬람교 4%, 기타

■

스페인이 위치한 이베리아반도는 지리적으로 세로는 지중해와 대서양의 지리적 경계이고, 가로는 유럽 대륙과 아프리카 대륙의 접점이다. 유럽과 아프리카를 나누고 있는 지브롤터 해협(헤라클레스의 기둥)은 폭이 좁은 곳이 14km에 불과해 유럽 대륙의 최남단인 타리파 항구에서 아프리카 탕헤르 항구가 육안으로 보일 정도다. 따라서 이베리아반도는 유럽이 아프리카에 진출하는 데 또는 아프리카가 유럽에 진출하는 데 반드시 통과해야 하는 길목인 동시에 양자의 문화를 연결하고 소통시키는 문화적 완충 지대이기도 하다.

약 40만 년 전 북아프리카에서 건너온 이주민(이베로족)과 북유럽에서 남하한 이주민(켈트족)이 처음 정착한 뒤 이베리아반도는 페니키아, 그리스, 카르타고, 로마, 서고트, 이슬람 세력 등의 지배를 받았기 때문에 기본적으로 혼종 문화의 특징을 가질 수밖에 없다.

특히 8세기에 아랍 이슬람 세력이 영토 확장과 대정복 활동을 하면서 아프리카 대륙을 벗어나 첫발을 내디딘 지역이다. 이는 이베리아반도가 이슬람의 유럽 진출과 확산을 위한 전초 기지이자 교두보였음을 의미한다.

711년부터 1491년까지 중세 약 800년 동안 이슬람 세력이 이베리아반도를 지배하면서 이 지역의 문화 정체성 형성에 결정적인 영향을 끼쳤다. 이슬람의 지배를 겪고 난 후 정치, 종교적으로는 다시 유럽인의 품으로 돌아갔지만, 당시 침투한 이슬람의 학문적, 문화적 영향력에서 자유로울 수는 없었기 때문이다.

chapter 1

아랍 무슬림의 이베리아반도 지배

이베리아반도 진출

아랍 무슬림의 이베리아반도 진출은 아라비아 반도 메카에서 시작된 이슬람 대정복 활동의 연장선상에 있다. 비옥하고 넓은 이베리아반도는 아랍 무슬림을 유혹하기에 충분했다. 더구나 서고트 왕국의 정치적 분열과 혼란은 아랍 무슬림의 이베리아반도 진출을 한결 용이하게 했다.

710년, 서고트 왕 위티자가 죽자, 왕위 계승을 둘러싸고 반도 북쪽 지역을 차지하고 있던 그의 아들 아길라 2세와 남쪽 지역을 장악하고 있던 로데리크 경 사이에 전쟁이 일어났다. 갈등 끝에 로데리크 경이 왕에 즉위하자, 이에 불만을 품은 아길라 2세와 그 추종 세력이 반란을 일으켰다. 이들은 당시 북아프리카 이슬람 총독이었던 무사 빈 누사이르에게 지원을 요청했고, 이 요청에 따라 무사는 타리크 이븐 지야드를 사령관으로 한 베르베르인과 아랍인의 혼성 군대를 이베리아반도에 파견했다.

지브롤터 해협을 건너 이베리아반도에 상륙한 아랍 이슬람 군대는 당시 이베리아반도를 지배하던 서고트 왕국으로부터 별다른 저항도 받지 않고 마치 정해진 코스를 따라가듯이 이베리아반도 내부로 진입했다.

왕위 계승 과정에서 심각한 도전에 직면했던 로데리크 왕은 왕국을 완전히 장악하지 못하고 있었기 때문에 체계적인 방어가 힘들었다. 또한 연대기 자료에 의하면, 아프리카 세우타 총독이었던 훌리안 경의 딸이 톨레도에서 로데리크에게 능욕을 당했고, 이에 격분한 훌리안 경이 가문의 명예를 지키고 딸의 복수를 위해 아랍 이슬람 정복군의 이베리아반도 진출을 지원했다는 기록도 있다.

이베리아반도에 살던 이베로 로마인은 서고트 왕국의 과두적인 지배를 견디기 힘들어했다. 왕위 계승 때마다 반복되는 유혈 투쟁은 백성의 삶을 고달프게 했기 때문에 서고트인은 왕국의 붕괴를 환영한 측면도 있었다. 세우타 총독이었던 훌리안 경의 경우처럼 서고트인은 단지 아랍인의 진격을 돕는 것에 그친 것이 아니라 실질적인 지원을 한 경우도 있었다.

아랍 이슬람 군대가 지브롤터 해협을 건넌 것은 711년이고, 그들은 '위대한 길'이라 명명한 북진로를 따라 승승장구하며 전진을 계속했다. 타리크 이븐 지야드의 지휘하에 약 1만 2천 명으로 구성된 아랍 이슬람 정복군은 스페인에 상륙한 다음 해인 712년에 로데리크 왕을 과달레테에서 격퇴한 이후 별다른 저항 없이 피레네산맥까지 도달했다.

711년 이베리아반도 정복을 시작한 이후 프랑크 왕인 카를 마르텔과 벌인 투르 푸아티에 전투에서 패해 이베리아반도 정복 사업이 중단된 732년까지 불과 21년 만에 아랍 무슬림 군대는 이베리아반도 거의 전체를 실질적으로 점령한 것이다.

안달루시아 왕국

750년 다마스쿠스를 수도로 한 아랍 이슬람 왕국인 우마이야조의 패망은 지중해 건너편에 위치한 이베리아반도의 상황을 급격하게 변화시켰다. 압바스 가문에게 패망한 우마이야조의 후손은 정치적 탄압을 피해 이베리아반도로 이주했고, 이베리아반도는 그들에게 우마이야 왕조를 재건할 수 있는 토대를 제공했다.

아브드 알라흐만 1세(재위 756~788)는 755년 이베리아반도에 상륙해 756년 코르도바를 수도로 한 후기 우마이야조(안달루시아 왕조)를 세웠다. 아브드 알라흐만 2세(재위 822~852)는 왕조의 경제적, 문화적 번영의 기초를 세웠다. 스스로를 칼리파라 칭한 아브드 알라흐만 3세(재위 929~961) 치세는 안달루시아 왕조의 전성기였다.

아브드 알라흐만 1세부터 3세까지 그들 치하의 코르도바는 당시 유럽에서 가장 선진 문명을 자랑하는 도시로 발전했다. 50여 개에 달했던 도서관은 이베리아반도를 제외한 전 유럽이 갖고 있던 장서와 필사본보다 더 많은 자료를 소장하고 있었다. 유럽 지식인과 학생들이 선진 문물과 학문을 공부하고자 코르도바로 모여들었다. 이는 당시 코르도바가 이베리아반도는 물론, 지중해 전 지역에서 가장 발달된 도시 중 하나였음을 의미한다.

코르도바에서 문화와 학문의 발전을 주도했던 아랍 무슬림은 중세 유럽의 암흑으로부터 이베리아반도를 보호했을 뿐만 아니라 유럽의 암흑을 일깨우는 문명의 등불 역할을 했다. 유럽의 수많은 학자와 학생들이 코르도바를 찾았고, 고전 시대 학문과 철학이 아랍어와 라틴어로 번역됐다.

그러나 아브드 알라흐만 3세 이후 코르도바 안달루시아 왕국은 급격히 쇠퇴했다. 코르도바의 마지막 왕인 히샴 3세(재위 1026~1031) 사망 이후 왕국은 북아프리카 베르베르인의 침입 등 외세의 침략에 시달렸고, 중앙 통제력도 약화돼 주요 도시마다 군주들이 난립하는 소왕국으로 분열됐다.

세비야, 톨레도, 사라고사 등 이베리아반도 주요 도시를 중심으로 생겨난 소왕국들은 상호 갈등과 대립 관계였으며, 실익이 없는 소모전을 치르는 사이 이슬람 세력의 주도권은 점차 약화되었다. 이슬람 세력의 이러한 정치적 분열은 북쪽 가톨릭 세력들에게 국토 회복 운동(reconquista, 레콩키스타)의 빌미를 제공했다.

1085년, 톨레도를 가톨릭 세력에게 점령당한 소왕국 왕들은 전세 역전을 위해 북부 아프리카의 무라비툰조에 지원을 요청했다. 소왕국의 요청에 따라 이베리아반도에 진입한 무라비툰조는 알리 이븐 유수프의 지휘로 가톨릭 세력의 남하는 저지했으나, 동시에 소왕국들을 제압하며 이베리아반도의 새로운 주인으로 등장했다. 그러나 안달루시아의 이슬람 세력은 1212년 라스 나바스 데 톨로사 전투에서 가톨릭 세력에 패함으로써 이베리아반도에서 급격하게 약화됐고, 발렌시아(1238), 무르시아(1243), 세비야(1248)가 가톨릭 세력에게 점령됐다.

이런 와중에 그라나다를 거점으로 무함마드 1세(재위 1231~1272)가 건국한 나스르 왕조가 이슬람 왕조의 명맥을 이어 갔으나, 이마저도 1492년 카스티야의 이사벨 여왕(재위 1474~1504)과 페르난도 2세(재위 1479~1516)에게 점령되면서 이베리아반도에서 이슬람 세력은 완전히 축출되었다.

chapter 2

이베리아반도의 이슬람 문화

이슬람 세력이 점령한 기간에 이베리아반도는 이슬람, 기독교, 유대교가 공존하는 다원주의 사회였으며, 유일신을 숭상하는 세 종교는 상호 견제와 균형을 유지하고 있었다.

이베리아반도의 이슬람 왕국은 성서의 백성인 유대인과 기독교도에게 이슬람을 강요하지 않았으며 경제적인 실익만을 취했다. 아랍 무슬림은 다른 정복지에서처럼 이베리아반도 토착민에게도 종교의 자유를 허용했기 때문에 기독교와 유대교도는 자신의 종교를 유지할 수 있었다.

사회 구조

'물라디(Muladi)'라고 불리는 이슬람으로 개종한 이베리아반도 원주민은 자유민 신분으로 조세 경감의 혜택을 받았고, '모사라베(Mozarab, 무어인 치하의 기독교인)'라 부른 개종하지 않은 이베리아반도 토착민은 일정한 세금을 부담하면 종교적 자유와 일정 수준의 자치권도 허용받았다. 기존 유대인 역시 별다른 탄압과 불이익을 받지는 않았다.

이베리아반도를 점령한 아랍 무슬림의 통치 방식은 다른 지역을 통치하던 방식과 크게 다르지 않았던 것 같다. 아랍 무슬림 특유의 공동체 의식과 외래문화 수용에 개방적인 방식이 이베리아반도에도 적용된 것이다. 특히 이베리아반도를 점령한 아랍 무슬림 남자들은 현지 서고트족 여자와 결혼해 현지화와 문화 교류를 빠른 속도로 진행했다.

아랍 무슬림은 점령군으로서 사회 최상층을 형성하고 토지를 소유한 귀족 계층이 되었다. 이들은 이베리아반도에 새로 건설된 도시에 주로 거주하며 최상위 계층으로서의 권력과 부를 누렸다. 시리아인은 이베리아반도에 아라비아반도의 농업 기술을 전수했고, 아랍 무슬림 정복군의 한 축인 아프리카 베르베르인은 북부 카스티야 지역에 정착해 목축업을 발전시켰다.

물라디는 주로 시골에 거주하던 농부나 노예가 대부분이었지만, 이들은 이슬람으로의 개종과 함께 자유민 신분이 되고 세금을 경감받았다. 모사라베 역시 과세 부담이 있었을 뿐 자신의 정체성을 유지할 수 있었다.

이런 사회 구조에서 각자의 종교적 신념과 판단에 따라 사회 계층 간 신분 이동이 어느 정도 가능했다. 때문에 사회 구성원 간 갈등을 최소화할 수 있었다.

산업

당시 선진 문화를 구가하던 아랍인의 학문, 기술, 문화 도입은 이베리아반도에 경제적, 문화적 번영을 불러와 현지인의 불만도 잠재울 수 있었다. 아랍인은 농업을 위한 관개 수리 시설과 새로운 농업 기술을 도입했다. 레몬, 감자, 사탕수수 같은 새로운 농작물도 들여왔다. 이베리아반도의 풍부한 목초지는 유목에 익숙한 아랍인에게 더없이 좋은 환경을 제공해 이베리아반도의 목축업도 한 단계 더 발전시켰다.

상업 분야에 있어서도 커다란 발전이 있었다. 지역 간 물물 교환이 활발하게 이루어졌고, 지중해를 통해 북아프리카와 동지중해 사이의 해양 무역도 활발해졌다. 화폐 경제 개념도 도입해 외국과의 교역에 금화와 같은 화폐를 주조해 사용했다.

이러한 산업의 발전은 이베리아반도에 경제적 풍요를 가져왔다. 이베리아에서 코르도바, 톨레도, 그라나다 같은 대도시는 유럽에서 가장 발달한 도시가 되었다. 당시 유럽 대부분에서 도시 인구는 3만이 넘지 않았으나, 코르도바 인구는 50만을 넘었고, 교육 기관, 병원과 이슬람 사원이 무수하게 건축되었다. 도로가 포장됐고, 야간에는 가로등이 켜졌다. 이는 다른 유럽 도시에서는 상상할 수 없는 풍경이었다.

언어

약 800년에 걸친 이슬람의 지배는 학문과 문화의 교류를 유발했다. 물라디뿐만 아니라 모사라베도 당시 선진 문화였던 이슬람 문화와 아랍어를 자연스럽게 수용했다. 그 결과 안달루시아의 문화와 언어에는 이슬람적 요소와 아랍어가 차용될 수밖에 없었다. 이러한 접촉은 국토 회복 운동으로 아랍 이슬람군이 이베리아반도에서 철수한 1492년까지 계속되었다.

당시 지중해 국가 중 가장 선진적인 문물을 향유한 아랍인의 이슬람 문화는 아랍인과 로망스인의 직접적인 접촉 과정에서 여과 없이 수용되어 안달루시아에 확산됐고, 아랍어는 로망스어를 대체해 나갔다.

9세기 안달루시아 모사라베였던 코르도바 출신 시인이자 기독교 신학자 팔루스 알바루스는 "기독교 청년들이 로망스어에 대한 지식보다 아랍

시에 더 많은 관심을 가진다."라고 개탄했다. 11세기 유명한 시인이었던 이븐 쿠즈만 같은 시인의 시에서 아랍어와 로망스어가 동시에 사용된 것을 통해서도 당시 이슬람 문화와 아랍어의 영향력을 짐작할 수 있다.

국토 회복 운동으로 이베리아반도에서 아랍인이 완전히 철수한 1492년 이후 이베리아반도의 기독교 세력은 전통 문화를 복원하려는 일종의 문예 부흥 운동을 일으켰고, 이 과정에서 대규모 번역이 이루어졌다. 톨레도를 중심으로 수학, 의학, 화학, 천문학을 비롯한 다양한 분야의 아랍어 문헌이 라틴어로 번역됐고, 라틴어에 적절한 대용어가 없는 경우 아랍어 학문과 기술 용어가 라틴어에 수용되었다. 이러한 역사적인 배경과 상황이 현대 유럽 언어 중 스페인어에 가장 많은 아랍어가 남아 있는 이유이다.

건축

스페인에서 이슬람 문화의 흔적을 가장 잘 발견할 수 있는 것은 역시 건축물이다. 약 800년 동안 지속된 이슬람 세력의 지배는 스페인 건축에 다른 유럽 지역 건축과는 구분되는 독특한 특징을 남겼다. 이슬람 예술의 특징인 기하학적 장식 무늬와 섬세한 세공술, 기독교 예술과 이슬람 예술이 혼합된 독특한 무데하르 양식은 스페인 건축 예술의 두드러진 특징이다.

코르도바의 이슬람 대사원인 메스키타는 무데하르 예술의 백미이다. 압바스 가문과의 전쟁에서 패전한 우마이야 아브드 알라흐만 1세는 이베리아반도로 피신한 후 자신의 왕조가 사도 무함마드의 정통성을 이어 간다는 자부심을 공포하고자 메스키타 건축을 추진했다. 그는 메스키타를 통해 칼리파로서의 명성을 되찾으려 했기 때문에 다마스쿠스의 이슬람을 상징하는 건축물인 우마이야 사원보다 더 웅장하고 화려한 사원을 원했다.

아브드 알라흐만 1세 때 건축이 시작된 메스키타는 후대 왕과 칼리파에 의해 증축되어 알만소르 시대인 10세기에 2만 5천 명을 동시에 수용할 수 있는 거대한 사원으로 완성됐다. 과거 로마인과 서고트인이 세웠던 교회를 헐어 세운 것이었으나 교회 주춧돌, 기둥과 말발굽의 건축 양식 등을 보존했고, 동서양 건축술이 절묘하게 조화된 이슬람 사원으로 재탄생했다.

약 300년에 걸쳐 완성된 이 사원은 기독교 세력이 코르도바를 점령한 후 페르난도 2세에 의해 성당으로 바뀌었다. 종교적 관용을 베풀지 않는 페르난도 2세였지만, 메스키타의 아름다움을 파괴할 수는 없어 개축 없이 성당으로 사용하기로 결정한 것이다. 그러나 이슬람 잔재의 청산을 끊임없이 요구한 기독교 종교 관계자들의 요청 때문에 결국 카를로스 1세는 메스키타의 개축을 허락했다. 개축이 끝난 후 메스키타를 둘러본 카를로스 1세는 "당신들은 어디에도 없는 것을 부수고, 어디에나 있는 것을 지었다."라고 개탄했다고 한다. 종교적인 아집이 인류의 위대한 문화유산을 손상시킨 결과를 가져왔지만, 개축 이후 메스키타는 한 건물에 이슬람과 기독교가 공존하는 전 세계의 유일무이한 건축물이 되었다. 붉은 줄무늬의 아랍식 아치로 장식된 850개의 기둥으로 구성된 이 사원은 규모에 있어서는 메카 대사원 다음으로 크며, 전 세계 이슬람 사원 중 가장 아름다운 사원으로 손꼽힌다.

기독교도들은 이 사원을 '코르도바의 산타 마리아 성당'으로 개명하려 했지만, 메스키타 원래의 의미를 퇴색시킨다는 세계적인 비난 때문에 원래 이름을 간직할 수 있게 되었다는 점만으로도 이 사원의 역사적, 예술적 가치를 파악할 수 있다. 이슬람 사원으로 건축되었지만 성당으로 역할이 바뀐 이 사원은 이슬람 예술과 기독교 예술이 완벽한 조화를 이루고 있는 문명 교류의 결정판이라 하겠다.

chapter 3

21세기 스페인 이슬람의 문명사적 역할

　스페인은 유럽 국가이자 기독교 문화권임에도 아랍 무슬림의 약 8세기에 걸친 지배로 이슬람 문화의 흔적이 온전히 보존되어 독특한 문화 정체성을 갖고 있다. 19세기 초 스페인을 침략했던 나폴레옹이 "피레네산맥을 넘으면 아프리카다."라고 언급한 것은 중세 시대 이슬람 문화의 지배를 받아 아랍인의 피가 섞인 스페인을 유럽 국가로 인정하지 않으려는 의도로 이해된다. 그러나 중세 이베리아반도를 무슬림이 정복하지 않고, 이슬람 문화의 혜택을 받지 못했다면 현재 스페인 문화유산의 절반 이상은 존재하지 않을 것이다. 또한 스페인은 중세 시대 발전한 이슬람의 문화와 학문을 유럽에 공급하는 매개 역할을 충실히 수행했다. 스페인의 이런 역할과 기여가 없었다면 유럽이 중세 암흑에서 벗어나는 데 더 많은 시간이 필요했을 것이다.

　2015년 스페인 인구 통계에 의하면, 전체 인구 중 약 4%인 1,900만 명이 무슬림인 것으로 조사되었다. 스페인 이슬람 공동체는 약 78만 명의 스페인 시민권자와 75만 명에 달하는 모로코 시민권자를 포함한다. 또한 소수 집단으로서 파키스탄, 방글라데시, 알제리, 세네갈, 나이지리아 등 아시아와 아프리카 출신의 무슬림 공동체가 활동하고 있다.

최근 들어 스페인에서는 이슬람에 대한 관심이 급증하고 있다. 수도 마드리드에는 5천 명을 수용할 수 있는 이슬람 문화 센터가 건설됐고, 스페인 전역에는 300개 이상의 이슬람 사원이 건축되었다. 그라나다에서는 무슬림이 학교와 신문사를 직접 운영하고 있다. 이러한 사회 분위기에 따라 가톨릭에서 이슬람교로 개종한 사람도 최근 2만 5천 명에 달하는 것으로 알려졌다.

이러한 변화는 유럽 사회에서 이슬람 사회가 테러리즘과 극단주의 단체로 이해되어 이슬람공포증(islamophobia)이란 용어가 공공연히 사용되고, 무슬림을 추방해야 한다는 한 지류의 움직임과 대조되는 현상이다.

이는 유럽 사회에서 이슬람에 대한 긍정적인 평가와 부정적인 평가가 교차되고 있다는 의미다. 유럽인은 무슬림 난민의 유입으로 인한 경제적, 사회적 혼란과 불안에 대한 불만을 갖고 있지만, 동시에 이슬람에 대한 잘못된 인식과 오해로부터 벗어나고 있다는 증거이기도 하다.

20세기 이후 유럽인은 유럽 중심적 세계관과 오리엔탈리즘에 빠져서 인류의 지난 역사를 제대로 평가, 이해하지 못했다. 이러한 인식과 세계관으로는 동서 문명의 화합이나 인류 문명의 발달에 한계가 있다는 것을 유럽인이 이제야 깨닫기 시작한 것 같다. 진정한 문명 간 화해는 문화와 인종에 대한 편견을 버리는 데서 이뤄질 수 있기 때문이다. 이런 측면에서 스페인의 이슬람은 유럽인이 인식의 오류에서 벗어날 수 있는 실증을 제공한다.

스페인의 이슬람 문화는 21세기 유럽과 아프리카, 지중해와 대서양, 기독교와 이슬람교를 잇는 가교 역할을 한다. 전(前) 스페인 문화 장관 루이스 알베르토 데 쿠엔카와는 "스페인 문화는 고대 그리스 로마 문화부터 게르만과 이슬람, 심지어 아메리카 인디언 문화까지 수용해 조화롭게 발전시켰다는 데 특징이 있다."라고 말했다. 이는 문명과 종교의 가교로서 스페인의 역할을 확인한 것이다.

스페인은 비잔틴 문화와 중세 아랍 예술을 기독교적 풍토에서 가장 아름답게 형상화했다. 따라서 스페인 이슬람 문화는 아랍권에서 전해지긴 했지만 스페인 문화의 정체성을 형성하는 가장 중요한 요소라고 할 수 있다. 또한 혼종 문화의 특징을 갖고 있는 스페인 문화는 동서 문명 교류와 화합의 매개로써 중요한 문명사적 의미와 기능을 하고 있다.

5
아제르바이잔

오종진 한국외국어대학교 터키·아제르바이잔학과

■ 국가 개황

· 국명: 아제르바이잔 공화국(Republic of Azerbaijan)

· 국가 체제: 공화제

· 언어: 아제리(공용어)

· 인구: 9,923,914(유엔, 2018)

· 종교 분포: 이슬람교 93.4%(쉬아 85%, 순니 15%), 러시아 정교 2.5%, 아르메
니아 정교 2.3%, 기타 1.8%

■

카스피해 서부 연안을 끼고 북으로는 러시아와 조지아, 서쪽으로는 아르메니
아, 남으로는 이란과 국경을 접하고 있는 아제르바이잔은 총면적 8만 6,600km^2
로, 한반도의 약 40%에 이르는 국가이다. 역사적으로 실크로드 서단 오아시스
로와 초원로를 남북으로 잇는 요지에 위치해 전략적 요충지로서 항상 외부 세
력의 침입과 개입이 많았던 지역이다.

아제르바이잔 인민 공화국은 아제르바이잔 지식인과 오스만 제국의 청년 터키계 지식인의 영향으로 설립된 이슬람 지역의 최초 공화국이다. 아제르바이잔 지식인은 볼셰비키의 견제를 피하려고 이들의 본거지인 바쿠에서 떨어진 겐제에서 아제르바이잔 인민 민주 공화국을 선포했다. 1918년 5월 28일에 건립된 아제르바이잔 공화국은 이슬람 세계 최초로 민주적이며 세속적인 국가가 되었다. 이는 1923년에 수립된 터키 공화국보다도 5년이나 앞선 것으로, 당시 전통적이며 전근대적인 국가 체제를 갖춘 다른 이슬람 국가에 비해 매우 진보적이며 혁신적인 행보였다.

아제르바이잔 공화국이 이슬람 세계 최초의 근대적 민주 국가를 건설했음에도 3년 후 소비에트에 병합되어 소연방의 구성 공화국이 됨으로써 역사적인 의의를 제대로 평가받지 못하고 있다. 실례로 이슬람 세계에서 가장 먼저 여성에게 참정권과 정치적 권리를 부여한 국가가 아제르바이잔 공화국이다. 반면 1923년에 설립된 터키 공화국은 지속적으로 발전해 오늘날 가장 현대적이며 발전된 이슬람 국가로 평가받는다.

현재 아제르바이잔 공화국은 1991년의 독립을 구소련으로부터의 재독립이라 규정하고 국가 건국의 전통성과 출발점을 1918년 아제르바이잔 인민 민주 공화국으로 본다. 따라서 아제르바이잔 공화국은 여느 국가와는 다르게 5월에 국가 건국일(5.28)과 10월(10.18)에 독립일을 제정해 국가 설립을 기념하고 있다. 아제르바이잔인은 이슬람 세계에서 최초로 민주적인 공화국을 설립하고 개혁적인 제도를 만든 것에 큰 자부심을 가지고 있다. 오늘날 아제르바이잔 공화국의 국기와 국장 등과 같은 많은 국가 상징물들과 전통은 1918년 아제르바이잔 인민 공화국으로부터 계승되었다.

chapter 1

제정 러시아와 소련 통치

제1차 러시아-페르시아 전쟁(1804~1813)으로 제정 러시아가 현재 아제르바이잔에 해당하는 지역을 점령하게 되었다. 1813년 체결된 굴리스탄 조약, 이란의 패배로 막을 내린 제2차 러시아-페르시아 전쟁(1826~1828) 및 1828년 투르크만차이 조약으로 아제르바이잔은 아라즈강을 사이에 두고 남북으로 나뉘었다. 남부는 이란, 북부는 러시아가 점령함으로써 각각 러시아화와 페르시아화가 진행됐다. 이로써 오늘날 이란에는 약 2,800만 명 정도의 아제리인이 있으며, 이들은 이란 사회의 주류 계층으로 활발하게 활동하고 있다. 이란의 아제리인은 타브리즈를 중심으로 이란 서북부 지역에 밀집되어 살고 있다. 오늘날 아제르바이잔인은 아제르바이잔 공화국을 북아제르바이잔, 이란 서북부 지역을 남아제르바이잔이라 부르며, 아제르바이잔을 분단된 국가로 인식한다.

1918년 5월 28일, 제1차 세계대전이 막을 내리고 제정 러시아가 붕괴하자 아제르바이잔은 독립을 선언하며 이슬람 국가 최초로 민주 공화국을 수립했다. 하지만 1920년 4월 러시아 볼셰비키군의 침공으로 소비에트 정권이 탄생하며 러시아에 편입되었다.

1921년부터 1991년까지 70여 년간 이어진 소련 통치 기간에 소련은 이슬람의 영향력을 약화시키고 종교 조직을 와해하고자 했다. 특히 1930년 스탈린 시대에는 이슬람을 억압하려는 움직임이 많았다. 소비에트 공산혁명 전 2천여 개에 달했던 이슬람 사원은 대부분 폐쇄되거나 파괴됐고, 종교 의식이 공식적으로 금지됐다. 당시 17개 정도의 모스크만이 남았으며, 공식적으로 금지된 이슬람 사원 대신 지하 기도원 등에서 종교 활동이 이어졌다. 스탈린은 지식인층, 종교 지도자, 범이슬람주의, 범터키주의를 주장하는 혁명 운동 세력을 숙청하는 등 대대적인 억압 정책도 시행했다.

이슬람 역사

이슬람의 유입과 확산

고대 아제르바이잔에서는 조로아스터교가 널리 숭배됐다. 4세기경 북부 지역에 초기 고대 기독교가 전파되어 확산되기도 했다. 그러나 7세기에 아랍 칼리파에게 정복당하면서 이슬람교가 지역의 주 종교로 주도권을 잡았다.

16세기, 사파비 왕조를 건설한 샤 이스마일 1세는 국교를 쉬아 이슬람으로 받아들이고 오늘날 아제르바이잔, 이란, 아르메니아 지역 일부, 아프가니스탄 및 이라크 지역을 통치했다. 사파비 왕조가 멸망하자 아제르바이잔 지역은 수십 개의 한국으로 분열됐고, 러시아가 이 지역의 새로운 패권국으로 등장했다.

오늘날의 이슬람

아제르바이잔은 세속주의를 표방하는 국가로, 아제르바이잔 내에 가톨릭, 유대교, 개신교 등 다양한 신앙 공동체가 존재한다. 그러나 유구한 이슬람 전통 및 역사로 인구 대다수인 93.4%가 이슬람 신자이며, 기독교 인구는 약 5% 수준을 유지하고 있다.*

아제르바이잔 이슬람교도 중 85%는 쉬아파, 15%는 순니파이며, 이란에 이어 세계에서 두 번째로 높은 쉬아파 인구 비율을 지닌다. 쉬아파 인구는 바쿠를 거점으로 분포되어 있으며, 다게스탄 공화국과 인접한 북부 지역은 순니파 인구가 높은 편이다. 하지만 종파보다는 민족주의가 우선시되어 갈등이 적고, 모스크가 두 종파에 같이 개방되는 등 종파 간 관용이 보편화되어 있다. 따라서 아제르바이잔에서 이슬람 종파 간 분규나 내전이 일어날 확률은 매우 낮다. 강한 아제르바이잔 민족주의가 두 이슬람 종파 간 다름을 상당히 상쇄시키는 것이다.

인구 대다수가 이슬람 신자지만, 대외적으로 밝히는 것과 달리 실제 종교 활동을 하는 사람의 비율은 낮다. 이슬람 정체성은 종교 그 자체보다 문화나 민족에 기반을 두고 있는 경우가 많기 때문이다. 아제르바이잔 이슬람 신자들은 자유로운 신앙생활을 하는 편이다. 여성들은 히잡을 착용하지 않는 비율이 높으며, 음주에 관해서도 개방적이다. 이처럼 세속주의적 성향이 두드러지는 데는 70여 년 동안의 소비에트화가 큰 역할을 했다.

하지만 독립 후 젊은 세대를 중심으로 민족주의화가 진행되면서 정체성 찾기 일환으로 이슬람화가 급격히 진행되고 있는 실정이다. 음주의 경우

---

* 아제르바이잔에는 다양한 기독교 종파가 존재한다. 동방 정교로는 러시아 정교회, 아르메니아 정교회, 조지아 정교회가 있다. 일부 개신교도 활동하고 있으며, 루터파 교회, 침례회 등이 진출해 있다.

도 40대 이후 소비는 큰 반면, 20대와 30대 초반 세대에서는 금주하는 비율이 상당히 높다. 따라서 아제르바이잔에서는 젊은 세대보다는 기성세대에서 세속주의적 성향이 더 강한 특이한 현상을 보인다. 아제르바이잔 민족 정체성이 강화되면서 젊은 세대를 중심으로 이슬람 정체성도 함께 성장하고 있다.

공화국 출범과 이슬람의 부흥

레오니트 브레즈네프 통치 기간 이후 종교 정책이 대폭 완화됐다. 특히 1980년대 이후 이슬람 부흥의 징조가 나타나기 시작했다. 미하일 고르바초프 시기에는 많은 이슬람 사원이 복원되거나 새롭게 건설되기 시작했다. 1988~1989년 사이 60여 개의 모스크가 문을 열었으며, 1991년 소련 붕괴 이후 본격적으로 이슬람의 부흥이 시작됐다.

1991년 10월 18일 아제르바이잔 공화국이 탄생하며 마지막 소비에트 지도자로 아제르바이잔을 통치했던 아야즈 무탈리보프가 초대 대통령으로 취임했다. 하지만 정국 불안으로 무탈리보프는 1년 만에 사임하며 아빌파즈 엘치베이를 수반으로 하는 인민전선 정부가 1992년에 출범했다. 이는 구소련 중앙아시아 지역에서 일어난 최초의 시민 봉기였으며, 이 결과 아제르바이잔에서는 구소련 지역 처음으로 민주 시민 정부가 들어섰다.

아제르바이잔 정부는 사회주의를 대체할 이데올로기를 모색하기 시작했으며, 엘치베이는 범튀르크주의를 주장하며 반러시아, 친터키 노선을 추구했다. 이와 동시에 자유주의 원칙에 입각해 종교의 자유, 특히 해외 이슬람 단체의 선교 제약을 크게 완화했다. 바쿠 대학교에도 쉬아파 이슬람학과가 설립됐으며, 서점에는 이란에서 수입된 종교 서적이 넘쳐 나기 시작했다. 이란, 오만, 사우디아라비아 등 주변 이슬람 국가의 원조로 1987년에 단지 18개에 불과했던 이슬람 사원은 공식적으로 등록된 것만 230여 개, 비공식적으로 건설된 것이 무려 900여 개에 달할 정도로 급증했다.

하지만 튀르크 민족주의를 내세우며 전면 개혁을 추진했던 엘치베이의 정치적 비전은 소비에트 출신 정치인을 긴장하게 했다. 또한 대부분 이슬람의 부활이 민족주의 고취와 전통 수립 과정에 필수적인 데는 동의했지만, 종교와 정치가 분리된 세속주의 원칙이 더욱 큰 지지를 얻으며 엘치베이를 견제하는 세력이 부상했다. 결국 옛 소련 시절 군 장교였던 수랏 후세이노프의 쿠데타로 엘치베이는 실각했고, 이슬람의 부흥도 끝났다.

세속주의 원칙 강화

엘치베이가 물러선 후 소비에트 시절 오랜 기간 아제르바이잔 서기장을 역임했던 헤이다르 알리예프가 1993년 대통령으로 정계에 복귀했다. 그는 소비에트 출신 정치인을 대폭 중용하며 종교 정책을 부정하고 해외 선교 단체의 활동을 제약하는 등 소련 시절 종교 정책과 유사한 정책을 시행했다. 또한 풍부한 석유 가스 자원을 기반으로 서구의 지원과 투자를 받는 경제 개혁을 추진하며 친서방, 자유주의 정책에 초점을 맞췄다.

더불어 1995년 11월 12일 국민 투표로 승인된 헌법에는 아제르바이잔이 민주주의와 세속주의를 표방하는 공화국임을 명시해 세속주의 원칙을 더욱 강화했다. 헌법 제정 이후 아제르바이잔 공립 학교에서는 종교 교육이 이루어지지 않았고 이슬람 사원의 정부 등록이 필수화되었다. 나아가 상점에서 판매할 수 있는 종교 서적들이 엄격히 통제되기 시작했다.

헤이다르 알리예프 대통령이 건강 문제로 물러나자 장남 일함 알리예프가 2003년 권력을 승계했다. 일함 알리예프는 선거를 통해 집권했지만 부정 선거 시비, 독자적 지지 기반 취약 등으로 집권 초기 대규모 시위가 빈발하며 정국 불안이 이어졌다. 하지만 정국을 빠르게 안정시키고 정치적 기반을 강화하려고 소비에트 출신 정치인을 대거 축출하고 신진 엘리트 세력을 구축했다. 또한 정치적 반대 세력에 대한 통제를 강화하며 정권 안정화를 도모했다. 일함 알리예프는 독립 이후 터키, 유럽, 북미 등 해외에서 고등 교육을 받은 젊은 세대들을 대거 신진 엘리트로 중용하면서 아제르바이잔 정치, 사회에서 대폭적인 세대교체를 단행했다. 현재 아제르바이잔 정치, 경제, 사회 분야 주요 엘리트 상당수가 20대 후반 및 30대이다.

정치 이슬람과 이슬람 급진주의의 부상

부정 선거 의혹 이후 민주주의의 후퇴, 석유 수출로 발생한 부의 불공정한 분배, 부패 및 사회 양극화 문제는 이슬람 세력의 성장을 야기하는 원인이 되고 있다. 국민의 불만이 고조되고 강력한 야당의 부재로 아제르바이잔 이슬람당, 회개(Tawbah)와 형제(Gardashlyk) 등과 같은 이슬람 공동체, 미덕(Fazilyat)당, 헤즈볼라 등 다양한 쉬아파 이슬람 정당 및 조직이 생겨났다.

사회 문제와 더불어 서구에 대한 환멸도 이슬람 극단주의 성장에 영향을 미치고 있다. 나고르노카라바흐 분쟁에 대한 미국과 서구의 미온적인 태도에 실망한 일부 아제르바이잔인은 이슬람 급진주의를 지지하기 시작했다. 특히 이란, 사우디아라비아, 북캅카스, 터키 등의 이슬람 운동은 아제르바이잔의 이슬람 급진주의 부상에 큰 영향을 주었다. 이슬람 급진주의 운동은 지역에 따라 상이하게 나타나며, 이란은 아제르바이잔 남부에서 쉬아파 급진주의 세력이 확산되는 것에, 다게스탄과 체첸은 아제르바이잔 북부에서 순니 급진주의 세력이 확산되는 데 영향을 주고 있다.

이러한 활동을 억제하고자 일함 알리예프 시기에는 종교에 대한 제약이 한층 더 강화됐으며, 2009년에는 새로운 종교 법안이 통과되었다. 정부는 아제르바이잔 이슬람당을 비롯한 여러 비공식 이슬람 조직의 등록을 거부하며 조직 해산 등의 압박을 가하고 있다. 아제르바이잔 정부는 급진주의 세력을 와해시키려고 해외에서 종교 교육을 받은 이들이 아제르바이잔 내에서 종교 의식을 거행하거나 모스크에서 설교하는 것을 금지했다. 또한 이들이 국가의 중요한 직위나 사회적 역할을 맡는 것도 금지하고, 해외 무장 단체에 합류한 국민의 시민권을 박탈하는 법을 통과시키는 등 강력한 이슬람 통제 정책을 실시하고 있다.

이처럼 아제르바이잔 정부는 이슬람 극단주의자에게 강경 조치를 취하고 있지만, 이슬람 세력이 주도하는 소규모 반정부 소요 사태가 간헐적으로 발생하기도 한다. 아제르바이잔 국민 대부분과 정치인들은 세속적 가치를 중요시하지만 이슬람의 위협이 잠재하는 것 또한 분명한 사실이다. 하지만 많은 현지 전문가들은 반정부 시위가 현 정권에 대한 위협으로 작용할 가능성은 낮다고 분석하고 있다. 그러나 만연한 부정부패는 장기적으로 정국 불안 요소가 될 수 있다고 평가하고 있다. 또한 최근 석유 및 가스 생산량이 줄어듦에 따라 오일 머니 유입이 감소되어 향후 국민 생활 수준 개선이 더디어질 전망을 보이고 있어 중장기적으로는 불안 요소가 어느 정도 남아 있다.

chapter 3

아제르바이잔 문화

주요 인물

소련 붕괴 후 아제르바이잔 공화국 설립 및 발전에 영향을 미친 주요 인물들은 다음과 같다.

아빌파즈 엘치베이

아제르바이잔 제2대 대통령. 1992년 6월 집권해 탈독립국가연합(CIS) 및 친터키주의를 표방했다. 그러나 계속되는 내전으로 정세 혼란이 가중되며 국내외 정책이 실패로 돌아갔다. 엘치베이의 집권은 구소련권에서 시민의 힘으로 새롭게 정권을 창출했다는 의미가 있지만, 아르메니아와의 전쟁으로 여러 난제가 그를 괴롭혔고 결국 실패한 정부가 되었다.

아제르바이잔의 이슬람은 이 시기에 짧은 부흥기를 맞이했으며, 이슬람 사원의 수가 증가하기도 했다. 그의 임기는 짧았지만 이 시기에 아제르바이잔 민족주의와 범튀르크주의, 터키주의가 급속히 발전했다.

엘치베이의 급진적인 정치적 비전은 소비에트 출신 정치인들을 긴장하게 하는 한편, 불안정한 정세가 지속되면서 아르메니아와의 군사 충돌이 영토 상실로 이어졌다. 이에 불만을 가진 소비에트군 출신 수랏 후세이노프 대령은 1993년 10월 군부 쿠데타를 지휘하며 엘치베이의 사임과 퇴각을 요구했다. 실각 후 엘치베이는 1997년 헤이다르 알리예프 집권기에 야당 지도자로 잠시 정계에 복귀했지만, 2000년에 전립선암을 판정받고 앙카라에서 사망했다. 그의 유해는 헤이다르 알리예프에 의해 바쿠로 옮겨져 국장으로 안치되었다.

헤이다르 알리예프

군부 쿠데타로 엘치베이가 퇴임한 뒤 10년간 헤이다르 알리예프 대통령 시대가 열렸다. 헤이다르 알리예프 대통령은 나고르노카라바흐 전쟁에서 패하며 피폐해진 경제를 재건하고자 친서방 정책과 자유주의 경제 노선을 채택했다. 이와 더불어 아르메니아 침공으로 인한 정세 불안을 극복하고자 노력했으며, 종교적으로는 세속주의 원칙을 강화하며 아제르바이잔인의 민족의식과 독립성을 일깨웠다. 이에 경제와 정국 혼란을 안정화시키며 독립 국가로서의 지위와 발전 기반을 마련했다고 평가된다.

헤이다르 알리예프는 오랜 기간 소비에트 관료 및 정치인으로 지냈지만, 소비에트 시기나 독립 이후 온건 민족주의자로서 아제리 민족의식과 다양한 아제리 문화 부흥에 큰 역할을 했기 때문에 오늘날 국민으로부터 국부로 추앙받고 있다.

일함 알리예프

2003년 헤이다르 알리예프 대통령이 자리에서 물러나고 장남 일함 알리예프가 정권을 승계했다. 일함 알리예프는 아버지인 헤이다르 알리예프 전 대통령의 친서방, 자유주의 시장 경제 등의 정책을 그대로 계승했다. 시장 개방 정책을 추구하고 많은 서구 자본을 유치하며 경제 성장을 이룩했지만, 집권 초기 권력 기반의 취약성으로 정치적 위기가 있었다. 하지만 지속적인 경제 성장과 산업 발전을 기반으로 지지 기반을 확대하고 야당 및 이슬람 급진주의에 대한 통제를 강화하며 정권 안정화를 도모하고 있다.

주요 도시

아제르바이잔은 동쪽으로는 카스피해, 북쪽으로는 다게스탄 공화국, 서쪽으로는 조지아와 아르메니아, 남쪽으로는 이란과 접경한다. 아제르바이잔 공화국은 '라이온'이라 불리는 행정 구역으로 분리되며, 59개의 라이온, 11개 시와 나히체반 자치 공화국으로 구성되어 있다. 도시는 남북에 따라 민족 구성, 종교 등 차이를 보이며, 주요 도시로는 바쿠, 겐제, 숨가이트 등이 있다.

바쿠

아제르바이잔의 수도로, 카스피해 최대의 항구 도시이다. 바람이 많이 부는 지역으로 바쿠라는 지명도 페르시아어로 바트쿠베, 즉 '바람이 강하게 부는 곳'이라는 뜻이다. '바람의 도시'라는 애칭을 가진 바쿠는 11개 라이온과 48개 마을로 분할되어 있다. 2015년 기준 거주 인구는 약 214만 명에 달하는데, 이는 아제르바이잔 전체 인구의 약 25%에 해당한다. 유동 인구를 감안하면 전체 인구의 약 30% 정도가 바쿠에 집중되어 있다.

바쿠는 아제르바이잔의 경제 중심지로, 대규모 유전 지대가 위치해 제정 러시아 시기부터 급속히 공업 도시로 발전했다. 석유 가공업, 시멘트, 석유 기계 제조 등의 공업이 성하고 있으며, 철도 및 송유관의 기점이기도 하다. 19세기 초반 바쿠 유전의 상업적 개발에 성공하며 경제 호황과 함께 유럽 문화가 유입되기 시작했다. 이에 이슬람 국가 최초로 오페라, 신문, 극장 등이 생겼고, 도서관, 병원, 대학 등 근대적 사회 기반 시설이 확대되면서 아제르바이잔의 문화 중심지로 거듭났다. 바쿠는 현재 캅카스 지역의 최대 도시이자 지역 중심지이다.

겐제

아제르바이잔 제2의 도시로, 2015년 기준 총인구는 약 32만 명이다. 도시의 이름은 수차례 변경됐는데 제정 러시아 시기에는 엘리차베트폴, 소련 통치 시기에는 키로바바트으로 불렸고, 1989년 다시 겐제라는 이름으로 환원되었다.

겐제는 1918년 아제르바이잔 인민 민주 공화국 설립 당시 수도 역할을 했다. 행정적으로는 2개의 라이온으로 분할되어 있으며, 현재 아르메니아 및 나고르노카라바흐에서 이주한 아제르바이잔인이 다수 거주하고 있다. 또한 아르메니아 기독교를 포함한 다양한 종교 공동체도 찾아볼 수 있다. 겐제의 경제는 농업, 관광업 및 공업에 기반을 두고 있으며, 겐제 실크는 특히 주변국과 중동에 잘 알려져 있다.

나히체반 자치 공화국

나히체반 자치 공화국은 아르메니아 내에 위치하며 아제르바이잔 본토와 분리되어 있다. 주민의 약 99%는 아제르바이잔인이며, 아제르바이잔의 국부로 알려진 헤이다르 알리예프 대통령의 고향이기도 하다. 2011년 기준 5,500㎢에 약 41만 명이 거주하며, 7개의 라이온과 1개 시로 분할되어 있다.

1992년 아르메니아가 나히체반을 점령하며 민족 분쟁이 발발하였고, 이후 아제르바이잔이 재점령했다. 나히체반 자치 공화국은 독립적 지위를 지니고 있으나 아제르바이잔 헌법, 법률, 대통령령, 총리령을 적용받는다.

나고르노카라바흐 자치주

아제르바이잔 남서부에 위치한 자치주로, 아르메니아인이 집단 거주하는 지역이다. 전통적으로 아르메니아 지역이었으나 소비에트 시절 아제르바이잔인이 강제 이주된 이후 민족과 종교 간 대립이 지속됐다. 1989년 아르메니아인이 아르메니아 영토로의 편입을 주장하고 1991년 12월 10일 나고르노카라바흐 공화국(NKR)으로 독립을 선언하기도 했다. 반면 아제르바이잔은 나고르노카라바흐에 대한 주권을 주장하며 최근까지 양국 간 분쟁이 발생하고 있다.

음식

아제르바이잔은 풍부한 음식 문화를 지니고 있다. 비록 국가 면적은 86,600㎢로 우리나라 면적의 약 90%에 달하지만, 13개 기후대 중 9개의 기후대가 존재할 만큼 기후가 다양하다. 기온이 낮은 지역에서는 포도, 견과류, 밀, 보리 등이 생산되며, 아열대 지역에서는 석류, 감귤류의 과일이 재배된다.

아제르바이잔의 전통 음식은 터키, 이란 및 중앙아시아 음식과 유사하다. 육류 요리가 발달했으며, 카스피해 연안에 위치해 생선을 이용한 요리도 쉽게 찾아볼 수 있다. 민트, 고수, 딜, 바질, 사프란 등 다양한 허브와 향신료를 사용하는 것도 특징이다.

하지만 70년에 걸친 소비에트 지배 기간에 러시아식 음식 문화가 강요되면서 재배 작물도 이에 맞게 변화했다. 특히 러시아식 카페가 도입되며 식문화가 많이 변했다. 공장, 공공 기관, 대학교에 있는 카페에서는 굴라시, 보르시와 같은 러시아식 전통 음식들도 많이 보급되었다. 오늘날 일반 가정에서도 러시아 요리를 쉽게 찾아볼 수 있으며, 전통 요리와 함께 다채롭게 발전했다.

6

영국

김화선 조선대학교 아랍어과

런던

■ 국가 개황

· 국명: 그레이트브리튼 북아일랜드 연합 왕국(United Kingdom of Great Britain and Northern Ireland) 또는 영국 연합 왕국

· 국가 체제: 의회

· 언어: 영어

· 인구: 66,573,504명(유엔, 2018)

· 종교 분포: 기독교 59.5%, 이슬람교 4.4%, 힌두교 1.3%, 기타

■

정식 명칭은 그레이트브리튼 북아일랜드 연합 왕국이며, 영국 연합 왕국이라고도 불린다. 북대서양과 북해 사이에 위치하며, 프랑스 북서쪽에 자리 잡고 있다. 국토는 그레이트브리튼섬과 아일랜드섬의 6분의 1을 차지하는 북아일랜드, 그 주위에 분포되어 있는 몇 개의 섬과 해외령을 포함한다. 맨섬과 채널 제도는 왕실 속령으로 영국 정부의 국방 및 외교 관할을 받는다.

2011년 시행된 영국 인구 조사 결과, 종교를 가진 국민의 약 59.5%가 기독교도이고, 이슬람은 두 번째로 전체 인구의 약 4.5%를 차지하며, 힌두교가 1.3%, 그 외 시크교, 유대교, 불교, 기타 종교로 이루어져 있다. 기독교 인구가 무슬림 인구에 비해 압도적으로 많으나, 2011년 조사에 따르면 약 10만 명이 이슬람으로 개종했으며, 그중 66%가 여성이다. 2001년부터 2009년 사이 다른 종교에 비해 신자 수가 10배 이상 빠르게 증가했으며, 기독교가 고령화되고 있는데 반해 이슬람은 신자의 평균 연령이 낮다는 특징이 있다. 무슬림 증가 원인에는 이민 증가, 높은 출산율, 개종, 난민 문제 등이 있다.

　영국의 이슬람 종파로는 순니파(약 230만 명)가 다수이며, 쉬아파(약 40만 명), 아흐마디파(약 1만 명) 등이 소수를 이룬다. 영국 전체 무슬림의 3분의 2가 아시아 출신으로 대부분이 파키스탄(38%)과 방글라데시(15%)이며, 인도, 아랍, 아프리카 무슬림으로 이루어져 있다.

이주 무슬림 공동체 형성

　제2차 세계대전을 계기로 영국에서 무슬림 이민자 수가 급격히 증가했다. 전후 영국의 노동력 부족 현상은 구식민지 국가에도 알려졌고, 영국으로의 출입이 자유로웠던 신영연방 출신의 이민을 부추겼던 것이다. 영국 무슬림의 절대다수를 차지하고 있던 남아시아계 이민도 이러한 맥락에서 이루어졌다. 이와 함께 당시 인도의 정치 상황도 무슬림의 영국 이민을 증가시키는 데 일조했다. 1947년 인도와 파키스탄의 분리로 무슬림은 파키스탄으로 이주해야만 했다. 특히 인도 펀자브 지역에 거주하던 무슬림과 아삼 지역에 거주하던 벵골 출신 무슬림은 이주가 불가피한 상황에서 파키스탄보다 훨씬 더 나은 사회 경제적 환경이 제공되는 영국행 이주를 결심했다.

　이들은 영구 정착을 목적으로 온 사람들이 아니라 본국이 정치적 불안과 경제적 혼란, 사회적 갈등을 겪고 있기 때문에 단지 경제적 목적의 실현과 사회적 기회 확대를 위해 영국을 찾은 단순 노동자 또는 손님 노동자들에 불과했다. 하지만 이주민은 경제적 욕구가 충족돼도 자신의 고향으로 돌아가지 않고 경제적 여건이 더 나은 영국에 장기 이주 또는 영구 정착을 원했다. 이주 1세대의 성공과 사회적 역할은 무슬림 이주를 더욱 자극했다. 이주 1세대가 제공한 후원과 지원은 이주민이 경제적, 사회적 어려움을 극복하는 데 많은 도움을 주었으며, 가족과 친척의 연쇄 이주로 이어졌다. 연쇄 이주를 주도한 무슬림은 대부분 터키 출신의 키프로스인, 모로코인, 예멘인, 인도와 파키스탄 출신 무슬림이었다. 연쇄 이민 현상이 발생하면서 무슬림 수도 지속적으로 증가했고, 영국 내 무슬림 공동체의 규모는 점차 확대됐다. 하지만 영국 정부는 증가하는 무슬림을 수용할 사회적 준비가 부족했으며, 경제적 욕구가 충족되면 떠날 일시적 이주민으로 간주했기 때문에 특별한 관심조차 없었다.

1973년 중동 전쟁과 유가 상승 이후 상당수 유럽 국가가 경제적, 사회적, 정치적 격변을 겪었다. 이는 새로운 이주 패턴의 등장으로 이어졌다. 1973년 제4차 중동 전쟁 이후 유가 상승으로 아랍 엘리트 집단의 영국 이주가 촉진됐다. 아랍 엘리트들은 막대한 투자 자본을 가지고 있었다. 중동 전쟁으로 정치적 불안정을 경험한 시리아, 레바논, 이집트, 팔레스타인, 요르단 출신 투자자들은 더 안전하고 정치적 예측이 가능한 영국에서 투자처를 찾기 시작했다. 사우디와 걸프 지역 아랍인은 일시적이기는 했지만 영국에 좀 더 영구적인 기반을 구축했으며, 재정적으로 안전한 영국 시장에 투자하기 시작했다. 1988년 쿠웨이트 투자자들은 영국에 약 550억 파운드를 투자했고, 사우디 투자자들은 기업, 은행, 병원을 인수하고, 부동산에도 투자했다.

1990년대에는 다양한 국제 분쟁이 발생했는데, 영국은 보스니아와 코소보, 아프가니스탄, 소말리아, 이라크 등지에서 무슬림 난민들이 신청한 영국 정착을 허용할 수밖에 없었다. 영국의 이주 무슬림은 노동 이주, 가족 이주, 난민 이주 과정을 거치며, 무슬림 공동체를 형성, 발전시켰다.

현재 영국에는 270만 명이 넘는 무슬림이 있으며, 약 1,800개의 모스크가 있다. 1991년 인구 조사에 따르면 방글라데시인 중 절반 이상(53%)이 런던에 살고 있으며, 파키스탄인은 영국 전역에 걸쳐 무슬림 공동체를 형성하고 있다. 그들은 런던보다는 중서부 랭커셔, 그레이터맨체스터, 웨스트요크셔 같은 제조 공장 도시와 잉글랜드 동남부 지역, 래너크셔, 글래스고, 에든버러, 던디 같은 스코틀랜드 일부 도시에 상당한 규모의 공동체를 형성하고 있다. 터키계 키프로스인은 런던의 몇몇 자치구에 약 90%가 밀집되어 있다. 중동에서 온 무슬림은 잉글랜드 동남부, 웨스트미들랜즈와 북서부 지역에 거주하며, 이들 중 다수는 웨스트민스터 같은 부유한 런던 내부 자치구 및 켄싱턴과 첼시 자치구 등에 거주한다. 반면에 가난한 중동 출신 무슬림은 헤크니나 타워 햄릿 같은 비교적 빈곤한 자치구에서 공동체를 구성하며 살고 있다. 2001년 총조사에 따르면 영국 무슬림은 종교 집단 중 가장 낮은 사회 경제적 위치에 있다. 무슬림은 가장 높은 실업률과 가장 낮은 교육 수준, 가장 낮은 건강 상태를 보이는 종교 집단인 것으로 조사되었다.

chapter 2

영국 주류 사회와의 갈등

다문화 교육 정책의 한계

1970년대 중반까지 초기 무슬림 이민자들은 영국이 자신을 받아 준 것에 그저 감사하며, 영국 사회에 대한 불만이나 이슬람 정체성을 드러내지 않았다. 1960년대 중반부터 영국 정부가 다문화주의를 이민자 통합 원칙으로 삼으면서 무슬림은 자유롭게 신앙생활을 하고 문화적 전통을 지켜 나갈 수 있었다. 물론 무슬림 이민자는 직장, 주택, 결혼 문제 등에서 사회적 차별을 받았으나 피부색이나 출신 지역이 차별의 이유였지, 종교가 원인은 아니었다.

다문화 교육은 언어 교육과 반인종 차별 교육으로 전개됐다. 우선 언어 문제를 중심으로 살펴보면 1960년대 이후 외국어로서의 영어 교육에 대한 지원과 이주민의 모국어에 대한 교육이 이루어졌지만, 1990년대 이후 모국어 교육은 다소 사라지는 경향이 있었다.

1976년 인종 관계법이 통과된 이래로 영국에서는 이민자 자녀의 동등한 권리와 기회의 원칙을 실행하려는 정책이 이루어졌으며, 인종 평등 위원회에 의해 소수 인종이 보호되었다. 1979년 보수 정부는 교육 개혁을 시도하면서 다문화 교육을 학교 교육 과정에 편입시켰고, 교사 연수 및 교실 수업 자료를 만들거나 계획할 때도 반영됐다. 1981년에 발간된 학교 교육 과정 안내서에는 다양한 소수 민족 집단이 함께 생활하는 데 요구되는 관용과 상호 이해를 가르치는 교육이 강조되었다.

하지만 실질적으로 영국 학교와 교사들은 출신 국가와 종교 정체성을 무시하고 영국 문화를 전파하는 방법과 이민자 아동을 영국 방식으로 재사회화하기 위한 교육을 실시했다. 이런 교육 과정과 정책 속에서 영국 교육 기관들은 무슬림 부모와 교육 방식에 대해 전혀 상의하지 않았다. 무슬림 학부모들은 당국의 교육 제도가 종교적, 문화적 측면에서 부족하고 만족스럽지 못하지만 정보 부족과 언어 능력 부족, 주변 정서상 이를 수용할 수밖에 없었다.

1980년대에 들어오면서 무슬림은 교육 분야에서 종교적 정체성을 지키려는 활동을 적극적으로 벌였다. 1982년 버밍엄에서는 60여 개 무슬림 단체들이 연합해 무슬림 교섭 위원회를 결성하고, 학교 내 기도서 설치, 무슬림 학생을 위한 급식 마련, 이슬람을 가르치는 종교 수업 등을 요구했다. 이러한 무슬림의 요구는 학교에 따라 부분적으로 받아들여지기도 했지만 무슬림을 만족시킬 만큼 시행되지는 않았다.

무슬림은 영국 정부가 아무리 다문화주의를 외친다고 해도 자신들의 종교적 정체성을 영국 사회에서 대를 이어 유지하기에는 많은 어려움이 존재한다는 것을 알게 되었다. 그리고 그들의 이슬람 정체성 및 가치가 영구

적 가치와 차이가 있고, 영국 사회가 이를 절대 받아들이지 않는다는 것을
루슈디 사건을 통해 깨달았다.

종교 문화 전쟁

1990년대 이후 영국의 인종 갈등 문제가 종교 갈등 문제로 확산 전환되
는 것을 단적으로 보여 주는 사례가 바로 루슈디 사건이다.

1988년, 작가 살만 루슈디가 《악마의 시》라는 책을 출간했다. 그런데 책
내용에 분개한 이란의 정치 종교 지도자 아야톨라 호메이니가 루슈디에
게 이슬람 모독죄를 적용해 종교법령으로 처형할 것을 명령한다. 이에 따
라 루슈디 지지 성명을 발표하는 사람들과 대립하게 됐고, 이란의 과격 단
체는 루슈디 처단 현상금 150만 달러를 제시했다. 루슈디는 영국 경찰의
보호를 받으며 도피 생활을 시작했다.

이를 계기로 영국을 비롯한 유럽 각국이 이란과 교류를 단절하는 등 갈
등이 유럽 전체에 증폭되었다. 유럽 공동체는 이란에 경제적, 외교적 제재
조치를 취하고, 이슬람 국가들은 이 책에 금서 조치를 취했다. 그리고 영
국, 파키스탄, 인도 등지에서는 루슈디 탄핵 시위가 발발하는 등 세계가 시
끄러웠다. 그러는 가운데 파키스탄에서 경찰과 시위대의 충돌로 사망자가
발생했고, 인도 봄베이 시위에서는 경찰 발포로 12명이 사망하고 17명이
부상을 입는 등 대형 사건으로 번졌다. 시위는 인도 전역으로 파급돼 영국
도서관과 영미 서점에서 폭탄 테러가 발생했고, 미국 뉴욕에서는 루슈디
를 지지한 신문사가 폭발하는 등 갈등 양상은 거침없이 커졌다. 이에 런던
에서는 국제 루슈디 보호 위원회를 발족하기에 이르렀다.

사건은 진정 국면을 보이지 않았고 해를 거듭하며 전 세계로 확산됐다. 이탈리아와 일본에서는 번역자와 교수가 사망했고, 터키 번역자가 투숙한 호텔에서는 방화가 일어나 35명이 사망했다. 그 후 10여 년간 전 세계에서 사회적 물의가 끊이지 않았다. 결국 1998년 이란 대통령이 루슈디의 사형 선고를 철회하면서 루슈디 사건이 종결 국면으로 접어들었다. 하지만 이 사건을 계기로 영국과 유럽 사회에서는 무슬림의 종교적 행동이 고등 법원에서 거절되는 등 무슬림 종교 국가들과의 갈등이 첨예화됐다.

루슈디 사건은 영국의 무슬림 이민자들이 이슬람교도로 다시 태어나는 계기가 된 사건이라고 할 정도로 영국 무슬림 정체성 형성에 중요했다. 영국 사회는 이전에 볼 수 없었던 영국 무슬림 이민자의 과격한 행동과 극렬한 저항을 마주하면서 무슬림 이민자의 존재를 실감했다. 즉 이 사건은 무슬림 이민자과 영국 사회의 문화, 종교적 가치의 차이를 보여 준 '문화 전쟁'의 표상이었다.

루슈디 사건이 영국 문화 전쟁의 1막 1장을 열었다면, 런던 테러는 문화 전쟁의 새로운 장을 열고 있다. 루슈디 사건에서 영국 무슬림 이민자들은 최초로 공동체 의식을 가지고 영국의 가치에 저항했고, '표현의 자유'와 '신성 모독'이 갈등의 주를 이루었다. 그런데 런던 테러 이후 전개되는 문화 갈등의 양상은 매우 다양하다. 그동안 영국 사회에서 허용 또는 묵인해 왔던 이슬람 문화가 비판 대상이 되고 있다. 무슬림 역시 한층 더 자기 문화를 당당하게 내세우고 있어 영국 주류 사회와의 갈등은 고조되고 있다.

chapter 3

이주 무슬림 활동

모스크 종교 활동의 활성화

무슬림 이주자들은 다음과 같은 공통의 목적과 관심사를 가지고 있었다. 첫째 종교를 실천하기 적합한 최상의 여건을 구축하려고 애썼고, 둘째 종교를 미래 세대에 효과적으로 전파함으로써 이슬람의 생존과 정체성을 유지하고자 노력했다. 첫째 부류에 속한 무슬림은 예배 시설에 대한 접근성, 이슬람법의 지위, 음식, 의복, 건강 및 복지 등 종교적 사안들에 대해 실용적인 입장을 취했다. 둘째 부류에 속한 무슬림은 교육 기관이나 이슬람 조직과 영국 기관 간 교류 관계 활성화, 이를 통한 문제 해결에 집중했다.

위와 같은 요구 사항들을 충족시키고자 영국에는 다양한 무슬림 단체가 결성됐다. 처음에 이 단체들은 무슬림 공동체에 설립돼 모스크 건설과 아동을 위한 종교 교육 활성화에 관심을 기울였다. 그러나 모스크와 마드라사는 전통적으로 종교 지도자의 영역이었고, 이들은 영국의 도시 환경에 익숙하지 않았으며 잘 이해하지도 못했다. 이런 이유로 단체들은 영국 사회나 문화에 적응할 수 있도록 적절한 안내를 해 주지 못했다. 무슬림은 이슬람의 종교적, 문화적 관행을 지키는 데 이들 기관을 이용했다. 무슬림 공동체는 먼저 이슬람 종교와 문화 교육을 위해 기반 시설을 구축했다. 이들은 비이슬람 사회의 환경에 종교 시설을 설치하고, 예배 시설, 이슬람 교육 시설과 할랄 음식 제공을 위해 새로운 조직을 구축했다.

무슬림 이주자들이 늘어나면서 모스크 네트워크가 광범위하게 구축되었고, 신도들도 더욱 헌신적으로 종교 활동에 참여했다. 이는 무슬림의 종교 활동이 모스크를 중심으로 실행되었음을 의미한다. 많은 무슬림이 자신이 속한 공동체의 종교적 규범에 순응했다. 이와 함께 모스크의 역할은 더욱 강화되어 점점 종교와 사회와 정치 활동의 중심지가 되었다.

1980년대 중반, 모스크는 예배 장소, 성인과 아동에 대한 종교 교육 장소, 종교 책자 발간 센터, 도서관, 서점 등 다양한 기능을 수행했다. 모국어 및 영어로 수업을 제공하고자 자금을 확보하는 역할을 수행했으며, 여성이나 노인, 청년의 종교 활동을 위한 조직을 구성했고, 효과적인 지역 공동체 겸 문화 센터로 발전했다. 더욱이 모스크는 무슬림에게 유리한 사회적, 정치적 변화 운동을 전개했으며, 무슬림 공동체와 영국 당국을 연결하는 중개 역할을 담당하기도 했다. 또한 모스크는 압력 단체로서 영국 기관이 무슬림 관련 사안을 부당하게 처리하는 경우 그 방식에 불만을 제기했으며, 평등한 종교 권리를 요구하는 운동을 전개하기도 했다.

무슬림 사회 활동의 활성화

영국 무슬림 공동체들은 이슬람의 정체성 확립과 종교적 실천을 위해 다양한 조직을 구성했다. 이들은 기도, 금식, 종교 의례 등 종교 관련 교육 프로그램을 운영했고, 이를 제도화시켰을 뿐만 아니라 하지(순례)와 자카트(자선의 의무) 같은 실질적 종교 의무 실행을 위한 조직도 구축했다. 영국 무슬림 이주민의 정착과 안정화가 이루어지면서 종교적 정체성 확립 문제가 대두됐으며, 그 첫 번째 관심 대상은 메카 순례 여행 프로그램 수립이었다. 이를 계기로 무슬림 여행사들이 설립되었다. 또한 종교적 목적의 인도적 지원을 제공하는 무슬림 자선 단체의 수도 1980년대 중반부터 급증했다. 자카트, 사다카(헌금), 릴라(신을 위하여), 쿠르바니(이슬람법에 의한 희생 제물) 같은 기부금 제도를 통해 돈과 물질적 자원을 모금하는 이슬람 구제가 1984년 설립됐다. 또 무슬림 에이드와 무슬림 핸즈 같은 단체들이 다양한 방식(식품, 의약품, 옷 등 긴급 구호, 고아 후원, 학교 지원, 난민 지원, 치료, 무슬림 공동체 기반 시설을 위한 원조)으로 빈곤한 무슬림에게 도움을 제공하고자 설립되었다. 또한 영국 무슬림의 요구를 충족시킬 많은 사회 복지 단체들이 만들어졌으며, 이들은 다양한 사회 문제에 관심을 기울였다. 바이트 알말 알이슬라미(이슬람 구제소)도 빈곤한 학생을 위한 재정 지원, 무슬림 청년과 부모를 위한 상담, 치유, 지원, 장애인과 노숙자를 위한 지원을 제공했다.

다와(이슬람 선교) 활동에 참여하는 무슬림 단체의 수도 급격히 증가했다. 이들은 영국 사회 내 광범위한 영역에서 종교 책자, 시청각 자료, 전시회, 간담회, 강의, 워크숍, 토론회, 회의 등을 통해 이슬람에 대한 사회적 인식을 증진시켰다. 또한 멀티미디어 채널(전화, 온라인 Q&A 세션)과 소프트웨어를 통해 이슬람에 관한 정보도 점점 확산됐다.

무슬림 공동체 사회 활동은 도서관, 캠프, 여가와 훈련 센터, 국제 보급 센터 같은 출판사와 서점, 큐 뉴스(Q-News)와 무슬림 뉴스 같은 간행물을 통해 진행됐다. 라마단과 순례 기간에는 특별 프로그램도 마련되었다. 동시에 무슬림 미디어 모니터링 및 반응 같은 많은 무슬림 단체가 각종 매체의 이슬람에 대한 기술이나 묘사를 면밀히 관찰했으며, 논평과 비평을 통해 그릇된 부분을 바로잡았다.

이슬람인권위원회(IHRC) 및 무슬림변호사협회 같은 단체들은 영국 내 무슬림의 인권 운동뿐만 아니라 전 세계 무슬림의 정의 실현 운동에도 참여했다. 1997년에 설립된 IHRC는 직장 내 이슬람 증오 사건에 대해 소송을 제기했으며, 히잡을 쓰거나 수염을 기르는 것과 같이 이슬람 신념을 따랐다는 이유로 배척당하거나 투옥되는 사건을 담당하고, 그 결과를 대중들에게 전달했다.

무슬림 여성 활동의 활성화

초기 영국 이주 무슬림 여성 대부분은 가정이나 공동체 내 의사 결정 구조에서 배제됐다. 왜냐하면 전통적으로 여성의 역할과 지위는 가부장적 관점에서 결정되었기 때문이다. 이로써 무슬림 여성은 무슬림 조직 활동에 참여할 수 없었다. 무슬림 여성은 모스크 합동 예배나 모임에 참석할 의무가 없었기 때문에 모스크는 여성을 위한 시설을 마련하지 않았다. 또한 모스크 기반 활동에서도 무슬림 여성의 참여에 필요한 공간은 계획되거나 할당되지 않았다. 이로써 영국 교육 제도에서 교육을 받고, 두 언어를 사용하며, 영국 문화생활에 익숙한 젊은 무슬림 여성은 대부분 부모의 전통, 종교적 가치, 종교적 관례에 만족하며 살아야 했다.

1980년대와 1990년대에 등장한 젊은 무슬림 여성 세대는 전통적이고 폐쇄적인 여성관에 만족하지 않았다. 영국 생활을 체험한 이들은 어머니 세대와 다른 포부를 가지고 있었다. 영국 사회 내에서 고등 교육을 받았으며, 좋은 경력을 쌓을 수 있는 자유와 기회를 원했다. 이들은 가족과 공동체 내, 전통적인 종교 조직 내에서 더 이상 주변부에 머무르지 않았다.

영국청년무슬림(YMUK) 자매단체인 영국청년무슬림여성신도회(YMSS)는 1980년대 이후 무슬림 여성이 자기 관심사를 논의하는 데 촉매제 역할을 했으며, 이들이 구체적인 문제를 토의할 수 있도록 기회를 제공했다. YMSS는 여성 역할에 대해 이슬람 사고를 수용하고 조직 형태와 사교 활동에서 남녀 분리를 유지하면서, 다른 한편으로 여성이 변화하는 영국 사회에서 자신의 역할에 대한 새로운 아이디어를 찾도록 장려했다. 그 결과 서구 페미니즘 개념과 영어로 된 이슬람 자료 및 학문에 익숙했던 YMSS 여성 회원들은 구세대가 규정한 전통적 무슬림 여성의 역할을 거부할 수 있었다. YMSS는 이슬람에 의해 여성이 사회 활동을 하지 못하거나 경력을 쌓지 못하는 가부장적 상황을 거부하고 남녀평등을 주장했다.

알니사(여성)는 가족이 사회 기본 단위라는 전제를 바탕으로 활동했다. 무슬림 공동체는 가족을 돌보기 위한 지원 체계와 기반 시설을 필요로 했다. 이를 위해 알니사는 전시회, 성교육, 워크숍, 세미나를 개최해 무슬림 여성에게 권한을 부여하는 전략을 구사했다. 오늘날 알니사는 무슬림 여성에게 구체적이고 민감한 서비스를 제공하는 데 다양한 로비 활동을 전개하고 있으며, 공적 영역에서 고용 차별과 이슬람 증오에 반대하는 운동을 지속적으로 추진하고 있다.

영국 사회 무슬림 여성들은 공동체 내에서 심각한 문제에 직면해도 적극적으로 대처할 수 있는 조직이 없다는 점을 우려했다. 이를 반영해 1990년 무슬림여성헬프라인(MWH)이 설립됐다. 이 조직은 이혼, 편부모 가정, 가정 폭력, 부모 자식 갈등, 중매결혼, 성적 학대와 근친, 우울증 및 외로움 같은 문제에 적극적 관심을 표명하면서 사회 전면으로 부상했다.

1990년대 맨체스터에서 결성되어 지금은 해체된 조직으로 알마숨(순수) 재단이 있었다. 이 재단은 이슬람 세계 여러 지역에 사는 빈곤층을 위한 구호 활동, 카슈미르와 보스니아에서 발생한 인권 유린을 반대하는 시위, 보스니아와 파키스탄 국민에게 의약품, 식량, 옷, 침구 및 장난감 등을 공급하는 자선 활동을 수행했다.

1980년대와 1990년대에는 이슬람 정기 간행물이 다수 창간됐다. 젊은 무슬림 여성 이르나 칸이 1989년 창간한 〈술탄〉은 영어로 발간됐으며, 무슬림 여성의 관점에서 본 종교와 문화 관련 기사를 다뤘다. 1992년에는 젊은 무슬림 여성이 운영한 큐 뉴스가 발간됐다. 이 간행물은 고전적인 이슬람에서 벗어나 이즈티하드(이슬람법 해석 노력)를 원칙으로 무슬림 여성 문제를 바라보았다.

그러나 이와 같은 사회적 전개 과정에도 1990년대 말까지 무슬림 공동체의 의사 결정 구조와 과정에서 무슬림 여성은 여전히 조직 주변부에 머물러 있었다.

무슬림 교육의 활성화

영국 무슬림 공동체가 도덕적 가치와 사회적 행동 규범을 확산시키는 데 가장 많은 관심을 기울였던 분야는 교육이었다. 1960년대 영국에 도착한 무슬림은 자녀가 받게 될 공립 교육 제도와 내용에 큰 우려를 표명했다.

이를 해결하고자 무슬림 공동체는 두 가지 방식으로 접근했다. 첫째, 공동체 내에 종교 수업을 제공할 보충 학교를 설립했다. 둘째, 무슬림 교육에만 전념할 수 있는 단체가 조직됐다. 이 단체들은 공립 학교에 다양한 형태의 무슬림 교육 자료를 제공했으며, 이슬람 지식에 대한 다양한 정보도 제공했다. 이들 중 일부는 종교적, 세속적 분야에 다양한 자격증을 발급했으며, 국가 제도에 대한 대안으로 독자적인 무슬림 학교를 설립했다. 유수프 이슬람이 설립한 와크프 알비르 에듀케이셔널 트러스트와 영국 이슬람 와크프는 기부금을 모아 무슬림 학교에 지원했다. 무슬림 학교 중 다수는 무슬림 학교 연합에 소속되어 있었다. 또한 이맘과 울라마(이슬람학자)를 양성하는 전문 종교 훈련 기관도 설립되었다. 이들 중 상당수는 영국 대학의 학부 및 대학원 자격으로 인정받았으며, 이슬람학에 대한 자격증, 졸업장, 학위 관련 강의 및 연구 프로그램을 제공했다. 아즈하르 아카데미는 마드라사를 설립했고, 전통적인 이슬람학을 공부한 교사들을 배출했다. 1983년에 설립된 케임브리지 이슬람 아카데미는 이슬람 가치를 교육 근간으로 삼았다. 이는 1980년대 말부터 사립 무슬림 학교에 대한 수요가 꾸준히 증가했음을 의미한다. 사립 무슬림 학교는 1996년 45개, 1997년 53개, 2002년 77개로 늘어났다. 1990년대 무슬림의 정체성을 회복하려는 이슬람 부흥 운동이 전개되면서 무슬림 학교 설립 운동이 지속됐다.

1990년대 무슬림의 당면 과제는 이슬람 가치를 확립시킬 수 있는 종교 교육의 실현이었다. 무슬림은 종교 교육에 많은 관심을 기울였으며, 공립 학교에서 종교 교육의 위상을 높이고자 했다. 이는 아이들에게 종교의 의미와 중요성, 종교에 대한 존중을 심어 주기 위함이었다. 많은 무슬림 단체는 무슬림 학교가 극소수의 무슬림 학생밖에 수용하지 못한다는 사실을 인정하고 사립 무슬림 학교의 설립을 최우선 과제로 삼았다. 이런 현실적인 문제 때문에 무슬림 부모들은 자녀에 대한 자신들의 포부를 가장 잘 만족시켜 주는 학교를 찾았다. 공립 학교에서 제공하는 교육과 유사한 교육을 제공한다고 입증된 무슬림 학교의 입학생 수는 점점 늘어났다. 결국 1990년대 말부터 무슬림 학교의 운영이 본격화되면서, 이슬람의 영향력이 확대됐으며, 학부모의 참여도 제도화되기 시작했다. 초기 이주 무슬림의 정체성 확립과 유지에서 교육은 매우 중요한 역할을 차지했다.

7
이탈리아

이계연 명지대학교 아랍지역학과

■ **국가 개황**

· 국명: 이탈리아 공화국(Italian Republic)

· 국가 체제: 공화제

· 언어: 이탈리아어

· 인구: 59,290,969명(유엔, 2018)

· 종교 분포: 가톨릭 83.3%, 이슬람교 3.7%

■

이탈리아는 지중해 중앙에 위치하며, 북서부에서 남동쪽으로 약 1만 2천*km*에 걸쳐 장화 형상을 한 반도와 시칠리아섬, 사르데냐섬으로 이루어져 있다. 북부 알프스 산맥을 경계로 프랑스, 스위스, 오스트리아 등과 접해 있으며, 동부는 아드리아해, 서부는 티레니아해에 면해 있다. 이탈리아반도는 발칸반도 및 이베리아반도와 함께 남유럽을 대표하는 3대 반도 중 하나이다. 그러나 발칸반도나 이베리아반도와는 다르게 동지중해 및 서지중해 사이에 위치하므로 외부로부터 잦은 공격을 받기도 했다. 아시아와 아프리카, 북유럽 시장들을 연결하는 무역로 중앙에 위치하고 스페인과 북해를 연결하는 무역 거점의 역할을 하면서 이탈리아는 수세기 동안 유럽의 교차로였다.

자연적, 문화적 측면에서 지중해 지역 특색을 잘 간직하고 있었으나 이탈리아 남부는 11~12세기 무렵 유럽 속 비유럽 지역으로 변모했다. 아펜니노산맥이라는 지리적 장애 요인과 교통의 불편함으로 부유한 북부와 격리됐기 때문이다. 당시 아랍어와 그리스어가 공식 언어로 사용됐으며, 시칠리아의 노르만 통치자들은 하람* 풍속을 유지하고 있었다. 지중해 섬 중 가장 크고 아름다운 시칠리아는 페니키아인이 발견하고 그리스인이 식민지화했으며 로마인이 정복하고 뒤이어 아랍, 노르만, 프랑스, 스페인이 차례로 점령한 역사가 있다. 따라서 시칠리아 건축물에는 고딕 양식과 로코코 양식 외에도 이슬람적 요소가 융합된 독특한 특징이 남아 있다.

그런데 이탈리아에서 이슬람은 공식적으로 인정되지 않는다. 이탈리아에서 가톨릭과 상이한 종교가 공식적으로 인정받으려면, 먼저 공식 인정을 제안하는 종교적 공동체와 이탈리아 정부 간 협약이 이루어진 후 이탈리아 내무장관의 요청하에 공화국 대통령의 승인을 얻어야 한다. 이때 특정 종교의 공식적인 인정 여부는 신도 수가 아닌 종교적 원칙이 헌법과 일치하는지에 달려 있다.** 2005년, 이탈리아 정부는 무슬림으로 구성된 이슬람 협의회를 설립했으나 현재 구성원 간에 불일치가 강하게 나타난다. 이슬람교가 공식적으로 인정되지 않음에도 가톨릭교 외에 이탈리아의 종교로 존재하는 이유와 배경을 이탈리아 이슬람 역사에서 찾아본다.

---

* 이슬람 세계에서 가까운 친척 이외 일반 남성의 출입이 금지된 장소, 보통 궁궐 내 후궁이나 가정의 내실을 뜻한다.

** 가톨릭교 외에 이탈리아에서 공식적으로 인정된 종교에는 유대교, 하나님의 의회, 말일성도교회, 제7일 안식일 예수재림교회 등이 있다.

이슬람 역사

시칠리아는 지중해 해역 중앙에 위치했다는 지리적 조건 덕분에 당시 상업적, 정치적으로 가장 중요한 거점이 되었고, 아프리카의 야심 찬 통치자들이 이탈리아와 아드리아해로 진출하는 관문이기도 했다. 이런 이유로 일찍이 7세기 중반부터 아랍 무슬림의 위협을 받았다. 이탈리아에서 이슬람 역사는 9세기에 아랍인이 시칠리아를 정복하면서 시작됐다. 이들은 남부 이탈리아의 많은 지역으로 침투했는데, 특히 827년 이프리키야(튀니지를 비롯한 로마 시절 아프리카 속주 지역)의 아랍 이슬람 세력이 남부 이탈리아 시칠리아섬에 상륙해 비잔틴 제국 지배 아래 있던 시칠리아를 복속시켰다. 902년 타오르미나가 함락되면서 시칠리아 전체가 이슬람 세력하에 들어갔다. 시칠리아에 아랍의 수리 체계가 유입되고, 이후 루지에로 2세의 종교적 관용 정책으로 팔레르모를 중심으로 아랍과 노르만적 요소가 융합된 독특한 아랍 노르만 문화가 발전했다. 878년 시라쿠사 공략으로 시작된 아랍 무슬림의 점령은 11세기 초까지 2세기 동안 지속됐다.

시칠리아 상륙

역사가 존 베그널 버리는 시칠리아가 토양이 비옥해 소출이 많고, 지리적으로 유럽과 아프리카 대륙 중간 지점에 위치해 지중해를 장악하는 데 중요한 요충지였으므로 아랍 이슬람 세력에게도 매력적인 곳이었다고 말했다. 이러한 연유로 시칠리아는 일찍부터 아랍 이슬람 세력의 공격을 받았다.

아랍 이슬람 세력은 7세기에 북부 아프리카를 넘어서 세력을 확장한 다음 827년 이탈리아 남부 시칠리아와 이탈리아반도 연안에 공세를 취했다. 이후에는 비잔틴으로부터 시칠리아를 탈취하고 캄파니아, 칼라브리아, 풀리아를 정복했다.

역사학자 알렉산더 바실리예프의 기록에 따르면, 시칠리아 해군 사령관인 에우페미오스 장군이 반란을 일으켜 총독 포테이노스를 살해하고 스스로를 시칠리아섬 황제로 선포한 뒤 콘스탄티노플로부터 독립했으나 비잔틴 군대에 패배했다. 이후 지지자들과 이프리키야로 도피해 아랍 무슬림에게 군사적 지원을 요청했다. 아랍 무슬림은 에우페미오스를 도와주는 명분으로 시칠리아를 정복하고자 했다.

아랍 무슬림은 시칠리아를 시작으로 835년에는 이탈리아 본토, 837년에는 칼라브리아를 공격했다. 나폴리 공작은 당시 이탈리아 남부를 통치하던 베네벤토 공작에 대항해 싸우면서 시칠리아 무슬림에게 도움을 요청했다. 이탈리아반도 남부 나폴리, 아말피 등의 지역은 무슬림과 자주 접촉했는데, 이들 세력은 베네벤토 공작 통치 시절 랑고바르드 군주에 비해 세력이 약했기에 아랍 무슬림과 동맹을 맺을 필요가 있었다.

이후 아랍 무슬림은 이탈리아반도를 간헐적으로 공격했다. 830~840년 사이에는 시칠리아 중부 요새 카스트로 조바니를 다섯 번 공격했고, 이후 이곳에 이슬람 성원을 건립했다. 840년에는 타란토, 841년에는 바리가 무너졌다. 그러나 843년과 846년, 849년의 로마 공격은 실패했다. 847년 바리와 브린디시는 아글라브 왕조에서의 독립을 선언했다.

아랍 이슬람 세력은 수십 년 동안 지중해 지역을 통치했고 이탈리아 해안 도시들을 공격했다. 특히 시칠리아섬 라구사 지역을 868년부터 870년까지 점령하기도 했다. 872~878년 사이에 이루어진 시라쿠사 공격은 무슬림에게 물질적, 정신적 승리를 의미했다. 당시 시라쿠사 사회 기반 시설인 성벽, 교회와 주거지들이 피해를 당했고, 시라쿠사는 아랍 무슬림 정복 후 2개월 만에 부를 약탈당했다.

기독교인의 대항과 아랍 무슬림의 공격

서구 기독교인은 870년 몰타가 몰락하고 나서야 아랍 무슬림에 대항할 수 있는 군대를 세웠다. 이후 20여 년간 이탈리아 본토 대부분이 무슬림 통치로부터 해방됐다. 프랑크 로마 황제 루이 2세가 브린디시를 정복했고, 871년에는 바리에서 아랍 무슬림을 이겼다. 915년 가릴리아노 전투 후 무슬림으로부터 이탈리아 남부 라치오에서 기지를 빼앗았고, 918년에 레조 디칼라브리아를 공격했다.

반면 882년 무슬림은 가에타와 함께 리그 북쪽으로 더 전진하도록 나폴리와 로마 사이에 있는 가릴리아노에 기지를 세웠고 캄파니아와 사비니아를 공격했다. 888년 안달루시아 무슬림은 프랑스 프레쥐스와 가까운 프락시네에 새로운 기지를 건설했다.

902년 이프리키야주 치안 판사가 시칠리아섬에 군대를 이끌고 와서

902년 타오르미나를 점령했다. 934년과 935년에는 제노바와 라스페치아, 942년에는 니스가 공격당했다. 피에몬테에서는 무슬림이 아스티까지 갔고 론 골짜기와 알프스 서쪽 측면을 따라 북쪽으로 이동했다. 부르고뉴 부대를 격파한 후 무슬림은 942년부터 964년까지 사부아를 정복하고, 952년부터 960년까지 스위스 일부를 점령했다.

964년에는 로메타가 공격받아 비잔틴인이 시칠리아에 발을 들여놓았다. 비잔틴인은 시칠리아의 아랍 무슬림에게 독일 황제 오토 2세에 반대하는 운동을 지지해 달라고 요청했고, 비잔틴인은 982년 스틸로 전투에서 오토 2세에게 승리를 거둔다. 이후 비잔틴인은 100여 년 동안 오토 2세의 후계자들이 남부 이탈리아에 진입하는 것을 막는 데 성공했다. 투르투르 전투에서 무슬림이 패배한 결과 프락시네는 972년 기독교인에 의해 파괴되었다.

1002년, 베네치아의 한 함대가 바리를 포위한 아랍 무슬림을 격퇴했다. 아글라브 왕조가 아프리카에서도 패한 후, 시칠리아는 10세기에 파티마 왕조 후계자에게 넘어갔으나 칼브 왕조(948~1053)하에서 순니파와 쉬아파 무슬림 간 싸움 이후 독립을 주장했다. 1016년에는 제노바와 피사, 두 도시가 연합해서 아랍 이슬람 세력으로부터 사르데냐섬을 탈환했다.

이슬람의 번성과 쇠퇴

아랍 이슬람 통치 아래 시칠리아에서는 농업이 번성했고 수출에 중심을 두었으며, 도시에서는 예술과 도예가 번영했다. 시칠리아의 이슬람 수도 팔레르모에 거주민이 3만 명에 달했는데, 이는 독일 모든 도시의 거주민 수보다 많았다.

시칠리아 서부에 로마 가톨릭교도, 시칠리아 동부에 부분적으로 그리스어를 구사하는 기독교인이 있었는데, 이들 중 유대교인도 상당수였다. 이들 피정복민은 '딤미', 곧 '성서의 추종자'로 대우받으며 제한된 종교적 자유를 부여받았다. 비이슬람교도인 딤미는 지즈야(인두세)와 카라즈(토지세)를 지불해야 했으나 무슬림이 내야 하는 종교적 납부금인 자카트(희사)는 면제됐다. 아랍 무슬림 지배하에서 인두세 납부자의 공통점은 무슬림 통치에 대한 복종의 표시로 인두세를 지불하는 것이었다. 피정복민은 단순히 이슬람으로 개종함으로써 굴종적 지위를 벗어날 수 있었다. 아랍 무슬림 정복하에서의 인두세와 토지세 지불 규제가 이탈리아에서 이슬람 개종이 일어나는 단초를 마련했다고 볼 수 있다. 이러한 환경에서 순수한 종교적 신념 혹은 사회적 강요로 다수의 시칠리아인이 이슬람으로 개종했다. 그러나 이슬람 세력이 통치한 기간 동안 그리스어를 사용하는 수많은 기독교 공동체가 시칠리아 북부에서 딤미로 번영했다. 이것은 공존을 허용하는 지즈야 시스템의 결과였다.

피정복민과의 공존은 1189년 시칠리아 굴리엘모 2세(재위 1166~1189) 서거를 기점으로 무너졌다. 당시 무슬림은 시칠리아 인구 대다수를 차지할 정도였다. 그런데 12세기 이후 노르만인이 시칠리아를 정복하자, 그곳에 거주하던 무슬림은 다른 종교로 개종하거나 북아프리카 지역으로 이민을 갔고, 그 결과 시칠리아에서 이슬람은 점진적으로 쇠퇴했다. 1300년 무렵 무슬림 정착지 루체라가 파괴되기 전까지 소수의 무슬림 공동체가 시칠리아에 존속했다. 이후 20세기가 될 때까지 이탈리아에서 이슬람교는 자취를 감추었다.

14세기 중엽부터 이탈리아인은 고도로 조직화되고 군사화된 오스만 튀르크 제국인과 접촉했다. 북아프리카 사라센이 남부 이탈리아 해안을 단발로 습격한 것과는 별개로, 특히 역사적으로 볼 때 베네치아 공화국은 동양처럼 변모해 상황에 따라 친밀한 관계를 형성하는 오스만 튀르크인과 인간적 관계망을 형성했다. 당시 베네치아는 이스탄불과 중동의 다른 지역에서 번영한 베네치아 공동체를 유지하고 있었다. 베네치아와 아드리아해 이탈리아 대부분의 건축, 예술 및 문화는 오스만 튀르크 제국과의 장기간의 접촉 없이는 상상도 할 수 없는 일이었다. 오늘날에도 이탈리아인이 가장 많이 사용하는 사라세노(Saracèno), 투르코(Turco), 모로(Moro), 알바니즈(Albanése) 등과 같은 성(가족 이름)은 수세기 동안 오스만 튀르크인과 밀접했던 인간적 관계의 증거로 남아 있다.

제2차 세계대전 이후 1960년대에 들어 대사관 직원, 사업가들과 함께 이슬람 대학생이 이탈리아 도시들에 도착하기 시작했다. 20세기에는 이탈리아령 소말릴란드 출신 소말리아 이민자가 시칠리아에 도착했다. 그리고 최근에는 알바니아, 모로코, 이집트 및 튀니지 지역에서 이민자가 유입되기 시작했다.

chapter 2

이슬람의 영향을 받은 시칠리아 문화

　새로운 문화는 원래 있던 문화에 주변 문화가 융합되어 나타나는 경향을 보인다. 비잔틴 문화는 로마, 그리스도교, 헬레니즘 문화의 융합이고, 중세 유럽 문화는 로마, 그리스도교, 게르만 문화의 융합이다. 중세 이탈리아 남부, 특히 시칠리아섬의 문화는 북유럽 노르만, 아랍 이슬람, 비잔틴 그리스 문화의 융합으로 발달했다.

　878년 아랍 무슬림이 들어오면서 시칠리아섬에 다양한 농업 기술과 산업 기술이 유입되어 발전하고 시칠리아섬에 번영이 일어났음을 당시 상황을 묘사한 시를 통해 알 수 있다. 아랍인은 수학, 천문학, 공학, 농업 등의 분야에서 탁월했고 우수한 수리 관개 체계를 보유하고 있었다. 따라서 아랍인 덕택에 저수지, 급수탑, 방앗간 등 기술 혁명이 이루어졌고, 은이나 납과 유황이 제조되고 새로운 농작물도 소개돼 시칠리아 번영에 일조했다. 특히 시칠리아에서만 맛볼 수 있는 달콤한 오렌지 작농도 아랍인 농업 기술 덕택이었다.

루지에로(재위 1060~1101)와 그의 후계자 시대에는 아랍 무슬림으로부터 유래된 수많은 예술 기법이 융합돼 아랍 노르만 예술의 토양이 형성됐다. 모자이크와 금속 상감, 상아와 반암 조각, 청동 주물, 실크 제조술 등이 당시 시칠리아 예술에 사용되었다. 루지에로 2세(재위 1130~1154) 대관식에서 사용된 왕궁의 벽로 선반에는 '이슬람력 528년(1133~1134)'이 아랍어로 조각되어 있다. 아랍 노르만 예술과 건축물은 이슬람 장식물과 아랍 서체에 서양의 고전적 기둥과 소벽 같은 특징을 결합한 것이 그 특징이다.

12세기 노르만족이 시칠리아를 공격했을 때 그들은 아랍어와 라틴어로 새겨진 타리 주화*를 주조했다. 당시 시칠리아를 통치한 루지에로 2세는 타리 주화를 팔레르모에서 발행했다.

루지에로 2세의 책과 카펠라 팔라티나 예배당 건축물

노르만 전사였던 루지에로 2세는 다양한 종교에 관용을 베풀고, 노르만인 외에도 비잔틴인과 아랍인을 골고루 관리로 등용하는 관용 정책을 펴서 제국을 풍요롭게 잘 정비했다. 또한 그는 아랍어를 능숙하게 구사했고, 아랍 문화와 그리스 문화, 비잔틴 문화에도 해박했다.** 이러한 배경 속에 1154년 안달루시아 출신 무함마드 알이드리스는 루지에로 2세를 위해 중세 역사상 가장 중요한 지리학적인 보고서를 작성했다. 이는 '루지에로의

---

* 913년경부터 1859년까지 시칠리아, 몰타, 이탈리아 남부에서 주조된 이슬람식 금화로, '그리스도교의 보호자'라는 문구를 아랍어로 새겼다. 북아프리카 리비아 미스라타 또는 튀니지에서 물물 교환으로 얻은 아프리카 금으로 주조했다. 아랍 이슬람 세계에서 이러한 모양의 타리 주화는 루바이 혹은 4분의 1디나르라고 불렸고, 은과 동이 약간 첨가되었으나 금 무게 1.05의. 순도 16 1/3 캐럿의 주화였다.

** Loud, 2002

책(Tabula Rogeriana)' 혹은 '키탑 루자르(Kitab Rujar, The book of Roger)'라고 명명됐다. 알이드리스는 시칠리아의 노르만 왕 루지에로 2세의 궁에서 15년간 지도 해제와 도해 작성 일을 했다. 아랍어로 작성된 이 지도책은 7개 지역과 각각 10개 하부 지역으로 나누어진다. 이 책에서는 북쪽이 아래쪽이며, 수록된 지도를 통해 당시 아프리카 대륙 북부와 유라시아 대륙을 파악할 수 있다. 제작된 이래 약 3세기 동안 가장 정확한 세계 지도였다.

팔레르모에 있는 매혹적인 건축물은 루지에르 2세 때 세워진 카펠라 팔라티나이다. 이 성당 내부에 노르만식 문, 비잔틴식 돔, 아랍식(사라센)* 아치와 아랍어 필기체로 장식된 기둥이 있다. 루지에로 2세의 성당 중 가장 뛰어난 것으로, 이탈리아에서 융합된 문화를 가장 두드러지게 보여 준다. 10세기 한 여행가가 남긴 자료에 의하면, 당시 코르도바를 제외하면 팔레르모야말로 전 이슬람 세계에서 이슬람 성원들이 많고 화려하기로 유명한 도시였다.

굴리엘모 2세 당시 이슬람 문화와 이슬람법의 영향

루지에로 2세 이후 시칠리아를 통치한 굴리엘모 2세(재위 1155~1189) 시대에도 아랍 무슬림의 문화가 보존됐다. 통치자인 굴리엘모 2세는 아랍어를 구사했으며, 그리스도교로 개종한 무슬림이 왕궁에 거주하고 활동할 수 있도록 관용 정책을 폈다. 왕궁 기록이 아랍어로 쓰였고, 굴리엘모 2세가 다음과 같이 말한 기록도 남겨져 있다. 이를 통해 그가 이슬람을 지지하고 옹호했음을 알 수 있다.

우리 모두는 그가 숭배하고 그가 따르는 신앙의 유일신에게 도움을 빌어야 한다.**

당시 이슬람 문화는 스페인계 아랍 지리학자 이븐 주바이르를 통해서도 알 수 있다. 그는 1184년 메카 순례에서 돌아오는 길에 시칠리아에 상륙했다. 그때 팔레르모 기독교인 다수가 무슬림 의복을 입고 아랍어로 말했으며, 굴리엘모 2세가 무슬림을 신뢰해 정부 관료 중 무슬림이 상당수 있고, 시칠리아에 약 130년간의 무슬림 통치 유산이 고스란히 남아 있다는 사실에 놀라워했다. 굴리엘모 2세 시대 건축된 몬레알레 대성당 역시 노르만, 비잔틴, 아랍 양식이 융합되어 성당 주요 출입구 바깥쪽과 뾰족한 아치가 멋진 채색 상감으로 장식된 것으로 유명하다.

노르만인은 시칠리아의 무슬림 토후국 정복 이후 이슬람법과 이슬람 법률학의 영향을 받은 아랍 노르만 법을 제정하고, 이슬람 법률 행정을 계승했다. 이것은 시칠리아에 거주했던 무슬림을 배려한 정책에 근거를 둔다. 노르만족은 영국 법에도 영향을 끼쳤는데, 시칠리아 루지에로 2세와 영국 헨리 2세가 밀접한 관계에 있었던 것에 연유한다. 또한 1999년에 발표된 《보통법의 이슬람 기원》에서는 영국 법에 나타난 이슬람법에서 유래된 어휘에 대해 논의했는데, 이 기원은 시칠리아의 아랍 노르만 법에서 찾아볼 수 있다.***

---

*   중세 유럽인이 동아시아 무슬림를 일컬은 말
**   Aubé, 2006
***   Makdish, 1999/ 김차규, 2013

chapter 3

이탈리아 사회의 무슬림

아랍 무슬림 이민자와 경제

이탈리아는 17세기 말경 인구 증가와 사망률의 급격한 하락에서 비롯된 인구 과잉 문제로 제2차 세계대전까지 유럽 다른 국가와 호주 등지로 이민을 가는 국가였다. 그런데 1970년대 이후 노동력을 수입하는 이민국으로 변모했다. 실업률이 상대적으로 낮고 경제 활동이 활발한 북부나 실업률이 높고 구조적으로 생산력이 떨어지는 남부 노동 시장에서 모두 이민이 발생하고 있다.

이탈리아 역시 유럽 내 고령화 국가로 외국 노동력이 필요한 실정이다. 그런데 노동력을 책임질 수 있는 젊은 이탈리아인 중 31%가 이민자이다. 전체 이민 인구 중 모로코 사람이 루마니아, 알바니아에 이어서 세 번째로 많다. 이 분포는 〈표1〉을 통해 확인할 수 있다.

국가	체류 허가자 수	구성비(%)	여성 비율(%)
루마니아	796,477	20.5	53.1
알바니아	441,396	11.3	45.2
* 모로코	403,592	10.4	42.1
중국	170,265	4.4	47.8
우크라이나	153,998	4.0	79.9
필리핀	113,686	2.9	58.1
* 튀니지	100,112	2.6	35.9
폴란드	99,389	2.6	70.0
인도	91,855	2.4	40.9
몰도바	89,424	2.3	66.4
총계	3,891,295	100.0	50.8

* 2008년 12월 31일 기준/ 김시홍, 2010

  2008년도 주요 국가별 체류 허가자 중 모로코 출신 체류자가 10.4%로 전체 3위, 튀니지가 2.6%로 8위를 차지하고 있음을 알 수 있다. 전체 체류 허가자 중 아랍 무슬림은 실제 총계 13%의 비율로 루마니아에 이어 두 번째로 많았다. 또한 각 나라별 여성 무슬림 비율은 모로코가 42.1%, 튀니지가 35.9%로, 각 출신별 이민자의 절반 가량이 무슬림 여성이었다. 무슬림 여성 거주자의 비율은 동유럽 국가보다 높게 나타났다.

  이후 2017년 레오네 모레사 재단이 발표한 〈이민 경제 연례 보고서〉에 의하면 이탈리아 내 외국인 근로자가 전체 고용의 10.5%를 차지했다. 따라서 이탈리아는 전체 인구의 10% 이상이 이민자인 다문화 사회로 볼 수 있다.

  이탈리아 내 이민 기업 분포 현황을 살펴보면 〈표2〉에서와 같이 가장 높은 비율을 차지한 출신 국가 역시 모로코로, 10.9%이다. 이집트는 3.7%에

〈표2〉 이탈리아 이민 기업 출신 국적 2016년 현황

이민 10대국	이민 기업	비율(%)	변화율(2015~2016)
* 모로코	73,387	10.9	+1.8
중국	68,546	10.2	+4.4
루마니아	63,915	9.5	+2.5
알바니아	41,153	6.1	+3.4
스위스	36,268	5.4	-0.1
방글라데시	35,856	5.3	+6.1
독일	31,748	4.7	+0.9
* 이집트	25,159	3.7	+4.8
프랑스	20,492	3	-0.3
세네갈	19,669	2.9	+0.5
총계	675,292	100	+2.9

* 2017년 레오네 모레사 재단

달해 총 아랍 무슬림 이민 기업은 이탈리아 내 이민 기업의 14.6%를 차지한다. 외국인 이민자가 종사하는 서비스 및 가사 노동은 이탈리아 시민 기피 업종으로 간주하는 영역으로, 아랍 무슬림 이민자의 고용 분야도 이에 속한다.

경제 규모로 보면, 2016년 이민자 240만 명이 이탈리아 GDP 8.9%에 해당하는 1,300억의 부가 가치를 창출했다. 이것은 유럽 내 다른 국가인 헝가리, 크로아티아, 슬로베니아 등의 GDP보다 큰 규모이다.

요컨대 이탈리아 이민자 중 국적이 아랍 무슬림인 기업, 특히 모로코 기업은 전체 이민 기업 중 경제 기여도에서 가장 높은 이익을 창출했다. 이집트 기업은 7위에 올랐다. 즉 전체 이민자 기업 중 아랍 무슬림 이민자 기업이 이탈리아 경제에 상당 부분 기여하고 있음을 확인할 수 있다.

이슬람과 인구

이탈리아 외국인 근로자의 이민 상황은 종교에도 영향을 끼친다. 이탈리아 전체 인구 중 무슬림은 3.7%를 차지하며, 또한 전체 인구 중 이민자는 10%를 약간 넘는다. 2016년 3월 4일 조사에 의하면, 이탈리아 이민자 인구 중 무슬림이 32.2%를 차지한다.

이탈리아신흥종교연구센터(Cesnur)*는 2016년에 실시한 연구에서 무슬림 인구의 급증을 언급하며, '이탈리아 총 이민자 1,613,500명 중 245,621명이 무슬림'이라고 밝혔다. 또한 이탈리아 시민 245,621명에 대한 추정치는 무슬림 이민자에 대한 시민권 획득에 따라 더 급속히 진행될 수 있으며 미래 변화에 따라 달라질 수 있다고 덧붙였다. 이 연구 조사에 의하면 이탈리아 대다수 시민권자는 개종한 무슬림이 아니라 시민권을 취득할 당시 이미 무슬림이었던 '새로운 시민'이었다.

이탈리아 내 이슬람 단체

이탈리아에는 많은 이슬람 단체가 존재하지만 어느 기관도 이탈리아 내 무슬림 전체를 대표하지는 않는다. 이탈리아 최초의 무슬림 협회는 무슬림학생연합(Muslim Student Union of Italy, USMI)으로 1971년 페루자에 설립됐고, 무슬림형제단**입장과 가깝다.

1980년대 급격한 이민 물결로 USMI와 6개 이슬람 성원과 일부 무슬림은 USMI 홀로 이탈리아 내 무슬림 전체를 대표할 수 없다고 판단했다. 이에 '이탈리아 이슬람 공동체와 단체 연합(The Union of Islamic Communities and

---

* 　토리노에 본부를 두고 1988년 유럽 및 미국 대학교 종교 학자들이 설립했다.

** 　1928년 이집트 학자인 하산 알반나가 창설했고, 이슬람 가치 구현과 확산을 목표로 설립한 이슬람 근본주의 조직, 세계 최대, 최고(最古)의 이슬람주의 단체.

Organizations of Italy, UCOII)'을 세워 이탈리아 당국과의 대화에서 주요 창구 역할을 자처했다. 또 다른 조직으로 이탈리아이슬람문화센터(The Islamic Cultural Center of Italy, CCII)가 있다. 이 센터는 이탈리아 대사 및 바티칸 대사가 개입해 1970년대에 로마에 설립됐다. 이탈리아이슬람문화센터는 사우디아라비아 주재 이탈리아 대사관의 마르코 시알로야 대사의 협력으로 사우디아라비아와 모로코에서 재정 기부를 받아 1995년 로마 이슬람 대성원을 완공했다.

이외에 소규모 단체인 이슬람종교공동체(Islamic Religious Community, COREIS)와 이탈리아무슬림협회(Italian Muslim Association)가 있다. 소규모 단체인 이탈리아무슬림연맹(Italian Muslim Union)은 지도자 아델 스미스의 도발적 발언으로 언론의 주목을 받기도 했다.

그 외에 사우디아라비아의 영향하에 있는 세계무슬림연합(World Muslim League)과 모로코 대사관의 문화 선교, 튀니지 정부가 직접 운영하며 팔레르모 이슬람 성원과 리비아의 지원을 받는 서양에 있는 이슬람연맹(Unione Islamica), 이집트의 후원을 받는 이슬람문화연구소 등이 있다.

사회 이슈

이슬람은 이탈리아에서 가톨릭에 이어 제2의 종교이다. 그런데 이탈리아 전역에는 약 2천 개의 등록되지 않은 이슬람 성원이 있고, 등록된 성원은 네 곳뿐이다. 이탈리아 당국과 무슬림 간의 관계 완화 및 통합을 위해서 이탈리아는 이탈리아이슬람협의회(Council of Italy Islam)를 설립했다. 그러나 유럽의 가장 큰 이슬람 성원인 로마 이슬람 대성원이 있음에도 이슬람교가 이탈리아에서 국가적으로 공식 인정되지 않아서 비공인 예배처가 늘어났다.

2016년 9월 로마 이슬람 대성원은 이슬람 축제 이드(Eid)* 동안 비무슬림 대중(관광객)에게 개방하지 않았다. 이곳이 가톨릭교회와 연대로 진행하는 행사나 사안과 멀어지는 것은 처음이 아니었다. 2016년 7월 프랑스 시골의 생 에티엔느 뒤 루브레 가톨릭 성당에서 두 명의 이슬람 테러리스트가 자크 하멜 신부를 살해한 사건 이후 이슬람 공식 사절단이 추도 미사에 참여했음에도, 로마 이슬람 대성원은 이 미사에 참여하지 않았다. 따라서 이탈리아에 무슬림과의 관계 개선과 사회 통합을 위해 이슬람협의회가 만들어졌으나 실질적인 관계 개선은 이루어지지 않았음을 보여 준다.

2016년 10월에는 이탈리아 로마시 당국이 로마 시내 5개 이슬람 성원을 폐쇄했다. 시 당국은 청년들이 IS 대원으로 변모할 것을 우려해 이러한 조치를 취했다고 한다. 이에 금요 예배에 참석하러 온 수천여 명의 무슬림이 콜로세움 밖에 운집해 이슬람 성원 폐쇄 조치에 항의했다.

2018년 2월에는 극우 정당인 북부동맹 대표 마테오 살비니가 '이슬람교는 이탈리아적 가치와 공존할 수 없으며, 불법 이슬람 종교 센터를 전부 폐쇄할 것'이라고 엄포를 놓았다. 또한 '꾸란 해석에 따르면 여성은 남성보다 가치가 덜하고, 이슬람법은 이탈리아 법에 우선한다. 이런 이유로 무슬림이 이탈리아에 들어오는 걸 원하지 않는다'라고 강조했다. 이탈리아 내 우파는 집권을 목적으로 세력을 키우고자 반이민, 반난민 정서에 편승해 무슬림에 대해 적대적 여론을 형성하고 있는 것으로 간주된다.

고용과 시민권

이탈리아 내 아랍계 무슬림에 대한 사회적 배제 문제도 있다. 〈이민법

---

* 아랍의 대표적인 축제인 단식 종료제 이드 알피트르와 희생제 이드 알아드하를 말한다.

286/1998)에는 공공 부문에서의 채용은 EU 시민권 혹은 이탈리아 시민권을 취득해야 하는 것으로 규정하고 있다. 그러나 아랍계 무슬림 이민자는 부족한 교육으로 숙련이 덜 필요하고 임금이 더 낮은 일자리에 고용된다. 다만 사회적 보장이 배제된 상태에서 단기 취업이 많으나 기도 장소나 종교적 휴일, 할랄 음식 등과 같은 조건을 고용주와 협상할 수 있다.

EU 국가에서는 대략 7년을 시민권 획득 조건으로 제시하는 반면, 이탈리아는 여타 EU 국가에 비해 조금 까다로워서 18세가 된 이후 시민권을 획득할 수 있다. 이때 이탈리아 출생 이후 중단 없이 합법적으로 거주한 경우만 가능하다. 귀화 조건으로도 10년이라는 거주 기간이 필요하며, 아랍계 무슬림 이민자는 거주하는 10년 동안 어떠한 정치적, 시민적 권리를 갖지 못한다.

교육 상황

유럽무슬림연맹(European Muslim Union, EMU)의 2010년 연구 보고에 의하면, 이탈리아 내 학교에서 무슬림 학생 비율이 매년 높아지고 있으나, 무슬림 이민자 학생 비율은 이탈리아 출신 무슬림 학생 수에 비해 다소 낮은 편이다. 예를 들어 외국인 22%가 고등학교 교육에서 배제당하는데, 그 이유는 이탈리아어 실력이 충분치 않아서이다. 이러한 이 문화 간 상황이 이탈리아 내 청년 통합의 걸림돌로 작용한다. 커리큘럼에서도 출신 국가 언어나 출신 문화에 대한 교육은 배제되어 있고, 무슬림 세계의 다양한 사회 구성원이 존재함에도 교과서에서는 이슬람에 대해 정확히 지식을 제공하지 않거나 왜곡된 정보를 제공한다.

아랍계 무슬림 이민자에 대한 교육 분야에서의 차별은 2011년도 OECD 조사 결과인 〈표3〉에 잘 나타난다. 아랍 무슬림이 분포된 북아프리카와 기타 아프리카 지역은 이탈리아를 포함한 EU 국가와 비교해 볼 때 대체적으로 매우 낮음, 낮음, 중간 수준에 집중된 것을 확인할 수 있다.

〈표3〉 15~34세 인구의 교육 참여 분포

교육 수준	국내 출생	외국 출생	EU 15개국	불가리아	타 유럽	*북아프리카	남아시아	*기타 아프리카
매우 낮음	1.6	9.1	4.3	5.3	6.6	17.1	14.9	-
낮음	27.4	40.8	9.9	31.0	47.9	46.7	46.5	44.2
중간	52.8	42.4	36.2	57.1	37.4	30.5	31.7	37.8
높음	18.2	7.8	49.6	6.7	8.1	5.7	6.9	7.5

* OECD, 《International Migration Outlook》, OECD publishing, Paris, 2013

이탈리아인의 아랍 무슬림에 대한 시각

이탈리아 주거 시장 접근에서 인종 차별 경향에 관해 연구한 2008년 조사*에서 이탈리아인이 아랍 무슬림 이민자를 어떤 시각으로 보는지 파악할 수 있다.

동유럽 및 아랍 무슬림 이민자의 이름과 이탈리아인 이름으로 주거 임대를 위해 이메일을 발송하고, 그 답변 결과를 알아보는 조사를 실시했다. 그 결과 이탈리아인 이름으로 발송된 이메일에 대해서는 62%가 긍정적인 답변을 받았고, 아랍인 이름으로 보낸 경우에는 44% 정도만이 긍정적인 답변을 받았다. 이에 따라 이탈리아인과 아랍인 사이에 18%라는 인종 차별 결과가 관찰됐다. 그런데 동유럽인 이름으로 이메일이 발송된 경우에는 아랍인 이름으로 발송된 경우보다 인종 차별 정도도 6%가 낮은 12%로

---

* 오현주, 정해조, 2016

나타났다. 요컨대 이탈리아에서 아랍계 무슬림은 동유럽 이민자보다 인종적으로 더 차별받고 있음을 알 수 있다.

이탈리아 대중 매체 속 무슬림과 이슬람

2010년, 프랑스 스트라스부르에 본부를 두고 있는 유럽무슬림연맹에서 발표한 보고서에서 다음 내용을 강조했다.

> 이탈리아 내 무슬림에 대한 편견이 많아서 무슬림에 대한 고정 관념이 생기고 있다. 이슬람 과격 원리주의자에 대한 대중 매체의 관심은 그 중요성에 비해서 상당히 균형 잡혀 있지 않다. 특히 북부동맹 정당은 이민자가 많이 거주하고 있는 북부 이탈리아에서 지방 자치제에 참여하고 있는데, 이 당의 이슬람 혐오 발언이 이슬람에 대한 편견과 불신을 조장하고 확산시키는 데 일조했다.

사회 통합 문제

이탈리아 내 아랍계 무슬림 이주자와 관련된 사회 문제들은 이탈리아 내 사회 통합 실현에 걸림돌로 인식된다. 이탈리아 정부는 타국에서 온 이민자와 공존하려는 노력을 모색하고 있다. 1986년 〈법률 943호〉에 의해 외국인 근로자와 이탈리아 근로자를 동등하게 대우한다는 내용을 담은 최초의 이민법이 제정되었다.* 1998년 5월에는 〈투르코 나폴리타노 법〉이라는 새 이민법이 통과돼 이탈리아에서 이민자의 영주권 획득 조건과 추방 방식이 규정됐다. 2002년 7월 말에는 〈보시 피니 법〉이 제정되어 정상 구직을 위한 가능성과 체류 허가 갱신, 불법 및 비정상적 유입에 대한 억제 조치 등을 도입했다.

그런데 이탈리아 이민 관련 사회 통계 조사 기관 카리타스가 발표한 보고서(2009)에 의하면, 2008년 로마시에서 방글라데시 이민자와 중국 이민자 집단이 사회 문제가 되자 최근 로마시는 외국인 정책을 다문화 포용 정책으로 변화시켰다. 로마시가 운영하는 외국인 이주자 정책의 일환으로 2009년 1월 13일 선거에서 모로코 출신 아지즈 다리프가 시민 자문 회의 의장으로 선출되었다. 이 사건을 통해 이탈리아 사회가 아랍인 이민자를 사회 구성원으로 받아들이고 인정했다는 것을 알 수 있다.

2005년부터 이탈리아 정부는 외국인 통합 프로그램을 운영하고 있다.** 외국인에게 이탈리아어를 가르치고 사회, 법 및 거주에 관한 정보를 제공하며, 나아가서 이민자에게 일자리를 찾을 수 있는 기회를 부여하고 있다. 또한 다문화 로마 프로그램으로 다양한 문화 활동에 대해 지원하며 이 문화 간 대화와 소통을 시도하고 있다. 2009년에는 알제리와 모로코 출판사를 초청해 문화 간 대화를 촉진했고, 이집트 대사관 문화부 후원으로 연극 및 춤사위를 통해 문화 간 이해를 도모했다. 1998년부터 현재까지 축제를 매년 운영하여 문명 간, 문화 간, 인종 간, 언어 간 대화를 통해 간격을 좁히려는 시도를 하고 있다.

---

*   Stefano Allievi, 2010
**   김시홍, 2010

8
프랑스

박단 서강대학교 사학과

파리

■ **국가 개황**

· 국명: 프랑스 공화국(French Republic)

· 국가 체제: 공화정

· 언어: 프랑스어

· 인구: 65,233,271명(유엔, 2018)

· 종교 분포: 종교 관련 통계를 법으로 금함. 추정치는 가톨릭 70%, 이슬람교
  6~8%

■

흔히 '육각형의 나라'라고 불리는 프랑스는 서유럽 중심에 위치한다. 프랑스 본
토는 서쪽과 남쪽이 대서양과 지중해로 둘러싸여 있고, 북쪽은 영국 해협과 북
해에 면해 있으며, 동쪽은 독일, 스위스, 이탈리아 등과 인접한다. 국경을 맞닿
고 있는 나라를 보면, 앞의 세 나라 이외에도 북쪽으로 벨기에, 룩셈부르크가
있고, 남쪽으로는 스페인이 있다. 한편 해외 영토가 남아메리카, 카리브해, 인

도양, 남태평양 등에 산재해 있는 것도 특징이다.

　유럽에 있는 프랑스 본토만의 크기는 551,695km^2이지만, 해외 도(道) 및 해외 영토까지 합하면 673,801km^2로 유럽에서 제일 크다고 할 수 있다. 이는 한반도의 약 2배 반 정도 되는 크기이며, 남한보다는 약 5배 더 크다. 프랑스는 인구 수가 약 6,500만으로 8,200만 명이 넘는 독일에 이어 유럽 내 두 번째이지만, 영토 대비 인구 밀도가 매우 낮은 편이다.

　일반적으로 프랑스의 종교라고 하면 많은 사람들이 가톨릭을 떠올릴 것이다. 하지만 프랑스에는 국교가 없다. 여론 조사에 따르면, 대략적으로 프랑스 인구의 70%가 가톨릭, 6~8%가 이슬람, 유대교, 개신교가 1% 미만이다. 이렇게 신자 수를 추정하는 이유는 프랑스는 법에 따라 인구 조사 시 종교별로 조사하는 것이 금지되어 있기 때문이다. 그 결과 종교에 따른 공식 통계는 존재하지 않으며, 무슬림 숫자를 알려면 '무슬림 문화에 속하는 것으로 추정되는' 사람들을 셀 수밖에 없다. 일부 학자는 프랑스 내 무슬림이 370만 명이라고도 하고, 민족전선 같은 극우 정당은 그 수를 과장하고자 700만이라고까지 한다. 우리가 신뢰할 수 있는 수치는 일부 학자가 2012년 무슬림 수를 추정하려고 이민자를 출신 국가별로 분류해 도출한 수치로, 알제리 출신이 247만, 모로코 출신이 150만, 튀니지 출신이 65만 등 총 462만 정도라고 할 수 있다. 물론 마그레브 출신을 모두 무슬림으로 볼 수 있는가 하는 문제가 여전히 남는다 해도, 오늘날 이 정도의 수치가 가장 많이 인용되고 있는 무슬림 수이다.

프랑스 역사와 이슬람

근대 이전의 만남, 투르 푸아티에 전투

프랑스와 이슬람 역사상 최초의 만남으로 거론되는 것은 732년 투르 푸아티에 전투이다. 같은 전쟁을 아랍 쪽에서는 '순교자 길의 전투'라고 부른다. 프랑스 중부의 투르 푸아티에 근처에서 프랑크 왕국의 궁재(메로빙거 왕조의 최고 궁정직) 샤를(카를) 마르텔이 스페인을 거쳐 유럽 대륙으로 향하는 사라센 세력을 격파한 것이 이 전투이다. 샤를 마르텔은 800년에 서로마 제국 황제로 칭해졌던 카를로스 마그누스, 즉 샤를마뉴의 할아버지이기도 한데, 그는 투르 푸아티에 전투 이후에 프랑크 왕국을 유럽 최강으로 만들며 엄청난 규모의 영토를 정복했다.

유목 민족의 특성상 기병이 매우 발달한 이슬람 세력에 맞서고자 샤를 마르텔은 병제와 전투 방식을 바꾸기까지 했는데, 마구의 일종인 등자를

782 · 세계의 이슬람

사용해 기사들의 전투력을 향상시키는 한편, 전통적으로 보병이었던 프랑크 군대를 기병화하기도 했다. 샤를 마르텔은 이 기병들에게 토지를 하사하고, 대신 그들로부터는 자신에 대한 충성 서약을 받아냈다. 이것이 프랑스 중세의 특징인 봉건 제도에 나타난 종사제와 은대지(봉토) 제도의 기원이다. 이렇게 보면, 이슬람의 공격이 중세의 특징적 제도인 봉건 제도의 확립을 가속화하는 데 일정 부분 기여했다고도 볼 수 있다. 샤를 마르텔은 이와 같이 만들어진 군대를 통해 마침내 피레네산맥을 넘어 파리에서 멀지 않은 투르 푸아티에까지 밀고 들어온 사라센 세력을 막아 냈다.

투르 푸아티에 전투와 관련해서는 당시 사라센군을 이끌다 사망한 안달루시아 총독 압둘 라흐만의 이름이 남아 있으나, 이 전투가 있었던 전장의 정확한 위치, 구체적 날짜, 군사 수 등은 지금까지도 명확하게 알려져 있지 않다. 단지 많은 역사가가 이 전투에 대해 "만일 당시 프랑크 왕국이 전투에서 패했다면 오늘날 사람들은 유럽 대륙에서 교회 대신 수많은 모스크를 볼 수 있었을 것이다."라고 평가할 정도로 이슬람에 대한 유럽인의 두려움을 반영하는 전투로 회자된다. 게다가 샤를 마르텔은 프랑스뿐만 아니라 유럽 대륙까지 이슬람의 공격으로부터 막아 냈다는 명성 덕택에 오늘날 반(反)이슬람 극우 단체의 이름으로까지 사용된다. 이처럼 투르 푸아티에 전투는 십자군 전쟁과 함께 서구 기독교 세계와 이슬람과의 대립을 이야기할 때 매우 빈번히 인용되는 전투이다.

근대 이후 프랑스와 알제리의 만남

프랑스가 1830년 알제리를 정복하기 전까지 특별히 이슬람에 대해 적대감을 표현한 기록은 많지 않다. 물론 십자군 전쟁, 동로마 제국의 멸망, 빈 전투 등 유럽이 이슬람 세력에 대해 공유하던 적대감 및 두려움을 프랑스가 함께한 것은 사실이다. 그럼에도 개별 국가로서의 프랑스는 역사적으로 이슬람과 우호적이었던 때가 많다. 1530년 르네상스 시기인 프랑수아 1세 당시 프랑스는 서유럽 국가 중 처음으로 왕립 학교에 아랍어 교수를 채용한 바 있다. 또한 루이 14세 때인 1669년에 재상 콜베르는 오스만 제국과의 외교 및 무역 교류에 필요한 통역관을 양성할 목적으로 청소년 언어 학교(통역 학교)를 세웠으며, 프랑스 혁명 때인 1795년에는 프랑스 정부가 정식으로 국립 동양어 및 문화 학교를 세웠다. 이 학교의 임무는 살아 있는 동양 언어, 즉 '정치와 상업을 위해 상당히 실용적인' 동양 언어를 가르치는 것이었다. 이처럼 프랑스는 이슬람과의 교역에 많은 힘을 기울일 정도로 이슬람에 대체로 우호적이었다.

하지만 1830년 프랑스가 알제리를 식민화하면서 자신과 종교 문화가 다른 이슬람을 믿는 사람들에 대한 부정적 인식이 강해졌다. 예를 들어, 프랑스 제3공화국 정치인은 정교분리의 원칙을 철저히 따르고, 문명화 사업을 철저히 관철시키는 것이 자신들의 임무라는 믿음하에 알제리인을 무슬림이기 때문에 도저히 문명화될 수 없는 사람들이라고 평가했다. 같은 식민지인이었던 알제리계 유대인에게는 1870년 법령으로 프랑스 시민권을 부여했지만, 알제리 무슬림은 무슬림으로 남아 있는 한 투표권도 없는 최하층민 그대로 남아 있게 했다. 한편 통상 같은 알제리인이라고 하더라도 베르베르인이 아랍인보다 우월하다고 간주했는데, 이는 유럽인다운 외모(갈색 혹은 붉은색 머리카락, 푸른 눈)가 프랑스 방식에 더 동화되기 쉬웠던 것으로 생각했기 때문이다. 1962년 독립 전까지 알제리 무슬림은 프랑스의 이등 시민으로 계속해서 남아 있어야 했다.

20세기 프랑스와 이슬람

20세기 들어서는 17만 5천 명의 알제리인이 제1차 세계대전에 참전해 식민지 모국인 프랑스를 위해 싸웠으며, 그 가운데 3만 5천 명이 사망했다. 4만 명이 참전(1만 2천 명 사망)한 모로코인, 8만 명이 참전(2만 1천 명 사망)한 튀니지인, 18만 명이 참전(2만 5천 명 사망)한 블랙아프리카인, 4만 9천 명이 참전(1,600명 사망)한 인도차이나인 등과 비교할 때 알제리인의 참전 수와 사망률은 상대적으로 매우 높았다. 하지만 프랑스는 종전 후 식민지에서 파견된 군인 및 노동자 약 25만 명을 '자신들의 나라'로 환국시켰으며, 프랑스에 남아 있는 알제리인은 그다지 많지 않았다.

제2차 세계대전 동안에도 알제리인을 포함한 북아프리카 군인들이 프랑스 해방에 상당한 공헌을 했음에도, 종전 후 프랑스에 남아 있던 무슬림 수는 상대적으로 미미했다. 가령 1946년 기준으로, 프랑스에 거주하는 이민자 가운데 유럽 출신이 88.7%, 아프리카 출신이 3.1%였는데, 그 가운데 알제리 이민은 1.3%에 불과했다. 하지만 1947년 마셜 플랜으로 유럽 경제가 급격하게 발전하는 '영광의 30년(1947~1973)' 동안 알제리인을 비롯한 북아프리카인의 프랑스로의 이주가 크게 늘었다. 프랑스는 노동력 부족을 여전히 식민 지배하에 있었던 알제리인으로 메우려 했다. 처음에는 독신자로 왔지만 이들이 점차 가정을 갖고 2세, 3세가 태어남에 따라 프랑스 사회 풍경도 크게 변했다. 모스크는 더욱 늘어났고, 자연스레 이슬람은 프랑스 제2의 종교가 되었다.

이들의 수가 늘어나면서 프랑스 사회는 이슬람을 점차 부정적으로 바라보게 되었다. 특히 알제리가 독립을 위해 일으켰던 전쟁(1954~1962) 동안, 알제리민족해방전선(FLN) 투사의 테러로 상당한 피해를 입은 프랑스인은 결정적으로 이슬람에 대한 부정적 인식을 갖게 되었다. 테러용 무기를 감추는 데 이용된 히잡은 이후 이슬람 폭력의 상징으로 각인되기에 부족함이 없었다. 알제리인의 입장에서는 테러가 프랑스인의 고문과 폭력에 대한 대응의 일환이었다고 주장했지만, 프랑스인의 이슬람에 대한 인식은 급격히 악화되었다.

전쟁 후 피폐화된 농촌과 황폐화된 공업으로 일자리를 잃은 상당수의 알제리인은 자연히 식민지 모국인 프랑스로 향할 수밖에 없었다. 프랑스는 이들의 이주를 제한하려고 했지만 큰 효과를 얻지 못했다. 프랑스로 들어온 이주민들은 높은 실업율의 주범으로 꼽혔다. 뿐만 아니라 노약자를 대상으로 하는 범죄, 사회 보장 제도 악용 등으로 각종 사회악의 근본으로 간주됨으로써 이를 이용하는 극우 정당의 성장 기반이 되기도 했다. 이에 더해 무슬림 이민자 2세들의 각종 테러, 2005년 10월에 발생해 약 3주간 지속된 프랑스 이민자 소요 사태 등은 프랑스의 이슬람에 대한 두려움과 혐오를 한층 강화하는 계기가 되었다. 여기에 냉전 종식 이후 발생한 대외적 사건, 즉 구(舊)유고 내전, 걸프전, 이라크 전쟁 등 다양한 이슬람권과의 전쟁, 9.11 테러, 시리아 내전 및 이슬람 국가(Islamic State, IS)의 테러 등은 프랑스에서 이슬람에 대한 혐오감을 한층 더 악화시켰다. 그렇지 않아도 다양한 이유로 주류 사회에서 배제당하고 있는 이방인으로서, 이러한 국제 환경은 프랑스 내 무슬림을 한층 더 곤혹스런 처지로 몰아넣었다.

chapter 2

프랑스의 이슬람 문제

히잡 사건과 히잡 금지법

   2003년 12월, 자크 시라크 프랑스 대통령은 '종교적 상징물을 공립 학교 내에서 드러내는 것을 금지'하는 법안에 찬성했다. 2004년 2월 프랑스 하원, 2004년 3월 프랑스 상원에서 각각 이 법안이 여야 의원 거의 대다수 찬성으로 채택됐다. 이는 1989년 이후 10여 년 이래 계속되어 온 무슬림 여학생의 학교 내 히잡 착용 문제에 대한 논란을 일단락 짓는 것이었다. 프랑스 정부의 이와 같은 조치에 가장 유력한 근거로 떠오른 것이 프랑스 공화국의 엄격한 정교분리 원칙, 즉 라이시테 원칙이다.

   이 법안이 통과된 발단은 흔히 '히잡 사건'으로 불리는, 1989년 한 중학교에서 발생한 히잡 쓴 여중생들의 퇴학 사건이었다. 구체적으로 1989년 10월, 파리 북쪽 피카르디 지방의 한 학교에서 세 명의 무슬림 여중생이 종교적인 이유로 수업 시간에조차 히잡을 벗으려 하지 않아 퇴학당한 일이다. 이 사건은 처음에 지역 사건으로 끝나는 듯했으나, 프랑스 내 거의 모든 언론에서 다루며 결국 전국적인 사건이 되었다. 교사, 학부모뿐만 아니라 지식인, 종교계 그리고 마침내 간여하기를 꺼리던 정치권까지 논쟁이 확대됐다. 프랑스는 라이시테 원칙의 옹호와 개인의 신앙의 자유 또는 표현의 자유라는 명분을 두고 양분됐다. 라이시테 원칙 혹은 여성의 권익을 옹호한다는 명분으로 히잡 착용을 학교에서 금지해야 하는가? 신앙의 자유, 표현의 자유, 톨레랑스라는 명분으로 히잡 착용을 인정해야 하는가? 양 진영은 상대편을 인종 차별주의자, 이슬람 혐오주의자 혹은 반대로 이슬람주의 신봉자, 여성의 적 등으로 부르며 적대시하기까지 했다. 정치권, 노동조합, 여러 시민 단체뿐만 아니라 가정, 혹은 카페, 학교에서도 이 문제에 대한 찬반 토론이 끊임없이 행해졌다. 마치 19세기 말 프랑스 여론을 둘로 갈라놓았던 드레퓌스 사건 당시와 흡사했다.

결국 2003년 12월, 자크 시라크 대통령은 여기서 야기된 갈등을 줄일 법안이 필요하다고 생각했다. 정교분리라는 공화국 원칙에 관한 문제는 '타협의 대상이 될 수 없다'라는 것이 대통령의 판단이었다. 이로써 〈3월 15일 법〉이 태어났고, 교내에서 히잡을 착용할 수 있는 '표현의 자유'는 패했다.

〈3월 15일 법〉은 많은 이들에게 '히잡 법'으로 불렸다. 이 법이 원칙적으로 이슬람에만 해당되는 것은 아니었다. 가톨릭신자는 커다란 십자가를 목에 걸고 등교할 수 없으며, 유대교 신자는 키파를 쓰고 등교할 수 없다. 그럼에도 이 법을 '히잡 법'이라고 부르는 이유는 누구나 이 법이 히잡을 주요 대상으로 삼는다는 것을 익히 알고 있기 때문이다. 지금까지 커다란 십자가나 키파는 라이시테 원칙과 관련해 공립 학교에서 문제되지 않았는데, 왜 히잡 착용은 갑자기 문제가 되었는지 묻지 않을 수 없다. 이 또한 프랑스 사회에 만연한 이슬람 혐오를 빼놓고는 설명하기 힘들 것이다.

샤를리 에브도 사건과 2015년 11월 13일 파리 테러

최근 어느 나라 국민보다도 이슬람 테러에 공포를 느끼는 사람이 프랑스 국민이라고 할 수 있다. 2015년 한 해만 해도 프랑스는 소위 '샤를리 에브도 테러 사건'과 130명 이상이 살해된 '11월 13일 파리 테러 사건'과 같은 엄청난 사건을 겪었다. 프랑스는 다른 국가와 비교했을 때 특히 테러의 주요 대상국일 뿐만 아니라, 테러범 다수가 자국민이라는 데 더 놀랄 수밖에 없다. 여기서 자국민이란 우리가 흔히 아는 백인 프랑스인이라기보다는 프랑스 내 무슬림, 더 구체적으로는 알제리계 프랑스인이다.

제2차 세계대전 후 서구 열강의 식민지였던 많은 나라가 독립하기 시작했다. 인도 같은 영국의 식민지는 물론이고, 아프리카 대대수 나라들도 독립의 기쁨을 만끽했다. 하지만 프랑스는 알제리를 독립시킬 생각이 없었다. 오랫동안 식민지 국가였기에 '알제리 없는 프랑스는 생각할 수 없다'라는 사람들이 많았다. 게다가 전쟁 중에 알제리에서 대규모 유전이 발견됐고, 당시 열강이 추구하던 핵무기 실험 장소로 알제리 영토인 사하라 사막만큼 적절한 장소를 찾기가 쉽지 않았다. 때문에 프랑스에게 알제리의 중요성은 오히려 더욱더 커져 갔다. 하지만 알제리는 민족해방전선(FLN)을 중심으로 무장 투쟁에 들어갔다. 이 전쟁에서 프랑스는 대규모 군사력을 파견해 '치안 유지'를 위한다는 명목으로 알제리인을 학살했고, 알제리는 이에 대항하고자 테러를 감행했다.

갈등은 알제리 영토에서만 일어나지 않았다. 1961년 10월 17일, 파리 시내에 야간 통행금지가 내려졌음에도 많은 알제리인이 독립 시위를 감행했다. 평화로운 시위였지만 하룻밤 사이에 1만 5천 명 이상이 구속됐고, 최소 30명, 많게는 200명 이상이 사망하거나 실종당하는 일이 벌어졌다. 알제리인의 분노는 상상 그 이상이었다. 마침내 드골의 결단으로 1962년 3월 알제리는 독립했다. 오랜 염원과 투쟁의 결과 알제리인은 마침내 자신들의 목적을 이루게 되었던 것이다. 하지만 양국 갈등의 역사로 오늘날 알제리인과 주류 프랑스인 사이에는 여전히 상당한 증오심이 내재해 있다.

이러한 상황에서 IS와 같은 테러 단체들이 이들에게 유혹의 손짓을 내밀 경우, 알제리 이민 2세 젊은이들은 유혹을 뿌리치기가 쉽지 않을 수 있다. 이슬람 급진 단체들은 샤를리 에브도 사건에서 보듯이 우선 프랑스 사회에 불만이 있는 자들이 자신과 같은 종교를 믿는다는 점을 이용했다. 즉 샤를리 에브도라는 프랑스 풍자 신문이 표현의 자유를 추구한다는 명분 아래 무함마드를 극단적으로 모욕한 것을 이용한 것이다. 한편 IS는 자신들을 향한 프랑스의 군사 행동을 제국주의적 행위로 비난하기도 했다. 프랑스는 말리 공화국이나 중앙아프리카 공화국과 같은 과거 식민지였던 국가에 이슬람 극단주의자들을 제압하고자 군대를 파견하고 있고, 또 IS 본거지를 공격하려고 유럽 국가 가운데에는 처음으로 공습을 단행했다. 이러한 프랑스의 군사 정책을 반(反)이슬람적이라고 규정하고 프랑스 내 테러를 감행한 것이 2015년 11월 13일 테러 사건이다. 이러한 배경으로 오늘날 프랑스에서는 '이민자=무슬림=아랍인=마그레브인=알제리인=급진 무슬림=테러리스트'라는 등식이 일반적으로 통용된다. 프랑스에서 태어나 공화국 시민 교육을 받았지만, 이들에게 프랑스와 알제리의 역사적 기억의 무게는 생각보다 무거웠다.

chapter 3

이슬람 문화 및 현황

프랑스 내 아랍어 교육

프랑스에서 아랍어의 사용은 그 연원이 매우 오래된 것이 사실이나, 1830년 알제리가 프랑스 식민지가 된 이후 아랍어는 프랑스의 주요 '지역어' 가운데 하나가 되었다. 프랑스에는 현재 약 400만 명 이상이 아랍어를 사용하고 있는 것으로 추정되며, 그렇기에 프랑스에서 제2의 언어로 자리매김한다.

그럼에도 프랑스 교육 현장에서 실제 아랍어 교육은 매우 소홀한 편이다. 현재 프랑스 본토 96개 도(道) 가운데, 45개 도의 공립 중고등학교에서는 아랍어를 전혀 가르치고 있지 않으며, 파리에서조차 아랍어를 가르치는 중학교는 111개 교 가운데 3곳에 불과하다. 더욱이 프랑스 전국 중고등학교에서 아랍어를 선택한 학생은 겨우 6천 명 정도에 불과하다.

이러한 이유로 프랑스의 언어 정책을 생각해 볼 수 있다. 일반적으로 1789년 혁명 이래 특히 강조되어 온 프랑스의 단일 언어 정책은 프랑스 내 지역어와 관련이 있는 정책이다. 하지만 알제리 역시 130여 년의 식민지 통치 기간에 프랑스의 한 지방이었다. 따라서 알제리인의 언어인 아랍어 역시 독립 이전까지 외국어라기보다는 프랑스 내 하나의 '지역어'였던 것이 분명한 만큼, 단일 언어 정책의 대상과 무관하다고 볼 수는 없다. 즉 아랍어도 프랑스 내 다른 지역어와 마찬가지로 프랑스어를 단일한 국어로 만드는 오랜 정책의 희생물이었다고 볼 수 있겠다.

게다가 20세기 들어 미국의 영향력이 커지고 세계화가 진행되면서 영어의 위상이 날로 높아지고, 프랑스어의 위상 또한 위기에 봉착하게 된 것이 아랍어 활성화에도 영향을 미쳤을 것이다. 영어와 프랑스어 간의 경쟁으로 아랍어를 포함한 다른 소수 외국어는 프랑스 내에서 더욱 주변화되었음은 물론이다.

파리 대모스크

제1차 세계대전 동안 수십만 명의 북아프리카 무슬림이 식민 모국인 프랑스의 승리를 위해 전쟁에 참여했을 뿐만 아니라 수만 명이 생명을 잃기까지 했다. 프랑스 정부는 참전한 북아프리카 병사의 충성심에 경의를 표하고자 모스크를 건립하기로 했고, 이를 위하여 프랑스 정부가 일부 비용을 대고, 파리시가 터를 기증해 1926년 7월 16일 마침내 파리 대모스크가 완성되었다. 축성식에는 프랑스 대통령 가스통 두메르그와 모로코 술탄 물레 유세프가 참석했다. 프랑스 대통령은 프랑스인과 무슬림의 피로 맺은 우정을 강조했고, 공화국은 모든 신앙을 존중한다는 메시지를 전했다. 하지만 건립에 대한 프랑스 정부의 재정 지원을 두고 프랑스 가톨릭의 반발이 매우 심했다. 프랑스 정교분리법(1905)에 따르면, 국가나 지방 자치 단체는 특정 종교에 재정을 지원할 수 없기 때문이다.

파리 대모스크는 프랑스 수도권에 처음 세워진 모스크이다. 그 운영에 대해서는 처음에 모로코 왕이 후원했지만, 1957년 프랑스 외무 장관이 이를 알제리에게 맡겼다. 모스크 크기는 총 $7,500m^2$이며, 기도실, 학교, 도서관, 회의실, $3,500m^2$의 아랍식 정원, 식당 등 부속 건물로 구성되었다.

아랍 세계 연구소

아랍 세계 연구소는 아랍 세계의 이해를 위한 파리의 문화 공간이다. 파리 5구의 센강 가에 위치하며, 거장 장 누벨이 아랍 문화와 서양 문화의 조화를 시도해 설계한 프랑스의 대표적 건축물이다. 강철과 유리로 만들어진 기하학적 형태의 랜드 마크로 그랑 루브르, 라데팡스 개선문, 국립 도서관, 바스티유 오페라와 함께 프랑수아 미테랑 대통령의 대표적 업적 가운데 하나로 평가받는다.

이 연구소는 약 10만 권의 장서를 보유한 도서실, 500점의 컬렉션을 가진 갤러리, 정보 센터, 아랍 세계 텔레비전, 400석을 수용할 수 있는 강당과 식당, 서점 등으로 이루어져 있으며, 아프리카와 중동 상당수 국가를 식민지로 지배한 경험이 있는 프랑스가 자국의 아랍 문화에 대한 방대한 지식을 이 연구소에 담았다고 할 수 있다. 이 연구소는 프랑스를 포함한 아랍 연맹 모두가 후원하는 재단에 의해 운영되고 있다.

프랑스 내 이슬람 조직

니콜라 사르코지가 내무부 장관이었던 2003년 이래 프랑스의 다양한 무슬림 공동체를 제도적으로 일원화함으로써 정부와 이슬람 대표체 간에 대화로 여러 갈등을 해결하려는 시도가 있었다. 그 결과 프랑스의 무슬림을 대표하는 프랑스이슬람위원회가 성립됐다. 이 조직은 프랑스 내에서 히잡 착용과 관련된 라이시테 문제가 한창 쟁점이 되자 정부가 나서서 모스크별로 사분오열되어 있는 이슬람 단체들에게 하나의 대표체를 구성하게 해 만든 조직이다. 하지만 각 모스크 입장에 따라서는 프랑스 정부가 수립을 주도한 이 단체를 정부의 들러리 역할을 하며 '프랑스의 이슬람'을 추구하는 단체일 뿐이라고 비판적 시각을 보이기도 한다.

이렇게 조직된 프랑스이슬람위원회는 프랑스 내 다양한 무슬림 단체를 대표한다. 내부에는 프랑스 정부와 원활한 관계를 유지하는 전국 프랑스무슬림연맹이나 파리 대모스크 같은 보수적인 단체부터, 프랑스이슬람조직연합처럼 상대적으로 급진적인 단체들도 일정 지분을 유지하고 있다. 하지만 급진적인 단체들은 상대적으로 소수파를 형성하고, 보수적인 단체들이 주도권을 잡고 있는 판국이다. 물론 지역에 따라서는 급진 단체들이 다수파를 차지한 경우도 있지만, 프랑스이슬람위원회를 대표하는 목소리를 내는 데는 한계가 있다. 그 결과, 프랑스 무슬림 전체에서는 '프랑스의 무슬림', 즉 프랑스 사회에 동화된 세속화된 무슬림의 목소리가 대세를 이루고 있다. 조직 성립부터 관여해 온 프랑스 내무부는 프랑스의 무슬림 정책에 대한 프랑스이슬람위원회의 우호적 태도에 많은 관심을 갖고 있으며, 프랑스 내 무슬림이 프랑스 내 유대인, 프로테스탄트처럼 진정한 프랑스인으로 거듭나기를 바라고 있다.

프랑스 내 대표적 이슬람 지역

프랑스 내 무슬림 수는 프랑스 총인구의 6~8% 정도이다. 하지만 이민자들이 프랑스에 전국적으로 고르게 분포되어 있지 않다는 점 때문에 프랑스 내 무슬림이 상당히 많다는 느낌을 준다.

이들은 대체로 임대료가 저렴한 지역인 파리, 마르세유, 리옹, 릴 등의 근교, 즉 방리유(banlieue)라 불리는 주요 대도시 주변에 거주한다. 이러한 지역에 무슬림 주민이 집중적으로 모여 사는 것은 그들이 매우 빈곤한 상황에 처해 있다는 것과 무관하지 않다. 구체적으로는 파리 근교의 망트라졸리와 사르투르빌, 마르세유 근교의 브리카르드 카스텔란느 플랑 두, 리옹 근교 보 앙 블랭 등을 예로 들 수 있다. 특히 다른 프랑스 도시들보다 북아프리카 해안과 더 근접한 마르세유의 경우는 대략 20만 명 이상으로, 이는 시 전체 인구의 4분의 1에 근접한 수치이다. 라 브리카르드의 경우는 거주자 85% 이상이 마그레브에 뿌리를 두고 있는 사람들로, 2천 명 이상의 무슬림 이민자 2세대인 뵈르가 거주하고 있다. 이처럼 특정 지역에 다수의 무슬림이 모여 사는 것은 이슬람 혐오주의의 확산에도 일조할 수 있는 요인이 된다.

미국

캐나다

아메리카 America

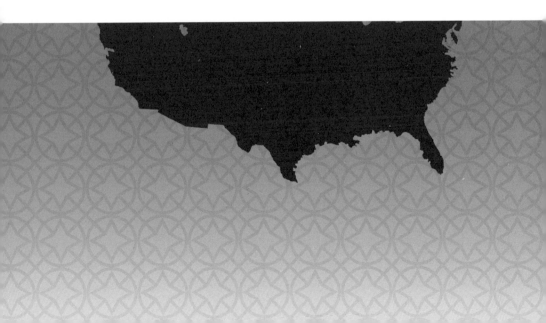

1
미국

민병화 CCUSA Korea

워싱턴 D. C.

■ **국가 개황**

· 국명: 미합중국(United States of America)

· 국가 체제: 연방 공화제

· 언어: 영어

· 인구: 326,766,748명(유엔, 2018)

· 종교 분포: 이슬람교 0.6%, 기독교 54.6%, 가톨릭 23.9%, 유대교 1.7% 등

■

미국은 주 50개와 특별구 1개로 이루어진 연방제 공화국이다. 태평양 하와이 주를 제외한 모든 주와 수도인 워싱턴 D.C.는 북아메리카에 있으며, 북으로는 캐나다, 남으로는 멕시코와 국경을 접한다. 북서에 있는 알래스카주는 캐나다와 베링해 사이로 러시아와 마주한다. 태평양과 카리브해에도 해외 영토를 다수 보유해 총면적 기준으로 세계에서 세 번째로 넓고, 인구도 세 번째로 많은 국가다.

미국은 세계 각국에서 온 수많은 이민자가 다양한 공동체를 이루며 섞여 있는, 세계에서 가장 대표적인 다인종, 다문화 국가이다. 총인구는 2016년에 약 3억 231만 명이며, 경제는 2016년 GDP가 18조 6천억 달러, 1인당 국민 소득은 5만 7천 달러로 세계 일류 국가이다.

　이슬람이 북미 대륙에 전해진 것은 미국 역사에 비해 훨씬 오래전 일이다. 이슬람 전래 초기부터 미국은 이슬람 국가들과 아주 친밀하고 우호적인 관계를 이어 왔다.

chapter 1

종교 성향이 높은 미국 역사와 이슬람

아메리카 대륙에는 아시아 대륙에서 기원한 것으로 보이는 원주민이 오랜 세월 살아왔으나 유럽 식민지 시대 이후 전쟁과 질병으로 그 수가 급감했다. 1620년, 영국의 종교 박해를 피해 네덜란드에 가 있던 청교도 일파가 신앙의 자유를 찾아 메이플라워호를 타고 지금의 매사추세츠주에 상륙했다. 대서양 연안에 세워진 초기 13개 식민지 주들은 1775년 5월에 영국과 독립 전쟁을 벌였고, 1776년 7월 4일 〈독립 선언서〉를 발표하고 민족 자결의 원칙과 권리를 바탕으로 연맹체 국가를 성립했다.

미국은 세계 어느 나라보다 새로운 종교에 비옥한 토양을 제공했다. 국가 구성원인 국민의 종교 문제에 관여하지 않는다는 전통 때문에 미국은 해외에서 유래한 여러 종교의 안식처가 되었다. 법을 어기지 않는 한 사교와 그 신도의 신앙과 행위에 별다른 제재나 간섭이 없다. 따라서 종교적 편견이 없으며, 여러 종교가 공동으로 참여하는 화합과 협력 정신이 보편화되어 있다. 미국에서 가장 큰 논쟁을 불러일으키는 종교의 한 측면은 정치에서의 역할이다. 종교적 보수주의자과 근본주의자가 힘을 합쳐 '기독교 우익'이라는 강력한 정치 운동 세력을 형성했다. 이들의 목표는 법이나 헌법의 수정을 통해 낙태 허용과 공립 학교에서의 기도 금지라는 대법원 결정을 뒤집는 것이다. 기독교연합 총재를 역임한 랠프 리드는 1996년 공화당 전당 대회에 참석한 대의원 중 3분의 1이 기독교연합이나 비슷한 보수적 성향의 기독교 단체 소속이라고 주장한다. 이는 종교의 정치 개입 사건이 증대하고 있음을 우려하는 소리인 것이다.

자신들의 종교적 신념을 공개적으로 선전하는 단체도 있지만, 대다수 미국인에게 종교는 일상적인 대화에서 거의 논의되지 않는 개인적인 문제다. 절대 다수의 국민은 스스로가 선택한 방식으로(전통적인 종파의 일원으로서, 특정 종교와 무관한 회합에 참여함으로써, 또는 종교 단체에 참여하지 않는 개인으로서) 조용히 신앙생활을 한다. 어떤 식으로 신앙을 믿고 지키든 미국인은 종교적인 국민이라고 해도 무방하다.

놀라운 무슬림 인구 증가

미국에는 약 330만~800만 명의 무슬림이 있다. 자료의 출처에 따라 큰 차이가 나지만 총인구의 0.6~1% 정도 점한다. 이는 일반의 예상을 크게 상회한 것이다. 아직은 소수 종교로 분류되지만, 무슬림의 증가 폭과 개종 이유를 볼 때 예사롭지 않다. 무슬림 증가 현상은 이주민이 크게 늘어난 1860년대부터 나타났다. 주로 시리아와 레바논으로부터 온 난민이었다. 20세기에 와서도 계속 늘어났는데, 이는 무슬림의 높은 출생율과 아랍과 동남아계 이민자 때문이다. 또한 부모가 믿는 신앙적 전통을 거부하던 신세대의 개종이 매년 증가하고 있기도 하다. 무슬림의 증가 현상은 미 국무성이 발표한 영주권 수혜자 추이에서도 나타난다. 즉 이슬람 국가에서 온 사람 가운데 영주권 수혜자는 2005년 9만 6천 명에서 2009년에는 11만 5천 명으로 늘어났고, 해마다 증가하는 추세를 보인다.

미국 사람이 이슬람으로 개종하는 경우가 근래 많이 나타나는데, 개종의 양상과 이유는 다음과 같다. 첫째, 백인 우월 사상에 대한 반기로 나타난 증오와 분노의 표시이다. 분리주의를 주장하는 이슬람민족(NOI) 소속 아프리카계 미국인도 모든 민족은 평등하다는 보수 성향의 정통 이슬람을 받아들인다. 전후 순서는 다르지만 NOI 활동의 노력으로 이슬람으로의 개종이 이루어지고 있다. 둘째, 기독교에 대한 실망에서 비롯된 외면이다. 기독교는 예수가 무기력하게 십자가에 달린 힘없는 여자의 종교로 남자들은 참석하지 않으며 책임을 지지 않는 종교로 인식하고 있다. 셋째, 아프리카계 미국인 다수가 넘지 못한 벽, 즉 기독교는 백인의 종교이고, 이슬람은 흑인의 종교이라는 오해와 편견 때문이다. 넷째, 노예 무역을 주도한 기독교도 미국인에 대한 반감과 역사적 책임을 묻고 있기 때문이다. 노예들은 미국으로 끌려와서도 다른 종교로 개종하지 않고 무슬림으로 남아 정체성의 근원인 이슬람을 다시 찾고 있다. 다섯째, 미국 교도소에서 전도, 교화되는 경우다. 확실하고 분명한 신앙생활 자세와 남성성, 형제애 등은 교도소에 수감되어 있는 사람에게 매우 강력한 매력으로 작용했다. 2005년 〈뉴욕 타임스〉에 의하면 이슬람권 국가로부터의 이민자 수가 크게 증가하면서 연방, 주에 이어 소도시 교도소에서 이슬람 전도가 확대됐다. 2003년도 재소자 35만 명이 비무슬림으로 교도소에 들어왔는데 이 중 80%가 이슬람으로 개종했다. 대부분 아프리카계 미국인과 남미 출신 재소자였다. 교도소에서 전향된 무슬림은 테러와 연관된 해외 이슬람 과격 분자들과 연계되어 있다는 의심 대상이 되기도 한다. 여섯째, 무슬림과 결혼한 비이슬람권 여성들의 개종이다. 최소한 150만 명에서 200만 명에 이르는 유럽계 미국인 여성들은 무슬림 남성의 강한 인상에 매료되어 결혼과 함께 무슬림이 된다. 일곱째, 자신의 종교 문제로 개종한 경우다. 이들은 주로 무슬림의 끈끈한 형제애, 성스러운 전쟁(이교도와의 싸움을 통한 천국 입국 보장을 믿음), 진한 가족애 정신, 수피 신비주의, 무슬림의 열정 등에 매료되어 개종을 결심하는 경우이다.

무슬림은 현재 뉴욕, 로스앤젤레스, 워싱턴 D.C., 디트로이트, 덴버 등 대도시를 중심으로 크고 작은 공동체를 형성하여 살고 있다. 이슬람 성원은 1910년대에 아이오와주 시더래피즈에 처음 세워졌다. 2011년 미 전역에 약 2,106개의 모스크가 있는데, 뉴욕주(257개), 캘리포니아주(246개), 텍사스주(166개), 플로리다주(118개), 일리노이주(109개), 뉴저지주(109개) 순으로 많이 있다. 또한 약 400여 개의 이슬람 학교와 이슬람 단체, 20만 개의 무슬림이 운영하는 사업장과 80여 종의 출판 매체가 무슬림 소유로 운영되고 있다.

유구한 미국의 이슬람 역사

미국 이슬람이 크게 발전하기까지 많은 무슬림이 음양으로 미국 역사와 사회 발전에 기여했다. 여러 분야에 걸쳐 무슬림은 중요한 역할을 담당했고, 이슬람의 발전에 공헌했다. 이들 중에는 크리스토퍼 콜럼버스가 신대륙을 발견한 시점보다도 300년 전에 미 대륙 내부 깊숙한 곳에 도달하고자 미시시피강을 거슬러 올라간 개척자와 탐험가가 있다. 미국 이슬람 역사와 관련된 주요 장면과 인물들을 살펴보면 다음과 같다.

신대륙과 무슬림

유럽인이 신대륙을 개척하기 훨씬 전인 1178년, 중국 송 왕조(960~1279) 자료에 무슬림 뱃사람 이야기가 등장하는바, 미국으로 알려진 곳까지 여행한 기록이 바로 《코탄 지도자들》(1933)로, 미국에 관한 자료로서는 최초이다. 1300년대에도 아프리카 말리 왕국 무슬림 아부바크르의 신대륙 항해 기록이 있으며, 1312년에는 만딩가 출신 무슬림이 미시시피강을 따라 미 대륙 내륙까지 탐험하고자 멕시코만에 도착한 일도 있다.

1530년, 아프리카 노예 천만 명 이상이 강제로 미국으로 잡혀 왔다. 이들은 주로 풀라니, 푸타잘론, 푸타토로, 마시나 등 서부 아프리카 지역 출신으로, 미국 경제에서 중요한 역할을 한 노예 중 30% 이상이 무슬림이었다. 1539년에는 모로코 무슬림 에스테바니코가 판필로 데 나르바에스와 함께 플로리다에 도착했는데, 에스테바니코는 미 대륙 횡단 기록을 가진 3인 중 첫째 인물이며 애리조나주와 뉴멕시코주를 개척한 인물이기도 하다.

무슬림의 정착

1732년, 메릴랜드의 무슬림 노예 아유브 빈 술레이만 잘론이 조지아주 개척자 제임스 오글소프로부터 해방된 후 영국을 거쳐 1735년에 고향인 갈럼보 분다에 도착한 첫 아프리카 노예 귀환자가 되었다. 1790년엔 스페인 무어 무슬림이 사우스캐롤라이나주와 플로리다주에 정착했다. 1807년 아프리카계 무슬림 노예인 야로우 마무트는 워싱턴 D.C.에서 해방된 후 미국 제2의 공인 은행인 컬럼비아 은행의 최초 주주가 됐다. 그는 128세까지 장수했는데, 그의 초상화 두 점이 펜실베이니아의 역사 학회와 워싱턴 D.C.의 조지타운 공공도서관 내 피바디 실에 각각 소장되어 있다.

　1815년, 흑인 폴 커피는 노예 신분에서 벗어난 후 '아프리카로 돌아가자'라는 운동을 전개하면서 시에라리온에 작은 무슬림 공동체 건설 사업을 지원했다. 1828년에 조지아 농장에 노예로 팔려온 서아프리카 왕자 출생 압둘 라흐만 이브라힘 이빈 소리는 존 퀸시 애덤스 대통령과 헨리 클레이 국무장관의 특별 명령에 의해 자유의 몸이 된 뒤 '노예들의 왕자'로 널리 알려졌다. 그의 초상화는 미국 국회 도서관에 걸려있고, 그의 생애에 관한 문서도 잘 보존되어 있다. 1839년, 오만 통치자 사이드는 미국과의 무역을 위해 선박 술타나호를 파견했다. 1840년 4월 30일, 배는 뉴욕항에 기착해 양국 간 친선 우호 협력의 장은 열었지만, 상업적 성과는 없었다. 1856년, 미 기병대가 애리조나주에서 낙타 사육 가능성을 실험하기 위해서 무슬림인 하지 알리를 고용한 기록이 남아 있다. 1865년 남북 전쟁이 종식되자 전쟁 시 북군의 초토화 정책으로 교회, 농장, 학교, 도서관, 대학교 및 기타 건물과 시설 대부분이 파괴됐다. 4월 4일 아침, 연합군이 대학을 파괴하려고 학교에 도착했을 때 현대어학 교수와 도서관 사서 두 사람이 대학 도서관을 파괴하지 말라고 지휘관에게 간곡하게 부탁했다. 이에 지휘관은 이들의 간청을 듣고 부관을 크록톤 장군에게 보내지만 승낙을 받지 못했다고 한다. 지휘관은 "내가 이런 사실을 기억하기 위해서 책 한 권을 보관한다."라고 말했다는데, 이 책이 바로 전후 앨라배마 대학 사서들이 파괴된 도서관 건물에서 찾아 낸 꾸란 희귀본이다. 현재 희귀본 자료관에 소장되어 있다.

　1870년도에는 감리교 선교사 노만 목사가 이슬람교로 개종하는 사건이 일어났으며, 1889년에는 저명한 학자이며 사회 활동가인 에드워드 W. 블라이든이 미 대륙 동부와 남부 지역으로 이슬람 선교 활동을 갔는데, 이때 시카고에서 열린 한 식민지 학회에서 아프리카인이 기독교 대신 이슬람을 선택하는 이유에 대해 '아랍인과 유럽인이 있는 자리에서 흑인들이 자기 경멸을 하지 않도록 꾸란이 도와주는 종교라는 확신 때문이다'라고 했다. 1893년에는 백인 미국인 모함마드 알렉산더 러셀 웹이 이슬람으로 개종하고 미국이슬람포교운동(AIPM)을 창단했다. 같은 해 9월 20~21일 개최된 제1회 세계종교회의에서 그는 〈이슬람 정신〉과 〈이슬람이 사회에 끼친 영향〉이라는 주제로 특강을 했다.

개종과 확산

1908년에 들어와 오스만 제국의 아랍 속주(시리아, 레바논, 요르단 등) 출신 터키인, 쿠르드인, 알바니아인, 아랍인 무슬림이 북미로 대거 이주하면서 무슬림 이주민 공동체가 형성됐다. 1913년에는 '귀인 드루 알리'라는 별칭이 있는 노스캐롤라이나 출신 티머시 드루는 뉴저지주 뉴왁에 미국무어인학문전당(MSTA)을 설립해 활동했다. 그는 모로코 술탄의 명을 받아 아프리카계 무슬림의 계몽과 이슬람 교육에 착수했는데, MSTA는 흑인의 이슬람 개종에 큰 역할을 했다. 1915년에는 알바니아 출신 무슬림이 메인주에 마스지드를 건설하고 이슬람연합회를 구성한 데 이어 1919년에는 코네티컷주에 또 다른 마스지드를 건설했다. 이 두 지역의 연합회가 미국의 이슬람연합회 가운데 가장 오래된 단체로 남아 있다. 1920년에는 국제적십자사를 본보기로 무슬림 자선 단체인 국제적신월본부가 디트로이트시에 설립됐고, 1921년 무프티 무함마드 사디크 박사가 아흐마디야 운동의 지부를 설치했는데 수많은 아프리카 미국인이 이 운동을 통해서 이슬람으로 개종했다.

1926년, 마커스 가비에게 상당한 영향을 받은 두세 무함마드 알리가 범세계니그로발전협회(UNIA)를 디트로이트시에서 창설했다. 이 조직은 '하나의 신, 한 목적, 한 운명'이라는 표어 아래 미국 내 흑인의 단합 및 흑인을 아프리카에 독립 국가를 세워 돌려보내는 활동을 했다. 같은 해에 폴란드어를 구사하는 타타르계 무슬림이 뉴욕시 브루클린에 모스크를 건설했다. 1930년 펜실베이니아주 피츠버그에 모스크가 세워진 뒤 미국 내 이슬람 공동체는 급속히 확산되었다. 그 여세로 1933년 미국 무슬림 역사상 가장 중요한 조직으로 꼽히는 이슬람민족(NOI)을 창설해 아프리카계 미국인을 상당수 개종시켰다. 아프리카계 미국인들은 이 조직을 통해 효과적으로 노예 제도와 인종 분리주의에 대응했다. NOI의 중심 철학은 1933년에 사라진 무슬림 신비주의자 파르드 무함마드가 미국에 처음 전파한 것으로, 파르드를 계승해 기초를 다진 엘리야 무함마드는 흑인에게 자유롭고 완전한 인권 의식을 심어 주고자 이슬람 기치를 내걸었다. 그는 흑인의 심성에 천부적으로 이슬람 정신이 있으며, 이것이 실종된 흑인성을 되찾는 길이라고 역설하며 아프리카인 특유의 운동으로 승화시켰다. 아프리카계 미국인 가운데 이 운동의 초기 열성분자로 가장 유명한 사람은 세계 헤비급 권투 선수 무함마드 알리와 엘 하지 말리크 엘 샤바즈(맬컴 엑스)인데, 이들은 나중에 정통 이슬람을 받아들였다.

1934년 레바논에서 이주해 온 무슬림 공동체는 아이오와주 시더래피즈에 마스지드를 건립했다. 셰이크 다우드의 주도하에 1939년에는 이슬람 전도협회가 뉴욕에 설립됐다. 1952년, 군복무 중인 무슬림이 종교적 신분을 인정받고자 연방 정부에 법적 탄원서를 냈는데, 당시 이슬람은 군에서 합법적인 종교로 인정되지 않았다. 1955년 셰이크 다우드 아흐마드 파이잘이 뉴욕시 중심가에 마스지드를 건립했다. 이 건물은 현재에도 건재하며, 미국 무슬림 공동체 역사와 발전에 각별한 의미를 갖고 있다. 바로 이곳에서 이슬람 세계 운동이 싹튼 것이다. 1960년도에는 NOI가 세운 이슬람 대학이 크게 성장하면서 흑인을 위한 흑인 무슬림 자조, 자립정신을 강조하자 백인에 대한 위협으로 간주되기 시작했다.

1962년, 아프리카계 미국인 무슬림 공동체 중 또 하나의 중요한 단체인 이슬람세계운동이 탄생했다. 이 단체는 1982~1983년 문을 닫을 때까지 정통 이슬람의 계승과 발전 그리고 실천에 큰 영향을 미쳤다. 1962년, 무슬림 주간지 〈무함마드 가라사대〉가 창간됐다. 이 신문은 독자 수가 80만 명에 이르는 소수민 대상 주간지로, 〈빌라리안 뉴스〉, 〈The A. M. Journal〉로 이어져 오다가 현재는 〈무슬림 저널〉로 남아 있다. 1963년에는 미국으로 유학 온 무슬림 학생들을 지원하는 무슬림학생연합회(MSA)가 설립됐는데, 현재 MSA는 전국에 100개 이상의 지부를 갖고 있다. 1965년, 맬컴 엑스가 뉴욕에서 암살됐다. 그는 미국 이슬람 역사상 가장 상징적인 인물로, 아프리카계 미국인과 다른 억압받는 사람들의 정의와 평등을 위해 싸운 행동하는 인권 운동가로, 흑인과 흑인 무슬림의 절대적 지지를 받았다. 1967년은 제3차 중동 전쟁으로 팔레스타인 난민들이 대거 미국으로 이주한 해였다.

1968년에는 하마스 압둘 카리스가 하나피 운동을 시작했다. 하나피파 본부는 뉴욕에 있다가 워싱턴 D.C.로 이전했는데 회원 수는 1천 명 이상이었다. 유명한 농구 선수 카림 압둘 자바도 이 운동에 가담한 후 이슬람으로 개종했다. 1977년, 카리스와 그의 추종자들은 컬럼비아 빌딩을 둘러싼 거리 세 개를 점거하고 30시간 이상 인질극을 벌이다가 한 명을 살해했다. 그들은 현재 워싱턴 D.C.에서 복역 중이며, 형량은 41년에서 120년에 이른다.

1971년과 1972년에는 각각 '무슬림 과학자와 공학자협회(AMSE)', 무슬림 사회과학자협회(AMSS)가 설립됐다. 1975년, 엘리야 무함마드가 서거하자 그의 아들 와리스 딘 무함마드가 NOI 지도자로 추대됐다. 와리스는 NOI를 폭넓은 이슬람의 일반적 개념에 접목하는데 공헌했으며, 현재 미국에서 가장 유명한 무슬림 대변자 중 하나이다.

무슬림의 이주

한편 이란 이슬람 혁명(1979)을 전후해서 이란 무슬림이 대규모로 미국으로 이주했다. 1981년에는 최초의 이슬람 도서관이 인디애나주 프레인필드에 건립되었다. 1982년 이스라엘의 레바논 침공 이후 레바논 난민들이 미국으로 이주했고, 인도와 파키스탄 등지에서도 교육 전문가들이 많이 이주했다. 미국에서 이슬람과 여러 이슬람 단체들을 총괄하는 핵심 조직인 북미이슬람학회(ISNA)가 인디애나주 프레인필드에서 창립됐다. 1986년, AMSS와 이슬람사상국제연구소 창설자 이스마일 알 파루키 박사와 그의 부인이 필라델피아 교외에 있는 그들의 집에서 살해됐다. 1990년, 미국 무슬림위원회가 주관해 '무슬림은 인종 차별을 반대한다'라는 주제로 제1회 무슬림 결속 대회가 개최됐다. 남아프리카 공화국의 인종 차별 정책에 대한 무슬림 반대 의사를 투쟁으로 지원한다는 것이다.

1991년에는 걸프 전쟁 전후 이라크에서 박해받던 쉬아파 무슬림이 대거 이주해 왔으며, 시라즈 와하즈 이맘이 미국 하원에서 최초로 개회식 기도를 했다. 같은 해에 군무슬림회원조직(MMM)이 '제1회 제복 입은 사람들의 융합'이란 주제로 워싱턴 D.C.에 있는 보일린 공군 기지에서 대회를 개최했다. 미 국방성에 따르면 현역 장병 가운데 5천 명 이상이 이슬람을 종교로 믿고 있다. 또한 이해에는 찰스 비랄이 텍사스에서 첫 무슬림 시장으로 당선됐다. 1992년 와리스 딘 무함마드 이맘이 미 상원에서 기도드리는 등 미국 사회 전반에 걸쳐서 무슬림의 활동과 역량이 커져 가는 양상을 보이고 있다.

chapter 2

다양한 이슬람 문화

미국 무슬림은 그들 나름의 다채로운 문화를 형성하며 코미디 그룹, 랩 그룹, 스카우트, 잡지와 같은 언론 형태로 의견을 나타내는 동시에 정체성을 찾아 잇고자 노력하고 있다.

무슬림 공동체는 독특한 전통적, 문화적 여러 요소로 구성되어 있다. 일반적으로 순니 무슬림이 주류를 이루지만, 이란 이민자 공동체의 쉬아 무슬림도 공동체의 여러 활동과 사업에 상당히 적극적이다. 공동체에는 4개의 주요 이슬람 법학파가 존재하며, 살라피 운동, 무슬림형제단, 굴렌 운동과 타브리기 자마 등에서 활발히 활동하고 있다. 매년 12월 많은 무슬림 미국인은 기독교 공휴일인 크리스마스를 함께 축하하며 즐긴다.

최근 미국 공공 기관은 날로 증가하는 무슬림의 종교적 의무, 편의 시설을 확대하고 있다. 인디애나폴리스 국제공항, 피닉스 스카이 하버 국제공항, 캔자스시 국제공항에 세정(우두) 편리 시설을 마련했을 뿐만 아니라 공항 택시 기사들이 안전하고 위생적으로 세정식을 하고 예배할 수 있는 예배 공간도 배려하고 있다. 덴버 국제공항은 1996년에 완성된 건축물 일부를 반대를 무릅쓰고 모스크로 활용할 수 있도록 허가한 바 있다. 군대에서는 무슬림 병사의 예배를 위해 장소뿐만 아니라 이슬람 정훈 장교를 파견해 지원하고 있다. 2005년 5월 현재 미국에는 무슬림 1만 5천 명이 군에 복무 중이다. 1990년대 초 걸프 전쟁 직후 병영에서 이슬람 전도가 크게 이루어져 약 3천 명의 미국인이 이슬람으로 개종한 것으로 나타났다. 재소자 선교 활동으로 약 30만 명이 이슬람으로 개종했고, 매년 재소자 중 개종자는 평균 3만 5천 명에 달한다.

chapter 3

무슬림의 삶과 당면 과제

미국 무슬림의 성장과 갈등

미국 무슬림의 생활 수준은 좋은 편이다. 남아시아인 중 특히 파키스탄계 무슬림 미국인은 교육과 수입에서 미국 중산층 평균 소득보다 높다.

미국 무슬림의 종교적 활동과 삶의 모습은 보통 모스크를 중심으로 이루어진다. 전국에 산재한 2,106개의 이슬람 성원 숫자가 이를 잘 나타낸다. 모스크를 중심으로 행해지는 종교 기능과 사회 활동은 사회적 기여로 평가되기엔 아직 미흡한 편이다. 그러나 해결되지 않는 이슬람에 대한 오해와 편견을 해결하고자 초청 강좌나 세미나를 적극 개최하고, 일반 미국인에게 다가가 필요한 도움을 주려고 노력하고 있다.

미국에서 이슬람교 전파는 타 종교에 비해 빠른 편이다. 이미 기독교 감리교도의 신자 영입 수를 능가해 매년 13만 5천 명가량의 새로운 신자가 모스크를 찾고 있다. 이는 모스크당 평균 30퍼센트 정도의 개종자가 생긴다는 것인데, 이들 대부분이 다른 종교에서 이슬람으로 개종한 경우라는 사실에 주목할 필요가 있다. 군과 교도소 전도에 있어서도 큰 변화가 있다.

미국 무슬림의 급속한 성장세 속에 그들 나름대로의 고민과 문제도 없지 않다. 미국 사회에서 아메리칸드림의 실현과 무슬림으로서의 정체성 사이에서 무슬림은 혼란과 갈등을 겪고 있다. 즉 이슬람의 전통 가치와 새로운 미국 가치와의 동화 또는 조화에서 파생된 문제, 무슬림이 안고 있는 정체성 혼란 문제와 특징을 보면 다음과 같이 요약된다. 첫째, 반이슬람 정서이다. 이슬람에 대한 편견과 무지, 미국적 가치 중심의 일방주의와의 갈등 등이 문제로 대두된다. 둘째, 강력한 카리스마와 지도력을 겸비한 지도자 부재로 인한 문제이다. 이슬람의 가치와 현실 세계를 조화시키고, 공감대를 이끌어 내고, 뚜렷한 비전을 제시할 지도자가 없음을 아쉽게 생각하고 있다. 1960년대 중반 아프리카계 무슬림이 추종했던 맬컴 엑스와 같은 탁월한 지도자를 찾고 있다. 셋째, 아프리카계 흑인 무슬림과 이민 그룹 무슬림 간의 갈등과 연대감 부족을 들 수 있다. 이들은 9.11 테러나 팔레스타인 문제를 보는 태도에서 서로 다른 모습을 보인다. 미국 무슬림의 정체성과 관련해 가장 중요한 특징은 출신 국가와 종파, 직업과 세대, 인종, 문화적 배경의 차이로 발생하는 신앙과 종교적 의례에서의 다양성 문제이다. 이러한 차이로 생기는 부담을 감당하기 어려운 경우가 많은데다가 이를 극복하고 해결하는 방식도 다르다.

이와 같이 여러 그룹 간에 많은 문제점과 제한이 있지만, 각 그룹은 나름대로의 상황에 적절한 방식으로 정체성을 찾으며 조화, 이해, 협력과 적응력 등으로 대응하고 있다. 9.11 이후 무슬림은 나름대로 정체성 확립과 더불어 미국 이슬람의 발전을 위해 더욱 열정적으로 노력하고 있다.

9.11 이후의 삶

미국과 사회 전반에 엄청난 충격과 변화를 동시에 가져오게 한 9.11 사건 이후 어쩔 수 없이 심정적 가해자가 된 미국 무슬림의 위상과 삶의 방식에서 여러 변화가 감지되고 있다. 미국 무슬림 인구의 다수를 점하는 이민 2세 젊은 무슬림 전문가 집단은 조국 미국에 대한 애국심과 함께 미국적 사고와 이해관계를 자신과 동일시하는 것이 자연스러운 현상이 되었다. 그 결과 미국과 이슬람 국가와의 관계에서 미국을 설득하고자 하는 젊은 무슬림의 조직적인 노력도 본격화되고 있다. 미국인으로서 미국적 가치에 대한 애국적 입장과 자신의 뿌리인 이슬람 세계에 대한 종교적 연대감 사이에서 올바른 선택을 종용받고 있다.

2
캐나다

박현도 명지대학교 중동문제연구소

오타와

■ 국가 개황

· 국명: 캐나다(Canada)

· 국가 체제: 입헌 군주제

· 언어: 영어, 프랑스어

· 인구: 36,953,765명(유엔, 2018)

· 종교분포: 그리스도교 67.3%, 이슬람교 3.2%, 힌두교 1.5%, 시크교 1.4% 등

■

캐나다는 영연방 국가로, 형식상 영국 여왕을 받드는 입헌 군주국이다. 여왕을 대신해 총독이 명목상 국가수반이고, 양원제 의회를 운영하는 연방제 내각 책임제를 채택하고 있다. 실질적인 국가수반은 총리로, 하원 다수당 당수가 맡는다.

캐나다라는 말은 원주민인 이로쿼이족의 말로, 마을을 뜻하는 '카나타(kanata)'에서 유래했다. 16세기에 본격적으로 캐나다를 탐험하고 식민지화한 유럽인이 이 말을 쓰면서 국호로 정착됐다. 프랑스인이 먼저 캐나다에 진출해 식민지를 건설했으나 7년 전쟁(1756~1763)에서 영국에 패배한 뒤 캐나다는 영국령이 되었다. 그러나 프랑스 언어와 문화를 인정해 오늘날까지 캐나다는 영어와 프랑스어가 공용어다. 대표적인 프랑스어 문화권은 퀘벡주이며, 수도 오타와는 영어권과 프랑스어권의 중간 지역이다.

북아메리카 대륙 북부에 넓게 자리 잡은 총면적 9,984,670㎢의 대국 캐나다는 러시아 다음으로 세계에서 두 번째로 너른 영토를 지닌 국가다. 10개 주(州)와 3개 준주(準州)로 구성됐으며, 남쪽으로 미국, 동쪽으로 태평양을 사이에 두고 아시아, 서쪽으로 대서양을 경계로 유럽과 마주보고 있다. 캐나다와 미국을 가르는 국경 길이는 무려 8,890㎞에 달하며, 사실상 캐나다 인구 대다수가 미국과 인접한 지역에 살고 있다.

한편 2011년 캐나다 통계청에서 발표한 인구 조사에 따르면, 종교를 지닌 사람이 76.1%이고, 무종교인이 23.9%다. 전 국민의 67.3%는 그리스도인이고, 그리스도교 중에 가톨릭이 58%를 차지해 전 국민 대비 39%에 이른다. 프랑스어권인 퀘벡 주민이 가장 많다. 이슬람은 그리스도교 다음으로 신자가 많다. 무슬림 수는 약 105만여 명으로 인구 대비 3.2%를 차지하며, 남성(54만 명)이 여성(51만 명)보다 조금 더 많다. 현재 캐나다 상원 의원 105명 중 1명, 하원 338명 중 4명이 무슬림이다. 무슬림 의원 비율은 1.1%로 무슬림 인구 비율인 3.2%에는 미치지 못한다.

'인종 용광로(Melting Pot)'인 미국과 달리 '문화 모자이크(Cultural Mosaic)' 국가로 이민자에 훨씬 우호적인 캐나다는 다양한 배경을 지닌 이민자를 존중해 그들의 문화를 있는 그대로 수용하려는 다문화 정책을 취하고 있다. 따라서 이주해 온 무슬림이 서구 그 어느 나라보다도 더 자유롭게 정착해 공동체를 이루고 있다.

chapter 1

캐나다의 이슬람 역사

최초의 무슬림

캐나다에 처음으로 정착한 무슬림은 스코틀랜드 출신 부부 제임스 러브와 아그네스 러브이다. 1854년, 온타리오주로 이주한 이들은 같은 해 아들 제임스 러브 주니어를 낳았는데, 이 아이가 캐나다 태생 최초의 무슬림이다. 1871년에는 정부 공식 문헌에 '마호메탄(Mahometan)'으로 기록된 존 사이먼과 마사 사이먼이 미국에서 온타리오주로 이주했다. 존은 영국계, 마사는 프랑스계였다. 이처럼 캐나다 최초의 무슬림은 모두 유럽계 무슬림이다.

무슬림 공동체 역사와 현황

1871년 인구 조사에서는 무슬림이 13명이었다고 기록했으며 이를 여러 서적에서 인용하고 있으나, 캐나다 통계청에서는 공식 기록을 제공하지 않고 있다. 1881년과 1891년에는 무슬림이 0명으로 나와 있으며, 1901년경에는 300~400명으로 기록되었다. 대다수가 터키와 시리아에서 건너온 이주민이었다. 1911년 무슬림 수는 약 1,500명에 달했는데, 이 중 1천 명이 터키계 무슬림이고, 나머지는 아랍계였다.

초기 무슬림은 중부 대초원 지역에 주로 거주하면서 철로 공사, 농업, 모피 무역 등에 종사했다. 최초의 모스크인 알라시드 모스크가 1938년 앨버타주 에드먼턴에 세워졌다.

1914년, 제1차 세계대전이 발발하자 캐나다 정부는 적국 터키에서 이주해 온 무슬림을 고국으로 송환하는 정책을 시행했다. 이로써 무슬림 인구가 감소했는데, 통계에 따르면 터키 태생 이주민 수가 1911년 1,861명에서 401명으로 줄어들었다. 이러한 차별적인 이민 정책은 무슬림에게만 해당된 것은 아니었다. 중국인은 이미 1907년 캐나다 정치인의 선동적인 발언 때문에 시민의 공격을 받아 막대한 재산 피해를 입었고, 1914년에는 인도인 376명의 이민이 거부됐다. 1930년대에는 나치의 박해가 임박했다는 경고에도 유대인의 이주를 허락하지 않았다. 또 제2차 세계대전 중에는 일본인을 강제 수용소에 수용했는데, 캐나다에서 태어난 2세에게까지 일본으로 돌아가라는 압박을 가했다.

제2차 세계대전이 끝난 후에야 비로소 무슬림의 이주가 비교적 자유로워졌다. 그러나 캐나다 정부는 이민자가 '유럽의 백인 그리스도교 문화'라는 캐나다의 기본 골격을 바꿀 것을 우려해 인종 차별적인 배타적 이민 정책을 견지했다. 이는 1947년 5월 1일 매켄지 킹 총리가 의회에서 한 발언에 잘 드러난다.

"대규모 이민 때문에 우리 국민의 특성이 근본적으로 변하는 것을 캐나다 국민이 바라지 않는다는 합의가 있다고 나는 확신합니다. 아시아(Orient)에서 유입되는 대규모 이민은 캐나다 인구 구성에 근본적인 변화를 야기할 것입니다. 더욱이 상당한 수의 아시아 이주민은 국제 관계에 심각한 영향을 끼칠 사회, 경제적 문제를 일으킬 것이 분명합니다."

1951년 무슬림 인구는 약 2천~3천 명으로 추산되며, 1971년에는 3만 3,370명으로 늘었다. 주로 아시아(인도, 파키스탄, 방글라데시, 인도네시아)와 아랍 지역(모로코, 팔레스타인, 이집트, 이라크) 출신 고학력 무슬림 이주민이 새로운 삶의 터전으로 캐나다를 선택했다. 아울러 1966년부터 1970년까지 수천 명에 달하는 미숙련 노동자가 아프리카 동부와 영국에서 차별을 피해 캐나다로 이주했는데, 이들 대다수는 인도, 파키스탄 출신 무슬림이었다.

분쟁이 있을 때마다 캐나다로 망명하거나 이주한 무슬림도 상당하다. 1980년대에는 레바논에서, 1990년대에는 소말리아와 보스니아에서 전란을 피해 무슬림이 캐나다로 들어왔고, 최근에는 시리아 내전과 IS의 학살을 피해 난민 생활을 하던 무슬림을 캐나다 정부가 여론의 반대를 무릅쓰고 인도적 차원에서 대거 받아들였다.

통계에 따르면(〈표2〉), 1991년 인구 조사에서 무슬림은 유대인보다 적었으나 2001년 조사에서는 유대인을 제치고 캐나다에서 그리스도인 다음으로 큰 종교 공동체를 이루었다.

무슬림은 온타리오주 토론토(424,930명)와 오타와(65,880명), 퀘벡주 몬트리올(221,040명), 브리티시컬럼비아주 밴쿠버(73,215명), 앨버타주 캘거리(58,310명)와 에드먼턴(46,120명) 같은 도시에 주로 거주하며, 그 비율이 약 70%에 달한다. 주별로는 동부 온타리오주에서 가장 많이 살고, 퀘벡주, 브리티시 컬럼비아주, 앨버타주가 그 뒤를 따른다.

〈표1〉 2011년 무슬림 시민권자와 이민자

시민권자 (국내 출생)	이민자	이민 시기					
		1971년 이전	1971~ 1980년	1981~ 1990년	1991~ 2000년	2001~ 2005년	2006~ 2011년
294,710	720,125	8,720	44,900	68,230	210,680	184,840	202,745

〈표2〉 무슬림 인구 증가 추세

연도	총인구	무슬림인구	무슬림 비율	유대인
1991	26,944,040	253,265	0.9%	318,185
2001	29,639,035	579,640	2.0%	329,995
2011	32,852,320	1,053,945	3.2%	

〈표3〉 2011년 연령별 무슬림 인구

연령	인구수	비율	남성	여성
15세 이하	293,420	27.8%	149,090	144,330
15-24세	164,155	15.6%	86,175	77,980
25-34세	176,145	16.7%	81,470	94,675
35-44세	179,260	17.0%	92,570	86,690
45-54세	126,095	12.0%	69,665	56,430
55-64세	68,410	6.5%	37,890	30,520
65세 이상	46,460	4.4%	23,695	22,765
총계	1,053,945	100.0%	540,555	513,390

* 출처 캐나다 통계청

무슬림 인구수는 1991년 이래 무려 5배나 증가했고, 이 추세는 계속될 전망이다. 통계청은 2036년 무슬림 수가 최소 220만 명에서 최대 320만 명에 달할 것으로 예측한다. 또한 무슬림 인구는 상당히 젊어서, 35세 이하 무슬림이 633,720명으로 전체 무슬림 대비 60.1%에 달한다.

캐나다 무슬림은 출신 국가, 소속 종파가 상당히 다양해서 민족과 문화에 따라 약 60여 개 그룹으로 나뉜다. 무슬림 단체는 여러 개가 있지만, 전국적으로 탄탄한 조직을 지닌 단체는 없다. 출신 국가가 다양하기에 압도적 다수 공동체도 존재하지 않는다. 특정 국가에서 이주한 특정 종파 무슬림이 다수를 차지할 수 없는 구조다. 종파별로는 순니가 다수지만, 종파별로 어떻게 나뉘어 있는지 정확한 공식 통계도 없다. 미국 퓨 리서치 센터는 2009년 캐나다 쉬아파 무슬림 비율이 10% 이하일 것으로 보았다.

열두 이맘 쉬아파는 1993년 캐나다 아흘룰 바이트 협회를 결성했고, 이스마일리 쉬아파는 2014년 3억 달러를 들여 토론토에 이스마일리 센터를 개관했다. 이슬람에서 파생됐지만, 주류 무슬림이 정통으로 간주하기 꺼리는 아흐마디야도 전국에 약 50여 개에 이르는 조직을 지니고 있다. 중심지는 앨버타주 캘거리이며, 약 3천 명의 신도가 있는 것으로 알려졌다. 2008년에는 캐나다에서 가장 큰 바이툰누르 모스크를 캘거리에 건설했다.

세계적으로 권위를 인정받는 이슬람 연구 기관으로는 퀘벡주 몬트리올 소재 맥길 대학교 이슬람학 연구소를 들 수 있다. 이슬람 전통을 믿는 자의 입장을 고려하면서 연구하는 방법론을 제창한 토론토 출신 윌프레드 캔트웰 스미스 교수가 1952년 록펠러 재단으로부터 50만 달러의 기금을 지원받아 설립했다. 교회 건물을 개조해 만든 연구소는 뛰어난 학자들을 배출해 이슬람학 연구를 주도했을 뿐 아니라 이슬람 연구 서적을 한 지붕 아래 모아 놓은 아름다운 도서관도 유명하다.

chapter 2

오늘날 캐나다 무슬림의 삶

무슬림 여론

다문화 정책을 자랑으로 여기는 사회적 분위기에 힘입어 여느 서구 국가보다 무슬림이 안전하게 살 수 있는 나라가 캐나다이다. 그래서인지 무슬림의 삶의 만족도가 상당히 높다. 2016년, 캐나다 여론 조사 기관 엔비로닉스가 행한 여론 조사에 따르면, 무슬림 응답자의 83%가 캐나다 시민인 것을 대단히 자랑스럽게 여기는 것으로 나타났다. 이는 2006년의 73%보다 10%가 더 증가한 수치다. 또 94%가 캐나다에 대한 소속감이 강하다고 밝혔고, 58%가 지난 5년간 소속감이 더 강해졌다고 한 반면, 5%는 더 약해졌다고 응답했다.

또 무슬림은 무슬림과 캐나다인이라는 두 가지 정체성이 모두 매우 중요하다고 응답했는데, 84%는 종교가, 81%는 국적이 중요하다고 했다. 그런데 둘 다 중요하다고 한 응답자의 50%는 종교를 가장 중요하다고 꼽았다. 이는 이슬람이 아닌 다른 종교를 가진 응답자 중 28%만이 국적보다 종교가 더 중요하다고 한 것에 비해 두 배나 높은 종교적 소속감을 보여준다. 이러한 경향은 특히 젊은 무슬림에게서 강하게 나타난다. 무려 61%에 달하는 응답자가 무슬림이라는 사실이 캐나다인이라는 사실보다 더 중요하다고 응답했다. 반대로 답한 무슬림 청년은 불과 6%에 불과하다.

무슬림 여성 응답자의 48%는 히잡을 착용한다고 응답했는데, 이는 2006년 41%보다 증가한 수치이고, 6%는 머리뿐 아니라 몸, 얼굴을 가리는 차도르나 니캅을 착용하는 것으로 조사됐다. 비교적 교육 수준이 낮거나 캐나다에 산 기간이 짧은 무슬림일수록 히잡을 착용하는 비율이 높았지만, 교육 수준이 높거나 젊은 여성의 히잡 착용 비율도 2006년보다 더 높게 나타났다.

캐나다가 여타 서구 국가보다 무슬림에게 관용적인 나라지만, 그렇다고 해서 오늘날 세계적인 흐름 중 하나인 이슬람 혐오 현상이 없는 것은 아니다. 경찰 보고에 따르면 2016년 종교 관련 증오 범죄는 총 460건인데, 무슬림을 대상으로 한 증오 범죄는 전년보다 30건이 감소한 139건으로 집계됐다(퀘벡주에서 16건, 앨버타주에서 8건, 온타리오주에서 6건이 줄어들었다).

엔비로닉스 여론 조사에서 지난 5년 동안 차별을 직접 경험했다고 응답한 무슬림이 35%에 달했다. 이는 다른 비무슬림 응답자보다 월등히 높은 수치다. 또 응답자의 62%는 무슬림 차별 현상을 우려한다고 응답했다. 특히 젊은 무슬림의 경우 그 수치는 72%로 높아졌고, 캐나다 태생 무슬림은 83%가 차별을 걱정했다. 응답자의 29%는 차세대 무슬림은 차별을 덜 받을 것이라고 답했고, 21%는 지금과 같을 것이라고 한 반면, 35%는 다음 세대 무슬림이 더 차별받을 것이라고 응답했다. 젊은 무슬림일수록 차별

이 더 많아질 것이라고 부정적으로 응답했다.

또한 응답자의 60% 이상은 언론이 무슬림을 대하는 법에 우려를 표했다. 즉 이슬람과 무슬림을 부정적으로 보는 시각을 언론에서 만든다고 보고 있다. 이와 같은 부정적인 언론관은 서구 언론이 이슬람과 무슬림을 폭력적으로 묘사하고 있다는 전 세계 무슬림의 일반적인 평가를 고스란히 반영한다. 그럼에도 응답자의 84%는 다른 서구 국가보다 캐나다에서 더 나은 대우를 받고 있다고 말했다. 이는 2006년보다 7% 더 높은 수치다. 2%만이 캐나다의 삶이 더 나쁘다고 응답했다.

캐나다인의 여론

캐나다인의 이슬람관은 다른 종교에 비해 상당히 부정적이다. 2017년 10월 16일부터 23일까지 여론 조사 기관 앵거스 레이드가 성인 1,972명을 대상으로 한 여론 조사에서는 캐나다인이 이슬람을 다른 종교에 비해 비우호적으로 바라보고 있는 것으로 조사되었다.

응답자들은 종교가 사회에 미치는 영향을 대체로 긍정적으로 보았지만, 응답자 46%는 이슬람이 캐나다 사회에 해를 끼칠 것이라고 답했고, 긍정적인 영향을 미칠 것이라고 보는 사람은 불과 13%였다. 이슬람을 사회에 부정적인 영향을 끼치는 최악의 종교로 뽑은 것이다. 시크교(22%), 복음주의 개신교(21%), 가톨릭(17%), 무신론자(17%)에 비해 압도적인 수치다. 그럼에도 무려 65%의 응답자가 향후 이슬람의 영향력이 더 커질 것이라고 답했다. 2위는 무신론자(39%), 3위는 시크교(37%), 4위는 힌두교(32%)로 조사됐다.

이슬람에 대한 부정적인 시각은 응답자 성향이 대단히 종교적이거나 (40%), 개인적으로 신심이 깊거나(49%), 종교적으로 불확실하거나(48%), 종교가 없거나(45%)에 관계없이 모두 고르게 부정적이었다. 전반적으로 이슬람에 부정적인 캐나다 여론은 향후 무슬림이 고려해야 할 중요한 사항이다. 전 국민의 3.2%에 불과한 데도 테러와 더불어 특히 여성 복장과 관련하여 반무슬림 감정이 높다.

2017년 2월 16일부터 22일까지 성인 1,515명을 대상으로 한 앵거스 레이드의 여론 조사를 보면 공공장소에서 종교적인 복장을 착용하는 경우, 가톨릭 수녀복이나 시크교 터번은 각각 88%, 77%의 응답자가 긍정적으로 본 반면, 니캅은 32%, 부르카는 29%만이 우호적으로 받아들였다. 머리만 가리는 히잡은 75%가 긍정적으로 수용했다. 10월 여론 조사에서는 니캅을 착용한 채 공공 기관에 출입하는 것을 금지해야 한다는 응답자가 49%에 달했다. 특히 오랫동안 지배적인 종교로 군림한 가톨릭교회에 대한 반감으로 세속주의가 강한 프랑스어권 퀘벡주에서 68%로 가장 높았다.

2017년 10월, 퀘벡주 의회는 공공 기관에서 얼굴을 가리는 것을 금지하는 법을 통과시켰다. 구체적으로 니캅이라고 하지 않았지만, 니캅을 금지하는 법안이었다. 12월 캐나다 연방 법원은 퀘벡주 정부에 보다 구체적으로 법 적용을 규정하라면서 법 실행 중단 판결을 내린 상태다. 그런데 여론 조사에서는 캐나다인 68%가 퀘벡의 니캅 착용 금지를 찬성했다. 2017년 10월 23일부터 25일까지 1,001명의 성인을 대상으로 한 입소스사(社) 여론 조사에 따르면 남성 73%, 여성 64%가 찬성하고, 퀘벡주가 76%로 찬성 비율이 가장 높게 나타났다. 브리티시컬럼비아, 서스캐처원, 매니토바에서는 69%, 온타리오 66%, 앨버타 64%, 대서양 주에서는 57%가 자신의 주도 니캅을 금지하는 법안을 통과시켜야 한다고 찬성 의견을 밝혔다.

무슬림 수가 해마다 빠른 속도로 증가하면서 향후 캐나다인의 반이슬람 감정도 고조될 가능성을 배제하기 어렵다. 현재는 여성의 얼굴을 가리는 니캅이나 부르카가 첨예한 현안이지만, 할랄 급식, 학교 내 예배 등을 두고 무슬림과 비무슬림 간 갈등이 증폭될 조짐이 크다. 이미 무슬림이 다수 거주하는 온타리오주와 퀘벡주에서는 이러한 문제가 불거진 상태다.

다문화에 관용적인 사회 캐나다가 전통적인 모자이크 사회 안에서 무슬림을 포용해 새로운 공존의 패러다임을 제시할 것인지 아니면 테러 때문에 무슬림에게 마음을 닫아 버린 유럽 사회와 같은 길을 걸을 것인지 유심히 지켜보아야 한다. 캐나다의 다문화 정책이 우리 한국 사회에 생각할 거리를 많이 던져 주기 때문이다.

※ 논문 제목은〈 〉, 책과 잡지 제목은《 》로 표시했습니다.

◆ **서론**

- 양오석,〈한중동 금융협력 활성화를 위한 국내은행의 중동 금융시장 진출전략 및 기대효과〉, 《전략지역심층연구(13-18)》, 대외경제정책연구원, 2013

- Grais, W. and Pellegrini, M.,〈Corporate governance in Institutions Offering Islamic Financial Services Issues and Options〉,《World Bank Policy Research Working Paper 4052》, 2006

- Hassan, Zulkifli,〈Corporate Governance from Western and Islamic Perspectives〉, 《A paper presented at the Annual London Conference on Money, Economy and Management in 3rd-4th July 2008》, Imperial College, South Kensington, United Kingdom, 2008

- Pew Research Center,〈Pew Research Center's Forum on Religion & Public Life〉, October, 2009, http://www.pewforum.org/2009/10/07/mapping-the-global-muslim-population/, 2017.04.28

- Safieddine, A.,〈Islamic Financial Institutions and Corporate Governance: New Insights for Agency Theory〉,《Corporate Governance: An International Review 17》, 2009, p.142~158

◆ **아시아**

1 **말레이시아**

- 소병국,〈닥와운동과 말레이인의 사회 문화 · 생활〉, 김태정, 양승윤 외,《종교로 본 동양문

화》, 역민사, 2002

· Andaya, Barbara W. & Leonard Andaya, 《A History of Malaysia, Hampshire》, Palgrave, 2001

· Barroclough, Simon, 〈Managing the Challenges of Islamic Revival in Malaysia〉, 《Asian Survey》 23-8, 1983

· Chandra Muzaafar, 《Islamic Resurgence in Malaysia》, Petaling Jaya, Penerbit Fajar Bakti Sdn. Bhd, 1987

· Chandra Muzaafar, 〈Malaysia: Islamic Resurgence and the Question of Development〉, 《Sojourn, Vol.1, No.1》, 1986

· Hasnan Kasan, 《Institusi Fatwa di Malaysia》, Bangi, Penerbit Universiti Kebangsaan Malaysia, 2008

· Mauzy, Diane K. and R. S. Milne, 〈The Mahathir Administration: Disciline through Islam〉, Bruce Gale(ed.), 《Readings in Malaysian Politics》, Selangor, Pelanduk Publications, 1986

· Nagata, Judith, 《The Reflowering of Malaysian Islam: Modern Religious Radicals and Their Root》, Vancouver: University of British Columbia Press, 1980

· Taufik Abdullah and Sharon Siddique(eds.), 《Islam and Society in Southeast Asia》, Singapore: Institute of Southeast Asian Studies.

· Wu, Min Aun, 《The Malaysian Legal System》, Petaling Jaya, PEARSON, 2005

· Zainah Anwar, 《Islamic revivalism in Malaysia: Dakwah among the Students》, Selangor, Pelanduk Publications, 1987

2 **베트남**

· 안경환, 송경근, 〈베트남 서남부 짬족의 이슬람〉, 《한국이슬람학회논총》 제 19-2집, 2009

· 양승윤 외, 《동남아의 이슬람》, 한국외국어대학교출판부, 2007

· Ahmad Shalabi, 《Mawusu'ah al-Tarikh al-Islamiyahwa al-Hadarah al-Islmiyah, V.8》, al-Qhirah, Maktabah al-Nahdah al-Misriyah, 1983

· Arnold, T. W., 《The Preaching of Islam》, London, Darf Publisher LTD, 1986

· Huỳnh Công Bá, 《Lịch sử Văn hóa Việt Nam》, Huế, Nxb. Thuận hóa, 2008

- Nguyễn Văn Luận, 《Ngừời Chàm Hồi Giáo miền tây nam-phần Việt Nam》, Tủ Sách Biên Khảo, Bộ Văn Hóa Giáo dục và Thanh niên, 1974
- Tạ Ngọc Liễn, Đỗ Văn Ninh, 《Lịch sử Văn hóa truyền thống Việt Nam》, Tp. HCM ,Nxb. Thanh niên, 2008
- Toan Ánh, 《Tín ngưỡng Việt Nam》, Tp.HCM, Nxb. Tp. HCM, 1992
- Trân Ngọc Thêm, 《Tìm về Bản sắc Văn hóa Việt Nam》, Tp. HCM , Nxb. Tp. HCM, 2001
- http://www.vietnamtourism.com

3 브루나이

- 매리 하이듀즈, 박장식, 김동엽 옮김, 《동남아의 역사와 문화》, 솔과학, 2012
- 양승윤, 《동티모르와 브루나이》, 한국외대 출판부, 2012

4 아프가니스탄

- 신규섭, 〈고대 한 · 중국과 페르시아 지역 간의 문명교류 단상(斷想)〉, 《한중미래연구》 제7호, 동덕여대 한중미래연구소, 2016
- 신규섭, 〈아프가니스탄에 대한 역사적 고찰-사회 · 종교적 상황을 중심으로〉, 《한국이슬람학회논총》 제9집, 1999
- Ali Shah, Sirdar Ikbal, 《Afghanistan of the Afghans》, Lahore, Sang-e-Meel, 2002
- Mohammad Ghobar, Mir Ghulam, 《Afghanistan dar Masire Tarikh》, Tehran, Jomhuri, 1995
- Sen Gupta, Bhabani, 《Afghanistan》, London, Frances Pinter Limited, 1986
- Sotudeh-Nejad, Shahab, 《Baztabe Tamadonhaye Parthia-Sassanid bar Se Padshahi dar Shabe Jajireye Kore》, Tehran, Ashianeye Ketab, 2004

5 우즈베키스탄

- 공일주, 《이슬람의 수피즘과 수쿠크》, 기독교문서선교회, 2011
- 김성기, 《우즈베키스탄》, 명성서림, 2010
- 김중순, 이희수, 《수피즘: 실크로드를 읽는 문화코드》, 소통, 2016
- 로빈슨 프랜시스 외, 손주영, 송경근, 황병하 옮김, 《사진과 그림으로 보는 케임브리지 이슬

람사》, 시공사, 2006

· 세이디 쉴레이만, 곽영완 옮김,《터키민족 2천년사》, 애플미디어, 2012

· 손주영, 〈이슬람법과 법학파 형성에 관한 연구〉,《한국이슬람학회논총》제15권 1호, 2005, 66~68쪽

· H. 코르방,《이슬람 철학사》, 김정위 역, 서광사, 1997

· H.A.R. 깁, 이희수, 최준식 옮김,《이슬람》, 주류성, 1997

· 엘리아데 미리치아, 이윤기 옮김,《샤머니즘: 고대적 접신술》, 까치, 1992

· 오은경, 〈투르크 구전서사시의 샤머니즘적 모티프 연구〉,《중동문제연구》14권 3호, 2015a, 115~145쪽

· 오은경, 〈투르크 영웅서사시와 무가의 상관성 연구〉,《중동연구》제34권 2호, 2015b, 209~230쪽

· 욥코체브 슈흐랏, 〈중앙아시아 이슬람의 전개와 지역적 특성〉,《우즈베키스탄 역사문화특강》, 2016, 35~38쪽

· 이성수, 〈이슬람교가 중앙아시아 전통문화에 미친 영향〉,《지중해지역연구》제9권 제1호, 2007, 125~144쪽

· 정세진,《중앙아시아 민족정체성과 이슬람》, 한양대학교 출판부, 2012

· 최영길,《이슬람문화사》, 송산출판사, 1989

· 현승수, 〈중앙아시아 수피즘 연구를 위한 시론: 수피 교단의 영성과 정치성의 역사적 기원〉, 《중앙아시아 연구의 학적체계화》, 한양대 아태연구센터 국내학술대회, 2009b, 177~197쪽

· 현승수, 〈중앙아시아 정교관계의 이론적 분석틀: 종무국 이슬람〉,《e-Eurasia》vol.19, 2009a, 12~13쪽

· Abazov Rafis,《The Palgrave Concise Historical Atlas of Central Asia》, New York, Palgrave Macmillan, 2008

· Bayat Fuzuli,《Oğuz Destan Dünyası》, İstanbul, Ötüken, 2006

· Caferoğlu A., 〈Türk Onomastiğinde At Kültürü〉,《Türkiyat Mecmuası Cilt X'dan Ayrı Basım》, İstanbul, Osman Yalçın Matbaası, 1953, p.202

· Çınar Ali Abbas,《Türklerde At ve Atçılık》, Kültür Bakanlığı Halk Kültürlerini Araştırma ve Geliştirme Genel Müdürlüğü yayınları, Ankara, Feryal Matbaası, 1993

· Direnkova N. P., 〈Ohotnichie Legendi Kumandinstsev〉,《Shornik Muzeya Antropologi I

Etnografi》, T.11, 1949

· Gökyay Orhan Şaik, 〈At Üzerine〉, 《I. Uluslararası Türk Folklor Semineri Bildirileri》, Başbakanlık Kültür Müsteşarlığı, Milli Folklor Enstitüsü Yayınları, Başbakanlık Basımevi, p.77

· Hitti P., 《Islam, a Way of Life》, Minneapolis, University of Minnesota Press, 1970, p.43

· Ögel Bahaeddin, 《Türk Kültür Tarihine Giriş IV》, Ankara, Kültür Bakanlığı Yayınları, 1984, pp.97~201

· Potanin G. N., 《Vostochnie Motivi Srednevekovom Yevropeyskom Epose》, Moskova, 1899

· Маҳмуд Кошғарий, 《Девону луғотит турк. III жилд》, Тошкент, Фан, Б.155, 1963

6 인도

· 고홍근, 〈인도정치의 탈세속화와 무슬림의 딜레마〉, 《남아시아연구》 15(2), 2009
· 고홍근, 김우조, 박금표, 최종찬, 《인도의 종파주의》, 한국외대 출판부, 2006
· 손주영, 황병하 외, 《1400년 이슬람문명의 길을 걷다》, 도서출판 프라하, 2012
· 이은구, 〈힌두-무슬림의 종파적 갈등: 아요댜 사태를 중심으로〉, 한국외대 남아시아연구소 (편), 《인도의 오늘》, 한국외대 출판부, 2002, 237~283쪽
· 한국역사교사모임, 《처음 읽는 인도사》, 휴머니스트, 2012
· Ahmed, Munir D, 〈India〉, Werner Ende and Udo Steninbach(eds.), 《Islam in the World Today》, Ithaca and London, Cornell University Press, 2010, pp.310~325
· Bosworth, C. E, 《The Islamic Dynasties》, Edinburgh, Edinburgh University Press, 1967
· Lapidus, Ira M, 《A History of Islamic Societies》, Cambridge, Cambridge University Press, 1991
· https://en.wikipedia.org/wiki/Islam_in_India, 2016.08.05

7 인도네시아

· 매리 하이듀즈, 박장식, 김동엽 옮김, 《동남아의 역사와 문화》, 솔과학, 2012
· 양승윤, 《인도네시아사》, 한국외대 출판부, 2014
· 양승윤 외, 《바다의 실크로드》, 청아출판사, 2003

8 일본

- ABU BAKR MORIMOTO,《ISLAM IN JAPAN》, ISLAMIC CENTER JAPAN, 1980
- AYAKO SUGIMOTO,《재일 무슬림과 매장문제》, 2015
- SATO Tsugitaka,《In Memory of the Late Professor Mori Masao》, THE TOYO BUNKO, 1997
- SATO Tsugitaka,《Islamic Area Studies》, Islamic Area Studies Project, 1997
- Toru MIURA, 〈Islamic and Middle Eastern Studies in Japan〉,《M.A.R.S》no.5, 1995

9 중국

- 공봉진, 〈대이슬람경제권과 중국관계연구〉,《지중해지역연구》제2집, 부산외국어대학교 지중해연구서, 2000, 35~57쪽
- 두산출판사, 〈중국〉편,《두산세계대백과》, 두산출판사, 2015
- 미야자키 이치사다, 조병헌 옮김,《중국사》, 역민사, 1985
- 송경근, 〈중국의 이슬람〉,《한국이슬람학회논총》제8집, 한국이슬람학회, 1998, 165~181쪽
- 이동윤,《동서해상무역사》, 유풍출판사, 1984
- 이희수,《한 · 이슬람교류사》, 문덕사, 1991
- 이희수, 〈이슬람교의 중국전입과 회교공동체의 태동(요지)〉,《한국민족학회학술발표》, 한국민족학회, 1996
- 학원출판공사,《학원세계대백과사전》V.25, 학원출판공사, 1993
- 황병하, 〈신장의 이슬람역사와 중국의 대이슬람 정책〉,《한국중동학회논총》제30-1호, 한국중동학회, 2009, 107~140쪽
- Ahmad Shalabi,《Mawusu`ah al-Tarikh al-Islami》V.8. al-Qahirah, Maktabah al-Nahadah al-Misriyah, 1983
- Al-Badr al-Din(AH1394),《Tarikh al-Muslimin fi al-Sin fi al-Madi wa al-Hadir》, Tarabulus Dar al-Insha Li-Taba`ah al-Nasr
- Al-Badr al-Din,《Al-`Alaqat baina al-`Arab wa al-Sin》, al-Qahirah, Maktabah al-Nahdah al-Misriyah, 1950
- Al-Said al-Hajjaj,《Al-Muslimun fi al-Sin fi al-`Asr al-Hadith》, al-Qahirah, Matba`ah Hassan, 1985

· Anur `Abd al-`Alim, 《Al-Milahah wa `Ulum al-Bihar `Ind al-`Arab》, al-Kuwait, al-Majlis al-Watani li-Thaqafah wa al-Funun wa al-Adab bil-Kuwait, 1979

· Arnold, Thomas W., 《The Preaching of Islam》, London, Darf Publishers LTD, 1986

· Broomhall, Marshall, 《Islam in China》, London, China Inland Mission, 1910

· Gibbon, Edwa, 《The History of the Decline & Fall of the Roman Empire》V.4, New York, The Nottinggham Society, 1910

· Hirth, F., 《China & Roman Orient》, Shanghai, 1939

· Song, Kyungkeun, 《Al-Islam fi al-Sin khilal al-Qarnain al-Awal wa al-Thani Li-Hijirah》, al-Qahirah, al-Azhar University, 1988

· Vollmer, John E. & Others, 《Silk Roads · China Ships》, Ontario, Royal Ontario Musuem, 1986

10 타지키스탄

· Akiner, Shirin, 《Islamic Peoples of the Soviet Union》, London, KPI, 1986

· Bergne, Paul, 《The Birth of Tajikistan: National Identity and the Origins of the Republic》, London, I.B.Tauris & CO Ltd., 2007

· Nourzhanov, Kirill & Bleuer, Christian, 《Tajikistan: A Political and Social History》, ANU E Press, 2013

· Open Society Institution Assistance Foundation Uzbekistan, 《Этнический атлас Узбекистана(Ethnic Atlas of Uzbekistan)》, Ташкент, Open Society Institution Assistance Foundation Uzbekistan, 2002

· Explore Tajikistan, https://www.facebook.com/exploretajikistan?fref=photo

· Navruz, https://www.facebook.com/Navruz.int

· Tajikistan, U. S. Department of State, Retrieved 14 February 2015

11 태국

· 이병도, 〈태국의 이슬람과 정부〉, 《동남아시아 연구》제6호, 1996

· 조흥국, 〈태국과 말레이무슬림간의 알력에 관한 역사적 고찰〉, 《동남아시아 연구》제3호, 1994

- Aphornsuvan, Thanet, 《History and Politics of the Muslims in Thailand》, Bangkok, Thammasart University, 2012
- Liow, Joseph, 〈Religious Education and Reformist Islam in Thailand's Southern Border Provinces: The Roles of Haji Sulong Abdul Kadir and Ismail Lutfi Japakiya〉, 《Journal of Islamic Studies》 21(1), 2010, pp.29~58
- McCargo, Ducan, 〈Buddhist Democracy on Trial: Thailand's Southern Conflict〉, Yusuf, Imyiyazand Atilgan, Canan. 《Religion and Democracy in Thailand》, Bangkok, Konrad-Adenauer-Stiftung, 2008
- Phoborisui, Penchan, 〈Understanding the Identity of the Thai Muslim Community of Kudi Khao in Thonburi, Bangkok〉, 《Journal of Humanities》 Special Issue No.16, 2008, pp.68~81
- Tikamporn, Sompong, 〈School-Adiministration for a Multicultural Society in Three Southern Border Provinces〉, 《Hatyai Journal》 14(1), 2016, pp.97~107

12 터키

- 신양섭, 〈이슬람의 수피즘〉, 터키 문화부 주최 수피댄스 프로시딩, 2000
- 이성수, 〈이슬람교가 중앙아시아 전통문화에 끼친 영향〉, 《지중해지역연구》 제9-1권, 2007
- 이희수, 《터키사》, 대한교과서주식회사, 2005
- 황병하, 〈이슬람 신비주의(수피즈)의 태동과 발전〉, 2007 유네스코 루미의 해 세미나 프로시딩, 2007
- Can, Sefik, 《Mevlana:Hayati-sahsiyeti-fikirleri》, Istanbul, 2003
- Chittick, William, 《The Sufi Path of Love: The Spiritual Teachings of Rumi》, Albany, SUNY Press, 1983
- Emiroglu, Ibrahim, 《Yanlis Dusunce ve Davranislar Kaesisinda Mevlana》, Istanbul, 2003
- Ibrahim Ozdemir, 2008:56
- Koymen, Mekmet Altay, 《Selcuklu Devri Turk Tarih》, Ankara, Turk Tarihh Kurum, 1993
- Mercil, Erdogan, 《Musluman-Turk Devletleri Tarihi》, Ankara, 2003
- Ozdemir, Ibrahim(ed.), 《Globalization, Ethics and Islam》, Aldershot, Ashgate. 2005
- T.C. Konya Valiligi Il Mudurlugu, Mevlana Muzesi, Konya

13 파키스탄

- Ahmad, Aziz, 《Islamic Modernism in India and Pakistan, 1857 – 1964》, London, Oxford University Press, 1967

- Ahmad, Mumtaz, 〈Pakistan〉, Shireen T. Hunter(ed.), 《The Politics of Islamic Revivalism》, Bloomington, Indiana University Press, 1988, pp.229~246

- Haqqani, Hussain, 《Pakistan: Between Mosque and Military; From Islamic Republic to Islamic State》, United States, Carnegie Endowment for International Peace, 2005

- Hussain, Rizwan, 《Pakistan and the Emergence of Islamic Militancy in Afghanistan》, Aldershot, Ashgate, Vt., 2005

- Jalal, Ayesha, 《The State of Martial Rule: The Origins of Pakistan's Political Economy of Defence》, Cambridge, Cambridge University Press, 1990

- Jones, Owen Bennett, 《Pakistan : eye of the storm》, New Haven and London, Yale University Press, 2002

- McMahon, Robert J., 《The Cold War on the Periphery: The United States, India, and Pakistan》, New York, Columbia University Press, 1994

- Nasr, Seyyed Vali Reza, 《Mawdudi and the Making of Islamic Revivalism》, Oxford, Oxford University Press, 1996

- Qureshi, Ishtiaq Husain, 《Ulamā in Politics》, Karachi, Ma□aref, 1972

- Rahman, Fazlur, 《Islam and Modernity: Transformation of an Intellectual Tradition》, Chicago, Chicago University Press, 1982

- Syed, Anwar H, 《Pakistan: Islam, Politics, and National Solidarity》, New York, Praeger, 1982

- Talbott, Ian, 《Pakistan: A Modern History. Enlarged and updated》, London, Hurst, 2005

14 필리핀

- 유왕종, 〈필리핀 모로족: 내전을 갈아엎고 자치의 씨앗을 뿌린 필리핀 무슬림 모로족〉, 한국 이슬람학회편, 《끝나지 않은 전쟁》, 청아출판사, 2002

- Abubaker, Carmen A. 〈Moro Nationalist Movement: The Quest for Self-Rule〉, 《Mindanao Life》 Vol. III, No.3, Davao City, Ad Enterprises, 1989

· Che Man, W. K., 〈Muslim Separatism: The Moros of Southern Philippines and the Malays of Southern Thailand〉, Quezon City, Ateneo de Manila University Press, 1990

· George, T. J. S., 《Revolt in Mindanao: The Rise of Islam in Philippine Politics》, Kuala Lumpur, Oxford University Press, 1980

· Glang, Alunan C., 《Muslim Secession or Integration?》, Quezon City, Garcia Publishing House, 1969

· Gowing, Peter G., 〈Mandate in Moroland〉, 《Philippine Center for Advanced Studies》, Quezon City, University of the Philippines, Diliman, 1977

· Gowing, Peter G., 《Muslim Filipino-Heritage and Horizons》, Quezon City, New Day Publishers, 1979

· Islam, Sued S., 〈The Islamic Independence Movements in Patani of Thailand and Mindanao of the Philippines〉, 《Asian Surrey》 Vol.XXXVⅢ, No.5, 1998

· Majul, Cesar A., 《The Contemporary Muslim Movement in the Philippines》, Berkeley, Mizan Press, 1985

· Majul, Cesar A., 〈The Moro struggle in the Philippines〉, 《Third World Quarterly》 Vol.10 No.2, 1998

· Majul, Cesar A., 〈The Moros of the Philippines〉, 《Conflict》 Vol.8 No.2/3, 1998

· Tan, Samuel K., 〈Moro Secessionism in the Philippines〉, 《Ethnic Studies Report》 Vol.V No.2, July 1987

· Wurfel, David, 《Filipino Politics: Development and Decay》, Quezon City, Ateneo de Manila University Press: Loyola Heights, 1988

15 한국

· 김수완, 〈한국인의 아랍, 이슬람 이미지 및 관련 언론보도 인식연구〉, 《한국중동학회논총》 제37권 1호, 2016

· 김창석, 〈8~10세기 이슬람 제종족의 신라 來往과 그 배경〉, 《한국고대사연구》 제44호, 한국고대사학회, 2006

· 안정국, 〈한국 이슬람의 현황과 종파 분화〉, 《인문과학연구논총》 제36권 3호, 명지대학교 인문과학연구소, 2015

- 이희수,《이슬람과 한국문화》, 청아출판사, 2012
- 전완경,《아랍문화사》, 한국학술정보, 2013
- 정수일,《이슬람 문명》, 창작과비평사, 2002
- 조희선 外,〈코슬림(Koslim : 한국 이주 무슬림 2세)에 대한 한국인의 인식과 태도에 관한 연구〉,《국제지역연구》제14권1호, 한국외국어대학교 국제지역연구센터, 2010
- 조희선, 김대성 외 3인,〈한국사회 이주 무슬림 연구 수행을 위한 모델 연구〉,《한국이슬람학회논총》제18-1집, 2008
- 지종화,〈다문화 사회와 한국무슬림의 적응과 대응〉,《한국지방정부학회 학술대회자료집》, 한국지방정부학회, 2010
- 한국 이슬람교 중앙회, http://www.koreaislam.org/
- 국가통계포털,〈대한민국 인구총조사-종교현황〉, http://kosis.kr/statisticsList/statisticsList_01List.jsp?vwcd=MT_ZTITLE&parmTabId=M_01_01#SubCont, 2015

◆ 중동

1 레바논

- 21세기 중동이슬람문명권 연구사업단,《중동 종교운동의 이해1》, 한울아카데미, 2004
- 네빈 아주 샤인, 모리스 샤르트르 외, 김종명 옮김,《레바논》, 창해, 2000
- 이시호,《중근동 기독교 성지》, 예영커뮤니케이션, 1997
- 일란 파페, 유강은 옮김.《팔레스타인 현대사》, 후마니타스, 2009
- 토머스 프리드만, 이건식 역.《베이루트에서 예루살렘까지》, 21세기북스, 2010
- Harris, William,《Lebanon: A History, 600-2011》, New York, Oxford University press, 2012
- Mackey, Sandra,《Lebanon: A House Divided》, London and New York, W.W.Norton & Company, 2006
- Najem, Tom,《Lebanon: The Politlcs of a Penetrated Society》, London and New York, Routledge, 2012

2 바레인

- 정상률, 김종도, 임병필, 박현도,《바레인 헌법》, 모시는사람들, 2016

- 황병하,《이슬람 사상의 이해》, 조선대학교 출판국, 1998
- Belgrave, James H.D.,《Welcome to Bahrain(8thed)》, Manama, The Augustan Press Ltd., 1973
- Clarke. L(ed., Translator),《Shi'ite Heritage: Essays on Classical and Modern Tradition》, New York, Global Publications(Binghamton University), 2001
- Crystal, Jill,《Oil and Politics in the Gulf: Rulers and Merchants in Kuwait and Qatar》, Cambridge, Cambridge University Press, 1990
- Department of Information and Research Ministry of Foreign Affairs,《Qatar Year Book 2006》, Doha, 2007
- Gordon & Greenway, Paul,《Bahrain, Kuwait & Qatar》, London, Lonely Planet, 2000
- Halliday, Fred,《Arabia without Sultans》, London, Saqi Books Robison, 2002
- Nakhleh, Emile,《Bahrain: Political Development in a Modernizing Society》, New York, Lexington Books, 2011
- Zahlan, Rosemarie Said,《The Making of the Modern Gulf States: Kuwait, Bahrain, Qatar, the United Arab Emirates and Oman》, Ithaca Press, 2002
- Central Intelligence Agency. The World Factbook, https://www.cia.gov/library/publications/the-world-factbook/geos/ba.html, 2016.08.23
- 주바레인 한국대사관 홈페이지, http://nma.mofa.go.kr/korean/af/nma/policy/news/index.jsp, 2015.11.23

3 사우디아라비아

- 김종도, 정상률, 박현도, 안정국,《사우디아라비아 통치기본법》, 모시는사람들, 2013
- 홍미정, 최영철, 김정명, 김종원,《사우디아라비아의 형성과 발전》, 애틀러스, 2013
- Lichter, Ida,《Muslim Women Reformers: Inspiring Voices against Oppression》, New York, Prometheus Books, 2009
- Long, David E.,《Culture and Customs of Saudi Arabia》, Wesport & London, Greenwood Press, 2005
- Maisel, Sebastian & Shoup, John A.(eds.),《Saudi Arabia and the Gulf Arab States Today》Vol.1 & Vol.2, West Port, Greenwood Press, 2009

- Roberts, Glenn L., 《Sharia Law and the Arab Oil Bust》, Boca Raton, Florida, 2002
- Torstrick, Rebecca L. & Faier, Elizabeth, 《Culture and Customs of the Arab Culf States》, Wesport & London, Greenwood Press, 2009
- United States Department of State, 〈International Religious Freedom Report for 2014〉
- Zahlan, Rosemarie Said, 《The Making of the Modern Gulf States》, London, Ithaca Press, 1998

4 시리아

- 김정위 편, 《이슬람사전》, 학문사
- http://www.bbc.com/news/world-middle-east-14703910
- https://en.wikipedia.org/wiki/Tadmur
- https://en.wikipedia.org/wiki/Allepo
- https://en.wikipedia.org/wiki/Damascus
- https://en.wikipedia.org/wiki/Syria
- https://en.wikipedia.org/wiki/Umayyad_Mosque

5 아랍 에미리트

- 지나 L. 크로세티, 권태경 옮김, 《아랍에미리트 연합 UAE》, 휘슬러, 2005
- Baker, G william, 《The Cultural Heritage of Arabs, Islam, and the Middle East》, Dallas, Texas, Brown Books Publishing Group, 2003
- Crocetti, Gina L., 《Culture Shock》, Marshall Cavendish International Pte Ltd., 2005
- Mahahan, Vijay, 《The Arab World Unbound: Tapping into the Power of 350 Million Consumers》, San Francisco, CA, Jossey-Bass, 2012
- Nydell, Margaret K., 《Understanding Arabs: A Contemporary Guide to Arab Society》 Fifth Edition, Boston, Intercultural Press: An Imprint of Nicholas Brealey Publishing, 2012
- Sorenson, David S., 《An Introduction to the Modern Middle East: History, Religion, Political Economy, Politics》 Second Edition, Westview Press (Member of the Perseus Books Group) 2014

- 《United Arab Emirates Yearbooks》
- http://uae-embassy.ae/Embassies
- https://government.ae/

6 예멘

- 김정위, 《이슬람사전》, 학문사, 2002
- Brandt, Marieke, 《Tribes and Politics in Yemen: A History of the Houthi Conflict》, London, C. Hurst & Co. Publishers, 2017
- Clark, Victoria, 《Yemen: Dancing on the Heads of Snakes》, New Haven: Yale niversity Press, 2010
- Day, Stephen W., 《Regionalism and Rebellion in Yemen: A Troubled National Union》, Cambridge, Cambridge University Press, 2012
- Dresch, Paul, 《A History of Modern Yemen》, Cambridge, Cambridge University Press, 2000
- Hill, Ginny, 《Yemen Endures: Civil War, Saudi Adventurism and the Future of Arabia》, Oxford, Oxford University Press, 2017
- Mackintosh-Smith, Tim, 《Yemen: The Unknown Arabia》, Woodstock, Overlook Press, 2000
- Phillips, Sarah, 《Yemen and the Politics of Permanent Crisis》, New York, Routledge, 2011
- Schippmann, Klaus, 《Ancient South Arabia: From the Queen of Sheba to the Advent of Islam》, Princeton, Markus Wiener Publishers, 2001

7 오만

- 박찬기, 〈오만의 정치발전과 이슬람: 은둔의 왕국에서 근대국가로〉, 21세기 중동이슬람문명권 연구사업단, 《중동정치의 이해 2: 아라비아반도 및 이란 지역의 정치발전과 이슬람》, 한울아카데미, 2006
- Al-Awawda, Mohammad, 〈Ibadis in the Sultanate of Oman: Religious and Sectarian Coexistence〉, 《The Monthly Book》 Vol.93, Mesbar Center, 2015

- Al-Azri, Khalid M., 《Social and Gender Inequality in Oman: The power of religious and political tradition》, London and New York, Routledge, 2013
- Al-Busa'idi, Saif Khalfan Khalifa, 《Oman: An Illustrated History》, 2015
- Ennami, 'Amr Khalifah, 《Studies in Ibadism, Oman, Ministry of Endowments & Religious Affairs》(원본은 케임브리지 대학교 박사논문 1971)
- Jones, Jeremy and Nicholas Ridout, 《A History of Modern Oman》, New York, Cambridge University Press, 2015
- Voll, John Obert, 《Islam: Continuity and Change in the Modern World》, New York, Syracuse University Press, 1994
- http://mesbar.org/paper/ibadis-sultanate-oman-religious-sectarian-coexistence/, 2016.03.22

8 요르단

- 박찬기, 〈요르단의 정치발전과 이슬람: 왕정수호를 위한 민주화〉, 21세기 중동이슬람문명권 연구사업단 편, 《중동정치의 이해 1: 레반트지역의 정치발전과 이슬람》, 한울아카데미, 2004, 253~332쪽
- 윤은경, 《아랍의 언어와 문화》, 도서출판 창문, 2011
- Brand, Laurie, 〈Jordan〉, Ellen Lust(ed.), 《The Middle East》 13rd edition, Thousands Oaks, SAGE, 2014, pp.564~589
- Metz, Helen C.(ed.), 《Jordan: a country study》 4th ed, Washington D.C., Department of Army, 1991
- Robins, Philip, 《A History of Jordan》, Cambridge, Cambridge University Press, 2004
- Shoup, John A., 《Culture and Customs of Jordan》, Westport, Greenwood Press, 2007
- South, Coleman, 《Culture of the World: Jordan》, New York, Marshall Cavendish Cooperation, 1997
- Pew Research Center, 〈The World's Muslims: Religion, Politics and Society〉, 2013, http://www.pewforum.org/2013/04/30/the-worlds-muslims-religion-politics-society-overview/
- World Value Survey, http://www.worldvaluessurvey.org/WVSOnline.jsp

9　이라크

· 남옥정, 〈나자프 하우자의 교육체계와 정치적 역할 연구〉,《한국중동학회논총》제34권 제2
  호, 2013, 31~55쪽

· 손주영,《이슬람: 교리, 사상, 역사》, 일조각, 2005

· 손주영, 황병하 외,《1400년 이슬람 문명의 길을 걷다: 이슬람을 빛낸 위인 이야기!》, 프라하,
  2012

· 아이라 M. 라피두스, 신연성 옮김,《이슬람의 세계사》, 이산, 2008

· 이동은,《바그다드: 천일야화의 고향》, 살림, 2005

· Kramer, Samuel Noah,《History begins at Sumer》, Univ. of Pennsylvania Press, 1956

· Tripp, Charles,《A History of Iraq》3rd edition, Cambridge University Press, 2007

· William R. Polk,《Understanding Iraq》, Harper Perennial, 2006

· Wooley, Leonard, 〈Excavations at Ur: a Record of Twelve Years's Work〉,《The
  Antiquaries Journal》Vol 35, Issue 3-4, 1955

· http://en.wikishia.net/view/Sulayman_b._Surad_al-Khuza%27i

10　이란

· 유달승,《이슬람혁명의 아버지 호메이니》, 한겨레출판사, 2009

· Abrahamian, Ervand,《Iran between Two Revolutions》, Princeton, Princeton University,
  1982

· Akhavi, Shahrough,《Religion and Politics in Contemporary Iran》, Albany, State
  University of New York, 1980

· Algar, Hamid,《The Islamic Revolution in Iran》, London, Open Press, 1980

· Arjoman, Said Amir,《The Shadow of God and the Hidden Imam: Religion, Political
  Order, and Societal Change in Shi'ite Iran from the beginning to 1890》, Chicago,
  University of Chicago Press, 1984

· Halm, Heinz,《Shia Islam: From Religion to Revolution》, Princeton, Markus Weiner
  Publishers, 1997

· Tavakoli-Targhi, Mohammad,《Refashioning Iran: Orientalism, Occidentalism, and
  Historiography》, New York, Palgrave, 2001

11 이스라엘

· Abu Oksa Daoud, Suheir, 〈Islamism, Nationalism and Modernization: The Case of the Islamic Movement in Israel〉, 《Politics, Religion and Ideology》 Vol.17 Issue 1, 2016, pp.18~32

· Aburaiya, Issam, 〈The 1996 Split of the Islamic Movement in Israel between the Holy Text and Israeli-Palestinian Context〉, 《International Journal of Politics, Culture and Society》 Vol. 17 No.3, Spring, 2004, pp.439~455

· H. Sohail, Hashmi, 〈Jihad〉, 《Encyclopedia of Islam and the Muslim World》 2nd ed, Farmington Hills, MI, 2016, pp.583~586

· Larkin, Craig and Michael Dumper, 〈In Defense of Al-Aqsa: The Islamic Movement inside Israel and the Battle for Jerusalem〉, 《Middle East Journal》 Vol.66 No.1 Winter, 2012, pp.31~52

· Pascovich, Eyal, 〈Israel and the Northern Branch of the Islamic Movement〉, 《Israel Affaires》 Vol.19 no.1, 2013, pp139~153

· Rosmer, Tilde, 〈Resisting 'Israelization': The Islamic Movement in Israel and The Realization of Islamization, Palestinization and Arabization〉, 《Journal of Islamic Studies》 23:3, 2012, pp.325~358

· Suwaed, Muhammad & Nohad Ali, 〈Education and Identity: the Islamic Movement and Moslem Religious Education in Israel〉, 《Social Identities: Journal for the Study of Race, nation and Culture》 Volume 22 Issue 4, 2016, pp.426~449

· 네이버 지식백과

· The World Factbook- CIA

12 카타르

· Sara Pulliam, 〈Qatar's Foreign Policy: Building an International Image〉, http://schools.aucegypt.edu/huss/pols/khamasin/Documents/Qatar's%20Foreign%20Policy_%20Building%20an%20International%20Image%20-%20Sara%20Pulliam.pdf.

· Will Soutter, 〈Qatar: Mining, Minerals and Fuel Resources〉, AZO Mining, http://www.azomining.com/Article.aspx?ArticleID=199, Oct 16, 2012

- Amira Galal, 〈Is Qatar's economy feeling the pinch?〉, BBC News, http://www.bbc.com/news/world-middle-east-36023390, Apr 12, 2016

- Jennifer Lambert, 〈Political Reform in Qatar: Participation, Legitimacy, and Security〉, Middle East Policy Council, V XVIII, N1, http://www.mepc.org/journal/middle-east-policy-archives/political-reform-qatar-participation-legitimacy-and-security, Spring 2011

- Jamal Abdullah, 〈Analysis: Qatar's foreign policy - the old and the new〉, Aljazeera, http://www.aljazeera.com/indepth/opinion/2014/11/analysis-qatar—oreign-policy--2014111811274147727.html, November 2014

- Bernard Haykel, 〈Qatar's Foreign Policy〉, Norwegian Peace-building Resource Center, Policy Brief, https://www.files.ethz.ch/isn/159898/2ec79531a408cf9e5eb93fa539 3f8224.pdf, Feb 2013

- Mehran Kamrava, 〈Mediation and Qatari Foreign Policy〉, 《Middle East Journal》 Vol.65, N.4, http://www18.georgetown.edu/data/people/mk556/publication-61175.pdf, Fall 2011

- Jamal Abdullah, 〈Qatari Foreign Policy: Fine Tuning or Redirection?〉 Aljazeera Center for Studies, http://studies.aljazeera.net/en/reports/2014/11/2014111711472751781. html, Nov 17, 2014

- Mohamed Zayani, 〈Aljazeera's Complex Legacy: Thresholds for an Unconventional Media Player from the Global South〉, 《International Journal of Communication》 10, http://ijoc.org/index.php/ijoc/article/viewFile/4815/1729, 2016, pp.5354~3565

13 쿠웨이트

- 박종평 외, 《중동정치의 이해 2: 아라비아반도와 이란지역의 정치발전과 이슬람》, 한울, 2005

- 최영철, 〈쿠웨이트의 정치발전과 이슬람〉, 《중동정치의 이해 2: 아라비아 반도와 이란 지역의 정치발전과 이슬람》, 한울, 2005, 241~275쪽

- 홍미정 외, 《쿠웨이트의 형성과 발전》, 도서출판 다해, 2012

- al-Mughni, Haya, 〈The Politics of Women's Suffrage in Kuwait〉, 《Arab Reform

Bulletin》2/7, July 2004, http://www.merip.org/mero/mero090204.html extracted on November 15, 2007

· Alnajjar, Ghanim, 〈The challenges facing Kuwaiti democracy〉, 《The Middle East Journal》Volume 54 Issue 2, Spring 2000, pp.242~258

· Choe, Young-Chol, 〈Kuwaiti Political Reforms after the 'Arab Spring': An Analysis of the Kuwaiti Parliamentary Elections〉, 《The Gulf Area Studies》Vol.2, 2014, pp.7~40

· Crystal, Jill. 1995. 《Oil and politics in the Gulf : rulers and merchants in Kuwait and Qatar》, New York, Camge University Press, 2014

· Freer, Courtney, 《The rise of pragmatic Islamism in Kuwait's post-Arab Spring opposition movement》, Washington, D.C., Brookings Institution, 2015

· Ghabra, Shafeeq, 〈Kuwait and the Dynamics of Socioeconomic Change〉, 《Middle East Journal》Vol.51 No.3, Summer 1997, pp.358~372

· Herb, Michael, 《All in the Family: Absolutism, Revolution and Democracy in the Middle Eastern Monarchies》, Albany, State University of New York Press, 1999

· Herb, Michael, 〈Emirs and Parliaments in the Gulf〉, 《Journal of Democracy》Vol.13 No.4 (October), 2002, pp.41~47

· Herb, Michael, 〈Islamist Movements and the Problem of Democracy in the Arab World〉, Revised version of a paper presented at the annual meeting of the Middle East Studies Association, Washington D.C., November 19-22, 2005

· Herb, Michael, 《Kuwait》, Paper prepared for the USIP - Muslim World Initiative Working Group. October 26, 2005

· Herb, Michael, 〈Parliaments in the Gulf Monarchies: A Long Way from Democracy〉, 《Arab Reform Bulletin》2, no.10, 2004 pp.7~8

· Herb, Michael, 〈Princes and Parliaments in the Arab World〉, 《Middle East Journal》58, no.3 (Summer), 2004, pp.367~384

· Hicks, Neil and Ghanim al-Najjar, 〈The Utility of Tradition: Civil Society in Kuwait〉, Augustus Richard Norton(ed.), 《Civil Society in the Middle East》Volume 1, (New York, E. I. Brill, 1995, pp. 186~213

· HRW Report, 《Promises Betrayed: Denial of Rights of Bidun, Women, and Freedom of

Expression》(New York: Human Rights Watch/Middle East, 2000) Volume 12, Number 2(E), October, http://www.hrw.org/reports/2000/kuwait/ 031108

· HRW Report,《The Bedoons in Kuwait: Citizens without Citizenship》, New York, Human Rights Watch/Middle East, 1995

· Isiorho, Solomon A.,《Kuwait》, Chelsea House Publishers, 2002

· Iskandar, Marwan,《The Cloud over Kuwait》, Vantage Press, 1991

· Ismael, Jacqueline S.,《Kuwait: Dependency and Class in a Rentier State》, Florida, University Press of Florida, 1993

· Journal of the Social Sciences, 〈The Academic Publication Council〉 Vol.30 No.1, Kuwait, Kuwait University, 2002

· Journal of the Social Sciences, 〈The Academic Publication Council〉, Vol.30 No.2, Kuwait, Kuwait University, 2002

· Rahma, Antoun, 〈The Attitudes of Kuwait University Students Towared their Future with Respect to Social, Cultural, and Political Life〉, The Academic Publication Council, 《Arab Journal for the Humanities》, Kuwait, Kuwait University, Issue No.77, Winter 2002(Arabic)

· Robison, Gordon,《Bahrain, Kuwait & Qatar》, Melbourne, Lonely Planet Publications, 2000

· Tétreault, Mary Ann and Haya al-Mughni, 〈From Subjects to Citizens: Women and the Nation in Kuwait〉, Sita Ranchod-Nilsson and Mary Ann Tetreault(eds.),《Women, States and Nationalism: At Home in the Nation?》, New York, Routledge, 2000

· Tétreault, Mary Ann,《Stories of Democracy: Politics and Society in Contemporary Kuwait》, New York, Columbia University Press, 2000a

· Tétreault, Mary Ann, 〈Civil Society in Kuwait: Protected Spaces and Women's Rights〉, 《Middle East Journal》Vol. 47 No. 2, Spring 1993, pp.275~291

· Tétreault, Mary Ann, 〈Kuwait's Parliament Considers Women's Political Rights, Again〉, 《Middle East Report Online》September 2, 2004

· Tétreault, Mary Ann, 〈Kuwait's unhappy anniversary〉,《Middle East Policy》Volume.7 Issue 3, Jun 2000(2000b), pp.67~77

· Tétreault, Mary Ann, 〈Kuwait's Annus Mirabilis〉, 《Middle East Report Online》, September 7, 2006, http://merip.org/mero/mero090706.html 071115

· Utvik, Bjørn Olav, 〈The Ikhwanisation of the Salafis: Piety in the Politics of Egypt and Kuwait〉, Department of Culture Studies, University of Oslo, 2012

· Wheeler, Deborah, 〈New media, globalization and Kuwaiti national identity〉, 《The Middle East Journal》 Volume.54 Issue 3, 2000, pp.432~444

14 팔레스타인

· 황병하, 〈팔레스타인과 이스라엘의 분쟁에서 이슬람 원리주의 운동의 역할: 이스라엘 건국에서 와이 리버 협정까지〉, 《한국이슬람학회논총》 제14-1집, 2004

· Abu-Amir, Zaid, 《Islamic Fundamentalism in the West and Gaza: Muslim Brotherhood and Islamic Jihad》, Bloomington and Indianapolis, Indiana University Press, 1994

· Berman, Sheri, 〈Islamism, Revolution, and Civil Society〉, 《Perspectives on Politics》 1 (2), 2003

· Davidson, Lawrence, 《Islamic Fundamentalism》, Westport, Conn., Greenwood Press, 1998

· Dawisha, Adeed, 《Arab Nationalism in the Twentieth Century: From Triumph to Despair》, Princeton University Press, 2002

· Legrain. J., 〈Hamas: Legitimate Heir of Palestinian Nationalism?〉, J. Esposito(ed.), 《Political Islam: Revolution, Radicalism, or Reform?》 Boulder, Co, Lynn Rienner, 1997

· Mandaville, Peter, 《Islam and Politics》, New York, Routledge, 2014

· Mitchell, Richard P., 《The Society of the Muslim Society》, New York, Colombia Press, 1993

· Mura, Andrea, 〈The Inclusive Dynamics of Islamic Universalism: From the Vantage Point of Sayyid Qutb's Critical Philosophy〉, 《Comparative Philosophy》 5 (1), 2014

· Trager, Eric, 〈The Unbreakable Muslim Brotherhood: Grim Prospects for a Liberal Egypt〉, 《Foreign Affairs》, September –October 2001, 2011

· Wiktorowicz, Quintan, 《Islamic Activism: A Social Movement Theory Approach》, Indiana University Press, 2004

◆ 아프리카

1 리비아

· 리비아 개황, 외교부, 2011.01
· 사뮈엘 로랑, 은정 펠스너 옮김, 《IS리포트》, 한울, 2015
· 와르소 칼데론, 이송영 옮김, 《가다피 출발점: 가다피의 혁명사상과 제3세계이론》, 한겨레, 1990
· 유네스코한국위원회, 《세계연구 아시아 아프리카》, 2000
· Dawisha, Adeel, 《The Second Arab Awakening》, New York & London, W.W. Norton & Company, 2013
· Ethan Chorin, 《Exit the Colonel-Hidden History of the libyan Revolution》, London, 2012
· Samir, Amin, 《The People's Spring-The Future of the Arab Revolution》, Nairobi & Oxford, Pambazuka Press, 2012

2 모로코

· Abd al-Salīm Yāsīn, 《Al-jamāʿa》 No2, Rabat, Morocco, June-August 1979
· Abd al-Salīm Yāsīn, 《Al-jamāʿa》 No4, Rabat, Morocco, December 1979-January 1980
· Alī Ḥasanī, 《Al-qānūn al-dustūrī wa ʿilm al-siyāsah》, Marakesh, Dār Walīlī, 1998
· Henry Munson, JR, 〈Islamic Revivalism in Morocco and Tunisia〉, 《The Muslim World》 vol.74(July-October), New York, Oxford University Press, 1986
· Julien, Charles Andre, 《History of North Africa: Tunisia, Algeria, Morocco》, New York, Praeger Publisher, 1970
· Moore, Clement Henry, 《Politics in North Africa: Algeria, Morocco and Tunisia》, Boston, Little Brown, 1970

3 수단

· 김종도, 장훈태, 〈수단의 기독교와 이슬람의 정착요인 연구〉, 《한국이슬람학회논총》 제9권 1호, 1999
· 김종도, 〈수단의 언어상황과 아랍어 연구〉, 《한국중동학회논총》 제22권 1호, 2001

· 유왕종, 〈수단의 이슬람과 이슬람 운동에 관한 연구〉,《중동문제연구》제5권, 2006

· 황병하, 〈수단의 이슬람 원리주의의 형성과정과 이념〉,《한국이슬람학회논총》제8권 1호, 1998

· Hasan, Yusuf Fadl,《Sudan in Africa》, Khartuom Univ Press, 1985

· Oxford Univ Press,《A short History of the Sudan》, 1965, http://www.historyfiles.co.uk/KingListsAfrica/AfricaSudan.htm, 2017. 12. 15

4 알제리

· 임병필, 〈8개 이슬람 법학파의 특성과 이크틸라프 원칙〉,《아랍어와 아랍문학》19집 4호, 2015

· 정지용, 〈알제리 대중음악 라이에 나타난 저항의 역사〉,《불어불문학연구》78집, 2009

· 〈알제리 역사〉, https://ko.wikipedia.org/wiki/%EC%95%8C%EC%A0%9C%EB%A6%AC, 2017.01.30

· 〈알제 카스바〉, http://terms.naver.com/entry.nhn?docId=1184110&cid=40942&categoryId=33440, 2017.01.11

· 〈압델카데르〉, http://blog.joins.com/media/folderlistslide.asp?uid=alamin&folder=5&list_id=12310645, 2017.01.30

· 〈일반국가개황〉, http://m.doopedia.co.kr/mo/doopedia/master/master.do?_method=view2&MAS_IDX=101013000851129, 2017.03.26

· 〈콩스탕틴(쿠산띠나)〉, http://www.kita.net/trade/nation_info/middleEast/algeria/info.jsp, 2017.01.11

· 〈Algeria〉, https://ko.wikipedia.org/wiki/%EC%BD%A9%EC%8A%A4%ED%83%95%ED%8B%B4, 2017.03.30

· 〈Islam in Algeria〉, https://www.cia.gov/library/publications/the-world-factbook/geos/jo.html, 2017.01.30

· https://en.wikipedia.org/wiki/Islam_in_Algeria, 2017.01.30

5 이집트

· Amin, Galal A.,《Whatever happened to the Egyptians?: Changes in Egyptian Society from 1950 to the Present》, Cairo, the American University in Cairo Press, 2000

· Cole, Juan, 《Colonialism and Revolution in the Middle East: Social and Cultural Origins of Egypt's Urabi Movement》, Cairo, The American University in Cairo Press, 2000

· Cooper, Mark, 《The Transformation of Egypt》, Baltimore, The Johns Hopkins University Press, 1982

· Eccel, A. Chris, Egypt, 《Islam and Social Change: Al-Azhar in Conflict and Accommodation》, Berlin, Klaus Schwarz Verlag, 1984

· Fahmy, Ziad, 《Ordinary Egyptians: Creating the Modern Nation through Popular Culture》Stanford, CA: Stanford University Press, 2011

· Gershoni, Israel, 《From Pharaonism to Islam and Arabism: the Use of History by Egyptian Nationalist Writers》, Portland, Middle East Studies Association of North America, 1992

· Goldschmidt, Arthur, 《Modern Egypt: The Formation of a Nation-State》, Boulder, Colorado, Westview Press, 1988

· Hammond, Andrew, 《Pop Culture Arab World: Media, Arts, and Life Style》, Santa Barbara, ABC Clio, 2005

· Hinnebusch, Raymond A., 《Egyptian Politics under Sadat》, Cambridge, Cambridge University Press, 1985

· Lapidus, Ira M., 《A History of Islamic Societies》, Cambridge, Cambridge University Press, 2002

· Kassem, Maye, 《Egyptian Politics: The Dynamics of Authoritarian Rule》, London, Lynne Rienner Publishers, 2004

· Mitchell, Richard P., 《The Society of the Muslim Brothers》, London, Oxford University Press, 1969

· Mussallam, Adan, 〈Sayyid Qutb's View of Islam, Society and Militancy〉, 《Journal of South Asian and Middle Eastern Studies》 22 (Fall), 1998, pp.66~87

· Thompson, Jason (2008, A History of Egypt: From Earliest Times to the Present. Cairo: The American University in Cairo Press

· Vatikiotis, P.J., 《The History of Modern Egypt: From Muhammad Ali to Mubarak》, Baltimore, The Johns Hopkins University Press, 1991

- Waterbury, John, 《The Egypt of Nasser and Sadat》, Princeton, Princeton University Press, 1983

6 튀니지

- 이희수, 이원삼 외, 《이슬람》, 청아출판사, 2002
- 최진영, 《세계문화탐험 26-북부 아프리카2》, ㈜대교, 2007
- Peter Clarke, 《The World's Religions》, London, Routledge, 1988
- http://overseas.mofa.go.kr/tn-ko/brd/m_11711/list.do
- https://namu.wiki/w/%ED%8A%80%EB%8B%88%EC%A7%80

◆ 유럽

1 독일

- 김영경, 〈서유럽의 이슬람〉(미발표 논문)
- Khálid, Durán, 〈Der Islam in der Diaspora: Europa und Amerika〉, 《Der Islam in der Gegenwart》, Ende, Werner, and Udo Steinbach (hsg.), 2nd ed. München, C. H. Beck'schen Verl, 1989
- KIM, Young-Kyung, 《Die Identitätsfrage der Muslime in der Diaspora》, Hildesheim u.a., Georg Olms Verl, 1994
- https://en.wikipedia.org/wiki/Islam_in_Germany, 2016.08.30
- http://de.statista.com/, 2016.08.30

2 동유럽 발칸 지역

- 권혁재, 〈발칸유럽의 개념과 문화적, 역사적 특성: 오스만화를 중심으로〉, 《동유럽발칸학》 13권 2호, 2011, 203~224쪽
- 김상헌, 〈보스니아-헤르쩨고비나의 음식문화에 내재되어 있는 동양과 서양〉, 《동유럽발칸학》 제5권 특별기획호, 2004, 415~435쪽
- 김원회, 〈불가리아의 전통축제와 이민족축제에 대한 연구〉, 《동유럽발칸학》 제7권 특별기획호, 2005, 403~418쪽
- 김정환, 〈민주화 10년, 발칸유럽의 문화갈등연구-소수민족 갈등양상과 향후 전망〉, 《동유럽

발칸학》 제6권 1호, 2004, 295~330쪽

· 김철민, 김원회,《또 하나의 유럽, 발칸유럽을 읽는 키워드》, 한국외대 출판부, 2016

· 아이라 M. 라피두스, 신연성 옮김,《이슬람의 세계사》 1, 2, 이산, 2008

· 오승은,〈악순환의 고리?: 발칸유럽, 이슬람 그리고 오리엔탈리즘〉,《서양사학연구》 제30집, 2014, 163~181쪽

· 이희수,《이슬람 학교》 1, 2, 청아출판사, 2015

· 임영상, 황영삼,《소련과 동유럽의 종교와 민족주의》, 한국외대 출판부, 1996

· 정의길,《이슬람 전사의 탄생》, 한겨레 출판, 2015

· 최영수, 임영상, 노명환 외,《종교로 본 서양문화》, 역민사, 2002

· 페리 엔더슨, 함택영 옮김,《절대주의 국가의 계보》, 경남대학교 극동문제연구소, 1990

3 **러시아**

· 김관영,〈이슬람 신비주의 사상에 관한 연구: 수피즘(sufism)의 본질을 중심으로〉,《동서철학연구》 20권, 2000

· 손주영,《이슬람 교리, 사상, 역사》, 일조각, 2005

· 정세진,〈19세기 카프카스전쟁과 이슬람 요소〉,《슬라브연구》 21-1, 2005

· 정세진,〈체첸전쟁의 기원: 러시아와 체첸의 역사적 갈등 관계를 중심으로〉,《슬라브학보》 20-2, 2005

· Bennigsen, Alexandre, and Wimbush, Enders,《Mystics and Commissars: Sufism in the Soviet Union》, London, C. Hurst and Company, 1985

· Broxup, Bennigsen(ed.),《The North Caucasian Barrier. The Russian Advance towards the Muslim World》, London, Hurst, 1992

· Campana, Aurelie,〈The Effects of War on the Chechen National Identity Construction〉, 《National Identities》 Vol.8, 2006

· Gammer, Moshe,《Muslim Resistance to the Tsar. Shamil and the Conquest of Chechnya and Daghestan》, London, 1994

· Gammer, Moshe,〈The Road not taken: Daghestan and Chechen independence〉,《Central Asian Survey》 24(2), 2005

· Hunter, Shirin,《Islam in Russia. The Politics of Identity and Security》, Armonk & New

York & London, M. E. Sharpe, 2003

· Verknovsky, Aleksander, 〈Orthodoxy in the Russian ultranational movements〉, 《Religion in Eastern Europe》, Vol.22 No.3, 2002

· Yemelianova, Galina, 《Russia and Islam: A Historical Survey》, Aldershot, Ashgate, 2002

· 《Ислам и исламская культура В Дагестане》, Москва, 2

· 《Ислам. Краткй словарь. 2-е издание дополнение》, Москва, 1986

· Магомедов, Р. М., 《Борьба горцев на независимость под руководством Шамиля》, Махачкала, 1939

· Покровский, Н. И., 〈Мюридизм. Оттиск главы из докт.дисс〉, 《Завоевание Северо-Восточного Кавказа》, Москва, 1939

4 스페인

· 마상영, 《스페인 문화 예술의 산책》, 청동거울, 2000

· 윤용수 외, 《지중해 언어의 만남》, 부산외대 지중해지역원, 산지니, 2015

· 윤용수 외, 《지중해 문화를 걷다》, 부산외대 지중해지역원, 산지니, 2015

· 이강혁, 《스페인 역사 100장면》, 가람기획, 2008

· Martin, Richard C.(ed.), 《Encyclopedia of Islam and the Muslim World》, Thomson Gale, 2004

· 스페인 인구 통계, http://ko.actualitix.com/country/esp/ko-spain-population-by-country.php

· 스페인의 이슬람 분포, http://observatorio.hispanomuslim.es/estademograf.pdf

· 아랍 무슬림의 이베리아반도 점령, http://www.geography.uc.edu/~weisner/courses/216/middle.htm

5 아제르바이잔

· 대한무역투자진흥공사, 〈KOTRA 국가 정보 - 아제르바이잔〉, 2013

· 오종진, 〈아제르바이잔 민족 정체성 형성과정과 소비에트의 대외정책〉, 《중동연구》 27권 3호, 2008, 67~98쪽

· 외교부, 〈아제르바이잔 개황〉, 2012

- Cornell, Svante E., 〈The Politicization of Islam in Azerbaijan〉, Silk Road Paper, 2006
- King, David C. 《Azerbaijan, Cultures of the World》, New York, Marshall Cavendish Benchmark
- Kotchikian, Asbed, 〈Secular Nationalism Versus Political Islam in Azerbaijan〉, 《Terrorism Monitor》 Vol.3 Issue 3, 2005
- Kotecha, Hema, 《Islamic and Ethnic Identities in Azerbaijan: Emergin Trends and Tensions》, Organization for Security and Co-operation in Europe, 2006
- The European Azerbaijan Society, 《Azerbaijan 100 Questions Answered》, 2008

6 영국

- 김선미, 〈영국의 다문화 교육 정책 전개의 특성〉, 《교육문화연구》 제17-1호, 2011
- 김화선, 〈영국 이주 무슬림들의 정체성 형성에 관한 연구〉, 조선대학교 지역문화학 박사 논문, 2015
- 정희라, 〈영국의 '문화전쟁': 무슬림 이민자와의 갈등과 원인〉, 《영국연구》 제19호, 2008
- Ansari, Humayun, 《The Infidel Within》, London, Hurst&Company, 2007
- Modood, T., 《Ethnic Minorities in Britain》, London, 1997
- http://www.doopedia.co.kr/doopedia/master/master.do?_method=view&MAS_IDX=101013000852496
- https://ko.wikipedia.org/wiki/%EC%98%81%EA%B5%AD
- https://en.wikipedia.org/wiki/United_Kingdom
- http://www.christiantoday.co.kr/articles/203744/20090815/유럽-무슬림-인구가-비무슬림-인구보다-많아진다.htm
- http://news.khan.co.kr/kh_news/khan_art_view.html?artid=201209142200385&code=970100

7 이탈리아

- 김시홍, 〈이탈리아의 이민과 다문화주의〉, 《국제지역연구》 9(1), 2005, 51~72쪽
- 김시홍, 〈이탈리아의 이민과 이주자 정책: 로마시를 중심으로〉, 《이탈리아어문학》 제29집, 2010, 47~72쪽

- 크리스토퍼 듀건, 김정하 옮김, 《미완의 통일 이탈리아사》, 개마고원, 2001

- 김차규, 〈12세기 시칠리아의 노르만-아랍-비잔티움 문화의 융합과 발전: 로제 2세 시대와 윌리엄 2세 시대를 중심으로〉, 《지중해지역연구》 제15권 제4호, 2013, 31~54쪽 참조

- 김차규, 〈아랍의 시칠리아 정복과 비잔티움의 대응〉, 《중동문제연구》 제13권 4호, 2014, 31~61쪽

- 윤종태, 허윤회, 《이탈리아, 이탈리아인》, 부산외국어대학교 출판부, 2004

- 오현주, 정해조, 〈유럽연합의 이민자에 대한 사회적 배제: 이탈리아 사례를 중심으로〉, 《유럽연구》 제34권 4호, 2016

- 후지사와 미치오, 임희선 옮김, 《이탈리아에서 역사와 이야기는 같은 말이다》, 일빛, 1990

- Aubé, Pierre, 《Les empires normands d'Orient》, Editions Perrin, 2006

- Bury, John Bagnell, 《A History of the Eastern Roman Empire from the fall of Irene to Accession of Basil I (A.D. 802-867)》, London: Macmillian and Co., 1912

- Loud, G. A., 《The Age of Robert Guiscard: Southern Italy and the Norman Conquest》, Harlow, 2000

- Makdisi, John A., 〈The Islamic Origins of the Common Law〉, 《North Carolina Law Review》 vol.77 No.5, 1999

- Vasiliev, A. A., 《Byzance et les Arabes, Tome I : La Dynastie d'Amorium (820-867)》 / (French ed.) Henri Grégoire, Marius Canard, 《Éditions de l'Institut de Philologie et d'Histoire Orientales》, Brussels, 1935

- Allievi, Stetano, 〈Immigration and cultural pluralis, in Italy: multiculturalism as a missing model〉, 《Italian Culture》, 2010 /

- http://www.maney.co.uk/search?fwaction=show&fwid=794, 2017. 12. 1

- Caritas, "Dossier Statistico Immigrazionne", Roma, 398-408, 2009 / http://www.dossierimmigrazione.it/docnews/file/J9_scheda%20DOS.pdf, 2018. 7. 1

- European Muslim Union (EMU), 〈The Situation of Muslims in Italy〉, 〈Strasbourg Papers of the EMU〉, 2010 / http://emunion.eu/emudoc/EMU%20Country%20Report%20 Italy%20-%20September%202010.pdf)

- OECD, 《International Migration Outlook》, OECD publishing, 2013, Paris / http://www.OECD.org

- Presentato il Rapporto 2017 sull'economia dell'immigrazione, 〈La dimensione internazionale delle migrazioni〉/ http://www.fondazioneleonemoressa.org/newsite/wp-content/uploads/2017/10/Comunicato-stampa-18.10.2017-DA-STAMPARE.pdf
- https://www.express.co.uk/news/world/724246/Muslims-Rome-s-Colosseum-protest-closure-Italy-mosques
- https://www.express.co.uk/news/world/724246/Muslims-Rome-s-Colosseum-protest-closure-Italy-mosques

8 프랑스

- 박단,《이만큼 가까운 프랑스》, 창비, 2017
- 박단,《프랑스공화국과 이방인들》, 서강대 출판부, 2013
- 박단,《프랑스의 문화전쟁-공화국과 이슬람》, 책세상, 2005
- 홍태영,《정체성의 정치학》, 서강대 출판부, 2011
- Césari, Jocelyne & McLoughlin, S.,《European Muslims and the Secular State》, Hampshire, Ashgate Publishing Company, 2005
- Duclert, V. et Prochasson, C.,《Dictionnaire Critique de la Rpublique》, Paris, Flammarion, 2002
- Hoaddad, Yvonne Yazbeck,《Muslims in the West: From Sojourners to Citizens》, Oxford University Press, 2002
- Laurence, J. et al.,《Intégrer l'islam. La France et ses musulmans: enjeux et réussites》, Paris, Odile Jacob, 2007
- Roy, Olivier,《Secularism confronts Islam》, New York, Columbia University Press, 2007
- Sourdel, Dominique et Janine,《Dictionnaire historique de l'Islam》, Paris, PUF, 2004

◆ 아메리카

1 미국

- 이희수,《이희수 교수의 이슬람》, 청아출판사, 2011
- 이희수, 이원삼 외,《이슬람》, 청아출판사, 2001
- John Zogby,《Arab America Today(A Demographic Profile of Arab Americans)》, 1990

- Jodi Wilgoren, 〈A Nation Challenged: American Muslims; Islam Atrracts Converts By Thousand, Drawn Before and After Attacks〉, 《The New York Times》 Oct. 22, 2001

- Sulayman S. Nyang Ph.D, 《Islam in the United States: Review of Sources》, 1988

- 《The 2007 Almanac 60th Edition》, Houghton Mifflin Company, 2007

- Thomas A. Tweed, 〈Islam in America: From African Slaves to Malcolm X. National Humanities Center〉, Retrieved July 21, 2009

- www.wikipedia.com/The Islam in USA., 2016

2 캐나다

- Abedi, Maham, 〈68% of Canadians Want Quebec's Face-Coverings Ban in Their Province〉, 《Global News》, October 27, 2017, https://globalnews.ca/news/3828752/quebec-face-covering-ban-support-canada-poll/, 2018.01.20

- Abu-Laban, Baha, 〈The Canadian Muslim Community: The Need for a New Survival Strategy〉, Earle H. Waugh, Baha Abu-Laban, and Regula B. Qureshi(eds.), 《The Muslim Community in North America》, Edmonton, AB, The University of Alberta Press, 1983, pp.75~92

- Adams, Charles J. 〈The Development of Islamic Studies in Canada〉, Earle H. Waugh, Baha Abu-Laban, and Regula B. Qureshi(eds.), 《The Muslim Community in North America》, Edmonton, AB, The University of Alberta Press, 1983, pp.185~201

- Brisk, Adam, 〈Nearly Half of Canadians View Islam Unfavourably, Survey Finds〉, 《Global News》, April 14 2017, https://globalnews.ca/news/3356103/canadians-islam-religion-trends-study/, 2018.01.20

- Canada House of Commons(1947), Debates. 1 May 1947

- Grenier, Éric, 〈Muslim Canadians Increasingly Proud of and Attached to Canada, Survey Suggests〉, CBC News, April 28, 2016, http://www.cbc.ca/news/politics/grenier-muslim-canadians-environics-1.3551591, 2018.01.10

- Haddad, Yvonne Y. and Junaid Quadri, 〈Islam〉, 《The Canadian Encyclopedia》, July 10, 2015, http://www.thecanadianencyclopedia.ca/en/article/islam/, 2018.01.03

- Hamdani, D. H., 〈Canada's Muslims: An Unnoticed Part of Our History〉, 《Hamdard